UMA HISTÓRIA
DA GUERRA

COMPANHIA DE BOLSO

O cavaleiro inexistente
  Italo Calvino

Che Guevara: a vida em vermelho
  Jorge G. Castañeda

Agosto
  Rubem Fonseca

O livro das religiões
  Jostein Gaarder, Victor Hellern,
  Henry Notaker

O silêncio da chuva
  Luiz Alfredo Garcia-Roza

Auto-engano
  Eduardo Giannetti

Declínio e queda do Império Romano
  Edward Gibbon

O processo
  Franz Kafka

Uma história da guerra
  John Keegan

Cem dias entre céu e mar
  Amyr Klink

Boca do Inferno
  Ana Miranda

Nova antologia poética
  Vinicius de Moraes

Além do bem e do mal
Humano, demasiado humano
  Friedrich Nietzsche

Poesia erótica em tradução
  José Paulo Paes

Poesia completa de Alberto Caeiro
  Fernando Pessoa

O povo brasileiro
  Darcy Ribeiro

O Evangelho segundo Jesus Cristo
  José Saramago

O julgamento de Sócrates
  I. F. Stone

Estação Carandiru
  Drauzio Varella

Clarissa
  Erico Verissimo

JOHN KEEGAN

UMA HISTÓRIA DA GUERRA

Tradução
Pedro Maia Soares

Copyright © 1993 by John Keegan
Proibida a venda em Portugal

Título original
A history of warfare

Capa
Jeff Fisher

Preparação
Cecília Ramos

Revisão
Renato Potenza Rodrigues
José Muniz Jr.

Índice remissivo
Vivian Miwa Matsushita

Dados Internacionais de Catalogação na Publicação (CIP)
(Câmara Brasileira do Livro, SP, Brasil)

Keegan, John, 1934-
    Uma história da guerra / John Keegan ; tradução Pedro Maia Soares. — São Paulo : Companhia das Letras, 2006.

    Título original: A history of warfare.
    Bibliografia.
    ISBN 85-359-0798-X
    1. Ciência militar — História 2. Guerra — História I. Título.

06-0690	CDD-355.009

Índice para catálogo sistemático:
1. Guerra: Ciência militar : História   355.009

2006

Todos os direitos desta edição reservados à
EDITORA SCHWARCZ LTDA.
Rua Bandeira Paulista, 702, cj. 32
04532-002 — São Paulo — SP
Telefone: (11) 3707-3500
Fax: (11) 3707-3501
www.companhiadasletras.com.br

*Em memória de Winter Bridgman
tenente do Régiment de Clare
morto na Batalha de Lauffeld
2 de julho de 1747*

SUMÁRIO

Agradecimentos *9*
Introdução *12*

1. A guerra na história da humanidade *18*
   Interlúdio 1. Limitações à guerra *94*

2. Pedra *112*
   Interlúdio 2. Fortificação *188*

3. Carne *206*
   Interlúdio 3. Exércitos *287*

4. Ferro *306*
   Interlúdio 4. Logística e suprimentos *386*

5. Fogo *405*

   Conclusão *492*
   Notas *501*
   Bibliografia selecionada *517*
   Índice remissivo *523*
   Sobre o autor *543*

AGRADECIMENTOS

Grandes mudanças ocorreram no mundo desde que comecei este livro, em 1989, e deve-se reconhecê-las em primeiro lugar. A Guerra Fria acabou. Uma curta, porém dramática guerra aérea e terrestre travou-se no Golfo. Uma prolongada e cruel guerra civil irrompeu e ainda campeia na antiga Iugoslávia. Vários dos temas desenvolvidos neste livro revelaram-se — pelo menos para mim — nas guerras do Golfo e da Iugoslávia.

No Golfo, uma derrota clausewitziana foi infligida pelas forças da coalizão às de Saddam Hussein. No entanto, a recusa dele em admitir a realidade da catástrofe que se abatera sobre o Iraque, recorrendo a uma conhecida retórica islâmica que negava que ele tivesse sido derrotado em espírito, quaisquer que fossem as perdas materiais que sofrera, roubou da vitória clausewitziana da coalizão muito de seu conteúdo político. A sobrevivência de Saddam no poder, com a qual os vitoriosos parecem concordar, constitui uma exemplificação notável da inutilidade do "modo ocidental de guerrear" quando confrontado por um oponente que se recusa a assumir seus pressupostos culturais. A guerra do Golfo pode ser vista, de certa forma, como um confronto entre duas culturas militares bem diferentes, cada uma delas com profundas raízes históricas, sem que se possa compreendê-las em termos abstratos sobre a "natureza da guerra" em si mesma, uma vez que não existe tal coisa.

Os horrores da guerra na Iugoslávia, tão incompreensíveis quanto revoltantes para a mente civilizada, desafiam uma explicação em termos militares convencionais. O padrão de ódios locais que revelam não é familiar senão para os antropólogos profissionais que estudam as guerras de povos tribais ou marginais. Muitos antropólogos negam que exista um fenômeno que possa ser classificado de "guerra primitiva". A maioria dos leitores inteligentes de jornais — impressionados com os relatos de "limpeza étnica", maus-tratos sistemáticos às mulheres, satisfação na vingança, organização de massacres e evacuação de territórios deixados depois vazios — se surpreenderá com os paralelos que podem ser feitos com o comportamento de povos pré-estatais descritos neste livro.

Sou particularmente agradecido ao professor Neil Whitehead pela orientação que me deu para encontrar meu caminho através da bibliografia da antropologia da guerra. Os possíveis erros de compreensão e interpretação são meus. Os soldados profissionais e historiadores militares com os quais tenho uma dívida de gratidão em minha tentativa de montar um quadro abrangente das formas que a guerra assumiu ao longo do tempo e do espaço são muito numerosos para que possa mencioná-los. Nem todos podem querer ver-se associados a uma visão tão pessoal como a que acabei desenvolvendo. Devo, porém, lembrar meu tutor de Balliol, A. B. Rodger, o primeiro que me ensinou história militar, o brigadeiro Peter Young, DSO, MC, chefe do Departamento de História Militar da Real Academia Militar, Sandhurst, onde tentei pela primeira vez ensinar essa matéria, e o dr. Christopher Duffy, meu colega de Sandhurst, cujo profundo conhecimento da história militar dos Habsburgo e dos otomanos alertou-me pela primeira vez para a idéia de que a guerra é uma atividade cultural.

Sou profundamente grato a Elisabeth Sifton, minha editora norte-americana, pelo trabalho que realizou no manuscrito, ao meu editor inglês, Anthony Whittome, pelo cuidado meticuloso que tomou ao transformá-lo em livro, a Anne-Marie Ehrlich, por ter reunido uma vez mais as ilustrações, a Alan Gilliland, por planejar e desenhar os mapas, a Frances Banks, por datilografar minha caligrafia cada vez mais difícil, e, como sempre, ao meu agente literário, Anthony Sheil, um amigo de trinta anos. Gostaria particularmente de agradecer a Andrew Orgill e sua equipe da Biblioteca Central da Real Academia Militar, Sandhurst, uma das grandes bibliotecas militares do mundo, à qual tenho a sorte de ter o acesso permitido, ao pessoal da Biblioteca do Ministério da Defesa e da Biblioteca de Londres.

Devo agradecimentos pessoais a muitos amigos no *Daily Telegraph*, entre eles Conrad Black, Max Hastings, Tom Pride, Nigel Wade — que me conseguiram uma visita ao Golfo em novembro de 1990 e à Iugoslávia entre as guerras da Croácia e da Bósnia —, Peter Almond, Robert Fox, Bill Deedes, Jeremy Deedes, Christopher Hudson, Simon Scott-Plummer, John Coldstream, Miriam Gross, Nigel Horne, Nick Garland, Mark Law, Charles Moore, Trevor Grove, Hugh Montgomery-Massingberd, Andrew Hutchinson e Louisa Bull.

Meu irmão Francis, com seu interesse pela história da família de nossa mãe, os Bridgman de Toomdeely, estabeleceu nosso parentesco com vários soldados que partiram da Irlanda para lutar pela França nas guerras de Luís XV. Como um deles, Winter Bridgman, exemplifica o tipo de oficial profissional internacional que aparece largamente no texto que segue, é a ele que escolhi dedicar este livro. Estou profundamente agradecido a Francis por todo o trabalho que realizou. Meus agradecimentos, finalmente, aos amigos de Kilmington, em particular Honor Medlam, Michael e Nesta Gray, Don e Marjorie Davis, e meu amor como sempre para meus filhos, genros e noras, Lucy e Brooks Newmark, Thomas, Rose, Matthew e Mary, e para minha querida esposa, Susanne.

Kilmington Manor
9 de junho de 1993

INTRODUÇÃO

Meu destino não era ser guerreiro. Uma doença de infância deixou-me aleijado para o resto da vida e há 45 anos sou manco. Em 1952, quando me apresentei para o exame médico do serviço militar obrigatório, o médico que examinava as pernas — como não podia deixar de ser, ele foi o último a me examinar naquela manhã — sacudiu a cabeça, escreveu algo no meu formulário e disse que eu estava liberado. Algumas semanas depois, recebi uma carta oficial informando-me de que fora classificado como permanentemente incapaz para o serviço em qualquer das forças armadas.

O destino, no entanto, jogou minha vida no meio de guerreiros. Meu pai fora soldado na Primeira Guerra Mundial. Cresci durante a Segunda, numa região da Inglaterra onde estavam estacionados os exércitos britânicos e americanos que se preparavam para a invasão do Dia D. De alguma forma, detectei que o serviço de meu pai na Frente Ocidental em 1917-18 fora a experiência mais importante de sua vida. O espetáculo da preparação para a invasão em 1943-44 também me marcou, despertando um interesse por assuntos militares que fincou raízes, de tal forma que quando fui para Oxford, em 1953, escolhi a história militar como minha matéria central.

Um tópico principal era a exigência para o diploma, não mais do que isso, e assim meu envolvimento com a história militar poderia ter acabado com a graduação. Porém esse interesse tinha penetrado fundo durante meus anos de faculdade, porque a maioria dos amigos que fiz em Oxford, ao contrário de mim, tinha feito o serviço militar. Eles fizeram-me sentir que perdera alguma coisa. A maioria tinha sido oficial e muitos tinham participado de campanhas, pois a Inglaterra, no início da década de

1950, estava se liberando do Império numa série de pequenas guerras coloniais. Alguns de meus amigos tinham servido nas selvas da Malásia ou nas florestas do Quênia. Uns poucos, que faziam parte de regimentos enviados à Coréia, tinham até participado de batalhas verdadeiras.

Vidas profissionais moderadas esperavam-nos e eles buscavam o sucesso acadêmico e a boa opinião dos professores como passaporte para o futuro. Contudo, estava claro para mim que os dois anos que tinham passado de uniforme lançaram sobre eles o encantamento de um mundo completamente diferente daquele em que estavam decididos a entrar. O encanto era, em parte, o da experiência — de lugares estranhos, da responsabilidade desconhecida, da excitação e até do perigo. Era também o encantamento da familiaridade com os oficiais profissionais que os comandaram. Nossos professores eram admirados por seus conhecimentos e excentricidades. Meus contemporâneos continuavam a admirar os oficiais que tinham conhecido por um outro conjunto de qualidades — vigor, ímpeto, vitalidade e impaciência com o cotidiano. Seus nomes eram freqüentemente mencionados, relembravam-se índoles e maneirismos, recriavam-se suas façanhas — sobretudo suas escaramuças com as autoridades. De alguma forma, acabei sentindo que conhecia esses guerreiros despreocupados e, com certeza, queria muito conhecer gente como eles, nem que fosse para dar materialidade à visão do mundo dos guerreiros que estava tomando forma lentamente em minha mente, enquanto eu trabalhava sobre meus textos de história militar.

Quando a vida universitária acabou e meus amigos partiram para se tornarem advogados, diplomatas, funcionários públicos ou professores universitários, descobri que o reflexo de seus anos nas forças armadas tinha derramado seu encantamento sobre mim. Decidi que iria ser um historiador militar, uma decisão temerária, pois havia poucas vagas acadêmicas para essa disciplina. Porém, mais depressa do que eu tinha direito a esperar, abriu uma vaga na Real Academia Militar de Sandhurst, a escola de cadetes da Inglaterra, e entrei para o corpo docente em 1960. Tinha 25 anos e não sabia nada sobre o exército. Jamais ouvira um tiro disparado com raiva, raramente encontrara um oficial da ativa e a imagem que tinha dos soldados e de suas atividades pertencia inteiramente a minha imaginação.

O primeiro período letivo que passei em Sandhurst jogou-me de cabeça em um mundo para o qual nem mesmo a imaginação me preparara. Em 1960, o pessoal militar da Academia — eu pertencia ao lado acadêmico — era composto, no nível mais graduado, exclusivamente de homens que tinham lutado na Segunda Guerra Mundial. Os oficiais mais jovens eram quase todos veteranos da Coréia, da Malásia, do Quênia, da Palestina, de Chipre ou de qualquer outra de uma dezena de campanhas coloniais. Seus uniformes estavam cobertos de fitas de medalhas, recebidas muitas vezes por bravura. Meu chefe de departamento, um oficial reformado, usava nos jantares a Ordem de Distinção em Serviço e a Cruz Militar com duas barras, e suas distinções não eram exceção. Havia majores e coronéis com medalhas por bravura conquistadas em Alamein, Cassino, Arnhem e Kohima. A história da Segunda Guerra Mundial estava escrita naquelas pequenas fitas de seda que eles usavam tão despreocupadamente e seus melhores momentos estavam registrados com cruzes e medalhas que os portadores pareciam pouco conscientes de ter ganhado.

Não era apenas o caleidoscópio de medalhas que me encantava. Era também o de uniformes e tudo o que eles significavam. Muitos de meus contemporâneos de universidade traziam com eles pedaços de glória militar — casacos ou sobretudos dos uniformes. Aqueles que tinham sido oficiais de cavalaria continuavam a usar com os trajes de passeio as botas de verniz com canhão de marroquim pertencentes a seus uniformes de lanceiros ou hussardos. Aquilo me alertara para o paradoxo de que os uniformes não eram uniformes, que os regimentos se vestiam de maneira diferente. Quão diferente, Sandhurst ensinou-me no primeiro jantar festivo a que compareci. Havia lanceiros e hussardos de azul e escarlate, mas também cavaleiros da Família Real esmagados pelo peso de seus galões de ouro, fuzileiros de verde tão escuro que parecia preto, artilheiros de calças justas, soldados do corpo de guarda com camisas engomadas, Highlanders com seis padrões diferentes de tartã, Lowlanders com calças justas de tecido axadrezado escocês e infantes de regimentos de condados com jaquetas de barra amarela, branca, cinza, vermelha, ou de couro de búfalo.

Eu achava que o exército era uma coisa só. Naquela noite dei-me conta de que não era. Eu ainda tinha de aprender que as diferenças externas falavam de diferenças internas muito mais importantes. Os regimentos, descobri, definiam-se sobretudo por sua individualidade, e era essa individualidade que fazia deles as organizações de luta cuja eficácia em combate era proclamada pelas medalhas e cruzes que eu via a minha volta. Meus amigos militares — a pronta amizade oferecida pelos guerreiros é uma de suas qualidades mais cativantes — eram irmãos de armas; mas eram irmãos somente até certo ponto. A fidelidade ao regimento era a pedra de toque de suas vidas. Uma diferença pessoal poderia ser perdoada no dia seguinte. Uma calúnia ao regimento jamais seria esquecida e, na verdade, jamais seria pronunciada, tão profundamente ela afetaria os valores da tribo.

Tribalismo — eis o que eu tinha encontrado. Os veteranos que conheci em Sandhurst na década de 1960, por muitos critérios externos, não eram diferentes dos profissionais de outras profissões. Vinham das mesmas escolas, às vezes das mesmas universidades, eram devotados a suas famílias, tinham as mesmas esperanças para seus filhos, preocupavam-se com dinheiro da mesma forma. O dinheiro, porém, não era um valor último ou definidor, assim como não o era a promoção dentro do sistema militar. Os oficiais, evidentemente, almejavam subir na carreira, mas não era esse o valor pelo qual se mediam. Um general podia ser admirado, ou não. A admiração derivava de algo diferente de suas insígnias de hierarquia superior. Vinha antes da reputação que detinha como homem entre outros homens, construída ao longo de muitos anos sob os olhos de sua tribo regimental. Essa tribo não era composta apenas de colegas oficiais, mas também de sargentos e soldados comuns. "Não é bom com soldados" era uma condenação definitiva. Um oficial podia ser inteligente, competente, trabalhador. Se seus soldados tivessem dúvidas sobre ele, nenhuma dessas qualidades compensaria. Ele não pertencia à tribo.

O exército britânico é tribal ao extremo; alguns de seus regimentos têm histórias que remontam ao século XVII, quando os exércitos modernos estavam apenas começando a tomar forma a partir das hostes feudais de guerreiros cujos antepassados tinham entrado na Europa ocidental durante as invasões que derrubaram o Império romano. No entanto, desde que entrei para Sandhurst encontrei os mesmos valores guerreiros da tribo em muitos outros exércitos. Percebi a aura tribal dos oficiais franceses que participaram da guerra na Argélia, comandando soldados muçulmanos cujas tradições eram as mesmas dos *ghazi*, os saqueadores de fronteira do Islã. Senti a mesma coisa nas lembranças de oficiais alemães, reconvocados para montar o exército da Alemanha no pós-guerra, que tinham lutado contra os russos nas estepes e preservado um orgulho nas provações por que tinham passado que relembrava as guerras de seus ancestrais medievais. Percebi a mesma coisa, de maneira forte, entre os oficiais indianos, sobretudo na rapidez com que insistem em que são Rajputs ou Dogras, descendentes dos invasores que conquistaram a Índia antes que sua história começasse a ser escrita. Encontrei-a entre os oficiais americanos que serviram no Vietnã, no Líbano ou no Golfo, expoentes de um código de coragem e dever que pertence às origens da república deles.

Os soldados não são como os outros homens — eis a lição que aprendi de uma vida entre guerreiros. Essa lição fez-me considerar altamente suspeitas todas as teorias e representações da guerra que a colocam no mesmo pé de outras atividades humanas. A guerra está indiscutivelmente ligada à economia, à diplomacia e à política, como demonstram os teóricos. Mas a ligação não significa identidade ou mesmo semelhança. A guerra é completamente diferente da diplomacia ou da política porque precisa ser travada por homens cujos valores e habilidades não são os dos políticos e diplomatas. São valores de um mundo à parte, um mundo muito antigo, que existe paralelamente ao mundo do cotidiano mas não pertence a ele. Ambos os mundos se alteram ao longo do tempo, e o do guerreiro acerta o pé com o do civil. Mas o segue à distância. Essa distância nunca pode ser eliminada, pois a cultura do guerreiro jamais pode ser a da própria civilização. Todas as civilizações devem suas origens ao guerreiro; suas culturas nutrem os guerreiros que as defendem, e as diferenças entre elas farão os guerreiros de uma muito diferentes externamente dos da outra. Com efeito, um dos temas deste livro é que, nas aparências exteriores, existem três tradições guerreiras distintas. Em última análise, porém, há apenas uma cultura guerreira. Sua evolução e transformação ao longo do tempo e do espaço, dos começos do homem à sua chegada ao mundo contemporâneo, é a história da guerra.

1. A GUERRA NA HISTÓRIA DA HUMANIDADE

O QUE É A GUERRA?

A guerra não é a continuação da política por outros meios. O mundo seria mais fácil de compreender se essa frase de Clausewitz fosse verdade. Clausewitz, um veterano prussiano das guerras napoleônicas que aproveitou seus anos de aposentadoria para compor o que estava destinado a ser o mais famoso livro sobre a guerra — chamado justamente *Da guerra* —, na verdade escreveu que a guerra era a "continuação das relações políticas" (*des politischen Verkehrs*) "com a entremistura de outros meios" (*mit Einmischung anderer Mittel*).[1] O original alemão expressa uma idéia mais complexa e sutil que a tradução mais freqüentemente citada. Nas duas formas, no entanto, o pensamento de Clausewitz está incompleto. Ele implica a existência de Estados, de interesses de Estado e de cálculos racionais sobre como eles podem ser atingidos. Contudo, a guerra precede o Estado, a diplomacia e a estratégia por vários milênios. A guerra é quase tão antiga quanto o próprio homem e atinge os lugares mais secretos do coração humano, lugares em que o ego dissolve os propósitos racionais, onde reina o orgulho, onde a emoção é suprema, onde o instinto é rei. "O homem é um animal político", disse Aristóteles. Clausewitz, herdeiro de Aristóteles, disse apenas que um animal político é um animal que guerreia. Nenhum dos dois ousou enfrentar o pensamento de que o homem é um animal que pensa, em quem o intelecto dirige o impulso de caçar e a capacidade de matar.

Não se trata de uma idéia que seja mais fácil de enfrentar para o homem moderno do que para um oficial prussiano, neto de um clérigo e educado no espírito do Iluminismo do século XVIII. Pois, apesar de toda a influência que Freud, Jung e Adler tiveram sobre nossa visão das coisas, nossos valores morais continuam a ser os das grandes religiões monoteístas, que condenam matar as almas irmãs, exceto nas circunstâncias mais inevitáveis. A antropologia nos diz e a arqueologia infere que nossos ancestrais incivilizados podiam ser selvagens com unhas e dentes; a psicanálise busca persuadir-nos de que o selvagem que há em todos nós espreita não muito abaixo da pele. No entanto, preferimos reconhecer a natureza humana tal como ela se exibe no comportamento cotidiano da maioria civilizada na vida moderna — imperfeita, sem dúvida, mas certamente cooperativa e freqüentemente benevolente. Para nós, a cultura parece ser a grande determinante de como os seres humanos se comportam; nos inexoráveis debates acadêmicos entre "natureza e cultura", é a escola da cultura que obtém mais apoio dos espectadores. Somos animais culturais e é a riqueza de nossa cultura que nos permite aceitar nossa indiscutível potencialidade para a violência, mas também acreditar que sua expressão é uma aberração cultural. As lições da história nos advertem que os Estados em que vivemos, suas instituições, até mesmo suas leis, chegaram-nos por meio de conflitos, amiúde do tipo mais sangrento. Nossa dieta diária de notícias traz relatos de derramamentos de sangue, muitas vezes em regiões bem próximas a nossas terras natais, em circunstâncias que negam completamente nossa concepção de normalidade cultural. Mesmo assim, conseguimos confinar as lições da história e das reportagens em uma categoria especial e separada de "alteridade" que invalida nossas expectativas de como nosso próprio mundo será amanhã e o dia seguinte de forma alguma. Nossas instituições e leis, dizemos para nós mesmos, estabeleceram tantas restrições à potencialidade humana para a violência que, na vida cotidiana, nossas leis irão puni-la como criminosa, enquanto sua utilização pelas instituições de Estado tomará a forma particular de "guerra civilizada".

Os limites da guerra civilizada são definidos por dois tipos humanos antitéticos, o pacifista e o "portador legal de armas". Este último sempre foi respeitado, quando mais não seja por possuir os meios para fazer-se respeitar; o pacifista passou a ser valorizado nos 2 mil anos da era cristã. A reciprocidade deles aparece no diálogo entre o fundador do cristianismo e o soldado profissional romano que pedira que curasse um criado com sua palavra milagrosa. "Também sou um homem colocado sob autoridade", explicou o centurião.[2] Cristo exclamou diante da crença do centurião no poder da virtude, que o soldado considerava como complemento da força da lei que ele personificava. Podemos supor que Cristo estava reconhecendo a posição moral do portador legal de armas, que deve entregar sua vida por exigência da autoridade, e que, portanto, pode ser comparado ao pacifista disposto a entregar sua vida em vez de violar a autoridade de seu próprio credo? Trata-se de um pensamento complicado, mas ao qual a cultura ocidental não acha difícil se acomodar. Dentro dela, o soldado profissional e o pacifista militante encontram espaço para coexistir — às vezes lado a lado; no Comando 3, uma das unidades britânicas mais rijas da Segunda Guerra Mundial, os padioleiros eram todos pacifistas, mas eram tidos em alta conta pelo comandante devido a sua bravura e dedicação. Com efeito, a cultura ocidental não seria o que é se não respeitasse ao mesmo tempo o portador legal de armas e a pessoa que considera o porte de armas intrinsecamente ilegal. Nossa cultura busca compromissos, e o compromisso ao qual chegou sobre a questão da violência pública é desaprovar sua manifestação, mas legitimar seu uso. O pacifismo foi elevado a um ideal; o porte legal de armas — sob um código rigoroso de justiça militar e dentro de um *corpus* de leis humanitárias — foi aceito como uma necessidade prática.

"A guerra como continuação da política" foi a fórmula que Clausewitz escolheu para expressar o compromisso estabelecido pelos Estados que conhecia. Mantinha-se o respeito pela ética dominante — de soberania absoluta, diplomacia ordenada e tratados legais —, ao mesmo tempo que se levava em conta o princípio superior do interesse de Estado. Se não se admitia o ideal de pacifismo, que o filósofo prussiano Kant acabava de traduzir da esfera religiosa para a política, com certeza distinguia-se claramente o portador legal de armas do rebelde, do pirata e do bandoleiro. Pressupunha-se um alto nível de disciplina militar e um grau imenso de obediência dos subordinados a seus superiores cumpridores da lei. Esperava-se que a guerra assumisse certas formas estreitamente definidas — cerco, batalha campal, escaramuças, incursões, reconhecimento, patrulha, postos avançados —, cada uma delas com suas próprias convenções reconhecidas. Pressupunha-se que as guerras tinham um começo e um fim. O que não se levava em conta de forma alguma era a guerra sem início ou final, a guerra endêmica de povos sem Estado, ou mesmo em estágio pré-estatal, nos quais não havia distinção entre portadores legais e ilegais de armas, uma vez que todos os homens eram guerreiros; uma forma de guerra que prevalecera durante longos períodos da história da humanidade e que ainda sobrevivia nas margens dos Estados civilizados e, com efeito, era posta a serviço desses Estados mediante a prática comum de recrutar seus praticantes como soldados "irregulares" de cavalaria ou infantaria. Os oficiais dos Estados civilizados desviavam seus olhares dos meios ilegais e incivilizados que esses guerreiros irregulares utilizavam para recompensar-se em campanha, bem como de seus métodos bárbaros de lutar; contudo, sem os serviços que ofereciam, os exércitos excessivamente treinados nos quais Clausewitz e seus pares tinham se formado dificilmente seriam capazes de se manter em campo. Todos os exércitos regulares, até mesmo os da Revolução Francesa, recrutavam soldados irregulares para patrulhar, reconhecer e travar escaramuças para eles; durante o século XVIII, a expansão desse tipo de força — cossacos, "caçadores", highlanders, "fronteiriços", hussardos — constituíra um dos acontecimentos militares mais notados. Seus patrões civilizados decidiram cobrir com um véu seus hábitos de saquear, pilhar, estuprar, assassinar, raptar, extorquir e sistematicamente vandalizar. Preferiam não admitir que se tratava de uma forma de guerrear mais antiga e mais disseminada que aquela que praticavam; "a guerra [...] continuação da política", uma vez formulado o pensamento por Clausewitz, o oficial pensante passou a ter um ângulo filosófico conveniente para contemplar os aspectos mais antigos, escuros e fundamentais de sua profissão.

Contudo, o próprio Clausewitz viu de relance que a guerra não era totalmente o que ele afirmava ser. "Se as guerras dos povos civilizados são menos cruéis e destrutivas que as dos selvagens", começava ele de forma condicional uma de suas mais famosas passagens. Trata-se de um pensamento que não levou adiante porque, com toda a considerável força filosófica a seu dispor, ele estava batalhando para formular uma teoria universal do que a guerra *deveria* ser, em vez de tratar do que a guerra realmente era e fora. Nessa empreitada, obteve um alto grau de êxito. Na prática da guerra, é para os princípios de Clausewitz que o governante e o comandante supremo ainda se voltam; mas, para uma descrição fiel à realidade da guerra, a testemunha ocular e o historiador devem fugir dos métodos de Clausewitz, apesar de ele próprio ter sido testemunha ocular e historiador da guerra, alguém que deve ter visto e poderia ter escrito sobre muita coisa que não encontrou lugar em suas teorias. "Sem teoria, os fatos são silenciosos", escreveu o economista F. A. Hayek. Isso pode ser verdade para os fatos frios da economia, mas os fatos da guerra não são frios. Eles queimam com o calor dos fogos do inferno. Em sua velhice, o general William Tecumseh Sherman, que incendiara Atlanta e pusera fogo numa grande faixa do Sul dos Estados Unidos, exorcizou com amargura esse mesmo pensamento, em palavras que se tornaram quase tão famosas quanto as de Clausewitz: "Estou farto da guerra. Sua glória é pura quimera [...] A guerra é o inferno".[3]

Clausewitz vira os fogos infernais da guerra, vira, com efeito, Moscou em chamas. O incêndio de Moscou foi a maior catástrofe material das guerras napoleônicas, um evento de significação européia semelhante em seu efeito psicológico ao terremoto de Lisboa de 1755. Em uma época de crença, a destruição de Lisboa parecera uma evidência terrível do poder do Todo-Poderoso e estimulara um renascimento religioso em Portugal e Espanha; na época da revolução, a destruição de Moscou foi vista como um testemunho do poder do homem, como de fato era. Considerou-se o incêndio como um ato deliberado — Rostopchin, governador da cidade, arrogou-se a responsabilidade quanto a ele, enquanto Napoleão mandava prender e executar os supostos incendiários —, mas Clausewitz estranhamente não pôde convencer-se de que o incêndio fora deliberado, com o objetivo de negar a Napoleão o prêmio da vitória. Ao contrário: "que os franceses não foram os agentes, eu estava firmemente convencido", escreveu ele, "que as autoridades russas tinham cometido o ato, pareceu-me pelo menos não provado". Em vez disso, acreditava tratar-se de um acidente.

> A confusão que vi nas ruas enquanto a retaguarda [russa] se retirava; o fato de que a fumaça foi vista pela primeira vez elevando-se das extremidades dos subúrbios onde os cossacos agiam convenceram-me de que o incêndio de Moscou foi um resultado da desordem e do hábito dos cossacos de primeiro saquear e depois pôr fogo em todas as casas antes que o inimigo pudesse utilizá-las [...] Foi um dos acontecimentos mais estranhos da história, que um evento que tanto influenciou o destino da Rússia pudesse ser como um bastardo nascido de um caso de amor ilícito, sem um pai que o reconhecesse.[4]

No entanto, Clausewitz devia saber que não havia nada de verdadeiramente acidental no ato bastardo de incendiar Moscou, ou em qualquer das inúmeras ilegitimidades que acompanharam a campanha de Napoleão na Rússia em 1812. O envolvimento dos cossacos era em si mesmo uma garantia de que incêndios, saques, estupros, assassinatos e uma centena de outras atrocidades abundariam, pois para os cossacos a guerra não era política, mas uma cultura e um modo de vida.

Os cossacos eram soldados do czar e, ao mesmo tempo, rebeldes contra o absolutismo czarista. A história de suas origens foi chamada de mito, e não há dúvida de que eles as mitificaram ao longo do tempo.[5] Contudo, a essência do mito é simples e verdadeira. Os cossacos — o nome deriva da palavra turca que significa homem livre — eram cristãos fugitivos da servidão aos senhores da Polônia, da Lituânia e da Rússia que preferiram se arriscar nas terras ricas, mas sem lei, da grande estepe da Ásia central.

Na época em que Clausewitz conheceu os cossacos, o mito de seu nascimento em liberdade tinha crescido na narração, mas diminuído na realidade. No início, tinham fundado sociedades genuinamente igualitárias — sem senhores, sem mulheres, sem propriedade, encarnação viva do bando de guerreiros livres e nômades que constitui um ingrediente poderoso e eterno das sagas de todo o mundo. Em 1570, Ivan, o Terrível, teve de trocar pólvora, chumbo e dinheiro — três coisas que as estepes não produziam — pela ajuda dos cossacos para libertar prisioneiros russos da escravização muçulmana, mas antes do final de seu reinado começou a usar a força para trazê-los para dentro do sistema czarista.[6] Seus sucessores mantiveram a pressão. Durante as guerras da Rússia contra Napoleão, formaram-se regimentos regulares de cossacos, uma contradição em termos, embora acompanhasse a moda européia de então de incorporar unidades de povos das montanhas, das florestas e de cavaleiros às diferentes ordens de batalha dos Estados. Em 1837, o czar Nicolau I completou o processo ao proclamar seu filho "Atamã de todos os cossacos", cujos seguidores estavam representados no Corpo de Guarda Imperial por regimentos de cossacos do Don, dos Urais e do mar Negro, diferenciados de outras unidades de habitantes domesticados das fronteiras e montanheses do Cáucaso apenas por detalhes de seus uniformes exóticos.

Mas apesar da amplitude da domesticação os cossacos foram sempre poupados da indignidade de pagar o "imposto por alma" que marcava um súdito russo como servo e estavam especificamente isentos de recrutamento, que os servos consideravam como uma sentença de morte. De fato, até o fim do regime czarista o governo russo preservou o princípio de tratar com as várias hostes de cossacos como se fossem sociedades de guerreiros livres, nas quais a responsabilidade de responder ao chamado às armas recaía sobre o grupo e não sobre seus indivíduos. Ainda no início da Primeira Guerra Mundial, o ministro da Guerra russo contava com os cossacos para fornecerem regimentos, não soldados, perpetuação de um sistema parte feudal, parte diplomático, parte mercenário, que numa variedade de formas provia os Estados com contingentes militares já treinados quase que desde o início da história da guerra organizada.

Os cossacos que Clausewitz conheceu estavam muito mais próximos dos piratas saqueadores originais que os próprios andarilhos arrojados que Tolstoi romantizaria em seus primeiros romances, e tocar fogo na periferia de Moscou em 1812, o que levou à conflagração da capital, estava bem dentro do espírito deles. Os cossacos continuavam a ser um povo cruel, e incendiar não estava entre seus atos mais cruéis, embora fosse suficientemente cruel — milhares de moscovitas ficaram sem teto em pleno inverno subártico. Na grande retirada que se seguiu, os cossacos demonstraram uma crueldade que lembrou suas vítimas, os europeus ocidentais, das visitas dos povos das estepes, cavaleiros nômades impiedosos cujos estandartes lançavam a sombra da morte por onde quer que suas hordas galopassem, visitas que estavam enterradas nos recessos mais escuros da memória coletiva. As longas colunas do Grande Exército que se arrastavam enterradas até o joelho na neve esperando encontrar segurança eram espreitadas, além da distância de um tiro de mosquetão, por esquadrões de cossacos que caíam rapidamente sobre os que se deixavam abater pela fraqueza; quando um grupo sucumbia, era dominado e aniquilado; e quando os cossacos alcançaram os remanescentes do exército francês que não conseguiram cruzar o rio Berezina antes que Napoleão mandasse queimar as pontes, o massacre foi em massa. Clausewitz contou a sua esposa que testemunhara "cenas medonhas [...] Se meu coração não tivesse sido endurecido, eu teria enlouquecido. Ainda assim, demorará muitos anos até que eu consiga relembrar o que vi sem me arrepiar de horror".[7]

Clausewitz era um soldado profissional, filho de um oficial, educado para a guerra, veterano de vinte anos de campanha e sobrevivente das batalhas de Iena, Borodino e Waterloo, a segunda batalha mais sangrenta de Napoleão. Ele vira o sangue jorrar em galões, tinha atravessado campos de batalha onde os mortos e feridos jaziam espalhados como feixes na colheita, vira homens serem mortos ao seu lado, tivera um cavalo ferido e escapara da morte por pura sorte. Seu coração devia estar realmente endurecido. Por que então achou os horrores da perseguição dos cossacos aos franceses tão particularmente horríveis? A resposta é, evidentemente, que ficamos endurecidos para o que conhecemos e racionalizamos e até justificamos as crueldades praticadas por nós e nossos semelhantes ao mesmo tempo que retemos a capacidade de nos chocar e nos enojar diante de práticas igualmente cruéis que, nas mãos de estranhos, assumem uma forma diferente. Entre Clausewitz e os cossacos a estranheza era mútua. Ele estava revoltado com hábitos cossacos tais como derrubar os inimigos retardatários a ponta de lança, vender prisioneiros aos camponeses por dinheiro e deixar nus os invendáveis para ficar com seus trapos. Provavelmente sentia desprezo por eles, pois, como observou um oficial francês, "quando defrontamos abertamente com eles, jamais oferecem resistência — mesmo [quando nós] estamos inferiorizados em dois para um".[8] Os cossacos, em resumo, eram cruéis para com os fracos e covardes diante dos bravos, exatamente o padrão oposto de comportamento que um oficial e cavalheiro prussiano aprendera a observar. O padrão perduraria. Na batalha de Balaclava, durante a guerra da Criméia de 1854, dois regimentos de cossacos foram enviados para enfrentar a carga da Brigada Ligeira; um oficial russo que observava registrou que "assustados pela ordem disciplinada da massa da cavalaria [britânica] caindo sobre eles, [os cossacos] não sustentaram posição e, girando para a esquerda, começaram a atirar em suas próprias tropas numa tentativa de abrir caminho para a fuga". Quando a Brigada Ligeira foi expulsa do vale da Morte pela artilharia russa, "os primeiros a se recuperar", registrou outro oficial russo, "foram os cossacos e, fiéis a sua natureza, dedicaram-se à tarefa que se apresentava — recolher os cavalos abandonados pelos ingleses e oferecê-los à venda".[9] O espetáculo certamente aumentaria o desprezo de Clausewitz, reforçando sua convicção de que os cossacos não mereciam a dignidade do título de "soldados"; apesar de sua conduta mercenária, não podiam nem ser chamados propriamente de mercenários, que são normalmente fiéis a seus contratos; Clausewitz os consideraria provavelmente meros carniceiros, que viviam dos restos da guerra, mas se esquivavam do matadouro.

O verdadeiro trabalho da guerra na época de Clausewitz era realmente de matadouro. Os soldados ficavam silenciosos e inertes em fileiras para serem abatidos, às vezes durante horas; em Borodino, diz-se que os corpos de infantaria de Ostermann-Tolstoi ficaram diante do fogo à queima-roupa da artilharia por duas horas, "durante as quais o único movimento era a agitação das linhas provocada pelos corpos que caíam". Sobreviver à matança não significava o fim do matadouro. Larrey, o cirurgião mais antigo de Napoleão, realizou duas centenas de amputações na noite seguinte a Borodino, e seus pacientes eram felizardos. Eugène Labaume descreveu "o interior das valas" que entrecruzavam o campo de batalha: "quase todos os feridos, por um instinto natural, tinham se arrastado para lá em busca de proteção [...] empilhados uns sobre os outros e nadando desamparadamente no próprio sangue, alguns pediam aos que passavam que os livrassem de sua miséria".[10]

Essas cenas de matadouro eram o resultado inevitável de uma forma de guerrear que fazia os povos que Clausewitz considerava selvagens, como os cossacos, fugirem quando ameaçavam envolvê-los, mas, se não as tivessem testemunhado, rirem quando alguém as descrevia. O treinamento europeu, quando demonstrado pela primeira vez por Takashima, o reformador militar japonês, a alguns samurais de alta patente em 1841, provocou escárnio; o mestre da artilharia disse que o espetáculo de "homens levantando e manipulando suas armas todos ao mesmo tempo e com o mesmo movimento parecia que estavam participando de alguma brincadeira de criança".[11] Era a reação de guerreiros que lutavam corpo a corpo, para quem lutar era um ato de auto-expressão pelo qual um homem exibia não apenas sua coragem, mas também sua individualidade. Os *klephts* gregos — meio bandidos, meio rebeldes contra o domínio turco, cujos simpatizantes, filelenos franceses, alemães e britânicos, muitos deles ex-oficiais das guerras napoleônicas, tentaram instruir em exercícios de ordem unida no início da guerra de independência da Grécia, em 1821 — também reagiram com zombaria, mas antes com descrença que com desprezo. Seu estilo de luta — muito antigo, encontrado por Alexandre, o Grande, em sua invasão da Ásia menor — era construir pequenos muros no lugar mais provável de encontro com o inimigo e então provocá-lo à ação com motejos e insultos; quando o inimigo atacava, fugiam. Sobreviviam para lutar outro dia, mas não para ganhar a guerra, objetivo que não conseguiam entender. Os turcos também tinham uma maneira própria de lutar: avançavam numa carga desconexa com desdém fanático pelas baixas. Os filelenos argumentavam que, se os gregos não enfrentassem os turcos, jamais ganhariam uma batalha; os gregos objetavam que, se fizessem frente ao inimigo à maneira européia, peito aberto aos mosquetes turcos, seriam todos mortos e perderiam a guerra de qualquer modo.

"Para os gregos, um rubor — para a Grécia, uma lágrima", escreveu Byron, o mais famoso dos filelenos. Ele tinha esperança, com outros amantes da liberdade, "de fazer uma nova Termópilas" ao lado dos gregos. Sua descoberta de que eles eram invencíveis apenas em sua ignorância de táticas racionais deprimiu-o e desiludiu-o, assim como aos outros idealistas europeus. No centro do filelenismo estava a crença de que os gregos modernos eram, sob sua sujeira e ignorância, o mesmo povo da Grécia antiga. Shelley, em seu prefácio a *Hellas* — "A grande época do mundo começa novamente/ Os anos dourados retornam" —, expõe essa crença em sua forma mais sucinta: "O grego moderno é o descendente daqueles seres tão gloriosos que a imaginação quase se recusa a vê-los como pertencendo a nossa espécie, e ele herda muito da sensibilidade, da rapidez de concepção, do entusiasmo e da coragem deles". Mas os filelenos que entraram em um campo de batalha com os gregos não apenas abandonaram rapidamente a crença numa identidade comum entre os antigos e os modernos; os que sobreviveram para voltar à Europa, "quase sem exceção", escreve o historiador do filelenismo William Saint Clair, "odiavam os gregos com asco profundo e maldiziam-se por sua estupidez de terem sido enganados".[12] A proclamação poética ingênua da coragem dos gregos modernos feita por Shelley foi particularmente exasperante. Os filelenos queriam acreditar que eles exibiriam a mesma tenacidade em ordem unida, na "batalha até a morte a pé" que os antigos hoplitas tinham demonstrado em suas guerras contra os persas. Foi aquele estilo de luta que, por caminhos tortuosos, veio a caracterizar seu próprio estilo de guerrear na Europa ocidental. Eles esperavam ao menos que os gregos modernos se mostrassem dispostos a reaprender a tática de ordem unida, quando mais não fosse porque isso era a chave para libertarem-se dos turcos. Quando descobriram que não havia essa disposição — que os "objetivos de guerra" dos gregos se limitavam a conquistar a liberdade para continuar como bons *klephts* a fazer fiau para as autoridades em suas montanhas fronteiriças, subsistindo pelo banditismo, mudando de lado quando lhes convinha, matando seus inimigos religiosos quando surgia a oportunidade, exibindo atavios de mau gosto, brandindo armas ferozes, enchendo suas bolsas com subornos desonrosos e nunca, nunca morrendo até o último homem, ou até o primeiro, se conseguissem —, aos filelenos restou a conclusão de que somente um rompimento na linhagem entre os gregos antigos e modernos poderia explicar o colapso de uma cultura heróica.

Os filelenos tentaram — mas falharam — fazer os gregos aceitarem sua cultura militar. Clausewitz não tentou, mas teria fracassado se quisesse fazer os cossacos aceitarem sua cultura militar. O que eles deixaram de ver é que seu próprio modo ocidental de lutar, tipificado pelo grande marechal francês de Saxe, do século XVIII, em sua crítica aguda das deficiências militares dos turcos e de seus inimigos como sendo "*l'ordre, et la discipline, et la manière de combattre*", era bem uma expressão de sua própria cultura, tanto quanto a tática do "viver para lutar outro dia" dos cossacos e dos *klephts*.[13]

Em resumo, é no plano cultural que a resposta de Clausewitz à pergunta "o que é a guerra" é falha. Isso não é de forma alguma surpreendente. Todos nós achamos difícil tomar distância suficiente de nossa própria cultura para perceber como ela faz de nós, como indivíduos, o que somos. Para o homem ocidental moderno, com seu compromisso com o credo da individualidade, essa dificuldade é tão grande quanto o foi para gente de outros lugares e épocas. Clausewitz era um homem de seu tempo, filho do Iluminismo, contemporâneo dos românticos alemães, um intelectual, um reformista prático, um homem de ação, um crítico de sua sociedade e um apaixonado crente na necessidade de mudá-la. Era um observador perspicaz do presente e um devoto do futuro. No que fracassou foi em ver quão profundamente enraizado estava em seu próprio passado, o passado de um oficial profissional de um Estado centralizado europeu. Se sua mente tivesse apenas mais uma dimensão intelectual — e se tratava de uma mente já muito sofisticada —, talvez pudesse ter percebido que a guerra abarca muito mais que a política, que é sempre uma expressão de cultura, com freqüência um determinante de formas culturais e, em algumas sociedades, é a própria cultura.

QUEM FOI CLAUSEWITZ?

Clausewitz era um oficial de regimento. Isso exige alguma explicação. Um regimento é uma unidade de força militar, tipicamente um corpo de cerca de duzentos soldados. O regimento era uma característica estabelecida da paisagem militar na Europa do século XVIII que sobrevive intacta em nossa época; com efeito, alguns regimentos atuais, notadamente nos exércitos da Grã-Bretanha e da Suécia, têm histórias contínuas de cerca de três séculos. No entanto, ao surgir no século XVII, o regimento não foi um elemento apenas novo, mas também revolucionário da vida européia. Sua influência se tornou tão significativa quanto a das burocracias autônomas e autoridades fiscais equânimes, e entrelaçou-se com elas.

O regimento — semanticamente, a palavra liga-se ao conceito de governo — foi um expediente para assegurar ao Estado o controle das forças armadas. Os motivos complexos para seu surgimento derivam de uma crise que se desenvolvera duzentos anos antes no relacionamento entre os soberanos europeus e seus fornecedores de serviço militar. Tradicionalmente, os reis dependiam, para recrutar seus exércitos quando necessário, dos senhores feudais, aos quais os direitos locais de subsistência e autoridade eram delegados em troca da promessa de fornecer homens armados, em número proporcional às concessões de terras que detinham, e por um período determinado, quando solicitado. Em última análise, o sistema era determinado pela questão da subsistência: nas economias primitivas, em que a colheita e a distribuição são constrangidas por dificuldades de transporte, os homens armados devem ficar assentados na terra, com direitos sobre a colheita, se não for para recair no status de trabalhador.

Esse sistema feudal, no entanto, jamais foi puro — suas variedades no tempo e no espaço desafiam as classificações — e raramente foi eficaz. Na verdade, no século XV já se tornara muito ineficiente. Uma situação de guerra quase permanente afligia boa parte da Europa, em conseqüência de ameaças externas e divisões internas, situação essa que os exércitos feudais não conseguiam eliminar. As tentativas de tornar as forças armadas mais eficazes, concedendo uma independência maior aos senhores feudais nas regiões mais conturbadas ou pagando cavaleiros para servir aos exércitos, apenas agravaram o problema; os senhores feudais não se apresentavam quando chamados, construíam castelos mais reforçados, montavam exércitos privados, guerreavam por conta própria — às vezes, contra os soberanos. Havia tempo os reis suplementavam as forças feudais com mercenários, quando levantavam dinheiro para tanto. Na metade do século XV, reis e grandes senhores feudais viram seus territórios devastados por mercenários que tinham sido atraídos por ofertas de dinheiro que depois secaram. Os mercenários não pagos tornaram-se um flagelo, às vezes tão temidos quanto os invasores — magiares, sarracenos, vikings — que tinham inaugurado a militarização e o encastelamento da Europa.

O problema era circular: reunir mais soldados como meio de restaurar a ordem era correr o risco de aumentar o número de saqueadores (*écorcheurs* — esfoladores — como eram chamados pelos franceses); esquivar-se de restaurar a ordem era condenar os lavradores da terra ao estupro e à pilhagem. Por fim, o rei da França, país mais afetado, tomou uma decisão arriscada. Reconhecendo que os *écorcheurs* tinham "se tornado, apesar deles mesmos, proscritos militares, todavia esperando o reconhecimento, mais cedo ou mais tarde, do rei ou dos grandes senhores", Carlos VII "deu início, em 1445-46, não à criação de um exército permanente, como é dito às vezes, mas à escolha, dentre a massa de soldados disponíveis", dos melhores.[14] Formaram-se companhias de mercenários com uma composição uniforme, oficialmente reconhecidas como servidoras da monarquia, cuja função seria extirpar o resto.

As *compagnies d'ordonnance*, como foram chamadas as criações de Carlos VII, eram compostas por soldados de infantaria, cuja inferioridade social em relação à cavalaria feudal colocava-os em desvantagem militar, reforçada pela dúvida então existente sobre sua capacidade física de enfrentar a cavalaria no campo de batalha. Algumas infantarias, em especial a populista suíça, já tinham revelado uma capacidade de derrubar homens montados com armas pontiagudas; quando o uso de armas de fogo portáteis eficazes se generalizou, no começo do século XVI, a questão *moral*, como a caracterizou o historiador militar sir Michael Howard, foi resolvida pela tecnologia para sempre.[15] A partir de então, a infantaria derrotou consistentemente a cavalaria, que se viu marginalizada no campo de batalha, embora continuasse a insistir no reconhecimento de sua velha posição social. Esta, no entanto, foi solapada ainda mais e simultaneamente pelo impacto da pólvora sobre as fortalezas dos chefes da cavalaria feudal. O bombardeio por artilharia móvel, uma arma nova utilizada com êxito pela primeira vez por Carlos VIII, sucessor de Carlos VII, anunciou o fim do desafio à autoridade real dos senhores de castelos. Esse processo começou na década de 1490; no início do século XVII, seus descendentes ficavam contentes ao receber coronelatos de infantaria por favor real.

Esses coronelatos estavam vinculados ao "regimento" — ou comando — de um conjunto de companhias, a experiência tendo provado que uma única companhia era pequena demais para contar no campo de batalha, ou para atrair um homem de posição para seu comando, a não ser que fosse uma companhia de guardas reais. Dessa forma, os coronéis de regimento da maioria dos exércitos europeus eram também proprietários, da mesma forma que os chefes das unidades de mercenários que continuaram a coexistir com os novos regimentos reais até o século XVIII. Os proprietários eram pagos com uma quantia em bloco do tesouro real, a qual gastavam como quisessem em soldos e uniformes; em geral, vendiam os postos subordinados de capitães e tenentes para suplementar suas rendas (a "compra" de comissões no exército britânico perdurou até 1871).

Esses novos regimentos adquiriram rapidamente um caráter diferente daquele dos bandos mercenários do final do feudalismo e das guerras religiosas, que geralmente debandavam quando os fundos secavam (a não ser que assumissem o controle do governo, como aconteceu em várias cidades-estados italianas). Eles se tornaram instituições reais — posteriormente nacionais — permanentes, ganhando amiúde quartéis-generais fixos numa cidade de província, recrutando na região circunvizinha e retirando seus oficiais de uma *coterie* de famílias aristocráticas. O 34º Regimento de Infantaria da Prússia, para o qual Clausewitz entrou em 1792, aos onze anos de idade, era exatamente um regimento desse tipo. Fundado em 1720 e destacado para a vila brandemburguesa de Neuruppin, a 65 quilômetros de Berlim, tinha um príncipe real como coronel; seus oficiais vinham da pequena nobreza prussiana, enquanto os soldados — recrutados por tempo indeterminado dentre os mais pobres da sociedade — formavam, com suas esposas, filhos e camaradas inválidos, mais da metade da população da cidadezinha.

Cem anos depois, toda a Europa estaria pontilhada por esse tipo de vila militar, algumas abrigando vários regimentos. Na pior das hipóteses, esses regimentos se pareciam com o de Vronsky, o amante de Anna Karenina, que Tolstoi descreve como um clube de dândis, comandado por oficiais ociosos e janotas que se preocupavam mais com seus cavalos que com seus soldados.[16] Mas na melhor delas esses regimentos tornavam-se "escolas da nação", que estimulavam a temperança, o preparo físico e a proficiência nos estudos básicos elementares. O regimento de Clausewitz era um precursor desse último tipo. Seu comandante estabeleceu escolas regimentais para educar os oficiais jovens, ensinar os soldados a ler e escrever e suas esposas a tecer e bordar.

Esses regimentos "aperfeiçoadores" constituíam uma fonte de profundo orgulho para seus coronéis, não sendo o menor dos motivos o fato de parecerem modelos de perfeição social, uma idéia muito atraente para os homens do Iluminismo. Embora os soldados fossem praticamente escravizados e efetivamente prisioneiros das guarnições, a não ser que desertassem, eles compunham *en masse* um espetáculo esplêndido, aparentemente extraídos de uma espécie diferente dos aldeões grosseiros que povoavam os campos; e o longo tempo de serviço acabava por acostumá-los à sua condição. Existem descrições patéticas de veteranos prussianos, velhos e fracos demais para ir a campo, cambaleando atrás de seus regimentos que partiam em campanha, pois não conheciam outro tipo de vida. Os coronéis que tinham formado esses soldados, mesmo com o livro de instrução e o chicote, podiam muito bem se convencer de que eram instrumentos da virtude social. Mas, se assim pensavam, enganavam-se, pelo motivo paradoxal de que os regimentos se deram muito bem em seus próprios termos. Eles tinham sido fundados para isolar os elementos dissolutivos da sociedade, para o bem desta, embora isso tivesse sido esquecido. Eles acabaram por se isolar completamente da sociedade, diferenciados por suas próprias regras, rituais e disciplinas.

O fracasso social do exército prussiano não teria provavelmente perturbado o jovem Clausewitz, não tivesse ele condenado também o Estado prussiano à catástrofe militar. Um ano depois de ter entrado para o exército, Clausewitz entrou em batalha contra soldados franceses animados por motivos inteiramente diferentes daqueles dos ex-servos que estava comandando. Os exércitos da Revolução Francesa eram bombardeados por propaganda sobre a igualdade dos franceses como cidadãos da República e sobre o dever de todos os cidadãos de empunhar armas. Suas guerras contra os exércitos monárquicos sobreviventes da Europa eram caracterizadas como lutas para derrubar a ordem aristocrática onde quer que estivesse, não apenas para que a Revolução pudesse ser defendida na França, mas também para que seus princípios libertadores pudessem ser implantados onde os homens ainda não eram livres. Por qualquer razão — o tema é muito complexo — os exércitos revolucionários revelaram-se quase imbatíveis, e seu dinamismo militar persistiu mesmo depois que o bom republicano, general Bonaparte, declarou-se imperador Napoleão.

Em 1806, Napoleão voltou sua atenção para a Prússia e derrotou seu exército no furacão de poucas semanas. Clausewitz viu-se prisioneiro em solo francês e, quando teve permissão para voltar para casa, era oficial de um esqueleto de exército que existia somente pela tolerância francesa. Durante alguns anos, ele conspirou com seus superiores, os generais Scharnhorst e Gneisenau, fazendo planos para dar carnes a esse esqueleto embaixo do nariz de Napoleão, mas em 1812 rebelou-se contra o gradualismo e tomou o caminho do "duplo patriota". O "duplo patriotismo" impeliu-o a desobedecer às ordens de seu rei de servir a Napoleão em sua invasão da Rússia, levando-o a se unir ao exército czarista em nome da liberdade da Prússia. Como oficial czarista, lutou em Borodino e, ainda usando o uniforme russo, voltou à Prússia para participar de sua guerra de libertação, em 1813. O "duplo patriotismo", aliás, seria o código dos oficiais japoneses ultranacionalistas que desobedeceram à política moderada do governo imperial anterior à Segunda Guerra Mundial, com o objetivo de seguir o que consideravam os verdadeiros interesses do imperador.

Somente o desespero patriótico poderia ter colocado Clausewitz nesse rumo subversivo; tendo escolhido esse caminho, teve a partir de então energias para entrar numa carreira de subversão intelectual de conseqüências mundiais. O desastre de 1806 tinha abalado profundamente sua crença no Estado prussiano, mas não destruíra sua crença nos valores da cultura regimental na qual se formara. De fato, ele não tinha outra maneira de pensar na guerra senão como um chamamento no qual o soldado, por sua conduta, e particularmente o oficial desafiavam a natureza. A natureza defendia a fuga, a covardia, o interesse egoísta; favorecia a maneira dos cossacos, pela qual um homem lutava apenas por opção pessoal e poderia voltar-se para o comércio no campo de batalha, se isso servisse aos seus fins — isso era a "guerra real", em seu pior sentido. Porém os ideais da cultura regimental mais bem seguidos — obediência total, coragem pura, auto-sacrifício, honra — eram os que mais se aproximavam daquela "guerra verdadeira" que Clausewitz se convencera que um soldado profissional deveria considerar como seu objetivo.

Como observou Michael Howard, a distinção entre "guerra real" e "guerra verdadeira" não é original de Clausewitz.[17] Ela "estava no ar" no exército prussiano do início do século XIX, entre outros motivos porque combinava com a filosofia idealista que permeava as universidades e a vida cultural da Prússia. Clausewitz não tinha formação filosófica formal; "era antes um representante típico de sua geração, que freqüentava conferências sobre lógica e ética destinadas ao público em geral, lia importantes livros e artigos não profissionais e recolhia esboços de idéias de segunda e terceira mão do ambiente cultural".[18] O ambiente cultural conduzia a uma teoria militar fundada numa dialética entre guerra real e verdadeira; e fornecia também a Clausewitz a linguagem, os argumentos e o modo de apresentação mais adequados para que sua teoria fosse bem recebida por seus contemporâneos.

Clausewitz estava num dilema depois de voltar para a Prússia trajando uniforme russo, em 1813. Sua carreira estava gorada, mas ele continuava a ser um fervoroso nacionalista prussiano. Queria criar para o exército de seu país uma teoria da guerra que garantisse sua vitória no futuro, mas a Prússia não mostrava nenhuma inclinação para se submeter ao tipo de mudança interna que tornara a França invencível durante a Revolução. O próprio Clausewitz não desejava isso: desprezava os franceses, considerava-os inferiores em qualidades nacionais — dissimulados e falastrões onde os prussianos eram confiáveis e nobres — e permanecia enraizado demais em sua formação monárquica e regimental para querer que os ideais revolucionários fossem transplantados para seu reino. No entanto, seus poderes racionais diziam-lhe que fora o fervor revolucionário dos exércitos franceses que lhes trouxera a vitória. Na França, durante a Revolução, a política tinha sido tudo; na Prússia, a política não passava, mesmo depois da derrota de Napoleão, de um capricho do rei. O dilema era, assim: como se poderia ter as formas de guerrear praticadas pelos exércitos da República Francesa e Napoleão sem a política revolucionária? Como se poderia ter uma guerra popular sem um Estado popular? Se ele descobrisse a maneira de persuadir o exército prussiano de que guerrear era de fato uma forma de atividade política, que quanto mais se aproximasse da "guerra verdadeira" melhor serviria aos objetivos políticos do Estado, e que qualquer distância que restasse entre a "guerra verdadeira" e a forma imperfeita de "guerra real" deveria ser reconhecida simplesmente como uma deferência paga pela estratégia à necessidade política, então o soldado prussiano poderia ser mantido em um estado de inocência política, com a diferença de que a partir de então ele lutaria como se o sangue da política corresse em suas veias.

A solução de Clausewitz para seu dilema militar se aproxima bastante, em certo sentido, da solução que Marx encontrou para seu dilema político poucos anos depois. Ambos cresceram dentro do mesmo ambiente cultural do idealismo alemão, embora Marx contasse com a formação filosófica que Clausewitz não tinha, e é extremamente significativo que Clausewitz tenha sempre gozado de prestígio entre os intelectuais marxistas, com destaque para Lenin. O motivo é fácil de perceber. O redutivismo é a essência da metodologia marxista, e Clausewitz argumentava por redução que na guerra quanto pior melhor, porque o pior está mais perto da guerra "verdadeira" que da "real". Marx também diria que quanto pior melhor, o pior em política sendo a culminância da luta de classes, a revolução, que derruba o mundo oco da política "real" e abre o caminho para a sociedade "verdadeira" da vitória proletária.

Os motivos que impeliram Marx a essa afirmação não foram os mesmos que animavam Clausewitz. Ele era mais atrevido; enquanto Clausewitz, aferrado ao papel de *insider*, esperava — em vão — ser nomeado embaixador em Londres ou chefe do Estado-maior e aceitava de bom grado promoções e condecorações, Marx deleitava-se no papel de *outsider*.[19] O exílio, a pobreza, a execração do Estado prussiano eram-lhe úteis. A vida do lado de fora do sistema fortalecia sua posição, ao passo que Clausewitz acreditava que somente permanecendo dentro do sistema ele poderia mudá-lo. Todavia, intelectualmente, havia mais coisas unindo que separando os dois, pois ambos tiveram de superar a mesma dificuldade filosófica, a de persuadir uma determinada platéia a aceitar um ponto de vista ao qual oferecia forte resistência. Marx era um apóstolo da revolução numa sociedade em que os elementos progressistas estavam profundamente desiludidos com a revolução, que lembravam que a Revolução Francesa e a de 1830 tinham fracassado, que veriam a Revolução de 1848 naufragar e que estavam oprimidos de todos os lados pelo poder do Estado monárquico ou burguês. Clausewitz era o apóstolo de uma filosofia revolucionária da guerra, que procurava mostrá-la como uma atividade política para uma casta que considerava a política um anátema. Ambos acabaram encontrando um meio de superar a resistência intelectual do público que cada um tentava converter. Marx concebeu um conjunto do que considerava ser leis científicas da história que representava para os progressistas não apenas a esperança, mas a certeza, a inevitabilidade da vitória proletária. Clausewitz concebeu uma teoria que elevava os valores dos oficiais de regimento — dedicação total ao dever, mesmo tendo de morrer na boca do canhão — ao estatuto de credo político, eximindo-o assim de uma reflexão política mais profunda.

Da guerra e *O capital*, por mais diferentes que sejam no que se refere ao tema, podem portanto ser considerados dois livros da mesma qualidade. Clausewitz esperava indiscutivelmente que *Da guerra* alcançasse o mesmo *status* de *A riqueza das nações* de Adam Smith, obra suprema da mente iluminista; com efeito, ele pode ter pensado que, tal como Smith, não fizera mais que observar, descrever e classificar os fenômenos que estavam diante de seus olhos. Marx também fez muitas descrições, boa parte delas corretas. Partindo da brilhante identificação da divisão do trabalho na indústria feita por Adam Smith, ele foi adiante, caracterizando a emoção que essa divisão engendra como "alienação"; assim, onde Smith via nos processos de produção pré-mecânica de alfinetes — quando um homem puxava o arame, outro cortava, um terceiro fazia a ponta, um quarto forjava a cabeça — apenas a ação maravilhosa da "mão invisível" que dirigia a economia de mercado, Marx teve a inspiração de diagnosticar que o desespero que esse trabalho implanta no peito de um homem que pensa e sente levaria ao que chamou "luta de classes". Marx concluiu que os processos de produção em massa num sistema econômico no qual o trabalhador não possui os meios de produção tornariam a revolução inevitável; e suas observações eram tão corretas que os industriais de nosso tempo ainda persistem na busca de métodos que tornem o processo do trabalho tolerável e até mesmo significativo. Clausewitz também começou com uma descrição. Viu uniformes, canções e treinamento como algo inquestionável, e a partir disso argumentou que a alienação do soldado (embora não tenha usado esse termo) de seu destino — privação, ferimentos, morte — estava destinada a conduzir os exércitos à derrota e ao colapso, o equivalente militar da revolução, se não fosse possível convencê-los de que a terrível experiência da "guerra verdadeira" servia melhor ao seu Estado do que as obrigações mais fáceis da "guerra real", com que todos os homens em armas estavam familiarizados.

Da mesma forma que o senso comum nos diz que uma luta de classes demorada é intolerável para qualquer sociedade na qual ela persiste e que a revolução causa males diante dos quais os provocados pela luta de classes parecem triviais, ele também nos adverte de que a "guerra verdadeira" pode se revelar pior que a natureza humana pode suportar. Evidentemente, Clausewitz, como pensador, jamais esperou que a distância entre "guerra verdadeira" e "guerra real" pudesse ser vencida completamente. Com efeito, a força de sua atração para os intelectuais, em particular marxistas, sempre esteve na sutileza de sua ênfase nos fatores intangíveis — acaso, incompreensão, incapacidade, incompetência, mudança de visão política, fracasso da vontade ou colapso do consenso — que fazem da "guerra real", em vez da "guerra verdadeira", a forma mais provável que uma guerra concreta pode assumir. A "guerra verdadeira" é, de fato, insuportável.

E contudo, apesar do espaço para escapar das durezas da "guerra verdadeira" aberto por Clausewitz, o paradoxo foi que *Da guerra* superou o que pode ter sido sua mais extremada expectativa. Ele morreu desapontado em 1831, vítima da última grande pandemia de cólera da Europa, sem promoção e sem honrarias; o texto de *Da guerra* viu a luz do dia somente graças à edição de sua devotada viúva. Marx também morreu desapontado, doze anos depois da derrota da Comuna de Paris em 1871, que parecia decretar o fim de sua confiante previsão de que a revolução seria o resultado inevitável da opressão do proletariado europeu pela burguesia da Europa. Todavia, apenas 34 anos depois, em um país tão atrasado que Marx desconsiderava-o como sementeira revolucionária, a revolução não somente se enraizou como floresceu na primeira ditadura do proletariado. Isso ocorreu no auge de uma grande guerra entre os Estados burgueses, sem a qual não se teriam criado as circunstâncias da Revolução Russa. A natureza terrível daquela guerra — e não a natureza terrível do capitalismo industrial — empurrou a Rússia para a revolução; e a terrível natureza da guerra era o resultado atrasado da insistência literária de Clausewitz de que os exércitos devem batalhar para tornar a "guerra real" e a "guerra verdadeira" a mesma coisa.

Da guerra revelou-se um livro de efeito retardado. Somente depois de quarenta anos de sua publicação, em 1832-35, é que se tornou amplamente conhecido, e de uma forma indireta. Helmuth von Moltke, chefe do Estado-maior prussiano, tinha aparentemente dons mágicos de comando, que haviam derrubado o poder do Império austríaco e depois do francês, numa campanha de poucas semanas, em 1871. O mundo queria evidentemente conhecer seu segredo, e quando Moltke revelou que, além da Bíblia e de Homero, o livro que mais o influenciara fora *Da guerra*, a fama póstuma de Clausewitz estava garantida.[20] O fato de que Moltke fora aluno da escola de guerra da Prússia quando Clausewitz era seu diretor não foi notado e, de qualquer forma, era irrelevante; o mundo interessou-se pelo livro, leu-o, traduziu-o, interpretou-o amiúde mal, mas desde então acreditou que ele continha a essência da guerra bem-sucedida.

Boa parte do sucesso de *Da guerra* derivou de sua aparente confirmação pelo acontecido nos conflitos armados desde sua composição. O mais importante desses acontecimentos foi a disseminação daquele regimentalismo no qual Clausewitz se formara. "O negócio da guerra", disse ele em uma daquelas modificações características de sua idéia central da guerra como ato político, "será sempre individual e distinto. Em conseqüência, enquanto praticarem essa atividade, os soldados se considerarão membros de uma espécie de guilda, em cujos regulamentos, leis e costumes é atribuída ao espírito da guerra uma posição elevada." Essa "espécie de guilda" era, evidentemente, o regimento, cujo espírito e valores ele então classificava:

> Um exército que mantém sua coesão sob o fogo mais mortal; que não pode ser abalado por medos imaginários e resiste aos bem fundamentados com todo o seu vigor; que, orgulhoso de suas vitórias, não perderá a energia de obedecer a ordens nem o respeito e confiança em seus oficiais, mesmo na derrota; cuja força física, como os músculos de um atleta, foi enrijecida pelo treinamento na privação e no esforço [...] que está cônscio de todos esses deveres e qualidades em virtude da idéia única e poderosa da honra de suas armas — um exército assim está imbuído do verdadeiro espírito militar.[21]

"Exército" significava "regimentos", suas partes constitutivas. No século XIX, a Prússia foi efetivamente tomada por regimentos; em 1831, havia apenas quarenta deles, mas em 1871 havia mais de cem, sem contar os batalhões de fuzileiros e a cavalaria. Todos os prussianos aptos eram membros de um regimento, ou tinham sido na juventude, e todos compreendiam a "idéia única e poderosa da honra de suas armas".

Essa idéia deu às armas prussianas a vitória em guerras contra a Áustria e a França, e levou imediatamente os oficiais de outras nações a criar regimentos no modelo prussiano, recrutados entre os melhores jovens do país e sustentados por grupos de reservistas mais velhos que viam nos seus dias de serviço militar o rito de passagem que os transformara em homens. Esse rito de passagem tornou-se uma importante forma cultural na vida européia, uma experiência comum a quase todos os jovens europeus do sexo masculino e, por sua universalidade, sua pronta aceitação pelos eleitorados como uma norma social e sua inescapável militarização da sociedade, veio a se constituir em mais uma confirmação do dito de Clausewitz de que a guerra era uma continuação da atividade política. Se os povos votavam a favor da conscrição ou concordavam com leis de recrutamento militar, como se poderia negar que a guerra e a política pertenciam de fato ao mesmo *continuum*?

E, contudo, o deus da guerra não é um arremedo. Quando os regimentos de recrutas da Europa marcharam para a guerra, em 1914, carregando sua retaguarda de reservistas, a guerra que os enredou foi, de longe, a pior que os cidadãos pudessem esperar. Na Primeira Guerra Mundial, a "guerra real" e a "guerra verdadeira" logo se tornaram indistintas; as influências moderadoras que Clausewitz, como observador desapaixonado dos fenômenos militares, declarara sempre entrarem em ação para ajustar a natureza potencial e o propósito real da guerra reduziram-se à invisibilidade; alemães, franceses, ingleses e russos descobriram-se aparentemente travando uma guerra pela guerra. Os objetivos políticos da guerra — já difíceis de definir desde o início — foram esquecidos, as restrições políticas foram atropeladas, os políticos que apelavam para a razão foram execrados, a política, mesmo nas democracias liberais, logo se reduziu a uma mera justificação de batalhas maiores, listas de baixas mais longas, orçamentos mais caros, um excesso de miséria humana.

A política não desempenhou papel algum digno de menção na condução da Primeira Guerra Mundial. Essa guerra foi, ao contrário, uma aberração cultural monstruosa, a conseqüência de uma decisão inadvertida de europeus no século de Clausewitz — que começou com seu retorno da Rússia em 1813 e terminou em 1913, o último ano da longa paz européia — de transformar a Europa numa sociedade de guerreiros. Clausewitz não foi o arquiteto dessa decisão cultural, assim como Marx não foi o arquiteto do impulso revolucionário que perverteu o liberalismo durante o mesmo período, mas ambos têm muita responsabilidade. Seus grandes livros, pretendendo ser obras de ciência, eram de fato obras intoxicantes de ideologia, apresentando uma visão do mundo não como era realmente, mas como poderia ser.

O propósito da guerra, disse Clausewitz, era servir a um fim político; a natureza da guerra, argumentava ele, era servir apenas a si mesma. Em conclusão, de acordo com essa lógica, os que fazem da guerra um fim em si mesmo terão provavelmente mais sucesso que aqueles que buscam moderar seu caráter por objetivos políticos. A paz do século mais pacífico da história européia foi refém dessa idéia subversiva, que borbulhava e fervilhava como um vulcão ativo sob a superfície do progresso e da prosperidade. A riqueza gerada pelo século pagou, numa escala jamais vista, as obras da paz — escolas, universidades, hospitais, estradas, pontes, novas cidades, novos locais de trabalho, a infra-estrutura de uma vasta e benevolente economia continental. Ela também gerou, por intermédio dos impostos, uma saúde pública melhor, taxas de natalidade mais altas e uma nova e engenhosa engenharia militar, os recursos para travar a guerra verdadeira, mediante a criação da sociedade guerreira mais forte que o mundo jamais conhecera. Em 1818, quando Clausewitz começou o manuscrito de *Da guerra*, a Europa era um continente desarmado. O grande exército de Napoleão se dissolvera depois de seu exílio em Santa Helena e os de seus inimigos tinham minguado proporcionalmente. O recrutamento em larga escala tinha sido efetivamente abolido em todos os lugares, a indústria de armas entrara em colapso, os generais tornaram-se pensionistas, veteranos esmolavam nas ruas. Passados 96 anos, às vésperas da Primeira Guerra Mundial, quase todo europeu qualificado do sexo masculino em idade militar tinha uma carteira de identidade militar entre seus papéis pessoais, informando onde apresentar-se em caso de mobilização geral. Os almoxarifados

dos regimentos estavam abarrotados de uniformes e armas sobressalentes para os reservistas; até mesmo os cavalos nos campos das fazendas estavam listados para serem requisitados em caso de guerra.

No início de julho de 1914, havia cerca de 4 milhões de europeus uniformizados; no final de agosto, havia 20 milhões, e muitos milhares já tinham sido mortos. A sociedade guerreira submersa irrompera armada na paisagem pacífica e os guerreiros travariam a guerra até que, quatro anos depois, não conseguissem mais lutar. E, embora esse resultado catastrófico não deva ser jogado na porta do estudo de Clausewitz, é correto ver nele o pai ideológico da Primeira Guerra Mundial, da mesma forma como temos razão em perceber Marx como o pai ideológico da Revolução Russa. A ideologia da "guerra verdadeira" foi a ideologia dos exércitos da Primeira Guerra, e o destino estarrecedor que aqueles exércitos construíram para si mesmos, graças a seu fervor para com essa ideologia, talvez seja o legado duradouro de Clausewitz.

Contudo, Clausewitz não era meramente um ideólogo. Ele também era um historiador para quem havia muito mais à mão que a experiência como oficial de regimento em um exército monárquico e o tratamento peremptório pelos soldados-cidadãos da França revolucionária. Refletindo no final da década de 1820 sobre os acontecimentos de sua juventude, ele os atribuiu à

> nova participação do povo nos grandes negócios de Estado; essa participação, por sua vez, resultou, em parte, do impacto que a Revolução teve sobre a condição interna de cada Estado e, por outro lado, do perigo que a França representou para todos. Será sempre assim no futuro? A partir de agora, cada guerra na Europa será travada com todos os recursos do Estado e, portanto, deverá ter como motivo apenas as grandes questões que afetam o povo? Ou veremos novamente uma separação gradual entre governo e povo? Essas questões são difíceis de responder [...][22]

Embora fosse um bom historiador, Clausewitz permitiu que as duas instituições — Estado e regimento — que circunscreviam sua percepção do mundo dominassem seu pensamento de tal forma que não conseguiu observar quão diferente a guerra pode ser em sociedades nas quais tanto Estado como regimento são conceitos alienígenas. Esse erro Moltke não cometeria. Ele esposou a ideologia de Clausewitz por motivos puramente utilitários, sabendo que a guerra nos cantos distantes da Terra — no Egito e na Turquia, por exemplo, onde fora soldado a serviço do sultão — podia assumir formas completamente estranhas ao seu mestre ideológico e, contudo, suficientemente adequadas à — e inseparáveis da — natureza das sociedades que as praticavam.

Na primeira forma, as restrições teocráticas à guerra acabavam sendo superadas pela necessidade material. Isso fica claro na história misteriosa da ilha de Páscoa. Na segunda, na qual o domínio dos guerreiros assumiu uma forma extrema no reino dos zulus, foi o caos social ambiente que transformou a comparativa benevolência de uma sociedade pastoril primitiva. Na terceira, a dos mamelucos do Egito, as proibições religiosas a que membros do mesmo credo guerreassem entre si deu origem à estranha instituição da escravidão militar. Na quarta, a dos samurais do Japão, um aperfeiçoamento disponível dos meios técnicos de guerrear foi proibido em nome da preservação da estrutura social existente. Evidentemente, Clausewitz não teve acesso a uma boa parte dessas histórias. Mesmo que fosse teoricamente possível que lesse algo sobre as instituições dos polinésios da ilha de Páscoa e dos samurais do Japão na literatura dos viajantes do Pacífico, que despertou amplo interesse na Europa do século XVIII, ele não poderia conhecer nada sobre os zulus, cuja ascensão na África meridional estava apenas começando na época de sua morte. Mas sobre os mamelucos ele devia saber bastante, quando mais não seja porque eles estavam entre os súditos mais afamados dos turcos otomanos, cujo Império, ainda na época de Clausewitz, continuava a ser um importante fator militar na política internacional da Europa. Ele certamente teria conhecido os escravos militares pessoais dos otomanos, os janízaros, cuja existência dava testemunho da hegemonia da religião, em vez da política, na vida pública turca. Sua decisão de ignorar as instituições militares otomanas minou a integridade de sua teoria na própria raiz. Ir além da escravidão militar e observar as culturas militares ainda mais estranhas dos polinésios, dos zulus e dos samurais, cujas formas de guerrear desafiam completamente a racionalidade da política tal como é entendida pelos ocidentais, é perceber quão incompleta, paroquial e, em última análise, enganadora é a idéia de que a guerra é a continuação da política.

A GUERRA COMO CULTURA

ILHA DE PÁSCOA

A ilha de Páscoa é um dos lugares mais isolados da Terra, um ponto perdido no Pacífico meridional, a mais de 3200 quilômetros da América do Sul e a quase 5 mil da Nova Zelândia. É também um dos menores lugares habitados do mundo, um triângulo de vulcões extintos de cerca de 180 quilômetros quadrados. Apesar de seu isolamento, pertence firmemente à cultura da Polinésia, uma civilização da Nova Idade da Pedra do Pacífico central altamente desenvolvida que, no século XVIII, abarcava os milhares de ilhas que se encontram entre a ilha de Páscoa, a Nova Zelândia e o Havaí, as três pontas do triângulo da Polinésia, distantes uns dos outros por milhares de quilômetros no espaço e centenas de anos na data da primeira colonização.

A civilização polinésia foi extraordinariamente aventureira. Seus descobridores europeus e primeiros etnógrafos a princípio não acreditaram que um povo sem escrita pudesse ter colonizado uma área tão enorme — 38 arquipélagos e ilhas principais espalhados por mais de 50 milhões de quilômetros quadrados de oceano. Explicações elaboradas, todas falsas, foram criadas para negar que os canoeiros polinésios tivessem realizado feitos de navegação semelhantes aos de Cook e La Pérouse. Entretanto, a cultura polinésia continuava a ser notavelmente congruente:

não só as línguas de ilhas longínquas eram evidentemente aparentadas, como as instituições sociais que floresciam no Havaí, na Nova Zelândia e na ilha de Páscoa permaneciam constantes e impressionantemente similares.

A sociedade polinésia é de estrutura teocrática. Os chefes, que se acredita serem descendentes dos deuses, por sua vez antepassados sobrenaturais ou deificados, ocupam também o cargo de supremo sacerdote. Nessa qualidade, o chefe faz a mediação entre o deus e o homem para conceder ao seu povo os frutos da terra e do mar; seu poder de mediação — *mana* — dá-lhe o direito sagrado (*tapu* ou tabu) sobre a terra, os locais de pesca, o produto deles e muitas outras coisas que são boas ou desejáveis. *Mana* e tabu asseguravam a existência de sociedades notavelmente estáveis e pacíficas em circunstâncias normais e, nas teocracias mais felizes das ilhas da Polinésia, controlavam com segurança as relações entre os chefes e seus súditos, bem como entre os clãs que descendiam do chefe original.[23]

Não obstante, jamais houve uma Idade do Ouro da Polinésia. Até mesmo no benevolente Pacífico, as circunstâncias nem sempre eram normais, se normalidade significa que os recursos sejam sempre suficientes para todos. As populações aumentavam, embora os ilhéus regulassem seu crescimento com controle de natalidade, infanticídio e estímulo à emigração, que chamavam de "viajar". Chegou um tempo em que a terra fértil e as águas piscosas estavam completamente exploradas e não havia ilha próxima ou conhecida acenando. Então começou uma confusão séria. A palavra que significa guerreiro — *toa* — é a mesma para pau-ferro, de cuja madeira porretes e outras armas eram feitos — e utilizados para resolver disputas de propriedades, mulheres e sucessões, às quais o homem está naturalmente propenso. O *mana* de um chefe sempre era realçado se ele fosse um guerreiro notável. Mas em tempos de confusão, guerreiros que não eram chefes rompiam tabus para tomar o que precisavam ou queriam, com efeitos desastrosos sobre a estrutura social polinésia. Subclãs podiam se tornar dominantes e, em circunstâncias extremas, um clã podia ser totalmente expulso de seu território.

O pior caso ocorreu na ilha de Páscoa, com efeitos particularmente mortais. Continua a ser um mistério de que forma os polinésios, talvez no século III, descobriram a ilha, distante 1700 quilômetros de mar aberto do lugar colonizado mais próximo. Mas lá chegaram, trazendo com eles seus alimentos básicos: batata-doce, banana e cana-de-açúcar. Limparam a terra entre os três picos, pescaram e caçaram aves marinhas e fundaram colônias. Por volta do ano 1000, deram início também à mais elaborada veneração do princípio teocrático encontrada no mundo polinésio. Embora jamais tenha superado provavelmente as 7 mil almas, a população da ilha de Páscoa conseguiu, no decorrer dos setecentos anos seguintes, esculpir e erguer mais de trezentas estátuas gigantes, da altura de cinco homens, sobre extensas plataformas de templos. No estágio final da construção de estátuas, no século XVI, os ilhéus inventaram também uma escrita, que parece ter sido usada por sacerdotes para ajudar a memorizar as tradições orais e as genealogias. Isso foi o ápice de uma época civilizada na qual o poder percebido dos deuses, mediado pelos chefes, impunha paz e ordem.

Então alguma coisa deu errado. Imperceptivelmente, a população crescente desnudou o meio ambiente da ilha. A derrubada de florestas reduziu as chuvas e os campos produziram menos; diminuiu também a quantidade de madeira com que faziam as canoas, diminuindo a colheita do mar. A vida na ilha de Páscoa começou a ficar brutal. Apareceu um artefato novo, a *mata'a*, uma lança de obsidiana lascada de efeito letal.[24] Guerreiros, chamados de *tangata rima toto*, "os homens com as mãos sangrentas", tornaram-se dominantes. A pirâmide de clãs descendentes do chefe fundador aglutinou-se em dois grupos, que ocuparam lados opostos da ilha e se guerreavam constantemente. O chefe supremo, descendente do fundador, tornou-se uma figura simbólica, cujo *mana* não mais causava impressão. No decorrer da desintegração social pela guerra, as estátuas foram sistematicamente derrubadas, como um insulto ao *mana* do clã inimigo ou como um sinal de rebelião dos súditos contra os chefes cujo *mana* não os defendera. Por fim, surgiu uma nova religião bizarra, completamente distinta da teocracia estatal da Polinésia: "os homens com mãos sangrentas" competiam para ver quem descobria primeiro um ovo da andorinha-fusca-do-mar (*Sterna fuscata*), ganhando assim a chefia — apenas por um ano.

Em 1722, quando o viajante holandês Roggeveen desceu na ilha de Páscoa, a anarquia já estava muito adiantada; no final do século XIX, a degeneração — composta pela escravização e pelas doenças que os europeus trouxeram — já reduzira a população a 111 pessoas, que conservavam apenas resquícios da tradição oral de seu notável passado. A partir do que contaram e dos impressionantes indícios arqueológicos, os antropólogos reconstruíram um quadro melancólico da sociedade da ilha de Páscoa no que chamaram de sua Fase Decadente. Não só revelavam uma guerra endêmica e denunciavam sinais de canibalismo, como também mostravam a extensão dos esforços físicos que alguns ilhéus tinham feito para escapar das conseqüências da guerra. Muitos dos tubos e cavernas naturais na lava tinham sido fechados com pedras polidas tiradas das plataformas dessacralizadas das estátuas, para que servissem de abrigo pessoal ou familiar, e em uma das extremidades da ilha fora cavada uma vala para separar uma península da ilha, certamente uma iniciativa de defesa estratégica.

Abrigos e defesas estratégicas constituem duas das três formas de fortificação que os analistas militares reconhecem; somente a terceira, a fortaleza regional, não se encontra na ilha de Páscoa. Sua ausência não denota a falta de uma dimensão da guerra não praticada pelos ilhéus. Ela apenas indica quão pequeno era o teatro da guerra. Dentro das dimensões diminutas da ilha, seus habitantes parecem ter aprendido toda a lógica da guerra clausewitziana por experiência sangrenta. Aprenderam certamente a importância da liderança, que Clausewitz enfatizava tanto; a existência da trincheira na península de Poike sugere que alguns deles concordavam com seu ditado de que a defesa estratégica é a forma mais forte de guerrear; tendo em vista o violento declínio de sua população durante o século XVII e a produção em massa da nova lança de obsidiana, é possível que tenham até tentado o ato clausewitziano supremo: a batalha decisiva.

Todavia, com que propósito autodestrutivo! Clausewitz pode ter acreditado que a guerra era a continuação da política. A política, no entanto, é praticada para servir à cultura e os polinésios, em seu amplo mundo, tinham criado a cultura mais benéfica que se conhecia. Bougainville, quando chegou ao Taiti em 1761, proclamou que descobrira o Jardim do Éden. Seu relato sobre gente linda vivendo feliz em estado natural se tornou tão influente que contribuiu para o culto do "bom selvagem" que alimentou a impaciência da sociedade inteligente européia com seu mundo do século XVIII, ordenado, mas artificial. Dessa impaciência cresceu a dissidência política e a ideologia romântica, que juntas derrubaram os Estados monárquicos em que os devotos da boa selvageria tinham sido criados.

Clausewitz, em sua exaltação do ato dramático — a batalha decisiva — e do indivíduo egotista — o líder, Napoleão em particular —, era tão romântico quanto qualquer inimigo do *ancien régime*. Porém, em sua dedicação ao rei e ao regimento, permanecia preso ao *mana* e ao tabu numa medida que desconhecia. Na Europa monárquica, antes da Revolução Francesa, o regimento era um dispositivo para restringir a violência dos guerreiros e canalizá-la para os objetivos dos reis. Tendo em vista que a Prússia, da qual Clausewitz era servidor, estava peculiarmente desfavorecida em relação às boas coisas deste mundo, seu maior rei, Frederico, o Grande, estimulara seus oficiais a praticar a guerra com uma impiedade que excedia os limites que outros reis julgavam adequados. A propagação de seu *mana* exigia a violação de tabus que outros reis achavam imprópria.

No entanto, Frederico jamais se colocou além dos limites considerados razoáveis. Ele apenas levou a guerra, dentro dos códigos dominantes, até os limites da crueldade aceitável. Clausewitz, que cresceu em um mundo no qual o *mana* real e os tabus militares tinham sido extintos, aparentemente para sempre, encontrou as palavras para legitimar a nova ordem. Só não percebeu que não se tratava de ordem alguma e que sua filosofia da guerra era uma receita para a destruição da cultura européia. Como podemos culpá-lo? Os habitantes da ilha de Páscoa, isolados no espaço e no tempo do mundo maior e mais benevolente da Polinésia, com certeza achavam, se fossem capazes de articular essa idéia, que a mudança das circunstâncias exige uma revolução cultural. Eles talvez tenham até inventado uma palavra equivalente para "política" a fim de descrever o fermento de lealdades que se seguia à ascensão anual ao poder daquele que primeiro achava o ovo da andorinha-fusca-do-mar. Não podemos afirmar isso agora. O estado de degeneração ao qual os sobreviventes da guerra endêmica encontrados pelos primeiros antropólogos tinham sido reduzidos não conduzia a uma análise ponderada da evolução pela qual tinha passado a cultura deles. Apesar disso, há uma observação a ser feita. A guerra de Clausewitz não servia aos objetivos da cultura polinésia. Essa cultura, embora não fosse livre, democrática, dinâmica ou criativa em qualquer sentido ocidental dessas palavras, ajustava os meios locais aos fins escolhidos de uma forma quase perfeitamente adaptada às condições da vida nas ilhas do Pacífico. *Mana* e tabu fixavam um equilíbrio entre os papéis de chefe, guerreiro e membro de clã, com benefícios para os três; se suas inter-relações podem ser chamadas de "política" da vida polinésia, então a guerra não era sua continuação. A guerra, quando chegou em sua forma "verdadeira" àquele cantinho da Polinésia chamado ilha de Páscoa, revelou-se o fim primeiro da política, depois da cultura, e finalmente quase da própria vida.

OS ZULUS

Os habitantes da ilha de Páscoa levaram a cabo seu experimento mortífero de guerra total longe dos olhos do mundo. Os zulus, ao contrário, foram levados pela revolução militar ocorrida em sua sociedade no início do século XIX a um confronto altamente exagerado com a civilização ocidental, numa história que cresceu à medida que era contada. Seu início foi um pouco tardio demais para que Clausewitz pudesse ter consciência do drama que se desenrolava no Sul da África — como deveria ter tido da história dos mamelucos que virá a seguir. Sua culminância tornou-se uma das histórias mais populares dos tempos modernos e um elemento potente do mito do povo africânder, em cujo grande santuário de mármore em Pretória as figuras dos guerreiros zulus que os *voortrekers* combateram são tão idealizadas quanto as dos próprios heróis bôeres. Isso não surpreende: o mito dos africânderes exige que seus inimigos tenham sido ao mesmo tempo nobres e terríveis; e com efeito, no trajeto de sua ascensão como nação no início do século XIX até sua derrubada catastrófica na guerra de 1879, os zulus foram de fato guerreiros terríveis.

Em suas origens, os zulus levavam uma vida tranqüila e pastoril. O povo nguni, de onde surgiram, criadores de gado que tinham migrado do norte distante para o sudeste africano no século XIV, foi descrito por náufragos europeus três séculos depois como sendo "em suas relações uns com os outros [...] muito civis, polidos e conversadores, saudando-se mutuamente, sejam homens ou mulheres, jovens ou idosos, sempre que se encontram".[25] Eram gentis com os estrangeiros, que podiam viajar em perfeita segurança por seu território, desde que tomassem a precaução de não carregar ferro ou cobre, tão raros que "incentivavam o assassinato", e eram notavelmente obedientes à lei, em particular nas relações pessoais. Desconheciam a escravidão, a vingança tinha "pouco ou nenhum império" e as disputas eram levadas ao chefe, cuja palavra era aceita "sem um murmúrio". Os próprios chefes estavam sujeitos à lei e podiam ser multados por seus conselheiros e terem suas decisões revogadas por um chefe mais alto.

Embora seus primeiros visitantes europeus tenham notado que *ubuntu* — humanidade — fosse seu valor mais importante, os ngunis não deixavam de lutar e guerrear. O *casus belli* era em geral uma disputa sobre o pastoreio, recurso essencial numa sociedade em que o gado era provavelmente mais numeroso que a gente e o perdedor acabava numa terra nova e mais pobre. Como é típico dos povos primitivos que vivem em regiões pouco povoadas, o resultado não era a mortandade, mas o deslocamento.

As batalhas tendiam a ser ritualizadas, conduzidas sob o olhar de jovens e velhos, começando com uma troca de insultos e terminando quando se provocassem baixas. Havia limites naturais e costumeiros ao nível de violência: tendo em vista que os metais eram escassos, as armas eram feitas de madeira endurecida no fogo, atirada em vez de usada no corpo-a-corpo; e, se um guerreiro matasse um oponente, estava obrigado a deixar imediatamente o campo de batalha e submeter-se à purificação, caso contrário o espírito da vítima iria certamente trazer uma doença fatal para ele e sua família.[26]

De repente, em poucas décadas do início do século XIX, esse estilo tipicamente "primitivo" de guerrear foi substituído. Shaka, chefe dos zulus, uma pequena tribo nguni, tornou-se comandante de um exército de regimentos selvagemente disciplinados que travavam batalhas de aniquilação. Seu reino zulu tornou-se uma potência no Sul da África, reduzindo seus inimigos a tribos fugitivas, que vagaram por centenas de quilômetros, mergulhadas no caos da desorganização social, em busca de algum refúgio.

Os europeus que testemunharam a ascensão de Shaka, tal como os navegadores desconcertados pela habilidade marítima dos polinésios, buscaram uma explicação para ela que não fosse uma causa espontânea. Shaka, dizia-se, encontrara-se com europeus e aprendera com eles organização e táticas militares. Isso era certamente falso.[27] A verdade é que as condições benevolentes de que gozavam os ngunis do Norte em sua fase pastoril idílica tinham mudado para pior no final do século XVIII. Os rebanhos, pelos quais os ngunis mediam sua riqueza, tinham crescido demais para a quantidade de pastagem "doce" existente. A oeste, erguia-se a imensa barreira da Drakensberg, em cujas proximidades havia pastagens "amargas" inadequadas para uma economia pastoril. Ao norte, o cinturão da mosca tsé-tsé sobre o rio Limpopo impedia a expansão naquela direção. A introdução do milho, trazido da América no século XVI, levara a um aumento da população dos ngunis do Sul e, ainda mais ao sul, os bôeres da Cidade do Cabo bloqueavam, com armas de fogo e determinação sombria de achar *Lebensraum*, qualquer oportunidade de avançar naquela direção. A leste, estava o mar.[28]

Alguns ajustes em seu modo de vida despreocupado já tinham ocorrido antes de Shaka ficar famoso. Um chefe anterior abolira o sistema pelo qual os guerreiros, quando chamados a servir na guerra, iam com outros de sua localidade reunir-se na aldeia dele. Em vez disso, ele formou "regimentos por idade", de homens nascidos nos mesmos anos. A separação deles, durante o serviço militar, de suas noivas em potencial reduziu a taxa de natalidade e aumentou o poder do chefe e a quantidade de tributos — na forma de gado, produtos agrícolas e caça — devidos a ele, uma vez que o trabalho dos guerreiros era dele enquanto estivessem sob seu comando.

Shaka institucionalizou essas mudanças ao extremo. Os "regimentos por idade" tornaram-se corpos permanentes, vivendo separados da sociedade civil em acampamentos militares. Os guerreiros estavam proibidos de casar, não apenas enquanto durasse uma ou duas campanhas, mas até completarem quarenta anos de idade, quando recebiam esposas dos regimentos equivalentes de mulheres que Shaka também formou.

As velhas restrições de batalha também foram deixadas de lado. Shaka criou uma nova arma, uma lança de estocar, com a qual treinou seus homens para se aproximarem e matarem os oponentes. (É possível que, com o avanço dos bôeres para fora do Cabo, o ferro tenha se tornado mais disponível que até então; esse é um aspecto da intensificação guerreira dos ngunis que parece não ter sido explorado pelos historiadores. A lança de estocar exigia certamente muito mais ferro em sua manufatura que a lança de atirar usada anteriormente.)

A luta corpo a corpo com armas afiadas exige táticas de ordem unida. Shaka também inventou-as. Já tinha obrigado seus homens a descartar as sandálias e aprender a correr longas distâncias com os pés endurecidos. Em batalha, dispunha seus regimentos em duas alas, com um centro forte e uma reserva na retaguarda; quando chegava o momento do combate, o centro atacava em fileiras densas para fixar o inimigo, enquanto as alas corriam para cercá-lo pelos flancos. O ritual de purificação era postergado até o final da batalha.[29] Quando a matança começava, um guerreiro estripava sua vítima, para assegurar a morte, e prosseguia sua faina com a vítima seguinte. O estripamento constituía a forma tradicional de liberar o espírito do morto e assim evitar que ele enlouquecesse seu matador.

Shaka não vacilava em matar mulheres e crianças, prática que repugnava seus ancestrais ngunis, mas em geral satisfazia-se com matar os homens da família reinante de uma tribo vizinha, junto com os guerreiros que oferecessem resistência; os sobreviventes eram incorporados ao seu reino em expansão. Seu objetivo era construir uma nação com os ngunis que aceitassem sua autoridade e ampliar o território que ocupavam.

Além de estender as fronteiras das terras zulus, esse sistema provocou uma catástrofe. Os métodos de Shaka evitaram a superpopulação de seu reino, mas entre seus vizinhos deflagraram uma série de deslocamentos que roubou de um povo após outro suas terras tradicionais e seus estilos de vida estabelecidos. "A ascensão do reino zulu teve repercussões da fronteira colonial do Cabo até o lago Tanganica. Todas as comunidades de aproximadamente um quinto do continente africano foram profundamente afetadas e muitas foram completamente desintegradas."[30]

Esses efeitos nefastos do imperialismo zulu ficaram conhecidos como a *Difaqane*, "migração forçada". "Em 1824, a maior parte do território entre [os rios] Tukela e Mzimkhulu, entre a Drakensberg e o mar, estava devastada. Milhares de pessoas haviam sido mortas, muitas haviam fugido para o norte e outras haviam sido absorvidas pela nação zulu. Em Natal, a vida comunitária organizada praticamente acabou."[31] Não se trata de área pequena: são quase 40 mil quilômetros quadrados. Mas essas dimensões não são nada diante das distâncias que percorreram os fugitivos dos zulus. Um grupo acabou sua fuga nas margens do lago Tanganica, a 3200 quilômetros de onde tinha partido. No decorrer de suas andanças, alguns grupos perderam todo o seu gado e foram forçados a comer ervas e raízes; alguns foram levados ao canibalismo; muitos se viram presos em "hordas" que arrasavam a terra como gafanhotos, marcando a sua passagem com uma trilha de mortos e agonizantes.

Os jovens zulus permaneceram fiéis ao sistema militar e ao *ethos* de Shaka durante algum tempo depois de sua queda, em

1828. É comum os sistemas guerreiros triunfantes não conseguirem criar uma diversificação econômica e social a partir dos frutos da vitória, tornando-se fossilizados em seu momento de glória. Por que isso acontece é o tema deste livro; no caso dos zulus, foi indubitavelmente conseqüência de eles terem de viver, como se dizia dos prussianos, *toujours en vedette* — tão ameaçados por potências militares igualmente fortes (que, no caso da África meridional do século XIX, estavam também em um estágio mais avançado de desenvolvimento econômico) que continuavam a concentrar todas as suas energias numa forma exclusivamente militar. Como é freqüente em outros lugares, essa forma era aquela que determinara sua ascensão. Os zulus acabaram adquirindo armas de fogo, mas não conseguiram adaptar suas táticas às novas armas, persistindo nos ataques em massa com a lança de estocar, sua velha maneira de alcançar a supremacia no campo de batalha.

Shaka era um clausewitziano perfeito. Criou um sistema militar para servir e proteger um modo de vida particular, o que fez com eficácia impressionante. A cultura zulu, ao dar destaque aos valores guerreiros, ao ligar esses valores à preservação de uma economia pastoril e ao prender a energia e a imaginação dos membros mais dinâmicos da comunidade numa servidão militar estéril até bem depois da maturidade, negou a si mesma a chance de evoluir e adaptar-se ao mundo circundante. Em suma, a ascensão e a queda da nação zulu oferecem uma advertência terrível às deficiências da análise de Clausewitz.

OS MAMELUCOS

A servidão, de forma mais forte ou mais fraca, é uma condição comum do serviço militar. Entre os zulus, ela chegou ao extremo. Os guerreiros de Shaka não eram escravos, uma vez que era antes o costume, reforçado pelo terror, que a lei que os mantinha em servidão. Todavia, eles eram, num sentido funcional, escravos da vontade de Shaka. Porém, no passado, os soldados chegaram a ser escravos legais, por mais contraditório que isso possa parecer hoje em dia. A escravidão no mundo moderno supõe a privação absoluta da liberdade individual, enquanto a posse de armas e o domínio de seu uso são meios de libertação individual. Não percebemos como um homem pode estar armado e, ao mesmo tempo, destituído de sua liberdade. No entanto, no mundo muçulmano medieval, não se percebia conflito entre o estatuto de soldado e de escravo. A existência de soldados escravos — os mamelucos — era uma característica de muitos Estados muçulmanos. Na realidade, eles assumiram amiúde a direção desses Estados, com seus líderes permanecendo no poder durante gerações. Contudo, longe de utilizar esse poder para se tornarem legalmente livres, foram inflexíveis na perpetuação da "instituição" mameluca e resistiram a todas as pressões para mudar sua natureza. Havia motivos compreensíveis para essa resistência. Eles deviam sua dominação ao seu monopólio de elaboradas habilidades de montar e manejar o arco, cujo abandono em troca das práticas comuns da mosquetaria e da luta a pé poderia derrubá-los de sua posição. Não obstante, foi a estreiteza de sua cultura militar, tal como a dos zulus, que acabou por derrubá-los. Embora seu poder político derivasse de sua exclusividade militar, eles preferiram persistir em seu estilo ultrapassado a adaptar-se às novas maneiras de guerrear. A análise de Clausewitz, no caso dos mamelucos e dos zulus, estava de cabeça para baixo. Os donos do poder fizeram da política uma continuação da guerra. Na prática, isso não fazia sentido. Culturalmente, os mamelucos não tinham alternativa.

No mundo islâmico, assim como na Grécia e em Roma, a escravidão assumiu muitas formas, algumas bastante benignas; um escravo podia ser um respeitado artesão, professor, um comerciante negociando parcialmente para si mesmo, um secretário confidente. O islã, porém, levou a diversidade da escravidão mais longe que os gregos ou os romanos. Sob o governo dos califas — os "sucessores" de Maomé que exerciam a autoridade tanto religiosa quanto mundana —, um escravo podia se tornar uma alta autoridade governamental. Foi uma extensão dessa prática que fez dos escravos soldados e seria somente no mundo islâmico que esses soldados formariam uma elite militar.

Isso aconteceu em conseqüência do conflito que logo surgiu dentro do islã entre a moralidade da guerra e sua prática. Maomé, ao contrário de Cristo, era um homem da violência: carregava armas, foi ferido em batalha e pregava a guerra santa, *jihad*, contra aqueles que desafiassem a vontade de Deus, tal como revelada a ele. Seus sucessores viam o mundo como dividido entre *Dar al-Islam* — a Casa da Submissão, submissão aos ensinamentos de Maomé reunidos no Corão — e *Dar al-Harb*, a Casa da Guerra, que eram aquelas partes ainda por conquistar.[32] As primeiras conquistas árabes do século VII ampliaram as fronteiras da *Dar al-Islam* como um furacão, de forma que no ano 700 ela já compreendia o que é hoje Arábia, Síria, Iraque, Egito e o Norte da África. A partir de então, o avanço da *jihad* tornou-se mais difícil e problemático. Os conquistadores árabes originais eram pouco numerosos, poucos demais para sustentar o ritmo da conquista dentro de sua intensidade inicial. Eles também se revelaram na vitória propensos às fraquezas dos homens comuns, interessados em gozar dos frutos das vitórias em paz, mas prontos para brigar pela sucessão na liderança.

A liderança estava investida em um califa, ou "sucessor" de Maomé. Os primeiros califas encontraram um meio de satisfazer as reivindicações de seus veteranos, que queriam descanso sem guerra, no *diwan*, uma pensão para guerreiros árabes financiada com os frutos das conquistas. Tiveram menos êxito em evitar o conflito entre os que discordavam sobre quem deveria ser califa. Caíram rapidamente numa disputa apaixonada sobre essa questão, numa discordância fundamental sobre a natureza da autoridade — ela deveria ser hereditária, a partir de Maomé, ou deveria derivar do consenso da comunidade, a *umma*? —, discordância que persiste até hoje na divisão entre muçulmanos xiitas e sunitas. O que tornou a disputa insolúvel foi um terceiro e indiscutível fator da crença islâmica, a proibição de muçulmano lutar contra muçulmano. A guerra só poderia ser *jihad*, uma luta sagrada com quem não se submetesse à verdade revelada. A guerra entre os que tinham se submetido constituía uma blasfêmia.

Contudo, alguns muçulmanos persistiram em levar suas discordâncias sobre o califado ao ponto da guerra, e o islã dividido chegou mais tarde à guerra aberta por território. Diante desses dois desdobramentos, muitos muçulmanos devotos retiraram-se completamente da vida secular. Os árabes da tradição heróica não serviriam como soldados porque o *diwan* não valia a pena, enquanto a maioria dos conversos também não serviria, por devoção. E contudo a luta pela sucessão, assim como o imperativo da *jihad*, tornavam a guerra inevitável. O califado apelou para expedientes. Já no início das conquistas, o islã tinha se utilizado de guerreiros que não eram árabes, conversos que tinham se ligado a um senhor árabe (mais tarde esses conversos formaram inevitavelmente a maioria dos muçulmanos).

O islã tinha, pelo mesmo princípio, feito uso de escravos, uma vez que eles também estavam ligados a senhores árabes, e tornou-se então uma alternativa natural recrutar escravos diretamente. Discute-se quão cedo isso aconteceu, mas com certeza na metade do século IX o islã instituiu aquilo que seria uma política sem par de recrutamento militar: a aquisição de jovens não muçulmanos para serem escravos, criados dentro da fé e treinados como soldados.[33]

Esses mamelucos foram recrutados quase que exclusivamente nas fronteiras do islã com a grande estepe da Ásia central, entre o mar Cáspio e as montanhas do Afeganistão (mais tarde também da margem setentrional do mar Negro), uma área povoada, quando o califa al-Mutasim começou o recrutamento sistemático no século IX, por turcos. "Nenhum povo do mundo é mais corajoso, mais numeroso e mais firme", teria dito o califa. Os turcos eram rijos, como os de hoje ainda são, e já estavam em marcha para o Ocidente, naquela que seria uma onda de conquista ainda mais ampla que a dos árabes. Eles tinham outras qualidades que os recomendavam aos califas. Embora não fossem ainda muçulmanos, já conheciam o islamismo, pois a fronteira na estepe não era uma barreira fixa, mas um diafragma através do qual turcos e não turcos pilhavam e negociavam e, no caso dos turcos, freqüentemente emigravam para melhorar de vida. Além disso, o islã que conheciam mantinha seu caráter heróico.

Os *ghazis*, guerreiros da fronteira, prosseguiam na guerra santa em sã consciência, sem nenhuma tendência para o que Daniel Pipes chamou "interioridade", a alienação do poder secular do islamismo que os muçulmanos do interior demonstravam.[34] Mas o que era mais admirado nos turcos era menos sua personalidade que suas habilidades práticas: o domínio do cavalo e das técnicas de guerrear montado. O cavalo de montaria originou-se nas estepes; os turcos montavam-no como se fosse parte deles — diz a lenda que as mulheres turcas concebiam e davam à luz a cavalo — e usavam de forma incomparavelmente mortal as armas do cavalariano: a lança, o arco composto e o sabre curvo (que serve de modelo para a espada mameluca dos oficiais generais britânicos, num tributo esquecido à invencibilidade dos guerreiros das estepes). Os turcos tinham seus inconvenientes. Eram saqueadores insaciáveis, em reação à extrema frugalidade de sua vida na estepe, que não lhes dava muito mais que leite e carne, e a oportunidade de saquear era um forte motivo para que aceitassem a escravidão; com efeito, uma vez estabelecida a "instituição mameluca", boa parte do suprimento de escravos militares ficou por conta dos dirigentes e chefes de famílias turcos, cuja disposição para bajular e lucrar com o poder do islã por meio do comércio era acompanhada pela presteza daqueles que eram vendidos em assumir uma carreira segura e respeitada.

A maioria dos grandes Estados islâmicos empregou escravos militares. De longe, o mais importante deles foi o califado abácida do Egito, restaurado ali depois da derrubada do califado de Bagdá pelos mongóis em 1258, cujos mamelucos governaram o país com seus próprios sultões da metade do século XIII até o começo do XVI. Os mamelucos tinham escolhido o lado certo numa luta dinástica. Eles agarraram-se a ela por terem vencido uma batalha decisiva em Ain Jalut, em 1260, que fez deles os salvadores do islã e, na verdade, de boa parte do resto do mundo civilizado, uma vez que seus oponentes eram os mongóis, parentes do recentemente falecido Gengis Khan, os mesmos que haviam destronado e matado o califa de Bagdá dois anos antes e aos quais ninguém conseguia se contrapor, nem mesmo os guerreiros cristãos profissionais que mantinham o reino dos cruzados na Terra Santa. O que tornou a vitória dos mamelucos particularmente notável foi que muitos dos cavaleiros do exército mongol eram também turcos, vizinhos de estepe dos mongóis, que estavam explorando entusiasticamente a chance de saquear que o avanço de Gengis Khan proporcionava. Assim, em Ain Jalut, eles foram, como observou o historiador árabe Abu Shama, "derrotados e destruídos por homens de seu próprio tipo".[35] Seria mais verdadeiro dizer que foram derrotados por homens de sua própria raça, pois a criação e o treinamento faziam dos mamelucos, na verdade, soldados de um tipo muito especial.

Em Ain Jalut, a maioria dos mamelucos era de turcos kipchaks do litoral norte do mar Negro (Baybars, o maior deles, era um kipchak) que tinham sido vendidos como escravos na infância ou adolescência e trazidos para o Cairo a fim de receberem treinamento. Reclusos como noviços em acampamentos monásticos, aprendiam primeiro o Corão, o código da lei islâmica e a escrita arábica; ao atingir a idade viril, começavam a instrução em *furusiyya*, o sistema de montar, domínio do cavalo e uso de armas a cavalo, base da mestria mameluca no campo de batalha.[36] A *furusiyya*, na sua ênfase em unir cavalo e cavaleiro, inculcando destreza e precisão na manipulação de armas sobre a sela e criando uma coesão entre camaradas montados, era comparável à formação dos soldados da Europa cristã; com efeito, até que ponto a cavalaria como código tanto de armas como de honra era comum aos cavaleiros da Cruz e aos *faris* do Crescente constitui uma questão fascinante de história militar medieval.

Contudo, essa devoção à guerra de cavalaria significaria sua ruína. Como grupo, estavam isolados dos desenvolvimentos militares no resto do mundo, que poderiam servir de advertência de que os dias da cavalaria estavam contados. Ao contrário dos cavaleiros em armadura da Europa ocidental, não tiveram encontros nem com armas de fogo primitivas, nem com infantes novos-ricos exigindo seus direitos. Até o fim do século XV, sua posição militar e política continuou incontestada, a tal ponto que, embora um mameluco só andasse a cavalo, os exercícios da *furusiyya* caíram em decadência.

Havia uma característica excelente do sistema mameluco: era totalmente não hereditário. Embora pudessem casar e ter filhos livres — na verdade, tornavam-se legalmente livres ao se formarem (embora não pudessem deixar a instituição ou escolher outro senhor que não o sultão) —, nenhum filho de mameluco podia se tornar um deles. Isso deveria ter garantido uma infusão de idéias novas e de sangue novo. Na prática, nada disso aconteceu. Novos mamelucos continuaram a vir das estepes para o Egito nos séculos XIV e XV, mas, depois de seu treinamento no noviciado e na *furusiyya*, tornavam-se indistintos de seus predecessores. Havia bons motivos para isso. O estatuto de mameluco era altamente privilegiado. A instituição havia adquirido poder e privilégios, e isso estava na lógica da escravidão militar. Não há dúvidas de que seus membros pensassem manter essa situação com uma dedicação resoluta às práticas que tinham garantido sua grandeza no passado.

Então, no início do século XVI, os mamelucos confrontaram-se simultaneamente com a revolução da pólvora em sua forma desenvolvida em duas direções diferentes. O controle que detinham do mar Vermelho foi contestado pelos portugueses, que tinham navegado em torno da África em navios equipados com canhões pesados. E a segurança das fronteiras do Egito foi ameaçada pelos turcos otomanos, cujos exércitos de cavalaria foram complementados por mosqueteiros bem treinados. O sultão mameluco tentou reparar apressadamente dois séculos de negligência militar. Fabricou-se um grande número de canhões. Formaram-se unidades de artilheiros e mosqueteiros. Os exercícios da *furusiyya* foram reativados e os mamelucos decidiram reaprender as artes da lança, da espada e do arco com intensidade. Mas, com conseqüências fatais, a remilitarização dos mamelucos e a adoção da pólvora foram mantidas separadas. Nenhum mameluco foi adestrado ou aceitaria sê-lo no uso de armas de fogo; os artilheiros e mosqueteiros foram recrutados fora da casta dos mamelucos, entre os africanos negros e o povo do Maghreb, o oeste árabe.[37]

O resultado era previsível. Os artilheiros e mosqueteiros

que foram para o mar Vermelho conseguiram êxito considerável contra os portugueses, que lutavam em águas confinadas, que não favoreciam seus navios de alto-mar e estavam no limite extremo de suas linhas de comunicação. Os mamelucos que cavalgaram para enfrentar os exércitos otomanos nas batalhas de Marj Dabiq, em agosto de 1515, e Raydaniya, em janeiro de 1516, foram totalmente derrotados. A "instituição" foi derrubada e o Egito tornou-se uma província do Império otomano.

As duas derrotas, em Marj Dabiq e Raydaniya, assumiram formas semelhantes. Na primeira, os otomanos, comandados pelo sultão Selim I, colocaram sua artilharia nos flancos e os mosqueteiros no centro, e esperaram pelo ataque dos mamelucos. Eles o fizeram na tradicional formação turca em crescente, sendo destroçados pelo poder de fogo otomano. Na segunda, os mamelucos, que tinham reunido alguma artilharia, esperavam que os otomanos os atacassem, mas viram-se flanqueados e não puderam impedir-se de fazer uma nova carga de cavalaria. Seu ímpeto rompeu uma ala otomana, mas a potência de fogo saiu vencedora: 7 mil mamelucos foram mortos e os sobreviventes recuaram para o Cairo, onde foram logo depois forçados a se render.

As táticas das duas batalhas são muito menos interessantes que as lamentações posteriores dos mamelucos em relação à maneira como foram derrotados. Ibn Zabul, o historiador mameluco que deplorou a queda de sua casta, fala por gerações de *preux chevaliers* no discurso do chefe mameluco Kurtbay que recria:

> Ouça minhas palavras e escute-as, para que você e os outros saibam que entre nós estão os cavaleiros do destino e da morte vermelha. Um único de nós pode derrotar seu exército inteiro. Se você não acredita, tente, mas por favor mande seu exército parar de atirar com armas de fogo. Você tem com você aqui 200 mil soldados de todas as raças. Permaneça em seu lugar e disponha seu exército em ordem de batalha. Apenas três de nós sairão contra você [...] você verá com seus próprios olhos as façanhas realizadas por esses três [...] Você montou um exército de todas as partes do mundo:

cristãos, gregos e outros, e trouxe consigo essa artimanha astutamente criada pelos cristãos da Europa quando são incapazes de enfrentar os exércitos muçulmanos no campo de batalha. A artimanha é aquele mosquete que, mesmo se uma mulher atirasse com ele, deteria tais e tais números de homens [...] E desgraça para ti! Como ousas atirar com armas de fogo sobre muçulmanos![38]

O lamento de Kurtbay lembra o desprezo por armas mecânicas do cavaleiro francês Bayard, *chevalier sans peur et sans reproche*, que habitualmente mandava matar os besteiros prisioneiros, e antecipa o espírito da "carga mortal" dos cavaleiros de Von Bredow contra os canos dos rifles franceses em Mars-la-Tour, em 1870. É o grito desafiador do guerreiro montado, no crepúsculo do cavalo de guerra, de todo o mundo. Contudo, havia mais que orgulho de casta, resistência à mudança, ortodoxia religiosa ou desprezo por subalternos no rompante de Kurtbay. Havia uma experiência sólida e recente de que as armas de fio podiam vencer as de fogo ao serem mediadas pelas qualidades marciais que os mamelucos acreditavam torná-los dignos de mandar no resto do mundo. Em 1497, o sultão menino Saadat Maomé formara no Cairo um regimento de mosqueteiros escravos negros, concedera-lhes privilégios e usara-os em lutas entre facções. Ele talvez previsse a revolução da pólvora, ou talvez pensasse que as armas de fogo tornavam-no mais forte. De qualquer forma, os mamelucos ficaram indignados e quando Saadat casou um negro favorito, Farajallah, com uma jovem escrava circassiana — a maioria dos mamelucos era então de circassianos — perderam a paciência.

> Os Mamelucos Reais [registrou o historiador al-Ansari] expressaram sua desaprovação ao sultão e depois colocaram seu aço e armaram-se com seu equipamento completo. Irrompeu uma batalha entre eles e os escravos negros, que eram cerca de quinhentos. Os escravos negros fugiram e se reuniram novamente nas torres da cidadela e atiraram nos

Mamelucos Reais. Os Mamelucos Reais marcharam sobre eles, matando Farajallah e cerca de cinqüenta dos escravos negros; o resto fugiu; dois Mamelucos Reais foram mortos.[39]

Todavia, como os mamelucos iriam descobrir, quando homens de igual valor lutam em termos desiguais, o lado com as melhores armas vence. Foi essa a lição de Marj Dabiq e Raydaniya. Seria essa a lição, quatrocentos anos depois, da guerra dos japoneses contra os americanos no Pacífico quando, em seu último arquejo contra o poderio da indústria norte-americana, os pilotos suicidas japoneses colocavam suas espadas de samurais na carlinga dos aviões que jogavam contra os cargueiros do inimigo. Seria também a lição das duas guerras da Alemanha no século XX, quando o desprezo de sua casta militar pela superioridade dos inimigos na *Materialschlacht* — guerra dos materiais — não serviu em nada a seus corajosos soldados.

Os mamelucos não levaram a lição a sério. As vitórias otomanas de 1515-16 não significaram o fim da instituição mameluca, uma vez que sua forma era útil demais para que os otomanos a dispensassem. Com efeito, poder-se-ia argumentar que o islã, até ser infectado pelo essencialmente antipatético conceito de nacionalismo no século XX, não podia acomodar um sistema de organização militar profissional que não fosse baseado na escravidão. De qualquer forma, dinastias mamelucas subordinadas não só voltaram ao poder no Egito otomano como conseguiram o mesmo em outras províncias conquistadas, como Iraque, Tunísia e Argélia. Mas, ainda que conseguissem retomar as posições, continuavam os mesmos soldados de sempre. Em 1798, quando Napoleão invadiu o Egito, os mamelucos novamente cavalgaram contra canhões e mosquetes com os exercícios da *furusiyya* e foram, evidentemente, destroçados na batalha das Pirâmides. Napoleão, encantado com sua nobre selvageria, levou um deles, Rustum, para ser seu criado pessoal até o final de seu reinado. Os mamelucos que sobreviveram, ainda dispostos a desafiar a idade moderna do alto de suas selas, acabaram massacrados no Cairo em 1811, pelo implacável Maomé Ali, um sátrapa otomano que não tinha pruridos em utilizar os métodos "cristãos" de guerrear.[40]

A batalha das Pirâmides, com certeza, e provavelmente o massacre do Cairo eram acontecimentos conhecidos por Clausewitz. Ambos deveriam servir de indicações de que a cultura é uma força tão poderosa quanto a política na escolha dos meios militares e, com freqüência, com maior probabilidade de prevalecer que a lógica política ou militar. Mas Clausewitz, se conhecia os fatos, não extraiu suas conseqüências. Por um acidente das circunstâncias, seu pupilo Helmuth von Moltke testemunharia o ápice do papel de Maomé Ali como agente do poder otomano nas velhas terras mamelucas, numa série de eventos que demonstram quão mais persistente que a decisão política é a cultura como determinante militar.

Em 1835, Moltke foi mandado pelo exército prussiano numa missão para ajudar a modernizar a organização e a prática militares turcas. Achou a experiência desanimadora. Escreveu ele: "Na Turquia, o menor presente torna-se suspeito se vem das mãos de um cristão [...] Um turco admitirá sem hesitar que os europeus são superiores a sua nação em ciência, técnica, riqueza, ousadia e força, sem jamais ocorrer-lhe que um franco pode, portanto, colocar-se à altura de um muçulmano". Nos assuntos militares, essa atitude se traduzia em desrespeito obstinado. "Os coronéis davam-nos precedência, os oficiais ainda eram toleravelmente polidos, mas os soldados comuns não nos apresentavam armas e as mulheres e crianças, de tempos em tempos, seguiam-nos com imprecações. Os soldados obedeciam, mas não saudavam."

Moltke acompanharia o exército turco na expedição que o sultão otomano mandou à Síria em 1839, para submeter Maomé Ali, o senhor rebelde do Egito. Foi um encontro bizarro. O exército otomano estava superficialmente modernizado, ou "cristianizado", mas o egípcio o estava muito mais. Com efeito, Maomé Ali era ele mesmo um europeu, um albanês muçulmano que aprendera a superioridade dos métodos "cristãos" na guerra de independência da Grécia; alguns de seus confederados na guerra contra os mamelucos, como o coronel francês Sève, eram filelenos renegados. O exército de Maomé Ali liquidou os otomanos numa batalha em Nezib, Síria, na qual Moltke se encontrava como observador. O espetáculo dos turcos — em sua maioria recrutas curdos — fugindo em desordem dos egípcios levou-o de volta à Alemanha profundamente decepcionado com a resistência dos povos do sultão otomano às reformas necessárias.

Não obstante, a Turquia otomana conseguiu finalmente montar um exército moderno, embora apenas à custa de restringir seu recrutamento aos turcos propriamente ditos. Essa limitação arbitrária da relação entre seus povos e o sultão enfraqueceu bastante a autoridade do governo otomano sobre seus súditos muçulmanos, porém não turcos. Esse estreitamento da base de poder contribuiu certamente para as tensões que o Império otomano sofreu quando, na qualidade de comandante de um exército "cristianizado", o califa-sultão foi arrastado para a guerra ao lado dos alemães, em 1914. O resultado da guerra deixou a Turquia sem império e, logo depois, sem um sultão ou califado. Sobrou apenas o exército que ele sacrificara tudo para criar.

Houve uma última ironia na impaciência que os sucessores de Clausewitz e Moltke sentiam em relação a seus pupilos turcos, pois o colapso do Império turco em 1918 coincidiu, evidentemente, com o colapso do próprio império deles, e exatamente pelo mesmo meio: a escolha deliberada da guerra por fins políticos equivocados. Os "Jovens Turcos" — todos profundamente envolvidos na "cristianização" do exército do sultão — entraram na guerra ao lado da Alemanha porque achavam que isso ajudaria a fortalecer a Turquia. A Alemanha fora à guerra porque acreditava que ir à guerra era um meio em si mesmo de tornar a Alemanha mais forte. Clausewitz teria, sem dúvida, achado a mesma coisa. Essa distorção cultural de perspectiva significou a morte igualmente para a cultura alemã tradicional e para a dos servos do califa.

OS SAMURAIS

Quase ao mesmo tempo que os mamelucos eram derrotados pela pólvora, outra sociedade militar, no extremo oposto do mundo, assegurava sua sobrevivência desafiando diretamente as circunstâncias que a ameaçavam. No século XVI, a classe dos espadachins japoneses viu-se diante do desafio das armas de fogo; ela então descobriu meios de livrar o Japão dessas armas e assim perpetuar sua dominação social por mais 250 anos. Enquanto o mundo ocidental, que tocou brevemente o Japão no século XVI, comerciava, viajava, se industrializava e passava por revoluções políticas, os samurais japoneses fechavam seu país ao mundo exterior, extirpavam as cabeças-de-ponte da religião estrangeira e da influência técnica e fixavam fortemente as tradições segundo as quais tinham vivido e mandado por mil anos. Esse impulso encontra paralelos — foi fortemente sentido na China, no século XIX —, mas sua realização efetiva é incomparável. Porém, apesar de toda a sua singularidade, seu sucesso evidencia que a lógica política não precisa dominar a guerra e que, ao contrário, as formas culturais, quando encontram defensores fortes, podem prevalecer sobre as tentações mais insistentes de escolher expedientes técnicos como meio de alcançar a vitória, em particular quando o preço da vitória é derrubar os valores mais antigos e acalentados.

Os samurais constituíam, em termos simplificados, a classe nobre e feudal do Japão. Deviam suas origens ao isolamento insular do país e às subdivisões internas das ilhas japonesas causadas por suas cadeias de montanhas. Os líderes dos clãs dos vales japoneses (semelhantes aos "senhores dos vales" da Anatólia otomana) eram fiéis a um imperador cuja linhagem antiga era profundamente reverenciada, mas cujo poder era meramente nominal. A partir do século VII, quando o chefe de clã Fujiwara Kamatari instituiu um governo central tendo por modelo o da dinastia Tang da China, o Japão foi administrado efetivamente por um clã familiar, a princípio o do próprio Fujiwara, depois por rivais mais bem-sucedidos. Os rivais puderam competir com os Fujiwara e finalmente usurpar-lhes o poder devido à prerrogativa de coletar impostos; numa concessão errônea ao budismo, religião importada da China pelo Estado, os mosteiros budistas foram isentados dos impostos e seus vizinhos seculares logo obtiveram o mesmo direito para si mesmos, ao mesmo tempo que faziam os camponeses pagarem impostos diretamente para o senhor do clã local. Com a riqueza acumulada com esses impostos, primeiro uma depois outras famílias nobres chegaram a dominar a corte imperial, até que, no século XII, aquele que detinha o poder fez o soberano de então, um imperador menino, conceder-lhe o título de *Sei-i tai-Shogun*, ou generalíssimo. Yoritomo, o primeiro xogum, já tinha estabelecido uma nova sede de governo, o *Bakufu* — literalmente, o "gabinete de campo" —, e a partir de então exerceu a autoridade central até o século XIX, quando a restauração Meiji devolveu o poder real, se não ao imperador, pelo menos à corte, derrubando o *Bakufu* e os magnatas dos vales.

Os xoguns, os líderes dos outros clãs militares que competiam com eles pelo poder e seus seguidores samurais (a grande classe guerreira cujos membros, distinguidos por seu direito de levar duas espadas, insistiam em seu estatuto nobre) não eram simples chefões com capangas, como acontecia amiúde com seus equivalentes da Europa medieval, mas guerreiros impetuosos e talentosos. Uma prova disso foi a derrota decisiva que impuseram aos mongóis, que após seu avanço sobre o mundo árabe em 1260 conseguiram pôr um pé no arquipélago japonês em 1274. Quando voltaram, em 1281, um tufão destruiu boa parte de sua frota, e eles partiram para nunca mais voltar.

O "estilo" era essencial ao modo de vida dos samurais — estilo nos trajes, nas armaduras, nas armas e seu manejo e no comportamento no campo de batalha; nisso não se diferenciavam muito de seus contemporâneos cavalheirescos da França e da Inglaterra. Mas na perspectiva cultural, as diferenças eram enormes. Os japoneses eram um povo letrado e a cultura literária dos samurais era altamente desenvolvida. Os maiores nobres do Japão, aqueles que residiam na corte do imperador-deus sem poder, não lutavam pela reputação militar, mas pela glória literária. O exemplo deles dava o tom para os samurais, que desejavam comumente ser conhecidos como esgrimistas e poetas. O budismo em sua versão zen, adotada pelos samurais, encorajava uma visão meditativa e poética do universo. Os maiores guerreiros do Japão feudal eram, portanto, homens de espírito e sentidos cultivados.

O Japão feudal era politicamente caótico, devido à competição endêmica pelo xogunato, mas caótico dentro de limites aceitos. Porém, no início do século XVI, os conflitos tinham saído de controle e a ordem social estava ameaçada; líderes estabelecidos eram derrubados, às vezes por meros bandidos; o poder do xogum se tornou tão fictício quanto o do imperador. A ordem foi restaurada em 1560-1616 por uma sucessão de três homens fortes notáveis, Oda Nobunaga, Toyotomi Hideyoshi e Tokugawa Ieyasu, agindo em nome do xogum. Eles acabaram sistematicamente com o poder dos mosteiros budistas, dos líderes de clãs errantes e dos bandos de fora-da-lei. A pacificação de Ieyasu foi concluída com o cerco à fortaleza de Osaka, em 1614, último foco de resistência de seus oponentes, após o que decretou a destruição de todos os castelos não residenciais do Japão. Era tal sua autoridade que a descastelização, que os reis da Europa levaram décadas para realizar, cumpriu-se em poucos dias.

A excelência do comando não foi a única explicação para a restauração do poder central. Os três generais eram também expoentes de uma nova arma. Viajantes portugueses tinham trazido canhões e armas de fogo para o Japão em 1542. Oda Nobunaga ficara muito impressionado com o poder da pólvora, equipou rapidamente suas tropas com mosquetes e desritualizou peremptoriamente o modo de travar batalha no Japão. Até então, dentro da tradição antiga e quase universal de guerrear entre campeões, as batalhas japonesas começavam com os líderes de cada lado gritando desafios uns aos outros, identificando-se e exibindo suas armas e armaduras. Esse ritual continuou mesmo depois da introdução das armas de fogo, mas Oda Nobunaga não queria saber disso. Ensinou seus mosqueteiros a disparar saraivadas em fileiras de até mil homens e, na batalha decisiva de Nagashino, em 1575, varreu o inimigo com uma torrente de fogo.[41] Isso significava uma mudança revolucionária em relação à batalha de Uedahara, em 1548, quando o lado que possuía armas de fogo perdeu a chance de usá-las porque o adversário atacou com espadas no instante em que os rituais se concluíram.

O domínio estabelecido por esses comandantes poderia ter assegurado o predomínio das armas de fogo, mas aconteceu exatamente o contrário. No final do século XVII o uso de armas de fogo já estava quase extinto no país e elas haviam virado raridade. Apenas alguns japoneses sabiam como fabricar armas de fogo ou canhões, e a maioria dos canhões sobreviventes datava de antes de 1620. Esse estado de coisas continuou até a metade do século XIX, quando a chegada dos "navios negros" do comodoro Perry na baía de Tóquio, em 1854, obrigou os japoneses a voltar a utilizar a pólvora. Mas durante 250 anos viveram completamente sem ela. O ímpeto de renúncia viera do último dos comandantes, Tokugawa Ieyasu, cuja campanha de pacificação culminara com sua ascensão ao xogunato. Como e por que proibira o uso das armas de fogo?

O "como" é simples de explicar. Primeiro veio um desarmamento geral da população instituído em 1587 pelo antecessor de Ieyasu, Hideyoshi, que decretou que todos os que não fossem samurais deveriam entregar suas armas — espadas e armas de fogo — ao governo, que usaria o metal na construção de uma enorme estátua de Buda. O objetivo era, obviamente, aprofundar a pacificação do país, restaurando o monopólio das armas pela classe militar, que estava sob controle do governo. Os governos europeus tomaram medidas semelhantes na época da pólvora, embora tenham levado décadas para alcançar seu objetivo. No Japão, onde a justiça era selvagem e peremptória, a medida foi cumprida imediatamente.[42]

Então, a partir de 1607, Ieyasu instituiu um sistema que centralizava a manufatura de armas de fogo e canhões e determinou que o governo seria o único comprador autorizado. Todos os fundidores e armeiros receberam ordens de transferir suas oficinas para a cidade de Nagahama, os quatro principais armeiros foram promovidos a samurais, assegurando assim sua lealdade, e promulgou-se um decreto estabelecendo que nenhuma encomenda de armas podia ser feita sem a aprovação do comissário para Armas de Fogo. Por seu turno, este revelou-se disposto a aprovar apenas as encomendas do governo, que por sua vez diminuiu progressivamente suas compras até que, em 1706, a produção de Nagahama, nos anos pares, era de 35 arcabuzes grandes e, nos anos ímpares, de 250 pequenos. Distribuído por uma classe guerreira de cerca de meio milhão de homens — que os usavam principalmente em procissões cerimoniais —, esse total de armas era insignificante. O controle das armas de fogo funcionara. O Japão recuara da Idade da Pólvora.

Mas por quê? Essa é uma questão muito mais complexa. As armas de fogo eram indiscutivelmente um símbolo da intrusão estrangeira. Elas estavam associadas, ilógica mas inescapavelmente, à disseminação do cristianismo pelos missionários jesuítas portugueses, que eram considerados os arautos da invasão — invasão numa escala que fizera recentemente das Filipinas uma possessão espanhola —, e Hidetada, o sucessor de Ieyasu, aplicou rigidamente as ordens de repressão e expulsão que seus antecessores tinham baixado. As suspeitas do xogunato em relação ao cristianismo e todos os seus acessórios foi reforçada pela rebelião Shimabara, deflagrada por cristãos nativos em 1637, com o uso de pólvora. Depois que ela terminou, a autoridade do xogunato Tokugawa não foi desafiada por mais de duzentos anos e o fechamento do país aos forasteiros e à influência estrangeira imposta no ano anterior tornou-se completa.

Uma inclinação adicional ao chauvinismo talvez tenha se manifestado na única aventura de política externa do Japão, uma invasão da Coréia em 1592, destinada aparentemente a ser uma preliminar de uma extremamente ambiciosa agressão à China, que acabou sem sucesso em 1598. Contudo, mais importante que a rejeição às coisas do exterior, e profundamente subjacente a ela, era o reconhecimento de que as armas de fogo contribuíam para a instabilidade social. Uma arma de fogo nas mãos de um indivíduo qualquer ou de um pirata podia derrubar o mais nobre dos fidalgos, como todo cavaleiro europeu da Idade da Pólvora sabia. Cervantes faz dom Quixote condenar "uma invenção que permite que uma vil e covarde mão tire a vida de um bravo cavaleiro".[43]

O terceiro motivo para o controle das armas de fogo no Japão foi o fato de que era realmente possível impô-lo. Os guerreiros europeus podiam deplorar os efeitos da pólvora sobre seu estilo de vida, mas com uma fronteira aberta a sudeste, fustigada entusiasticamente pelos canhões dos turcos otomanos, não tinham outra opção senão bombardear por sua vez se quisessem que a cristandade sobrevivesse. Uma vez dividida a cristandade pela Reforma, no momento exato em que a tecnologia tornava o canhão móvel e as armas de fogo pessoais confiáveis, dissolveram-se as inibições de cristão atirar em cristão. Nenhum fator como esse surgiu no Japão. A distância e a reputação militar de seu povo protegeram-no dos viajantes europeus; a China não tinha nem a marinha nem a inclinação para invadi-lo; não havia outros invasores em potencial. Internamente, embora divididos por classes e facções, os japoneses formavam uma única unidade cultural. A pólvora não era, portanto, essencial para a segurança nacional, nem era adotada como meio de obter vitória por facções que se opusessem ideologicamente.

A pólvora também era irreconciliável com o *ethos* do guerreiro japonês quando esse *ethos* tinha protetores fortes. O xogunato Tokugawa era mais do que uma instituição política: era um instrumento cultural. O historiador da cultura G. B. Sansom escreveu:

> Não se confinando às funções de levantar receita e manter a ordem, empreendeu a regulamentação da moral do povo e a prescrição de seu comportamento nos mínimos detalhes. Dificilmente a história anterior registra uma tentativa mais ambiciosa da parte de um Estado de interferir na vida privada de cada indivíduo e assim controlar as ações, bem como os pensamentos de toda uma nação.[44]

Deu-se atenção particular à regulamentação dos pensamentos e ações da classe dos samurais e o único manual de armas compatível com o aprendizado polido no Japão era o da espada de samurai. Os Tokugawa e seus antecessores podem ter usado a pólvora por motivos de *Realpolitik*; uma vez tendo servido ao propósito de conquistar o poder, ela e todas as armas de fogo tornaram-se detestáveis.

O culto da espada teve muitas fontes. Foi promovido pelo zen-budismo, que enfatizava "dois ideais supremos — fidelidade e uma indiferença às provações físicas". Foi reforçado pela cultura da classe guerreira, "uma cultura que dava atenção meticulosa ao formal, ao cerimonioso e ao elegantemente expresso na vida e na arte"; a esgrima japonesa, tal como a européia, era tanto uma habilidade quanto uma arte, governada pelas regras da conduta e do gesto que sintetizavam a preocupação dos japoneses com o "estilo" em todos os aspectos da existência.[45] Ela parece ter participado da crença japonesa na importância da unidade com a natureza e as forças naturais, uma vez que o esforço físico é "natural", ao passo que a energia química da pólvora não o é. Ela coincide indubitavelmente com o respeito japonês pela tradição, uma vez que não só a esgrima era tradicional, como as melhores espadas eram amiúde transmitidas de geração em geração, de pai para filho, tal como o nome de família — em si mesmo uma distinção restrita aos possuidores de espadas.

Essas espadas tornaram-se objetos de colecionadores atualmente. Contudo, elas continuam a ser mais do que belas antiguidades. As espadas de primeira qualidade dos samurais são as armas mais afiadas que jamais foram feitas. Observa um historiador da campanha antipólvora:

> Há no Japão um filme que mostra um cano de metralhadora sendo cortado pela metade por uma espada da forja do grande artesão do século XV, Kanemoto II. Se isso parece improvável, deve-se lembrar que ferreiros como Kanemoto martelavam e dobravam e remartelavam, dia após dia, até que a lâmina da espada contivesse algo como 4 milhões de camadas de aço finamente forjado.[46]

Evidentemente, é impossível desarmar completamente uma população quando foices e manguais estão à mão. Mas as ferramentas de todo dia constituem implementos fracos de combate contra tais armas de especialistas. Ao assegurar o monopólio das espadas aos guerreiros, os Tokugawa estavam garantindo o lugar dos samurais no pináculo da sociedade japonesa.

A lógica dos Tokugawa não era a de Clausewitz. Embora ele aparentemente acreditasse que sua análise da natureza da guerra era isenta de valorações, fora infectado pela crença européia de sua época, de que a humanidade é naturalmente atraída para a "política" ou "atividade política" e de que esta é intrinsecamente dinâmica e mesmo "progressista". Essa era uma visão que o duque de Wellington, um conservador por natureza e oponente por princípio da Revolução Francesa, endossava com todo o peso de sua desaprovação. Na verdade, Clausewitz parecia perceber a política como uma atividade autônoma, o local de encontro das formas racionais e forças emocionais, na qual razão e sentimento são determinantes, mas onde a cultura — o grande carregamento de crenças, valores, associações, mitos, tabus, imperativos, costumes, tradições, maneiras e modos de pensar, discurso e expressão artística que lastreia toda sociedade — não desempenha um papel determinante. A reação Tokugawa prova quão errado ele estava, demonstrando tão bem como a guerra pode ser, entre muitas outras coisas, a perpetuação de uma cultura por intermédio de seus próprios meios.

UMA CULTURA SEM GUERRA

A crença de Clausewitz na primazia da política sobre a cultura não era uma exclusividade sua, mas a posição dos filósofos ocidentais desde Aristóteles, que na época de Clausewitz recebeu poderosos reforços do espetáculo de idéias políticas puras — elas mesmas um produto de filósofos vivos, como Voltaire e Rousseau — em ação livre contra a paixão e os preconceitos nas ruas de Paris. As guerras que Clausewitz conheceu, as guerras de que participou, foram as da Revolução Francesa, e o "motivo político" que ele sempre considerou o fator de precipitação e controle da guerra estava sempre presente, ao menos no início. Os Estados dinásticos da Europa temiam com razão que a Revolução Francesa fosse uma ameaça à monarquia; a guerra aparecia claramente como "uma continuação da política".

Deve-se também reconhecer que Clausewitz, enquanto historiador, não tinha nada que o orientasse sobre a importância dos fatores culturais nos assuntos humanos. A história comparativa, da qual a história cultural descende, não era adotada por nenhum dos principais historiadores que ele pudesse tomar como modelo. Sir Isaiah Berlin, em uma de suas saudações a Giambattista Vico, o pai da história comparativa, resumiu com perfeição o espírito do Iluminismo como uma crença em que "um método válido universalmente fora descoberto para a solução das questões fundamentais que tinham desafiado os homens de todos os tempos — como determinar o que é verdadeiro e o que é falso em cada área do conhecimento".[47]

> Voltaire, o grande publicista do Iluminismo, mesmo quando defendia a ampliação da investigação histórica para abarcar as atividades sociais e econômicas e seus efeitos, acreditava firmemente que os únicos objetos dignos de estudo histórico eram os picos, não os vales, das realizações da humanidade [...] "Se não tendes mais a nos dizer", declarou Voltaire, "senão que um bárbaro sucedeu a outro nas margens do Oxus ou Ixartes, de que servis ao público?"[48]

Se Voltaire liderava, quem era Clausewitz para não segui-lo? Nas décadas do século XIX posteriores a sua morte, os historiadores alemães tornaram-se pioneiros do método comparativo em história e política, mas em sua época o Iluminismo mandava. "Vemos, portanto, que sob todas as circunstâncias a guerra não deve ser vista como uma coisa independente, mas como um instrumento político; e é somente assumindo essa perspectiva que podemos evitar de nos descobrir em oposição a toda a história militar", escreveu ele.⁴⁹ Que visão mais perfeitamente iluminista, mais puramente voltairiana poderia haver?

Contudo, Voltaire, em seu repúdio desdenhoso da importância dos acontecimentos ocorridos nas margens do Oxus, acerta um golpe na teoria clausewitziana. Os historiadores militares reconhecem hoje que as margens do Oxus foram para a guerra o que Westminster foi para a democracia parlamentar ou a Bastilha para as revoluções. Junto ou perto das margens do Oxus — o rio que separa a Ásia central da Pérsia e do Oriente Médio —, o homem aprendeu a domar o cavalo, a atrelá-lo e, por fim, a montá-lo com uma sela. Foi do Oxus que os conquistadores partiram para fundar "impérios sobre carros de guerra" na China, Índia e Europa. Foi junto ao Oxus que aconteceu a revolução da cavalaria, uma das duas revoluções indiscutíveis da arte da guerra. Foi atravessando o Oxus que ondas sucessivas de conquistadores e saqueadores da Ásia central — hunos, avaros, magiares, turcos, mongóis — irromperam no mundo ocidental. Foi em Samarcanda, logo ao norte do Oxus, que Tamerlão, o mais despropositadamente destrutivo dos chefes montados, começou seu reinado de terror. Os primeiros califas recrutavam seus soldados escravos no Oxus e o mesmo fizeram os sultões otomanos. O cerco otomano de Viena, em 1683, ameaçando o coração da cristandade, continuava a ser o episódio militar mais dilacerador na memória dos contemporâneos de Clausewitz. Uma teoria da guerra que não levasse em consideração o Oxus e tudo o que significava seria incompleta. Não obstante, Clausewitz construiu uma teoria assim, com efeitos calamitosos.

Nos anos posteriores à Primeira Guerra Mundial, escritores militares radicais sustentaram que Clausewitz era o responsável, se não direto pelo menos circunstancial, pela recente carnificina. O historiador inglês B. H. Liddell Hart, por exemplo, culpava-o por ter dito que a ofensiva mais ampla possível, com o maior número possível de soldados, era a chave da vitória. Mas, nos anos posteriores à Segunda Guerra, ele foi elevado a novas alturas, numa virtual apoteose, e considerado o maior pensador militar do passado, do presente e — nisso havia uma indicação da paixão que reacendera — também do futuro. Os estrategistas acadêmicos da época da Guerra Fria proclamavam que, na escuridão prometida pelo inverno nuclear, Clausewitz oferecia uma luz-guia de verdade universal. Seus detratores receberam um julgamento sumário; o famoso ataque de Liddell Hart foi descartado, por exemplo, como simples "caricatura".[50]

Os estrategistas acadêmicos estavam combinando uma observação com uma hipótese. A observação é que a guerra é um fenômeno universal, praticada em todos os tempos e lugares, desde o recuo da última era glacial; a hipótese é de que há uma teoria universalmente verdadeira dos objetivos de guerra e de como esses objetivos podem ser mais bem alcançados. É fácil ver por que eles foram seduzidos por Clausewitz: sob a ameaça de um ataque nuclear, um Estado não tem opção senão alinhar sua política externa o mais perto possível com sua doutrina estratégica e expulsar dos interstícios todas as qualificações modificadoras. Um Estado nuclear deve aparentar que o que diz é para valer, uma vez que a dissuasão depende de convencer o adversário da determinação de propósitos, e as reservas mentais são o inimigo da convicção.

A dissuasão nuclear, no entanto, repugna ao sentimento humano, pois implica que um Estado, se precisar defender sua própria existência, agirá com desprezo impiedoso pelas conseqüências para o seu povo e o dos adversários. Não surpreende que, pelo menos no mundo ocidental, onde a política nos últimos 2 mil anos institucionalizou a crença judaico-cristã no valor único do indivíduo, a teoria da dissuasão nuclear provoque a mais profunda repugnância, muitas vezes de patriotas devotados à defesa nacional e até mesmo de soldados profissionais que derramaram seu sangue por outros países.

Inventar uma filosofia que integrasse a teoria da dissuasão nuclear e a moralidade comum e a ética política dos Estados democráticos era uma tarefa que poderia ter derrotado a engenhosidade dos teóricos mais espertos. Mas eles não precisavam disso. Em Clausewitz encontraram prontos uma filosofia e um vocabulário de extremismo militar a que a história dera vigência. Com as armas nucleares, acreditou-se que a "guerra real" e a "guerra verdadeira" eram a mesma coisa; e a contemplação do horror dessa identificação era tida como sendo em si mesma uma garantia de que a guerra não ocorreria.

Havia, no entanto, uma dupla fraqueza nessa lógica. Primeiro, era inteiramente mecanicista: dependia de que os procedimentos de dissuasão funcionassem sem erro em todas as circunstâncias. Todavia, se existe uma verdade observável da política é a de que os meios mecânicos têm uma história lamentável de controle do comportamento dos governos. Em segundo lugar, ela exige que os cidadãos dos Estados possuidores de armas nucleares cultivem uma perspectiva esquizofrênica do mundo: enquanto sustentam suas crenças na santidade da vida humana, no respeito aos direitos individuais, na tolerância pela opinião da minoria, na aceitação do voto livre, na responsabilidade do executivo perante as instituições representativas e tudo o mais que significa o domínio da lei, da democracia e da ética judaico-cristã — as armas nucleares foram construídas para defender esses valores —, espera-se que eles, ao mesmo tempo, concordem com o código do guerreiro, do qual os valores últimos são a coragem física, a subordinação ao líder heróico e "a força está certa". Ademais, essa esquizofrenia deveria ser permanente, pois, de acordo com a expressão ardilosa dos teóricos nucleares, "as armas nucleares não podem ser desinventadas".

Robert McNamara, secretário da Defesa do presidente John F. Kennedy, sintetizou a lógica dissuasiva clausewitziana em um discurso que proferiu em 1962 na Universidade de Michigan, no coração dos valores humanistas norte-americanos. Disse ele: "O próprio poderio e a natureza das forças da aliança [OTAN, mas essencialmente americana] tornam possível para nós guardar, mesmo diante de um ataque-surpresa em massa, de suficiente poder de ataque de reserva para destruir uma sociedade inimiga se levados a isso".[51] Essa ameaça de infligir uma "guerra verdadeira" a um inimigo que iniciou uma "guerra real" tinha uma pureza que Clausewitz poderia aplaudir. Mas o aplauso seria uma manifestação do passado, pois Clausewitz, como eu disse, era mesmo em sua época a voz isolada de uma cultura guerreira que os ancestrais do Estado moderno estavam se esforçando para extirpar de seus territórios. Naturalmente, eles reconheciam seu valor para os objetivos do Estado, mas permitiam que ela sobrevivesse apenas dentro de um conjunto de bandos guerreiros artificialmente preservados; os regimentos eram completamente diferentes em *ethos* da sociedade civil na qual estavam estacionados.

Em seus primeiros tempos, a sociedade européia estava muito impregnada pelos valores e práticas guerreiros. Então, a partir do século XVII, mediante uma política continuada de privar a população de armas de fogo, destruir os castelos dos próceres provinciais, fazer de seus filhos oficiais regulares, criar corpos especializados de artilheiros comandados pelas classes não guerreiras e monopolizar a produção de armas de batalha em arsenais estatais, o tipo de governo do qual Clausewitz era um servidor desmilitarizou efetivamente a sociedade européia a oeste dos rios Oder e Drava, ou seja, de Berlim e Viena até o Atlântico.

Quando os Estados europeus foram progressivamente impelidos a remilitarizar suas populações, em reação às forças liberadas pela Revolução Francesa, eles o fizeram de cima, e isso foi aceito com graus variados de entusiasmo. O serviço militar universal acabou sendo associado compreensivelmente ao sofrimento e à dor: houve 20 milhões de mortes na Primeira Guerra Mundial, 50 milhões na Segunda. A Grã-Bretanha e os Estados Unidos abandonaram-no completamente depois de 1945; quando foi reintroduzido pelos Estados Unidos na década de 1960, para lutar numa guerra que se tornou impopular, a recusa dos convocados e de suas famílias em ingerir os valores guerreiros fez com que a guerra do Vietnã fosse abandonada. Ali estava a prova do fracasso dos esforços para atrelar dois códigos públicos contraditórios: o dos "direitos inalienáveis", inclusive a vida, a liberdade e a busca da felicidade, e o da abnegação total quando a necessidade estratégica o exige.

Com efeito, todas as tentativas de realizar de cima mudanças sociais profundas mostraram-se difíceis no mundo moderno; muitas fracassaram completamente, especialmente aquelas que buscam alterar os direitos da propriedade privada ou a relação do cultivador com a terra. A mudança social engendrada de baixo — o forte dos movimentos reformistas religiosos — tem obtido mais êxito. Portanto, é instrutivo seguir o curso dos esforços do século XX de remilitarizar as sociedades a partir de baixo, dos quais dois merecem atenção particular: o de Mao Tsé-Tung, na China, e de seus seguidores no Vietnã, e o de Tito, na Iugoslávia. Ambos estavam baseados na diretriz de Marx de "criar exércitos populares" como meio de fazer avançar a inevitável revolução; ambos seguiram padrões notavelmente semelhantes; ambos conseguiram os resultados políticos desejados; ambos tiveram somente efeitos culturais calamitosos.

Nos anos posteriores à derrubada do último imperador, em 1912, a China escorregou para uma anarquia em que um governo republicano nominalmente soberano disputava a autoridade com senhores da guerra locais em todas as províncias. Um terceiro participante do conflito era o nascente Partido Comunista; um de seus líderes, Mao Tsé-Tung, colocou-se logo em campo oposto ao do Comitê Central e seus mentores russos. Seus oponentes tinham por objetivo capturar cidades. Mao, por ter estudado de perto as queixas das populações rurais por entre as quais se moviam seus soldados, concluiu que a melhor maneira de capturar cidades era por meio da infiltração nos campos que as circundavam de guerrilheiros revolucionários. A partir dessas forças guerrilheiras, acreditava ele, poder-se-iam criar exércitos vitoriosos. Em um memorando escrito em 1929, ele descreveu seus métodos:

> As táticas que derivamos da luta dos últimos três anos são de fato diferentes de qualquer outra tática, antiga ou moderna, chinesa ou estrangeira. Com nossas táticas, as massas podem ser levadas à luta numa escala cada vez mais ampla e nenhum inimigo, por mais forte que seja, pode dar conta de nós. As nossas são táticas de guerrilha. Elas consistem principalmente nos seguintes pontos: dividir nossas forças para levantar as massas, concentrar nossas forças para enfrentar o inimigo [...] Levantar o maior número de massas no tempo mais curto possível.[52]

Mao estava errado a respeito da natureza sem par de sua tática. Em sua ênfase no isolamento das cidades mediante a dominação do campo circundante, ela derivava diretamente dos métodos dos povos montados que tinham sido inimigos persistentes da China por quase 2 mil anos. Mas havia traços novos nos métodos de Mao: primeiro, sua crença em que os "desclassificados" — "soldados, bandidos, ladrões, mendigos e prostitutas" — seriam úteis à revolução, "gente capaz de lutar com muita bravura e, se conduzidos adequadamente, uma força revolucionária"; em segundo lugar, sua percepção de que mesmo diante de um inimigo mais poderoso era possível ganhar uma guerra, se se tivesse a paciência de evitar a busca de uma decisão até que a frustração e a exaustão do inimigo roubassem dele a chance de vitória.[53] Essa teoria da "guerra prolongada" será lembrada como a principal contribuição de Mao à teoria militar. Após seu triunfo sobre Chiang Kai-shek na China, ela foi adotada pelos vietnamitas em suas guerras, primeiro contra os franceses, depois contra os americanos.

Entre 1942 e 1944, Josip Broz Tito, secretário-geral do Partido Comunista da Iugoslávia, também utilizou esse processo nas montanhas de Montenegro e da Bósnia-Herzegovina. Os ocupantes do Eixo já estavam engajados numa luta contra o exército guerrilheiro fiel ao governo real no exílio, os chetniks de Mihailovic. A política chetnik era ficar na moita até que o Eixo estivesse suficientemente enfraquecido na guerra fora da Iugoslávia, para que um levante nacional fosse bem-sucedido. Tito não queria saber disso; por uma série de motivos, inclusive a esperança de aliviar a pressão sobre a União Soviética, mas também devido à sua política de implantar o aparato do Partido Comunista em todo o território iugoslavo, seus guerrilheiros agiam tão amplamente quanto podiam. "Sempre que ocupavam uma região, os guerrilheiros organizavam comitês de camponeses para dirigir os assuntos locais e manter a lei e a ordem. Mesmo quando os guerrilheiros perdiam o controle de uma área, esses auxiliares políticos continuavam ativos."[54] Sir William Deakin, então oficial de ligação inglês com Tito, descreveu assim sua observação do processo em andamento logo depois de um ataque bem-sucedido dos alemães contra o quartel-general de Tito, em 1943: "No momento imediatamente posterior a nossa fuga extenuante da destruição [Milovan] Djilas [um importante intelectual comunista, mas também um soldado que matara muitos alemães] partiu com um punhado de companheiros para o sul, na direção do desolado campo de batalha. Era uma regra não escrita da guerra de guerrilha que em um território perdido era preciso continuar o trabalho do partido e as células deveriam ser refeitas, em antecipação de um retorno futuro".[55]

Esse aspecto "heróico" da luta guerrilheira, profundamente inspirador para eruditos-tornados-soldados, como Deakin, parece muito bom no papel. Mas, na prática, a política de travar uma campanha político-militar em toda a Iugoslávia provocou um sofrimento indizível aos seus povos. A história deles já era de rivalidade violenta e encarniçada, que a guerra reacendera. No Norte, líderes dos croatas católicos tinham se aproveitado do patrocínio dos italianos para desencadear uma campanha de expulsão, conversão forçada e extermínio contra os sérvios ortodoxos-gregos. Os muçulmanos da Bósnia-Herzegovina também se aproveitavam da guerra civil, enquanto no Sul os sérvios de Kosovo eram atacados por seus vizinhos albaneses. Os chetniks, por sua vez, disputavam a autoridade nas terras sérvias com os guerrilheiros de Tito, com os quais não tinham conseguido estabelecer uma estratégia em comum, mas não faziam guerra aberta aos ocupantes alemães para que isso não provocasse represálias. Tito endureceu seu coração em relação a represálias: na verdade, considerava as atrocidades do Eixo um estímulo ao recrutamento. Atraiu deliberadamente os alemães a persegui-lo em sete assim chamadas "ofensivas" que deixaram os campos por onde passaram destruídos. Os camponeses tinham de ir com os guerrilheiros "para o mato" (uma descrição tradicional da localização dos que resistiam aos turcos), ou então ficar e esperar pelas represálias. Kardelj, o vice de Tito, era enfático sobre a desejabilidade de confrontar os descomprometidos com esse dilema: "Alguns comandantes têm medo de represálias e esse medo evita a mobilização das aldeias croatas.

Acho que as represálias terão o útil resultado de jogar as aldeias croatas do lado das aldeias sérvias. Numa guerra, não devemos temer a destruição de aldeias inteiras. O terror provocará a reação armada".[56]

A análise de Kardelj estava correta. A política de Tito de sobrepor uma campanha pan-iugoslava, pró-comunista e anti-Eixo à teia de conflitos étnicos e religiosos, colaboracionistas e anticolaboracionistas locais já em andamento, como também de romper todas as tréguas onde quer que as encontrasse, teve de fato o efeito de transformar muitas guerras pequenas numa única grande guerra, na qual ele se tornou o principal comandante das forças anti-Eixo. Sob suas ordens, a maioria dos iugoslavos e muitas iugoslavas foram forçadas a escolher um lado. Com efeito, a população foi remilitarizada a partir de baixo. No final da guerra, pelo menos 100 mil dos que tinham escolhido o lado errado foram eliminados pelos guerrilheiros, unindo-se na morte aos 350 mil sérvios eliminados pelos croatas pró-italianos. Contudo, uma vez que em 1941 o Exército Real Iugoslavo fora desbaratado em apenas oito dias, a maioria dos outros 1,2 milhão que morreram entre 1941 e 1944, em um total de 1,6 milhão, deve ser computada como vítimas ativas ou passivas da política de guerra dos guerrilheiros de Tito. Foi um preço terrível a pagar para que Tito se afirmasse politicamente.

As cenas externas de guerras como essas — fossem iugoslavas, russas, chinesas ou vietnamitas — proporcionaram matéria-prima impressionante para a arte do realismo socialista. A estátua de bronze em tamanho natural do jovem desafiante, tremendo de vontade de morrer por sua pátria, que domina a sala central do museu militar iugoslavo, em Belgrado, dramatiza brilhantemente a idéia de resistência popular. Em um tom diferente, fazem a mesma coisa a tela de Sergei Gerasimov *Mãe guerrilheira*, grávida de um novo combatente, enfrentando impassível o soldado alemão que incendiou sua casa; *Os guerrilheiros chegaram*, de Tatyana Nazarenko, uma *pietà* irônica da ajuda que chega tarde demais numa cena de atrocidade germânica; e *A liberação de Jacje*, de Ismet Mujesinovic, que, valendo-se de um episódio da guerra de Tito, evoca as magníficas denúncias que Géricault pintou da opressão otomana durante a guerra de independência da Grécia. Encontra-se muita coisa no mesmo estilo em relação às guerras de Mao Tsé-Tung e Ho Chi Minh: soldados do Exército do Povo, com trajes de campanha limpos, mas gastos, confortando as vítimas de Chiang Kai-shek, trabalhando ombro a ombro com camponeses na colheita de seus campos ameaçados, ou reunidos em massa para a vitória final sob a Aurora Vermelha.[57]

A arte partidária é a arte do congelamento da cena, do clichê, um momento de aparente realismo arrancado de uma realidade completamente contraditória. Na verdade, a experiência da luta popular, de forçar cidadãos pacíficos e obedientes da lei a pegar em armas e derramar sangue contra a própria vontade e a despeito de seus interesses, é indizivelmente terrível. Os povos do Ocidente foram em geral poupados disso na Segunda Guerra Mundial; americanos e ingleses o foram totalmente. Os poucos que testemunharam o que isso significa na prática deixaram relatos medonhos do que viram. William Deakin, um jovem historiador de Oxford que desceu de pára-quedas na Iugoslávia para unir-se a Tito em 1943, descreveu um encontro com alguns chetniks capturados:

> Durante a ação daquela noite, tropas guerrilheiras capturaram Golub Mitrovic, comandante da *odred* chetnik, e dois membros de seu Estado-maior. Defrontei com esse grupo de prisioneiros numa clareira da mata. Propuseram que eu deveria interrogá-los pessoalmente. Essa foi a primeira e única vez em que surgiu uma situação dessas. Recusei-me. Os ingleses não podiam tomar partido numa guerra civil. A evidência estava clara. Estava fora de minha responsabilidade ser implicado no interrogatório de prisioneiros chetniks em via de serem executados. Dei as costas e caminhei por entre as árvores. Uma curta rajada de tiros de rifle encerrou o incidente. Passamos pelos três corpos alguns minutos depois. Esse episódio foi mal recebido pelo comando guerrilheiro. Havia muito eu esperava esse confronto e sabia que

deveria assumir uma tal atitude, da qual jamais me desviei — ao preço de perder a compreensão e de uma certa má vontade de parte de nossos aliados guerrilheiros. Eles achavam que estávamos travando uma outra guerra.[58]

De fato, ele deveria. Não há nenhuma circunstância, em qualquer código de justiça reconhecido pelo exército britânico, que justifique o fuzilamento de homens desarmados, não condenados por crime capital por uma corte de justiça, que caíram sob o domínio de alguém.

Milovan Djilas teve a honestidade, em suas memórias da experiência guerrilheira, *Tempo de guerra*, de revelar quão profundamente ele fora corrompido pelo código de combate da guerrilha. Eis como tratou prisioneiros desarmados que caíram em suas mãos:

> Tirei meu rifle do ombro. Uma vez que eu não ousava atirar, pois os alemães estavam a uns quatrocentos metros acima — podíamos ouvi-los gritando —, atingi o alemão na cabeça. O cabo do rifle quebrou e o alemão caiu de costas. Puxei minha faca e com um único movimento cortei-lhe a garganta. Dei então a faca a Raja Nedeljkovic, um trabalhador político que eu conhecia desde antes da guerra e cuja aldeia fora massacrada pelos alemães em 1941. Nedeljkovic apunhalou o segundo alemão, que se contorceu mas logo ficou imóvel. Isso deu origem à história de que eu tinha matado um alemão em combate corpo a corpo. Na verdade, tal como a maioria dos prisioneiros, os alemães estavam como que paralisados e não se defenderam nem tentaram fugir.[59]

A brutalidade que Djilas aprendeu nas montanhas da Iugoslávia foi ensinada a dezenas de milhões, onde quer que se praticasse a "guerra popular". Seu custo em vidas mal suporta ser contemplado. Dezenas de milhões morreram, como participantes ou, com mais freqüência, como espectadores infelizes, na China, na Indochina e na Argélia. Em 1934-35, na Longa Marcha de Mao do sul para o norte da China, sobreviveram apenas cerca de 8 mil dos 80 mil que partiram; os que chegaram ao fim da marcha iriam tornar-se, como Djilas, executores impiedosos de uma revolução social que media sua profundidade pelo número de "inimigos de classe" que liquidava.[60] Cerca de 1 milhão de "terratenentes" foram mortos em 1948, ano em que os comunistas subiram ao poder na China, geralmente por seus companheiros de aldeia, por instigação dos "quadros" do partido, muitas vezes sobreviventes da Longa Marcha. Esse holocausto era inerente à doutrina da guerra popular desde seu início.

A mais trágica de todas as remilitarizações a partir de baixo talvez tenha sido a que ocorreu na Argélia entre 1954 e 1962, onde os veteranos da primeira guerra da Indochina — oficiais franceses de um lado, ex-soldados dos regimentos argelinos franceses de outro — aplicaram a doutrina da guerra popular a quaisquer setores da população que conseguissem controlar. O Exército de Libertação Nacional, numa imitação consciente de Mao, sempre que podia envolvia deliberadamente as povoações em atos de rebelião. Alguns oficiais franceses (muitos dos quais tinham sido obrigados a estudar Marx em campos de prisioneiros vietnamitas) reagiram treinando suas povoações como contra-insurgentes e jurando por suas vidas que os legalistas jamais seriam abandonados pela França. Quando chegou o momento da retirada, pelo menos 30 mil e talvez até 150 mil legalistas foram mortos pelo vitorioso ELN. O ELN perdera 141 mil homens em combate e, durante os oito anos da guerra, eliminara ele próprio 12 mil de seus membros em expurgos internos, 16 mil argelinos muçulmanos e presumivelmente outros 50 mil, classificados como "desaparecidos". O governo atual da Argélia calcula o custo da guerra popular em 1 milhão de vidas, de uma população anterior à guerra de 9 milhões.[61]

As gerações de guerreiros nascidas da remilitarização de Argélia, China, Vietnã e do que foi a Iugoslávia estão ficando velhas. As revoluções pelas quais elas e milhões de participantes relutantes pagaram um preço tão terrível em sangue e angústia secaram até as raízes. O Vietnã do Sul, troféu da longa guerra de

Ho Chi Minh, recusou-se a abandonar seus hábitos capitalistas. Os chineses de barbas grisalhas da Longa Marcha somente preservaram a autoridade do partido graças à concessão de liberdades econômicas completamente discrepantes da doutrina marxista. Na Argélia, uma população crescente procura uma solução para as dificuldades econômicas, seja no fundamentalismo islâmico, seja emigrando para o mundo rico do outro lado do Mediterrâneo. Os povos da ex-Iugoslávia que Tito buscou unir ensangüentando suas mãos numa luta comum contra o Eixo agora sujam suas mãos de sangue uns contra os outros, numa luta que lembra o "deslocamento territorial" que os antropólogos identificam como sendo a lógica subjacente de muitas guerras "primitivas" da sociedade tribal. Nas fronteiras da ex-União Soviética, que serviu de inspiração para os revolucionários modernos, surge um padrão similar, com "minorias" de independência recente usando sua liberdade do controle russo para reviver antigos ódios tribais e travar novamente guerras, às vezes dentro das próprias tribos, em vez de entre tribos diferentes, que para os observadores de fora parecem não fazer sentido político algum.

Enquanto contemplamos este mundo de fim de século, no qual os países ricos que impuseram a remilitarização a partir de cima fizeram da paz sua divisa e os países pobres que sofreram a remilitarização a partir de baixo rejeitam-na ou denigrem-na, podemos finalmente dizer que a guerra perdeu sua utilidade e atração profunda? Em nosso tempo, a guerra não tem sido apenas um modo de resolver disputas entre Estados, mas também um veículo por meio do qual os amargurados, os esbulhados, os descamisados, as massas famintas ansiosas por respirar com liberdade expressam sua raiva, seu ciúme e seu impulso encurralado à violência. Há motivos para acreditar que por fim, depois de 5 mil anos de guerras registradas, as mudanças culturais e materiais podem estar trabalhando para inibir a inclinação do homem a pegar em armas.

A mudança material sobressai diante de nossos olhos. Trata-se do surgimento das armas termonucleares e seu sistema de mísseis balísticos intercontinentais. Não obstante, as armas nucleares não mataram mais ninguém, desde 9 de agosto de 1945. Os 50 milhões que morreram em guerras desde aquela data foram, em sua maioria, mortos por armas baratas, produzidas em massa, e por munição de baixo calibre, custando pouco mais que os rádios transistorizados e as pilhas secas que invadiram o mundo no mesmo período. Tendo em vista que as armas baratas interferiram pouco na vida do mundo avançado, exceto nos locais restritos onde as drogas e o terrorismo florescem, as populações dos países ricos têm demorado a reconhecer o horror que essa poluição trouxe consigo. Pouco a pouco, no entanto, o reconhecimento desse horror está ganhando terreno.

Houve pouca cobertura televisiva da guerra da Argélia, que terminou em 1962, mas bastante da guerra do Vietnã, onde o efeito foi reforçar a resistência dos homens em idade de recrutamento e de suas famílias, mais do que mobilizar a repugnância pela guerra em si. Mas o espetáculo televisionado dos etíopes famintos fugindo de soldados quase tão desnutridos quanto eles, das selvagerias do Khmer Vermelho no Camboja, da matança de soldados-crianças iranianos nos pântanos do Iraque, da destruição do Líbano como sociedade e de uma dezena de outros conflitos esquálidos, cruéis e sem sentido teve um resultado diferente. Dificilmente será possível em qualquer lugar do mundo de hoje obter apoio racional para a opinião de que a guerra é uma atividade justificável. O entusiasmo do Ocidente pela guerra do Golfo dissipou-se em poucos dias, quando foram apresentadas as provas visuais da carnificina que provocara.

Russell Weigley, em um importante estudo recente, identificou o início do que chama uma impaciência com a "crônica inconclusividade da guerra". Tomando como objeto de estudo o período entre o começo do século XVII e o começo do século XIX, quando os Estados tinham à mão instrumentos confiáveis de poder militar em condições de equilíbrio técnico, ele sustenta que a guerra se mostrou não como "uma continuação eficaz da política por outros meios [...] mas como a falência da política". A frustração engendrada pelo fracasso em conseguir um resultado decisivo levou, deduz ele, ao "apelo calculado e espontâneo a crueldades maiores e mais torpes" com o correr do tempo, "ao saque das cidades e destruição dos campos, ambos em busca de vingança e na esperança geralmente vã de que crueldades maiores abalariam o espírito do inimigo".[62] Seus argumentos e os que apresento neste capítulo vão na mesma direção e podem ser resumidos nos termos a seguir.

No século que começou com a Revolução Francesa, a lógica militar e o *ethos* cultural tomaram caminhos divergentes e contraditórios. No mundo industrial em desenvolvimento, as condições de riqueza crescente e a ascensão dos valores liberais estimularam a expectativa de que as dificuldades históricas sob as quais a humanidade labutara estavam no fim. Mas esse otimismo revelou-se insuficiente para alterar os meios pelos quais os Estados resolviam suas disputas. Com efeito, muito da riqueza gerada pela industrialização foi utilizada para militarizar a população que ela beneficiava, de forma que quando a guerra chegou, no século XX, sua "inconclusividade recalcitrante", como observa Weigley, reafirmou-se com força ainda maior. A reação dos países ricos foi determinar uma militarização ainda mais intensa de suas populações, numa tentativa de romper o impasse. Quando a onda da guerra respingou sobre o mundo pobre, a militarização começou de baixo, com os líderes dos movimentos voltados a ganhar a liberdade dos impérios europeus e um equivalente do bem-estar econômico ocidental compelindo os camponeses a se tornarem guerreiros. Ambos os desdobramentos estavam fadados à frustração. O espantoso custo humano da militarização de massa pago pelos países industrializados na Segunda Guerra Mundial levou ao desenvolvimento das armas nucleares, projetadas para acabar com as guerras sem o comprometimento da mão-de-obra no campo de batalha, mas que significaram, uma vez instaladas, uma ameaça de destruição final. A militarização no mundo pobre não resultou na libertação, mas na fixação de regimes opressores que subiram ao poder ao custo de sofrimento e morte indiscriminados.

É nesse estado que o mundo se encontra atualmente. Apesar da confusão e da incerteza, parece possível vislumbrar a silhueta emergente de um mundo sem guerras. É preciso ser audacioso para dizer que a guerra está saindo de moda. O nacionalismo ressurgente nos Bálcãs e na antiga Transcaucásia soviética, que encontrou expressão numa guerra de tipo particularmente repulsivo, desmente isso. Essas guerras, no entanto, não representam a mesma ameaça de conflitos semelhantes do mundo pré-nuclear. Elas não trazem a ameaça de patrocínio por grandes potências em oposição, com todos os perigos de ramificações que isso representa; provocam sim um impulso humanitário de intervir em nome da paz. As perspectivas de pacificação podem ser ilusórias. Os conflitos balcânicos e transcaucasianos têm origens antigas e parecem ter por objeto aquele "deslocamento territorial" familiar aos antropólogos em seus estudos da guerra "primitiva". Por natureza, tais conflitos desafiam os esforços de mediação externa, pois são alimentados por paixões e rancores que não cedem diante de medidas racionais de persuasão ou controle; eles são apolíticos, em um grau não admitido por Clausewitz.

Contudo, o fato de que o esforço está sendo feito indica uma mudança profunda na atitude da civilização em relação à guerra. O esforço de pacificação não é motivado por cálculos de interesse político, mas por repulsa às conseqüências da guerra. O impulso é humanitário e, embora os humanitaristas sejam velhos oponentes da guerra, o humanitarismo nunca tinha sido declarado um princípio básico da política externa de uma grande potência, como o foi agora pelos Estados Unidos, nem tinha um organismo supranacional efetivo, como a ONU, nem tinha encontrado apoio tangível de um amplo corpo de Estados desinteressados, desejosos de mostrar seu compromisso ao princípio mediante o envio de tropas de paz aos locais de conflito. O presidente George Bush talvez tenha exagerado ao proclamar o surgimento de uma nova ordem mundial. Mas os elementos de uma nova resolução mundial para acabar com as crueldades da desordem estão claramente à vista. Essa resolução, se persistir, constitui a conseqüência mais esperançosa dos eventos de nosso terrível século.

O conceito de transformação cultural tem armadilhas para o incauto. As expectativas de que mudanças benignas — padrões de vida melhores, alfabetização, medicina científica, a disseminação do bem-estar social — iriam alterar o comportamento humano para melhor foram tantas vezes frustradas que pode parecer irrealista prever a chegada de atitudes efetivamente antibélicas ao mundo. Todavia, mudanças culturais profundas estão realmente ocorrendo e isso pode ser documentado. Como observou o cientista político norte-americano John Mueller,

> a instituição da escravidão humana foi criada na aurora da raça humana e muitos outrora julgaram-na um fato elementar da existência. Contudo, entre 1788 e 1888, essa instituição foi substancialmente abolida [...] e essa extinção parece, até agora, ser definitiva. Da mesma forma, as veneráveis instituições do sacrifício humano, do infanticídio e do duelo parecem ter fenecido ou sido eliminadas. Poder-se-ia argumentar que a guerra, ao menos a guerra no mundo desenvolvido, está seguindo uma trajetória semelhante.[63]

Mueller, deve-se dizer, não acredita na proposição de que o homem está biologicamente predisposto à violência, uma das questões mais ferozmente discutidas pelas ciências do comportamento, da qual a maioria dos historiadores militares se distancia prudentemente. Porém não é necessário assumir essa descrença para ficar impressionado com as provas de que a humanidade, sempre que tem a opção, está se afastando da instituição da guerra.

Estou impressionado com os indícios. A guerra, parece-me, depois de uma vida lendo sobre o assunto, convivendo com soldados, visitando os locais de guerras e observando seus efeitos, pode estar deixando de ser recomendada aos seres humanos como um meio desejável ou produtivo e, evidentemente, racional, de resolver seus descontentamentos. Não se trata de mero idealismo. A humanidade tem a capacidade de, ao longo do tempo, correlacionar os custos e benefícios de empreendimentos grandes e universais. Em boa parte do tempo para o qual dispomos de registros do comportamento humano, pode-se ver que a humanidade julgou que os benefícios da guerra eram maiores que seus custos, ou pareciam maiores quando se chegava a um suposto equilíbrio. Agora, a computação trabalha na direção oposta. Os custos claramente superam os benefícios. Alguns desses custos são materiais. Os gastos superinflacionários com armas deformam os orçamentos até mesmo dos países mais ricos, enquanto as nações pobres abandonam a chance de emancipação econômica quando procuram tornar-se militarmente poderosas. Os custos humanos de entrar efetivamente em guerra são ainda maiores. Os países ricos reconhecem que eles não devem ser suportados. Os países pobres que entram em guerra com os ricos são derrotados e humilhados. Os Estados pobres que lutam entre si ou são levados à guerra civil destroem seu próprio bem-estar e até mesmo as estruturas que tornam possível a recuperação da guerra. A guerra tornou-se realmente um flagelo, como as moléstias o foram ao longo de boa parte da história da humanidade. O flagelo da doença foi, em tempos mais recentes, amplamente derrotado e, ainda que seja verdade que a doença não tenha tido amigos como a guerra, esta exige hoje em dia uma amizade que só pode ser paga com moedas falsas. Existe atualmente uma economia política mundial que não dá espaço para reivindicações bélicas e uma nova cultura das relações humanas. Assim como a maioria das culturas que conhecemos foi transfundida pelo espírito guerreiro, essa transformação cultural exige um rompimento com o passado para o qual não há precedentes. Mas também não existem precedentes para a ameaça que uma guerra futura representa para o mundo. O mapeamento da trajetória da cultura humana ao longo de seu passado indiscutivelmente belicoso em direção ao seu futuro potencialmente pacífico é o tema deste livro.

Interlúdio 1
LIMITAÇÕES À GUERRA

A expectativa de um futuro no qual o recurso à guerra seja colocado sob limites racionais não deve nos levar à falsa visão de que não tenha havido limitações no passado. Os mais altos sistemas éticos e políticos tentaram impor restrições legais e morais ao uso da guerra e seus costumes desde os primeiros tempos. No entanto, as limitações mais importantes à guerra estiveram sempre além da vontade e do poder do homem. Elas pertencem ao reino daquilo que o Estado-maior soviético costumava chamar "fatores permanentemente em operação" e esses fatores — tempo, clima, estações, terreno, vegetação — sempre afetam, com freqüência inibem e às vezes proíbem totalmente as operações de guerra. Outros fatores, classificados vagamente como "contingentes" e que incluem as dificuldades de suprimento, aprovisionamento, aquartelamento e equipamento, limitaram o alcance, a intensidade e a duração da guerra em muitos períodos da história da humanidade. À medida que a riqueza crescia e a tecnologia se desenvolvia, algumas foram reduzidas ou, em larga medida, superadas — as rações dos soldados, por exemplo, podem agora ser conservadas de forma conveniente por períodos quase indefinidos —, mas não se pode dizer que tenham sido completamente eliminadas. Como alimentar, abrigar e movimentar um exército em campo continuam a ser os problemas principais e mais persistentes que um comandante tem de resolver.

O efeito de ambos os fatores — permanentes e contingentes — na limitação do alcance e da intensidade das operações defensivas e ofensivas talvez seja mais bem ilustrado com a guerra naval. O homem pode lutar com seus punhos em terra firme, mas até para fazer isso na superfície da água ele precisa de uma plataforma flutuante. Devemos imaginar, uma vez que por natureza se decompõem, que plataformas construídas com esse propósito surgiram relativamente tarde na história da humanidade. As mais antigas encontradas foram datadas de apenas 6315 a.C. e, tendo em vista o esforço, provavelmente cooperativo, necessário para construir a jangada ou piroga mais simples, podemos presumir que as ferramentas de osso e pedra que fornecem indícios dos primeiros trabalhos humanos precedem de um longo período a construção do barco.[1]

Os vasos de guerra especializados, até mesmo os navios convenientes para a guerra, são relativamente recentes. Eles sempre foram caros de construir e exigem uma tripulação de especialistas. Portanto, sua construção e operação requerem uma considerável riqueza disponível, provavelmente o excedente da renda de um governante; e, se as primeiras formas de luta no mar foram mais motivadas pela pirataria que pela política, devemos lembrar-nos de que até mesmo os piratas precisam de capital para começar o negócio. As primeiras marinhas podem ou não ter tido um objetivo antipirataria — as vantagens conferidas pela capacidade de deslocar tropas ou suprimentos através dos rios ou das costas talvez tenham levado primeiramente os governantes a manter vasos de guerra —, mas marinhas são, por definição, mais caras que navios individuais. De qualquer maneira, lutar na água foi, desde o início, mais caro que lutar na terra.

A riqueza, ou a falta dela, não é o único fator que limita a capacidade de guerrear sobre as águas: o tempo e as deficiências de energia propulsora também interferem. O vento é gratuito e a representação mais antiga que temos de uma guerra naval — de uma batalha entre guerreiros do faraó Ramsés III e os Povos do Mar, travada no delta do Nilo em 1186 a.C. — mostra os egípcios em um navio com velas.[2] Os barcos a vela, no entanto, não constituiriam plataformas de luta adequadas antes da invenção do canhão, uma vez que o manejo das velas impedia o combate a curta distância, única forma de luta eficaz antes do uso da pólvora. Os navios a remo eram muito mais manobráveis em encontros em que as tripulações buscavam a refrega com lanças e espadas. O barco a remo tinha outras vantagens: equipado com um aríete e avançando a toda a velocidade, podia afundar a embarcação do inimigo se acertasse em seu costado, o que não era possível com um barco de madeira a vela robusto o suficiente para suportar o impacto. Os ventos fracos não forneceriam a velocidade necessária; ventos fortes agitariam o mar de tal forma que um capitão preocupado com a sobrevivência de seu navio não se arriscaria a atacar.

Porém o barco a remo tinha sérias deficiências como vaso de guerra. Em águas confinadas, como as do Mediterrâneo, dominadas a partir do segundo milênio antes de Cristo por uma sucessão de Estados ricos que podiam sustentar os custos de mão-de-obra, ele determinaria os termos da guerra naval até a chegada do canhão. Todavia, não podia permanecer no mar com mau tempo, sendo uma arma essencialmente de verão. Pior que isso: não podia ficar longe de um porto de reabastecimento por mais de uns poucos dias de cada vez, já que a forma de seu casco, longo, estreito e raso, que o tornava rápido em águas calmas, deixava-o sem espaço para carregar víveres e água necessários para manter a grande tripulação exigida para remá-lo a toda a velocidade. É verdade que seria usado mais tarde fora de águas confinadas como veículo de pirataria em águas oceânicas por niilistas como os vikings — depois que dominaram a tecnologia da construção de quilha profunda e a técnica da navegação pelas estrelas — que espalhavam terror, devastação e morte por costas e terras ribeirinhas distantes centenas de quilômetros de suas bases. Os vikings, no entanto, floresceram numa época em que os Estados eram fracos, particularmente no mar, e de qualquer forma dependiam do vento para empurrar seus barcos até praias sem defesas, usando remos apenas como auxiliares.

Em conseqüência, como John Guilmartin demonstrou em sua brilhante análise da guerra naval no Mediterrâneo, as galeras jamais foram instrumentos autônomos de estratégia, mas extensões ou, mais exatamente, parceiras de exércitos em terra.[3] A ala próxima da costa de uma frota de galeras dependia normalmente do flanco costeiro de um exército acompanhante, em operações que eram anfíbias no sentido estrito do termo. A frota manobrava de forma a isolar uma base costeira do inimigo do apoio de suas próprias forças navais, enquanto o exército avançava com suprimentos para posições onde as galeras podiam ser reaprovisionadas. Essa simbiose explica por que as grandes batalhas navais no Mediterrâneo, de Salamina, em 480 a.C., a Lepanto, em 1571, travaram-se todas à vista da terra. Porém, por que a maioria das batalhas navais continuou a ocorrer perto da costa mesmo depois que os navios a vela equipados com canhões passaram a dominar os mares, a partir do século XVI? Duas das vitórias de Nelson, o maior almirante de veleiros, foram obtidas contra frotas ancoradas junto à costa — a do Nilo e de Copenhague —, enquanto a terceira, Trafalgar, foi resultado de um encontro a apenas quarenta quilômetros da costa espanhola. A tendência das frotas de veleiros de lutar próximas da costa não tinha nada a ver com a autonomia de viagem. O vaso de guerra de madeira, ao contrário da galera, levava víveres e água suficientes para mantê-lo no mar durante muitos meses, de forma que já em 1502 os navios portugueses que tinham contornado o cabo da Boa Esperança foram capazes de lutar e derrotar a frota de um soberano da costa ocidental da Índia. Na década de 1650, Blake, almirante de Cromwell, podia fazer campanha no Mediterrâneo, onde a Inglaterra não dispunha de base, e na metade do século seguinte, Grã-Bretanha e França travavam campanhas navais intensas ao largo da costa oriental da Índia, local distante seis meses de viagem em navio a vela. Apesar dessa distância da base, essas frotas continuavam a lutar em águas costeiras.

Vários motivos combinam-se para explicar essa circunstância. Um deles é que uma batalha entre barcos a vela não podia se dar em águas agitadas (uma exceção foi a da baía de Quiberon, travada nas águas tempestuosas do Atlântico em 1759) e as águas costeiras costumam ser mais calmas que as de alto-mar. Outra razão é que os propósitos das batalhas navais — livre acesso ao alto-mar, proteção da navegação costeira, defesa contra invasão — têm seu *locus* em águas costeiras. Um terceiro motivo é que as frotas de veleiros, operando exclusivamente por comunicação visual, têm grande dificuldade de se acharem em alto-mar. Mesmo com uma cadeia de fragatas, a ligação visual entre elas era de no máximo trinta quilômetros; muitas frotas se perdiam com grande facilidade, como Nelson descobriu no Nilo em 1798. É significativo que em dois raros encontros em águas profundas — a segunda batalha de Finisterra, 1747, travada a trezentos quilômetros da ilha de Ouessant, e a do Glorioso Primeiro de Junho, 1794, travada novamente no Atlântico, mas a mais de seiscentos quilômetros de Ouessant, ambas entre França e Inglaterra — as esquadras francesas estavam embaraçadas por comboios, no segundo caso, de 130 navios, cobrindo uma área tão grande de oceano que constituíam um alvo muito mais fácil para um perseguidor que se os vasos de guerra navegassem sozinhos.

Poder-se-ia pensar que a substituição da vela pelo vapor como meio de propulsão teria afrouxado a ligação das belonaves com a terra, uma vez que o navio a vapor podia manobrar para travar combate mesmo em águas paradas e continuava a ser uma plataforma estável para canhões sob ventos que forçariam barcos a vela a rizar e fechar as portinholas. Paradoxalmente, no entanto, o navio a vapor restaurou a dependência logística das galeras e diminuiu em muito o alcance operacional das esquadras a vapor em relação às movidas a vela. O motivo era que, até a adoção relativamente tardia do óleo como combustível, os barcos a vapor queimavam quantidades imensas de carvão — o *Dreadnought* de 1906 da marinha inglesa esvaziava seus depósitos em cinco dias — e, portanto, estavam presos a suas estações de reabastecimento.[4] Uma potência naval como a Inglaterra, que obtivera sua rede mundial de bases na época da navegação a vela, era capaz de manter frotas em todos os oceanos porque podia reabastecer em centenas de portos; mesmo assim, elas tinham um alcance local e não oceânico. Um Estado sem uma rede de bases dessa envergadura não poderia projetar um poderio naval, a menos que contasse com a boa vontade de aliados. Em 1904-05, quando a Rússia mandou sua frota do Báltico para o Extremo Oriente, numa época em que suas relações com a Inglaterra eram ruins, os navios conseguiram realizar a viagem enchendo seus conveses com tanto carvão que, entre as paradas em portos coloniais franceses, não teriam condições de usar seus canhões.

É um paradoxo a mais que as esquadras movidas a carvão, embora teoricamente capazes de batalhas oceânicas (dois dias de viagem podiam levá-las a oitocentos quilômetros da costa), tenham continuado na prática a travar batalhas perto das costas. Em parte, eram afetadas pelos mesmos fatores estratégicos, mas também continuavam, como suas antecessoras movidas a vela, praticamente cegas até a chegada do telégrafo sem fio; na verdade, a extensão real de sua linha de visão teria de esperar pela chegada dos porta-aviões. Em conseqüência, todas as batalhas navais da Primeira Guerra Mundial foram travadas a menos de 150 quilômetros da terra; esse padrão repetiu-se na Segunda Guerra, apesar do advento do radar, do porta-aviões, do submarino de patrulha de longo alcance e do domínio da técnica de reabastecimento no mar. A explicação última deriva da vastidão dos oceanos; as esquadras raramente poderiam derrotar a distância das imensas profundezas. Os aviões americanos que afundaram os porta-aviões japoneses na batalha das ilhas Midway — um dos poucos combates verdadeiramente oceânicos da história — foram guiados até lá por conjeturas perspicazes. O *Bismarck*, afundado a 1600 quilômetros de Brest em maio de 1941, tinha escapado por duas vezes de toda a frota interna inglesa; e as batalhas do meio do Atlântico entre escoltas aliadas e submarinos alemães emersos ocorreram porque os comboios grandes e lentos constituíam um alvo anormalmente visível. Tendo em vista a resistência oferecida aos sistemas de vigilância pelos movimentos das tempestades oceânicas, tais como as grandes frentes meteorológicas que os japoneses utilizaram para cobrir seu ataque a Pearl Harbor em dezembro de 1941, e a persistente dificuldade em coordenar os equipamentos de longo e curto alcance, os mares talvez possam manter seus segredos por muito tempo ainda.

Os fatos do passado são mais fáceis e simples de afirmar. Setenta por cento da superfície do globo é coberta por água, a maioria mar aberto, e a maioria das grandes batalhas navais ocorreu numa pequena fração dessa área. Se fizermos uma lista das quinze batalhas navais decisivas, para fazer companhia às famosas *Quinze batalhas decisivas do mundo*, tomando "decisiva" como significando "de importância durável e mais que local", ela poderia ser assim:

> Salamina, 480 a.C.: derrota da Pérsia em sua invasão da Grécia
> Lepanto, 1571: deteve o avanço muçulmano no Mediterrâneo ocidental
> Invencível Armada, 1588: frustrou a ofensiva da Espanha contra a Inglaterra e a Holanda protestantes
> Baía de Quiberon, 1759: assegurou o êxito anglo-saxão na luta com a França pelo domínio da América do Norte e da Índia
> Cabos da Virgínia (Yorktown), 1781: garantiu a vitória das colônias americanas contra os ingleses
> Camperdown, 1797: extinguiu para sempre a competição pelos mares da Holanda com a Inglaterra
> Nilo, 1798: frustrou a ambição napoleônica de dominar ambos os lados do Mediterrâneo e reabrir a luta pela Índia
> Copenhague, 1801: transferiu o domínio das águas do Norte europeu para a Inglaterra
> Trafalgar, 1805: destruiu finalmente o poder naval de Napoleão
> Navarino, 1827: inaugurou a dissolução do Império otomano na Europa
> Tsushima, 1905: estabeleceu o Japão como potência dominante sobre a China e o Pacífico setentrional
> Jutlândia, 1916: destruiu a ambição alemã de operar uma marinha oceânica
> Midway, 1942: evitou que o Japão controlasse o Pacífico ocidental
> Batalhas do comboio de março, 1943: forçou a retirada dos submarinos da batalha do Atlântico
> Golfo de Leyte, 1944: estabeleceu o poderio incontestável dos Estados Unidos sobre a Marinha Imperial japonesa

O significado dessas batalhas foi sumariamente resumido. O que chama a atenção nessa lista — ainda que os especialistas possam discordar — é como as batalhas navais costumam ocorrer nos mesmos cantos do mapa. Camperdown, Copenhague e Jutlândia, por exemplo, travaram-se dentro de um raio de quinhentos quilômetros; Salamina, Lepanto e Navarino, a primeira separada por 2300 anos da última, aconteceram perto do Peloponeso, em pontos pouco mais de 150 quilômetros distantes um dos outros. A batalha da Invencível Armada, da baía de Quiberon e de Trafalgar travaram-se numa distância de menos de 150 quilômetros dos 5° de longitude leste, entre 50° e 39° de latitude norte, um trecho comparativamente pequeno do globo — boa parte dele ocupado por terra firme. Os cabos da Virgínia seriam palco de muitas batalhas navais depois de 1781, assim como Tsushima o fora antes de 1905, em especial durante a ofensiva mongol contra o Japão, em 1274-81, enquanto a costa onde se travou a batalha do Nilo fora um pólo de atração para operações navais desde o tempo dos faraós. Portanto, das quinze batalhas navais "decisivas" citadas, apenas duas — Midway e a do comboio de março — ocorreram em águas longínquas da terra, anteriormente inviolada.

Da mesma forma, a maior parte das terras do globo não possui história militar. Tundra, deserto, floresta tropical e as grandes cordilheiras são tão inóspitos para soldados quanto para viajantes. Na verdade, o são mais ainda, pois as necessidades de um soldado são mais complicadas. Os manuais militares podem ter capítulos sobre guerra no "deserto", na "montanha" ou na "selva", mas a verdade é que tentar lutar em terreno sem água ou estradas constitui um desafio à natureza e que, quando isso acontece, trata-se geralmente de meras escaramuças entre especialistas caros e superequipados. Na Segunda Guerra Mundial, os exércitos do deserto de Rommel e Montgomery mantiveram-se próximos da costa norte da África; a conquista pelo Japão das florestas densas da Malásia em dezembro de 1941-janeiro de 1942 foi obtida graças às excelentes estradas da colônia e aos "ganchos" anfíbios ao longo da costa; a tomada pela China de partes da fronteira montanhosa da Índia em 1962, quando se fizeram ataques a 5 mil metros de altitude, foi realizada por tropas que tinham se aclimatado durante um ano ao planalto tibetano; muitos soldados indianos, que tinham subido recentemente das planícies, ficaram incapacitados por sofrerem os efeitos da altitude.

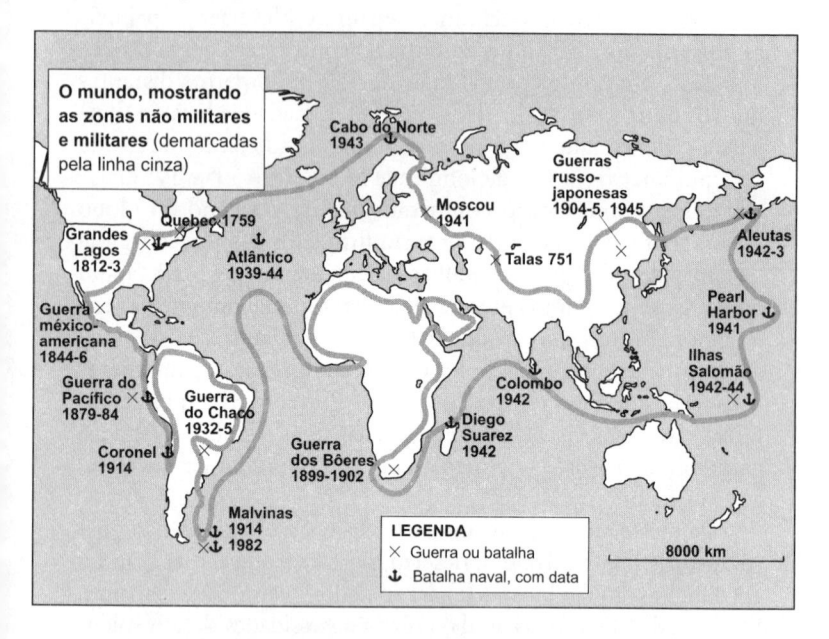

O mundo, mostrando as zonas não militares e militares (demarcadas pela linha cinza)

Localidades assinaladas no mapa:
- Cabo do Norte 1943
- Quebec 1759
- Grandes Lagos 1812-3
- Atlântico 1939-44
- Moscou 1941
- Guerras russo-japonesas 1904-5, 1945
- Talas 751
- Aleutas 1942-3
- Pearl Harbor 1941
- Guerra méxico-americana 1844-6
- Guerra do Pacífico 1879-84
- Guerra do Chaco 1932-5
- Coronel 1914
- Guerra dos Bôeres 1899-1902
- Colombo 1942
- Diego Suarez 1942
- Ilhas Salomão 1942-44
- Malvinas 1914, 1982

LEGENDA
× Guerra ou batalha
↓ Batalha naval, com data

8000 km

No total, cerca de 70% dos 150 milhões de quilômetros quadrados de terra firme do mundo são altos, frios ou secos demais para a realização de operações militares. Os pólos norte e sul demonstram o efeito dessas condições com perfeição. A inacessibilidade do continente antártico e as condições extremadas de clima que ali prevalecem deixaram-no longe das guerras durante milênios, embora vários Estados reivindicassem aquele território, pois sabe-se que a cobertura de gelo esconde depósitos minerais valiosos. Desde a assinatura do Tratado da Antártida de 1959, todas as reivindicações territoriais foram suspensas e o continente foi declarado desmilitarizado. O pólo norte, ao contrário, não está desmilitarizado e, com efeito, sob a camada de gelo circulam regularmente submarinos atômicos.

Mas a extensão da noite polar — três meses no inverno —, o extremo frio invernal e a ausência de qualquer recurso natural valioso torna improvável alguma luta em sua superfície. Os incidentes militares mais setentrionais já ocorridos em terras polares foram as escaramuças travadas em 1940-43 para capturar e defender estações meteorológicas, estabelecidas por alemães ou aliados, na costa oriental da Groenlândia e em Spitzbergen, perto de 8° de latitude norte; ambos os lados sofreram baixas, mas sob o ataque dos elementos os inimigos eram compelidos a se ajudarem mutuamente para sobreviver.⁵ Fora isso, a atividade militar intensa tem se concentrado numa fração do espaço em que as condições favorecem o movimento e a manutenção de forças armadas. As batalhas não só tendem a se repetir em locais próximos uns dos outros — a "arena da Europa", no Norte da Bélgica, é uma dessas áreas, o "quadrilátero" entre Mântua, Verona, Peschiera e Legnano, no Norte da Itália, é outra —, como se travaram com freqüência exatamente no mesmo lugar ao longo da história.

O exemplo mais impressionante é Adrianópolis, atual Edirne, na Turquia européia, onde se registraram quinze batalhas ou cercos, a primeira no ano de 323 e a última em julho de 1913.⁶*

---

* Adrianópolis I travou-se entre o imperador romano Constantino e o pretendente Licínio, que vieram do oeste e leste respectivamente; em Adrianópolis II, 378, uma das catástrofes da história, o imperador Valente e o último grande exército romano foram derrotados pelos godos, que tinham invadido o império atravessando o Danúbio (fugindo dos hunos, povo que vinha a cavalo das estepes); em Adrianópolis III, 718, os recém-chegados búlgaros derrotaram um exército muçulmano que tentava tomar Constantinopla por trás — um resultado de importância crucial para a Europa cristã; Adrianópolis IV, V e VI ocorreram nas tentativas dos búlgaros de atacar Constantinopla, em 813, 914 e 1003; Adrianópolis VII, 1094, foi uma batalha entre o imperador bizantino e um pretendente; em Adrianópolis VIII, 1205, os búlgaros derrotaram o cruzado Balduíno, que se autoproclamara imperador bizantino, e o doge Dandolo (cuja casa da família é hoje o hotel mais caro de Veneza); Adrianópolis IX, 1224, acabou com uma vitória da casa imperial restaurada de Bizâncio sobre os búlgaros; Adrianópolis X, 1255, foi uma luta interna bizantina; Adrianópolis XI, 1355, acabou com uma vitória dos bizantinos sobre os sérvios, que tinham se tornado recentemente uma

Edirne não é e nunca foi uma cidade grande; sua população continua abaixo dos 100 mil. Sua curiosa distinção de lugar mais freqüentemente disputado do mundo foi-lhe conferida não por sua riqueza ou tamanho, mas por sua posição geográfica peculiar. Ela fica na confluência de três rios, cujos vales proporcionam avenidas de movimento entre as montanhas da Macedônia a oeste, Bulgária a noroeste e a costa do mar Negro ao norte, e que então fluem para o mar através da única planície extensa da região mais a sudeste da Europa. Do outro lado da planície fica a grande cidade de Constantinopla (Istambul), em um local escolhido por Constantino para sua capital porque era a posição mais facilmente fortificada junto ao Bósforo, estreito que separa a Europa da Ásia. Adrianópolis e Constantinopla são, portanto, cidades estrategicamente gêmeas, controlando juntas os movimentos do mar Negro para o Mediterrâneo e do Sul da Europa para a Ásia, ou vice-versa. Tendo em vista que era quase impossível atacar Constantinopla a partir do mar, principalmente depois da construção das muralhas de Teodósio, no início do século V, todos os invasores da Europa que vinham da Ásia Menor eram obrigados a desembarcar na planície que ficava atrás da cidade; os invasores que vinham do norte do mar Negro eram levados a manter-se perto do litoral ocidental pela barreira dos Cárpatos, em seu flanco interno, e assim acabavam também nas planícies de Adrianópolis; por sua vez, os invasores que viessem da Europa, desejosos de tomar Constantinopla, a cidade mais rica do Ocidente entre a queda de Roma e seu saque pelos cruzados em 1204, não tinham outra escolha senão atravessar a mesma planície. Em resumo, Adrianópolis constitui o lado europeu daquilo que os geógrafos chamam ponte terrestre, pela qual a Ásia atinge a Europa por duas rotas principais, e estava fadada a ser motivo de luta sempre

---

potência militar balcânica; Adrianópolis XII, 1365, marcou um estágio no avanço otomano na Europa; após a consolidação do domínio dos otomanos, não houve mais batalhas até 1829, quando, em Adrianópolis XIII, um exército russo tomou a cidade; nas duas últimas batalhas, em 1913, a Turquia otomana primeiro perdeu e depois recuperou Adrianópolis dos sérvios e búlgaros.

que houvesse um fluxo de força militar de leste para oeste ou vice-versa. Nessas circunstâncias, não surpreende que a cidade nunca tenha crescido.

Poucos lugares exemplificam tão bem como Adrianópolis o efeito de fatores permanentes ou contingentes sobre o curso da guerra; todavia, de uma forma mais amena, a influência deles pode ser percebida ao longo da história na maioria das paisagens em que a atividade militar foi grande. Grandes rios, barreiras montanhosas, florestas densas formam "fronteiras naturais" com as quais, ao longo do tempo, as fronteiras políticas tendem a coincidir; as brechas entre elas constituem avenidas para as quais são atraídos os exércitos em marcha. Porém, uma vez nessas brechas, os exércitos raramente se vêem livres para manobrar à vontade, mesmo que não haja obstáculos aparentes em seu caminho. Uma geografia mais sutil entra em ação, reforçada pelo clima e pela estação, e adaptada pelos construtores de estradas e pontes, quando não pelos engenheiros de fortificações. Dessa forma, a *Blitzkrieg* alemã contra a França em 1940, aparentemente uma corrida livre por terreno aberto depois que os tanques que a lideravam romperam as barreiras da floresta das Ardenas e do rio Meuse, na verdade seguiu de perto a linha da Route Nationale 43, que em boa parte de sua extensão é a estrada romana construída logo após a conquista da Gália por César, no primeiro século antes de Cristo.[7] Nem os romanos, nem os que prosseguiram sua obra estavam dispostos a lutar contra a geografia; portanto, podemos inferir que os comandantes alemães, por mais que achassem que seguiam uma trajetória livre, estavam na verdade obedecendo a injunções topográficas tão velhas quanto a última reforma da superfície da Terra no Norte da França, ocorrida no recuo das geleiras 10 mil anos antes.

Um padrão semelhante de obediência às leis da natureza encontra-se no estudo da campanha do exército alemão na Rússia, no ano seguinte à *Blitzkrieg* na França. A Rússia ocidental parece oferecer ao invasor, particularmente o mecanizado, liberdade de movimentos. Entre suas fronteiras de 1941 e as três cidades de São Petersburgo, Moscou e Kiev, distantes mil quilômetros, o terreno nunca se eleva a mais de 150 metros, enquanto os rios que atravessam essa imensa planície quase sem árvores tendem a correr no sentido da linha de avanço, em vez de atravessá-la. Nada sólido deveria impedir a investida do invasor. Nada sólido a impede. No centro, no entanto, estão dois dos maiores rios da Rússia, o Dnieper e o Niemen, correndo respectivamente para os mares Negro e Báltico; seus primeiros afluentes, com muitos tributários, combinam-se para formar os pântanos de Pripet, com 100 mil quilômetros quadrados de extensão e tão resistentes à realização de operações militares que sua posição nos mapas do Estado-maior alemão ficou conhecida como "o buraco da Wehrmacht" (*Wehrmachtloch*), sem conter nenhuma unidade militar germânica de importância. Em conseqüência, ela tornou-se uma importante base de operações dos resistentes soviéticos contra a retaguarda da Wehrmacht e, embora a eficácia dessas operações tenha sido duvidosa, uma fonte de intranqüilidade persistente do exército alemão à medida que sua linha de frente na Rússia avançava para leste.

O *Wehrmachtloch*, embora um traço permanente do teatro de guerra russo, constituiu uma influência menor nas operações germânicas. Um fator importante e que se repete foi o aparecimento do pântano sazonal, criado pelo degelo da primavera e pelas chuvas de outono, ao longo de toda a frente de batalha. A *rasputitsa*, como os russos chamam a liquefação da superfície da estepe que ocorre duas vezes por ano, impede os movimentos militares durante um mês de cada vez. Como assinalou Golikov, o comandante soviético da frente do Voronezh, a um subordinado que perguntara sobre a perspectiva de uma contra-ofensiva que chegasse à linha do Dnieper em março de 1943: "Há de 320 a 370 quilômetros até o Dnieper e de trinta a 35 dias para a *rasputitsa* de primavera. Tire suas próprias conclusões".[8] A conclusão inevitável era de que o início do degelo iria deter o avanço soviético, deixando a linha do Dnieper nas mãos dos alemães. E isso de fato aconteceu. Mas com mais freqüência a *rasputitsa* trabalhou contra a Alemanha. Foi prolongada na primavera de 1941, atrasando assim por várias semanas decisivas o início da invasão, e novamente no outono, forçando o adiamento do avanço sobre Moscou. Naquele ano, a chegada tardia dos gelos do inverno, que restauram uma crosta resistente na superfície da estepe, deixou os tanques da Wehrmacht literalmente atolados longe demais da capital para que pudessem assegurar sua captura na data prevista. O czar Nicolau I chamava janeiro e fevereiro de "dois generais em quem [a Rússia] pode confiar".⁹ A *rasputitsa* de março e a de outubro revelaram-se generais melhores para a Rússia em 1941 e podem, com efeito, tê-la salvo da catástrofe naquele ano.

De que maneira pode-se resumir a discussão até agora? O que está claro é que a congruência de fatores "operando permanentemente" e fatores contingentes — clima, vegetação, topografia e as alterações que o homem fez na paisagem — impõem à projeção de Mercator do mapa mundial uma nítida divisão entre zonas militares e não militares, sendo esta última muito mais extensa que a primeira. A guerra organizada e intensiva tem sido travada ao longo da história numa faixa irregular, mas contínua, da superfície da Terra situada entre 10° e 15° de latitude, no hemisfério norte, e que vai do vale do Mississippi, na América do Norte, às Filipinas e seus arredores, no Pacífico ocidental, ou de 90° a oeste de Greenwich a 135° a leste. *The Times atlas of the world* classifica a vegetação em dezesseis categorias, entre elas (antes da limpeza da terra para a agricultura) floresta mista, floresta de folhas largas, cerrado mediterrâneo e floresta tropical seca.¹⁰ Se se traçar uma linha em torno dessas quatro zonas de vegetação no hemisfério norte e das rotas terrestres e marítimas entre elas, pode-se ver facilmente que quase todas as batalhas da história se travaram dentro dessas linhas. Se os locais de batalha forem datados por mês, notar-se-á uma concentração sazonal, variando de lugar para lugar com altos e baixos de temperatura e chuvas e épocas de colheita. Apenas para ilustrar: as três primeiras batalhas de Adrianópolis travaram-se em julho, agosto e julho, respectivamente, e as últimas três, em agosto, março e julho; março é muito cedo para campanhas militares, mesmo no Sul dos Bálcãs, quando os rios estão cheios devido ao degelo, mas as outras datas, imediatamente posteriores à colheita, são exatamente as previsíveis.

É verdade, então, que a zona da guerra organizada coincide, dentro de variáveis sazonais, com aquilo que os geógrafos chamam de "as terras de primeira escolha", as mais fáceis de limpar e que proporcionam as colheitas mais ricas quando cultivadas? Em resumo, a guerra aparece nos mapas como não passando de uma querela entre agricultores? No sentido em que a atividade bélica séria exige riqueza e que a agricultura, entre as atividades humanas, foi sempre a que proporcionou o maior e mais consistente retorno até tempos recentes, há algo de verdade nessa concepção. Por outro lado, embora sejam implacáveis nas disputas sobre limites e direitos sobre a água e guerreiros vigorosos quando convocados às armas por superiores, os agricultores são também, de acordo com a observação comum, individualistas implacáveis que abandonam a servidão a seus animais e campos com grande relutância. Marx considerava os camponeses "irredimíveis", não vendo nenhuma perspectiva de alistá-los nos exércitos revolucionários com os quais esperava derrubar a ordem capitalista.[11] Mao pensava diferentemente e Victor Davis Hanson, em seu empolgante estudo original sobre a guerra na Grécia clássica, convence que foram os pequenos proprietários de terra das cidades-Estados gregas que inventaram a idéia da "batalha decisiva", tal como os ocidentais a praticam desde então. Todavia, Marx tinha razão em um ponto. O agricultor está, de fato, enraizado em sua terra, sua aldeia e seus resmungos, e resiste naturalmente aos chamamentos para marchar em direção a alguma fronteira distante entre as terras de primeira escolha e a região inculta que fica além delas, por melhores que sejam os motivos.

Devemos observar que lavradores da mesma língua e religião raramente lutam uns contra os outros em larga escala. Por outro lado, os limites entre terras aradas e incultas na zona temperada são freqüentemente definidos por longas e dispendiosas obras de fortificação: a muralha romana de Antonino, na Escócia; o *limes* que demarcava a fronteira entre terras lavradas e floresta na Germânia romana; o *fossatum africae* que defendia o fértil Maghreb dos saqueadores do Saara; a fronteira "síria" de Roma, de fortes e estradas militares, que separava as lavouras do deserto ao longo das cabeceiras do Jordão e do Tigre-Eufrates; as linhas de *cherta* russas, prolongando-se por 3 mil quilômetros, do mar Cáspio às montanhas de Altai, servindo de defesa contra os atacantes das estepes; a fronteira militar dos Habsburgo na Croácia, separando as planícies de Sava e Drava da zona montanhosa controlada pelos turcos; e sobretudo a Grande Muralha da China, construída para excluir os nômades da estepe das terras irrigadas dos rios Yang-tse e Amarelo, numa escala tão extensa e durante tanto tempo que os arqueólogos ainda não conseguiram mapear todas as suas complexidades.[12]

Essas fronteiras fortificadas sugerem uma tensão fundamental entre os ricos das terras lavradas e os pobres dos solos fracos, frios ou secos demais para serem cultivados. Reconhecer essa tensão não significa cair na falsa percepção de que o motivo subjacente a toda guerra importante é a mera expropriação. O homem guerreiro é mais complexo que isso. Lavradores que são parentes étnicos lutam entre si, às vezes com ferocidade atroz; pobres de regiões desérticas podem lutar aparentemente apenas por uma idéia — por exemplo, os árabes seguidores de Maomé expropriavam à vontade, mas foi o anseio de ampliar as fronteiras da Casa da Submissão, em vez de um vil motivo material, que os conduziu a suas façanhas extraordinárias. O maior dos conquistadores, Alexandre da Macedônia, já estava confortavelmente instalado como soberano das cidades da Grécia antes de partir para os confins da Terra e parece ter saqueado o Império persa em boa medida pelo prazer disso. Os mongóis, cujo raio de ação foi maior ainda que o de Alexandre, não mostraram praticamente nenhuma capacidade para consolidar os frutos de suas vitórias: alguns dos descendentes dos Diadochi, generais de Alexandre, ainda estavam no poder na Bactria trezentos anos depois de sua morte, ao passo que nenhum dos regimes fundados por Gengis ou seus sucessores imediatos durou mais que um século. Tamerlão, um tártaro que afirmava descender dos mongóis — nada menos que de Gengis Khan —, parece não ter dado o mínimo valor às terras ricas que conquistava, indo adiante assim que exauria o solo que devastara.

Contudo, observar que os despossuídos utilizam amiúde mal o que expropriaram não significa invalidar a idéia geral de que a maré da guerra tende a ter mão única: das terras pobres para as ricas, e raramente no sentido inverso. Isso acontece não somente porque as terras pobres não têm muito pelo que valha a pena lutar, mas também porque lutar nas terras áridas é difícil, às vezes impossível. Os povos pobres de onde William McNeill chama de "áreas deficitárias de alimentos" — deserto, estepe, floresta, montanha — lutarão entre si, e suas habilidades militares têm sido valorizadas e compradas pelos ricos desde os tempos dos primeiros registros de guerra organizada. Advêm daí os nomes exóticos — hussardo, ulano, *jaeger* — que alguns regimentos europeus ostentam orgulhosamente até hoje, e as ainda mais exóticas peças de roupas bárbaras — barretina de pele de urso, jaquetas alamaradas, *kilts* e barras de pele de leão — que continuam a ser usadas em cerimônias. Todavia, a guerra dos povos pobres estava limitada em amplitude e intensidade por sua própria miséria. Somente depois de irromperem nas terras ricas eles puderam acumular estoques de mantimentos, tornando possíveis uma penetração mais profunda e a conquista. Daí a riqueza e o trabalho gastos pelos lavradores na fortificação de suas fronteiras, para excluir os predadores antes que eles pudessem provocar uma perturbação séria.

As causas subjacentes à ação dos fatores "permanentes" e "contingentes" sobre a guerra podem, portanto, ser consideradas extremamente complexas. O homem guerreiro não é agente de uma vontade irrestritamente livre, mesmo que na guerra rompa os limites que a convenção e a prudência material impõem normalmente ao seu comportamento. A guerra é sempre limitada, não porque o homem escolha fazê-la assim, mas porque a natureza determina que assim seja. O rei Lear, atacando seus inimigos, pode ter ameaçado "fazer coisas — as quais ainda não sei o que são —, mas que serão os terrores da terra"; mas, como outros potentados passando dificuldades descobriram, os terrores da terra são difíceis de conjurar. Faltam recursos, o tempo piora, a estação muda, a vontade de amigos e aliados fraqueja, a própria natureza pode se revoltar contra as dificuldades exigidas pela porfia.

Metade da humanidade — a metade feminina — é, de qualquer modo, muito ambivalente em relação à guerra. As mulheres podem ser causa e pretexto da guerra — o roubo de esposas é a principal fonte de conflitos nas sociedades primitivas — e podem ser as instigadoras de violência em sua forma extrema: lady Macbeth é um tipo reconhecido universalmente; elas podem também ser mães de guerreiros notavelmente empedernidas, algumas preferindo aparentemente as dores da perda à vergonha de aceitar a volta de um covarde.[13] Ademais, as mulheres podem constituir líderes guerreiros messiânicos, obtendo, com a interação da química complexa da feminilidade com reações masculinas, um grau de fidelidade e auto-sacrifício de seus seguidores masculinos que um homem é bem capaz de não conseguir.[14] Apesar disso, a guerra é uma atividade humana da qual as mulheres, com exceções insignificantes, sempre e em todos os lugares ficaram excluídas. As mulheres procuram os homens para protegê-las do perigo e censuram-nos amargamente quando eles não conseguem defendê-las. As mulheres têm seguido os tambores, cuidado dos feridos, lavrado os campos e pastoreado os rebanhos quando o homem da família vai atrás de seu líder; elas até mesmo cavaram trincheiras para os homens defenderem e trabalharam nas oficinas para mandar-lhes armas. As mulheres, porém, não lutam. Elas raramente lutam entre si e jamais, em qualquer sentido militar, lutam com os homens. Se a guerra é tão antiga quanto a história e tão universal quanto a humanidade, devemos agora acrescentar a limitação mais importante: trata-se de uma atividade inteiramente masculina.

2. PEDRA

POR QUE OS HOMENS LUTAM?

Por que os homem lutam? Os homens guerreavam na Idade da Pedra, ou o homem primitivo não era agressivo? Homens — e mulheres também — lutam, com tinta e papel, ferozmente em relação a essas questões. Não se trata de historiadores militares, que raramente se preocupam com as origens das atividades que relatam, mas de cientistas sociais e comportamentais. Os historiadores militares talvez fossem melhores historiadores se se dedicassem a refletir sobre o que faz um homem matar o outro. Os cientistas da sociedade e do comportamento não têm outra escolha senão refletir sobre isso. O homem e a sociedade são seus objetos e, contudo, a maioria dos seres humanos durante a maior parte do tempo coopera para o bem comum. A cooperação deve ser tomada como norma, e a causa disso exige alguma explicação, embora não muito profunda, pois a observação comum estabelece que a cooperação é do interesse comum. Portanto, se não houvesse algum afastamento do princípio cooperativo, os cientistas sociais e comportamentais teriam pouco a fazer. Eles iriam explicar o previsível, uma tarefa pouco compensadora. É a imprevisibilidade do comportamento humano, sobretudo a do comportamento violento, em indivíduos e em grupos, que os desafia a fornecer explicações. O indivíduo violento é a principal ameaça à norma de cooperação dentro de grupos, e o grupo violento, a causa principal da ruptura da sociedade.

Os estudos sobre comportamento individual e grupal tomam direções diferentes, mas compartilham um terreno comum, ao qual o debate acaba retornando: o homem é violento por natureza ou sua potencialidade para a violência — sobre a qual não pode haver discussão, quando mais não seja porque o homem pode chutar e morder — é traduzida em uso pela ação de fatores materiais? Os que sustentam essa última posição, classificados vagamente como "materialistas", acreditam que suas percepções destroem a posição naturalista. Os naturalistas unem-se para se oporem aos materialistas, mas estão divididos agudamente entre eles mesmos. Há uma minoria cujos membros insistem em que o homem é naturalmente violento; ainda que muitos não aceitem a analogia, o argumento deles é o mesmo dos teólogos cristãos que defendem a história da Queda e a doutrina do pecado original. A maioria rejeita essa caracterização. Eles consideram o comportamento violento seja como uma atividade aberrante em indivíduos defeituosos, seja como uma reação a tipos particulares de provocação ou estímulo, inferindo-se daí que, se esses gatilhos da violência forem identificados e mitigados ou eliminados, a violência poderá ser banida das relações humanas. O debate entre as duas escolas de naturalistas tem provocado paixões fortes. Em maio de 1986, em um encontro na Universidade de Sevilha, a maioria dos presentes assinou uma declaração, baseada na Declaração sobre Raça da UNESCO, condenando a crença na natureza violenta do homem em termos absolutos. A Declaração de Sevilha contém cinco artigos, cada um deles começando com "É cientificamente incorreto...". O conjunto de artigos equivale a uma condenação de todas as caracterizações do homem como naturalmente violento. Sucessivamente, eles negam que "herdamos uma tendência a fazer a guerra de nossos ancestrais animais", ou que "a guerra ou qualquer outro comportamento violento está geneticamente programado em nossa natureza humana", ou que "no decorrer da evolução humana houve uma seleção por comportamento agressivo mais do que por outros tipos de comportamento", ou ainda que "os humanos tenham um cérebro 'violento'", ou finalmente que "a guerra é causada por 'instinto' ou qualquer motivação isolada".[1]

A Declaração de Sevilha ganhou apoios de peso. Foi, por exemplo, adotada pela Associação Antropológica Americana. No entanto, ela não ajuda o leigo que está ciente de que a guerra tem origens antigas, sabe que povos sobreviventes da "Idade da Pedra", como os montanheses da Nova Guiné, são indiscutivelmente belicosos, tem consciência de impulsos violentos dentro de si mesmo, mas não tem conhecimentos específicos de genética ou neurologia necessários para tomar posição. Contudo, o debate entre as duas facções naturalistas é importante — na verdade, fundamental —, como também o é aquele entre naturalistas e materialistas. Numa época esperançosa da história da humanidade, uma época de desarmamento efetivo e da adoção do humanitarismo como um princípio nos assuntos mundiais, o leigo busca naturalmente a reafirmação de que os redatores da Declaração de Sevilha estão corretos. O sucesso obtido pela humanidade ao longo dos dois últimos séculos na alteração para melhor das circunstâncias materiais da vida estimularia então o apoio à explicação materialista da violência humana organizada, na antecipação de que uma continuação dos esforços que derrotaram amplamente a doença, a escassez, a ignorância e as durezas do trabalho manual possa eliminar também a guerra. A sua história, a partir da Idade da Pedra, tornar-se-ia então assunto de antiquários, tão relevante para a vida cotidiana quanto as grandes navegações ou a ciência pré-newtoniana. Se, por outro lado, os autores da Declaração de Sevilha estão errados, se sua condenação da explicação naturalista da violência humana é uma mera expressão de otimismo, então a explicação materialista também está errada e nossas expectativas de fim de século de que deixe de haver guerra não fazem sentido. É, portanto, importante conhecer o que têm a dizer tanto os pessimistas quanto os otimistas da escola naturalista.

A GUERRA E A NATUREZA HUMANA

O estudo científico da violência e natureza humana está centrado na investigação do que os cientistas, talvez por prejulgamento, consideram "a sede da agressão", localizada na área do cérebro conhecida como sistema límbico. Essa área, situada no cérebro central inferior, contém três grupos de células, conhecidas como o hipotálamo, o septo e a amígdala. Cada uma delas, quando danificada ou eletricamente estimulada, produz mudanças no comportamento do sujeito. O dano a parte do hipotálamo de ratos machos, por exemplo, reduz o comportamento agressivo deles e abole o desempenho sexual, ao passo que o estímulo elétrico aumenta a agressão — embora "animais estimulados ataquem somente animais [menos] dominantes, o que mostra que a direção da agressão é controlada por outra parte do cérebro".[2] A referência a animais menos dominantes é importante porque é uma observação muito antiga de que os animais gregários organizam-se numa "hierarquia de bicada", assim chamada a partir da hierarquia entre as aves domésticas, reivindicando ou cedendo lugar de acordo com ela. Danos à amígdala de macacos podem diminuir o medo e, portanto, o comportamento agressivo em relação a "objetos novos ou inusitados", mas aumentam o medo em relação aos seus companheiros macacos, provocando assim uma perda de posição dentro da hierarquia de seu grupo.

Os neurologistas concluem cautelosamente que as reações de medo, aversão ou ameaça que se resolvem em agressão — mas também como defesa — têm sua origem no sistema límbico. Mas eles também enfatizam a relação complexa desse sistema com as partes "superiores" do cérebro, tais como os lobos frontais, onde as informações sensoriais que chegam são inicialmente processadas, e da forma mais elaborada. Os lobos frontais, de acordo com A. J. Herbert, parecem ser responsáveis pelo "controle e uso do comportamento agressivo", pois sabe-se que danos aos lobos frontais do homem podem causar "irrupções incontroláveis de agressão explosiva [...] não seguidas de remorso".[3] O que os neurologistas estabeleceram, falando grosseiramente, é que a agressão é uma função do cérebro inferior, receptiva a um controle pelo cérebro superior. Mas de que forma as diferentes partes do cérebro se comunicam? Duas maneiras são por intermédio de transmissores químicos e de hormônios. Os cientistas descobriram que a redução de uma substância química chamada serotonina aumenta a agressão e suspeitam que pode haver um peptídeo que induz seu fluxo. Porém o peptídeo não foi encontrado e as variações no nível de serotonina são raras. Os hormônios, secreções das glândulas endócrinas, são, ao contrário, facilmente identificáveis, e um deles, a testosterona, produzida nos testículos dos machos e estreitamente identificada com o comportamento agressivo, varia amplamente em concentração. Sua administração aos seres humanos — de ambos os sexos — exacerba a agressão. Por outro lado, sua administração a ratos fêmeas que estão amamentando reduz a agressividade delas em relação aos machos, enquanto seu instinto protetor maternal é estimulado por outro hormônio simultâneo. Em termos gerais, altos níveis de testosterona nos machos resultam em intensificação da masculinidade, da qual a agressividade é uma característica; níveis baixos, no entanto, não estão correlacionados com falta de coragem ou combatividade. Encontram-se provas disso, por exemplo, na reputação de guarda-costas eunucos e nos êxitos de Narses, famoso general eunuco de Bizâncio. Por fim, enfatizam os cientistas, os efeitos hormonais tendem a ser moderados pelo contexto: cálculos de risco contrabalançam, tanto nos animais como no homem, a ação do que pode ser chamado de instinto.

Em resumo, a neurologia não conseguiu ainda esclarecer como a agressão é gerada ou como é controlada dentro do cérebro. Na genética, por outro lado, tem havido algum sucesso em mostrar como se relacionam o contexto e a "seleção para agressão". Desde que Darwin propôs pela primeira vez a idéia de seleção natural em 1858, os estudiosos de muitas disciplinas buscaram estabelecê-la em bases cientificamente incontestáveis. A obra original de Darwin baseava-se meramente na observação externa das espécies, o que o levou a sugerir que os indivíduos mais bem adaptados ao seu meio eram os que mais provavelmente sobreviveriam e que, na maturidade, os filhotes desses sobreviventes, herdando as características de seus pais, sobreviveriam em número maior do que os descendentes dos menos bem adaptados, e que suas características herdadas acabariam dominantes dentro da espécie como um todo. O que tornava sua teoria revolucionária era o argumento de que o processo era mecanicista. Os pais, afirmava ele, podiam transmitir somente as características que herdassem e não, como contestava seu contemporâneo Lamarck, aquelas que adquirissem. De que forma essas características sofriam mudanças para uma adaptação ainda melhor — pelo processo que chamamos de "mutação" —, ele não podia ainda explicar. Na verdade, ainda não existe explicação de como a mutação ocorreu no organismo primário do qual descende a miríade de variedades de espécies.

Todavia, esse é um fenômeno observável; a mutação para a agressão é uma de suas formas e a agressividade é claramente uma herança genética que pode reforçar a chance de sobrevivência. Se a vida é uma luta, então aqueles que melhor resistem às circunstâncias hostis viverão provavelmente mais tempo e produzirão o maior número de descendentes resistentes. Um livro recente e muito popular, *O gene egoísta*, de Richard Dawkins, atribui esse processo não apenas ao produto da herança genética, mas também ao próprio gene.[4] Ademais, as experiências genéticas demonstram que algumas variedades de animais de laboratório são mais agressivas do que outras e que a agressividade se reproduz sem variação nas gerações subseqüentes. Os geneticistas também identificaram formas raras de constituição genética que estão correlacionadas com agressividade exagerada, sendo a mais conhecida delas o padrão cromossômico XYY nos homens: cerca de um homem em cada mil herda dois cromossomos Y em vez de um, que é o padrão normal, e o grupo XYY produz um número levemente desproporcional de criminosos violentos.[5]

Porém os indícios colhidos de exceções genéticas e ainda mais de animais criados em laboratório não fornecem respostas a questões sobre a disposição agressiva de qualquer criatura existente, inclusive o homem, em seu ambiente natural. A adaptação bem-sucedida através da mutação, como quer que ela ocorra, constitui uma reação ao meio ou contexto, e ainda que venha a ser possível, mediante nova ciência da engenharia genética, fazer "mutações pontuais" numa herança genética e assim criar criaturas com falta total de reações agressivas, seria necessário para a sobrevivência delas que fossem mantidas em condições em que todas as ameaças estivessem ausentes. Não existem condições assim no mundo natural, nem poderiam ser criadas. Mesmo que uma espécie completamente não agressiva de seres humanos vivesse em circunstâncias totalmente benévolas, ainda assim ela seria obrigada a matar os organismos inferiores que causam moléstias, os insetos e pequenos animais que os abrigam e os animais grandes que competem pelos alimentos do estoque vegetal. É difícil perceber como o necessário sistema de controle ambiental poderia ser levado adiante por criaturas incapazes de resposta agressiva.

O que está claro é que os oponentes e proponentes da tese de que "o homem é naturalmente agressivo" exageram na defesa de suas posições. Os oponentes desafiam o senso comum. A observação demonstra que os animais matam membros de outras espécies e também lutam entre si; os machos de algumas espécies lutam até a morte. É preciso negar toda conexão genética do homem com o resto do mundo animal — posição sustentada apenas pelos criacionistas radicais — para descartar a possibilidade de que a agressão possa fazer parte da herança genética humana. Os proponentes também vão longe demais, embora por motivos diferentes. Uma das razões é que eles tendem a traçar limites amplos demais para a agressividade. Assim, um grupo importante de classificadores, que diferenciam sem controvérsias entre "agressão instrumental ou específica", definida como "preocupada em obter ou reter objetos ou posições determinadas ou acesso a atividades desejáveis", e "agressão hostil ou provocadora", que é "dirigida primariamente para perturbar ou ferir outro indivíduo", incluem também "agressão defensiva ou reativa", que é "provocada pela ação de outros".[6] Evidentemente, há uma distinção lógica entre agressão e autodefesa que não perde valor mesmo que os classificadores mostrem que os três tipos de comportamento que classificam juntos têm sua origem na mesma área do cérebro. Essa indiferenciação sugere também que os proponentes da visão de que o homem é naturalmente agressivo dão pouca importância à influência moderadora de partes do cérebro que estão fora do sistema límbico. Como já foi observado, "todos os animais que mostram comportamento agressivo possuem genes que modificam seu nível de expressão" — de modo que os impulsos agressivos são contrabalançados por cálculos de risco ou por comparação da ameaça com a chance de escapar, no bem conhecido padrão "lutar/fugir" de comportamento — sendo a capacidade de modificar a expressão da agressão particularmente marcante nos seres humanos.[7] Parece, portanto, que os cientistas até agora fizeram pouco mais do que identificar e classificar emoções e reações que são eternamente familiares. É certo que agora sabemos que o medo e a ira têm uma localização neurológica na parte inferior do cérebro, que é estimulada pela identificação da ameaça pela parte superior do cérebro, que as duas áreas de neurônios se comunicam por meio de ligações químicas e hormonais e que certas heranças genéticas predispõem a reações mais ou menos violentas. O que a ciência não pode prever é quando um indivíduo vai exibir violência. Por fim, o que a ciência não explica é por que grupos de indivíduos reúnem-se para lutar com outros. Para encontrar alguma explicação para esse fenômeno, no qual estão as raízes da guerra, temos de procurar em outro lugar, na psicologia, na etologia e na antropologia.

A GUERRA E OS ANTROPÓLOGOS

Uma base psicológica para a teoria da agressão foi apresentada por Freud, que originalmente a considerava como a frustração do impulso sexual pelo ego. Após a Primeira Guerra Mundial, na qual seus dois filhos serviram com distinção, mas que o marcou por sua tragédia, Freud adotou uma visão mais sombria.[8] Em uma correspondência famosa com Einstein, publicada em *Por que guerra?*, ele afirma sem rodeios que o "homem tem dentro dele uma ânsia de ódio e destruição" e oferece como única esperança de contrabalançá-la o desenvolvimento de "um pavor bem fundado da forma que as guerras futuras assumirão". Essas observações, adotadas pelos freudianos como a teoria do "impulso de morte", estavam voltadas principalmente para o indivíduo. Em *Totem e tabu* (1913), Freud propusera uma teoria da agressão grupal que se baseava muito na antropologia literária. Ele sugeria que a família patriarcal era a unidade social primitiva e que ela se ramificara devido às tensões sexuais dentro dela. Supunha que o pai patriarcal tivera direitos sexuais exclusivos sobre as mulheres da família, levando assim seus filhos sexualmente privados a matá-lo e comê-lo. Cheios de culpa, eles então proibiram e tornaram tabu a prática do incesto e instituíram a exogamia — o casamento fora do círculo familiar —, com toda a sua potencialidade de roubo de esposas, estupro e conseqüentes contendas entre famílias e depois entre tribos, das quais os estudos das sociedades primitivas fornecem tantos exemplos.

Totem e tabu era uma obra da imaginação. Mais recentemente, a nova disciplina da etologia, que combina a teoria psicológica com o estudo do comportamento animal, produziu explicações mais rigorosas da agressão grupal. A idéia "territorial" fundadora tem origem na obra do prêmio Nobel Konrad Lorenz, que sustentou, a partir de suas observações dos animais na selva e em ambientes controlados, que a agressão era um "impulso" natural, extraindo sua energia do próprio organismo, que chega à "descarga" quando estimulado por um "liberador" apropriado. Porém a maioria dos animais possuía, em sua concepção, a capacidade de amenizar a descarga agressiva sobre outros indivíduos da mesma espécie, exibindo geralmente sinais de submissão ou recuo. O homem, afirmou ele, comportava-se originalmente da mesma forma, mas, ao aprender a fazer armas de caça, acabou superpovoando seu território. Os indivíduos tiveram então de matar outros a fim de defender um pedaço de terra, e o uso de armas, que "distanciava" emocionalmente o matador da vítima, atrofiou a reação submissa. Esse foi o processo, segundo Lorenz, pelo qual o homem se transformara de caçador subsistente de outras espécies em matador agressivo de seus semelhantes.[9]

Robert Ardrey aprofundou a idéia territorial de Lorenz para sugerir como a agressão individual poderia ter se tornado agressão grupal. Sendo mais eficazes na caça do que individualmente, os grupos de humanos, argumentou ele, aprenderam a caçar de forma cooperativa em territórios comuns, tal como os animais caçadores tinham se adaptado a fazer, de forma que a caça cooperativa tornou-se a base da organização social e proporcionou o impulso para lutar contra intrusos humanos.[10] A partir da tese de Ardrey, Robin Fox e Lionel Tiger propuseram uma explicação de por que os machos estabelecem a liderança social. Os bandos de caça, dizem eles, tinham de ter uma composição exclusivamente masculina, não apenas porque os machos são mais fortes, mas porque a presença das mulheres seria uma distração biológica; tendo em vista que os bandos de caça tinham de aceitar uma liderança por motivos de eficiência e foram durante milênios os principais provedores de sustento, a liderança masculina agressiva determinou a partir de então o *ethos* de todas as formas de organização social.[11]

As teorias de Lorenz, Ardrey, Tiger e Fox, amplamente baseadas no trabalho de cientistas do comportamento humano e animal, não foram bem recebidas pelos praticantes da mais velha das ciências sociais, a antropologia. Essa ciência é uma extensão da etnografia, o estudo dos povos "primitivos" ainda existentes em seus habitats; a partir da etnografia, ela busca explicações sobre a origem e a natureza das sociedades civilizadas. No século XVIII, os primeiros etnógrafos, como Latifau e Demeunier, reconheceram que a guerra era uma característica intrínseca das sociedades que estudaram, e em seus trabalhos sobre, por exemplo, os índios americanos eles forneceram descrições inestimáveis da guerra "primitiva".[12] A etnografia descritiva tornou-se antropologia porque, no século XIX, foi invadida por proponentes e opositores da teoria darwiniana; assim nasceu a grande controvérsia "natureza *versus* educação"* que continua a dividir os cientistas sociais até hoje. No decorrer desse debate — aberto por Francis Dalton, sobrinho de Darwin, em 1874 —, a guerra foi logo deixada de lado como objeto de estudo. Isso foi obra da escola da "educação" que, numa posição típica do século XIX, estava decidida a provar que os poderes superiores do homem dominavam sua

---

* No original, *nature versus nurture*. (N. T.)

natureza inferior e que a razão o levaria a promover formas sociais ainda mais cooperativas, conseguindo centralizar o foco da investigação antropológica na origem das instituições sociais. Estas estariam antes dentro da família, do clã e da tribo do que nas relações externas (das quais a guerra era um tipo). Alguns defensores da escola naturalista, que ficaram conhecidos como darwinistas sociais devido a sua dedicação ao conceito de luta como meio de mudança, discordaram, mas foram marginalizados.[13] A escola da educação conseguiu levar a discussão para o que tinham identificado como a questão central, a do parentesco na sociedade primitiva, a partir da qual, acreditavam que se poderia mostrar, derivavam as relações superiores mais complexas, não sanguíneas.

O parentesco dizia respeito às relações entre pais e seus filhos e dos filhos entre si e com parentes mais distantes. Não estava em questão se essas relações antecediam a formação do Estado. Também não estava em questão se a família e o Estado eram organizações diferentes. O problema era mostrar como o Estado se desenvolvera a partir da família e se as relações familiares determinavam as que o Estado adotava. A filosofia essencialmente liberal da escola da educação exigia provas de que as relações dentro de um Estado podiam ser estabelecidas por escolha racional e fixadas de forma legal. Portanto, a antropologia foi pressionada a apresentar exemplos de sociedades primitivas nas quais os padrões de parentesco antecipassem os da política dos modernos Estados liberais. Havia uma grande quantidade de indícios maleáveis à disposição, em particular do tipo no qual mito e ritual eram utilizados para reforçar os laços de parentesco e evitar o recurso à violência, e a escola da educação fez amplo uso deles. Com efeito, no final do século XIX, as energias dos antropólogos estavam em larga medida devotadas não a debater se o parentesco constituía a raiz das relações humanas, mas se as culturas criativas que tomavam como modelo da organização humana tinham se desenvolvido espontaneamente em vários lugares separados, ou tinham se difundido — essa posição era chamada de "difusionismo" —, a partir de um centro original, para outros locais.

Essa busca das origens estava fadada ao fracasso, pois nem mesmo as sociedades mais primitivas disponíveis para estudo existiam em um Estado primevo. Todas deveriam ter evoluído de alguma forma ou teriam sido alteradas pelo contato, embora tênue, com outras. O dispêndio inútil de energia entre antropólogos no que era essencialmente um debate estéril foi interrompido peremptoriamente no início do século XX por Franz Boas, um alemão que emigrara para os Estados Unidos e que simplesmente negou que a busca das origens fosse produtiva. Os antropólogos, disse ele, se pesquisassem muito, iriam descobrir que as culturas apenas se perpetuam a si mesmas. Uma vez que a perpetuação não era racional, era fútil esquadrinhar as culturas em busca de endosso para uma forma política moderna preferida. O homem deveria ser livre para escolher entre a mais ampla variedade de formas culturais e adotar aquela que melhor lhe servisse.[14]

Essa doutrina acadêmica, que ficou conhecida como determinismo cultural, logo alcançou enorme popularidade com o livro de sua assistente Ruth Benedict, *Padrões de cultura*, publicado em 1934 e que se tornou a obra de antropologia mais influente até então, mesmo levando-se em consideração o amplo público atraído por sir James Frazer para a universalidade dos mitos com *A rama dourada* (onze volumes, 1890-1915).[15] Benedict propôs a existência de duas formas culturais principais, apolínea e dionisíaca, a primeira, autoritária, a segunda, permissiva. A idéia do modo dionisíaco, no entanto, já despertara ampla atenção em conseqüência de uma visita feita por uma jovem discípula de Boas, Margaret Mead, aos mares do Sul em 1925. Em *Coming of age in Samoa*, Mead contou que encontrara uma sociedade que vivia aparentemente em perfeita harmonia consigo mesma, onde os laços de parentesco eram atenuados até quase a invisibilidade, a autoridade dos pais se dissolvia em meio à afeição da família extensa, as crianças não competiam por primazia e a violência era praticamente desconhecida.

Para feministas, educadores progressistas e relativistas morais, *Coming of age in Samoa* é hoje uma bíblia, tenham ou não consciência disso. O determinismo cultural também causou um efeito profundo nos antropólogos do mundo anglo-saxão, mas

123

por um motivo diferente. Os ingleses em particular, líderes da etnografia devido às oportunidades de trabalho de campo oferecidas pela enorme extensão de seu império, aceitaram a importância de seu impulso, mas rechaçaram sua imprecisão intelectual. Estavam insatisfeitos sobretudo com a recusa do determinismo cultural em admitir que a natureza humana e as necessidades materiais do homem poderiam ser tão importantes quanto a liberdade de escolha na determinação da cultura em que ele vivia. Então, sob a influência de outro imigrante alemão, Bronislaw Malinowski, que também fizera seu primeiro estudo de campo nos mares do sul, mas dez anos antes de Margaret Mead, eles ofereceram uma alternativa que ficou conhecida como funcionalismo estrutural.[16] Esse título canhestro refletia a confluência de duas filosofias. A primeira era evolucionista e darwiniana: estabelecia que qualquer forma de sociedade é uma *função* de sua "adaptação" — o termo é puro Darwin — ao meio. Assim, para dar um exemplo grosseiro, os agricultores que faziam queimadas prosseguiam nesse modo aparentemente irresponsável de ganhar a vida porque se encontravam em zonas de florestas onde a fertilidade do solo era baixa e seu povo era pouco numeroso. Assim, fazia sentido explorar uma clareira por uma ou duas temporadas, plantar inhame, engordar porcos e então seguir adiante. Porém a capacidade dessas sociedades de continuar "adaptadas" ao seu meio é sustentada por sua *estrutura* cultural, que pode parecer simples à primeira vista, mas revelar-se surpreendentemente elaborada para o etnógrafo preparado para viver durante um tempo suficiente entre eles.

Os funcionalistas estruturais chegaram a uma análise bem mais detalhada da sociedade do que os deterministas culturais achavam necessário. Porém a matéria-prima que coletaram para mostrar como a estrutura sustentava a função acabou caindo dentro de duas categorias familiares, mito e parentesco. Sobre a inter-relação de um com o outro eles iriam debater numa linguagem cada vez mais complexa e particular até depois da Segunda Guerra Mundial. O debate tornou-se ainda mais agitado após a guerra, com a intervenção de um francês brilhante, Claude Lévi-Strauss, que conseguiu fazer a estrutura parecer muito mais importante do que a função. Partindo do conceito freudiano de tabu, procurou dar-lhe o fundamento antropológico que a psicanálise nunca conseguira oferecer. Havia com efeito, disse ele, um tabu sustentado pelo mito contra o incesto nas sociedades primitivas; elas se adaptavam arranjando mecanismos de troca entre famílias, tribos e assim por diante, nos quais as mulheres constituíam a mercadoria mais valiosa. Esses sistemas de troca equilibravam rancores e ressentimentos; a troca de mulheres para evitar o incesto era o emoliente definitivo.[17]

A antropologia encontrou-se numa situação em que as explicações de como as sociedades permaneciam estáveis e autosustentáveis dominavam todas as outras formas de vê-las. Os antropólogos sabiam que as disputas em relação às mulheres eram a principal causa de confusão entre os primitivos. Recusavam-se, porém, a se dedicar ao estudo de sua conseqüência: a guerra. Isso não era razoável. Lévi-Strauss estava escrevendo logo após a pior guerra da história e vários antropólogos importantes, em especial Edward Evans-Pritchard, grande figura de sua geração, tinham participado dela. Evans-Pritchard tinha mesmo comandado em 1941 um bando tribal feroz contra os italianos na Etiópia e os horrores da vingança deles contra seus antigos senhores provocaram-lhe angústia pelo resto de sua vida.[18] De qualquer forma, a natureza das duas guerras mundiais, em particular o caráter morbidamente ritual das ofensivas contra trincheiras na Primeira Guerra, clamava por uma investigação antropológica. Esse clamor, os antropólogos preferiram não ouvir.

Em parte, essa recusa talvez resultasse do fato de que o primeiro antropólogo a perder a paciência com a recusa coletiva de seus colegas de reconhecer a importância da guerra o fez em um livro destinado deliberadamente a provocar uma afronta intelectual. *Primitive warfare*, publicado em 1949, foi escrito por Harry Turney-High, um antropólogo americano que, tal como muitos de sua geração, fizera seu trabalho de campo entre os nativos norte-americanos — alguns dos quais estavam entre os povos mais belicosos conhecidos dos etnógrafos. No entanto, em 1942 Turney-High deixou a universidade para prestar o serviço militar e teve a boa sorte de ser mandado para a cavalaria no momento em que essa arma estava prestes a desaparecer. O cavalo de guerra e as armas do cavaleiro deveriam levar os pensamentos de um homem culto com uma imaginação bem informada de volta aos primórdios da relação do homem com o mundo animal; "é preciso ter cavalgado com um esquadrão para compreender a fascinação dos cavalos *en masse*, pois o cavalo é um animal de tropa por instinto", escreveu Alexander Stahlberg, um contemporâneo de Turney-High em um dos últimos regimentos de cavalaria alemães.[19] Os exercícios de Turney-High com a espada abriram-lhe os olhos para a inadequação de quase tudo que os etnógrafos profissionais tinham escrito sobre a guerra primitiva.

> A persistência com que os cientistas sociais têm confundido a guerra com os instrumentos da guerra [escreveu ele na página de abertura] não seria menos espantosa se seus escritos não revelassem [...] uma completa ignorância dos aspectos mais simples da história militar [...] Seria difícil achar um oficial não comissionado nos exércitos profissionais das potências de segunda linha que fosse tão confuso quanto a maioria dos analistas da sociedade humana.[20]

Turney-High tinha razão. Sempre me lembro do olhar de repugnância do distinto curador de uma das maiores coleções de armas e armaduras do mundo quando eu disse casualmente que um tipo comum de fragmento retirado do corpo de soldados feridos na época da pólvora era de ossos quebrados e dentes de seus vizinhos de fileira. Ele jamais levara em consideração os efeitos das armas que conhecia tanto, enquanto artefatos, nos corpos dos soldados que as utilizavam. "Essa atitude civil", observou Turney-High, "resultou em centenas de caixas de museus com armas do mundo inteiro, catalogadas, marcadas com número de acesso e incompreendidas."[21] Ele estava decidido a fazer seus irmãos e irmãs antropólogos compreenderem o lado escuro e violento da vida dos povos que estudavam, o objetivo de amassar ossos e perfurar a carne das armas que empunhavam em suas cerimônias, e as conseqüências letais do rompimento dos mecanismos de troca mediante os quais eles supostamente sustentavam seus sistemas de parentesco em equilíbrio perpétuo.

Turney-High não negava que alguns povos primitivos fossem "pré-militares". Estava até mesmo preparado para admitir que alguns deles, se deixados consigo mesmos, ficariam felizes de escolher um modo de vida tão pacífico e produtivo quanto o que Margaret Mead dizia ter encontrado entre os samoanos.[22] No entanto, insistia em que a guerra era uma eterna atividade universal, admitidas as exceções esporádicas, e era impiedoso ao esfregar esse fato no nariz de seus colegas antropólogos.

> O etnógrafo não tem hesitado em descrever, classificar e coordenar todas as culturas, materiais e não materiais, com o melhor de sua capacidade. Nem tem hesitado em discutir a guerra exaustivamente, pois se trata de um dos complexos não materiais mais importantes do homem. Apenas a questão central — como luta esse grupo? — é excluída. O pesquisador de campo tem sido meticuloso em relação à cobertura, mas não dá atenção ao bolo.[23]

O antropólogo tornado cavalariano tratou de registrar de que forma os grupos lutavam. Fazendo investidas certeiras da Polinésia à bacia do Amazonas, da terra dos zulus às planícies da América do Norte, da tundra subártica às florestas da África ocidental, Turney-High descreveu em detalhes sangrentos as práticas de tortura de cativos, canibalismo, escalpo, caça de cabeças e evisceração ritual onde quer que se encontrassem. Analisou a natureza exata do combate em dezenas de sociedades diferentes, explicando como os nativos das Novas Hébridas designavam campeões para travar duelos rituais diante dos dois grupos em guerra, como os chefes dos papagos da América do Norte escolhiam alguns homens para serem "matadores" e outros para proteger os matadores na luta, como os assinboins aceitavam a liderança guerreira de homens que tinham sonhado com a vitória sobre o inimigo costumeiro e como os iroqueses mantinham uma polícia de batalha para segurar os fujões dentro de um grupo de guerreiros. Foi incansável na tabulação do efeito exato de lança, flecha, porrete e espada na carne humana. Antes que algum colega mais delicado vacilasse na observação de qual poderia ser a função da ponta de sílex, mostrou que sua descendente direta era a baioneta que, afirmava ele, era o aperfeiçoamento de um sistema de arma responsável pela destruição de mais vidas humanas do que qualquer outro artefato da história.[24]

O objetivo de Turney-High, no entanto, era mais do que confrontar a antropologia com provas de que o homem primitivo tinha sangue em suas mãos. A partir dos dados que apresentava, postulou um ponto crucial doloroso: a maioria das sociedades que os etnógrafos preferiam estudar, dizia ele, existia "abaixo do horizonte militar", e somente quando o sol de seu futuro surgia acima dele elas emergiam para a modernidade. Com um único golpe, ele colocava em xeque todas as teorizações do determinismo cultural, do funcionalismo estruturalista e dos discípulos de Lévi-Strauss (cujo seminal *Structures élémentaires de la parenté* também foi publicado em 1949). O que Turney-High afirmava audaciosamente era que não fazia sentido procurar as origens do Estado liberal em qualquer liberdade de escolha entre sistemas culturais disponíveis, adaptação estrutural ao habitat ou gestão mítica de sistemas de troca. Todas as sociedades mantidas nesse nível, insistia ele, estavam fadadas a continuar primitivas até que chegassem ao reinado. Somente quando uma sociedade passava da prática da guerra primitiva para o que chamou guerra verdadeira (que ele às vezes também chamava guerra civilizada) poderia surgir um Estado, e somente, por inferência, quando um Estado passava a existir, poder-se-ia escolher sua natureza — teocrática, monárquica, aristocrática ou democrática. O teste-chave da transição do primitivismo para a modernidade, concluía ele, era "o surgimento do exército com oficiais".[25]

Tendo em vista que Turney-High, em uma página de abertura, tinha rebaixado a maioria de seus colegas antropólogos a um nível intelectual abaixo do de um oficial não comissionado, não surpreende que eles tenham revidado ignorando seu livro totalmente. David Rapaport, o cientista político que escreveu o prefácio da segunda edição (1971), explicou a reação deles como uma "'incapacidade disciplinada' de reconhecer um trabalho original".[26] Mas a explicação era muito mais simples. Eles sabiam quando estavam sendo insultados e deram as costas coletivamente para o insultador. Essa poderia ser uma reação racional se seu livro aparecesse hoje. Turney-High era um clausewitziano puro, cujo teste da posição militar de uma sociedade é se ela pratica uma forma de guerra que conduz à vitória: conquista territorial e desarmamento do inimigo. Uma vitória clausewitziana na era nuclear (Turney-High escreveu antes da explosão da primeira bomba atômica soviética) veio a ser, mesmo para o menos sentimental dos analistas de estratégia, um objetivo muito dúbio, e é duvidoso que muitos deles viessem a abraçar o conceito de "guerra civilizada", no espírito que Turney-High o ofereceu quarenta anos atrás. No entanto, em seu próprio tempo, ele colocou sua profissão em xeque. Ele exigira que ela pensasse em como a guerra transformava as sociedades sem Estado que amava tanto nos Estados que pagavam as despesas de suas viagens de pesquisa, e não estava disposto a tolerar uma recusa de responder.

Uma resposta acabou surgindo — a seu tempo. A pressão dos acontecimentos forçou os antropólogos a ver seus primitivos como guerreiros e não exclusivamente como doadores de presentes ou fazedores de mitos. A pressão fez-se sentir mais forte nos Estados Unidos, não apenas porque se tratava da principal potência nuclear, envolvida na guerra do Vietnã, mas porque, nos anos posteriores a 1945, esse país se tornara o centro da antropologia. O trabalho de campo etnográfico, em sua forma cada vez mais científica, é muito caro e foi nas ricas universidades americanas que a maioria dos estudiosos buscou fundos. Ademais, foi para esses pesquisadores, cuja missão era investigar os segredos mais profundos e antigos do comportamento humano, que os estudantes das universidades americanas, onde era mais forte a oposição à corrida nuclear e à guerra do Vietnã, começaram a colocar as questões eternas: o que faz um homem lutar? O homem é naturalmente agressivo? Houve sociedades sem guerra? Ainda existe alguma? Pode uma sociedade moderna adotar a paz perpétua e, se não pode, por quê?

Na década de 1950, foram publicados apenas cinco artigos sobre a antropologia da guerra nas revistas especializadas.[27] A partir da década de 1960, eles começaram a aparecer em quantidade e com freqüência. Em 1964, a veterana Margaret Mead publicou um toque de reunião do determinismo cultural em um artigo intitulado "A guerra é somente uma invenção".[28] Uma nova geração de antropólogos não achava que pudesse ser assim tão simples. Novas teorias tinham invadido o campo deles. A teoria matemática dos jogos era uma delas, que atribuía valores numéricos a escolhas possíveis em qualquer conflito de interesses e propunha que a "estratégia" que acumulasse o total mais alto se revelaria a mais bem-sucedida. A teoria dos jogos agia em um nível inconsciente, insistiam seus proponentes, de forma que não era necessário os seres humanos saberem que estavam participando de um jogo para que ele se realizasse; a sobrevivência daqueles que fizessem o maior número de escolhas corretas era o "pagamento".[29] Tratava-se meramente de uma tentativa de quantificar a seleção natural darwiniana, mas, graças a sua engenhosidade intelectual, atraiu adeptos. Outros envolveram-se no desenvolvimento da disciplina da ecologia, o estudo das relações entre a população e seu habitat; jovens antropólogos logo descobriram que certos conceitos ecológicos, tais como a capacidade de sustento, que limita a população de uma determinada região a um número sustentável pelo que de consumível ela produz, poderiam ser de grande valor. O consumo implica crescimento da população, esse crescimento leva à competição, a competição provoca conflito e assim por diante. Seria a competição em si mesma a causa da guerra? Ou a guerra era, graças a sua "função" de reduzir a população ou deslocar os derrotados da zona de conflito, uma causa de si mesma?

Essa dança ao longo das trilhas bem conhecidas das "origens" e das "funções" poderia ter continuado por muito tempo.

O que mudou seu ritmo e direção foram duas coisas. Primeiro, a Associação Americana de Antropologia, em sua reunião de 1967, devotou um simpósio à guerra no qual, dezoito anos depois de sua defesa, foi finalmente aceita a distinção de Turney-High entre guerra "primitiva" e guerra "verdadeira" ou "civilizada", ou ainda, "moderna", como ficaria conhecida.[30] Em segundo lugar, a partir da década de 1960, um grupo de antropólogos, que tinha tacitamente aceitado a validade da idéia de Turney-High e partira para observar os guerreiros primitivos de acordo com sua concepção, retornou de suas viagens de pesquisa e começou a publicar suas descobertas. Evidentemente, eles não estavam de acordo quanto às explicações do que haviam observado. Contudo, tinham estudado indiscutivelmente guerreiros que usavam armas primitivas e fora com esse tipo de arma — lança, porrete, flecha — que se travaram com certeza as primeiras guerras. Estava aberto à discussão se essas armas tinham sido artefatos simples de madeira, ou se possuíam pontas de osso ou pedra, ou ainda se a luta entre seres humanos em qualquer estilo reconhecível de guerra tivera de esperar o desenvolvimento da metalurgia. No entanto, nem mesmo o mais obstinado oponente da idéia de que a tecnologia determina a natureza das formas sociais da humanidade poderia negar que a lança e o porrete, e até mesmo o arco e flecha, limitam o dano que os humanos podem se causar em combate, particularmente ao limitar o alcance em que o dano pode ser provocado. A guerra entre os povos contemporâneos que ainda usam lanças, porretes e flechas proporcionava, portanto, ao menos algum *insight* sobre a natureza do combate primitivo. O combate é o coração da guerra, o ato pelo qual os homens são feridos ou mortos em quantidade, a atividade que distingue a guerra da mera hostilidade, a fonte da encruzilhada moral — é o homem bom ou mau? É ele que escolhe a guerra, ou é ela que o escolhe? Os jovens antropólogos que partiram para o campo a fim de responder à pergunta central de Turney-High — "como luta esse grupo?" — apresentaram também as primeiras observações sólidas sobre a natureza do combate com armas primitivas e, a esse respeito, pelo menos, algumas idéias de como a guerra pode ter começado. Esse é o ponto a ser observado no que eles registraram. Os estudos de caso escolhidos foram organizados em progressão de desenvolvimento, vindo em primeiro lugar as formas mais primitivas de guerra.

ALGUNS POVOS PRIMITIVOS E SUAS GUERRAS

OS IANOMÂMIS

Os ianomâmis, um povo com cerca de 10 mil almas, vivem numa área de floresta tropical densa com aproximadamente 100 mil quilômetros quadrados, nas cabeceiras do rio Orenoco, na região fronteiriça entre Brasil e Venezuela. Em 1964, quando passou dezesseis meses naquela região, Napoleon Chagnon foi um dos primeiros forasteiros a fazer contato com eles, quando ainda não tinham recebido quase nenhum artefato do mundo moderno. Os ianomâmis são agricultores que fazem queimadas, abrindo clareiras temporárias na floresta, onde cultivam banana-da-terra, até que a fertilidade do solo decai e eles partem para abrir novas clareiras. Suas aldeias, que reúnem grupos de quarenta a 250 pessoas de parentesco próximo, são montadas a cerca de um dia de marcha uma da outra, embora possam ficar mais distantes quando os inimigos são vizinhos, e as hostilidades, que são freqüentes, provocam amiúde mudanças. Uma mudança típica é a de uma aldeia pequena que vai para longe de uma maior e hostil, aproximando-se de uma aldeia mais forte e aliada.

Os ianomâmis foram chamados de "povo feroz" e seu comportamento é, com efeito, extremamente violento. Eles possuem um código de ferocidade (*waiteri*) pelo qual os indivíduos do sexo masculino demonstram sua agressividade e aldeias inteiras também procuram convencer as outras dos perigos de atacá-las. Os meninos são estimulados a ser violentos desde pequenos, tomando parte em jogos ferozes, e ao crescerem são muito violentos com as mulheres. Embora elas sejam os principais prêmios nas trocas e lutas, os homens que as possuem tratam-nas muito mal.

Elas são espancadas, queimadas e até mesmo flechadas quando um homem fica raivoso, a própria raiva sendo muitas vezes encenada para demonstrar *waiteri*; as esposas podem esperar proteção apenas se tiverem irmãos na aldeia cuja reputação de ferocidade seja maior que a de seus atormentadores.

Apesar do *waiteri*, o evento anual mais esperado pelos ianomâmis é a estação de festas entre aldeias. Durante a estação chuvosa, os índios cuidam de suas roças; quando chega a estação seca, preparam-se para festejar com uma aldeia vizinha ou serem festejados. A troca proporciona a base da confiança, de onde se origina o acordo para a festa. Embora a cultura material ianomâmi seja extremamente pobre — eles não fazem muito mais que redes, potes de barro, flechas e cestas —, nem todas as aldeias fazem as mesmas coisas, dependendo umas das outras para suprir suas deficiências. A festa bem-sucedida pode então conduzir à forma mais importante de troca, a de mulheres.

A troca de mulheres, embora amenize a ferocidade que os indivíduos e aldeias ianomâmis exibem entre si, não evita as irrupções de violência. Os homens buscam constantemente seduzir as mulheres dos outros, o que provoca violência dentro da aldeia, fazendo talvez com que um grupo parta e estabeleça uma aldeia separada e agora hostil. Na relação de troca de mulheres, uma aldeia grande pode exigir de uma aldeia menor uma proporção injusta de mulheres. Uma determinada mulher que tenha sido tratada com brutalidade demasiada por seu esposo pode ser reclamada por um parente de sua aldeia de origem.

É em circunstâncias como essas que o "povo feroz" torna-se violento, e a violência dos ianomâmis assume comumente uma forma estilizada. Há uma crença amplamente difundida em que o combate entre povos primitivos é em larga medida ritual, mas, embora isso seja correto em termos gerais, é preciso uma qualificação cuidadosa. De qualquer forma, a prática da violência entre os ianomâmis tende de fato a evoluir por estágios cuidadosamente gradativos, os níveis sendo o duelo de batidas no peito, a luta de porretes, a luta de lanças e a incursão às aldeias.

Os duelos de socos no peito, que ocorrem geralmente nas festas entre aldeias, "realizam-se sempre entre membros de aldeias diferentes e surgem devido a acusações de covardia, ou em resposta às exigências excessivas na troca de mercadorias, alimentos ou mulheres".[31] O procedimento é sempre o mesmo: depois de tomar drogas alucinógenas, para criar um clima de luta, um homem avança e exibe seu peito. Um representante da outra aldeia que aceita o desafio agarra-o e desfere-lhe um golpe violento no peito. Aquele que recebe o soco geralmente não reage, pois quer demonstrar sua resistência, e pode receber até quatro golpes antes de pedir sua vez. A troca continua de soco em soco, até que um dos contendores fique incapacitado ou que ambos fiquem machucados demais para continuar, caso em que podem continuar com um duelo de bofetadas laterais, até o perdedor perder o fôlego. Depois disso, se o duelo foi combinado, os disputantes cantam e se embalam uns aos outros, jurando amizade eterna.

As lutas com paus, geralmente espontâneas, são piores, mas ainda ritualizadas. "Elas resultam, em geral, de adultério ou suspeita de adultério."[32] O queixoso, carregando um pau de dez metros, vai para o centro da aldeia — que pode ser a sua própria — e grita insultos ao acusado. Se seu desafio for aceito, ele enfia a vara no chão, apóia-se nela e espera um golpe na cabeça. Uma vez recebida a porretada, é sua vez de bater. A visão do sangue que logo corre transforma a luta num vale-tudo, com os homens tomando partido e brandindo tacapes. Há então um perigo real de ferimentos e mortes, uma vez que o tacape do desafiante tem uma ponta afiada — o sinal de que ele está falando sério — e alguém pode ser trespassado. Nessa altura, cabe ao chefe da taba intervir com seu arco, ameaçando flechar quem não parar. No entanto, acontecem às vezes ferimentos fatais, o que significa que o culpado deve fugir da taba ou, se a luta foi entre aldeias, que os atacantes irão recuar. A conseqüência, porém, é uma guerra de incursões.

Chagnon considera que esse tipo de ataque constitui a "guerra" ianomâmi, mas descreve um estágio intermediário entre este e o duelo de socos no peito, a luta de lanças, que ele presenciou apenas uma vez. Uma aldeia pequena, derrotada na luta por uma mulher — o irmão de seu chefe a trouxera de volta porque o marido a tratava muito mal —, aliou-se com outras aldeias e fez um ataque combinado. Eles conseguiram tirar os habitantes da aldeia maior de suas casas sob uma saraivada de lanças e perseguiram-nos enquanto fugiam. A aldeia maior se reagrupou, os atacantes fugiram e uma nova luta de lanças ocorreu alguns quilômetros adiante. Ambos os lados retiraram-se então, "depois de quase perderem a paciência". Vários homens tinham ficado feridos e um deles morreu posteriormente.

Ambas as aldeias atacaram uma à outra mais tarde, mas Chagnon considera a incursão, mais que a luta de lanças, uma atividade mais próxima da guerra, baseado no fato de que os ianomâmis que partem para um ataque o fazem com a intenção de matar, e não se importam com o como — e muitas vezes com o quem — matam. Eles costumam ficar à espreita perto da aldeia a ser atacada até descobrir uma vítima indefesa — alguém "tomando banho, pegando água para beber ou fazendo suas necessidades" —, matá-la e depois fugir. A fuga é bem organizada, com uma cadeia de retaguardas, e assim deve ser, pois um ataque provoca outro. O padrão de ataques pode levar ao que Chagnon considera o ato máximo de hostilidade, uma festa traiçoeira, em que uma aldeia belicosa consegue que uma terceira aldeia convide seus inimigos para uma festa e então os surpreende. São mortos tantos quanto possível e as viúvas são distribuídas entre os vencedores.

Chagnon interpreta o estilo de luta dos ianomâmis como uma resposta cultural ao seu meio ambiente. Ela não se destina de forma alguma, diz ele, a garantir o território, uma vez que as aldeias jamais se apropriam do terreno de um vizinho derrotado; a questão é enfatizar o que ele chama de "soberania", medida pela capacidade de uma aldeia de evitar que outra tome suas mulheres ou estabeleça seu direito de adquirir mulheres em termos favoráveis. Decorre daí a exibição de "ferocidade" que se destina a deter de saída os sedutores, ladrões de esposas ou atacantes de surpresa.

No entanto, os ianomâmis comportam-se de forma diferente em relação aos seus vizinhos e, em anos recentes, expandiram-se para novos territórios e quase exterminaram uma tribo. Essa ferocidade genuína em relação aos outros advém da crença dos ianomâmis em que "eles foram a primeira, melhor e mais refinada forma de homem a habitar a terra" e que todos os outros povos são uma degeneração de sua pura cepa.[33] Os "inimigos" são, em geral, aqueles com os quais não estão relacionados pelo casamento, pois os ianomâmis, embora ferozes coletores de mulheres, observam as regras de parentesco destinadas a evitar o incesto. O parentesco, porém, não é tão forte a ponto de evitar a guerra entre grupos aparentados, que lutam com freqüência. O que faz com que ajam assim, sugere Chagnon, é a prática do infanticídio feminino, comum entre os primitivos, mas seguido pelos ianomâmis para maximizar o número de machos "ferozes" no rondó interminável da apropriação de mulheres.

Desde suas primeiras visitas aos ianomâmis, Chagnon alterou sua visão sobre a função da guerra entre eles e agora inclina-se a vê-la em termos neodarwinianos, como "selecionada para o sucesso reprodutivo": mais mortes trazem mais mulheres e, assim, mais filhos.[34] Porém, objetivamente, seu relato parece acrescentar alguma coisa a todas as teorias. A guerra adapta indiscutivelmente a população ao território disponível — as baixas são responsáveis por 24% das mortes recentes de homens em três grupos relatados —, como esperariam os ecologistas. A relativa fraqueza do sistema de parentesco pareceria significativa para os estruturalistas, que poderiam argumentar que a guerra é o resultado de um fracasso na reciprocidade. Os estruturalistas funcionais veriam a prática da guerra e o uso do mito como provas de que a cultura ianomâmi constitui uma adaptação total ao seu meio. Os etologistas tomariam a "ferocidade" como prova de seu argumento de que o homem possui um impulso violento que precisa ser descarregado.

Os historiadores militares estariam interessados sobretudo nas externalidades do combate ianomâmi. Tomando como ponto de partida o fato observável de que as pessoas têm medo, e o temor é realçado pela letalidade das armas, eles enfatizariam a natureza cuidadosamente ritualizada do combate ianomâmi e talvez invertessem a hierarquia proposta por Chagnon. As "incursões" e as "festas traiçoeiras" que ele considera como o ápice da guerra se parecem, em perspectiva, mais com assassinato, tal como conhecido pelas sociedades regidas por códigos de lei pública. Os duelos de socos no peito, lutas de tacapes e de lanças, por outro lado, aproximam-se do conflito ritual, regulados por uma apreciação de, em primeiro lugar, quão perigoso pode ser expor apenas homens selecionados ao ferimento; e, em segundo lugar, de quão rápido uma luta pode se transformar em violência geral se não houver uma limitação em relação a que armas podem ser escolhidas — daí o uso de tacapes não afiados, exceto pelo desafiante — ou se armas mortais, como as lanças, forem utilizadas a curta distância.

Em resumo, os ianomâmis parecem ter chegado intuitivamente ao ponto de Clausewitz e ido mais adiante. Os grupos de parentesco poderiam ter deflagrado uma guerra de batalhas decisivas destinadas a estabelecer a hierarquia de "soberanias" de uma vez por todas. Mas, se fizessem isso, correriam o risco da aniquilação, quando suas batalhas "reais", isto é, rituais, se transformassem em guerra "verdadeira". Ao preferir a prudência mútua, eles se conformaram com uma rotina de lutas endêmicas, boa parte delas simbólicas em caráter, que provoca a morte de alguns, mas poupa a maioria para viver e até mesmo para lutar no dia seguinte.

OS MARINGS

De todas as descobertas sobre as sociedades primitivas feitas pelos etnógrafos, a da batalha ritual é a que apresenta maior interesse para os historiadores militares, quando mais não seja porque traços dela estão evidentemente presentes no que conhecemos como guerra "civilizada". Porém, com muita freqüência, o retrato da batalha ritual é generalizado demais, implicando uma força do ritual que reduz a batalha a um jogo inofensivo. Eis aqui a descrição de uma guerra primitiva, feita por um bibliógrafo com ampla variedade de fontes em mente, mas baseada primariamente na guerra dos povos montanheses da Nova Guiné:

> a batalha campal [...] envolveu algo entre duzentos e 2 mil guerreiros e realizou-se numa área deserta predefinida, ao longo da fronteira entre os grupos em guerra. Cada exército era composto de guerreiros, geralmente relacionados pelo casamento, de várias aldeias aliadas. Embora houvesse um grande número de guerreiros, houve pouco ou nenhum esforço militar; em vez disso, travaram-se dezenas de duelos individuais. Cada guerreiro gritava insultos ao seu oponente e atirava lanças ou flechas. A agilidade em esquivar-se das flechas era muito elogiada e os guerreiros jovens se vangloriavam disso. As mulheres vinham muitas vezes observar essas guerras e cantavam e estimulavam seus homens. Elas também recolhiam as flechas usadas pelo inimigo para que seus maridos pudessem atirá-las de volta. As batalhas campais periódicas ocorrem geralmente entre tribos avançadas com população bastante densa. Por exemplo, não se encontrou esse tipo de guerra na Amazônia, mas era comum nas terras altas da Nova Guiné, onde a densidade populacional é dez vezes maior [...] Apesar do grande número de guerreiros envolvidos nessas batalhas campais, as mortes eram poucas. Devido à grande distância entre eles e à ineficácia relativa das armas primitivas, combinada com a agilidade de se esquivar dos guerreiros jovens, os golpes certeiros eram raros. No caso de alguém ficar seriamente ferido ou ser morto, a batalha era normalmente suspensa naquele dia.[35]

Alguns dos elementos dessa descrição são indiscutíveis. Por exemplo, a afirmativa de que toda a luta, até a chegada da tática de ordem unida com armas padronizadas, resumia-se a duelos individuais. De fato, nas batalhas ritualizadas, as baixas tendem a ser poucas, e mesmo a guerra "civilizada" fornece exemplos de algo como um recurso a campos reconhecidos de batalha, quando mais não seja porque a geografia é avara em lugares onde se possam reunir exércitos. Mesmo assim, trata-se de uma idealização, como os elementos mais maldosos da guerra dos ianomâmis revelam. Ela proporciona um excelente ponto de partida para uma comparação das impressões populares da guerra ritual com sua realidade mais complexa.

Os marings, entre os quais Andrew Vayda trabalhou em 1962-63 e 1966, eram então cerca de 7 mil, vivendo numa área de quinhentos quilômetros quadrados junto à floresta da crista da cadeia Bismarck, no centro da Nova Guiné. Eles subsistiam plantando tubérculos em "jardins" na floresta, que mudavam periodicamente de local para deixar a terra descansar, criavam porcos e caçavam e coletavam um pouco, num padrão típico de cultura de queimadas. A densidade populacional era bem alta — mais de cinqüenta por quilômetro quadrado, muito maior que a dos ianomâmis — e a unidade social era um conjunto de clãs, descendentes nominalmente da mesma paternidade, que tomava esposas de fora. O tamanho do agrupamento variava entre duzentas e 850 pessoas, ocupando uma área definida de cultivo ao longo de um dos riachos que desciam do divisor de águas. As terras fronteiriças eram escassamente ocupadas e alguns grupos de clãs tinham floresta primária em seu território, o que proporcionava uma reserva de terra não arada. Abaixo da zona montanhosa, o terreno era insalubre e a população — de grupos lingüísticos bem diferentes — só ficava densa novamente na costa. Antes da década de 1940, não tinham acesso a metais e suas melhores armas e ferramentas eram artefatos de pedra.[36]

Em cultura material, no entanto, os marings eram superiores aos ianomâmis, e isso se refletia na natureza de suas guerras. Além de simples arcos, flechas e lanças de madeira, possuíam também machadinhas de pedra polida e grandes escudos de madeira. Com essas armas, realizavam lutas que passavam pelo que os próprios marings reconheciam como fases cuidadosamente reguladas. A primeira era o que chamavam de lutas "de nada", a segunda, lutas "verdadeiras", a terceira e a quarta, não uma escalada necessária da luta, "incursões" e "desbaratamentos".

As lutas "de nada", tal como as descreveu Vayda, pareciam mais as inofensivas batalhas rituais que se supunha tipificar a guerra primitiva.

Nelas, os guerreiros iam a cada manhã de suas casas para locais de luta predefinidos, na fronteira entre as terras dos dois principais grupos beligerantes. As forças em confronto assumiam posições próximas uma da outra a fim de ficarem ao alcance das flechas. Grossos escudos de madeira, da altura de um homem e com cerca de 75 centímetros de largura, forneciam proteção no combate. Às vezes, a base dos escudos era feita de modo a ficar presa no chão e os guerreiros saíam de trás deles para atirar suas flechas e voltavam rapidamente. Alguns também saíam para insultar seus inimigos e exibir sua coragem. No final de cada dia de luta, os homens voltavam para casa. Embora essas pequenas lutas de arco e flecha continuassem às vezes durante dias, ou mesmo semanas, as mortes e ferimentos graves eram raros.[37]

As lutas "verdadeiras" eram diferentes tanto em tática como nas armas usadas. Os homens traziam machadinhas e lanças para o campo de batalha e diminuíam a distância para a de um golpe com as mãos. Enquanto os arqueiros da retaguarda mandavam uma saraivada de flechas, os lutadores da linha de frente duelavam protegidos por seus escudos, mudando ocasionalmente de posição com os arqueiros para descansar; cada guerreiro tinha também liberdade para tomar fôlego quando ficava exausto. As flechas ou lanças arremessadas podiam às vezes derrubar um homem da linha de frente; então, se o inimigo calculasse direito uma carga curta, ele podia ser liquidado com machadinhas ou lanças. Porém as baixas ainda eram raras e as batalhas se arrastavam durante dias.

A cada manhã em que haveria luta, os homens capazes [...] reuniam-se perto de suas aldeias e iam *en masse* para o campo de batalha a fim de travar o combate do dia, enquanto as mulheres ficavam para cuidar das tarefas rotineiras. Os próprios homens não lutavam diariamente durante o período da guerra. Quando chovia, ambos os lados ficavam em casa e, por acordo mútuo, todos os combatentes tiravam às vezes um dia para reparar os escudos, comparecer a rituais relacionados com as baixas ou simplesmente descansar. Podia haver intervalos de até três semanas em que as hostilidades ficavam suspensas e os homens trabalhavam numa nova plantação.[38]

Esses rituais, quase incompreensíveis para o homem moderno, por todos os ecos que trazem da luta diante das muralhas de Tróia, acabavam sumindo com a troca final de flechas. Porém, poderiam levar ao mais sangrento "desbaratamento", quando um grupo de guerra partia de uma região de clã para levar morte e destruição a outra; a "incursão", uma expedição mortífera, mas mais limitada, parece ter sido uma alternativa à luta "verdadeira" na escalada da guerra. O desbaratamento, por outro lado, era uma conseqüência da luta "verdadeira" e resultava em muitas mortes, de mulheres e crianças, além de homens, e na fuga precipitada das vítimas de seu povoado.

A guerra dos marings exige consideráveis explicações, que Vayda tenta fornecer. As lutas "de nada" ocorriam, diz ele, quando desfeitas e ofensas acumuladas durante um ciclo pacífico acabavam merecendo vingança; elas poderiam ser insignificantes como um insulto ou graves como um assassinato, com o estupro, o rapto ou a suspeita de enfeitiçamento classificados em algum ponto intermediário. As lutas "de nada" tinham dois objetivos: testar a força militar do opositor, mas também negociar. Boa parte dos gritos vinha de mediadores que pediam paz. Esses mediadores eram amiúde aliados, aos quais os clãs apelavam quando a guerra estava no ar. Eles proporcionavam uma voz imparcial, mas também uma força extra disponível para um dos lados se o outro insistisse em partir para a luta "verdadeira".

A luta "verdadeira" poderia ter seu próprio resultado, que era a aceitação do empate; a "incursão" poderia ter o mesmo efeito. O "desbaratamento", no entanto, resultava normalmente no desalojamento das vítimas e na destruição de seus lares e plantações. Tratava-se, portanto, do teste definitivo de quem era o mais forte e de quem poderia ocupar o território de um vizinho, avaliação importante numa sociedade com escassez de terras. A luta dos marings parecia então ter uma motivação "ecológica", redistribuindo terras dos mais fracos para os mais fortes. Mas Vayda também observa que traços importantes da forma de guerrear dos marings contradizem essa conclusão. Um deles é que os vitoriosos raramente ocupavam toda ou até mesmo uma parte das terras do clã derrotado, com medo de que os remanescentes de alguma feitiçaria a tivessem tornado insegura. Outro é que o momento da guerra sempre coincidia com a presteza de um clã em oferecer as necessárias oferendas sacrificiais aos seus espíritos ancestrais para receber ajuda na luta.

Essas oferendas assumiam a forma de matar e comer porcos adultos, na proporção de um para cada membro do grupo. Uma vez que levava cerca de dez anos para criar e engordar um tal número de porcos excedentes, as lutas só ocorriam aproximadamente de dez em dez anos. E, estranhamente, era somente perto do final de um período de dez anos que os clãs vizinhos começavam a cometer as desfeitas e ofensas que davam motivo para a guerra. Entrar em guerra sem os meios de agradecer aos espíritos ancestrais significava cortejar a derrota; por outro lado, ter um excedente de porcos sem uma desculpa para comê-los significava a perda do sentido de engordá-los. Vayda observou que a densidade populacional dos marings vinha declinando durante seu último período extenso de luta, colocando assim em questão inclusive sua própria explicação de que era a escassez de terras que os levava a guerrear. Na verdade, poder-se-ia pensar que os marings lutavam por hábito, talvez até por diversão, em vez de por algum motivo que a teoria antropológica possa apresentar.

A descrição da guerra como divertimento pode evidentemente cair com facilidade na trivialização. Apesar disso, o elemento lúdico da guerra foi levado muito a sério, por exemplo, por historiadores da cavalaria, enquanto qualquer busca das "origens" da luta nos leva inevitavelmente de volta à vida primitiva do homem como caçador. As armas da caça por esporte e os brinquedos de brincar e jogar têm suas origens nos instrumentos da caça de subsistência. Depois que a agricultura, embora ainda incipiente, começou a diminuir a necessidade constante de descobrir e matar animais para a alimentação diária, caça, esporte, jogos e até a guerra estavam destinados a adquirir uma coexistência psicológica nas culturas primitivas, como de fato as três primeiras o fazem em nossos dias. Dessa perspectiva, não surpreende que os marings, com as armas que tinham em mãos, tivessem inventado um sistema de guerra no qual o elemento lúdico fosse tão forte. Os meios de transformar lanças de madeira e machadinhas de pedra de meros agentes de ferimentos em verdadeiros instrumentos de morte não vinham da letalidade intrínseca dessas armas, mas das intenções dos combatentes. O que deveria nos impressionar na forma de guerrear dos marings não é sua "primitividade", mas sua sofisticação. No plano individual, deve ter feito muito, numa sociedade sem realizações estéticas, para satisfazer a necessidade humana de auto-expressão, exibição e competição e ainda, se se aceita essa teoria, para "descarregar" a agressão. No plano grupal, ela proporcionava um meio para mostrar a um grupo oponente em que grau de gravidade as transgressões da boa vizinhança eram tidas e as conseqüências desagradáveis que decorreriam do não-reconhecimento do poderio superior, exibido inicialmente em estilo simbólico e numa forma que sugeria diplomacia em vez de escalada.

Os historiadores militares devem se fixar sobretudo nas características das armas dos marings. Machadinhas de pedra e lanças com ponta de osso, "catalogadas, mas incompreendidas", na expressão penetrante de Turney-High, implicam um passado humano sangrento. Diante de fragmentos de sílex destramente lascados, a mente moderna pensa imediatamente em crânios rachados e espinhas partidas. Pode ser que esses fossem os ferimentos que nossos ancestrais pré-históricos causavam em seus inimigos, sob sabe-se lá que riscos a suas próprias peles. O que sabemos dos marings sugere, em contraste, que os povos com armas da Idade da Pedra não têm necessariamente uma despreocupação com sua própria sobrevivência. Portanto, as armas que somente são mortais a curta distância não impõem aos seus usuários a necessidade de lutar de perto; saltar para essa conclusão seria adotar um "determinismo tecnológico" no comportamento humano desmentido pelo caráter cauteloso, tateante e protelador da tática dos marings. Se os marings relutavam em travar a batalha decisiva, se nem consideravam a vitória cabal no campo de batalha como sendo necessariamente o ponto central da luta, então é permissível supor que outros povos em nível semelhante de cultura material fizessem o mesmo. É com essa idéia em mente que devemos continuar a examinar como as armas de madeira, pedra e osso podem ter sido utilizadas no passado pré-histórico.

OS MAORIS

É preciso dar um grande passo para ir da guerra de povos de organização social simples, como os montanheses da Nova Guiné, para a guerra das sociedades centralizadas, hierárquicas e teocráticas da Nova Zelândia, centro de grandes assentamentos da diáspora polinésia na região do Pacífico sul. Trata-se de um salto não apenas no tempo e através de culturas, mas também cruzando um abismo de desacordos entre antropólogos quanto aos estágios através dos quais o primitivo se torna moderno.

A visão clássica da antropologia é de que a sociedade humana pré-histórica evoluiu através dos estágios de bando, tribo, sociedade centralizada ou com chefia até Estado primitivo. Nessa tipologia, o bando é definido como um grupo pequeno cujos membros sabem, ou pelo menos acreditam, que estão relacionados uns aos outros pela consangüinidade, caso típico da organização social de caçadores e coletores tímidos e reclusos, vivendo sob a autoridade paterna, como os bosquímanos da África do Sul. A tribo compartilha normalmente a crença numa ancestralidade comum, mas está unida principalmente por língua e cultura e não aceita necessariamente uma liderança, embora possa haver algum reconhecimento de autoridade, em geral reforçada por mitos, segundo a ascendência paterna (patrilinear) ou materna (matrilinear); as tribos tendem ao igualitarismo, de acordo com a teoria antropológica.[39] Mas as sociedades centralizadas ou com chefia são hierarquizadas e geralmente teocráticas, com os indivíduos se classificando pela distância de sua linhagem em relação a um pai fundador de ancestralidade divina. Considera-se que o Estado, estágio dentro do qual vive a maioria dos habitantes do mundo de hoje, desenvolveu-se a partir das sociedades com chefia. Os antropólogos, utilizando a famosa diferenciação de Max Weber, distinguem entre sociedades com chefia e Estados, segundo o fundamento de sua legitimidade em um código respectivamente "tradicional" (ou ocasionalmente "carismático") e "legal".[40]

Felizmente para os leigos, os antropólogos preferem atualmente um sistema mais simples de classificação que reconhece apenas sociedades "igualitárias" e "hierárquicas" no estágio anterior ao Estado.[41] O motivo para essa mudança de visão — não aceita universalmente — é que muitas das sociedades mais simples descobertas por etnógrafos nas regiões menos acessíveis do mundo — montanhas, florestas, zonas áridas e desertas — foram agora identificadas como refugiadas da opressão de vizinhos mais fortes; suas estruturas sociais foram degradadas pela fuga, dispersão, dificuldades econômicas e desvalorização de seus mitos e sistemas de autoridade pela provação causada pelo deslocamento. Essa interpretação é mortificante para aqueles que se comprometeram com a crença na existência de sociedades sem Estado formadas por escolha cultural ou pela adaptação ao meio ambiente, mas a estrela desse tipo de antropologia está em declínio.[42] No entanto, ela é exasperante para outros devido à grande importância que a nova interpretação confere à guerra, em particular quando a motivação para ela é rudemente definida como uma competição por recursos escassos.[43]

Enquanto a sociedade dos marings não se assemelha de forma alguma a um Estado (alguns acham que a dos ianomâmis é aquela coisa esquiva, a aboriginalidade pura), a dos maoris da Nova Zelândia aproxima-se muito da condição de Estado, ao menos no que diz respeito aos testes de capacidade para construir grandes obras públicas e travar guerras de larga escala e a grandes distâncias. Os maoris certamente não sofriam de escassez de alimentos, embora tenham exterminado, em seus primeiros seiscentos ou oitocentos anos de colonização da Nova Zelândia, cerca de dezoito espécies de pássaros, inclusive o grande moa.[44] Por outro lado, a migração entre ilhas teve provavelmente sua principal causa no aumento progressivo da densidade populacional, que levou à expulsão de grupos inteiros quando a intensificação da produção, o infanticídio, as viagens e a guerra não detiveram mais a pressão. Os polinésios que chegaram à Nova Zelândia, possivelmente por volta do ano 800, talvez fossem "viajantes" do tipo viking, jovens aventureiros sem terras, como Leif Ericksson procurando uma Vinland mais ao sul, ou quem sabe fugissem de um chefe vitorioso em sua ilha natal; ou talvez fossem náufragos com sorte.[45] Seja qual for a forma como chegaram, eles trouxeram consigo os alimentos básicos da vida polinésia e também suas instituições, chefias descendentes por mito dos deuses, hierarquia social e especialização militar. Trouxeram também os artefatos da vida insular, inclusive armas de madeira — a lança e a clava —, as quais ganhavam extremidades mortais feitas de conchas, corais, ossos ou pedras trabalhados. Com essas armas, os maoris, nos amplos espaços das ilhas Norte e Sul, iriam praticar uma forma de guerra com a qual os chefes de Estado da Idade do Ferro — ou mesmo da Pólvora — teriam pouco a aprender.

A fonte do poder de um chefe polinésio era dupla: ele emanava do *mana*, seu dever sacerdotal de mediar entre homem e deus, e do tabu, seu direito de dedicar para fins religiosos uma porção dos frutos da terra e das águas dados pelos deuses. Isso poderia ser um banquete ritual, um sacrifício ou a construção de um templo, mas acarretava efetivamente tributação e, muitas vezes, o controle do trabalho. Os chefes podiam, portanto, exigir e até obter à força uma importante ampliação dos poderes dos cabeças de sociedades mais simples e igualitárias, cujos membros procuravam neles apenas mediação, conselho e liderança.

A necessidade de intensificar a produção em ilhas sofrendo pressões populacionais investia o chefe polinésio do poder de exigir um esforço comunal na agricultura, na pesca, na construção e nas obras de irrigação. Se a pressão crescente fomentasse a guerra, o chefe ganhava mais poder, em particular se adquirisse uma reputação de *toa* — guerreiro — para obrigar os homens a aceitar seu comando militar.[46]

Argumentou-se convincentemente que os maoris da Nova Zelândia achavam mais fácil aliviar a pressão populacional fazendo guerra contra seus vizinhos proprietários de terras produtivas que ceifar a floresta virgem, boa parte da qual permanecia intocada quando os colonos europeus chegaram, na década de 1840. Os chefes travavam essas guerras porque podiam exigir a presença de seus seguidores, fornecer víveres, mobilizar transporte de longa distância, tais como frotas de canoas, e, se tivessem habilidade política, articular queixas comunais contra um inimigo.

A guerra dos maoris seguia um padrão familiar. Seu motivo era sempre um desejo de vingança, que poderia ou não ser satisfeito por um grupo de ataque que descobrisse e matasse um inimigo. Os grupos de guerra maoris podiam batalhar de forma muito brutal. Depois de uma reunião pública, na qual "recontavam-se as ofensas com veemência", cantavam-se canções guerreiras e exibiam-se armas, o grupo de guerra partia. Se encontrasse o inimigo em campo aberto e conseguisse romper suas fileiras, a debandada que se seguia tinha conseqüências medonhas:

> o grande objetivo desses guerreiros rápidos [...] era avançar e nunca parar, dando apenas um golpe em cada homem, de forma a aleijá-lo, para que os que viessem atrás pudessem liquidá-los. Não era incomum que um homem forte e rápido, quando o inimigo estava desbaratado, ferisse com uma lança dez ou doze homens, de forma a garantir que fossem alcançados e mortos.[47]

Com esses métodos, os maoris poderiam ter chegado ao extermínio mútuo, não fosse o fato de sua forma de guerrear estar limitada de duas maneiras. Materialmente, sua luta girava em torno do ataque e defesa de fortificações. A resistência e a quantidade de fortes maoris — foram encontrados cerca de 4 mil — refletem o poder de seus chefes de organizar o trabalho comunal da população de quarenta tribos, somando em conjunto entre 100 e 300 mil membros, e mostra quão desenvolvida politicamente era sua cultura. Militarmente, porém, a existência dos fortes poupou os maoris dos piores aspectos da guerra que praticavam entre si. Construídos tipicamente no topo de morros, os fortes incorporavam grandes câmaras para a estocagem de víveres, o que permitia aos ocupantes sobreviver às depredações de suas plantações, além de fortes paliçadas, fossos profundos e barreiras altas. Uma vez que não tinham aparentemente instrumentos de guerra de sítio, uma defesa resoluta podia deter os atacantes até que suas reservas de campanha acabassem.[48]

Culturalmente, a guerra dos maoris se autolimitava por seus objetos muito simples. Os antropólogos satisfizeram-se com a explicação de que os maoris faziam guerra com o objetivo de redistribuir a terra dos mais fracos entre os mais fortes. Porém seu plano de guerra era comer o inimigo morto (exceto as cabeças, que eram mantidas como troféus). Essa disparidade entre o que os objetos da etnografia estavam fazendo e o que os antropólogos concluíam que era o objetivo mais profundo de suas ações proporciona a base para alguns dos debates mais violentos da academia. Para os historiadores militares, parece claro que a cultura militar maori era de vingança. Os meninos aprendiam desde tenra idade que os insultos, para não falar de roubo ou morte, eram imperdoáveis, e os maoris eram implacáveis em guardar na memória os ressentimentos, às vezes de geração para geração, que eram satisfeitos quando o inimigo era morto, seu corpo comido e sua cabeça espetada na paliçada da aldeia fortificada, onde seria simbolicamente insultada. A guerra de vingança não se realizava na base de um para um; simplesmente ter comido o inimigo e tomado uma ou várias cabeças seria suficiente para cancelar uma velha queixa de até mais mortes que as causadas em represália.[49]

Eis aqui mais um exemplo de como uma ética cultural, mesmo do tipo mais selvagem, pode ter o efeito paradoxal de limitar o dano que os guerreiros provocarão uns aos outros. Quando reforçada por restrições materiais, como fortificações, seu resultado para os maoris foi assegurar que a potencialidade de sua sociedade de transcender a tecnologia da lança e clava num movimento em direção à conquista de toda a ilha não se realizou. Com a chegada do mosquete, vários grupos maoris passaram para a condição de Estado com rapidez aterrorizante, mas isso é outra história. Enquanto isso, numa sociedade da América pré-colombiana muito mais sofisticada que a dos maoris, uma ética cultural limitava sua potencialidade maior para a batalha decisiva de Clausewitz de forma ainda mais impressionante.

OS ASTECAS

Há uma crueldade na forma de guerrear de alguns povos pré-colombianos das Américas do Norte e Central que não encontra paralelo no resto do mundo. Turney-High considera os melanésios do Pacífico sul os primeiros em "simples crueldade" — faltam provas disso a favor ou contra — e talvez alguns sul-americanos os piores canibais (ele foi um dos primeiros a acreditar que o canibalismo explicava-se pela deficiência de proteína, concepção que ganhou muitos adeptos, mas que agora os está perdendo).[50] Mas nenhum desses grupos chegava à tortura ritual dos cativos, seguida de canibalismo ou não, como era praticada, entre outros, por alguns índios das planícies e pelos astecas. Turney-High relata:

> Os skidi pawnees buscavam capturar uma bela donzela inimiga em cada um de seus ataques. Essa moça era então adotada por alguma família pawnee muito honrada na qual, para sua surpresa, era tratada com mais consideração que as filhas verdadeiras da tenda. Ela se tornava a queridinha mimada. Todavia, no final de uma determinada noite, era agarrada rudemente, despida e a metade de seu corpo, da cabeça aos pés, era pintada com carvão. Ela simbolizava assim a junção do

dia com a noite. Era então amarrada entre dois postes [...] Seu pai adotivo era então obrigado a flechá-la no coração no momento em que a estrela-d'alva estava surgindo. Seguiam-se as flechas dos sacerdotes e o corpo dela era horrivelmente estraçalhado antes de servir ao seu objetivo. Esse rito de aplacamento oferecido à estrela-d'alva era considerado essencial para a guerra dos pawnees, para ter sucesso em todas as coisas e na agricultura em particular.[51]

Um missionário jesuíta junto aos huronianos descreveu o assassinato ritual ainda mais medonho de um cativo sêneca em 1637. Ele também fora adotado pela família de um chefe, mas depois fora rejeitado porque trazia ferimentos. Destinado a morrer pelo fogo, foi trazido para a casa do conselho, depois que seus captores tinham se banqueteado, para uma noite de agonia. O chefe huroniano anunciou como seu corpo seria dividido, enquanto ele cantava suas canções guerreiras, e então "ele começou a correr em volta das fogueiras sem parar, enquanto todo mundo tentava queimá-lo [com tições] quando passava; ele guinchava como uma alma penada; a cabana inteira ressoava com guinchos e gritos. Alguns queimavam-no, alguns pegavam suas mãos e estalavam ossos, outros enfiavam varetas em suas orelhas". Todavia, quando desmaiou, foi gentilmente reavivado, ganhou comida, dirigiam-se a ele com tratamento de parente, que ele retribuía aos que haviam queimado seu corpo, ao mesmo tempo que "cantava com voz arfante suas canções guerreiras da melhor forma que podia". Ao amanhecer, ainda consciente, foi levado para fora, amarrado a um poste e queimado até a morte pela aplicação de machadinhas em brasa. Em seguida seu corpo foi dividido em pedaços e distribuído conforme o chefe prometera.[52]

Há descrições da guerra da Argélia de jovens pára-quedistas franceses afagando e consolando um prisioneiro muçulmano que haviam torturado para obter informações, mas trata-se de um comportamento que não tem relação com os rituais huronianos. Os pára-quedistas torturavam com um objetivo prático, mas os huronianos e sua vítima eram cúmplices numa coisa medonha inexplicável para quem estivesse fora de seu sistema mítico. O horror da noite da morte do sêneca foi revivido pela historiadora da cultura Inga Clendinnen para introduzir sua brilhante reconstrução do *ethos* dos astecas do México, para quem o sacrifício humano era uma necessidade religiosa, a guerra, o principal meio de obter vítimas sacrificiais, e os cativos de guerra, tal como o sêneca heróico, devotos cúmplices do culto que exigia suas agonias-mortes demoradas. Os astecas eram guerreiros formidáveis que, entre os séculos XIII e XVI, tornaram-se senhores do vale central do México e construíram a civilização material mais brilhante de todas as culturas pré-metálicas e pré-letradas; seus esplendores, como registraram os maravilhados conquistadores espanhóis, excediam os da Espanha nativa. No entanto, para os historiadores militares, o fascínio da civilização dos astecas reside nas extraordinárias limitações da capacidade de guerrear que eles impuseram a si mesmos por meio de suas crenças religiosas, e nas restrições que essas crenças impunham aos seus guerreiros em batalha.

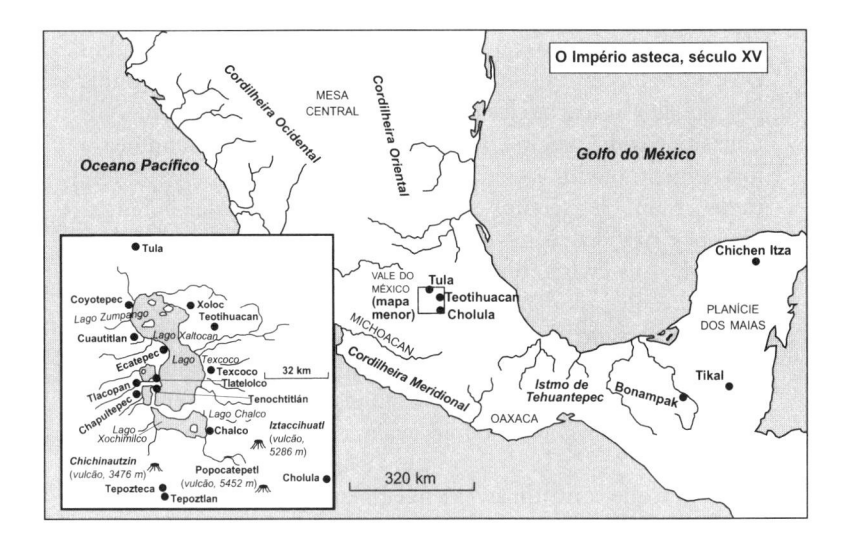

Os astecas entraram no vale central mexicano como um povo que buscava humildemente a subsistência. Ao tornarem-se úteis

151

como soldados para os tepanecas, um das três potências reconhecidas no vale, e ao encontrarem um local de assentamento numa ilha do lago Texcoco, eles conseguiram se estabelecer como potência por conta própria. Aqueles que aceitaram sua supremacia foram incorporados ao seu império; os que resistiram foram forçados a lutar. Os exércitos astecas eram extremamente bem organizados e supridos, como condizia a uma cultura altamente burocratizada. Sua divisão típica era em comandos de 8 mil homens, vários dos quais podiam marchar sobre rotas paralelas ao longo das excelentes estradas do império a uma velocidade de 7,5 quilômetros por dia, levando rações para oito dias de campanha.[53]

É possível falar de uma "estratégia" asteca, no sentido de Clausewitz. Suas guerras começavam, escreve R. Hassing,

> com o que constituíam essencialmente demonstrações de valentia militar nas quais números iguais de soldados de ambos os lados lutavam corpo a corpo para exibir suas habilidades. Se isso não intimidasse um dos lados, levando-o a se render, a guerra crescia em ferocidade, número de combatentes e no uso de armas [...] tais como arcos e flechas [...] Mesmo em progresso, essas guerras imobilizavam inimigos perigosos enquanto suas forças eram dizimadas nessas guerras de atrito que os numericamente superiores astecas estavam destinados a ganhar, e elas permitiam que a expansão dos astecas continuasse por todo lugar [...] os oponentes eram gradualmente cercados até que, impedidos de receber apoio de fora, fossem derrotados.[54]

Clendinnen representa o modo de guerrear dos astecas sob uma luz muito mais complexa. A sociedade asteca era intensamente hierárquica — "classificada", como dizem os antropólogos, não pela simples divisão de idade, mas por *status*. Embaixo estavam os escravos, infelizes que tinham caído no fundo do sistema econômico; depois vinham os plebeus, os agricultores, artesãos e comerciantes do campo e da cidade; seguiam-se os nobres, depois os sacerdotes e, por fim, o monarca. Contudo, todos os nascidos do sexo masculino eram guerreiros em potencial e tinham a possibilidade de chegar ao *status* de alto guerreiro passando por escolas de treinamento de seus distritos citadinos — *calpulli*, que eram parte clube, parte mosteiro, parte guilda. Uns poucos noviços tornavam-se sacerdotes; a maioria voltava à vida comum, mantendo porém a obrigação de servir como guerreiro quando necessário, e uma minoria — das casas nobres fundadas sobre explorações marciais — destinava-se a continuar a tradição familiar. O monarca era escolhido entre aqueles que alcançavam o nível de líder guerreiro.

Porém o monarca não era simplesmente um soldado, nem um sacerdote, embora um grupo destes o cercasse e controlasse sua pavorosa rotina diária. Também não era um deus, embora se acreditasse que fosse, de alguma forma, habitado por poderes divinos. Em sua ascensão, era reconhecido, numa fórmula de causar calafrios, como "Nosso senhor, nosso executor, nosso inimigo", uma representação exata de seu poder sobre os súditos, alguns dos quais, crianças compradas ou escravos, estavam destinados ao ritual e sacrifício sangrento em sua presença.[55] Ele é mais bem visto como um ser terreno considerado em possessão dos deuses, aos quais tinha de oferecer sacrifícios de sangue para que desempenhassem com benevolência os ritmos — em particular o nascer diário do sol — pelos quais o povo asteca tinha permissão de levar adiante sua vida. Porém a própria sociedade asteca não podia produzir um número suficiente de vítimas aceitáveis para satisfazer as necessidades de sacrifício. Elas tinham de ser obtidas pela guerra.

A batalha campal era o ato central da guerra dos astecas e era travada a curta distância. Mas era uma forma de batalha estranha para nós devido a sua natureza altamente ritualizada e à aceitação mútua de seus códigos pelos astecas e seus inimigos. Os astecas eram ourives magníficos, mas não tinham descoberto o ferro ou o bronze. Usavam arco e flecha, lanças e o *atlatl*, uma alavanca que aumenta o alcance das lanças de atirar. Sua arma favorita era uma espada de madeira, guarnecida no lado afiado com lascas de obsidiana ou lâminas de sílex, destinadas a ferir sem matar. Os guerreiros usavam "armaduras" de algodão acolchoado que protegiam das flechas — os espanhóis as adotaram mais tarde na luta contra os astecas, quando descobriram que seus peitos de aço eram não apenas quentes demais como supérfluos no México — e levavam pequenos escudos redondos; o objetivo do guerreiro era aproximar-se de um oponente e acertar um golpe em suas pernas que o incapacitasse.[56]

Os exércitos astecas eram tão hierarquizados quanto a sociedade. A maioria dos guerreiros que se acotovelavam na linha de batalha seria de noviços, saídos das escolas de treinamento e organizados em grupos para aprender como fazer um prisioneiro. Os superiores asseguravam-se de que eles cedessem posição para guerreiros experientes, classificados segundo o número de cativos que tivessem feito em batalhas anteriores. Os mais graduados, que tinham feito sete prisioneiros, lutavam em pares e eram distinguidos com o mais grandioso dos costumes guerreiros: se um deles morresse e o outro fugisse do perigo, ele seria morto por seus companheiros. Esses guerreiros foram chamados de "furiosos" da guerra asteca, aqueles que davam um exemplo de coragem no campo de batalha e tinham permissão para ter um comportamento rude na vida ordeira da cidade asteca que não seria tolerado de ninguém mais.

Contudo, "os grandes guerreiros eram caçadores solitários" que "procuravam na poeira e confusão da batalha um inimigo de nível igual ou, idealmente, um pouco superior". (Os classicistas e medievalistas reconhecerão essa ética dos anais dos combates homéricos e cavalheirescos.)

> O duelo entre iguais era o modo preferido [...] o que [os guerreiros] lutavam para conseguir era derrubar o oponente, em geral com um golpe nas pernas — cortando o tendão do jarrete, aleijando um joelho — de forma que pudesse ser preso ao chão e dominado. É possível que agarrar o guerreiro pelos cabelos [...] fosse o suficiente para submetê-lo, embora houvesse usualmente homens com cordas para amarrar os prisioneiros e levá-los para a retaguarda.

Era tão essencial ao modo de guerrear asteca o ato de fazer individualmente um prisioneiro que se alguém desse um cativo para um camarada que não havia feito captura, como um favor para promovê-lo de categoria, ambos eram condenados à morte.[57]

Uma batalha que começava com uma troca de flechas, para plantar a confusão na qual esses duelos individuais poderiam se travar, acabava com os prisioneiros sendo levados para a grande cidade de Tenochtitlán. Os vitoriosos seguiam seu caminho: os campeões para o descanso, até a próxima prova; os guerreiros de categoria média, talvez para honrosos postos burocráticos; os que haviam fracassado na segunda ou terceira tentativa de capturar cativos eram expulsos da escola militar e rebaixados para o *status* de carregador, alugando seus serviços, a posição mais baixa na sociedade asteca. A provação dos prisioneiros estava apenas começando.

As batalhas astecas podiam fornecer milhares de cativos, se à vitória se seguisse a conquista. Depois de sufocar a revolta de um povo súdito, os huaxtecas, 20 mil deles talvez tenham sido trazidos para a capital, a fim de serem sacrificados em consagração à nova pirâmide-templo, tendo seus corações arrancados quando chegavam ao seu topo. Alguns prisioneiros, junto com escravos comprados ou oferecidos, eram guardados para sacrifício nos quatro grandes festivais do ano. Porém, no primeiro, a Festa do Esfolamento de Homens, Tlacaxipeualiztli, matava-se um grupo seleto de vítimas cuja maneira de captura e estilo de execução condensavam a forma e a filosofia da arte de guerrear asteca. Essa transação militar em particular era extremamente estilizada: a batalha "florida", travada entre os astecas e seus vizinhos, todos falando a língua nahuatl, com o objetivo específico de fazer prisioneiros da mais alta categoria, adequados para sofrer uma morte sacrificial. As batalhas eram pré-arranjadas e o destino das vítimas era conhecido.[58]

Um em cada quatrocentos cativos de cada escola militar poderia ser selecionado para o "descascamento". No período de preparação, antes de ser levado para o local de execução, era tratado como convidado de honra, "constantemente visitado, adornado e admirado por seu captor e seu devotado séquito de jovens", embora também "escarnecido" com alusões ao terrível destino que o aguardava. Quando chegava o dia da festa, era levado, cercado por sacerdotes, até uma pedra sacrificial montada sobre uma plataforma alta o suficiente para que todo o público visse, amarrado com uma corda e equipado para uma agonia de morte.[59] A pedra dava-lhe uma vantagem de altura sobre os quatro guerreiros que iriam atacá-lo e dispunha de quatro cacetes de atirar que poderia jogar neles. Mas sua arma principal era uma espada de guerreiro, com borda não de sílex, mas de plumas.

A vítima, elevada acima de seu oponente e livre da inibição de matar que prevalecia no campo de batalha, podia girar seu pesado porrete e atirá-lo na cabeça de seus antagonistas com liberdade incomum. Os campeões [astecas] também ganhavam um alvo tentadoramente fácil. A vítima podia ser incapacitada e derrubada com um bom golpe no joelho ou no tornozelo, como no campo de batalha. Mas um golpe desses acabaria imediatamente com o espetáculo e com a glória deles; então, era preciso resistir à tentação. A preocupação dos guerreiros nessa circunstância pública era sobretudo exibir a alta arte da manipulação das armas: numa performance requintadamente prolongada, cortar a vítima delicadamente, ternamente com aquelas lâminas estreitas, rendilhar a pele viva com sangue [todo esse processo era chamado de "o descascamento"]. Por fim, a vítima [...] exaurida pelo esforço e pela falta de sangue, cambaleava e caía.

Ele era morto pela abertura ritual de seu peito, de onde se arrancava seu coração ainda palpitante.[60]

Seu captor não participava dessa mutilação letal, mas observava abaixo da pedra de execução. Porém, assim que o corpo era decapitado, para que o crânio fosse exposto no templo, ele bebia o sangue do morto e levava o corpo para casa. Lá desmembrava-o, para distribuir os membros conforme exigia o sacrifício, esfolava o corpo e observava enquanto sua família comia uma pequena refeição ritual de milho coberto com um fragmento da carne do guerreiro morto, chorando e lamentando o provável destino semelhante de seu próprio guerreiro jovem. Para esse "banquete" melancólico, o captor despia seu glorioso traje de captor e era embranquecido, tal como o fora seu cativo morto, com o giz e as plumas da vítima predestinada.

Mais tarde, porém, o captor — que chamara a vítima de "filho amado" e que providenciara um "tio" para atendê-lo durante o "descascamento" — mudava de traje novamente. Passava a usar a pele esfolada do morto e a emprestá-la para "aqueles que imploravam o privilégio", até que os retalhos de pele apodrecessem e caíssem. Esse era o último tributo prestado a "nosso Senhor, o Esfolado" que, nos quatro dias anteriores a sua morte, fora ensaiado no ritual da pedra sacrificial, tivera quatro vezes seu coração simbolicamente arrancado e, na última noite, mantivera-se em vigília com seu "pai amado" até chegar o momento de ir para a pirâmide e ver aqueles que estavam antes dele na lista de sacrifício travar sua luta condenada.

O que sustentava a vítima durante essa provação indescritível, sugere Clendinnen, era saber que, "se morresse bem, seu nome seria lembrado e seu elogio cantado na casa dos guerreiros de sua cidade natal". Isso nos faz lembrar as epopéias e sagas européias, pelo menos no que se refere ao comportamento do guerreiro. Lembra-nos também o *"plutôt crever"* do coronel Bigeard, quando lhe disseram para desfilar diante das câmeras do vietminh na rendição de Dien Bien Phu, ou o veterano australiano, ganhador de uma Cruz de Vitória na Primeira Guerra Mundial, partindo sozinho em direção às linhas japonesas, na queda de Cingapura, com granadas nas mãos e "não tem rendição para mim" nos lábios, para nunca mais ser visto. Mas não é suficiente para explicar os objetivos dos guerreiros *en masse* no campo de batalha, nem de forma alguma para os modernos que esperam que as guerras tenham um motivo material e a perda de vidas humanas tenha uma relação proporcional com isso. Mas

Inga Clendinnen sugere que, em última instância, não havia nada de material na guerra dos astecas. Eles se acreditavam herdeiros dos toltecas, lendários fundadores da civilização no vale central do México, e que sua missão era reviver os esplendores do império tolteca. Eles alcançaram esse objetivo, mas tinham-no conseguido e só poderiam sustentá-lo graças a seus deuses, que exigiam sacrifícios de tudo e qualquer coisa de valor, mesmo o mais trivial, mas sobretudo da própria vida humana. Assim, embora buscassem "arrancar das cidades da vizinhança imediata [...] o máximo de tributos [como prova] de aquiescência [...] em [sua] reivindicação de legitimidade tolteca", muito mais importante era a demonstração externa de uma aceitação interna por meio do teste de cooperação nos rituais sangrentos que seus deuses exigiam. O que os astecas queriam de seus vizinhos era o reconhecimento de sua própria "consideração de si mesmos e seu destino".[61]

Esse destino — estar preso à roda de um infindável apaziguamento de uma divindade antipática e sedenta de sangue — não coincide com nenhuma visão do mundo do homem moderno e, por isso, a tentação é considerar uma aberração o modo de guerrear dos astecas, sem conexão alguma com qualquer sistema ou estratégia ou tática que consideraríamos racional. Mas isso acontece porque separamos a necessidade de segurança de qualquer confiança numa intervenção divina imediata nos assuntos mundanos. Os astecas viam as coisas de maneira exatamente oposta: apenas mediante a satisfação sem cessar das necessidades divinas é que se podia manter à distância a severidade dos deuses. A guerra deles, em conseqüência, estava limitada por uma crença em relação ao objetivo que deveria alcançar — a tomada de prisioneiros, alguns dos quais deveriam ser participantes voluntários de seu próprio ritual de morte — e, como uma conseqüência ainda mais impressionante, as armas astecas de primeira qualidade eram feitas para ferir, não para matar.

Há uma importante qualificação a ser feita nesse relato sobre a forma de guerrear dos astecas: ele nos conta apenas sobre o período em que estavam no auge do poder e não de como lutavam quando estavam batalhando para chegar lá. A probabilidade é de que então massacrassem os que se opusessem a eles, como todos os conquistadores sempre o fizeram. A "batalha florida" é uma instituição de uma sociedade não apenas muito sofisticada, mas também autoconfiante, que podia se dar ao luxo de ritualizar a guerra porque não era desafiada em suas fronteiras por possíveis usurpadores. Tratava-se também de uma sociedade muito rica, que podia se permitir o desperdício de sacrificar cativos aos milhares, em vez de colocá-los no trabalho produtivo ou vendê-los como escravos para outros lugares. Os maias da América Central, cujos monumentos excedem os dos astecas em escala e qualidade, parece que faziam o oposto, sacrificando apenas os prisioneiros nobres e pondo o resto para trabalhar ou à venda. O comportamento dos maias estava muito mais próximo do de outros povos marciais, para os quais fazer escravos era normalmente uma recompensa importante de guerra e, às vezes, sua principal motivação.[62]

Os astecas que lutavam eram guerreiros, não soldados, ou seja, eles esperavam e esperava-se deles que lutassem devido à posição que ocupavam na ordem social, não por obrigação ou pagamento; eles também lutavam com armas de pedra. Essas duas condições definem ainda mais o tipo de guerra que estamos examinando. A guerra dos astecas representa, sem dúvida, a guerra pré-metalúrgica em sua forma mais refinada e uma das mais excêntricas que poderia assumir. Mesmo assim, está na mesma categoria da dos maoris, marings e ianomâmis, diferente daquela introduzida pela descoberta do metal e, mais tarde, pela formação de exércitos. Todas as quatro eram guerras de combates travados a curta distância, com armas de pouco poder de penetração e, portanto, sem a densa proteção corporal necessária para impedir ferimentos perfurantes na cabeça e no tronco. Concediam um alto grau de cerimônia e ritual ao combate, cujos início e fim tinham pouca relação com as causas e resultados que o homem moderno percebe nas guerras que trava. A vingança e a reparação de insultos eram comumente o acicate, a satisfação de necessidades míticas ou exigências divinas, o fim. Essas causas e conseqüências podem subsistir apenas abaixo do que Turney-High chamou "ho-

159

rizonte militar". Mas quando, como e — se ousamos perguntar — por que começou a guerra?

OS PRIMÓRDIOS DA GUERRA

Datamos a "história" do momento em que o homem começou a escrever ou, mais precisamente, de quando ele deixou traços do que reconhecemos como escrita. Esses vestígios, deixados pelo povo da Suméria, onde é hoje o Iraque, foram datados de cerca de 3100 a.C., embora os precursores dos símbolos usados possam ser 5 mil anos mais velhos e ter sua origem numa época, por volta de 8000 a.C., em que o homem, em certas áreas, estava deixando de viver da caça e coleta para começar a plantar.

O homem moderno, *Homo sapiens sapiens*, é evidentemente muito mais velho que os sumérios e seus ancestrais hominídeos — a quem ele está reconhecidamente relacionado pelo tamanho, postura e capacidades —, tão mais antigos que a distância temporal que os separa de nós dificilmente pode ser investida de sentido. O historiador J. M. Roberts, que tentou mapear a pré-história — as eras anteriores à escrita — de uma forma mais palpável, sugere que pensemos no nascimento de Cristo como um acontecimento que se deu há vinte minutos, o aparecimento dos sumérios como tendo acontecido quarenta minutos antes, o estabelecimento na Europa ocidental de "seres humanos reconhecíveis de um tipo fisiológico moderno", mais cinco ou seis horas antes, e o surgimento de "criaturas com algumas características semelhantes às da humanidade", há duas ou três semanas do momento atual.[63]

A história da guerra começa com a escrita, mas sua pré-história não pode ser ignorada. Os especialistas nesse período encontram-se tão divididos quanto os antropólogos pela questão de se o homem — e o "pré-homem" — era ou não violento em relação à sua própria espécie. É perigoso entrar nesse debate, mas devemos ao menos ver o que está em discussão. Pode-se dizer que esse debate começou com a diferenciação dos papéis sociais entre homens e mulheres. O *Australopithecus*, um ancestral do homem do qual se encontraram vestígios de talvez 5 milhões de anos atrás e que deixou traços verificáveis de sua existência de 1,5 milhão de anos, parece que levava a comida do local onde a encontrava para o lugar onde a comia, que teria feito um abrigo no local de comer e que certamente teria feito e usado a primeira ferramenta, um seixo grosseiramente lascado e, portanto, afiado. As escavações na garganta de Olduvai, na Tanzânia, revelaram ossos de animais despedaçados para a extração de tutano e miolos.

Sugeriu-se que o filhote do *Australopithecus* perdeu a capacidade de ficar agarrado a sua mãe por longos períodos, enquanto ela perambulava com seu parceiro, como os primatas costumam fazer, e que o local de comer era, portanto, um lar para onde os machos traziam comida. No *Homo erectus*, que descendeu do *Australopithecus* há cerca de 400 mil anos, essa tendência se intensificou. O tamanho de seu cérebro e, portanto, de sua cabeça, aumentou muito, sem um aumento proporcional do tamanho do corpo antes do nascimento. Em conseqüência, o bebê *Homo erectus* ficava imaturo por muito mais tempo, prendendo a mãe ainda mais ao local de alimentação; a mudança no esqueleto por que passou a mulher para acomodar a cabeça maior na gravidez tornou-a ainda menos adequada a perambular com os catadores de alimento. Sugeriu-se que foi nesse estágio da evolução que as mulheres deixaram de ter estro — fertilidade somente em períodos restritos, como nos outros mamíferos — e se tornaram atraentes para os machos durante todo o tempo. Portanto, era mais provável que fossem escolhidas por parceiros de longo prazo — e os escolhessem —; e evitassem, ou fosse proibido, manter relações sexuais com parentes consangüíneos próximos. Parece certo que ao se liberarem do frenesi do cio, as mulheres puderam se dedicar à maternidade mais cuidadosa que seus filhotes de cérebro grande exigiam para chegar à idade adulta.

Essa é, de qualquer forma, uma explicação para o crescimento da unidade familiar, para sua necessidade de abrigo e alimento transportado e para sua solidariedade. O *Homo erectus* deixou-nos traços de sua família e, talvez, de sua vida social, de acordo com

Roberts, em restos de "moradias construídas (cabanas, às vezes com quinze metros de comprimento, feitas de galhos e com chão de laje de pedra ou couro), as madeiras trabalhadas mais antigas, as primeiras lanças de pau e o recipiente mais primitivo, uma tigela de madeira".[64] Isso, evidentemente, em uma época em que ele, além de coletar raízes, folhas, frutos e larvas comestíveis, caçava mamíferos pequenos e grandes, em um ambiente de flutuações climáticas que faziam os animais de caça atravessar territórios imensos, à medida que a vegetação florescia ou fenecia com o avanço ou recuo das geleiras.

Essas flutuações se deram com vastos intervalos de tempo — quatro deles foram identificados numa era glacial que durou 1 milhão de anos e terminou há apenas 10 mil anos — e muitos grupos humanos pequenos não devem ter conseguido sobreviver às mudanças de seu meio ambiente. Contudo, alguns se adaptaram, aprenderam a usar o fogo e adquiriram as habilidades — provavelmente cooperativas — de fazer armadilhas e matar grandes mamíferos que forneciam alimento para muita gente. Supõe-se que grupos de caça se combinavam para empurrar elefantes, rinocerontes ou mamutes na direção de despenhadeiros ou pântanos, onde morriam de seus próprios ferimentos ou daqueles que se acumulavam provocados pelas armas primitivas do homem.[65]

Os instrumentos de pedra mais antigos descobertos não poderiam ser utilizados como armas de caça e, portanto, certamente não o foram como armas de guerra. Os do *Australopithecus* eram seixos carregados na mão, grosseiramente lascados para terem um lado de corte. Esse processo, porém, produz lascas — em particular de sílex, logo identificada como a pedra mais recompensadora para trabalhar —, e uma vez descoberto que tanto o núcleo como a lasca eram valiosos, ele começou a produzir os dois deliberadamente. À medida que sua habilidade crescia e aprendia a usar uma bigorna de pedra e, depois, uma ponta de osso como ferramenta de pressão, ele conseguiu fazer pontas grandes de instrumentos e lâminas longas e finas, afiadas, quando preciso, dos dois lados. Obteve assim armas realmente de caça, a lança de ponta para atirar ou enfiar e a machadinha para desmembrar as carcaças abatidas. Instrumentos assim refinados encontram-se em sítios arqueológicos datados do fim do Paleolítico (ou Idade da Pedra Lascada), 10 a 15 mil anos atrás.

Aqueles eram tempos violentos, assim como as centenas de milhares de anos nos quais o homem competiu com grandes animais. Em Arene Candide, na Itália, encontrou-se o esqueleto de um homem jovem que morreu no fim do Paleolítico, há pelo menos 10 mil anos. Parte de seu maxilar inferior, de sua clavícula e de sua omoplata, junto com a parte superior de seu fêmur, tinham sido arrancadas pelas mordidas de um grande animal selvagem, talvez um urso que fora cercado numa caverna ou buraco que os caçadores cavaram ou adaptaram como armadilha. Os ferimentos foram infligidos em vida, pois o corpo foi cuidadosamente enterrado, com uma aplicação cosmética de argila ou ocre amarelo sobre as partes danificadas.[66] A vítima pode ter sido infeliz diante do animal, pois uma ponta de sílex no crânio de um urso descoberto em Trieste e datado do último período interglacial, 100 mil anos atrás, indica que o homem de Neanderthal, ancestral do *Homo sapiens sapiens*, já aprendera a fixar uma lâmina em um cabo em ângulo reto e a dar a curta distância um golpe decisivo no crânio.[67] Desse mesmo período data uma lança de madeira de teixo encontrada alojada entre as costelas de um elefante morto em Schleswig-Holstein, enquanto a pélvis de um esqueleto de Neanderthal desencavado na Palestina traz traços inequívocos da penetração de uma ponta de lança.

Tudo isso sugere que o homem caçador era corajoso e habilidoso. Segundo Breuil e Lautier, não havia

> um grande abismo separando-o do animal. Os laços entre eles ainda não tinham sido rompidos e o homem ainda se sentia próximo das feras que viviam em torno dele, que matavam e se alimentavam como ele [...] Deles ainda retinha todas as faculdades que a civilização embotou — ação rápida e sentidos altamente treinados da visão, da audição e do olfato, resistência física em grau extremo, um conhecimen-

to detalhado, preciso das qualidades e hábitos dos animais de caça e grande habilidade no uso eficaz das armas rudimentares disponíveis.[68]

Evidentemente, essas são as qualidades do guerreiro através dos tempos, que as modernas escolas de treinamento militar de forças especiais buscam reimplantar em seus pupilos, ao custo de muito tempo e dinheiro. Os soldados modernos aprendem a caçar para viver; mas os caçadores pré-históricos lutavam contra homens? Os indícios são escassos e amiúde contraditórios.

O ferimento de lança na pélvis do Neanderthal não prova nada, pois pode ter sido causado por acidente no tumulto da caça: todos que usam armas sabem que as mais perigosas são as empunhadas pelos vizinhos imediatos. Será que as maravilhosas pinturas rupestres que começaram a surgir no fim da última idade glacial, há cerca de 35 mil anos, oferecem alguma prova da desumanidade do homem com o homem no que ainda era uma cultura de caçadores? Todos os habitantes humanos da Terra já eram então *Homo sapiens sapiens*, que tinham surgido apenas 5 mil anos antes, mas tinham suplantado rapidamente os homens de Neanderthal de uma forma que nenhum historiador conseguiu explicar. Vários milhares de pinturas rupestres foram descobertas em sítios de todo o mundo — datando de uma época em que a população humana estava abaixo de 1 milhão — e em 130 das mais antigas, que podem ter 35 mil anos, há representações de seres humanos ou semelhantes aos humanos. Alguns intérpretes das pinturas acreditam que elas mostram homens mortos ou moribundos; alguns pensam também que os animais reverentemente representados trazem símbolos de lanças, dardos ou flechas. Outros discordam: a maioria das figuras humanas está em cenas pacíficas, enquanto os símbolos de flechas podem ter "significado sexual — ou serem rabiscos sem significação".[69]

De qualquer forma, os homens do Paleolítico ainda não tinham inventado o arco.[70] No início do Neolítico, há cerca de 10 mil anos, ocorreu "uma revolução na tecnologia das armas [...] quatro novas armas tremendamente poderosas entram em cena

[...] o arco, a funda, a adaga [...] e a clava". As três últimas eram refinamentos de armas já existentes: a clava derivava do cacete, a adaga, da ponta de lança, e a funda, das bolas, um par de pedras recobertas de couro e presas por uma correia, atiradas nas pernas de veados ou bisões que tinham sido empurrados para um local apropriado para matar.[71] O *atlatl*, ou alavanca de atirar lanças, foi provavelmente também precursor da funda, pois funcionava segundo o mesmo princípio. O arco, no entanto, era uma verdadeira novidade. Ele pode ser considerado a primeira máquina, uma vez que utilizava partes móveis e transformava energia muscular em energia mecânica. Não temos como saber de que forma os homens do Neolítico chegaram a ele, mas o fato é que proliferou rapidamente assim que foi inventado. O porquê de o terem inventado tem provavelmente a ver com o recuo das últimas geleiras. O aquecimento das zonas temperadas mudou completamente os movimentos e as migrações das presas dos caçadores, abolindo as velhas áreas pelágicas onde a caça era previsivelmente encontrada, e, ao liberar os animais para perambular e se alimentar em um espaço muito mais amplo, forçou o caçador a encontrar meios de derrubar um alvo mais fugidio em distâncias maiores.

O arco simples, como é chamado o original, é uma peça de madeira homogênea, geralmente um pedaço de árvore nova, sem as propriedades opostas de elasticidade e compressão que deram aos arcos posteriores, compostos e longos, feitos de alburno e cerne, um maior poder de alcance e penetração. Porém, mesmo em sua forma mais simples o arco transformou a relação do homem com o mundo animal. Ele não precisava mais chegar perto para abater sua presa, opondo no último momento carne contra carne, vida contra vida. A partir de então, pôde matar à distância. Nessa mudança, etólogos como Lorenz e Ardrey percebem a abertura de uma nova dimensão moral nas relações do homem com o resto da criação, bem como com os de sua própria espécie. Seria o homem arqueiro também o primeiro guerreiro?

A arte das cavernas do Neolítico mostra-nos indiscutivelmente cenas de arqueiros aparentemente em conflito. Arthur

Ferrill afirma perceber nas pinturas das cavernas do levante espanhol raízes de táticas de batalha, com guerreiros formando colunas atrás de um chefe, atirando flechas em formação de fileiras e até praticando um movimento de flanqueio em um embate entre o que ele chama de "exército de quatro" e "exército de três". A partir do que sabemos sobre os ianomâmis (que conheciam o arco, embora não trabalhassem a pedra) e os marings, deveria estar claro que todas as três cenas são explicáveis em termos da exibição formal de força que praticam. O chefe ianomâmi, por exemplo, mostra seu arco e ameaça com ele os lutadores que usam cacetes quando a violência assume um aspecto perigoso. Os marings atiram flechas da retaguarda nas lutas "de nada" e "verdadeiras", mas a distâncias que pouco ameaçam; a aparente proximidade dos arqueiros dos "exércitos" de "quatro" e "três" tem menos a ver com a realidade que com o tratamento dado pelo artista da caverna à perspectiva.

Se vamos pensar nos arqueiros do Neolítico como protótipos dos caçadores que ainda existem no mundo moderno, certamente não é seguro investi-los de fortes qualidades guerreiras; é igualmente inseguro afirmar que eram gente pacífica. Os etnógrafos que se devotaram ao estudo de alguns grupos ainda existentes são os grandes defensores da visão de que caçar e coletar é compatível com um código social admiravelmente pacífico e, mais do que isso, que esse modo de vida pode promover a paz. Os bosquímanos do deserto de Kalahari, na África do Sul, são tidos comumente como modelos de brandura pacífica e a mesma afirmação foi feita a respeito dos semais que se escondem nas selvas da Malásia.[72] Porém, o problema de tentar deduzir o comportamento de nossos ancestrais a partir das características dos caçadores que ainda sobrevivem é que esses sobreviventes são provavelmente muito distintos dos homens da Idade da Pedra. Os semais, por exemplo, complementam a caça com a agricultura, um meio de subsistência desconhecido na época da arte rupestre, enquanto os bosquímanos são inquestionavelmente "marginalizados": foram empurrados para a zona árida que habitam atualmente pelo avanço dos pastores bantos e podem dever seus hábitos evasivos e não litigiosos à decisão de não atrair a atenção de seus belicosos vizinhos.

O *ethos* das sociedades centradas no grupo de caça pode, com efeito, variar de forma bastante ambivalente entre o cooperativo e o litigioso. Frederick Selous (1851-1917), o arquétipo do Grande Caçador Branco, viu seu grupo engrossar quase incontrolavelmente quando estava caçando no que é hoje o Zimbábue, na década de 1880, à medida que os nativos famintos por carne incorporavam-se ao séquito de alguém que era conhecido por ter um tiro certeiro. Em contraste, os etnógrafos observam que um caçador abandonado pela sorte pode rapidamente perder sua autoridade em um bando de caça e até mesmo tornar-se vítima daqueles que dependiam dele para comer. Da mesma forma, os vizinhos podem aprender a compartilhar a caçada, de acordo com padrões de migração ou em aceitação da alternância de anos magros e gordos; ou podem não fazer isso e guardar seus territórios de caça como se fossem propriedade privada e matar os que atravessarem as fronteiras. Hugo Obermaier, um dos primeiros intérpretes da arte rupestre, acreditava que uma das cenas mostrava um homem da Idade da Pedra defendendo seu território.[73] Os egiptólogos interpretam o conteúdo do notório sítio 117, em Jebel Sahaba, no Alto Egito, de forma semelhante: nos túmulos ali escavados encontraram-se 59 esqueletos, muitos dos quais mostram sinais de ferimentos. Os esqueletos estão em

> associação direta [com] 110 artefatos, quase todos em posições que indicam que penetraram no corpo como pontas ou farpas de projéteis ou lanças. Não eram oferendas tumulares. Muitos dos artefatos foram encontrados ao longo da coluna vertebral, mas outros alvos preferidos eram a cavidade torácica, o baixo-ventre, os braços e o crânio. Várias peças foram encontradas dentro do crânio e duas delas ainda estavam alojadas nos ossos esfenóides [na base do crânio], em posições que indicam que as peças entraram embaixo do maxilar inferior.[74]

Uma vez que os esqueletos eram de um número quase igual de homens e mulheres e que a ausência de calosidade em torno dos ferimentos ósseos indicava que tinham sido fatais, uma das conclusões a que se chegou foi de que os mortos foram vítimas de uma luta entre caçadores por território, talvez provocada por uma súbita dessecação — retorno de condições áridas — na região da Núbia durante a instabilidade climática do final da era glacial.

Ferrill acha que "talvez tenhamos nesse sítio a primeira ampla prova esqueletal da guerra em tempos pré-históricos".[75] Mas pode, da mesma forma, não se tratar disso. Os corpos podem ter sido enterrados ao longo de um certo tempo, como outro intérprete sugere. Podem também pertencer a um povo de cultura completamente diferente daquela dos que os mataram, uma vez que o alto Nilo era um *melting-pot* no Neolítico, e portanto não apontam para uma belicosidade dos caçadores da Idade da Pedra. Uma quarta possibilidade não investigada é a de que as sepulturas revelam de fato indícios de uma luta entre caçadores, mas do tipo "incursão" ou "desbaratamento", tal como praticado pelos ianomâmis e marings. O fato de que as vítimas eram dos dois sexos é consistente com essa interpretação, bem como o que Ferrill chama *overkill*, a imposição de ferimentos múltiplos, como no caso do corpo de uma mulher jovem, no qual foram encontradas 21 flechas ou pontas de lança. Os marings, em particular, partiam para um "desbaratamento" com a intenção de matar tudo o que pudessem na aldeia visada, sem distinção de idade ou sexo; e se os indícios dos ferimentos sugerem um massacre, então — ai de nós! — isso confere com o comportamento humano de muitos lugares ao longo de muitos séculos. Uma das descobertas mais horripilantes feitas na abertura da sepultura coletiva da ilha de Gotlândia, no mar Báltico, contendo 2 mil cadáveres da batalha de Visby, travada em 1361, foi que muitos dos mortos tinham sido mutilados — em geral com repetidos cortes de espada abaixo das canelas — e esses cortes só poderiam ter sido feitos depois que as vítimas foram postas fora de combate. Mas como afirmei antes, nem "incursão" nem "desbaratamento" são verdadeiros atos de guerra. Ambos subsistem "abaixo do horizonte militar" e devem ser considerados antes um assassinato múltiplo que como um episódio de campanha. Se os mortos do sítio 117 e os que os atacaram pertenciam a culturas de caça, como supunham os escavadores originais, e se as vítimas foram todas mortas na mesma ocasião, então o resultado chocante de seu embate reforça a concepção de que os caçadores do Neolítico não passavam de guerreiros primitivos, membros de grupos sem uma classe militar distinguível e sem um conceito "moderno" de guerra. Que lutavam, não restam dúvidas, assim como emboscavam, faziam incursões e talvez "desbaratassem"; mas é quase certo que não se organizavam para conquista e ocupação.

Contudo, esses povos da Núbia pré-histórica, habitantes de uma região que, então como agora, é o ponto de encontro de terras férteis e inférteis, podem ser a chave para a nossa compreensão de como a guerra "primitiva" acabou se transformando em "verdadeira", ou "moderna", ou "civilizada". Uma outra interpretação do sítio 117 é que ele não guarda indícios de uma luta entre povos caçadores por um território de caça, mas de um conflito de economias completamente diferentes. O vale do alto Nilo é uma das áreas em que a mudança benevolente de clima do final da última Idade Glacial melhor favoreceu a adoção de um novo e mais assentado modo de vida do homem da Idade da Pedra. Há indicações, a partir dos instrumentos de pedra encontrados, de que seus habitantes tinham começado a colher ervas silvestres e a moer os grãos extraídos para comer; há indicações mais sutis de que tinham pelo menos começado a domesticar e a cuidar de animais dos quais dependiam para viver.[76] Estavam à beira do pastoreio e da agricultura, as duas atividades que transformam a relação do homem com seu habitat. Caçadores e coletores podem ter "território"; os pastores têm locais de pasto e água; os agricultores têm terra. Depois que investe suas expectativas em um retorno periódico de seus esforços sazonais em um determinado lugar — de criar, pastorear, plantar, colher —, o homem desenvolve rapidamente os sentimentos de direitos e propriedade. Em relação aos que invadem os lugares onde investe seu tempo e esforço, ele pode, da mesma forma, desenvolver rapidamente o sentimento de hostilidade que o usuário e ocupante tem em relação ao usurpador e intruso. Expectativas arraigadas favorecem reações arraigadas. O pastoreio e mais ainda a agricultura favorecem a guerra. Esse é, sem dúvida, um dos significados das relíquias do sítio 117, onde se sugere que uma súbita alteração de clima, característica do aquecimento da Terra naquela época, colocou um grupo de caçadores ou coletores, empurrados de volta para o Nilo, em conflito com protopastores ou agricultores sobre o mesmo pedaço de território. De qual dos grupos são os corpos ali enterrados, isso temos de adivinhar.

A habilidade superior no uso de armas podia ser dos caçadores. "Podemos especular", pensa J. M. Roberts, "que as vagas raízes da noção de aristocracia devem ser buscadas nos êxitos (que devem ter sido freqüentes) dos caçadores-coletores, representantes de uma ordem social mais antiga, na exploração da vulnerabilidade dos colonos, presos a suas áreas de cultivo."[77] Trata-se certamente de um fenômeno universal que os direitos de caça são sempre arrogados por aqueles que têm autoridade sobre os lavradores do solo, que os aristocratas que monopolizam esses direitos também decretam penalidades brutais contra quem os viola e que a derrubada dos direitos de caça aristocráticos quase sempre estiveram entre as reivindicações dos revolucionários. No entanto, os caçadores-coletores tinham muitos séculos de declínio pela frente até que seus descendentes putativos pudessem tornar-se senhores absolutos — como grão-falcoeiros, chefes da floresta ou senhores do cavalo — dos aldeões e lavradores do estabelecimento feudal. Nesse meio-tempo, nas zonas ecologicamente favorecidas de habitação humana, a inclinação dos eventos esteve antes com quem trabalharia para alterar a face da Terra do que com aqueles que se contentariam em escumar suas oferendas. A agricultura era o caminho para o futuro.

Nos 7 mil anos entre o recuo do gelo e o aparecimento da escrita na Suméria, o homem — embora trabalhando ainda com as mesmas ferramentas de pedra — aprendeu, com esforço, de maneira errática e com muitas partidas em falso, as técnicas de limpar o terreno, arar e colher em uma meia dúzia de regiões que se tornariam os centros de grandes civilizações, nos vales do rios Tigre e Eufrates, Nilo, Indo e Amarelo. Evidentemente, ele não saltou de seu modo de vida da era glacial diretamente para a agricultura intensiva. Os historiadores geralmente concordam que o homem começou colocando animais gregários sob um certo controle — há indícios de pastoreio no Norte do Iraque que datam de 9000 a.C. — e que houve uma progressão cumulativa da coleta sistemática de grãos silvestres para a plantação e, por fim, para a seleção de melhores variedades. Mas os historiadores não estão de acordo sobre onde e como o homem estabeleceu os primeiros povoamentos agrícolas, o que é compreensível, uma vez que os indícios são tão retalhados. Uma primeira avaliação foi a de que ele escolhera as terras altas dos vales dos rios do Oriente Próximo, mais saudáveis e secas que o solo mais abaixo, onde a limpeza por queimadas podia fazer sucessivas aberturas férteis na cobertura vegetal.[78] Essa teoria é apoiada pelas provas do surgimento contemporâneo de um novo tipo de instrumento de pedra, feito de basalto ou granito pesado e amolado por abrasão — os magníficos machados e enxós "polidos" do Neolítico. Alguns historiadores defenderam a tese de uma revolução do Neolítico, na qual as demandas da agricultura exigiram novas habilidades de trabalhar com ferramentas ou, alternativamente, novos instrumentos tornaram possíveis o avanço floresta adentro. É certo que instrumentos de sílex lascado provocam pouco dano em grandes árvores, enquanto um machado polido pesado pode derrubar uma árvore quase que de qualquer tamanho. No entanto, o simples determinismo tecnológico dessa teoria não durou muito, embora sugerisse que um padrão ainda mais simples de avanço agrícola teria ocorrido com nossos ancestrais da Idade da Pedra Polida: dos flancos dos morros do Crescente Fértil para as planícies aluvionais dos grandes rios, e da queimada para o cultivo sazonal de terras baixas fertilizadas por inundações.

Esse movimento ocorreu indiscutivelmente, mas desde um período bem inicial, talvez já em 9000 a.C., o homem descobriu um padrão muito diferente de vida agrícola. Em Jericó, a 180 metros abaixo do nível do mar, no árido vale do Jordão, os arqueólogos acharam os restos do que, por volta de 7000 a.C., fora uma cidade de três hectares, abrigando entre 2 e 3 mil habitantes, que viviam do cultivo da zona fértil do oásis circundante; suas variedades de trigo e cevada eram importadas de outro lugar, assim como a obsidiana de alguns de seus instrumentos. Pouco depois, em Çatal Hüyük, na Turquia moderna, cresceu uma cidade muito maior, de doze hectares e com cerca de 5 a 7 mil habitantes, levando uma vida de considerável sofisticação. As escavações revelaram a presença de uma ampla variedade de bens importados, supostamente trocados, uma variedade igualmente ampla de bens artesanais produzidos localmente, sugerindo uma divisão do trabalho, e, o que é mais impressionante, vestígios de um sistema de irrigação, indicando que seus habitantes já praticavam uma forma de agricultura que anteriormente se julgava característica apenas dos povoamentos muito maiores e posteriores dos grandes vales.

De significação essencial para os historiadores militares é a estrutura dessas duas cidades. Çatal Hüyük é construída com as paredes de fora das casas mais externas apresentando uma face contínua, sem aberturas, de forma que mesmo que um intruso fizesse um furo nelas, ou no telhado, ele "se encontraria não dentro da cidade, mas de uma única peça da casa".[79] Jericó, de forma ainda mais impressionante, está cercada por um muro contínuo de três metros de espessura na base, quatro metros de altura e cerca de 650 metros de circunferência. No pé do muro há um fosso cortado na rocha de nove metros de largura e três metros de profundidade; dentro do muro, em certo ponto, há uma torre de mais quatro metros e meio que serve de posto de observação e, embora não se projete para fora para formar um flanco, como o fariam mais tarde os bastiões, de plataforma de luta. Ademais, Jericó é construída de pedra, em vez do barro de Çatal Hüyük, indicando que se empreendeu um intenso e coordenado programa de trabalho, consumindo milhares de horas-homens. Enquanto a conformação de Çatal Hüyük pode ter sido escolhida simplesmente para afastar os ladrões ou atacantes ocasionais,

Jericó é bem diferente em propósito: incorporando dois elementos que iriam caracterizar a arquitetura militar até o advento da pólvora — o muro de barragem e a torre de menagem —, bem como o ainda mais duradouro fosso, ela constitui uma verdadeira fortaleza fortificada, à prova de tudo, exceto o ataque prolongado com máquinas de cerco.[80]

A descoberta de Jericó em 1952-58 obrigou a uma revisão completa das teorias dominantes sobre quando começaram a agricultura intensiva, a vida urbana, o comércio de longa distância, a sociedade hierárquica e a guerra. Até então, achava-se que tudo isso tinha surgido com a fundação da economia de irrigação na Mesopotâmia e daquelas que se acreditava terem derivado dela, no Egito e na Índia, em algum momento anterior a 3000 a.C. Depois das escavações de Jericó, ficou claro que pelo menos a guerra — pois para que serviriam muralhas, torres e fossos sem um inimigo fortemente armado, bem organizado e decidido? — começara a perturbar o homem muito antes do surgimento do primeiro grande império.[81]

Porém, entre Jericó e a Suméria, não temos traços de como evoluíram os acontecimentos militares. Isso talvez se deva ao fato de que, em um mundo ainda muito vazio, o *Homo sapiens* estava devotando suas energias antes à colonização que ao conflito. Na Europa, já havia aldeias agrícolas em 8000 a.C. e a agricultura estava avançando para oeste a uma velocidade de cerca de um quilômetro e meio por ano nas zonas mais férteis, alcançando a Grã-Bretanha por volta de 4000 a.C. Houve povoações urbanas em Creta e na costa egéia da Grécia em 6000 a.C. e uma cerâmica desenvolvida na Bulgária em torno de 5500 a.C., enquanto em 4500 a.C. os cultivadores da Bretanha estavam começando a erguer as tumbas megalíticas que ainda hoje homenageiam seus ancestrais. Na mesma época, cinco dos seis grupos étnicos distintos que habitam a Índia estavam estabelecidos no subcontinente, levando um modo de vida da Idade da Pedra Lascada em povoamentos dispersos. Havia uma florescente cultura neolítica nos férteis planaltos do Norte e Noroeste da China em 4000 a.C., baseada no solo de loesse do rio Amarelo. Apenas a Austrália, a África e as Américas continuavam unicamente nas mãos dos caçadores-coletores, nunca numerosos, embora os ameríndios vindos da Sibéria, que tinham cruzado o estreito de Behring por volta de 10000 a.C., trazendo com eles técnicas avançadas de caça do Velho Mundo, tivessem conseguido extinguir os grandes animais de caça do continente, inclusive o gigantesco bisão e três espécies de mamute, em cerca de mil anos.

Em quase toda parte, a densidade populacional permanecia baixa. Embora o número de habitantes do mundo tenha passado dos 5 ou 10 milhões em 10000 a.C. para talvez 100 milhões em 3000 a.C., em pouquíssimos lugares havia alta densidade populacional. Os caçadores-coletores precisavam de 2,5 a dez quilômetros quadrados de território para sustentar cada indivíduo. Os agricultores podiam sustentar-se e a suas famílias em extensões muito menores. Na cidade egípcia de El-Amarna, por exemplo, fundada pelo faraó Akhenaten por volta de 1540 a.C., estimouse que a densidade era de cerca de duzentos habitantes por quilômetro quadrado de solo produtivo.[82] Isso, no entanto, ocorria nas plantações regadas a mão do rico vale do Nilo e, de qualquer forma, muito adiante do período que estamos focalizando. Entre 6000 e 3000 a.C., as povoações agrícolas dispersas pela Europa oriental não ultrapassavam o tamanho de cinqüenta ou sessenta lares; na Renânia do quinto milênio anterior a Cristo, os agricultores subsistiam fazendo queimadas nas grandes florestas, abandonando periodicamente e depois reocupando aldeias que nunca abrigavam mais que trezentas a quatrocentas pessoas.[83]

Nessas circunstâncias tão rigorosas e contudo tão amplas, a necessidade de lutar não deve ter sido forte. A terra era efetivamente livre para qualquer um que quisesse andar uns poucos quilômetros e queimar alguma floresta — como os camponeses pobres ainda faziam na Finlândia do século XIX. A produção, por sua vez, deveria ser tão baixa que havia pouco que valesse a pena roubar, exceto imediatamente após a colheita, mas as dificuldades de transportar o produto do saque — ausência de animais de tração e transporte, falta de estradas, falta talvez mesmo de recipientes — tirariam o sentido da ação.[84] O roubo, especialmente com violência, somente justifica os riscos envolvidos se a recompensa vier numa forma compacta de valor intrínseco alto. As cargas de navios cumprem esses requisitos, mas não havia navios cargueiros para piratear no quarto milênio antes de Cristo. Os grandes excedentes agrícolas também servem, em particular se estiverem armazenados em pontos de fácil acesso e fuga, e mais ainda se estiverem guardados de forma transportável — em fardos, potes, sacos ou cestas, ou como rebanhos vivos. Então, evidentemente, a terra que é a fonte desse butim torna-se ela mesma um alvo, mesmo que os intrusos não tenham as habilidades para administrá-la, como aconteceria tantas vezes. Nos milênios em que o homem estava aprendendo a plantar e colonizar as terras vazias do Oriente Médio e da Europa, havia uma única região que produzia grandes excedentes expostos à predação por vias de acesso que favoreciam os movimentos rápidos. Tratava-se da planície aluvional dos rios Tigre e Eufrates, conhecida dos historiadores antigos como Suméria. É dos sumérios que temos as primeiras provas seguras da natureza da guerra na aurora da história escrita e que podemos começar a perceber os traços da guerra "civilizada".

GUERRA E CIVILIZAÇÃO

Os sumérios, tal como os astecas, atingiram a civilização dentro das limitações da tecnologia da pedra. Mas não são seus instrumentos — e, de qualquer forma, eles se tornaram metalúrgicos muito cedo —, mas seus poderes de organização que serviram de base para sua atividade guerreira, como defensores e agressores. Os historiadores acreditam que os colonizadores começaram a estabelecer-se na planície aluvial do Iraque quando ousaram deixar a linha divisória das chuvas no sopé dos morros circundantes — onde estão hoje a Síria, a Turquia e o Irã — e começaram a experimentar a plantação de grãos e a criação de animais em terras sem florestas. A Mesopotâmia — a terra entre os rios — oferecia ricas vantagens para os colonos. Era fértil e sua fertilidade era renovada pela inundação anual do degelo das fontes montanhosas dos rios. Era plana — cai apenas 34 metros em 337 quilômetros — e não precisava de derrubadas, pois ali não cresciam árvores. Não havia geada na estação de cultivo e, se o sol era muito forte no verão, havia água sem limites para garantir o crescimento das plantas cultivadas. Essa abundância de água, no entanto, foi o que forçou os primeiros povoadores a coordenar seus esforços para submeter o solo ao cultivo, em um padrão de atividade inteiramente diverso daquele das queimadas, que já haviam começado a penetrar nas grandes florestas européias. As enchentes formavam pântanos em alguns lugares, mas em outros deixavam o aluvião sem chuva crestado. Para drenar o pântano e regar a terra seca era preciso cavar valas, e não somente cavar, mas cavar segundo um plano, e, feito o plano, manter o local sob constante manutenção, pois a cada ano a enchente trazia lodo para entupir os canais. Assim nasceu a primeira "sociedade de irrigação".

Uma elaborada ciência política das sociedades de irrigação (chamadas por alguns de "hidráulicas") foi construída por historiadores da Antiguidade, quase toda a partir de descobertas arqueológicas. Os sumérios deixaram um enorme tesouro enterrado de moradias, templos e muros de cidades — construídos mais ou menos nessa ordem — e de bens manufaturados e de troca, junto com muitos objetos esculpidos e um vasto arquivo de placas de argila, relacionadas com o recebimento, armazenagem e desembolso de produtos, todas encontradas dentro dos limites de templos. A partir desses registros, propôs-se que a civilização suméria desenvolveu-se de acordo com a trajetória descrita a seguir.

Os primeiros colonizadores formaram pequenas comunidades auto-suficientes. Devido à tendência dos rios de mudar seus leitos, os irrigadores foram obrigados a cooperar, ligando um sistema ao outro à medida que as águas avançavam e, assim, ampliando progressivamente o tamanho de suas colônias. A organização das ligações e a solução das disputas ficaram com aqueles que exerciam tradicionalmente as funções sacerdotais; tendo em vista que a época e o volume das enchentes anuais eram atribuídos ao favor ou desfavor dos deuses (que podem ter sido deuses novos) a intercessão mítica junto às divindades dos sacerdotes investiu-os progressivamente de poder político. Esses sacerdotes-reis usaram seu poder para mandar construir templos, que funcionavam ao mesmo tempo como moradia para eles e como centro dos cultos que prestavam, e seu poder de dirigir o trabalho de construção dos templos foi depois traduzido em poder de elaborar sistemas de irrigação e outras obras públicas. Enquanto isso, os templos transformavam-se em centros de administração, uma vez que o grande número de agricultores que trabalhavam nas obras públicas precisava de alimentação de uma fonte central, na qual era preciso registrar metodicamente a coleta de excedente agrícola e sua distribuição para os trabalhadores. Diferentes tipos de produtos, bem como diferentes quantidades, tinham de ser registrados com marcas distintas, e dessas anotações sobre argila derivaram os símbolos que proporcionaram a primeira forma de escrita.

Advém daí o argumento de que, por volta de 3000 a.C., as sociedades de irrigação sumérias já tinham construído as primeiras cidades, que essas cidades podem apropriadamente ser chamadas de cidades-Estados e que esses Estados eram teocracias. O poder dos sacerdotes-reis vinha de sua "propriedade" da riqueza sem precedentes que a agricultura irrigada produzia — duzentos grãos colhidos a partir de cada grão plantado — e, depois, da finalidade a que destinavam sua parte do excedente. Ela pagava os servidores do templo, os escravos que o endividamento poderia causar e o financiamento do comércio que os templos supostamente dominavam: uma vez que a Mesopotâmia era pobre em pedra, metais e quase todo tipo de madeira, todos esses materiais tinham de ser trazidos de longe para satisfazer as necessidades essenciais dos sumérios e o desejo por artigos de luxo, logo surgido numa sociedade em que alguns estavam livres do trabalho diário. A arqueologia da Suméria fornece indícios desses artigos trazidos de muito longe: ouro do vale do Indo, lápis-lazúli do Afeganistão, prata do sudeste da Turquia, cobre das costas do mar da Arábia.[85] Mas uma coisa que ela não revela, pelo menos nos primeiros estágios da ascensão das cidades sumérias ao nível de Estado, são indícios de guerra. Nenhuma das treze cidades que se sabe terem existido no começo do terceiro milênio, inclusive Ur, Uruk e Kish, tinha muralhas. Nesse estágio, parece que a Suméria teve uma civilização livre dos conflitos internos graças à imensa autoridade dos sacerdotes-reis, livre das guerras entre cidades talvez devido à ausência de conflitos de interesses, e livre das agressões externas pela aridez da paisagem que circundava o vale fértil e pela falta de meios de transporte — o camelo e o cavalo ainda não tinham sido domesticados — para os intrusos em potencial do deserto ocidental ou da estepe oriental.[86]

No mesmo milênio em que a Suméria chegava à organização estatal, sociedades de irrigação semelhantes estavam crescendo, ou prestes a fazê-lo, nos vales do Nilo e do Indo; as civilizações chinesa e indochinesa, mais tarde tão dependentes da técnica de irrigação, ainda não tinham chegado a esse nível econômico. Sugeriu-se que a chave para a ascensão da teocracia no vale do Indo foi a invenção do tijolo cozido, que permitiu a construção de obras de controle de enchentes numa escala grande o suficiente para que cerca de 1,5 milhão de quilômetros quadrados de terra fossem cultivados em torno das hoje desaparecidas cidades de Harappa e Mohenjo-Daro, perto do final do terceiro milênio.[87] Mas as escavações que irão revelar os segredos dos antigos hindus apenas começaram. No Egito, porém, onde teve início a arqueologia sistemática, mais de um século de escavações permitiu que reconstruíssemos a anatomia de sua civilização com alguma certeza e desde muito cedo.

O sítio 117 alertou-nos para a pré-história violenta do Egito. Faltam dados para provar se foi pacífica ou não a evolução do modo de vida egípcio entre 10 000 a.C. e cerca de 3200 a.C., quando ocorreu a unificação de suas povoações ao longo do Nilo sob um único rei. Porém os estudiosos concordam que o meio ambiente particular do vale fluvial contribuiu mais para fazer do Egito a civilização que conhecemos que os acontecimentos políticos ali ocorridos. O Egito vive graças à enchente que desce do lago Tana, nas montanhas da Etiópia, trazendo sedimentos logo após a monção de primavera. O fato de ela variar em volume e data de chegada foi crucial para que os egípcios viessem a venerar seus reis como deuses. Até o quarto milênio, o deserto que margeia os mil quilômetros do Nilo entre seu delta e a Segunda Catarata não estava tão perto do rio quanto atualmente e o povo do vale vivia mais acima das margens, combinando a agricultura com o pastoreio. Então houve uma inexplicável seca, empurrando a população para a planície aluvional, da qual passaria a depender totalmente no futuro. Os estudiosos supõem um período de guerras entre os chefes dos centros populacionais espalhados ao longo do vale, à medida que lutavam para controlar os migrantes das fímbrias do deserto. Por volta de 3100 a.C., os chefes locais perderam sua autoridade para um único soberano, chamado convencionalmente de Menés, que uniu o alto e o baixo Egito — o delta e o Nilo meridional — e fundou um reino que sobreviveria, sob o comando dos faraós, por quase 3 mil anos.[88]

O Egito militar tinha um estilo tão característico, e quase tão duradouro, quanto sua própria civilização. Bem diferente da Suméria ou dos regimes que se sucederam no domínio da Mesopotâmia, estava marcado pelo atraso tecnológico e por uma indiferença estudada às ameaças externas. Ambos os traços tinham suas raízes na localização peculiar do Egito. Até hoje, o país é praticamente inabordável por um invasor, exceto através de corredores estreitos ao norte e ao sul. No leste, as terras áridas que separam o vale do Nilo do mar Vermelho formam uma barreira natural de 150 quilômetros de largura; a oeste, as areias do Saara continuam a ser uma terra de ninguém. Os primeiros faraós começaram a lidar com a ameaça vinda do Sul com uma campanha de conquista da Núbia e na 12ª dinastia (1991-1785 a.C.) já tinham garantido a fronteira entre a Primeira e a Segunda Catarata com um extenso conjunto de fortes. A ameaça vinda do Norte não existia originalmente, uma vez que os poucos povos que viviam na costa oriental do Mediterrâneo não dispunham de meios de transporte.[89] Quando a ameaça se tornou manifesta, durante o segundo milênio, os faraós enfrentaram-na mudando a capital de Mênfis para Tebas, montando um exército permanente e explorando as dificuldades do terreno no delta como uma barreira natural.[90]

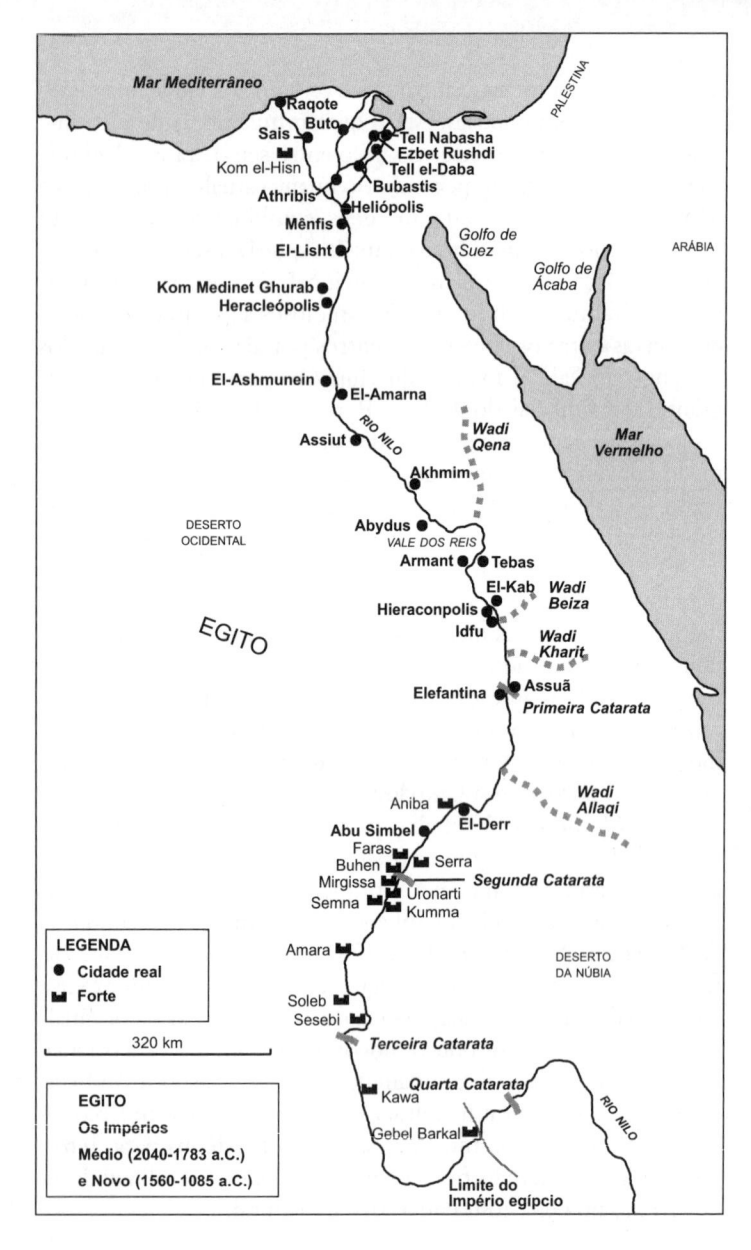

Mapa: Egito — Os Impérios Médio (2040-1783 a.C.) e Novo (1560-1085 a.C.)

Mar Mediterrâneo

Cidades e localidades (de norte a sul):
- Raqote
- Buto
- Sais
- Kom el-Hisn
- Tell Nabasha
- Ezbet Rushdi
- Tell el-Daba
- Bubastis
- Athribis
- Heliópolis
- Mênfis
- El-Lisht
- Kom Medinet Ghurab
- Heracleópolis
- El-Ashmunein
- El-Amarna
- Assiut
- Akhmim
- Abydus
- *Vale dos Reis*
- Armant
- Tebas
- El-Kab
- Hieraconpolis
- Idfu
- Elefantina
- Assuã — *Primeira Catarata*
- Aniba
- El-Derr
- Abu Simbel
- Faras
- Buhen
- Serra
- Mirgissa
- Uronarti
- Semna
- Kumma — *Segunda Catarata*
- Amara
- Soleb
- Sesebi — *Terceira Catarata*
- *Quarta Catarata*
- Kawa
- Gebel Barkal
- Limite do Império egípcio

Elementos geográficos:
- Mar Mediterrâneo
- Palestina
- Golfo de Suez
- Golfo de Ácaba
- Arábia
- Mar Vermelho
- Rio Nilo
- Deserto Ocidental
- Egito
- Deserto da Núbia
- Wadi Qena
- Wadi Beiza
- Wadi Kharit
- Wadi Allaqi

LEGENDA
- ● Cidade real
- ⚑ Forte

Escala: 320 km

EGITO
Os Impérios
Médio (2040-1783 a.C.)
e Novo (1560-1085 a.C.)

Até a criação de um exército regular no Novo Império (1540-1070 a.C.), o modo de guerrear dos egípcios permaneceu estranhamente antiquado. Suas armas eram "clavas e lanças de sílex ainda no Médio Império", durante as guerras internas de sucessão ao trono. Naquele período (1991-1785 a.C.), armas de bronze eram largamente usadas em outros lugares e os próprios egípcios vinham fazendo armas, primeiro de cobre, depois de bronze, havia várias centenas de anos.[91] É difícil descobrir qual o motivo dessa tendência dos egípcios de se manterem fiéis a uma tecnologia superada; que isso realmente ocorreu está provado pelas muitas representações de guerra que deixaram em esculturas e pinturas murais. Seus soldados não usavam nenhum tipo de armadura, marchando para a batalha de peito e cabeça desprotegidos, com apenas um pequeno escudo de proteção. Somente muito mais adiante no Novo Império é que encontramos representações de um faraó usando armadura.[92] Ora, trata-se de um fato simples da biologia que o corpo humano se esquiva do golpe de uma arma afiada (a extraordinária e possivelmente sem par realização de Shaka, milênios mais tarde, foi fazer seus zulus se comportarem de forma diferente); podemos, portanto, presumir que o combate egípcio, até o aparecimento de invasores de uma cultura diferente, no final do Médio Império, era estilizado e talvez até ritualizado. A escassez de metais pode ser uma explicação alternativa, evidentemente, mas é mais provável que seja ancilar ao motivo pelo qual os guerreiros de uma civilização altamente sofisticada escolheram se equipar pouco melhor que seus ancestrais da Idade da Pedra. A probabilidade é que numa sociedade rigidamente estratificada, cujos reis avançaram do estatuto de sacerdotes para o de deuses e onde quase todos os aspectos da vida pública e privada eram regulamentados por cerimônias, as batalhas também fizessem parte do cerimonial.

É extremamente significativo, por exemplo, que as representações do protofaraó Narmer, datando de 3000 a.C., e as de Ramsés II, que reinou quase dois mil anos depois, no Novo Império, mostrem ambos com uma clava erguida, prontos para liquidar um cativo encolhido de medo; a postura dos prisioneiros é bem seme-

181

lhante, a postura dos faraós, idêntica.⁹³ Mesmo levando-se em conta as convenções duradouras da arte egípcia, as semelhanças não podem ser facilmente desprezadas. O que ambos podem representar é a morte real, e não apenas simbólica, de um cativo no final de uma batalha. A prática do sacrifício humano desapareceu cedo da civilização egípcia, mas talvez tenha persistido no campo de batalha; talvez os guerreiros lutassem desprotegidos porque raramente chegavam aos golpes próximos (como vimos, uma característica da guerra "primitiva"), mas talvez o destino dos estropiados e capturados fosse serem mortos cerimonialmente por um grande guerreiro — quem sabe o próprio faraó — uma vez concedida a vitória.⁹⁴ A possibilidade de um paralelo com a "batalha florida" dos astecas existe e é corroborada pela persistência dos egípcios em escolher armas — clava, lança curta, arco simples — que depois de quase 1500 anos de reinado contínuo dos faraós eram quase esquisitices de antiquário.

As batalhas não eram certamente cerimoniais quando travadas contra forasteiros; o corpo mumificado de Sequenenre, o Bravo, um faraó que defendeu o Egito contra invasores pouco antes da fundação do Novo Império em 1540 a.C., revela um terrível ferimento na cabeça, presume-se que na derrota.⁹⁵ Mas nos 1400 anos precedentes, um espaço de tempo que leva os britânicos modernos de volta ao século em que suas ilhas eram governadas de Roma, os egípcios mantiveram um modo de vida estável e quase invariável, baseado nas três estações de inundação, cultivo e seca, regulado por um rei que ocupava um lugar importante entre seus 2 mil deuses, e dedicado, nos momentos em que a mão-de-obra não estava ocupada no cultivo e na irrigação, à construção de palácios, templos e túmulos, ainda insuperados em sua monumentalidade, exigida pelas necessidades da passagem para a vida após a morte, tal como a concebiam. Dentro daquele mundo ordenado, profundamente lindo em suas realizações artísticas — apesar de todo o peso que o ato de criação colocava sobre os ombros dos cortadores de pedra e puxadores de zorras que ficavam na base do processo artístico —, a guerra devia ficar relegada a um papel sem importância. "Em última análise, a realeza era o resultado da força", sugere um analista, mas devia ser uma forma de força de caráter não clausewitziano, um embate estilizado provocado pela incapacidade manifesta de um monarca reinante de desempenhar suas funções e, assim, não mais que um evento físico espetacular pelo qual a autoridade era transferida para alguém mais bem qualificado para exercê-la.[96] O povo do Egito, ao longo de 1400 anos, catorze séculos do que deve ter parecido uma normalidade permanente para as gerações que viveram e morreram dentro desse período, pode muito bem ter sido poupado da realidade da guerra, tal como outros povos mais tarde a experimentaram, completamente.[97]

O povo da Suméria não teve tanta sorte. A planície fluvial do Tigre e Eufrates, ao contrário da do Nilo, não está protegida das invasões pela geografia — os próprios sumérios foram provavelmente migrantes — nem se presta a um controle central. No Egito, um soberano que feche o topo e o fundo do vale fica com todo o rio para seu reino. Na Mesopotâmia, além de os rios vaguearem sazonalmente pela face da terra, há montanhas flanqueando-a ao leste e ao norte, que funcionam não como barreiras, mas como pontos de predominância para os que ali se instalam, que encontram nos vales tributários dos grandes rios fáceis linhas de aproximação da rica planície aluvional aos seus pés. Os efeitos políticos dessa geografia são fáceis de descrever: as cidades sumérias começaram desde cedo as disputas por limites, água e direitos de pastoreio, todos sujeitos aos caprichos das enchentes. Os reis sumérios também logo viram sua autoridade desafiada pela chegada de imigrantes dos montes que fundavam suas próprias cidades. Em conseqüência, entre 3100 e 2300 a.C., a guerra dominou cada vez mais a vida da Suméria, levando à superação dos sacerdotes-reis por líderes guerreiros, à especialização militar, ao desenvolvimento acelerado da metalurgia de armas e, provavelmente, à intensificação do combate ao ponto em que podemos começar a falar dele como "batalha".

Trata-se, evidentemente, de suposições, a serem montadas a partir de fragmentos de indícios — o aparecimento de muralhas nos sítios das cidades, a descoberta de armas e elmos de metal, a freqüência da inscrição para "batalha" nos tabletes de argila, registros de venda de escravos, que talvez fossem prisioneiros, a substituição gradual do prefixo *en* (sacerdote) por *lugal* (grande homem) nos títulos dos governantes, e assim por diante.[98] Particularmente importantes são as provas da infiltração de povos semíticos do Norte, os acadianos, que primeiro fundaram suas próprias cidades na planície e finalmente, depois de alguns séculos de conflito entre suas cidades e as dos sumérios, forneceram ao mundo seu primeiro imperador, Sargão de Acad.

Sugeriu-se que a Suméria também fornece o primeiro indício de uma campanha de longa distância, na saga de Gilgamesh, rei da cidade de Uruk por volta de 2700 a.C. Parece que ele partiu numa expedição militar para trazer madeira de cedro das montanhas — "Eu cortarei o cedro. Um nome duradouro deixarei para mim! Ordens [...] aos armeiros darei" — e matar o governante de onde o cedro crescia.[99] Porém é difícil ver como ele poderia transportar uma quantidade de madeira de cedro por qualquer distância, de forma que a saga proporciona pouca confirmação da existência de guerra ou trocas de longa distância naquela época. De qualquer forma, parece que Uruk ganhou muralhas na época de Gilgamesh, de mais de oito quilômetros de circunferência, o que evidencia seu poder de comandar o trabalho, e nos duzentos anos seguintes começam a acumular-se provas sólidas de guerras sérias.[100] Temos a assim chamada estela do abutre, que mostra Eanatum II, rei de Lagash, derrotando o povo de Elam, primitivos habitantes do que se tornaria o poderoso reino persa; seus soldados usam elmos de metal e estão dispostos em colunas de seis homens.[101] O estandarte de Ur, do mesmo período, mostra soldados equipados de forma semelhante — usam capas e saiotes franjados que parecem reforçados com peças de metal que, para alguns estudiosos, constituem o protótipo da armadura, embora devessem ser muito ineficazes — e liderados por outros que dirigem carros de quatro rodas e quatro cavalos. As escavações nas "covas da morte" de Ur revelaram restos de elmos de metal que parecem ter sido usados sobre gorros de couro.[102]

Os elmos são de cobre, o primeiro metal não precioso que o homem aprendeu a trabalhar, porque pode ser encontrado em estado natural em lingotes grandes e relativamente puros. Não tem muita utilidade militar, pois é facilmente penetrado, se usado como proteção para o corpo em forma de folha, e perde rapidamente seu fio, se batido para transformar-se em arma.[103] Mas o cobre natural encontra-se às vezes em um minério que contém estanho e, à medida que o homem aprendia durante o quarto milênio que os metais podiam ser fundidos, desenvolvia-se a técnica de combinar o cobre abundante com o escasso estanho para produzir o duro bronze. No final do terceiro milênio essa técnica já estava disseminada e, na Mesopotâmia, os trabalhadores em metais estavam atarefados inventando a maioria dos métodos de sua atividade, dos quais dependemos ainda hoje, inclusive fundição de minério, moldagem, ligação e soldadura.[104] Um dos primeiros produtos da ligação e moldagem foi o machado com encaixe, uma ponta de bronze na qual um cabo de madeira podia ser firmemente fixado, produzindo assim uma arma afiada de poder de penetração formidável quando empunhada por um guerreiro forte e decidido. O período "calcolítico", no qual o cobre (em grego *khalkos*) e a pedra (em grego *lithos*) coexistiram, foi rapidamente suplantado pela chegada da Idade do Bronze, com o homem se curvando à regra quase universal de que uma tecnologia superior apaga uma inferior assim que as técnicas e materiais necessários podem ser obtidos. Nesse caso, um dos materiais necessários — estanho — era escasso e localizado. Ele ocorre na Mesopotâmia apenas como um minério impuro chamado cassiterita, mas suprimentos adequados do minério puro parecem ter chegado rapidamente das margens do mar Cáspio e talvez mesmo da Europa central. Por volta de 2340 a.C., quando Sargão de Acad (cidade cujo nome deriva de seus ancestrais semíticos e que ainda não foi descoberta pelos arqueólogos) se tornou soberano da Mesopotâmia, o bronze já era a arma dos conquistadores; Sargão era um homem de bronze.

Segundo a interpretação do que deixou escrito o rei List, nossa principal fonte de conhecimento sobre a história da Suméria, Sargão reinou de 2340 a 2284 a.C.; outros estudiosos dizem que seu reinado durou 56 anos. O que parece certo é que ele travou uma série de guerras contra cidades vizinhas e depois contra povos vizinhos — 34 guerras são mencionadas — e que finalmente conseguiu estabelecer as fronteiras de seu império onde se encontram mais ou menos hoje os limites do Iraque. No 11º ano de seu reinado, foi em campanha até a Síria, o Líbano e o Sul da Turquia, podendo ter chegado ao Mediterrâneo. Uma inscrição sugere que tinha um exército de 5400 homens, sempre ocupado em sufocar revoltas dos sumérios que se rebelavam contra o domínio de um intruso semita. Sargão proclamava-se "aquele que viaja pelas quatro terras", ou seja, o universo, e ele certamente parece ter vivido *toujours en vedette*.

O neto de Sargão, Naram-Sin (2260-2223 a.C.), chamou a si mesmo de "rei dos quatro quadrantes", um título verdadeiramente imperial, e sabe-se que fez campanhas militares nos montes Zagros, que separam a Mesopotâmia do Norte da Pérsia. Na época de seu reinado — e apesar da necessidade de defender as fronteiras —, o império já era um fato consumado — na verdade, o fato mais importante no desenvolvimento do Oriente Médio. Sua riqueza era um ímã que atraía predadores ciumentos que viviam fora do círculo mágico, entre os quais, todavia, alguns elementos de sua civilização deitaram raízes, conseqüência em parte da guerra, em parte do comércio. O resultado foi que "por volta de 2000 a.C. [...] a Mesopotâmia estava cercada por uma série de civilizações satélites, ou protocivilizações", as quais, à medida que obtinham os meios militares, produziram as ondas de conquistadores — gutos, hurrianos, cassitas — que tomaram parte ou toda a grande planície durante os mil anos seguintes. Esses povos fizeram sua própria transição para uma vida econômica diferente antes mesmo de descerem as montanhas, refinando seu domínio do pastoreio, que começou a fornecer os animais — burros, bois e cavalos — com os quais adquiriram mobilidade militar, e desenvolvendo técnicas de agricultura em terra regada pela chuva que lhes proporcionaram um excedente com o qual puderam sustentar os inícios da vida civilizada.[105]

Certos equipamentos, atributos e técnicas militares eram comuns aos que viviam dentro e nas fímbrias do império. Eles tinham trocado as armas de pedra pelas de bronze e começado a usar armaduras metálicas; faziam uso crescente do arco e, se uma escultura de pedra representando Naram-Sin foi bem interpretada, talvez tenham desenvolvido o poderoso arco compósito na metade do segundo milênio antes de Cristo. Estavam familiarizados com a arquitetura de fortificações e tinham também aprendido alguns dos métodos — abrir brecha e escalar — da arte de assediar. Haviam aceitado, pelo menos na Mesopotâmia, que o soberano tinha necessidade de manter com sua receita um corpo de homens armados, sempre prontos para ir à guerra; a mesma receita deve ter fornecido os fundos para a manufatura de armas padronizadas. Tendo em vista as distâncias que percorriam em suas campanhas, devem ter aprendido rudimentos de logística, pelo menos ao ponto de serem capazes de se suprirem com ração para homem e animal para alguns dias de campanha em território inimigo; sobretudo, tinham aprendido a melhorar o físico dos cavalos domesticados — a domesticação começara nas estepes durante o quarto milênio — com cuidados e cruzamento seletivo.[106] Esses cavalos, quando usados para puxar uma carroça de guerra muito incrementada, que abandonara duas de suas quatro rodas originais para se transformar no carro de guerra ou biga, iriam realmente revolucionar a arte da guerra, sobretudo por colocar as ricas e estáveis, porém sedentárias, civilizações do vale sob o risco de predadores que rondavam as terras de criação de cavalos circundantes. Depois do segundo milênio antes de Cristo, esses aurigas predatórios interromperam o curso da civilização na Mesopotâmia, no Egito, no vale do Indo e onde quer que ela tivesse deitado raízes.

Interlúdio 2
FORTIFICAÇÃO

Os aurigas, condutores de carros de guerra, foram os primeiros grandes agressores da história da humanidade. A agressão, por uma reação oposta, se não sempre igual, estimula a defesa e, assim, antes de apreciarmos de que forma os aurigas e os povos montados que os sucederam alteraram o mundo no qual as artes civilizadas da paz tinham começado a florescer, devemos examinar os meios pelos quais os habitantes das terras ricas buscaram preservar do roubo e da devastação o que tinham conquistado à natureza.

Os indícios de Jericó mostram que os primeiros agricultores souberam encontrar maneiras de proteger suas moradias contra os inimigos, embora permaneça obscuro quem poderiam ser esses inimigos. Eram atacantes que queriam saquear produtos armazenados, talvez de uma forma periódica, parasítica, ou candidatos a agricultores que desejavam os campos e as fontes de água perpétuas de Jericó para eles mesmos, ou ainda meros vândalos que ameaçavam pilhar e destruir? A primeira hipótese parece a mais provável: os povos das regiões selvagens raramente desejam, muito menos sabem como, se tornar agricultores e, ainda que a história esteja cheia de vandalismos sem sentido, com mais freqüência ela mostra que os atacantes tinham a sensibilidade de perceber que o parasitismo era mais lucrativo que o estupro e o saque. Se esse foi o caso de Jericó, deveríamos provavelmente considerar seus muros e torre não simplesmente como um *refúgio* — a primeira das três formas que uma fortificação pode assumir — mas como a segunda, uma *fortaleza*.

Uma fortaleza não é um lugar simplesmente de proteção contra um ataque, mas também de defesa ativa, um centro onde os defensores estão protegidos da surpresa ou da superioridade numérica e uma base da qual podem fazer surtidas para manter os predadores à distância e impor controle militar sobre a área por que se interessam. Há uma simbiose entre a fortaleza e sua circunvizinhança. Um refúgio é um lugar de segurança a curto prazo, de valor somente contra um inimigo que não dispõe de meios para se demorar na vizinhança ou cuja estratégia é atacar alvos fáceis; as *villes perchées* do sudeste da França, construídas no topo de precipícios costeiros da Provença como abrigos contra as visitas de piratas muçulmanos, são exemplos perfeitos desse tipo.[1] Uma fortaleza, ao contrário, deve controlar uma área suficientemente produtiva para sustentar uma guarnição em tempos normais, mas ser grande e segura o suficiente para abrigar, prover e proteger a guarnição quando submetida a um ataque. Os construtores de fortalezas, portanto, sempre tiveram de escolher entre a falsa economia de construir defesas muito pequenas e a extravagância de concebê-las caras demais para serem terminadas ou, se finalizadas, grandes demais para serem defendidas com a mão-de-obra disponível. Os reinos cruzados, particularmente em seus anos de declínio, mantiveram-se perpetuamente à beira de fortificar em excesso as guarnições minguantes com que podiam contar.

As fortalezas diferem dos refúgios também nas características que devem incorporar. Para um refúgio, é suficiente que ele seja forte para fazer um atacante desistir de montar um assalto. "Guerreiros primitivos", como os marings dentro de suas paliçadas ou os maoris dentro de sua *pa* no topo do morro, estavam a salvo de "desbaratamento" ou "ataques de surpresa" porque seus inimigos não dispunham de máquinas de assédio e não tinham meios de se sustentar por longo tempo longe de suas casas.[2] As fortalezas, construções típicas de sociedades mais avançadas e, portanto, mais ricas, devem ser capazes de suportar o assédio de atacantes que trazem suas próprias rações ou dispõem de uma linha de comunicação pela qual podem ser supridos, e que possuem máquinas. A circunferência de uma fortaleza deve, portanto, conter um suprimento de água — especialmente se servir de proteção para rebanhos —, bem como armazéns e espaço para

189

abrigar pessoas.[3] Sobretudo, deve proporcionar meios para que a guarnição mantenha uma defesa ativa — plataformas de luta que dominem um campo de tiro sobre locais de matança preparados e portões reforçados através dos quais se possam montar contra-ataques em momentos oportunos.

Até a chegada da pólvora, todos os ataques a fortalezas tinham de ser feitos de perto. Isso era verdadeiro por definição para o tipo mais simples de ataque — a escalada —, pelo qual os assediantes buscavam pular as muralhas usando escadas, mas também para o que os engenheiros de cerco chamaram mais tarde de "assédio deliberado" — colocação de minas, carga com aríetes ou lançadores de projéteis, e contrafortificação, com torres de assédio. O lançamento de projéteis, é bom que se diga logo, raramente valia o esforço; um muro sólido pode absorver facilmente a energia dirigida contra ele por máquinas que dependem de contrapesos ou molas de torção para lançar seus mísseis. Ademais, por sua própria natureza, essas engenhocas atiram seus projéteis em um ângulo ineficaz de ataque; a superioridade do míssil de pólvora sobre todos os seus precedentes estava em que, tendo em vista sua trajetória horizontal, podia ser dirigido para o lugar exato onde uma alta muralha é vulnerável a ponto de tombar: seus alicerces.

Os planejadores de fortalezas sempre buscaram, portanto, negar ao atacante um acesso fácil aos alicerces e proporcionar aos defensores posições de tiro superiores. Um dos fascínios de Jericó é que seus construtores, na aurora da prática da fortificação, parecem ter percebido todos os perigos que poderiam ameaçá-la, munindo-a de proteções contra cada um deles. Assim, o fosso seco privava os atacantes de uma plataforma da qual pudessem se aproximar dos alicerces, ao mesmo tempo que proporcionava um local de matança (em um ambiente com solo impermeável, menos evaporação e mais água, poderia ter sido um fosso com água). Os muros, com mais de três vezes a altura de um homem, exigiam que o atacante usasse escadas de assédio, um ponto de apoio muito inseguro para lançar um ataque; é provável que os muros contassem também com plataformas de luta. Por fim, a torre, que excedia em altura as muralhas, dava aos defensores mais uma vantagem.

A esses três componentes defensivos — muralhas, fosso e torre — os engenheiros de fortificações acrescentariam pouco nos 8 mil anos que decorreram entre a construção de Jericó e a introdução da pólvora. Os princípios estavam estabelecidos: todos os progressos subseqüentes não passariam de refinamentos do que os construtores de Jericó conceberam. Muralhas externas seriam colocadas em torno das internas — "multiparapeitos"; obstáculos seriam colocados na beira dos fossos (como talvez tenha acontecido em Jericó e os restos tenham desaparecido); fortalezas internas — "torres de menagem" ou "cidadelas" — seriam acrescentadas e colocar-se-iam torres na face externa, em vez de interna, das muralhas, para permitir fogo de flanco; em locais muito importantes, seriam construídas antefortificações — fortalezas em miniatura — para proteger portões ou negar pontos de vantagem para os atacantes. Em geral, no entanto, pode-se dizer que os engenheiros de fortificações posteriores não fizeram mais progressos em relação a Jericó que os tipógrafos subseqüentes em relação à Bíblia de Gutenberg.

As fortalezas são produtos de Estados soberanos pequenos ou divididos; elas proliferam quando uma autoridade central ainda não se estabeleceu, está lutando para se afirmar ou foi derrubada. Dessa forma, as fortificações gregas nas costas da Turquia moderna e da Sicília foram construídas para proteger locais de comércio nos primeiros anos da colonização; o acastelamento da Inglaterra pelos normandos — construíram-se talvez novecentos castelos entre 1066 e 1154, variando em tamanho entre os que precisaram de mil e os que gastaram 24 mil homens-dias para sua construção — foi empreendido como meio deliberado de impor o domínio normando sobre os anglo-saxões;[4] os fortes romanos da "costa saxônia", tais como Reculver e Pevensey, foram construídos para fechar os estuários do sudeste da Inglaterra aos piratas teutônicos encorajados pelo declínio do poder romano durante o século IV.[5] Com mais propriedade, porém, deveríamos considerar esses fortes não como fortalezas individuais, mas como elementos da terceira forma que as fortificações podem assumir: defesas estratégicas.

Fortificação de artilharia, séculos XVI-XVIII

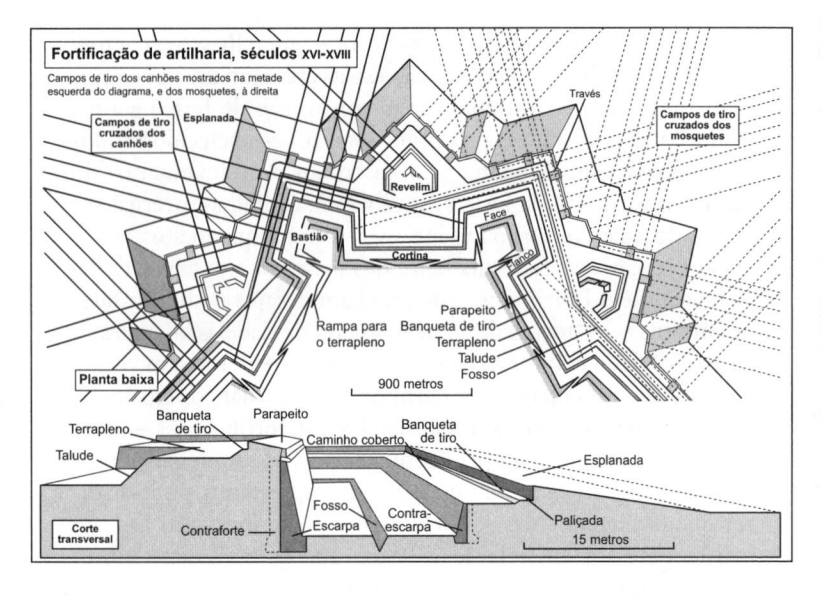

Campos de tiro dos canhões mostrados na metade esquerda do diagrama, e dos mosquetes, à direita

Elementos identificados na planta baixa: Campos de tiro cruzados dos canhões; Esplanada; Travês; Campos de tiro cruzados dos mosquetes; Revelim; Bastião; Face; Cortina; Flanco; Rampa para o terrapleno; Parapeito; Banqueta de tiro; Terrapleno; Talude; Fosso. Escala: 900 metros.

Elementos identificados no corte transversal: Terrapleno; Banqueta de tiro; Parapeito; Caminho coberto; Banqueta de tiro; Esplanada; Talude; Fosso; Contra-Escarpa; Contraescarpa; Paliçada; Contraforte. Escala: 15 metros.

As defesas estratégicas podem ser contínuas, como era a muralha de Adriano quando conservada, ou mais comumente podem compreender fortes posicionados de tal forma que ofereçam apoio mútuo e evitem avenidas de ataque para o inimigo ao longo de uma larga frente. Por sua natureza, as defesas estratégicas constituem a forma de fortificação mais dispendiosa de construir, manter e guarnecer, e sua existência é sempre um sinal da riqueza e do desenvolvimento político avançado do povo que as construiu.

As cidades fortificadas da Suméria, depois que Sargão colocou-as sob um controle central, podem ser vistas como formando um sistema estratégico, embora o fizessem por um processo de acréscimo e não por planejamento. O primeiro sistema estratégico deliberadamente concebido parece ser o dos fortes núbios construídos pelos faraós da 12ª dinastia, a partir de 1991 a.C. Eles acabaram se estendendo por quatrocentos quilômetros ao longo do Nilo, entre a Primeira e a Quarta Catarata, construídos de tal forma a controlar ao mesmo tempo o rio e o de-

192

serto e a distâncias uns dos outros que permitissem a intercomunicação, talvez por sinais de fumaça. Novamente, os restos arqueológicos revelam um conceito de fortificação ao qual os construtores subseqüentes teriam pouco a acrescentar. Os primeiros fortes, localizados na região circundante à Primeira Catarata, onde o vale é largo o bastante para sustentar uma população agrícola, foram planejados tanto para protegê-la como para dominar o rio. Os fortes posteriores, que seguiram a linha de avanço dos egípcios na Núbia bárbara e no alto Nilo, que é muito mais estreito, tinham uma função mais estritamente militar. Registros escritos remanescentes revelam que os fortes construídos rio acima foram concebidos como uma verdadeira fronteira militar. Senusret III erigiu uma estátua de si mesmo e ergueu uma inscrição: "Fiz minha fronteira, tendo navegado mais ao sul que meus antepassados. Aumentei o que me foi deixado em herança. Quanto a qualquer filho meu que venha a manter essa fronteira [...] ele é meu filho que nasceu de Minha Majestade [...] Mas quanto a quem quer que seja que venha a abandoná-la, e que não lute por ela, não é meu filho". Essa inscrição foi encontrada no forte de Semna e data de 1820 a.C. A estátua perdeu-se, mas no mesmo forte encontrou-se uma estátua de culto de Senusret III que data de 1479-26 a.C., prova clara de que sua advertência para que mantivessem o que conquistara fora levada a sério.[6]

A política de fronteira do Egito na Núbia foi um modelo para os imperialistas posteriores de qualquer lugar. Em Semna, três fortes situam-se de forma a controlar o rio de ambas as margens e há túneis para que a água possa ser puxada por eles; um muro de tijolos de barro de vários quilômetros de extensão protegia a estrada para o sul do lado terrestre. Todos os fortes continham grandes celeiros, dois suficientes para suprir várias centenas de homens durante um ano; eram provavelmente reabastecidos pelo centro de suprimento de retaguarda situado em Askut, uma fortaleza insular aparentemente construída com esse propósito. Outra inscrição revela quais eram os deveres das guarnições: "evitar que qualquer núbio passe [...] quando viajando para o norte, seja a pé ou de barco, bem como qualquer gado dos núbios. Uma exceção é o núbio que venha comerciar em Iken, ou quem traga uma mensagem oficial". Adiante dos fortes, os egípcios mantinham uma patrulha do deserto recrutada entre núbios do deserto, chamada de Medjay. (Entre os "Despachos de Semna" encontrados nos papiros de Tebas, está um relatório típico da patrulha do deserto: "A patrulha que partiu para patrulhar a beira do deserto [...] voltou e relatou-me o seguinte: 'Encontramos a pista de 32 homens e dois burros'".) Os oficiais britânicos com experiência na fronteira noroeste da Índia reconheceriam instantaneamente essa prática egípcia. Tal como os egípcios, os ingleses mantinham uma zona administrada onde grandes guarnições protegiam a população estabelecida, uma zona avançada onde as guarnições defendiam apenas fortes militares e, adiante disso, uma zona "tribal", onde apenas as estradas eram defendidas e as áreas circundantes eram policiadas por milícias tribais — Khyber Rifles, Tochi Scouts — recrutadas entre os povos contra os quais toda a elaborada estrutura defensiva fora erguida em primeiro lugar.

Não surpreende que os planos de Jericó e dos fortes da Segunda Catarata tenham se perpetuado e reproduzido ao longo do tempo e do espaço; nem é mesmo muito surpreendente que tenham surgido tão cedo. Tendo em vista que o homem volta sua mente para integrar os vários mas limitados elementos da arquitetura e planejamento urbano em um sistema de autoproteção, é quase inevitável que algo como Jericó ou o conjunto de Semna surja; da mesma forma, embora isso tenha antes raízes psicológicas que materiais, a prática de transformar caçadores clandestinos em guarda-caças — Medjay, Khyber Rifles — é conseqüência quase imediata do reconhecimento de que o controle primário de uma fronteira entre a civilização e a barbárie é mais bem exercido subornando aqueles que vivem do lado errado dela.

No entanto, seria errado inferir que os princípios que subjazem à construção de Jericó e Semna tenham se disseminado rápida e amplamente. Os habitantes de Jericó eram ricos em sua época; os faraós da 12ª dinastia, mais ricos ainda. No resto do mundo, a humanidade continuou pobre e esparsa até bem avan-

Zonas de fortificação do mundo

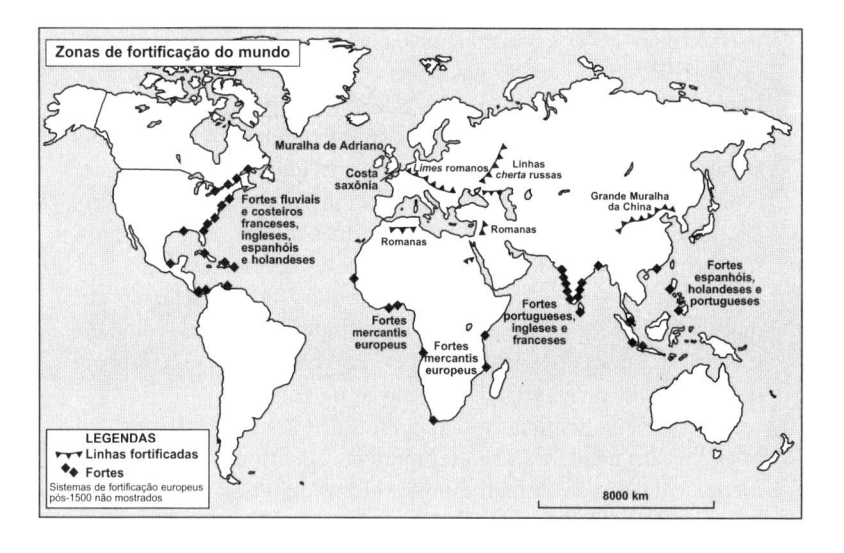

- Muralha de Adriano
- Costa saxônia
- Limes romanos
- Linhas *cherta* russas
- Grande Muralha da China
- Fortes fluviais e costeiros franceses, ingleses, espanhóis e holandeses
- Romanas
- Romanas
- Fortes mercantis europeus
- Fortes portugueses, ingleses e franceses
- Fortes espanhóis, holandeses e portugueses
- Fortes mercantis europeus

LEGENDAS
▼▼▼ Linhas fortificadas
◆◆ Fortes
Sistemas de fortificação europeus pós-1500 não mostrados

8000 km

çado o segundo milênio antes de Cristo, e foi só no milênio seguinte que povoações defendidas passaram a ser construídas em muitos lugares. Os arqueólogos observaram o surgimento de uma povoação grega fortificada em Esmirna Velha, dentro de uma muralha defensiva provida de bastiões de pedra lapidada, no século IX a.C., e de povoações cercadas por muros em locais tão distantes uns dos outros como Saragoça, Espanha, e Biskupin, Polônia, no século VI a.C.[7] Cercados de topos de morros — os "fortes da Idade do Ferro" tão familiares na Grã-Bretanha, onde se identificaram duzentos deles — podem ter sido cavados no sudeste da Europa já no terceiro milênio, mas foi somente no primeiro que se tornaram muito difundidos.[8] Os historiadores continuam discordando sobre qual seria sua função — protocidades ou refúgios temporários? — e sobre as condições políticas que levaram a sua construção. A probabilidade é que, tal como o *pa* dos maoris, fossem produtos de uma sociedade que se tribalizara e na qual grupos vizinhos buscavam proteger seus bens móveis contra ataques de surpresa. Tudo o que sabemos é que a fortificação espalhou-se do sudeste para o noroeste da Europa durante o primeiro milênio, acompanhada pelo estabelecimento de portos fortificados ao longo das costas do Mediterrâneo e do mar Negro, à medida que os gregos e fenícios viajavam para fundar colônias de comércio para além de suas fronteiras. A fortificação seguiu indiscutivelmente o comércio; com efeito, Stuart Piggott, o principal especialista em pré-história urbana, sugere a existência de uma grande rota comercial de duas mãos que ia dos portos fortificados do Mediterrâneo aos fortes de morros da França e da Alemanha, pela qual passavam vinho, seda, marfim (e até macacos e faisões — um macaco-de-gibraltar chegou ao reino de Ulster em épocas pré-históricas) em direção ao norte, e âmbar, peles, couros, carne salgada e escravos na volta.[9]

No final do primeiro milênio antes de Cristo, as fortificações pontilhavam a face da zona temperada. Na China, onde as primeiras cidades não tinham muros e até os materiais básicos estavam ausentes da planície de loesse sem árvores, surgiram todavia cidades muradas com terra batida (*pisé*) durante a dinastia San (cerca de 1500-1000 a.C.), que exerceu a autoridade centralizada mais antiga. É interessante observar que o ideograma san para cidade, *yi*, incorpora os símbolos de cercado e um homem ajoelhado em submissão, sugerindo que, tal como acontecia amiúde em outros lugares, o forte na China era uma instituição, além de defesa, de controle social.[10] Na Grécia histórica, após a época de trevas provocada pelo colapso da civilização minóica, as cidades-Estados sempre se cercaram de muros; o mesmo fizeram suas contemporâneas da Itália, inclusive, evidentemente, Roma. No século IV a.C., quando Alexandre, o Grande, partiu em sua marcha de conquistas através da Pérsia e da Índia, seus estrategistas esperavam encontrar o caminho bloqueado por fortalezas sempre que fizessem campanha em terreno ocupado.

De acordo com o princípio geral, porém, uma multiplicidade de fortalezas indicava fraqueza ou ausência de autoridade central. Alexandre realizou pelo menos vinte cercos entre 335 e 325 a.C., mas nenhum deles dentro dos confins do Império persa; como era de se esperar de um grande Estado, seu interior era defendido em sua periferia. As três batalhas de Alexandre contra o exército persa, em Granico, Issos e Gaugamelos, travaram-se em campo aberto. Foi somente depois de submeter a Pérsia e avançar pelas terras rebeldes entre ela e a Índia que ele teve de tornar a adotar a técnica de assédio utilizada quando rompera império adentro durante 334-32 a.C. Os romanos realizaram um sítio após o outro quando estavam construindo seu império, de Agrigento — um dos primeiros portos fortificados da Sicília —, durante a Primeira Guerra Púnica, em 262 a.C., até Alésia, um forte celta gigantesco, onde César venceu Vercingetórix em 52 a.C. Ao longo de seu avanço dos Alpes à Escócia e ao Reno, eles também pontilharam a paisagem com os fortes retangulares das legiões que seus soldados estavam treinados a erguer no final de cada dia de marcha em território hostil. Esses projetos padronizados — com seus quatro portões e uma praça cerimonial central, parecem-se estranhamente com a cidade chinesa clássica — também formaram o modelo para as principais cidades romanas de conquista: sob os centros modernos de Londres, Colônia e Viena jazem os restos de fortes legionários a partir dos quais todas elas cresceram.

Dentro do Império romano pacificado, no entanto, os conquistadores não fortificaram: "em sua maioria, as cidades galesas se desenvolveram como povoações abertas e foram deixadas sem defesas".[11] Era isso que significava a *pax romana* — cidades abertas, estradas seguras, ausência de fronteiras internas em grande parte da Europa ocidental. Evidentemente, ela era garantida por fortificações em outros lugares, embora exatamente de que maneira permaneça sendo uma das questões mais controvertidas da história de Roma. As provas físicas de fortificações nas fronteiras estão aí para todos verem, com maior visibilidade no trecho central da muralha de Adriano. Traços da muralha de Antonino, com a qual os romanos marcaram um avanço ainda mais profundo no Norte da Grã-Bretanha, ainda são detectáveis, como o são partes do *limes* estabelecido ao longo do Reno e do Danúbio, os *fossatum africae* nas margens do deserto, no Marrocos, na Argélia, na Tunísia e na Líbia, e o *limes syriae*, que se estendia do golfo de Ácaba ao norte do mar Vermelho até as cabeceiras do Eufrates e do Tigre. Tratava-se de "fronteiras científicas", como alguns historiadores modernos julgam, ou apenas de marcos dos limites de controle efetivo estabelecidos por exércitos romanos em campanhas preventivas contra as forças da desordem, algumas meramente locais, outras estrategicamente ameaçadoras, que eles encontravam nos limites econômicos efetivos do mundo mediterrâneo? Edward Luttwak, em sua obra *The grand strategy of the Roman Empire*, conseguiu propagar a crença de que os romanos, tal como os ingleses na Índia, conceberam firmemente um plano do que poderia ou não ser defendido, embora variassem o método pelo qual defendiam na prática — primeiro, forte exército central, depois, forte defesa local, por fim, uma mistura insatisfatória dos dois — de acordo com os azares da fortuna.[12] Os oponentes de Luttwak negam esse comportamento consistente, em particular no que se refere às fronteiras orientais. Benjamin Isaac acredita que Roma sustentou uma política agressiva contra a Pérsia e a Pártia durante um período muito longo e que as fortificações do Oriente deveriam, portanto, ser consideradas como proteções para as linhas de comunicação de exércitos expedicionários; C. R. Whittaker acredita que havia perturbações permanentes em muitas fronteiras e que as defesas romanas, tais como as dos egípcios na Núbia e dos franceses na Argélia durante a guerra de 1954-62 (a linha Morice), destinavam-se principalmente a manter os malfeitores à distância dos lavradores pacíficos.[13]

O que é certo é que o crescimento da autoridade central foi em quase todos os lugares e em todos os tempos marcado pela construção de defesas estratégicas, daquelas tão simples quanto o dique de Offa entre a Inglaterra anglo-saxônica e o País de Gales celta — embora possa ter sido um empreendimento grandioso em sua época, consumindo milhares de homens-hora na escavação —, até as complexidades ainda não deslindadas da Grande Muralha da China. A função exata dessas defesas é mais difícil de definir, pois sua grande variação desafia as generalizações. Assim, a fronteira militar dos Habsburgo com as terras otomanas — a *krajina* — destinava-se certamente a impedir a entrada dos turcos; mas construí-la foi mais um tributo ao poderio turco que ao da Áustria, embora os Habsburgo fossem uma dinastia mais antiga. Em contraste, a cadeia de fortalezas construída com grande esforço para proteger os portos britânicos nas costas sul e leste na década de 1860 (76 estavam prontas ou em construção em 1867) foi uma reação a uma ameaça-fantasma da França, talvez indício de uma desconfiança neurótica do poder dos vasos de guerra blindados de suprir a defesa que os ingleses sempre esperaram confiantemente das muralhas de madeira.[14] A cadeia de fortalezas de Luís XIV ao longo da fronteira oriental da França era um dispositivo agressivo, destinado a estender passo a passo o poderio francês para dentro do território dos Habsburgo; a mesma intenção tinha a *cherta*, uma linha de fortificações improvisadas empurrada para dentro das estepes do leste pelos czares a partir do século XVI, destinadas a empurrar os nômades para o sul dos Urais e abrir uma trilha de povoamento na Sibéria. Porém a *cherta* só podia ser ampliada com a ajuda contrafeita dos cossacos e uma de suas funções, que eles demoraram a perceber, era colocar suas povoações livres sob o controle moscovita.[15]

Essa receita — meio defensiva, meio opressiva — descreve, na visão de Owen Lattimore — que, com Frederick Jackson Turner, foi o maior dos historiadores de fronteiras —, o papel da Grande Muralha da China. Turner, em um famoso trabalho apresentado em 1893 à Associação Americana de História, sustentou que a idéia de fronteira móvel, que oferecia terras gratuitas a quem estivesse disposto a se aventurar no oeste, fora decisiva na formação do caráter nacional norte-americano — exuberante, enérgico e inquisitivo — e na garantia de que os Estados Unidos continuariam a ser uma grande democracia. Em contraste, Lattimore representou a Grande Muralha como uma espécie completamente diferente de fronteira. É certo que se moveu: começando com a interconexão de várias muralhas locais, erguidas por governantes regionais para proteger seus Estados em embrião, sua linha foi finalmente fixada ao longo da fronteira entre os solos de agricultura irrigada e aqueles do pastoreio — *grosso modo*, vales fluviais e estepe — pela dinastia Tsin no século III a.C. Porém, nem ela, nem qualquer dinastia posterior, na visão de Lattimore, pôde manter direito a linha da Grande Muralha: às vezes ela avançava para o norte, para englobar o planalto de Ordos, na grande curva do rio Amarelo, às vezes isso era abandonado, ao mesmo tempo que ocorriam numerosas extensões e realinhamentos de sua extremidade oeste, onde avançava em direção ao planalto tibetano; no final, todas as suas ramificações alcançavam um comprimento total de quase 6500 quilômetros.[16] Lattimore afirma que todas essas curvas e voltas são menos indícios de declínio ou prosperidade de dinastias que da busca de uma quimera. Com efeito, imperadores sucessivos procuraram uma fronteira "científica" sobre a linha onde a terra adequada para o cultivo de camponeses encontrava o terreno que devia ser abandonado aos pastores nômades. Mas essa linha não seria encontrada, pois as duas zonas eram não apenas separadas por uma terceira de ecologia mista, como esta mudava com as variações climáticas — dessecação, umidificação — no interior da grande massa de terra da Eurásia. As tentativas de mandar na ecologia colonizando a zona fronteiriça com camponeses chineses produziram uma *Schlimmbesserung* — piora por melhoramento. Os colonos, em particular os que foram assentados na grande curva do rio Amarelo, tenderam a se tornar eles mesmos nômades quando batia a seca e, assim, engrossavam as fileiras dos povos montados que batiam em ondas sucessivas contra a Grande Muralha; as ofensivas desses povos também frustravam os esforços dos comandantes de fronteira de achinesar os seminômades, cujo lar natural era a zona intermediária.[17]

Nessas circunstâncias, não surpreende que os chineses jamais tenham derrubado as muralhas das cidades em torno das quais tinham crescido os primeiros assentamentos irrigados. Em períodos de poderio dinástico, elas serviam de centros da administração imperial; nos períodos de tumulto, provocados por ataques dos nômades ao trono, elas constituíam abrigos da tradição imperial que sempre se reafirmava para domar e achinesar os conquistadores. As muralhas das cidades eram consideradas símbolos da civilização — no período Ming (1368-1644), quinhentas delas foram completamente reconstruídas, assim como a própria Grande Muralha.[18] Mas todas elas não eram mais que suportes do sistema imperial, cuja força definitiva repousava nas crenças filosóficas dos chineses sobre como a sociedade deveria ser adequadamente organizada. Essas crenças puderam reter sua força não tanto porque permeavam a sociedade de alto a baixo — elas tendiam a permanecer como propriedade cultural da classe dos terratenentes e dos altos funcionários —, mas porque o número de forasteiros que chegaram ao poder foi relativamente pequeno e veio de sociedades das estepes que, mais do que aceitavam reconhecer, tinham sido sutilmente achinesadas pelo contato constante com a civilização fortificada. Nesse sentido, a própria Grande Muralha foi um instrumento civilizatório, um diafragma através do qual idéias potentes fluíram para fora para moderar o barbarismo dos que batiam perpetuamente em suas portas.

A civilização clássica do Ocidente não teve tanta sorte. Ao contrário dos chineses, os romanos foram atacados por ondas constantes de bárbaros em grande número, poucos dos quais haviam sido romanizados pelo contato contínuo e mediato com a civilização para assegurar sua preservação. A partir da metade do século III, à medida que os bárbaros atacaram com mais freqüência e profundidade na Gália, as autoridades provinciais começaram a murar as cidades do interior; mas ainda assim apenas 48 cidades tinham sido fortificadas até o século V, a maioria em zonas fronteiriças ou costeiras; na Espanha, somente doze tinham recebido muralhas, enquanto na Itália, ao sul do vale do Pó, apenas Roma mantinha suas defesas.[19] Ergueram-se cadeias de fortes ao longo do mar do Norte, do canal da Mancha e da costa atlântica e o *limes* ao longo do Reno e do Danúbio foi reforçado. Uma vez vencidas essas defesas de fronteira, o império ocidental estava maduro para ser tomado. A princípio, os reinos bárbaros que sucederam Roma não precisaram se fortificar, mesmo que soubessem como fazê-lo. As irrupções sucessivas de intrusos não romanizados — escandinavos, árabes, povos das estepes da Ásia central — não defrontaram com defesas estratégicas que barrassem o caminho e encontraram poucas fortificações internas. Não surpreende que o bravo esforço de Carlos Magno para recriar um Estado pan-europeu tenha sido reduzido gradualmente a pedaços por esses ataques.

A Europa ocidental refortificou-se afinal, mas de uma forma que teria alarmado com toda a razão uma dinastia chinesa. O misterioso renascimento do comércio entre 1100 e 1300, talvez devido a um igualmente misterioso crescimento da população européia de cerca de 40 milhões para cerca de 60 milhões, fez renascer a vida das cidades, que mediante o crescimento de uma economia monetária obtiveram os fundos para se protegerem dos perigos vindos de fora das muralhas. Pisa, por exemplo, cercou-se com um fosso cavado em dois meses, em 1155, e terminou uma muralha contínua com torres no ano seguinte. Porém as novas cidades muradas não usaram sua imunidade para sustentar a autoridade real, mas para exigir direitos e liberdades; Pisa foi murada por um ato de rebeldia contra o imperador Frederico Barbarossa.[20] Enquanto isso, em um processo que os imperadores chineses teriam julgado ainda mais alarmante, os senhores de cada lugar estavam cobrindo a face da Europa ocidental com castelos, a princípio simples entrincheiramentos, depois, a partir do século X, construções sobre montes mais dominantes, e, por fim, fortalezas de pedra. Alguns desses lugares eram de reis ou vassalos de confiança, mas progressivamente a maioria deles poderia ser classificada de criações ilegais ("adulterinas") dos desobedientes ou novos-ricos. A justificação deles era sempre que as ameaças dos ímpios — vikings, avaros, magiares — exigiam que tivessem um lugar seguro onde guardar seus cavalos de guerra e seus soldados. A realidade é que, numa Europa que não dispunha de defesas estratégicas e autoridades centrais fortes, eles estavam se aproveitando das circunstâncias para se tornarem senhores feudais.

O encastelamento nessa escala — havia três castelos na região francesa de Poitou antes que os vikings começassem a atacar, 39 no século XI; nenhum em Maine antes do século X, 62 em 1100; e esse padrão se repete em outros lugares — acabou por eliminar a vantagem que proporcionava nas lutas pelo poder local.[21] Quando cada senhor feudal mantinha sua corte armada, o resultado não era suserania e muito menos apoio mútuo da autoridade central contra intrusos, mas guerra local endêmica. Os reis davam licenças para castelos e, com seus grandes vassalos, derrubavam os adulterinos sempre que podiam. Porém os castelos podiam ser construídos com muita rapidez — cem homens podiam erguer um *motte* pequeno em dez dias — e, uma vez construídos, era muito mais difícil submetê-los se seus castelões não arredassem pés.[22] O poderio dos castelos excedia em muito a força dos engenhos de assédio, uma verdade que só seria derrubada com a chegada da pólvora e que fora válida desde a construção de Jericó.

Os historiadores da Antiguidade ficam fascinados com as representações de práticas de sítio e máquinas de assédio que as escavações na Mesopotâmia e no Egito revelaram — aríetes, escadas de escalar, torres de assédio, galerias subterrâneas. Relatos escritos da guerra de assédio grega revelam o aparecimento da catapulta, a primeira das máquinas de atirar projéteis, em 398-397 a.C.[23] A primeira representação de um aríete — de um tipo muito delicado, embora aparentemente protegido por um teto — é do Egito e data de 1900 a.C.; a escada de escalar foi representada cerca de quinhentos anos antes. Um aríete muito mais potente, montado sobre uma carapaça com rodas, é mostrado em um alto-relevo de um palácio da Mesopotâmia de cerca de 883-859 a.C., junto com uma cena de engenheiros solapando uma muralha. Uma torre de assédio móvel, também da Mesopotâmia, é mostrada em outro relevo datado de 745-727 a.C., época em que também já fora adotada a construção de rampas para encher um fosso e atingir o topo da muralha; grandes escudos de assédio, para proteger os arqueiros que atiravam nos defensores postados no parapeito, também faziam aparentemente parte dos engenhos de assédio nessa época. Há também alusões ao uso de fogo para atacar os portões e possivelmente o interior das fortificações, ao mesmo tempo que era possível interromper o abastecimento de água; evidentemente, vencer pela fome tornara-se uma técnica de assédio padrão.[24]

Todos os engenhos de assédio disponíveis aos comandantes antes da invenção da pólvora foram, portanto, inventados entre 2400 e 397 a.C. Nenhum deles, exceto a fome, oferecia um meio certo, ou mesmo muito eficaz, de obrigar uma fortificação a render-se. A maior esperança de um sitiante de obter um êxito rápido, segundo o estrategista clássico Políbio, estava em explorar a complacência dos defensores ou conseguir surpreender. A traição era outro estratagema — ela provocou a queda de Antióquia para os cruzados em 1098, por exemplo, e de muitas outras cidadelas.[25] Esses métodos à parte, um atacante poderia ficar durante meses do lado de fora das muralhas, a não ser que encontrasse ou criasse um ponto fraco. Chateau-Gaillard foi tomada em 1204 por meio de um túnel de latrina desprotegido; Rochester, por outro lado, sitiada pelo rei João em 1215, perdeu o canto meridional de sua torre por solapamento e incêndio do madeiramento de seu túnel — o que consumiu a gordura de quarenta bacorinhos —, mas acabou sendo tomada apenas porque sua guarnição ficou sem provisões após cinqüenta dias de investidas contínuas, o maior assédio da Inglaterra até então e por muito tempo depois.[26]

A tomada de Jerusalém pelos cruzados em 1099 com uma torre de assédio foi um evento excepcional, atribuído em parte à fraqueza da guarnição, em parte à inspiração religiosa dos atacantes. Em geral, a vantagem na guerra de assédio, antes da pólvora, estava sempre com o defensor, desde que ele tomasse a precaução de armazenar provisões, e a tal ponto que era uma convenção da guerra de assédio no Ocidente medieval que os adversários concordassem com um limite de tempo: se ao expirar esse período o sítio não tivesse sido levantado por uma força de auxílio, os que estavam dentro dos muros podiam sair sem penalidade.[27] Uma vez que os atacantes também podiam ficar sem provisões ou, o que é mais provável, sucumbir às doenças em seus acampamentos insalubres, esse acordo constituía uma opção sensata para qualquer guarnição.

Devemos, portanto, tratar com extrema reserva todas as representações de engenhos e máquinas de assédio sempre que essas representações pretendam comprovar a importância desses instrumentos na "arte da guerra" de qualquer tempo anterior à Idade da Pólvora. A guerra sempre provocou no artista a representação do potencial e do sensacional, e não de realidades documentadas. Sob essa luz, as pinturas murais e altos-relevos assírios e egípcios de triunfos imperiais sob as muralhas das cidades não devem ser mais confiáveis como testemunho de fatos da época que os retratos heróicos de Napoleão feitos por David e Le Gros como representações de seu comportamento como general no campo de batalha; entre a arte e a fantasia da guerra há uma distância muito pequena e provavelmente tem sido assim desde que o primeiro pintor de corte foi comissionado para pintar o primeiro rei-conquistador. As fortificações — e todas as ações para abatê-las — constituem um tema pronto para o artista, cuja representação errônea do que se passou entre defensor e atacante pode muito bem ter imposto uma grave distorção a nossa compreensão da guerra defensiva antes da Idade da Pólvora.

O tema da fortificação pode ser encerrado com esses pensamentos em mente: fortalezas defendidas com coragem e bem aprovisionadas eram difíceis de serem tomadas antes do advento da pólvora; essas cidadelas eram amiúde tanto instrumentos de desafio à autoridade central — ou, assunto a ser explorado mais tarde, um meio de intimidar os cidadãos livres e lavradores — como componentes de uma defesa estratégica. As defesas estratégicas jamais eram fáceis de alinhar com as fronteiras naturais, eram sempre caras de construir, manter, aprovisionar e guarnecer, e seu vigor dependia, em última análise, da vontade e das capacidades do poder que elas deviam defender. "Labutam em vão os que constroem" defesas que esperam que se sustentem por elas mesmas.

3. CARNE

Poucas fortificações resistiram quando os primeiros aurigas avançaram para derrubar tronos e fundar suas próprias dinastias. Tal como eram construídas, pouco obstáculo ofereciam à conquista. Por volta de 1700 a.C., um povo semítico, conhecido por nós como hicsos, começou a se infiltrar no Egito através do delta do Nilo e logo estabeleceu sua capital em Mênfis. Um pouco mais tarde, a Mesopotâmia, então unida sob a dinastia amorita, fundada por Hamurábi em torno de 1700 a.C., foi dominada por um povo vindo das montanhas que hoje se encontram entre o Irã e o Iraque; parece que eles se tornaram suseranos do antigo reino interfluvial em 1525 a.C. Pouco depois, os carros de guerra de um povo ariano das estepes do Leste do Irã que falava uma língua indo-européia entraram no vale do Indo e destruíram completamente sua civilização. Finalmente, por volta de 1400 a.C., os fundadores da dinastia San, talvez originários também das estepes iranianas, chegaram com seus carros ao norte da China e estabeleceram o primeiro Estado centralizado, baseado numa tecnologia militar superior e na instituição do acampamento murado.

A adoção do carro de guerra e a imposição do poder de seus condutores em todos os centros da civilização eurasiana no espaço de cerca de trezentos anos são dos episódios mais extraordinários na história do mundo. Como isso pôde acontecer? Dependeu de muitos desdobramentos — em metalurgia, carpintaria, curtimento e trabalho em couro e no uso de colas, ossos e tendões —, mas sobretudo da domesticação e aprimoramento físico do cavalo selvagem. Ainda hoje, quando toda a humanidade espera viajar sobre motores de combustão interna, os cavalos de montaria provocam paixões e mobilizam dinheiro em escala vasta e universal.

Os homens mais ricos do mundo competem para exibir sua riqueza por intermédio da posse de puros-sangues. A corrida de cavalos é "o esporte dos reis", na qual os multimilionários republicanos se regozijam de gastar fortunas; mas poucos reis e milionários arriscam tanto do que têm quanto o homem comum que acha que conhece um vencedor. No mundo dos cavalos, os mais pobres julgam-se potencialmente iguais aos mais ricos da terra, pois, como diz o ditado, "os animais podem fazer todos nós de bobos". O cavalo, por mais mimado que seja, independentemente de sua linhagem, pode escolher retribuir as expectativas de seu dono com hipocondria ou má vontade; ao contrário, um cavalo desconhecido pode vencer contra todas as probabilidades e transformar, da noite para o dia, jóquei, treinador, criador e dono em homens importantes, enchendo de alegria os corações de mil humildes apontadores de apostas e mandando *bookmakers* para casa com os bolsos mais vazios. O moderno puro-sangue é uma força a ser respeitada e o grande cavalo pode acabar seus dias mais famoso que muitos estadistas de seu tempo. Os maiores puros-sangues adquirem estatuto real e dinástico: fazem-se peregrinações apenas para vê-los correr, enquanto sua descendência é catalogada com todos os cuidados tomados para estabelecer a legitimidade de um Bourbon ou Habsburgo. Em certo sentido, um grande cavalo torna-se um rei. Não surpreende que os reis tenham sido feitos pelos primeiros grandes cavalos.

OS AURIGAS

O cavalo que o *Homo sapiens* conheceu inicialmente era um coitado, tanto que o homem o caçava para comê-lo. *Equus*, o ancestral do *Equus caballus*, nosso cavalo moderno, foi caçado até a extinção nas Américas pelos ameríndios que atravessaram para o Novo Mundo no final da era glacial. No Velho Mundo, a volta das florestas após o fim da era glacial expulsou o *Equus caballus* da Europa para as estepes, onde foi primeiramente caçado e depois domesticado por sua carne. Nas povoações da assim chamada cultura Srednij Stog, junto ao rio Dnieper, acima do mar Negro, os ossos de cavalos aparentemente domesticados prevalecem entre os encontrados nas escavações de sítios datados do quarto milênio antes de Cristo.[1] O homem da Idade da Pedra escolheu comer o cavalo em vez de dirigi-lo ou montá-lo, porque o animal que conhecia quase com certeza não tinha o lombo forte o suficiente para agüentar um homem adulto, e os veículos de tração animal ainda não tinham sido inventados. De qualquer forma, a relação entre o homem e a espécie eqüina é extremamente complexa. Diferente do cão, que, embora animal de matilha, parece se associar facilmente enquanto indivíduo com um indivíduo humano, e talvez tenha começado a fazer isso há cerca de 12 mil anos, o cavalo tem de ser tirado de uma manada e domado para que surja um "mutualismo" útil entre ele e seu dono humano.

Ademais, não havia motivo para que o homem da Idade da Pedra identificasse o cavalo como potencialmente mais útil para ele que seus primos eqüinos — o burro e o jumento, muito comuns, o hemíono da Mongólia e do Turquestão, o kiang do planalto tibetano, o khur da Índia ocidental ou o onagro da Mesopotâmia e da Turquia — que, sabemos agora, não possuem, por razões genéticas, potencialidade para uma reprodução seletiva que produza variedades mais fortes ou rápidas. O primitivo *Equus caballus* se parecia exteriormente com o ainda existente *Equus przewalskii* e o *Equus gmelini*, o tarpã que sobreviveu nas estepes até o século XIX; todos por sua vez se pareciam com burros, hemíonos e onagros em cor, tamanho e forma. A análise genética nos diz agora que o *Equus caballus*, com 64 cromossomos, é um animal diferente do *przewalskii*, com 66, do jumento, com 62, e dos hemíonos, com 56; para o homem da Idade da Pedra, porém, não devia haver muito a escolher entre eles.[2] O *caballus* em particular, com suas pernas curtas, pescoço grosso, barrigão, focinho convexo e crina dura, devia ser difícil de diferenciar do tarpã, que aparentemente resistiu, antes de sua extinção, a todas as tentativas de refinar sua aparência e seu desempenho.

As primeiras tentativas do homem de conduzir e montar animais não parecem ter sido com cavalos e seus parentes eqüinos, mas com bovinos e, talvez, a rena. Os agricultores do quarto milênio antes de Cristo descobriram que castrar o touro para produzir o boi dava-lhes um animal manejável que podia ser atrelado a um arado simples, como os que os próprios homens puxavam; o atrelamento de animais de tração a um trenó, em ambientes sem árvores como a estepe e as planícies aluviais, foi um desdobramento natural. A seguir, montou-se o trenó sobre cilindros presos, e do cilindro à roda, girando sobre um eixo fixo como já faziam os ceramistas, deve ter sido um passo simples.[3] Um conjunto de pictogramas da cidade suméria de Uruk, datado do quarto milênio antes de Cristo, mostra a passagem do trenó para o trenó sobre rodas numa linha bastante direta. Uma famosa representação conhecida como estandarte de Ur, do terceiro milênio antes de Cristo, mostra uma carroça de quatro rodas puxada por quatro onagros como um veículo imperial e uma plataforma para suas armas — machadinha, espada e lança — no campo de batalha. Essa carroça, com suas rodas de madeira de duas peças, descende do protótipo de rodas sólidas, e podemos supor que os sumérios haviam reconhecido que os onagros eram animais de tração mais rápidos e vivazes que os bois.

Porém, como sabe qualquer um que tenha tido um jumento como animal de estimação na infância — e o onagro é apenas um jumento um pouco maior e de pernas mais compridas —, esse animal adorável apresenta inconvenientes sérios. Sua teimosia pode ser maior que a de seu dono; possui um limite muito alto para a dor e, portanto, resiste a chicote, esporas e freios; pode carregar peso somente sobre sua traseira e, portanto, não pode ser montado na posição dianteira, "de controle"; tem apenas duas andaduras — passo e corrida —, sendo a primeira mais lenta que o passo firme humano e a segunda tendendo à velocidade vertiginosa. Essas características, que nenhuma quantidade de reprodução seletiva consegue alterar, relegam o asno e os hemíonos a um papel subalterno. Como besta de carga, seu alcance e capacidade são limitados; como montaria, só em último caso.

Portanto, não surpreende que por volta do início do segundo milênio antes de Cristo o cavalo domesticado começasse a mudar do papel de alimento para o de puxador de carga. Até mesmo os pequenos cavalos selvagens variam em tamanho, e enquanto as pequenas éguas da Idade da Pedra eram menores que doze mãos nos quartos dianteiros (a mão equivalendo a dez centímetros), os garanhões podiam passar das quinze mãos.[4] Os pastores já tinham aprendido os rudimentos da reprodução seletiva na criação de ovinos, caprinos e bovinos; aplicá-los aos eqüinos foi um desdobramento natural. Mas talvez não tenha provocado os efeitos imediatos esperados. As primeiras variedades de animais reproduzidos seletivamente tendem a diminuir de tamanho, o que no caso do cavalo teria reduzido sua adequabilidade como montaria e ainda mais sua potência de tração.[5] Ademais, havia uma nova dificuldade no uso do poder de tração do cavalo. O jumento, embora tenha esse poder baixo, é facilmente controlável por rédeas presas a uma focinheira e sensatamente não puxa contra os arreios do pescoço mais do que acha confortável; o plácido boi precisa apenas do toque de um chicote para se pôr em movimento, que é facilmente transferível para uma carreta mediante uma canga adequada. Mas o cavalo é muito mais fogoso e só pode ser controlado com um freio na boca — e sobre o desenho mais adequado do freio discute-se até hoje; suas paletas mais estreitas escorregam da canga, enquanto uma tira no pescoço comprime sua traquéia. O homem iria descobrir lentamente que o método correto de arrear um cavalo para tração é com um peitoral — atribuído aos chineses — ou com uma coleira acolchoada em torno de todo o pescoço. Até que fizesse isso, seus métodos de controlar e arrear o cavalo funcionavam um contra o outro: apertar sua boca para guiá-lo e variar a andadura puxava-a contra a tira do pescoço que, tendendo a sufocar o animal, diminuía sua marcha.

O cavalo arreado era, portanto, adequado como animal de tração para as carretas e os arados de sulco profundo que começaram a aparecer na Europa no segundo milênio antes de Cristo.[6] Isso significava que o veículo ao qual estava atrelado deveria se tornar o mais leve possível. O resultado foi a biga. O historiador Stuart Piggott, numa referência interessante e altamente convincente ao que parece ser uma psicologia do transporte intemporal e universal — que o veículo rápido e vistoso confere ao seu dono prestígio social e fascínio sexual, bem como vantagens materiais e emoções físicas —, sugeriu que uma biga leve com duas rodas radiadas apareceu subitamente e quase ao mesmo tempo em toda uma "*koine* tecnológica" que abarcava todas as terras civilizadas, do Egito à Mesopotâmia.

O novo fator envolvido era a velocidade proporcionada por uma nova força motriz, que no caso dos cavalos pequenos da Antiguidade só podia ser explorada por uma combinação de leveza e elasticidade de um novo tipo. Para falar em termos de engenharia estrutural, a carreta com roda de disco puxada por bois poderia ser considerada uma lenta e pesada estrutura de compressão construída de madeira, ao passo que a biga seria uma rápida e leve estrutura de madeira, em tensão com seus aros de madeira vergada e armação.

Como observa Piggott, a aparência desse carro não pode ter deixado de ser revolucionária, ao menos psicologicamente: "a velocidade do transporte humano por terra foi subitamente multiplicada por algo como dez — dos [três quilômetros] por hora do transporte por bois para os [trinta quilômetros] por hora atingidos com facilidade com uma reprodução moderna de uma biga egípcia antiga com um par de pôneis, pesando a biga com arreios apenas [34 quilos]". (Vale a pena relembrar nesse contexto que há apenas dois séculos o dr. Johnson, que julgava ser o melhor dos prazeres andar de carruagem com uma bela mulher, deu sua opinião de que a estrutura humana não poderia sustentar uma velocidade de movimento de mais de quarenta quilômetros por hora.)

Porém, o efeito da biga não foi apenas psicológico. Ela levou ao surgimento do grupo de guerra sobre carros, guerreiros habilidosos que monopolizaram o uso de seus veículos especializados e extremamente caros, junto com armas complementares como o arco composto, e que dominaram um séquito de especialistas secundários — cavalariços, seleiros, fazedores e consertadores de rodas, carpinteiros, fabricantes de flechas —, essenciais para manter os carros de guerra e os cavalos na estrada. De onde vinham esses aurigas? Com certeza, não das terras ainda cobertas de florestas da Europa ocidental, embora bolsões de cavalos selvagens possam ter sobrevivido ali. As florestas constituíam um obstáculo que atrasou a chegada dos aristocratas sobre rodas por pelo menos quinhentos anos. Também não vinham das planícies aluvionais dos grandes rios, uma vez que lá não havia cavalos. A estepe — seca, sem árvores e oferecendo bons caminhos em qualquer direção — era indiscutivelmente o principal lar do cavalo selvagem, mas, embora muito adequada para a passagem de veículos com rodas em todos os períodos do ano, exceto na *rasputitsa* de primavera e de outono, ela é tão deficiente nos metais e madeiras necessários para a construção dos carros que também deve ser desconsiderada como local de origem. Portanto, por um processo de eliminação, a proposição de que bigas e aurigas surgiram primeiramente nas terras fronteiriças entre a estepe e as regiões fluviais civilizadas parece convincente.

O historiador William McNeill, seguindo a concepção geralmente aceita de que uma gente belicosa, com achas-d'armas, falando línguas indo-européias, migrou da estepe ocidental para dominar os "pacíficos construtores de megálitos da costa atlântica" no segundo milênio antes de Cristo, prossegue argumentando que os trabalhadores em metais que venderam a essa gente as valorizadas e místicas habilidades que lhes permitiram dominar os povos europeus da Idade da Pedra também migraram, mas na direção oposta, da Mesopotâmia para as margens da estepe, ao norte do Irã.

A partir do quarto milênio antes de Cristo, as comunidades agrícolas tinham se concentrado nos trechos mais bem irrigados desse planalto e a agricultura aumentou provavelmente sua importância local durante o segundo milênio. Nas pastagens em torno e entre esses assentamentos agrícolas viviam pastoreadores bárbaros, aparentados lingüisticamente aos guerreiros da estepe ocidental. Por meio da mediação das comunidades agrícolas, esses pastores ficaram cada vez mais expostos às influências irradiadas do distante centro cultural da Mesopotâmia. Nesse cenário, não muito antes de 1700 a.C., uma fusão decisiva entre a técnica civilizada e a intrepidez bárbara parece ter ocorrido.[7]

Foi a invenção, ou aperfeiçoamento, da biga.

Por que os aurigas, ou os pastoreadores de quem eles direta ou indiretamente descendiam, eram mais belicosos que seus ancestrais caçadores ou vizinhos agricultores? A resposta requer a consideração de fatores não palatáveis para os enjoados, todos relacionados com a maneira como o homem matava — ou não matava — seus companheiros mamíferos. Pode-se dar como certo que a adoção da agricultura reduziu a proporção de carne na dieta humana. Sabe-se que a mudança para a produção de cereais não só reduz o consumo de proteínas, como os lavradores devotam as terras mais para o cultivo que para pastagens; é também um fato amplamente observável que os agricultores procuram prolongar a vida de seus animais domésticos — para maximizar sua produção de leite, peso da carcaça ou força muscular — em vez de apartá-los para comê-los assim que atingem a maturidade. Em conseqüência, o fazendeiro não possui as habilidades nem de açougueiro nem de matador de animais jovens e lépidos, capazes de fugir de suas intenções letais. Os caçadores primitivos, embora fossem sem dúvida bons magarefes, provavelmente não dominavam muito bem as técnicas de matar: suas preocupações eram antes localizar e cercar a presa do que determinar o método preciso com o qual dariam o golpe fatal.

Os pastoreadores, por outro lado, aprenderam a matar e a selecionar para matar, como era de se esperar. Eles devem ser bem pouco sentimentais em relação a suas ovelhas e cabras, que não passam para eles de alimento vivo: leite e seus derivados, incluindo manteiga, coalhada, soro, iogurte, bebidas fermentadas e queijo, mas principalmente carne e, talvez, sangue. Não se sabe com certeza se os nômades das estepes da Antiguidade extraíam sangue de seus animais, como fazem os pastores de gado da África oriental, mas parece possível; eles certamente matavam a produção anual de animais jovens e os reprodutores mais velhos, junto com os feridos, deformados ou doentes, numa base rotativa. Tal programa de matança exigia a capacidade de liquidar um animal vivo com um mínimo de dano à carcaça e a seu valioso conteúdo e com a menor perturbação possível para o resto do rebanho. Dar um golpe letal curto e rápido constituía a principal habilidade pastoril, realçada, sem dúvida, pelo conhecimento anatômico adquirido na matança periódica; a necessidade de castrar a maioria dos machos de um rebanho ensinou outra lição de cortar a carne, assim como os partos e a cirurgia veterinária grosseira típica da administração de um rebanho.

Foi o gerenciamento de rebanho, tanto quanto o abate e a carniçaria, que fez dos pastoreadores adeptos tão calculistas do confronto com os agricultores sedentários das terras civilizadas. Portanto, as batalhas entre os dois grupos podem não ter sido muito diferentes dos embates entre ianomâmis e marings, talvez formalizadas com elementos cerimoniais. Mesmo que houvesse uma classe especializada de guerreiros, essa suposição continua válida; a falta de armaduras e de armas realmente letais fala em favor da persistência de hábitos "primitivos" de combate também no reino do Nilo, e o equipamento dos sumérios não era muito mais avançado que o dos egípcios. Nessas circunstâncias tecnológicas, as formações de batalha eram provavelmente frouxas, a disciplina era fraca e o comportamento no campo de luta semelhante ao de uma turba ou rebanho. Porém trabalhar com rebanhos era o ofício dos pastoreadores. Eles sabiam como dividir um rebanho em grupos manobráveis, como cortar uma linha de recuo contornando os flancos, como trazer os animais desgarrados para a massa compacta do rebanho, como isolar os líderes, como dominar um número superior de animais com ameaças, como matar os poucos escolhidos ao mesmo tempo que a massa era mantida inerte e sob controle.

Todos os métodos de batalha dos pastoreadores descritos em datas posteriores da história revelam exatamente esse padrão.

Devemos levar em conta que os hunos, turcos e mongóis conhecidos dos escritores europeus e chineses tinham passado da biga para o cavalo de montaria, o que tornou suas táticas ainda mais eficazes; todavia, os aspectos essenciais devem ter permanecido constantes. Esses povos, dizem os escritores, não formavam linhas de batalha nem se comprometiam irrevogavelmente com o ataque. Em vez disso, aproximavam-se do inimigo numa formação frouxa de meia-lua, que ameaçava os oponentes menos móveis com um cerco em torno dos flancos. Se encontravam resistência forte em qualquer ponto, encenavam uma retirada, cujo objetivo era atrair o inimigo para uma perseguição que romperia suas linhas. Só partiam para o combate a curta distância quando a batalha pendia claramente a seu favor; nessas ocasiões, suas armas extremamente afiadas decapitavam ou desmembravam com freqüência os inimigos. Tinham uma opinião tão desdenhosa sobre a qualidade do aço inimigo que dispensavam o uso de proteções, exceto as mais exíguas. Para fazer a batalha virar a seu favor, eles assolavam e intimidavam o inimigo com saraivadas de flechas atiradas de longa distância com sua arma terrivelmente superior, o arco composto. Amiano Marcelino escreveu sobre os hunos no século IV: "Na batalha, eles precipitam-se sobre o inimigo, soltando gritos assustadores. Quando encontram resistência, dispersam-se, apenas para voltar com a mesma velocidade, destruindo e derrubando tudo o que encontram em seu caminho [...] não há nada que se compare à habilidade com que — de distâncias prodigiosas — disparam suas flechas, com pontas de ossos afiados tão duras e mortíferas como o ferro".[8]

Os estudiosos discutem qual seria a data do aparecimento do arco composto. Talvez ele já estivesse em uso no terceiro milênio antes de Cristo, se uma estela suméria foi corretamente interpretada; já existia com certeza no segundo milênio, uma vez que sua forma ogival ou "recurvada" característica — que conhecemos como o "arco de Cupido", cujas flechas trespassam os cortesãos perdidos de amor de Watteau e Boucher — está claramente representada numa tigela de ouro de 1400 a.C., guardada atualmente no Louvre.[9] Ele não pode ter aparecido da noite para o dia, pois a complexidade de sua construção, como a da biga, indica a existência de muitos protótipos e décadas, se não séculos, de experimentação. Em sua forma acabada, que não variou entre o auge de sua perfeição, no segundo milênio antes de Cristo e sua aposentadoria como arma de guerra no século XIX (foi usado pela última vez pelos soldados manchus), consistia em um pedaço delgado de madeira — ou de várias lâminas — ao qual se colavam tendão animal elástico na parte externa ("costas") e tiras de chifre animal compressível, geralmente de bisão, na parte interna ("barriga"). As colas, compostas de tendões de gado fervidos e couro misturado com pequenas quantidades de pó de chifre e couro de peixe, podiam levar "mais de um ano para secar e tinham de ser aplicadas sob condições precisas de temperatura e umidade [...] muita arte estava envolvida na sua preparação e aplicação, boa parte dela caracterizada por uma visão mística e semi-religiosa".[10]

O arco composto começou como cinco peças de madeira simples ou laminada — um punho central, dois braços e duas pontas. Uma vez colado, esse "esqueleto" era encurvado com vapor, no sentido oposto ao que assumiria quando retesado, e tiras de chifre eram coladas à "barriga". Depois, era encurvado até formar uma circunferência, novamente no sentido oposto ao do retesamento, e colavam-se tendões em suas "costas". Era então deixado para "curar", e somente quando todos os seus elementos tinham se unido indissoluvelmente era desamarrado e retesado pela primeira vez. Esticar um arco composto, contra sua forma natural em descanso, exigia muita força e destreza; seu "peso", medido convencionalmente em "libras", poderia chegar a 150, comparado com apenas algumas libras de peso do arco simples feito com um pedaço de árvore nova.

Um "peso" semelhante caracterizava o arco longo, quando no final da Idade Média os europeus ocidentais aprenderam a usar um pedaço de madeira contendo cerne e alburno para fazer suas armas. O princípio de funcionamento era o mesmo: a oposição de elasticidade e compressibilidade, acumuladas pelo braço do arqueiro quando dobrava o arco e liberadas por seus dedos, para atirar a flecha. No entanto, a desvantagem do arco longo era justamente seu comprimento: só podia ser usado por um arqueiro a pé. O arco composto era pequeno, indo da cabeça à cintura de um homem quando retesado, e portanto perfeitamente adequado para ser usado de cima de um cavalo ou de uma biga. Atirava uma flecha mais leve — o melhor peso era de cerca de trinta gramas — do que a do arco longo, mas que podia atingir quase trezentos metros com grande precisão (registraram-se alcances bem mais longos em vôo livre) e penetrar numa armadura distante mais de sessenta metros. A leveza da flecha constituía, na verdade, uma vantagem, pois permitia que o guerreiro carregasse em sua aljava até cinqüenta delas para a batalha, que esperava vencer submetendo o inimigo a uma saraivada que o colocaria fora de combate.

O equipamento simples de um arqueiro montado ou em carro de guerra não variou durante mais de 3 mil anos. Os elementos essenciais eram o próprio arco, a flecha e o anel de proteção do polegar, que evitava o esfolamento da pele no momento do disparo da flecha; acessórios importantes eram a aljava e o estojo do arco, que protegiam as armas das variações de temperatura e umidade (ambas diminuíam seu alcance e acuidade). Esse equipamento pode ser visto em algumas das mais antigas representações de arqueiros com arcos compostos; exatamente os mesmos objetos aparecem como as partes principais das insígnias reais dos sultões otomanos do século XVIII, no palácio Topkapi, na Istambul atual.[11] Muitos outros itens também não variaram no mundo dos cavalos — barracas, coberturas do chão, recipientes de cozinhar, roupas e o mobiliário simples dos nômades. Os pastoreadores guardavam suas coisas em arcas que podiam ser colocadas aos pares sobre um animal de carga e usavam panelas e caldeiras de fundo redondo que podiam ser entrouxadas em redes; o timbale, usado pelos turcos para dar o sinal de batalha, não passava de um caldeirão de acampamento de nômades com uma pele esticada sobre sua abertura.

Tanto quanto seu equipamento e sua familiaridade com os animais, a habilidade e a presteza com que se moviam ajustavam-nos à guerra agressiva. Toda guerra exige movimento, mas para povos sedentários até mesmo os movimentos de curto alcance impõem dificuldades. Seus equipamentos são inadequados e pesados; não dispõem de meios de transporte rapidamente mobilizáveis, especialmente animais de tração — que são indispensáveis nos campos; e a comida para homens e animais chega de uma forma desajeitada e volumosa. Os povos sedentários esperam dormir sob um teto, mas não possuem barracas; abrigam-se quando o tempo torna-se inclemente, não dispõem de roupas à prova das intempéries e apreciam refeições cozidas regulares. O agricultor é mais rijo que o artesão — os gregos achavam que era *ponos*, a labuta agrícola, que tornava o lavrador capaz de ser guerreiro —, mas mesmo ele era delicado em comparação com o nômade.[12] O nômade está em constante movimento, come e bebe quando pode, enfrenta todas as condições climáticas, é grato por pequenas misericórdias. Tudo que possui pode ser empacotado em um instante e sua comida move-se junto com ele, na busca de pastagens e água. Até mesmo os nômades mais favorecidos pelas circunstâncias, aqueles que podem praticar a transumância porque dispõem de pastagens de verão e inverno em locais fixos, são bem mais robustos que o agricultor sedentário. Os antigos nômades das estepes áridas, onde as tribos tinham de competir umas com as outras pelo pouco que havia de pastagens, deveriam estar entre a gente mais rija do mundo.

O sinólogo americano Owen Lattimore cruzou os 2700 quilômetros de região árida entre a Índia e a China em 1926-27, seguindo parte da rota que talvez tenham tomado, oásis a oásis, durante várias gerações, aqueles que levaram suas bigas para a China no segundo milênio antes de Cristo. Ele relembra que os caravaneiros entre os quais viajou

> tornam-se nômades. Muitos de seus ritos propiciatórios e tabus de autodefesa não são apenas tirados dos mongóis, mas dos instintos mais primitivos dos povos nômades. Eles buscam ganhar as boas graças dos poderes e espíritos que seguem nos calcanhares e espreitam as barracas de povos

andarilhos selvagens, às voltas dia e noite com a ameaça agreste e os recursos avaros de uma terra rude e indomada. A partir do momento em que a tenda é armada no primeiro acampamento [...] fogo e água assumem uma importância diferente. Cada vez que a tenda é erguida em um novo lugar, um pouco da primeira água fervida e o primeiro alimento cozido devem ser jogados porta afora.

Isso foi feito sempre, embora a comida e a água disponíveis aos caravaneiros fossem intragáveis.

Começamos o dia ao amanhecer fazendo chá [...] com os tipos mais ordinários de galhos, folhas e restos de chá [...] Nesse chá costumávamos misturar farinha de aveia torrada ou painço torrado — parecendo alpiste, o que era de fato —, mexíamos até ficar um pirão fino e engolíamos aquilo. Por volta do meio-dia, tínhamos a única refeição verdadeira do dia, feita de massa meio cozida. Levávamos a farinha conosco e fazíamos o mesmo tipo de massa todos os dias. Molhávamos, enrolávamos e batíamos a farinha e depois cortávamo-la em bolas pequenas ou numa espécie grosseira de espaguete [...] O motivo de bebermos tanto chá era a água ruim. Jamais se bebe água sozinha, sem ferver [...] Em todos os lugares, a água vinha de poços, todos mais ou menos contaminados com sal, soda e, suponho, vários sais minerais. Às vezes, era salgada demais para beber, outras vezes, muito amarga. A pior água [...] é espessa, quase viscosa e incrivelmente amarga e desagradável.[13]

A diferença entre os hábitos dos nômades de Lattimore e os do segundo milênio está provavelmente no uso do chá e da farinha; nos outros aspectos, pouco haveria a escolher entre seus modos de vida, caracterizados em ambos os casos pela sujeição às forças naturais, imprevisibilidade e extrema severidade. Qualquer coisa que aliviasse a aspereza devia ser muito bem-vinda e é sob essa luz que devemos examinar por que — talvez mais que como — os dois artefatos extraordinários, a biga e o arco composto, parecem ter surgido nas fronteiras entre a civilização e o mundo nômade. Os elementos da biga — rodas, chassis, vara de tração e seus acessórios metálicos — eram de origem "civilizada", na medida em que provinham de protótipos toscos desenvolvidos para o trabalho na agricultura e na construção. Os arqueólogos continuam sem concordar sobre quem teria refinado os elementos e criado a biga leve de corrida, mas não examinam a questão do objetivo da biga.[14] Isso pode ficar mais claro se perguntarmos como a biga era usada: para a guerra, evidentemente, mas também para a caça. Ela podia rodar em terreno acidentado e era usada como plataforma para os caçadores atirarem flechas nos animais, como atestam representações de muitas fontes egípcias e mesopotâmicas; a poesia chinesa da dinastia Tsou também deixa claro que a biga era um veículo de caça.[15]

Sendo assim, talvez possamos sugerir que a biga e o arco composto surgiram juntos porque atendiam a uma necessidade crucial do pastor nômade: dar-lhe meios de pastorear seus rebanhos de forma mais rápida que os pés poderiam permitir e também colocá-lo em situação próxima ou igual de mobilidade em relação aos predadores, lobos, talvez ursos e grandes felinos, que não davam sossego aos seus flancos. A biga certamente proporcionava uma plataforma excelente para o arqueiro em perseguição de um lobo; atirar com precisão do veículo em alvos móveis não seria mais difícil — talvez fosse até mais fácil — que disparar montado em um cavalo, como aconteceria mais tarde. Os povos sedentários ficariam maravilhados com a habilidade dos cavaleiros de largar as rédeas e abater uma vítima sem diminuir a velocidade. John Guilmartin atribui isso à "[infinidade] de tempo que o nômade das estepes [...] passava pastoreando e recolhendo rebanhos, o que o mantinha sobre a sela, mas sem outra ocupação [...] exceto a prática constante do arco e flecha [...] Tendo em vista o número de alvos — humanos e animais, comestíveis ou não — que a estepe apresentava, a prática fazia sentido econômico".[16] Se substituirmos "sela" por "biga" no trecho citado, o sentido continua o mesmo e o argumento é bastante convincente.

Perto da metade do segundo milênio antes de Cristo, os povos que tinham dominado as artes de fazer e usar bigas e arcos compostos descobriram — de que forma não podemos conjeturar — que os defensores das terras colonizadas não poderiam resistir aos métodos agressivos que tinham inicialmente inventado para enfrentar os predadores que atacavam seus rebanhos. Os aurigas que desceram das montanhas para as planícies abertas conseguiram infligir baixas que incapacitavam os egípcios e mesopotâmios com impunidade. Cercando soldados a pé sem armaduras a uma distância de cem ou duzentos metros, uma tripulação de biga — um para dirigir, outro para atirar — poderia flechar seis homens por minuto. Um trabalho de dez minutos de dez carros de guerra poderia causar quinhentas ou mais baixas aos pequenos exércitos da época, um número de mortes semelhante ao da batalha do Somme. Diante de um ataque desses, só havia duas saídas: fugir ou render-se. Em ambos os casos, o resultado para os atacantes seria um grande butim de prisioneiros, provavelmente destinados a se tornarem em seguida escravos.

É sugestão amplamente aceita que as primeiras interpenetrações entre a estepe e as sociedades civilizadas foram feitas por mercadores de longo alcance, que levavam tecidos, quinquilharias e metais trabalhados para trocar pelos objetos de valor que o mundo dos bárbaros produzia, entre eles peles, estanho — e escravos. Ninguém sabe como começou o comércio de escravos. Ele seria natural para os pastoreadores acostumados a cuidar de animais de quatro patas, em particular se os forasteiros adotassem seu hábito de levar as mercadorias para os locais em que os pastores se reuniam para as festas sazonais, as quais, como observou Lattimore, "tendem a se tornar cenários de feiras", e essas feiras podem ter sido os primeiros mercados de escravos.[17] Se os pastoreadores tivessem aprendido a acumular e carregar escravos para vender nas estepes, pode-se supor que quando desceram para a planície em campanhas de conquista estavam preparados para fazer e administrar escravos, bem como para impor sua autoridade sobre os povos conquistados por meio de um estrato intermediário de escravos ligados a eles.

Essa seria uma explicação de como grupos pequenos de intrusos agressivos não apenas derrubavam como também sustentavam durante algum tempo o poder sobre povos numericamente muito superiores. Parece indiscutível que os senhores das bigas eram também senhores de escravos. Evidentemente, havia escravidão na Mesopotâmia e no Egito antes disso, mas sua prática, em particular numa base comercial, pode ter se intensificado com a chegada dos conquistadores sobre rodas, ao passo que sua transmissão para a Europa talvez tenha sido conseqüência da migração dos micênicos da Ásia Menor, que não trouxeram a biga consigo, mas a adotaram por volta da metade do segundo milênio antes de Cristo, numa época em que ela subitamente passou a dominar a guerra no Oriente Médio.[18] Data-se a escravidão na China do advento da dinastia San, enquanto os conquistadores sobre rodas do vale do Indo, segundo o Rig-Veda, fizeram da escravidão a base daquilo que mais tarde se tornaria casta.

A rápida dispersão da biga não deveria nos surpreender. Com efeito, talvez tenha havido uma indústria e um mercado delas — semelhante à indústria e ao mercado de armas de alta tecnologia que equiparam em nosso tempo os novos Estados do Terceiro Mundo com armas de último tipo, leves, de fácil transporte e julgadas pelo comprador como valendo até o último centavo gasto nelas. Uma vez aperfeiçoada, a tecnologia da biga teria sido fácil de reproduzir e até mais fácil de transportar e vender. Um baixo-relevo egípcio de cerca de 1170 a.C. mostra um homem carregando uma biga sobre os ombros — nenhuma façanha nisso se ela pesava, como uma reconstrução pesou, menos de 45 quilos —, e um produto assim altamente comerciável teria estimulado a produção em todos os lugares onde houvesse artesãos com os conhecimentos necessários. O limite para a produção de uma mercadoria tão vendável e cara não seria, na prática, a falta de capacidade ou de matéria-prima, mas a escassez de cavalos adequados. O animal para a biga tinha de ser seleto e bem adestrado. A mais antiga escola para cavalos, aparentemente para adestramento padrão, se é possível confiar em um elaborado vocabulário de ensinamento de cavalos da época, pode ser datada, com base em um grupo de textos mesopotâmios, dos séculos XIII e XII a.C.; então, como agora, o cavalo jovem era intransigente em qualquer língua falada com ele.[19]

A língua proporciona uma pista sobre quem podem ter sido os primeiros conquistadores sobre rodas. Os hicsos que invadiram o Egito vinham das fímbrias setentrionais semiférteis do deserto da Arábia e falavam uma língua semítica.[20] Os cassitas e hurritas que dividiram e derrubaram o Império mesopotâmico de Hamurábi vinham das cabeceiras montanhosas dos rios Tigre e Eufrates, ainda hoje uma das regiões etnicamente mais complexas do mundo. Os cassitas falavam uma língua não identificada, classificada como "asiânica", enquanto os hurritas — e os hititas, que estabeleceram um império onde é hoje a Turquia — falavam línguas indo-européias. O mesmo acontecia com os árias que invadiram a Índia e é possível que os fundadores da dinastia San da China também viessem do Norte do Irã — embora talvez de um centro proto-iraniano no Altai.[21]

A identidade obscura dos soberanos aurigas é uma indicação de sua principal característica: eram antes destruidores que criadores e, na medida em que se civilizavam, faziam-no mediante a adoção de hábitos, instituições e cultos de seus súditos, em vez de desenvolver uma cultura própria. Na Mesopotâmia, o império de Hamurábi, que emergira de um período de conflitos provocado por povos fronteiriços conhecidos como gutos e elamitas, conseguiu restabelecer a autoridade outrora exercida por Sargão, reconstruindo uma burocracia e um exército profissional sob o comando da Babilônia. Porém o exército desse império amorita continuava a ser uma força de infantaria incapaz de deter os carros de guerra cassitas e hurritas quando eles irromperam pelas fronteiras no século XVII a.C. Os invasores hicsos do Egito, embora tenham se assenhoreado efetivamente do Norte do país, fizeram-no somente assumindo uma divindade egípcia como seu deus estatal e adotando práticas administrativas dos faraós. Também os San parecem ter assumido uma cultura preexistente no Norte da China, em vez de trazerem a sua própria. Algumas inscrições revelam que eles caçavam com bigas, matando animais tão grandes quanto tigres e touros com o arco composto, e que faziam sacrifícios humanos, provavelmente de escravos, mas talvez também de prisioneiros de guerra. Objetos encontrados em escavações de túmulos indicam que monopolizavam o uso do bronze, enquanto seus súditos agricultores continuavam a usar instrumentos de pedra. Os San foram derrubados em 1050-1025 a.C. pelos Tsou, uma dinastia do Sul da China que aprendera a usar o cavalo e o carro de guerra de uma outra fonte.

A tirania dos aurigas teve curta duração em todos os lugares. Os soberanos árias da civilização do Indo parecem ter sido os únicos invasores sobre rodas que não foram derrubados internamente; alguns estudiosos, no entanto, consideram o aparecimento do budismo e do jainismo uma reação nativa contra a tirania de casta que os árias haviam implantado. Os hicsos foram expulsos do Egito pelo renascimento do poder faraônico com Amés, que fundou o Novo Império por volta de 1567 a.C. Outros aurigas, os hititas da Anatólia — Turquia moderna — e os micênicos da Grécia moderna, que foram talvez os responsáveis pela destruição da civilização minóica de Creta e podem ter inspirado a história de Homero da Guerra de Tróia, foram ambos derrubados por povos do Norte da Grécia, os frígios e os dóricos, por volta de 1200 a.C. Porém mais significativo é que os mesopotâmios nativos, sob a liderança de Assurubalit, concluíram em 1365 a.C. uma demorada campanha contra seus suseranos hurritas e restabeleceram seu antigo império, conhecido como Assíria, nome derivado de sua capital Assur.

Nossa imagem dos assírios, inferida de sua magnífica arte imperial descoberta nas escavações de Nínive e Nimrud, é de uma raça sobre carros de guerra. De fato, seus reis e nobres eram aurigas, assim como tornaram-se aurigas os faraós do Novo Império. Porém seus ancestrais não o haviam sido. É essa transformação do papel dos reis no mundo civilizado que devemos considerar como o mais significativo, duradouro e funesto efeito da dominação pelos guerreiros dos antigos Estados teocráticos. Os egípcios do Antigo e do Médio Império mal tinham sido guerreiros; até mesmo o exército permanente de Sargão era uma organização empavonada e ineficaz em comparação com seu sucessor assírio. Os povos sobre rodas ensinaram aos assírios e egípcios as técnicas e o espírito da guerra imperial e ambos, cada um em sua órbita, tornaram-se poderes imperiais. O impulso que fez os faraós do Novo Império expulsarem os hicsos levou seus exércitos nos anos seguintes a estabelecer as fronteiras do Egito longe do Nilo, nas montanhas do Norte da Síria. Depois da expulsão dos hurritas, os assírios resolveram o problema constante da civilização mesopotâmica — o cerco de suas terras ricas mas indefesas por predadores — partindo para a ofensiva e estendendo progressivamente os limites do que se tornou o primeiro império etnicamente eclético, incluindo partes do que são hoje a Arábia, o Irã e a Turquia, junto com a totalidade da Síria e da Israel modernas. Assim, o legado da biga foi o Estado guerreiro. O próprio carro de guerra viria a ser o núcleo do exército em campanha.

A BIGA E A ASSÍRIA

No auge de seu poderio, digamos no século VIII a.C., o exército assírio revelava características que serviriam de modelo para o exército de muitos impérios posteriores; algumas delas chegaram até os nossos dias. Entre elas, destacam-se os arranjos logísticos: depósitos de suprimentos, colunas de transporte, companhias para a construção de pontes. O exército assírio foi o primeiro realmente de longo alcance, capaz de fazer campanhas distantes até quinhentos quilômetros da base e de avançar a uma velocidade que só seria superada com o advento do motor de combustão interna.

Os recursos assírios não chegaram ao ponto de pavimentar estradas — de qualquer forma, de pouca valia em um clima excessivamente seco mas que, quando úmido, carrega o cascalho não alcatroado —, mas o império tinha uma ampla rede de estradas reais, mencionadas amiúde como limites nos documentos de registro de terras que os escribas cuneiformes cunhavam em

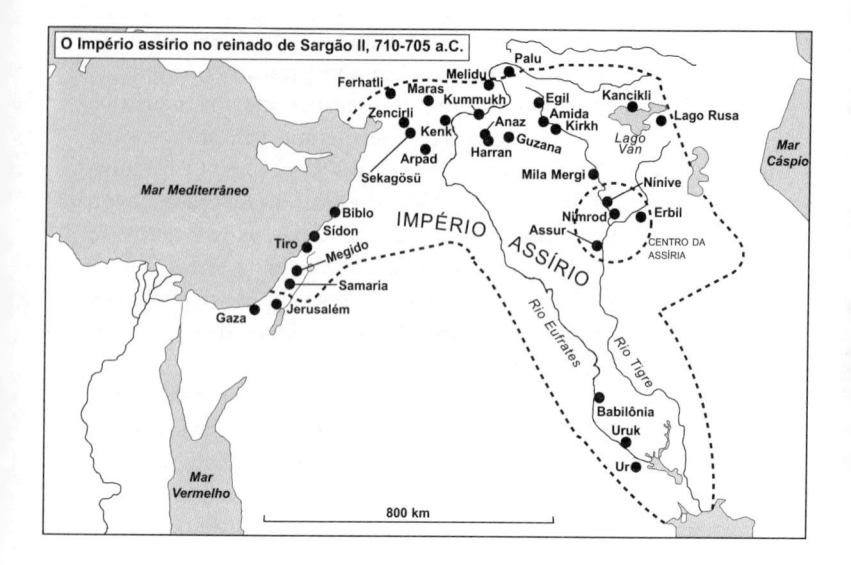

O Império assírio no reinado de Sargão II, 710-705 a.C.

quantidade sobre as tábuas de argila que fornecem as informações aos arqueólogos.[22] Ao longo dessas estradas, os elementos de um exército puxados por cavalos podiam avançar até cinqüenta quilômetros por dia — uma boa marcha, mesmo para uma força moderna. Evidentemente, a qualidade das estradas se deteriorava fora da planície central e dentro do território inimigo, onde os engenheiros militares teriam de melhorar a subida dos morros e as passagens entre as montanhas. O exército também fazia uso do transporte fluvial quando apropriado, embora tanto o Tigre como o Eufrates fossem de difícil navegação devido aos bancos de areia e aos fluxos sazonais desiguais. No início do século VII a.C., Senaqueribe trouxe construtores navais sírios para fazer navios em Nínive, para uma campanha contra os elamitas, onde é hoje o Sul do Irã. Ele aparentemente queria embarcações marinhas, como as usadas no Mediterrâneo, que estavam além da capacidade dos construtores de barcos fluviais da Mesopotâmia. Uma vez lançados, foram conduzidos por marinheiros fenícios até onde o Tigre era navegável, carregados para um canal que levava ao Eufrates e em seguida levados até o golfo Pérsico, onde receberam a bordo soldados e cavalos para descer em território elamita.²³

Provisões, materiais bélicos de todos os tipos, bigas e cavalos eram mantidos em depósitos centrais, chamados de *ekal masharti*, "palácio do lugar para dispor forças". O de Nínive foi descrito por Esarhadon no século VII a.C. como feito "pelos reis que me precederam [...] para fornecer arranjos adequados para o acampamento, para cuidar dos corcéis, das mulas, das bigas, do equipamento de batalha e do butim inimigo"; ele se tornara "pequeno demais para o adestramento de cavalos e exercícios com bigas". Não se sabe quanta comida preparada o exército levava consigo; parece que os assírios contavam com o que obteriam no campo para sobreviver em território inimigo.²⁴ Em sua campanha contra o poderoso Estado de Urartu, em 714 a.C., Sargão II registra que mandou para uma fortaleza capturada "trigo, azeite e vinho", mas seu filho Senaqueribe, quando estava lutando contra os caldeus no Sul da Mesopotâmia, em 703 a.C., "deixou as tropas comerem os grãos e as tâmaras em seus bosques e a colheita deles na planície". A destruição das terras do inimigo, depois que o exército tinha se alimentado e carregado o que podia, era então, como mais tarde, uma prática comum. Em sua campanha final contra Urartu, Sargão destruiu sistemas de irrigação e silos e cortou árvores frutíferas.

A ira de Sargão talvez tenha sido provocada pela dificuldade da campanha: suas tropas "tinham cruzado e recruzado inumeráveis montanhas" e tinham se "amotinado. Eu não podia dar alívio para sua fadiga, nem água para saciar sua sede". Ele estava em campanha ao norte das montanhas Zagros, nas terras situadas entre os lagos Van e Urmia, uma região que ainda hoje é considerada quase impenetrável por unidades em formação. Foi nesse território difícil que o braço engenheiro dos assírios manteve sua posição. Sargão registrou que durante a campanha de Urartu "equipei meus sapadores com fortes picaretas de cobre [provavelmente bronze] e eles quebraram os rochedos de montanhas escarpadas em fragmentos como se fossem calcário e fizeram um bom caminho". O exército saía-se ainda melhor na travessia de rios: séculos antes, Assurnasirpal, em campanha contra a sempre incômoda potência meridional da Babilônia, "cruzou o Eufrates na cidade de Haridi [...] usando os barcos que eu fizera — botes de couro que tinham vindo comigo pelas estradas". Esses botes de couro, usados no Iraque até os tempos modernos, talvez fossem couros de ovelha inflados para um homem, ou mais provavelmente, embarcações *kelek*, uma plataforma de madeira sustentada por vários desses couros. O exército também utilizava barcos de junco, ainda em uso pelos árabes que vivem na confluência do Tigre com o Eufrates. Os baixos-relevos assírios mostram bigas desmontadas sendo transportadas por eles através de rios.

A organização militar assíria também prenunciou a dos exércitos imperiais posteriores. Em primeiro lugar, a Assíria parece ter sido a primeira potência a recrutar soldados sem fazer discriminação étnica. Implacável em sua política populacional — reassentava os dissidentes longe de suas terras natais a fim de garantir a segurança interna, tal como os otomanos e Stalin fariam séculos depois —, estava ao mesmo tempo preparada para integrar ao exército tanto os povos súditos quanto os prisioneiros de guerra, desde que tivesse certeza de que poderia contar com a lealdade deles. A língua e uma religião comum eram os adesivos: a Assíria propagava um monoteísmo primitivo, mediante o culto de Assur, e abria sua língua oficial para empréstimos de outros idiomas, que permitia que fossem usados em série no interesse da intercompreensibilidade. Em segundo lugar, os povos súditos entravam amiúde no exército, como aconteceria em Roma mais tarde, com suas próprias armas características — fundas ou arcos — e formavam corpos auxiliares da força principal. Eles talvez tenham também fornecido os engenheiros de assédio, que os artistas assírios retrataram atacando os alicerces de muralhas, construindo rampas de assédio ou trabalhando em máquinas de sitiar. Os sírios eram grandes sitiadores. Senaqueribe descreveu seu assédio de Ezequias em Jerusalém — registrado no Velho Testamento, Reis II, 18 — da seguinte forma: "[Ele] não se submeteu ao meu jugo. Eu assediei e capturei 46 de suas cidades fortemente muradas com inumeráveis aldeias circunvizinhas, consolidando rampas para fazer subir os aríetes, com ataques de infantaria, escavações subterrâneas, brechas e máquinas de sitiar [...] Ele próprio tranquei dentro de Jerusalém, sua cidade real, como um passarinho engaiolado". Ezequias, em vez de enfrentar as conseqüências, capitulou e pagou tributo.[25]

Apesar de todos os acréscimos, o exército assírio continuou a ser essencialmente uma força de aurigas. Senaqueribe, lutando contra os elamitas em 691 a.C., fez seu historiador da corte descrever como ele "trespassara as tropas do inimigo com dardos e flechas".

> O comandante-em-chefe do rei de Elam, junto com seus nobres [...] cortei suas gargantas como se fossem ovelhas [...] Meus corcéis empinados, adestrados para o seu ofício, mergulharam no sangue que brotava deles como se fosse em um rio; as rodas de meus carros de batalha ficaram salpicadas de sangue e sujeira. Enchi a planície com os cadáveres de seus guerreiros como se fosse pastagem [...] [Havia] bigas com seus cavalos, cujos condutores tinham sido mortos quando entraram na batalha feroz, de forma que estavam soltas; aqueles cavalos andavam para lá e para cá, por todo [o campo de batalha] [...] Quanto aos xeques dos caldeus [aliados dos elamitas], o pânico de meu ataque furioso dominou-os como um demônio. Abandonaram suas tendas e fugiram para salvar a pele, esmagando os cadáveres de seus soldados na corrida [...] [Aterrorizados], passaram urina escaldante e evacuaram seus excrementos em suas bigas.[26]

Essa foi uma batalha até a morte, como revelam os detalhes altamente realistas, travada talvez porque os elamitas se posicionaram de forma a impedir o acesso do exército de Senaqueribe ao Tigre e, assim, como seu escriba observa, também à fonte de água potável. Como aconteceria tantas vezes no futuro, a batalha nessas circunstâncias era uma questão de necessidade, não de escolha. A batalha final de Sargão contra Urartu, no entanto, revelara um traço de cavalheirismo: Rusa, o rei, mandara uma mensagem desafiando os assírios para se encontrarem com ele.

Os senhores aurigas, tal como os cavaleiros posteriores, podem ter assim começado a avaliar que as disputas entre eles seriam mais bem resolvidas em embates da cavalaria, deixando que os infantes e outros seguidores formassem uma linha grosseira de batalha em sua retaguarda, carregassem os despojos, se houvesse vitória, ou sofressem as conseqüências, em caso de derrota. Os aurigas chineses do período tsou estavam claramente infectados pelo cavalheirismo, como se registra também no período seguinte da Primavera e Outono. Em uma batalha entre os Estados rivais de Tchu e Son em 638 a.C., o ministro da Guerra do duque de Son pediu duas vezes permissão para atacar o inimigo antes que ele cerrasse fileiras, com o argumento perfeitamente razoável de que "eles são muitos, mas nós somos poucos"; seu pedido foi recusado. Depois que os Son foram derrotados e o duque ferido, ele justificou-se assim: "O cavalheiro não inflige um segundo ferimento, ou faz do grisalho prisioneiro [...] Embora eu não passe do remanescente indigno de uma dinastia tombada, não soarei meus tambores para atacar um inimigo que não completou a formação de suas fileiras". Outras práticas consideradas descorteses entre os aristocratas chineses eram tirar vantagem de um inimigo em fuga que tivesse problemas com sua biga (poderiam até ajudá-lo), injuriar um soberano ou atacar um Estado inimigo quando estava pranteando a morte de um dirigente ou dividido por perturbações internas.[27]

O comportamento exemplar entre aurigas é exemplificado por um incidente de uma guerra posterior dos Son, quando o filho do duque de então viu-se diante de um guerreiro com uma flecha já armada em seu arco. Ele disparou, errou o alvo e armou outra flecha antes que o filho do duque estivesse pronto para disparar. Este gritou então: "Se não concedeis minha vez, sois um sujeito inferior" (literalmente, um não-cavalheiro). Seu oponente deu-lhe sua oportunidade e foi morto.[28]

Esse é o procedimento do duelo, ou do combate cerimonial de campeões, embates que requerem preparativos. E os preparativos parecem ter sido aceitos na guerra das bigas. Não somente Urartu desafiou a Assíria para lutar; os chineses do período da Primavera e Outono desprezavam quem lançava ataques de surpresa e normalmente mandavam mensageiros para combinar a hora e o local da batalha. Pediam também que os campos fossem arados de tal forma que permitissem uma movimentação fácil para os carros de guerra, e há repetidas inscrições sobre a necessidade de tapar os poços e buracos de cozinhas antes de uma batalha para que as bigas tivessem caminho livre. Mesmo na guerra moderna, os campos de batalha precisam de preparação em caso de teste de armas, e existem proibições legais contra, por exemplo, a colocação de minas em um campo não marcado. No mundo antigo, quando as dificuldades logísticas eram enormes — o trabalho de colocar um exército na proximidade de outro, a quase impossibilidade de mantê-lo alimentado em um determinado lugar por mais de um ou dois dias —, fazia sentido remover os obstáculos às manobras das principais armas dos guerreiros de frente. Em Gaugamelos, campo de batalha perto do Tigre onde Alexandre, o Grande, derrotou os persas em 331 a.C., seu oponente Dario não apenas aplainou todo o terreno antes do combate, como também construiu três "pistas" para suas bigas. Pode-se acrescentar que Alexandre tinha rejeitado anteriormente pedidos de seus subordinados para fazer um ataque noturno, afirmando que, se perdesse, seria uma desonra, mas, mesmo que vencesse, a vitória estaria manchada pela deslealdade.

A luta sobre carros era uma atividade com quase 1500 anos quando Alexandre, montado em seu lendário Bucéfalo, derrotou Dario. Estava então se tornando obsoleta: apenas os povos à margem do mundo civilizado — como os bretões que se opuseram à invasão dos romanos — continuavam a julgar útil essa maneira de guerrear. Mas, não obstante todo o tempo em que foi praticada, não temos uma idéia clara de sua natureza. Os historiadores do mundo antigo divergem totalmente sobre a forma como era usada a biga. O professor Creel, por exemplo, acha que ela proporcionava uma "posição vantajosa móvel" na batalha chinesa e cita os professores Oppenheim, Wilson e Gertrude Smith no sentido de que era usada no Egito como posto de comando e na Mesopotâmia e na Grécia como transporte de campo de batalha; por outro lado, o professor M. I. Finley acredita que as descrições de Homero da biga como um "táxi" para a batalha representam apenas uma prática do tempo do próprio Homero e que os heróis da *Ilíada* lutaram de outra maneira.[29]

Seria estranho se Finley estivesse errado. A arte cortesã pode ser triunfal e pode também perpetuar como simbólica a pura antigualha, mas não deve, por sua própria natureza, ridicularizar. Assim foi possível representar, numa época em que as idéias e os atavios da cavalaria tinham voltado à moda, o príncipe consorte usando armadura sem provocar risos dos vitorianos; a representação de Hitler, montado e encouraçado, foi um disparate.[30] Os faraós, reis persas e imperadores assírios certamente não achavam absurdo que fossem mostrados atirando com um arco composto de cima de uma biga. Seus artistas da corte podem ter exagerado a proeminência de seus senhores na linha de batalha; mas, se era como arqueiros sobre carros que esses grandes homens queriam ser retratados, devemos portanto inferir que essa foi a maneira dominante de ganhar batalhas durante um considerável período de tempo, do primeiro aparecimento da biga, por volta de 1700 a.C., até sua superação pela cavalaria montada, cerca de mil anos depois.

Já foi sugerido que a vantagem inicial do auriga está na súbita e muito aumentada velocidade de movimento de que gozava no campo de batalha, na letalidade de longo alcance de seu arco composto e numa disposição cultural para matar. Todas essas vantagens se desgastariam com o tempo. A familiaridade com um sistema de armas novo não deveria provocar desprezo, mas certamente estimula contramedidas. Aqueles atacados por aurigas adquirem bigas; os que não usam carros de guerra aprendem a atirar nos cavalos das bigas inimigas, a formar fileiras à prova de bigas, a usar escudos à prova de flechas, a fazer uso de terreno acidentado, onde os condutores dos carros não conseguem manobrar. Todavia, enquanto os grandes homens dos exércitos em confronto julgaram glamoroso o uso das bigas, deve ter havido alguma cumplicidade entre os inimigos para que as batalhas se travassem de forma a dar uma oportunidade para elas. O ritualismo e o cerimonialismo estão, como vimos, profundamente enraizados na concepção do homem de como o combate deve ser conduzido e somente são suprimidos pelas necessidades da batalha até a morte — algo que nem sempre tem a ver com a guerra.

A primeira batalha de bigas de que temos notícia, a de Megido, no Norte da Palestina, travada em 1469 a.C. entre o faraó Tutmés III e uma confederação de inimigos do Egito liderada pelos hicsos, terminou quase sem derramamento de sangue de ambos os lados. Megido é também geralmente considerada a primeira batalha da história, no sentido de que podemos datá-la, situar seu local, identificar seus combatentes e seguir seu desenrolar. Tutmés, que tinha acabado de subir ao trono, estava dando andamento à nova estratégia egípcia de ofensiva vigorosa contra os intrusos que tinham violado a imunidade do império fluvial. Reunindo um exército, ele marchou em etapas de quinze a 25 quilômetros por dia — uma velocidade de avanço impressionante — ao longo da costa do Mediterrâneo, através da faixa de Gaza e depois subindo as montanhas da fronteira síria. Ao que parece o inimigo contava que o terreno difícil seria uma barreira contra seu ataque. Havia três rotas através das montanhas para chegar à cidade de Megido: contra todos os conselhos, o faraó escolheu a mais difícil, afirmando que assim poderia surpreender o inimigo. A marcha de aproximação levou três dias, com o último sendo gasto para transpor uma passagem de menos de duas bigas de largura. Ao anoitecer, acampou na planície diante de Megido e na manhã seguinte dispôs seu exército para a batalha. Os inimigos também tinham avançado, mas ao verem a extensão da linha egípcia, com uma ala em cada flanco do vale e o faraó comandando de sua biga no centro, seu moral desmoronou e fugiram em pânico para a proteção das muralhas de Megido. Tutmés ordenou uma perseguição, mas seus soldados pararam no meio do caminho para saquear o acampamento abandonado do inimigo e dois dos chefes do exército oponente conseguiram entrar em Megido. Uma vez que tinha uma ampla provisão de água dentro de suas muralhas maciças, a cidade conseguiu resistir aos egípcios — que construíram uma linha de circunvalação para evitar qualquer operação de ajuda — durante sete meses. Apenas 83 inimigos tinham sido mortos na batalha e 340 feitos prisioneiros; porém os fugitivos não se reagruparam e os reis sitiados acabaram se rendendo, mandando suas crianças para fora como reféns e implorando ao faraó que "o sopro da vida seja dado às nossas narinas".[31]

O butim mais valioso da vitória veio na forma de cavalos, dos quais os egípcios capturaram 2041; na medida em que talvez ainda fossem importadores de cavalos de raça, esses animais devem ter significado um acréscimo importante aos seus carros de guerra. Não temos indicações de quantas bigas estavam envolvidas em ambos os lados da batalha. Porém, duzentos anos depois, em 1294 a.C., quando Ramsés II derrotou um exército hitita em Kadesh, junto ao rio Orontes, no Sul da Síria — sustentando a política do Novo Império de guerrear agressivamente nos limites estratégicos mais distantes do delta do Nilo —, parece que o exército egípcio tinha cinqüenta carros de guerra e 5 mil soldados. Diz-se que o exército hitita, muito maior, tinha 2500 bigas, o que deve ser um exagero — sua frente de ataque teria sete quilômetros de largura —, mas um baixo-relevo egípcio da batalha representa 52 bigas, indicando que o número de veículos envolvidos foi considerável.[32]

Há algumas dúvidas se os hititas usavam o arco composto. A tripulação de suas bigas é geralmente representada como sendo de lanceiros, o que pode explicar por que os egípcios puderam escapar de uma provável derrota em Kadesh. De qualquer forma, tanto em Megido como em Kadesh a luta com carros de guerra ainda não tinha atingido a forma desenvolvida do auge do poder imperial da Assíria, no século VIII a.C. Os sistemas de armamentos demoram longos períodos para serem assimilados — quanto mais complexos, mais longo o tempo; o sistema dos carros de guerra, que compreendia não apenas as bigas, mas também o arco composto, o cavalo e todos os seus arreios — todos estranhos às terras onde os reis aurigas mandavam —, era realmente um sistema muito complexo. Não surpreende que egípcios e hititas ainda fossem aurigas desajeitados e que o sistema tivesse de esperar pelo desenvolvimento do engenho de guerra assírio para atingir seu pleno potencial. Então se tornaria, como descrevem os escribas de Sargão e Senaqueribe, uma arma de choque e terror, manipulada pelo condutor para atacar a uma velocidade vertiginosa, atrás de uma parelha de cavalos perfeitamente adestrados, e usada pelo arqueiro como plataforma a partir da qual podia lançar uma saraivada de flechas. Esquadrões de bigas, com condutores treinados para atuar em apoio mútuo, poderiam entrar em choque de forma semelhante à dos veículos blindados de nosso tempo; o sucesso ficaria com o lado que conseguisse colocar fora de combate o maior número de inimigos, enquanto os soldados a pé azarados ou imprudentes que ficassem no caminho seriam dispersados como palha.

O CAVALO DE GUERRA

No apogeu de sua eficácia, a biga foi alcançada em importância por um dos elementos de seu sistema: o cavalo. Sugeriu-se que os próprios assírios foram os responsáveis por essa irônica revolução, que provocou a queda do império deles.

Montavam-se cavalos no mundo civilizado desde o segundo milênio antes de Cristo. O ato de cavalgar está representado na arte egípcia já em 1350 a.C. e relevos do século XII a.C. mostram soldados montados, um dos quais está tomando parte na batalha de Kadesh.[33] Porém nenhum deles é um cavalariano. Todos cavalgam em pêlo, sem esporas, e montam perto das ancas do animal, uma posição que não é de controle. Na verdade, isso indica que os cavalos ainda não eram suficientemente fortes nas costas para serem montados ao estilo moderno. No entanto, no século VIII a.C., a reprodução seletiva já tinha produzido um cavalo que os assírios podiam montar de forma a colocar seu peso sobre as espáduas e desenvolvera-se uma mutualidade suficiente entre corcel e cavaleiro para que o homem pudesse usar o arco em movimento. Ainda assim, a mutualidade, ou talvez equitação, não estava tão avançada que os cavaleiros pudessem soltar as rédeas; um baixo-relevo assírio mostra cavalarianos trabalhando aos pares: enquanto um atira com o arco composto, o outro segura as rédeas de ambos os cavalos. Como observa William McNeill, comportam-se como se estivessem sobre uma biga.[34]

Nas estepes, no entanto, o homem talvez cavalgasse antes que nas terras civilizadas, e é possível que o uso do arco a cavalo tenha ultrapassado a fronteira assíria até povos que estavam mais avançados na equitação. Sabemos que até o reinado de Sargão II o suprimento de cavalos ainda vinha das estepes, onde potros selvagens eram capturados anualmente para adestramento e venda na Assíria; não é improvável que as habilidades do arco e flecha montado tenham atravessado na direção oposta.[35]

De qualquer forma, a queda do Império assírio deveu-se à irrupção, no final do século VII a.C., do povo montado conhecido por nós como citas, uma raça iraniana cujo lugar de origem pode ter sido as distantes montanhas Altai, no Leste da Ásia central. Eles parecem ter vindo nos calcanhares de outro povo de cavaleiros chamados cimérios, que fizeram incursões na Ásia Menor por volta de 690 a.C., deixando um mundo estremecido atrás deles. Quando os citas apareceram, os assírios estavam sendo pressionados nas fronteiras de seu império — ao norte na Palestina, ao sul pelo supostamente Estado vassalo da Babilônia, e ao leste pelos medas do Irã. Seria possível resistir a todas essas pressões, como a Assíria já fizera antes. Mas em 612 a.C. os citas uniram-se aos medas e babilônios em um assédio à grande cidade de Nínive, que conseguiram tomar. Dois anos depois, apesar da ajuda do Egito, o último rei assírio foi derrotado novamente por uma aliança de citas e babilônios em Harran e, em 605, o poder da Assíria passou para a Babilônia.

Pouco tempo depois, a Babilônia deu lugar à Pérsia, o último dos grandes impérios que se ergueu no berço da civilização, mas o poderio persa não estava baseado em nenhuma técnica militar avançada. Alicerçava-se na biga: apesar do recrutamento de infantes mercenários e do treinamento dos nobres persas para lutar na cavalaria, foi sobre carros de guerra que os imperadores persas escolheram ir para as batalhas. Quando encontrou um inimigo com meios militares revolucionários ao seu dispor, o imperador persa Dario foi derrotado. Seu império passou para os sucessores de Alexandre e uma forma frágil do sistema militar alexandrino defendeu-o por mais de um século após sua morte. No entanto, ao longo dos 2500 quilômetros de fronteira que separam a estepe das terras colonizadas entre o Himalaia e o Cáucaso, nem as bigas nem as táticas européias de Alexandre foram apropriadas a partir do momento em que os povos montados aprenderam que a civilização era vulnerável aos seus ataques. Assim, os primeiros citas que fizeram suas incursões na Mesopotâmia no final do século VII a.C. foram os precursores do que seria um ciclo repetitivo de incursão, espoliação, escravização, matança e, às vezes, conquista, que iria afligir as bordas exteriores da civilização — no Oriente Médio, na Índia, na China e na Europa — durante 2 mil anos. Evidentemente, esses ataques externos persistentes provocaram profundas modificações internas, a tal ponto que podemos considerar os nômades das estepes uma das forças mais significativas — e funestas — da história militar. Os agentes inocentes do mal que causariam eram os descendentes dos pequenos pôneis que o homem criara e comera havia apenas uma dezena de gerações, antes que os citas fizessem sua primeira aparição agourenta.

OS POVOS MONTADOS DA ESTEPE

O que é a estepe? Para os que vivem em terras colonizadas e temperadas, a estepe significa a enorme extensão de espaço vazio que ocupa o mapa entre o oceano Ártico, ao norte, e o Himalaia, ao sul, e entre os vales fluviais irrigados da China, ao leste, e a barreira formada pelos pântanos de Pripet e as montanhas dos Cárpatos, a oeste. No mapa mental do homem civilizado, ela aparece desinteressante e climaticamente indiferenciada, uma zona de vegetação esparsa e uniforme, sem montanhas, rios, lagos ou florestas, uma espécie de oceano sem água nem viajantes conhecidos.

Essa impressão é bastante incorreta. Nos tempos modernos, sua parte ocidental foi ocupada por milhões de habitantes urbanos russos e ucranianos. Contudo, mesmo antes que começasse a colonização das margens dos grandes rios da estepe ocidental — Volga, Don, Donetz, Dnieper —, os viajantes que se aventuravam por ela reconheciam que clima e topografia a dividiam em várias regiões distintas. Os geógrafos geralmente assinalam três: a taiga, ou floresta subártica, que vai do Pacífico norte até o cabo Norte, no Atlântico; uma larga faixa desértica, da Grande Muralha da China aos pântanos salgados do Irã; e, entre as duas, a estepe propriamente dita.

A taiga é um território agreste. O clima é rigoroso — perto de Yakutsk, o solo está permanentemente congelado até uma profundidade de 135 metros — e os pescadores e caçadores que sobrevivem nas margens dos rios que descem do planalto para o oceano Ártico — Ob, Yenisei, Lena e Amur — são esquivos habitantes da floresta; entre eles, apenas os tungus, que vivem na Sibéria oriental e na bacia do rio Amur, são conhecidos da história, principalmente como os manchus que capturaram o trono chinês no século XVII.

Na faixa desértica,

> nenhum rio chega ao mar; eles se perdem nas areias ou correm para pântanos de sal. O deserto de Gobi é uma solidão monótona de areia, pedra ou cascalho que se estende por 2 mil quilômetros, habitada, na crença popular, somente por demônios, cujos gemidos trovejantes devem-se plausivelmente ao ruído do movimento das dunas, deslocadas por ventos poderosos.

A vegetação é de cerrado; o clima é rigoroso; tempestades de areia gélidas sopram furiosamente no inverno e na primavera; a chuva cai raramente, mas após uma curta chuvarada brotam subitamente do deserto pequenas plantas verdes. O Takla Makan é um Gobi menor, varrido de tal forma no verão por tempestades de areia que sua travessia só é tolerável no inverno. O Dasht i-Kavir, ou deserto persa, com 1300 quilômetros de largura, consiste menos em areia que em pântanos de sal, mas [está] pontilhado de oásis.

Na teoria de William McNeill, esses oásis foram pontos nodais no caminho dos aurigas indo-europeus para a China.

A verdadeira estepe constitui uma faixa alongada de pastagens, com 4800 quilômetros de comprimento e, em média, oitocentos quilômetros de largura, limitada ao norte pelo Subártico e ao sul por desertos e montanhas; no leste, chega aos vales fluviais da China e, a oeste, às rotas que levam para as terras férteis do Oriente Médio e da Europa. Ela forma

> uma pastagem sem árvores, uma planície ervosa entre as montanhas, inadequada para a agricultura, exceto se dispendiosamente irrigada, mas perfeita para a criação de gado, ovelhas e cabras, com os vales subalpinos do Altai proporcionando pastos de alta qualidade. A vegetação consiste principalmente em excelente capim; a superfície do solo varia de cascalho a sal e argila; o clima, embora severo e na estepe alta espantosamente frio no inverno [abaixo do ponto de congelamento nas montanhas Altai durante duzentos dias por ano], é seco e, portanto, suportável, e os pastores dessa região vivem amiúde até uma idade muito avançada.[36]

Os geógrafos distinguem entre estepe alta e baixa, respectivamente a leste e a oeste do planalto de Pamir, que emerge do Himalaia. O "gradiente", portanto, corre para oeste e as pastagens melhoram nessa direção, estimulando assim a migração para a Europa e o Oriente Médio. Porém, houve historicamente muito movimento na direção oposta: a região da Dzungaria, coração da estepe, situada ao sul das montanhas Altai, oferece uma entrada natural para a planície chinesa. Trata-se de uma passagem mais fácil que as entradas para o Ocidente — nas duas extremidades do Cáucaso, na brecha entre os mares Cáspio e

Aral e em torno do alto do mar Negro, pelo corredor de Adrianópolis —, que são mais fáceis de defender.

Os citas, primeiro povo da estepe que conhecemos, vieram provavelmente do Altai e seguiram o gradiente da estepe para oeste a fim de atacar a Assíria. Dos que vieram depois, parece certo que os turcos provinham do Altai e sua língua (à qual a dos casaques, uzbeques, uigures e quirguizes, entre outras, são aparentadas) era e continua a ser o principal idioma da Ásia central; os hunos, que surgiram nas fronteiras de Roma no século V, falavam uma língua que pertencia ao grupo túrquico. O mongol, ao contrário, falado por comparativamente poucos povos das estepes, tinha aparentemente sua origem nas florestas ao norte do lago Baikal e a leste do Altai; o manchu, também tungúsico, provém da Sibéria oriental. Todavia, alguns dos povos montados eram, tal como os primeiros aurigas, indo-europeus, e falavam o que veio a ser o persa; línguas aparentadas, hoje esquecidas, mas faladas por guerreiros em suas épocas, foram o sogdiano e o tócaro, e outra era a do povo conhecido pelos romanos como sármatas.[37]

O que fez os nômades montados saírem da estepe? Não podemos enquadrar facilmente seu comportamento guerreiro nos padrões percebidos em outras sociedades pelos antropólogos sociais. Com certeza, não eram "guerreiros primitivos": desde o início lutaram para vencer, de forma que explicações baseadas em termos de disputas de parentesco ou cerimonialismo não se aplicam a eles. A territorialidade também parece um conceito inapropriado: embora as tribos nômades se ligassem indiscutivelmente a determinadas pastagens e permitissem que outras tribos tivessem as suas, era também uma característica saliente do nomadismo a composição tribal fluida; o posto de chefe era precário e os seguidores se separavam ou juntavam de forma imprevisível. A idéia mais útil para explicar essa saída talvez seja a noção ecológica de "capacidade de sustentação". William McNeill argumentou persuasivamente que a vida na estepe estava sujeita a mudanças de clima súbitas e altamente perturbadoras: a estações quentes e úmidas, favoráveis às boas pastagens e a uma taxa mais alta de sobrevivência da prole animal — e humana —, seguiam-se comumente tempos duros, que deixavam as famílias e rebanhos maiores em dificuldades de sustento. A migração dentro das estepes não ajudava, pois os vizinhos sofriam os mesmos problemas e resistiam às incursões. O meio óbvio de escapar era, portanto, para fora, na direção de climas mais amenos onde as terras cultivadas ofereciam rações de emergência.[38]

A falha dessa explicação — percebida e concedida pelo próprio McNeill — é que os nômades teriam aprendido com o tempo a prever a alternância de épocas boas e ruins e se instalariam fora da estepe que, em conseqüência, teria se esvaziado depois que eles dominaram o cavalo de montaria. Em certo sentido, foi isso que aconteceu: os agressores de ação mais ampla entre os povos das estepes — os mongóis e os turcos — estabeleceram impérios pagadores de tributos sobre povos sedentários que os liberaram do ciclo de fome no mar de pasto. Todavia, os nômades tinham uma fraqueza: eles gostavam do modo de vida nômade e desprezavam o fatigado lavrador, preso aos seus sulcos na terra e ao seu boi de arado. O que os nômades queriam era o melhor de dois mundos: os confortos e luxos que a vida sedentária produzia, mas também a liberdade da vida sobre uma sela, do acampamento de tendas, da caçada e da mudança sazonal de domicílio.

Em nenhum lugar se apreende melhor a persistência do espírito nômade que no Topkapi, em Istambul, palácio dos sultões otomanos onde, até o início do século XIX, os soberanos de um império que ia do rio Danúbio ao oceano Índico passavam seus dias tal como poderiam fazê-lo nas estepes, sentados sobre almofadas em chão acarpetado de pavilhões provisórios montados nos jardins do palácio, vestidos com o caftã e as calças largas de um cavaleiro e tendo como sua insígnia principal a aljava, o estojo de arco e os anéis de polegar do guerreiro montado. Embora plantado na capital do Império romano oriental, o Topkapi continuava a ser um acampamento de nômades, onde os estandartes turcos de batalha desfilavam diante dos soberanos e os estábulos ficavam junto à porta.

Há uma outra explicação para a belicosidade dos nômades: era uma maneira de forçar as terras civilizadas a negociar. Os povos da estepe certamente aprenderam a comerciar numa época remota e seus cavalos — e provavelmente também escravos — eram produtos que os mercadores profissionais estavam ansiosos para comprar ou trocar por bens manufaturados. Uma das condições de paz que os hunos apresentaram aos romanos na metade do século V foi que um mercado junto ao Danúbio fosse reaberto "como antigamente".[39] O êxito dos interesses comerciais de ambas as pontas da rota da seda que ligava a China ao Oriente Médio, aberta no século II a.C., na manutenção do tráfego ao longo dela por mais de mil anos sugere também que os nômades geralmente percebiam a vantagem de estimular, em vez de pilhar, o fluxo de bens através de seu território. Contudo, ele sofria freqüentes interrupções, quando a cobiça superava o senso comercial; e, ademais, o comércio forçado não funciona quando há um desequilíbrio estrutural entre o que se quer e o que pode ser oferecido em troca. A estepe simplesmente não produzia o suficiente do que a civilização queria para suas transações iniciadas por meios militares se tornarem auto-sustentáveis por incentivos comerciais normais. Como os ingleses descobriram ao procurar impingir o ópio à China no século XIX, uma demanda de venda, sustentada pela força das armas, leva inevitavelmente o vendedor a impor sua vontade política sobre o comprador relutante, tornando-se assim um imperialista, se não no nome, pelo menos na essência. De qualquer forma, essa sofisticação de estratégia em dois tempos estava provavelmente além da capacidade dos primeiros povos montados.

OS HUNOS

O primeiro povo das estepes sobre o qual temos conhecimento detalhado são os hunos, que invadiram o Império romano no século V. Se eles podem ser identificados com os xiong-nu, desestabilizaram seriamente a China unificada da dinastia Han no século II a.C. Os hunos, que falavam provavelmente uma língua túrquica, não possuíam escrita; sua religião era "um simples culto da natureza". Talvez tivessem xamãs — invocadores de espíritos que se acreditava fizessem a mediação entre deus e homem, também existentes entre os povos da floresta que migraram para a América do Norte — e sabe-se com certeza que praticavam a escapulimancia, leitura de presságios a partir da omoplata de ovelhas. Prever o futuro era importante para os hunos; foi aparentemente para mercenários hunos a seu serviço que Litório leu a sorte antes da batalha de Toulouse em 439, sendo o último general romano a executar os antigos ritos pagãos.[40] O sistema social dos hunos era simples: reconheciam o princípio aristocrático — Átila orgulhava-se de ser bem-nascido — e mantinham um número limitado de escravos, mas não aceitavam outras divisões.

Eles vendiam escravos, evidentemente, e em grande número após fazer uma conquista: sua inumanidade em separar famílias para vender horrorizou os escritores cristãos do século V.[41] A venda de escravos certamente rendeu mais lucros que o comércio de cavalos e peles assim que os hunos se instalaram nas províncias exteriores do Império romano, mas também ganhavam uma enorme renda em ouro com os resgates que pediam por prisioneiros militares e civis, bem como em subornos diretos dos últimos imperadores: durante o período de 440 a 450, as províncias orientais pagaram a eles cerca de seis toneladas de ouro para comprar a paz.[42] É esse tipo de transação que desperta dúvidas sobre a interpretação das incursões dos povos nômades da estepe em termos de "fuga das mudanças climáticas" ou "imposição de comércio". A verdade parece ser muito mais simples: os nômades — fisicamente robustos, logisticamente móveis, culturalmente acostumados a derramar sangue, eticamente tranqüilos quanto a tirar a vida ou limitar a liberdade dos estranhos à tribo — aprenderam que a guerra valia a pena.

Se as conquistas feitas pela guerra podiam ser mantidas, isso era uma outra questão. Parece que a natureza impõe limites à profundidade da penetração que os nômades podem fazer nas terras colonizadas. A demanda por terras irrigadas para pastagens desorganiza o sistema, fazendo-o retornar a um estágio em que não consegue sustentar nem animais, nem homens. Se conquistada à floresta, a terra volta a se encher de árvores quando a população lavradora é dispersada. (Isso tornou-se desastroso na Mesopotâmia depois da chegada dos turcos no século XIII.[43]) Portanto, a expansão nômade só podia se consolidar nas terras limítrofes entre a estepe e a agricultura, mas essas terras sustentam apenas populações pequenas. No Extremo Oriente, onde já estavam a meio caminho de se tornarem chineses, os conquistadores nômades foram assimilados facilmente, ainda que como classe dominante. No Ocidente, onde a religião e os costumes civilizados impunham uma diferenciação muito mais aguda entre eles e os agricultores, as terras fronteiriças tornaram-se um campo de batalha permanente, onde o uso do solo tinha de ser garantido pela força das armas.

Para os hunos de Átila, os campos arados da Gália e a planície cultivada do Pó devem ter representado ambientes desconcertantes. Comida, achariam em abundância, mas não do tipo a que estavam acostumados nem em variedades que se regenerassem após a forragem. O capim não substitui o trigo ou o feijão numa única estação. Consta que Átila trouxe seu séquito de famílias em carroças, mas não pode ter trazido suas ovelhas ou um número grande de seus cavalos; sua base econômica tradicional deve ter sido deixada para trás, talvez no vale do baixo Danúbio. É possível que o chamado de seus rebanhos e tropas explique sua misteriosa partida da Itália em 452, quando a península jazia indefesa diante dele. Nessas circunstâncias, uma volta às pastagens faria sentido logístico. Contudo, não foi seu recuo que chocou o Império romano, mas seu avanço, e antes disso a incursão dos hunos na Europa oriental, que provocou um ataque em massa por parte das tribos germânicas da fronteira do Danúbio. A seqüência da ofensiva huna das estepes dá-nos um exemplo claro de quão destruidora podia ser uma campanha dos povos montados quando se dispunham a guerrear.

Se os hunos eram os xiong-nu que ameaçaram a China no século II (essa identificação baseia-se em um único indício cita), nada se ouviu deles entre o século I a.C. e o ano 371, quando derrotaram os alanos, um povo iraniano, na batalha do rio Tanais, entre o Volga e o Don; muito alanos uniram-se aos hunos, outros alcançaram as fronteiras romanas e se tornaram cavaleiros mercenários.[44] Em 376, os hunos atravessaram o Volga para invadir as terras góticas, entre o Dnieper e a fronteira romana do Danúbio. Os godos eram a mais agressiva das tribos germânicas que pressionavam as fronteiras do Império romano havia pelo menos um século. Seu ramo ocidental (visigodo) estava estabelecido em território que fora romano entre 106 e 275 — a província da Dácia (moderna Hungria) — e, nessa época de dificuldades para o Império, seus líderes vinham tratando de igual para igual com os imperadores. Os hunos, empurrando os godos orientais (ostrogodos) adiante, transformaram os visigodos em suplicantes da noite para o dia. Com relutância — já havia bárbaros demais dentro do Império —, os romanos deram-lhes permissão para cruzar o Danúbio, e seus primos orientais vieram pelo mesmo caminho. No entanto, as autoridades locais trataram-nos muito mal e, embora tivessem rendido seu armamento como condição para entrar, conseguiram outras armas e prepararam-se para lutar perto do delta do Danúbio. Os romanos poderiam derrotá-los facilmente, mas assustados com o rumor, verdadeiro ou falso, de que os godos tinham feito uma aliança com os hunos, que estavam acampados do outro lado do Danúbio, recuaram para as montanhas dos Bálcãs.

Ao longo de toda a fronteira de Roma com a Germânia ocorreram então distúrbios, talvez fomentados pelos godos, e enquanto o jovem imperador Graciano tentava conter os alemanos no Reno, Valente, imperador no Oriente, reuniu o melhor exército que podia e avançou contra os godos que estavam saqueando o Leste da Grécia. Em 9 de agosto de 378, defrontou com o acampamento fortificado dos hunos nos arredores de Adrianópolis, foi ferido no decorrer de uma batalha caótica e morreu no massacre que se seguiu. A morte de um imperador em batalha, pouco tempo depois da de Juliano numa guerra contra os persas (363), foi um golpe severo em Roma. Porém a conseqüência irrecuperável de Adrianópolis não foi o dano moral ou material que causou, mas a barbarização forçada do exército romano, imposta a Teodósio, o novo imperador do Oriente, pelos visigodos como condição para que se comportassem bem. Em troca da permissão de se estabelecerem com suas armas ao sul do Danúbio (382), os visigodos concordaram não apenas em manter a paz, mas em lutar pelo imperador como aliados "federados".

"O acordo abriu [...] um grave precedente."[45] Os romanos, tal como os assírios, incorporavam tradicionalmente contingentes de bárbaros ao seu exército, mas como especialistas e em pequeno número. À medida que aumentaram as pressões sobre o Império, cresceu também esse número — talvez houvesse 20 mil godos "romanos" na batalha de Adrianópolis e alguns mercenários hunos estavam servindo na cavalaria, ao lado de outros representantes dos povos montados. Mas até então os romanos sempre tinham mantido o controle do comando, fosse pela nomeação de altos funcionários imperiais para o generalato, fosse pela promoção de bárbaros às altas fileiras do exército romano — ainda muito ambicionadas e bem pagas. O acordo de Teodósio mudou isso: a partir de então, os exércitos bárbaros atuariam com autonomia dentro do Império e, quando a pressão contínua de bárbaros de fora provocasse sucessivas crises de liderança, os chefes bárbaros colocariam seu peso de um lado ou de outro dos competidores pelo trono, com resultados econômicos e militares catastróficos.

Assim, embora tenha conseguido realizar a reunificação sob um único trono, Teodósio permitiu que mais godos entrassem no Império no decorrer de suas campanhas de pacificação, e esse contingente visigodo, sob o comando de Alarico, causou danos irreparáveis ao que restava da estrutura imperial no Ocidente depois da morte de Teodósio, em 395. Em 401, a partir de uma base na Grécia, Alarico invadiu a Itália através dos Alpes, iniciando uma campanha de espoliação que Estilicão, o último grande general romano, precisou de três anos para colocar sob controle. Ao final, o exército de Estilicão estava tão desfalcado que não teve forças para enfrentar a ameaça seguinte. Em 405, a maior horda bárbara já vista, reunindo vândalos, burgúndios, suevos e godos sob a liderança de Radagásio, cruzou o Danúbio e os Alpes para invernar no vale do Pó. Aparentemente, tinham sido expulsos do Norte da Germânia por hunos que estavam subindo da Dácia, última extensão de estepe antes das florestas européias. Estilicão conseguiu confinar as hordas bárbaras numa área perto de Florença, deixá-las sem víveres até se renderem e empurrar os sobreviventes de volta para o Sul da Germânia. Nos anos seguintes, as tribos separadas atravessaram o Reno para iniciar a barbarização da Gália.

A perda de controle romano sobre as províncias ocidentais remanescentes prosseguiu a passo acelerado, com Alarico desempenhando um papel maligno. Em 410, capturou e saqueou Roma e depois seguiu para o sul, decidido a atacar a África romana, mas morreu antes de conseguir navios. Enquanto isso, o império oriental também sofria a ameaça dos hunos que tinham invadido durante algum tempo a Grécia, em 409. Felizmente, alguns hunos mostraram-se dispostos a mudar de lado diante de um bom incentivo, e esses mercenários proporcionaram ao general Aécio, "o último dos romanos", boa parte das forças com que sustentou a autoridade imperial no segundo quartel do século V.[46] A partir de 424, lutando geralmente na Gália, ele conseguiu deter os invasores teutônicos, mesmo quando a Espanha e a África romana se desmoronavam sob o ataque dos vândalos. Entre 433 e 450, Aécio lutou quase sem parar na Gália.

Em 450, defrontou com um novo desafio. Havia vinte anos, os hunos da Hungria vinham agindo como um poder independente no flanco do império oriental, cobrando tributos do imperador, mas também incursionando em seu território e cooperando com os líderes teutônicos, com vantagens mútuas. Em 441, atacaram a Grécia novamente, sob a liderança do sobrinho de seu rei, Átila, que em 447 surgiu diante das muralhas de Constantinopla. Em 450, transferiu seu esforço para a Gália e no ano seguinte sitiava Orléans. A arte de sitiar ainda não fora dominada pelos hunos, ou por qualquer povo das estepes antes dos mongóis, e, enquanto Átila combatia junto às muralhas da cidade, Aécio, com frenéticas gestões diplomáticas, reuniu um exército de francos, visigodos, burgúndios e alanos e levou-o para uma batalha na planície aberta da Champanhe, entre Troyes e Châlons.

Travada em junho de 451, Châlons tem sido considerada uma das "batalhas decisivas da história". Havia teutões e povos montados de ambos os lados e foram os alanos de Aécio que conseguiram deter os hunos numa luta campal. Quando percebeu que Aécio se aproveitava disso para tentar cercar sua retaguarda, Átila refugiou-se em seu círculo de carroças e, com a cobertura dos arqueiros hunos, conseguiu romper o contato e recuar para o Reno. No ano seguinte, invadiu a Itália, levando os habitantes do vale do Pó a se refugiar nas ilhas que viriam a ser Veneza e também, de acordo com a crença popular, fazendo com que o papa Leão I visitasse seu acampamento e o dissuadisse de atacar Roma. Átila não avançou para o sul e, depois de acertar o resgate de seus prisioneiros mais importantes, deu meia-volta e recuou. Em dois anos, "o flagelo de Deus" estava morto e o império huno desfez-se.

Havia motivos circunstanciais para que Átila decidisse deixar a Itália. Esta acabara de passar por um período de fome, enquanto a peste atacava seu exército e uma força romana do Oriente atravessava o Danúbio para atacar a Hungria. Mas essas circunstâncias não explicam por que o Império huno não conseguiu sobreviver à morte de Átila e por que, depois da morte de seus filhos, os hunos desapareceram da história. Uma sugestão é que, durante a estada deles nas fronteiras do Império romano, tinham abandonado seus hábitos da estepe, adotado métodos teutônicos de luta e, assim, se aculturado.[47] Isso é negado por Maenchen-Helfen, o estudioso mais meticuloso dos dados sobre os hunos: "Os cavaleiros de Átila ainda eram os mesmos arqueiros montados que na década de 380 tinham descido do vale do Vardar para a Grécia". Outra explicação é que a planície húngara não é grande o suficiente para sustentar manadas de cavalos como as que os hunos precisavam para manter a organização de sua cavalaria. Os povos montados necessitam certamente de muitos animais. Marco Polo, que cruzou a Ásia central no século XIII, observou que um único cavaleiro podia manter até dezoito mudas de montaria. Ademais, calculou-se que a planície húngara pode alimentar apenas 150 mil cavalos, muito pouco para a horda de Átila, mesmo admitindo dez cavalos por cavaleiro. Esse cálculo, porém, não leva em consideração o clima muito mais ameno da região, em comparação com o da estepe, resultando numa pastagem muito mais rica e duradoura. Em 1914, a Hungria dispunha de 29 mil cavalarianos, a um cavalo por soldado, e, embora os cavalos devessem ser maiores que os de Átila e parcialmente alimentados com grãos, essas diferenças não são suficientes para explicar uma diminuição de dez vezes dos requisitos necessários.[48] Os cavalos dos hunos devem ter prosperado nos setenta anos que ali estiveram e é muito improvável que Átila estivesse desprovido deles quando partiu para o oeste em 450.

Por outro lado, é altamente provável que muitos dos cavalos que levou fossem cavalgados até a morte e não pudessem ser repostos ao longo de sua linha de comunicações. As campanhas de cavalaria matam um grande número de montarias se estas não receberem regularmente descanso e pastagem. Durante a guerra dos bôeres de 1899-1902 na África do Sul, por exemplo, o exército britânico perdeu 347 mil dos 518 mil cavalos que empregou, embora o país tivesse pastagens abundantes e clima benigno. Apenas uma fração mínima, não mais que 2%, foi perdida em batalha. O resto morreu de esforço excessivo, doenças ou desnutrição, a uma taxa de 336 por dia de campanha.[49] Ademais, Átila não tinha meios de transportar seus cavalos em vagões ou navios, como os ingleses o fizeram. Portanto, o mais provável é que os cavalos de remonta que recebeu por terra quando estava na Hungria tenham chegado em situação não muito melhor que a dos que seus soldados já estavam usando, e que o recuo para as pastagens tenha liquidado muitos dos sobreviventes. O "flagelo de Deus" talvez tenha sido um inimigo ainda pior de seu próprio exército e parece ter deixado pouca força substancial para seus filhos. A morte deles em batalha, um nas mãos dos godos, o outro contra um general do Império romano do Oriente em 469, é a última notícia que temos dos hunos.[50]

O HORIZONTE DOS POVOS MONTADOS, 453-1258

Apesar do desaparecimento súbito dos hunos da história, os povos montados tinham chegado. Eles continuariam a ser uma ameaça sempre presente para as civilizações da Europa, do Oriente Médio e da Ásia no milênio seguinte. Fora extraordinária a subida deles ao poder em pouco mais de 1500 anos. Além disso, constituíam realmente um novo tipo de gente, anteriormente desconhecida para o mundo. Evidentemente, a força militar já estava estabelecida como um princípio antes da chegada deles, mas como recurso disponível apenas para os governos e as populações sedentárias que dirigiam, além de limitada pela produção das economias que controlavam.

Exércitos alimentados com excedentes agrícolas e limitados em alcance de manobra pelo ritmo e resistência da marcha a pé simplesmente não podiam empreender campanhas amplas de conquista. Nem precisavam disso: os inimigos, com restrições semelhantes, podiam ameaçá-los com derrotas em batalhas, mas não com uma *Blitzkrieg*.

Os povos montados eram diferentes. Átila mostrara uma capacidade de mudar seu centro estratégico de ação — *Schwerpunkt*, como a doutrina do Estado-maior prussiano denominou-o mais tarde — do Leste da França para o Norte da Itália, numa distância de oitocentos quilômetros em linha reta e muito maior na prática, pois estava operando ao longo de linhas externas. Uma manobra estratégica como essa jamais fora tentada nem seria possível antes. Essa escala de liberdade de ação estava no centro da "revolução da cavalaria".

Os povos montados lutavam sem constrangimentos ainda em outro sentido: não queriam, como os godos, herdar ou se adaptar às civilizações entendidas pela metade que invadiam. E, apesar da sugestão de que Átila pensou em se casar com a filha do imperador romano do Ocidente, também não queriam superar a autoridade política dos outros. Queriam os despojos de guerra sem laços. Eram guerreiros por amor à guerra, pelo butim, pelos riscos, as emoções, a satisfação animal do triunfo. Oitocentos anos depois da morte de Átila, Gengis Khan, ao perguntar a seus companheiros de armas mongóis sobre o maior prazer da vida e receber como resposta que era a falcoaria, retrucou: "Vocês se enganam. A maior fortuna do homem é perseguir e derrotar seu inimigo, tomar todas as suas posses, deixar sua esposa chorando e gemendo, montar seu capão [e] usar os corpos de suas mulheres como camisola e apoio".[51] Átila poderia ter dito a mesma coisa; com certeza, agia dentro desse espírito.

Juntas, a crueldade humana e a eqüina transformaram assim a guerra, fazendo dela, pela primeira vez, "uma coisa em si mesma". Podemos a partir de então falar de "militarismo", um aspecto das sociedades no qual a mera capacidade de guerrear, rápida e lucrativamente, se torna um motivo em si mesmo para fazê-lo. Todavia, militarismo é um conceito que não pode ser aplicado a qualquer povo montado, uma vez que supõe a existência de um exército como instituição dominante mas separada de outras instituições sociais. Não havia tal separação entre os hunos de Átila, nem haveria em qualquer povo montado até que os turcos adotassem o islamismo. Os homens adultos e capazes da estepe *eram* o exército, mas não o tipo de exército pelo qual Turney-High media a posição de uma sociedade acima ou abaixo do "horizonte militar". Todos os povos montados que abriram uma trilha de conquistas das estepes até as terras civilizadas travavam "guerras verdadeiras" segundo todos os critérios — falta de limites no uso da força, singularidade de objetivo e nenhuma disposição de aceitar menos que a vitória total. Contudo, sua guerra não tinha objetivo político no sentido clausewitziano e nenhum efeito transformador cultural. Não se tratava de um meio de progresso material ou social; na verdade, era exatamente o contrário, um processo pelo qual obtinham a riqueza para sustentar um modo de vida imutável, para permanecer exatamente como eram desde que seus ancestrais atiraram uma flecha de cima de uma sela pela primeira vez.

Nenhum dos povos montados que mantiveram uma base na estepe jamais mudou de boa vontade seus hábitos; na melhor das hipóteses, seus líderes mais bem-sucedidos foram absorvidos como classe dominante pelas sociedades sedentárias que conquistaram, sem abandonarem seu *ethos* nômade. Isso é verdade até para os turcos convertidos ao islamismo, apesar do grau em que sustentaram as formas de governo bizantinas em seu império depois da captura de Constantinopla, em 1453. O sistema mameluco, apesar do grau de autonomia de que os mamelucos gozavam, era, como vimos, apenas um meio de perpetuar o modo de vida do cavaleiro, com toda a riqueza e a honra que o poder militar trazia consigo. Ademais, a maioria dos povos montados, durante a maior parte do tempo em que as fronteiras da China, do Oriente Médio e da Europa ficaram abertas aos seus assaltos, não conseguiu encontrar emprego individual ou se impor como dirigentes nas sociedades mais avançadas. A vida da estepe continuou enraizada na guerra, mas o caminho belicoso era difícil, bloqueado em quase todas as direções pelas defesas dos Estados que lutavam ainda mais ferozmente para manter os povos montados confinados aos limites da estepe. Eles tinham aprendido as conseqüências terríveis de baixar a guarda.

Após o desaparecimento dos hunos, nenhum povo montado forte manteve-se em contato com as potências civilizadas da Europa e do Oriente Médio. Os mais significativos foram os eftalitas, chamados de hunos brancos, que parecem ter sido expulsos para a fronteira setentrional da Pérsia pelos xiong-nu quando todos eles viviam nas fímbrias da China.[52] Os eftalitas obtiveram pelo menos uma vitória espetacular, em parte porque as energias da Pérsia estavam devotadas à guerra endêmica com Bizâncio, mas em 567 os persas conseguiram expulsá-los. Empurrados para o leste, parece que entraram na Índia hindu e plantaram as raízes do futuro poder rajpute.

Enquanto isso, Bizâncio enfrentava vários povos montados empurrados para oeste pelos perpétuos conflitos tribais nas estepes. Entre eles estavam os búlgaros e os avaros, os primeiros empurrados pelos últimos que, por sua vez, foram expulsos pelo crescente poderio dos turcos. Os búlgaros acabaram se instalando nos Bálcãs, onde seriam motivo de perturbações até que os otomanos finalmente os controlaram. Os avaros migraram para a Hungria, provocaram distúrbios e, ainda que tenham se aliado ocasionalmente a Bizâncio, sitiaram Constantinopla em 626; com a ajuda dos persas, quase conseguiram invadi-la. Foram repelidos, mas continuaram a ser uma fonte poderosa de danos até que Carlos Magno finalmente os derrotou, no século VIII; o lugar deles foi então tomado pelos magiares, o último povo montado a migrar das estepes para a Europa central.

Antes de atacarem o Ocidente, no entanto, os avaros talvez já tivessem aprendido o hábito de guerrear contra potências imperiais, se é verdade que podem ser identificados com os juan-juans que, no início do século V, tinham entrado em conflito com a dinastia conhecida como Wei setentrional, no Norte da China. Os wei eram um dos grupos de povos da estepe achinesados que depois da queda do império unificado Han no século III tinham governado ao norte do Yan-tse; as circunstâncias da subida deles ao poder são tão complexas que o período é conhecido como dos "Dezesseis Reinos dos Cinco Bárbaros" (304-439). Em 386, porém, o Wei setentrional já era dominante e começou a reunificar o Norte da China. No processo, entrou em conflito com o povo juan-juan que vivia acima do deserto de Gobi e expulsou-o de seu território. Nessa luta receberam a ajuda de uma gente submetida aos juan-juans que exercia o ofício de ferreiro: eram os turcos. Esse povo estava ressentido: depois de ajudar seus senhores a sufocar uma revolta de outra tribo vassala, o chefe dos turcos pediu como recompensa a mão da filha do chefe juan-juan, que lhe foi negada. O Wei setentrional ofereceu-lhe uma filha nobre e juntos eles atacaram os juan-juans, que foram derrotados. Os turcos tomaram o território deles e seu chefe, o título de *khagan* ou *khan*, que mais tarde viria a ser usado pela maioria dos soberanos das estepes.

O *khan* turco e seus sucessores fundaram um grande império. Foram "os primeiros bárbaros a criar um reino tão extenso que tocava em pontos diferentes as quatro grandes sociedades civilizadas da época: China, Índia, Pérsia e Bizâncio".[53] Em 563, já tinham chegado ao rio Oxus, na fronteira oriental da Pérsia, e com os persas fizeram causa comum contra os eftalitas. Em

567, o *khan* turco Istemi ganhava uma parte das terras dos eftalitas como espólio da vitória. No ano seguinte, era considerado uma figura de tal importância que o imperador Justino II de Bizâncio não somente recebeu uma embaixada dele como enviou emissários próprios em longa missão até o centro da estepe. Fatalmente, os turcos entraram então em disputas internas sobre autoridade dentro de seu império, problema costumeiro dos povos montados e causa principal da dissolução de suas sociedades desestruturadas. Nesse período de desunião, perderam a maior parte de seu território oriental para o poderio emergente da dinastia Tang da China, que estendeu seu controle até o rio Oxus em 659. A essa altura, no entanto, os turcos tinham encontrado um novo inimigo a oeste que estava invadindo a estepe, fazendo grandes conquistas e disputando o controle da Ásia central com os chineses. No decorrer do século seguinte e dessa luta pelo poder, que culminou na batalha do rio Talas, no atual Quirguistão, em 751, o Império turco seria derrubado.[54] O novo inimigo eram os árabes.

ÁRABES E MAMELUCOS

Os árabes não eram um povo montado, embora viessem a tornar-se o principal utilizador de cavalos do mundo civilizado. Apenas por esse motivo já mereceriam atenção dos historiadores militares, mas eles a merecem por muito mais. Primeiro, na época em que os turcos os enfrentaram, eles estavam acabando de completar uma das maiores campanhas de conquista da história, a qual transformara um grupo tribal quase desconhecido dos desertos do interior da Arábia em senhor da maior parte do Oriente Médio, de todo o Norte da África e da Espanha. Tinham abalado o Império bizantino, destruído o persa e fundado o seu próprio. Somente Alexandre, o Grande, tinha conquistado territórios de extensão semelhante e com rapidez equivalente. Ademais, o padrão de conquista deles era criativo e unificador. Embora mais tarde viessem a se desavir entre eles, o império original era um todo único, que rapidamente dedicou-se às artes da paz. Os soberanos árabes viriam a ser grandes construtores, embelezadores e protetores da literatura e da ciência. Ao contrário dos grosseiros povos montados que mais tarde recrutariam como soldados, demonstraram uma capacidade impressionante de se libertar do modo de vida guerreiro para abraçar a civilização e cultivar modos sofisticados de pensamento e comportamento.

Mais que isso, no entanto, eles se destacam entre os povos militares porque demonstraram uma capacidade de transformar não somente a si mesmos, mas também à própria guerra. Tinha havido revoluções militares antes, notadamente aquelas provocadas pela biga e pelo cavalo de montaria. Os assírios tinham criado os princípios da burocracia militar, aperfeiçoados depois pelos romanos. Os gregos, como veremos mais adiante, tinham desenvolvido a técnica da batalha campal, travada a pé até a morte. Os árabes injetaram na guerra uma força completamente nova, a força de uma idéia. É certo que a ideologia desempenhara seu papel na guerra anteriormente. O ateniense Isócrates conclamara a uma "cruzada" grega contra a Pérsia no século IV a.C., na qual a idéia de liberdade estava implícita.[55] Em 383, durante a luta do imperador Teodósio contra os godos, o romano Temístio argumentara que a força de Roma não estava "em peitos de armas e escudos, ou em incontáveis massas de soldados, mas na Razão".[56] Os reis judeus tinham combatido em pacto com seu Deus único e todo-poderoso, enquanto Constantino evocara a imagem da cruz para trazer-lhe a vitória sobre um pretendente na batalha da ponte Mílvio. Contudo, foram idéias abafadas ou limitadas. Embora os gregos se orgulhassem de sua liberdade e desprezassem os súditos de Xerxes e Dario por não a terem, o ódio deles pela Pérsia era de fundo nacionalista. O apelo à razão não tinha força numa época em que os exércitos de Roma já estavam bastante barbarizados, com suas fileiras cheias de soldados selvagens que jamais tinham ouvido a palavra razão. Constantino, por sua vez, ainda não era cristão quando proferiu seu apelo à conquista em nome da cruz; e, embora os reis guerreiros de Israel possam ter tirado força da velha promessa divina em suas guerras pequenas e locais, os cristãos da nova promessa se angustiariam durante séculos em torno da questão de saber se a guerra era moralmente permissível ou não. Com efeito, os cristãos jamais encontraram unanimidade na crença de que o homem de guerra pode ser também um homem de religião; o ideal do martírio sempre foi tão forte quanto o de luta justificada, e continua forte até hoje. Os árabes dos anos de conquista não estavam presos a esse dilema. Sua nova religião era um credo do conflito que ensinava a necessidade de submissão aos seus preceitos revelados e o direito de seus seguidores de pegar em armas contra os que se opunham a ele. Foi o islamismo que inspirou as conquistas árabes, as idéias do islã que fizeram dos árabes um povo militar e o exemplo de seu fundador, Maomé, que os ensinou a se tornarem guerreiros.

Maomé não era apenas um guerreiro, que fora ferido numa batalha em Medina contra os homens de Meca, em 625. Ele pregava, além de praticar a guerra. Em sua última visita a Meca, em 632, estabeleceu que, embora todos os muçulmanos fossem irmãos e não devessem lutar uns contra os outros, eles deveriam lutar contra todos os outros homens até que dissessem "não há outro deus senão Alá".[57] O Corão, que os muçulmanos acreditam ser o registro de suas palavras pelos discípulos, desenvolve amplamente essa ordem. De modo mais específico que Cristo, Maomé insiste em que aqueles que aceitam a palavra de Deus formam uma comunidade (*umma*) cujos membros são responsáveis uns pelos outros. Assim, não era suficiente evitar o fratricídio: os muçulmanos estavam obrigados a fazer o bem aos irmãos menos afortunados, destinando uma certa parte de sua renda para a caridade. Tinham também o dever de cuidar uns da consciência dos outros. Fora da *umma*, no entanto, a obrigação era invertida: "Oh tu que crês, combate os infiéis que estão perto de ti".[58] Isso não era um chamado à conversão forçada. Os não-crentes que estivessem preparados para viver sob a autoridade do Corão teriam direito à proteção e, em teoria, os que estavam fora da *umma* que mantivessem a paz não deveriam ser atacados. Na prática, porém, as fronteiras da *umma* acabaram coincidindo com as da Casa da Submissão (*Dar-el-Islam*), enquanto fora ficava inevitavelmente a Casa da Guerra (*Dar-el-Harb*). Contra a Casa da Guerra, o islã entrou em conflito a partir do momento da morte do profeta Maomé, em 632.

O conflito com a *Dar-el-Harb* logo se tornou *jihad*, "guerra santa". Não foi simplesmente o comando do profeta que fez os muçulmanos levarem-na adiante com tanto sucesso, ainda que fossem furiosamente bem-sucedidos como guerreiros. Há pelo menos dois outros motivos para explicar a facilidade de suas primeiras vitórias. Primeiro, não há conflito no islamismo entre devoção e bem-estar material. Cristo, para grande perturbação moral de seus seguidores até hoje, considerava a pobreza um ideal sagrado. Maomé, ao contrário, fora comerciante, tinha uma compreensão aguda do valor da riqueza bem utilizada, esperava que a *umma* a acumulasse e julgava-a um meio de fazer o bem, tanto coletiva quanto individualmente. Ele mesmo atacava as caravanas dos mercadores ricos e incréus de Meca, e gastava o butim na promoção de sua causa, exemplo seguido por seus guerreiros ao atacarem os abastados reinos de Bizâncio e da Pérsia.

Em segundo lugar, o islã dissolveu os dois princípios pelos quais se costumava travar guerras anteriormente: território e parentesco. Não poderia haver territorialidade no islamismo, porque seu destino era submeter o mundo todo à vontade de Deus. Islã significa submissão e "muçulmano", formado a partir da mesma palavra, alguém que está submetido a ele. O destino do islã se completaria somente quando toda a Casa da Guerra fosse trazida para dentro da Casa da Submissão. Então, todos os homens seriam muçulmanos e, portanto, irmãos. Na prática, os primeiros árabes muçulmanos, ainda presos aos fortes laços de parentesco dos clãs do deserto, resistiram ao princípio da irmandade, de forma que os conversos de fora das tribos tiveram de aceitar o estatuto de clientes (*mawali*) por certo período.[59] Com o tempo, porém, esse princípio se revelaria uma das glórias do islamismo, dissolvendo barreiras de raça e língua de uma forma que nenhuma religião e nenhum império — e o islamismo abrangia os dois conceitos — tinha conseguido antes.

Outro fator ajudou muito os árabes, que nos últimos anos da vida de Maomé partiram para ampliar as fronteiras do islã: os reinos sobre os quais sua força se abateu estavam em declínio. Bizâncio gastara boa parte de sua energia resistindo aos avaros que atacavam suas fronteiras setentrionais; com maior desgaste, estava desde o início do século VII engajado na última de suas grandes guerras contra a Pérsia (603-28), uma guerra que exauriu ambos os impérios. Quanto à Pérsia, historicamente uma grande potência, tinha também sofrido historicamente com a fraqueza de sua posição geográfica, situada entre a estepe e as terras férteis do Oriente Médio. Antes da ascensão dos povos montados, fora freqüentemente capaz de se aproveitar de declínios ou colapsos em suas fronteiras ocidentais para ampliar seus limites imperiais. Um milênio antes, encontrara em Alexandre, o Grande, um oponente com tal capacidade e determinação que sua dinastia nativa fora substituída e suas possessões imperiais divididas entre seus generais. Seleuco, o general alexandrino a quem coube o centro da Pérsia, manteve o poder helenístico, mas não conseguiu helenizar a sociedade persa. Seu império acabou passando para os partos, outro povo iraniano originário da Ásia central. Embora fossem um povo montado — foi a intrepidez de sua cavalaria que derrubou a infantaria selêucida —, assimilaram-se facilmente à civilização, fundaram um grande império e, entre o século I a.C. e o começo do século III, foram os principais inimigos de Roma no Oriente. As guerras entre Roma e Pérsia eram amiúde marcadas por vitórias persas; a campanha de 363, na qual o imperador Juliano, o Apóstata, foi morto na Mesopotâmia, significou um desastre quase tão grande quanto a vitória dos godos em Adrianópolis quinze anos depois. Mas o esforço das guerras constantes dilapidou a riqueza, os recursos humanos e a capacidade de recuperação da Pérsia, e o império foi a partir de então cada vez mais assolado por nômades em sua fronteira com a estepe.

Portanto, em 633, quando um exército árabe invadiu o Norte da Mesopotâmia, o exército persa não era mais o que fora, nem o de Bizâncio. Audaciosamente, os árabes escolheram atacar os dois ao mesmo tempo e, embora compelidos a transferir forças entre as duas frentes, foram bem-sucedidos. Em 637, em Qadisiya, perto da Bagdá moderna, obtiveram uma vitória que assegurou o triunfo do islã na Pérsia; o significado dessa vitória continua tão grande no mundo árabe que na década de 1980 ela foi constantemente evocada por Saddam Hussein durante sua guerra de atrito com o Irã. Enquanto isso, outras forças árabes conquistavam a Síria (636) e o Egito (642) e avançavam ao longo da costa do Mediterrâneo em direção às províncias do Norte da África. Em 674, Muawiya, o quinto califa ou "sucessor" de Maomé, decidiu sitiar diretamente Constantinopla e, embora tenham desistido em 677, os árabes voltaram em 717. Até então, já tinham tomado todo o Norte da África (705), atravessado para a Espanha (711) e atingido os Pireneus, através dos quais fizeram uma curta invasão da França. No Oriente, conquistaram o Afeganistão, incursionaram pelo Noroeste da Índia, anexaram parte da Anatólia (a Turquia moderna), empurraram sua fronteira mais setentrional para a linha das montanhas do Cáucaso e cruzaram o rio Oxus, invadindo a Transoxiana onde, junto ao rio Talas, em 751, travaram uma batalha decisiva com os chineses pelo controle de Bucara e Samarcanda, importantes cidades da Rota da Seda que conduzia à Grande Muralha.

O que tornava as vitórias dos árabes ainda mais surpreendentes era a qualidade relativamente pobre de suas armas. Apesar de séculos de rixas no deserto, não tinham experiência verdadeira de guerra intensiva; com efeito, eram "guerreiros primitivos" cuja forma preferida de operação era a incursão (*ghazwa*).[60] Seu comando também não parece ter sido particularmente sagaz. Com certeza, não levavam vantagem em equipamentos ou técnicas militares. O cavalo árabe já era rápido, vigoroso e elegante, mimado e alimentado nas mãos de seu dono, cuja aparência o tornava um animal quase diferente do pônei peludo das estepes, mas havia poucos deles. O camelo, cujas duas espécies — de uma corcova (árabe) e de duas (bactriano) — foram domesticadas no primeiro milênio, estava disponível em grande quantidade, mas, embora sua resistência fosse alta, era relativamente lento e decididamente desajeitado.[61] Estrategicamente, o camelo permitiu que as forças árabes atravessassem terrenos que os exércitos civilizados julgavam impenetráveis e surgissem nos campos de batalha de forma bastante inesperada; taticamente, era de uso limitado no confronto direto. A tática árabe consistia em fazer a marcha de aproximação montados em camelos e transferir-se para os cavalos que traziam — em Qadisiya podem não ter passado de seiscentos — apenas no momento do contato.[62] Esses foram os métodos com os quais Khalid, um dos principais generais das conquistas, trouxe seu exército da Mesopotâmia para dar um golpe decisivo ao lado de seu companheiro de armas Amr na grande vitória de Ajnadain sobre os bizantinos na Palestina, em julho de 634. No que se refere ao campo de batalha, os árabes escolhiam posições protegidas por obstáculos naturais onde seus soldados desmontados, armados com arcos compostos, pudessem se escudar; preferiam também terrenos que lhes proporcionassem uma rota de fuga fácil para o deserto.[63]

Essas duas características de seu estilo de guerrear — dependência de obstáculos e prontidão para a fuga — são tipicamente "primitivas"; como já vimos, são aquelas que tanto enfureceram os filelenos em seus confrontos com os gregos durante a guerra de independência contra a Turquia. Aqui há um problema. Se os árabes eram "guerreiros primitivos", por que tiveram tanto êxito nas guerras contra os exércitos disciplinados e organizados de Bizâncio e da Pérsia, que seriam considerados exércitos "regulares" em qualquer sistema de classificação militar? Sabemos que ambos os Estados tinham se exaurido mutuamente no decorrer de uma longa guerra. Todavia, a regra geral diz que, no longo prazo, os primitivos perdem para os regulares; fustigar é um meio eficaz de conduzir uma guerra defensiva, mas as guerras acabam sendo vencidas por ofensivas e os árabes estavam certamente no ataque durante a era das conquistas. A conclusão é que foi o próprio islamismo, com sua ênfase na luta pela fé, que os tornou tão formidáveis no campo de batalha. As táticas "primitivas" tornam-se eficazes se o guerreiro é inspirado pela crença na certeza da vitória e está sempre disposto a retornar à luta, por mais que rompa o contrato quando determinada batalha lhe é desfavorável. Dando um salto no tempo, essa era também a percepção de Mao Tsé-Tung. Para começar, suas táticas eram "primitivas" e ele não via nenhuma indignidade em recuar desde que seus soldados mantivessem a crença na vitória final. Outro pilar de sua estratégia era ganhar o apoio da população em meio à qual atuava. Os exércitos árabes beneficiavam-se muito da presença nas terras que invadiam dos *musta'riba*, árabes que tinham abandonado a vida no deserto, mas que ainda tinham fortes laços culturais com ela e mostravam-se dispostos a lutar ao lado dos atacantes assim que ouviam a doutrina da fraternidade pregada em nome do islã.[64]

Contudo, como vimos na história da ascensão dos mamelucos, o próprio islã acabaria sendo a ruína do poderio árabe. A proibição de muçulmanos lutarem contra muçulmanos foi desobedecida muito cedo e essa brecha levaria eventualmente, embora talvez de forma inevitável, à perda da autoridade militar dos califas posteriores para soldados súditos que passaram a mandar, se não de direito, ao menos de fato, no lugar deles; a grande maioria desses soldados era recrutada entre os povos montados da estepe. O título de califa, já sabemos, significava "sucessor" do profeta Maomé e dava autoridade suprema no mundo e na religião. Os primeiros califas não viram conflito entre seus papéis, como doutrinariamente não deveria haver. Isso porque os primeiros muçulmanos foram distribuídos por tribo em novas cidades de "acampamento" militar — uma delas viria a ser o Cairo —, onde a vida religiosa era ordenada pela palavra do califa e as necessidades mundanas supridas pelos butins da conquista e os tributos pagos pelos infiéis.

A vida de acampamento tribal não poderia ser perpetuada depois que o sucesso do islamismo aumentou o número de muçulmanos. Maomé não deixara filhos, motivo óbvio para disputas sucessórias entre as tribos, e a disputa pela sucessão do quarto califado provocou uma encarniçada divisão da comunidade muçulmana entre uma maioria sunita e uma minoria xiita. Outra divisão foi provocada pelo ressentimento dos novos conversos diante do fato de que as famílias tribais originais continuavam a ser sustentadas por pagamentos feitos por um registro militar (*diwan*) que surgira como meio de distribuir os despojos de conquista para fomentar a guerra santa.⁶⁵ A disputa pela sucessão amainou, permitindo que os califas omíadas de Damasco prosseguissem a campanha na Espanha e na Ásia central, mas as tensões persistiam. A estabilidade só foi restaurada pelos califas abácidas, que transferiram a capital para Bagdá depois da vitória numa guerra civil, em 749. Os abácidas venceram em parte porque prometeram acabar com a diferença entre os muçulmanos originais e os convertidos posteriores, distinção que se apoiava na inclusão no registro militar. Mas com a abolição desse registro, efetuada pelos abácidas, lutar em nome dos sucessores de Maomé passou a dar pouco lucro material, mas provocava forte escrúpulo religioso sempre que os califas eram desafiados por súditos muçulmanos dissidentes. Esses desafios ocorreram com freqüência nos séculos VIII e IX, quando a Espanha e o Marrocos romperam para fundar seus próprios califados, reivindicando descendência mais direta da família de Maomé. Privados do tradicional apoio tribal e incapazes de levantar exércitos entre os muçulmanos conversos que levavam a sério a proibição de lutar contra companheiros de crença, os abácidas foram obrigados a achar soldados alhures. A solução foi considerar uma virtude o expediente de armar escravos para a guerra e com a receita do Estado comprar recrutas para os exércitos de escravos.

O califa al-Mutasim (833-42) é considerado o fundador do sistema militar escravista dos muçulmanos. Na verdade, soldados-escravos tinham lutado ao lado de muçulmanos livres já na época do Profeta, mas tinham várias origens; alguns haviam sido serviçais de seus senhores.⁶⁶ Os abácidas reconheceram que não podiam mais sustentar seu poder mediante um sistema tão casual de recrutamento. Al-Mutasim entrou no mercado em larga escala, comprando o melhor material disponível, que eram os turcos dos limites da estepe; consta que chegou a ter 70 mil escravos militares turcos sob seu comando.⁶⁷ A criação desse enorme exército de escravos resolveu temporariamente o dilema premente do islã, que era obedecer ao chamado do *haram*, o exercício da autoridade sem limites, sem colocar muçulmano contra muçulmano. Mas não resolveu o problema de como fazer com que os califas fossem obedecidos por muçulmanos que tinham estabelecido califados rivais na Ásia central e no Norte da África. Isso exigia líderes efetivos e dinâmicos para o novo exército de escravos, fornecidos primeiro pela família dos buálidas, resolutos defensores xiitas da fronteira centro-asiática que entronaram um califa de sua escolha em Bagdá em 945. Porém líderes ainda mais eficazes surgiriam entre os seljúcidas, uma tribo dos mesmos povos turcos contra os quais os buálidas tinham conquistado sua reputação. Em 1055, os seljúcidas, em nome da ortodoxia sunita, entraram em Bagdá, derrubaram os buálidas e se declararam os novos protetores do califa. Em breve, seriam chamados de sultões — "detentores do poder".

A conversão dos seljúcidas à forma sunita do islamismo foi chamada de "uma mudança tão momentosa quanto a conversão dos francos de Clóvis ao cristianismo quase cinco séculos antes".[68] Ela resultaria na destruição da maior parte do Império bizantino restante na Ásia e a conseqüente crise da cristandade provocaria as cruzadas. Os seljúcidas tinham sido convertidos em bloco, graças aos esforços de missionários islâmicos que trabalhavam na fronteira da estepe, somente em 960, quando eram apenas um dos vários povos montados túrquicos — entre eles, os karluks, kipchaks e quirguizes — que lutavam pelo predomínio na Ásia central. Os karluks ficariam famosos como os senhores ghaznávidas do Afeganistão e, mais tarde, como fundadores do Reino Escravo de Delhi, um dos Estados mamelucos mais importantes.[69] Porém, suas façanhas não se comparam com as dos seljúcidas, que tiveram comandantes de competência feroz em Tughril Beg, Malik Xá e Alp Arslan. Malik Xá, com seu famoso vizir Nizam al-Mulk, foi responsável por uma grande ampliação do poder abácida na Ásia central entre 1080 e 1090. Alp Arslan, fazendo campanhas na direção oposta, atacou no Cáucaso e, em 1064, capturou a capital da Armênia cristã. Atravessando a cadeia de montanhas, garantiu posições de onde podia fustigar a fronteira oriental de Bizâncio. Em agosto de 1071, em Manzikert, derrotou o exército bizantino numa batalha de incontestável importância para a geografia política futura do Oriente Próximo e da Europa, uma batalha que faria do domínio bizantino na Ásia "uma terra de fala túrquica e fé islâmica — em resumo 'Turquia'".[70]

A experiência dos abácidas com exércitos escravos tivera, portanto, conseqüências paradoxais. Ao trazer os povos montados túrquicos para o serviço do califado, eles restauraram seu poder, mas, ao escolherem guerreiros nômades como seus servos principais, tinham inadvertidamente renunciado a sua competência, ainda que não à autoridade nominal, e assim separado para sempre a liderança do islã de suas raízes árabes. Os abácidas continuariam a reinar nominalmente e até encontrariam em al-Nasir (1180-1225) um califa cuja energia parecia prometer um renascimento dos primeiros dias da dinastia. Porém o erro fora cometido: de recrutar como soldados-escravos uma estirpe de guerreiros orgulhosos, rijos, muito inteligentes, mas estrangeiros, que acabaram por deixar de ver qualquer motivo para continuar subservientes, que usaram os meios de que dispunham para se tornarem senhores do império e que, ademais, tiveram a sabedoria de inventar uma fórmula que preservou a dignidade do califado mas garantiu-lhes a substância do poder.

Outros muçulmanos alienígenas seguiriam o caminho aberto pelos seljúcidas, quando o poder destes tivesse declinado, como aconteceu no final do século XII. No Oriente, as terras que tinham conquistado caíram nas mãos dos ghaznávidas e de novos intrusos túrquicos da estepe, conhecidos como turcomanos. No Ocidente, o califado encontraria um extraordinário protetor militar em Salah el-Din (Saladino), um curdo das montanhas do Norte do Irã que se destacou durante a crise das cruzadas. Manzikert, como vimos, expulsara as forças bizantinas da Ásia e aterrorizara tanto o imperador Miguel VII que, apesar dos séculos de divisão e desconfiança entre os ramos ortodoxo e romano do cristianismo, ele pediu ajuda ao papa. O apelo demorara para amadurecer, mas deu frutos finalmente. Em 1099, um exército de cavaleiros cristãos da França, Alemanha e Itália, e de muitas outras terras ocidentais, chegara a Jerusalém, tomara a cidade e estabelecera uma cabeça-de-ponte na Terra Santa, a partir da qual os cruzados pretendiam desencadear uma campanha pela reconquista do antigo oriente cristão ao islã. Nas guerras que se seguiram entre os cruzados e seus inimigos muçulmanos, a maré da vitória tendeu ora para um lado, ora para outro durante quase um século. Sob a liderança de Saladino, designado para o comando no Egito em 1171, a balança pareceu pender decisivamente para o lado muçulmano. Nos oitenta anos seguintes, apesar das constantes renovações do esforço cristão, os cruzados lutaram constantemente na defensiva, com sua cabeça-de-ponte encolhendo até o ponto da extinção. A contra-ofensiva lançada por Saladino parecia pronta para culminar em uma vitória conclusiva dos muçulmanos. O islã, no entanto, vinha olhando na direção errada. Decididos a resolver um problema de fronteira a oeste, os califas tinham negligenciado sua segurança no leste. Ali, despercebida de início, uma nova ameaça começou a crescer nas estepes no alvorecer do século XIII. Em 1220-21, boa parte da Ásia central e da Pérsia caiu sob o domínio de um estranho povo montado; em 1243, o que é a Turquia atual caiu também. Os conquistadores não eram muçulmanos e guerreavam com crueldade aterrorizante com todos os que a eles se opunham. Em 1258, entraram em Bagdá e mataram al-Muztasim, o último dos califas abácidas. Esses conquistadores eram os mongóis.

OS MONGÓIS

Por que os mongóis superaram todos os outros povos nômades das estepes na extensão e rapidez de suas conquistas dentro do mundo civilizado é uma pergunta que não aceita respostas simples. Com efeito, nenhuma seqüência de campanhas por um único povo antes ou depois deles jamais submeteu uma área tão grande à dominação militar. Entre 1190, quando Temudjin — que assumiria mais tarde o nome de Gengis Khan — começou a unificação das tribos da Mongólia, e 1258, quando seu neto tomou de assalto Bagdá, os mongóis dominaram sucessivamente todo o Norte da China, a Coréia, o Tibete, a Ásia central, o império de Khwarizm (na Pérsia), o Cáucaso, a Anatólia e os principados russos, além de fazer incursões no Norte da Índia; em

1237-41, fizeram amplas campanhas na Polônia, Hungria, Prússia oriental e Boêmia e mandaram forças de reconhecimento na direção de Viena e Veneza. Só se retiraram da Europa quando receberam a notícia da morte do filho e sucessor de Gengis Khan. Sob o comando de seus herdeiros, os mongóis ampliaram ainda mais seus domínios para incluir toda a China, onde Kubla Khan, neto de Gengis, fundou a dinastia Yuan, que reinaria até o final do século XIV. Exerceram também controle sobre partes da Birmânia e do Vietnã, tentaram sem êxito invadir o Japão e Java e continuaram a intervir na Índia, onde em 1526 Babur, um descendente de Gengis, fundou o Império mongol. O título de imperatriz da Índia, assumido pela rainha Vitória em 1876, derivava diretamente dessa conquista mongol de 350 anos antes e, portanto, em última análise, das ambições de Gengis Khan que, em 1211, às vésperas de sua partida da estepe para a primeira campanha, saiu da barraca onde comungara com os céus para proclamar ao seu povo: "Os céus prometeram-me vitória".[71]

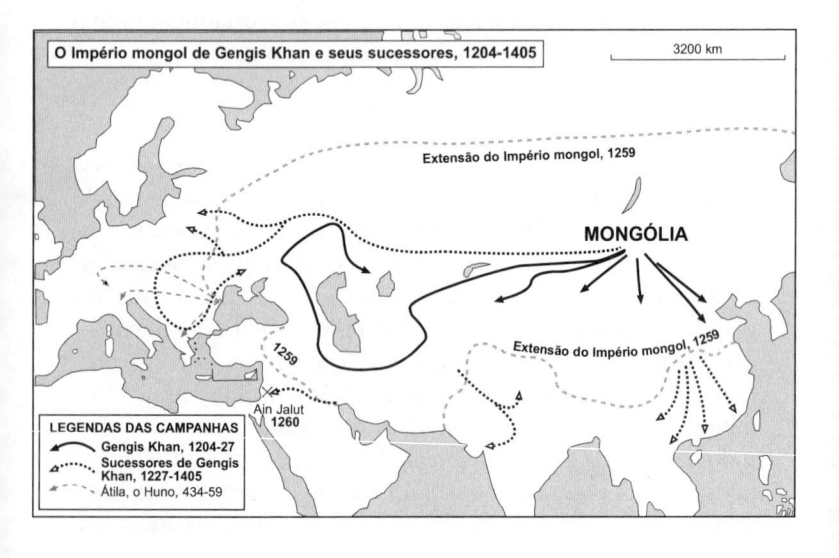

Mas foi em direção à vizinha China, e não para a Índia, que os mongóis partiram primeiramente. Desde a época da mais antiga unificação pelos Tsin, no primeiro milênio antes de Cristo, as dinastias chinesas sempre estiveram ameaçadas — e com freqüência foram usurpadas — por povos do norte do rio Amarelo. Antes que fosse tarde demais, elas arquitetaram um sistema dual para enfrentar essas irrupções: usando a Grande Muralha, consolidada inicialmente pelos Tsin e freqüentemente reconstruída, realinhada e ampliada, como primeira linha de demarcação entre a civilização e o nomadismo, os soberanos chineses estimularam os povos fronteiriços — parcialmente achinesados pelo contato com mercadores, funcionários e soldados chineses e recompensados diretamente por seus serviços com concessões de proteção, subsídios e território (às vezes do lado de dentro da Grande Muralha) — a agir como defensores das terras colonizadas. Se essa primeira linha de defesa fosse penetrada, contavam então com as atrações superiores de sua vida civilizada para desarmar os invasores no decorrer do tempo. Essa política baseava-se "em um conjunto de pressupostos, todos reforçando a noção de supremacia das instituições e da cultura chinesas e da sua aceitabilidade para os bárbaros; a idéia de que estes últimos não sentissem nenhuma necessidade da cultura chinesa não era jamais contemplada".[72]

Essa política funcionou por mais de mil anos. Embora invadida com freqüência, às vezes dividida e, em alguns períodos, seriamente rompida, a China nunca foi completamente submetida a um domínio não chinês; os forasteiros que conseguiram cavar uma área de autoridade foram sempre absorvidos pela civilização, por meio da aculturação e do casamento inter-racial. Os períodos de ruptura resultavam amiúde numa reação positiva e criativa quando o poder central era restabelecido. Assim, as dinastias Sui (581-617) e Tang (618-907), embora dominadas por aristocracias cujas raízes estavam nas invasões bárbaras e, em larga medida, túrquicas que tinham causado as divisões do século III ao V, não só estenderam e fortaleceram a Grande Muralha, como construíram enormes obras públicas, inclusive o

Grande Canal que ligava os rios Amarelo e Yan-tse acima de seus pontos navegáveis. Ademais, tudo isso foi conseguido sem militarização do regime, em contraste com a experiência dos romanos, que sofreram primeiramente a barbarização de seu exército e depois a substituição de seu Estado por reinos de guerreiros que viviam de espada em punho.

Embora apreciassem a habilidade com armas e cavalos, as dinastias e aristocracias chinesas dominantes não confundiam liderança militar com capacidade administrativa. Com as dinastias Sui e Tang, a estratégia militar gradualista proposta inicialmente pelo escritor Sun Tzu no século IV deitou raízes. Sun Tzu baseou-se em um *corpus* existente de idéias e práticas para formalizar sua teoria, pois de outra forma não seria aceita pela mentalidade chinesa. Em sua ênfase em evitar a batalha, exceto com garantia de vitória, em desaprovar o risco, em buscar intimidar psicologicamente o inimigo e em usar o tempo, em vez da força, para desgastar um invasor (todos conceitos reconhecidos como profundamente anticlausewitzianos pelos estrategistas do século XX, quando as campanhas de Mao Tsé-Tung e Ho Chi Minh chamaram a atenção deles para Sun Tzu), sua *Arte da guerra* estimulou a integração da teoria militar com a política em um todo intelectual.[73] De qualquer forma, o gradualismo era apropriado para os exércitos chineses do período Sui e início do Tang, que eram recrutados como milícias e reforçados nas fronteiras por contingentes de auxiliares não chineses mas achinesados.

No auge de seu poder, no início do século VIII, os Tang atingiram um sucesso maior que qualquer outra dinastia chinesa anterior ou posterior. Por intermédio de sua ascendência material e intelectual, em particular como conseqüência das energias proselitistas dos mestres chineses do budismo, que tinham superado os indianos e cingaleses como expoentes de suas crenças no Sul e no Leste da Ásia, o império Tang estendeu suas fronteiras para incluir amplas áreas exteriores à Grande Muralha, partes da Indochina e as terras fronteiriças do Leste do Tibete, então um vizinho perturbador. Mas o próprio sucesso da dinastia Tang seria sua condenação. Os êxitos militares, talvez inevitavelmente, deram proeminência aos militares muitas vezes não chineses, e seguiu-se uma luta pelo poder entre o mandarinato e a *generalität*, levando, em 755-63, a uma rebelião militar de tal gravidade que o imperador foi forçado a fugir da capital e seu sucessor só conseguiu restaurar a autoridade com a ajuda dos tibetanos e dos nômades. Esses eventos ocorreram logo depois da derrota do exército Tang para os árabes em Talas, em 751, momento decisivo da luta entre o Oriente Médio e o Extremo Oriente pelo controle da Ásia central. O comandante chinês em Talas fora um coreano, enquanto o líder da rebelião de 755, An Lu-shan, era de origem sogdiana e turca. Em termos chineses, ambos vinham do mundo bárbaro.

Esse reaparecimento de homens não chineses no centro dos assuntos imperiais pressagiava males no futuro. Embora a partir do século VIII tenha havido uma enorme expansão da produção de arroz devido à irrigação intensiva e, em conseqüência, uma duplicação da população da China, esses desdobramentos ficaram, em larga medida, confinados ao vale do Yan-tse e ao sul. No Norte, a rebelião militar levou à fome, à difusão do poder imperial nas mãos de comissários locais das regiões militares e ao recrutamento de forças mercenárias compostas por "desarraigados, desagregados e condenados agraciados com anistia condicional".[74] Desse período data a aversão e desprezo dos chineses pela atividade militar que persistiu até a vitória do Exército de Libertação do Povo em 1949. No início do século X, a autoridade imperial rompeu-se; embora a unidade tenha sido restaurada pelos Song, essa dinastia (estabelecida em 960) não conseguiu recuperar os territórios do Noroeste e do Norte que tinham caído sob o controle dos kitans da Mongólia e dos jurcens da Sibéria (estes últimos, no século XVII, conquistariam a China já como manchus). Enquanto isso, as províncias ocidentais dos Song sucumbiam aos tangutes, um povo de origem mista turca, tibetana e siberiana.

Dessa forma, a China "han", assim chamada por causa da dinastia que povoara eficazmente boa parte de seu império com chineses étnicos, estava em condições instáveis quando Gengis Khan recebeu do céu a garantia de vitória em 1211. A Grande

Muralha estava nas mãos de um povo não han, o flanco ocidental estava ocupado por outro grupo bárbaro, enquanto o exército Song era "inflado e ineficiente, embora os gastos militares absorvessem a maior parte do orçamento" para pagar os salários dos mercenários, tinha escassez de cavalos e estava privado do apoio de contingentes auxiliares de bárbaros, uma vez que a dinastia não exercia mais influência na fronteira da estepe.[75] Contudo, essas circunstâncias não são suficientes para explicar a rapidez com que os mongóis dominaram boa parte da China, sem falar de suas vitórias fulminantes no oeste.

Muito disso deveu-se, sem dúvida, ao caráter do próprio Gengis Khan e à determinação com que reforçou os costumes tribais e preconceitos contra os de fora. A moral sexual mongol era rígida: o adultério era punido com a morte de ambos os parceiros e fazer mulheres cativas era desaprovado. Esse código eliminava as disputas causadas pelo roubo de esposas, tão característico, e perturbador, das sociedades primitivas.[76] Todavia os mongóis, e Gengis Khan em particular, eram rápidos em se ofender e brutais em se vingar de estrangeiros; com efeito, a vida de Gengis Khan é, em larga medida, uma história de vinganças, e a belicosidade dos mongóis pode ser vista como uma extensão em grande escala do impulso primitivo de se vingar. Contudo, eles estavam perfeitamente dispostos a contar com a ajuda especializada de forasteiros e até acrescentar contingentes de estrangeiros ao seu exército. Tinha de ser assim, pois o núcleo mongol da força com que começaram a segunda fase de sua conquista do Norte da China, em 1216, foi estimado em apenas 23 mil homens.[77] A maioria dos soldados dos exércitos "mongóis" que aterrorizaram o Ocidente era de turcos, enquanto os tártaros (com quem os mongóis são freqüentemente confundidos, uma confusão que os etnolingüistas têm dificuldade de desfazer) eram vizinhos que Gengis submeteu.[78]

Os estudiosos de Gengis enfatizam a sofisticação de sua organização militar: a oferta a seus seguidores de uma "carreira aberta aos talentos" e sua divisão lógica do exército em dezenas, centenas e milhares — haveria ao fim 95 "milhares" —, que antecipava o sistema ocidental moderno de subordinar seções a esquadrões e estes a regimentos.[79] Sem dúvida, tudo isso era significativo; ao separar a nomeação para o comando de considerações de hereditariedade — exceto no que se referia a sua família imediata — e ao torná-la dependente do desempenho, estava rompendo com o tribalismo. Contudo, essas inovações eram internas a um povo minúsculo, sem contingentes suficientes para conquistar populações centenas de vezes maiores. Nenhum dos povos da estepe jamais excedeu umas poucas centenas de milhares, mas a amplitude de suas conquistas não se compara com as dos mongóis e parece improvável que caso tivessem sido mais bem organizados tivessem se igualado a eles na guerra. Outros fatores estavam em ação.

Entre eles não estava uma tecnologia superior. Os mongóis — tal como os hunos, os turcos e as aristocracias chinesas que preservaram o amor pelo cavalo que tinham herdado de seus ancestrais da estepe — não conheciam outra maneira de lutar que não dependesse do arco composto e de uma rede de pôneis; sugeriu-se que seu exército incluía contingentes de cavalaria encouraçada, mas isso é muito improvável. É certo que os mongóis recrutaram a ajuda de estrangeiros que conheciam as técnicas de guerra de assédio; contudo, a engenharia de assédio anterior ao advento da pólvora era um método laborioso e demorado de invadir uma fortaleza cujos defensores estavam decididos a resistir. Uma vez que, apesar das especulações em contrário, é quase certo que os mongóis ainda não tinham aprendido a usar a pólvora — se é que alguém o fizera naquela época —, e apesar disso tomaram uma série de lugares fortificados no Oriente e no Ocidente — Utrar, na Transoxiana (1220), Balkh, Merv, Herat e Nichapur, na Pérsia (1221), e Ningshia, capital da Xixia (1226) —, devemos concluir que, em geral, as guarnições renderam-se sem luta.[80] É significativo que em um lugar onde os mongóis encontraram resistência resoluta — na cidade persa de Gurganj —, o sítio tenha durado de outubro de 1220 a abril de 1221, exatamente o tipo de demora que os guerreiros feudais do Ocidente teriam esperado numa ação semelhante naquela época.

O que parece provável nas circunstâncias é que se espalhou a notícia de que os mongóis eram imbatíveis. Sabemos que Bucara e Samarcanda capitularam assim que eles apareceram; em Bucara, Gengis, talvez evocando o espectro de Átila, pregou um sermão na mesquita principal descrevendo-se como "o flagelo de Deus". O que contribuiu para essa fama de invencibilidade? Os mongóis usavam esporas, ignoradas pelos hunos de Átila, mas elas vinham sendo usadas havia quinhentos anos. O cavalo mongol tinha alcançado provavelmente um padrão mais elevado que o do huno, e com um melhor domínio da criação podiam possivelmente manter manadas maiores, mas os turcos também gozariam dessas vantagens. Gengis e seus filhos impuseram uma disciplina feroz a suas tribos; a *yasa*, seu código legal, estabelecia que o butim deveria ser propriedade coletiva e que era crime capital abandonar um camarada em batalha. Essas sanções contra o enriquecimento pessoal e o hábito de fugir diante do perigo, tão características da guerra "primitiva", permitem-nos considerar o bando de cavalaria dos mongóis como um exército, operando acima do "horizonte militar", e não apenas como um bando guerreiro.[81] Todavia, as causas do medo que provocavam ainda parecem obscuras.

As coisas ficam mais claras se descartarmos a noção de que as invasões mongóis foram uma espécie de pandemia militar, estourando quase simultaneamente em toda a área afetada, e reconhecermos que elas se desenvolveram em seqüência, a partir de inícios modestos, e foram conduzidas com habilidade implacável. Sugeriu-se que a vingança era a motivação dos mongóis e é certamente verdade que a primeira campanha bem-sucedida foi contra os Jin do Norte da China, que tinham exigido que Gengis lhes prestasse homenagens de suposto vassalo, e a segunda contra os senhores de Khwarizm, que tinham matado traiçoeiramente enviados seus com a missão de requisitar direitos de comércio. Porém Gengis não atacava sem calcular; tal como Alexandre, o Grande, era um consumidor voraz de informações sobre suas futuras vítimas e mantinha uma ampla rede de espiões. Era também, como Alexandre, um estrategista racional. Antes de deflagrar o ataque contra os Jin, descartou a opção de uma marcha pelo deserto de Gobi, a rota direta, mas difícil, em favor de uma aproximação indireta pelo corredor de Kansu, continuação da Rota da Seda a leste da brecha da

Dzungaria, que chega ao fim da Grande Muralha. Ele aceitou a necessidade de travar e vencer uma campanha inicial contra os tangutes como uma preliminar inevitável.

Talvez parecesse também desejável. Sugeriu-se que os tangutes eram apenas um dos grupos de povos montados engajados numa luta não declarada — e irreconhecível aos olhos de fora — para refazer o império unificado das estepes que os turcos tinham criado no século VI. "Quando e como essas tentativas de recriar um império unificado da estepe começaram é algo envolto no mito e na lenda, bem como por posteriores floreios feitos pelos mongóis da carreira de Gengis Khan."[82] Por essa interpretação, os mongóis foram atraídos para essa disputa e acabaram como os líderes indiscutíveis de seu grupo lingüístico: dessa vitória resultou sua história subseqüente. Se aceitarmos essa versão — e é tentador fazê-lo —, ela esclarece a última e principal dificuldade em compreender a ascensão dos mongóis ao império mundial. Eles deixam de aparecer como um povo "distante dos centros da vida civilizada e quase intocados pelas influências culturais e religiosas das cidades do Leste e do Sul da Ásia" e surgem como participantes de uma luta que corria ao longo de todo o horizonte da estepe. A luta foi o meio pelo qual, embora indiretamente, as noções de disciplina e organização militar de além-horizonte transformaram seus métodos de guerrear.[83]

A maioria desses métodos deveria ser de origem turca, trazidos de volta em forma alterada do Oriente Médio islâmico e da China. Ao longo dos séculos, turcos achinesados ou islamizados devem ter voltado para a estepe como veteranos bem-sucedidos retornando para casa, como fracassados ou renegados, como fugitivos de punições, como escolta de marcadores, ou mesmo como emissários oficiais. As histórias de velhos soldados sempre encontram audiência, e o conhecimento das habilidades militares do estrangeiro é moeda de valor universal. É impossível sustentar a idéia de que os mongóis não sabiam nada sobre a força de seus inimigos antes de partirem, ou que não aprenderam nada com eles.

A mais importante das lições que talvez tenham aprendido foi abstrata: aquela mistura da guerra com a força de uma idéia própria do islã. É significativo o fato de que os turcos que com maior probabilidade os mongóis conheceram ou ouviram falar eram guerreiros de fronteira do islã, os *ghazis* que ensinavam o Corão com a espada. Consta que o próprio Gengis acreditava que sua missão era divina, sancionada e exigida pelo Céu, que ensinou isso a seus seguidores, que pediu aos xamãs que dessem apoio a sua posição e que até pregava uma espécie de nacionalismo primitivo que sustentava serem os mongóis uma raça escolhida.[84] Contudo, ainda mais importante, não aceitava nada da moralidade paliativa do islamismo. Os instrumentos de guerra a sua disposição — a mobilidade do guerreiro montado, a letalidade de longo alcance do arco composto, a ética do faça-ou-morra do *ghazi*, o elã social do tribalismo exclusivo — eram suficientemente respeitáveis. Se a esses ingredientes se acrescenta um paganismo impiedoso, não perturbado por preocupações monoteístas ou budistas com misericórdia para com os estranhos ou com perfeição pessoal, não surpreende que Gengis e os mongóis tenham adquirido uma reputação de invencibilidade. Suas mentes, bem como suas armas, eram agentes do terror, e o terror que espalharam permanece na memória até hoje.

O DECLÍNIO DOS POVOS MONTADOS

A habitual incapacidade dos povos montados de traduzir a conquista inicial em poder permanente acabou atingindo os mongóis, da mesma forma que ocorrera com os hunos e o velho Império turco do século VI. Credita-se a Gengis uma grande capacidade administrativa, mas era extrativa, não estabilizadora, destinada a sustentar o modo de vida nômade, não a mudá-lo. Seu sistema não incluía meios para legitimar o poder de um único sucessor, mesmo aos olhos dos próprios mongóis, quanto mais diante dos súditos. O costume nômade mandava que os atributos do chefe — território, dependentes, rebanhos — fossem divididos igualmente entre seus filhos e, quando Gengis morreu, em 1227, foi isso que aconteceu. Seu império foi dividido entre os quatro filhos de sua esposa principal, Bortei. O mais jovem, de acordo com o costume, recebeu as terras ancestrais, enquanto os territórios conquistados eram distribuídos entre os outros.

Nas gerações seguintes, os senhores mongóis da Rússia seguiram seu próprio caminho, mas os da Ásia central e da China entraram em disputas sucessórias que resultaram em guerra civil entre os netos de Gengis. As coisas se resolveram quando Hulegu, senhor da Ásia central, concordou em apoiar a reivindicação de seu irmão Kubla ao título que fora de Gengis. Mas isso não restaurou a unidade nas hostes mongóis. Kubla Khan já estava engajado na guerra que estabeleceria seu ramo como a dinastia Yuan da China, uma luta que acabou consumindo todas as suas energias e afastou progressivamente os mongóis que o seguiram da velha vida da estepe. Entrementes, Hulegu, ao batalhar pela supremacia na Ásia central, envolveu-se cada vez mais numa guerra endêmica na fronteira oriental das terras islâmicas e assim comprometeu-se com uma eventual campanha contra o próprio califado.

Embora se possa perceber retrospectivamente que a desintegração do Império mongol começou no momento em que Kubla Khan voltou-se para a China, esse declínio não estava claro na época para o islã ou para o Ocidente cristão; ambos identificaram corretamente os mongóis como uma potência que tinham de levar em conta, mas adotando perspectivas completamente opostas. Mergulhados em sua própria luta de um século e meio pela posse da Terra Santa, a notícia da aproximação da horda mongol de Hulegu trouxe, respectivamente, medo e esperança.

Esperança foi o que os cruzados dos reinos latinos do Oriente sentiram. Os cruzados foram descritos como não passando de um "problema de fronteira" para o islã, um entre vários, e é verdade que eles jamais conseguiram ampliar a cabeça-de-ponte que tinham conquistado em Jerusalém em 1099. Tinham até perdido Jerusalém para Saladino no século XII, agarrando-se a uns poucos enclaves ao longo da costa síria. Contudo, o apelo da cruzada nunca se extinguira no Ocidente. Constantemente renovado, tinha resultado em cinco cruzadas "oficiais" até o século XIII; numerosas outras tinham abortado ou se dirigido contra inimigos da Igreja em outras terras. Levara à fundação de poderosas ordens militares de cavaleiros sob votos religiosos, à construção de um sistema de castelos guarnecidos por eles nas fronteiras dos reinos cruzados e à disseminação e ao refinamento de um código de cavalaria entre a classe dos cavaleiros em toda a Europa cristã. Entre os séculos XI e XIII, a cavalaria tornou-se indiscutivelmente o elemento mais importante da cultura militar do Ocidente, numa época em que as energias das aristocracias ocidentais estavam quase que completamente dirigidas para a guerra. Portanto, valiam a pena as renovações periódicas do chamamento às cruzadas, ao qual os reis davam tanto ouvido quanto os cavaleiros sem terras esperançosos de conquistar fama e riqueza no Oriente. Na metade do século XIII, quando os mongóis de Hulegu estavam prontos para irromper da Ásia central, Jerusalém já fora recapturada e a integridade dos reinos latinos restaurada. A fortuna deles parecia ter revivido e a visão cruzada original voltava a predominar. Porém as esperanças das cruzadas tinham sido tantas vezes frustradas que nenhum de seus participantes confundiria um alívio temporário das dificuldades com uma reversão permanente da balança do poder. O poder continuava com o islã, que tinha uma capacidade aparentemente inexaurível de mobilizar novos esforços ofensivos a partir de seus próprios recursos espirituais e materiais. Numa guerra de frente única, as vantagens estavam do seu lado. Os rumores da aproximação da horda mongol, prometendo a abertura de uma segunda frente contra o inimigo dos cruzados, acenderam inevitavelmente a expectativa de uma mudança das circunstâncias. A tal ponto, com efeito, que os cruzados fizeram uma confusão com os nomes dos misteriosos povos montados para inventar um rei cristão, o Preste João, que viria a cavalo do interior das estepes para resgatá-los.[85] Hulegu não era Preste João. Mas os cruzados estavam certos ao percebê-lo como uma ameaça aos seus inimigos. O islã, que sentira um tremor de medo diante da notícia de sua aproximação, também estava certo quando considerava o avanço mongol uma ameaça. O quanto ele deveria ser temido — eis uma coisa que ainda teriam de aprender.

O sucesso de Saladino contra os cruzados no século XII tinha mudado o centro efetivo da vida islâmica para o Egito e a Síria, onde reinavam os descendentes da dinastia aiúbida. Porém o califado legítimo abácida ainda tinha sua sede em Bagdá e era essa cidade que estava no caminho imediato dos mongóis. De início, a aproximação de Hulegu em 1256 não provocou alarme, uma vez que parecia estar dirigida contra a seita dos assassinos; a destruição de sua fortaleza foi amplamente saudada e levou os cristãos armênios a mandar um contingente para unir-se à horda. Em 1257, no entanto, Hulegu entrou na Pérsia, que conquistou rapidamente, e no final daquele ano estava pronto para invadir a Mesopotâmia. O califa al-Muztasim estremeceu diante de sua chegada, mas não conseguiu decidir-se quanto à opção oferecida pelos mongóis: capitulação ou extinção. Em janeiro de 1258, Hulegu cruzou o Tigre, repeliu o exército do califa e capturou Bagdá. Al-Muztasim foi estrangulado, uma prática das estepes que os turcos otomanos adotariam mais tarde como procedimento normal da sucessão em sua corte de Istambul.[86] Hulegu também mandou massacrar muitos cidadãos de Bagdá, embora tivesse prometido garantir a vida deles, um rompimento com o costume mongol destinado talvez a provocar ondas de choque à frente de seu avanço. Os habitantes de Alepo, na Síria, sua próxima etapa, também foram massacrados, mas tinham defendido sua cidade. Os cidadãos de Damasco e de muitos outros lugares muçulmanos, mais prudentes, foram poupados. O espetáculo do colapso do poderio islâmico encorajou os cruzados a persistir em sua idéia de que os mongóis ajudavam a causa deles e até persuadiu Boemundo, o mais poderoso dos cruzados, a participar do exército mongol durante algum tempo. Mas quando os nômades pressionaram para entrar na Terra Santa, pensaram melhor e recuaram para seus fortes costeiros. Na ausência de Hulegu, chamado de volta para tomar parte na escolha de um grande *khan*, chegaram a um acordo rápido com os igualmente ansiosos aiúbidas do Egito e resolveram permitir, apesar das amargas lembranças de Saladino, que um exército egípcio entrasse em território cristão, acampasse perto de Acre e se preparasse para enfrentar os mongóis, agora sob o comando de Kitbuga, um subordinado de Hulegu. Enquanto esperavam, o comandante egípcio Baybars chegou a ser recebido na corte dos cruzados.

Baybars era um mameluco de caráter ferozmente ambicioso que já tinha assegurado o poder da instituição mameluca no Egito matando um sultão e substituindo-o por outro. Ele talvez tenha participado da decisão de matar os enviados mongóis que traziam a costumeira exigência de submissão. O ato de desafio, particularmente provocador diante do conhecido compromisso com a vingança dos mongóis, tornou a batalha inevitável. Os mongóis penetraram no Norte da Palestina e, em 3 de setembro de 1260, em Ain Jalut (a Fonte de Golias), ao norte de Jerusalém, ocorreu o confronto entre o exército mongol e as forças egípcias, comandadas pelos sultões Qutuz e Baybars. Em uma única manhã de luta, os mongóis foram derrotados, Kitbuga capturado e morto e os sobreviventes dispersados, para nunca mais voltarem.

Ain Jalut, a primeira batalha campal perdida pelos mongóis, provocou sensação na época em todo o mundo cristão, muçulmano e mongol, e continua a ser estudada em detalhes pelos historiadores. Seu resultado é questionado: terá salvado o Oriente Médio da dominação mongol, ou a horda nômade já estava no limite de seu alcance estratégico e logístico? A tática da batalha também divide os estudiosos: terá sido um feito brilhante de Baybars ou o exército egípcio venceu pelo peso dos números? Há certamente sentido no argumento de que os cavalos tinham arruinado a Síria, tal como os exércitos montados sempre tendiam a arruinar as terras cultivadas quando deixavam a estepe, e parece que Hulegu tinha levado boa parte de sua força quando voltou para a Ásia central.[87] Por outro lado, estimativas recentes avaliam que entre 10 e 20 mil soldados ficaram com Kitbuga. Ao mesmo tempo, pensa-se agora que o tamanho do exército egípcio foi exagerado e que seu núcleo de mamelucos talvez não passasse de 10 mil numa força de 20 mil.[88] Em resumo, Ain Jalut talvez tenha sido travada em termos iguais e, assim, tenha sido um combate realmente significativo, não apenas por seu resultado estratégico imediato, mas também porque marcou o poder de um povo montado, organizado numa força profissional e sustentado pela receita de um Estado sedentário, que venceu o de outro que ainda vivia da pilhagem e animado pelos valores primitivos do tribalismo e da vingança.

Já registramos o julgamento de Abu Shama de que "foi uma coisa notável que os mongóis tenham sido derrotados e destruídos por homens de sua própria espécie", uma referência à presença de grande número de turcos em ambos os lados. A batalha travou-se à moda tradicional da estepe, com os egípcios avançando para entrar em contato com os mongóis, fingindo recuar no momento da ação e atraindo seus perseguidores para um local que favorecia um súbito contra-ataque. Todavia, o momento decisivo parece ter sido quando o sultão Qutuz entrou pessoalmente no entrevero com o grito de "O islã" — um lembrete para nós de que os mamelucos eram servidores militares de uma religião belicosa, enquanto seus oponentes não tinham um credo comum.[89] Foi também de extrema importância que os homens de Baybars tivessem uma grande experiência militar, obtida na luta contra os cruzados e reforçada pela disciplina e pelo adestramento incessante da escola mameluca de guerra. Não é correto falar dos mamelucos de Baybars como um exército moderno; suas táticas ainda não tinham se fossilizado no anacronismo em que se tornariam mais tarde quando confrontadas pela pólvora dos otomanos; eram bastante apropriadas para enfrentar os mongóis e demonstram, em retrospecto, o efeito de "valor agregado" do treinamento para uma força quando em combate com um inimigo equivalente, mas sustentada ao contrário por elã e reputação.

Depois de Ain Jalut, os mongóis — ou qualquer outro povo montado — não trouxeram mais surpresas para o mundo civilizado. Essa afirmação parece ser injusta com Tamerlão que, em sua época de conquistador (1381-45), espalhou mais terror ainda que Gengis, numa área quase tão ampla. Porém Tamerlão não tinha a capacidade administrativa de Gengis e com sua prática do terror exemplar destruiu os alicerces de qualquer coisa que pudesse construir.[90]

Tamerlão possuía o espírito do guerreiro: nascido Timur, ficou conhecido como *Timur-i-lenk* — Timur, o coxo — devido a um ferimento que o deixou manco. Estimulava a atrocidade de seus soldados e é de suas campanhas, não das de Gengis, que ficaram as lembranças de torres e pirâmides de crânios.[91] No entanto, ele parecia possuído por nada mais que o impulso belicoso, recusando aos seus seguidores todas as oportunidades de gozarem dos frutos da vitória e buscando sempre novos mundos para conquistar. Foi um alívio para a civilização quando ele morreu pouco antes de partir para contestar a posse das conquistas de Kubla Khan pela dinastia nativa restaurada dos Ming na China. No final do século XIV, o poderio mongol estava extinto em todos os lugares em que extravasara da estepe; apenas na Índia, e de uma forma tão islamizada que tornava suas origens irreconhecíveis, ele teria futuro.

Qual foi então o legado dos mongóis? Um historiador acha que foi ter provocado a dispersão dos povos túrquicos por três cantos do mundo — China, Índia e Oriente Médio —, com tudo o que isso implicou para a história militar dessas regiões. Com certeza, Gengis Khan, ao empurrar para oeste a então insignificante tribo dos otomanos, deu início a uma seqüência de eventos que devastaria a ordem estabelecida no Oriente Próximo, substituindo-a por outra que duraria até nosso século, e manteve a Europa sob a ameaça de uma ofensiva islâmica que persistiu da queda de Constantinopla, em 1453, até o levantamento do sítio de Viena, 230 anos depois.

No entanto, com seu envolvimento íntimo com o mundo europeu, os otomanos foram forçados a um compromisso militar entre a *Blitzkrieg* da estepe e a guerra sedentária de fortificações e infantaria pesada, cujas tendências opostas jamais conseguiram reconciliar. Tiveram êxito na criação de sua própria infantaria pesada regular e disciplinada, mas somente com base em um sistema de escravidão (os janízaros) que acabou fossilizando-a, tal como acontecera com os mamelucos. Ao mesmo tempo, persistiram em se complicar em seus domínios asiáticos com uma aristocracia montada cuja indisciplina nômade revelou-se inextirpável; esses chefetes anatólios tornaram-se efetivamente independentes do sultão turco no século XVIII.[92]

Contudo, é nas tentativas otomanas de compromisso entre a herança da estepe e o desafio de seu confronto com o Ocidente urbano e agrícola que se percebe o verdadeiro significado daquilo que os povos montados trouxeram para a guerra. Sem dúvida, está correta a explicação ecológica de seu fracasso em levar suas conquistas além das pastagens, ou, se assim o fizeram, de seu posterior abandono da cultura da estepe. Os pastos permanentes só podem ser mantidos com esforço intensivo em terras irrigadas ou naturalmente arborizadas; esse esforço requer uma população sedentária que precisa da agricultura para se sustentar; agricultura e pastoreio são incompatíveis; portanto, os invasores que pretendam alimentar grandes cadeias de cavalos precisam recuar para seu próprio habitat ou mudar sua forma de viver. Os povos montados, como vimos, fizeram uma ou outra coisa. Mas qualquer que tenha sido o resultado, os hábitos militares dos mundos em que fizeram suas incursões mudaram para sempre.

Os povos cavaleiros, tais como os aurigas antes deles, trouxeram para a guerra o conceito elétrico de fazer campanhas de longa distância e, quando a campanha se resolvia em batalha, de manobrar em campo com velocidade — pelo menos cinco vezes mais veloz que homens a pé. Como protetores de seus rebanhos e manadas contra predadores, preservavam também o espírito do caçador, perdido pelos agricultores, com exceção da classe senhorial; de seu modo costumeiro de cuidar dos animais — reunir, conduzir, apartar, abater para comer — tiravam lições sobre como massas de gente a pé, ou mesmo de cavaleiros inferiores, podiam ser perseguidas, flanqueadas, encurraladas e finalmente mortas sem risco. Eram práticas que os caçadores primitivos, com sua relação empática com a caça e respeito místico pela presa atingida, teriam julgado intrinsecamente estranhas. Para os povos montados, equipados com o arco composto, ele mesmo um produto de tecidos animais, que sustentava seu modo de vida, matar à distância — tanto física quanto emocional — constituía uma segunda natureza.

Era o desprendimento emocional dos guerreiros montados, manifestado cabalmente em sua prática deliberada de atrocidades, que os povos sedentários achavam tão aterrorizante. Isso todavia desgastou-os. Com as duas características da guerra "primitiva" que persistiram por muito tempo no desenvolvimento da civilização — o caráter tentativo do choque e a associação de ritual e cerimônia com combate e seu resultado —, os povos montados não tinham nada a ver. Podem ter tornado um hábito recuar diante de um inimigo que procurasse a luta, mas tratava-se apenas de uma manobra para tirar o adversário de sua posição, desorganizar suas fileiras e expô-lo a um contra-ataque arrasador. De forma alguma revelavam a falta de disposição do guerreiro primitivo de chegar à luta de fato. Quando se aproximava para o golpe final, a horda a cavalo matava sem compaixão. Ademais, não havia sinal de rito ou cerimônia nas ações de uma horda montada. Elas lutavam para vencer — completamente, com rapidez e sem heroísmo. Com efeito, abster-se de exibições de heroísmo era quase uma regra dos nômades. O próprio Gengis, embora tenha sido ferido por uma flecha nos primórdios de sua ascensão ao poder, era fisicamente tímido e deixou depois de se expor nas batalhas em que estava nominalmente no comando.[93] Os guerreiros ocidentais achavam absolutamente desconcertante não poder identificar a posição do líder na formação em crescente típica da tática dos nômades, uma vez que ele ficava discretamente longe do centro, comportamento oposto ao de um Alexandre ou Ricardo Coração de Leão.

O hábito da exibição heróica esteve aferrado aos conceitos ocidentais de liderança militar durante muito tempo.[94] Se não conseguiram dissuadir os inimigos candidatos a heróis de assumir os riscos resultantes disso, os povos montados foram indiscutivelmente bem-sucedidos em transmitir sua preocupação sem cerimônias de vencer. Foi na Europa oriental, como observou o historiador militar Christopher Duffy, que a guerra no continente europeu assumiu pela primeira vez o caráter racial e totalitário que insidiosamente acabou por permeá-la em toda parte; ele atribui isso à influência mongol sobre "o caráter russo e as instituições russas, [levando] à brutalização do campesinato, à negação da dignidade humana e a um sentido distorcido dos valores que reservava uma admiração especial pela ferocidade, pelas maneiras tirânicas e pela esperteza".[95] A ferocidade das estepes também entrou na Europa por uma rota meridional, primeiro mediante o avanço seljúcida na Anatólia, depois pela conquista otomana dos Bálcãs; a guerra na fronteira otomana foi durante séculos a mais feroz da Europa. Ela também pode ter se infiltrado por meio do choque dos cruzados com o islã.

Se as cruzadas podem ser consideradas uma imagem especular da *jihad*, foi somente quando Saladino confrontou os reinos latinos que estes se viram com uma luta verdadeira nas mãos; mas Saladino era um produto da resposta enérgica do islã aos desafios das estepes, enquanto o cerne de seu exército de soldados escravos turcos era especialista nas táticas ferozes do arco manejado sobre cavalos. As cruzadas ao Oriente trouxeram na volta para a Europa hábitos aprendidos lá; eles talvez tenham se traduzido nas cruzadas contra os eslavos pagãos — eles mesmos sob o ataque dos povos da estepe vindos da direção oposta; por fim, penetraram na Espanha, onde os cavaleiros da Reconquista combateram o islã com uma impiedade que Gengis teria aplaudido. A guerra *à outrance* certamente enraizou-se na Espanha: não é fantasia sugerir que o destino terrível dos incas e astecas — estes ainda presos ao pateticamente inadequado cerimonialismo das batalhas floridas — nas mãos dos conquistadores espanhóis remontava, em última análise, ao próprio Gengis.

Na China, império com o qual o povo montado da estepe estava mais intimamente ligado, os hábitos mongóis de guerra talvez tenham tido seus efeitos mais duráveis. "O modo chinês de guerrear", como John King Fairbank observou, preservou do primitivismo práticas de ritual e cerimônia — incluindo a adivinhação e exibições de bravura pelos campeões antes da batalha — que persistiram por muito mais tempo que em qualquer outra grande civilização.[96] Mas incluiu também um componente ético único, derivado do código confuciano central à vida pública chinesa, que se expressava melhor na idéia de que "o homem superior deve ser capaz de alcançar seus objetivos sem violência".[97] Os invasores túrquicos que os chineses absorveram durante o primeiro milênio foram levados a aceitar essa ética, ainda que mantivessem o orgulho das habilidades com o cavalo e o arco de guerreiros da estepe. Porém, devido à violência da reação necessária para derrubar os mongóis, depois da conquista de Kubla, os imperadores Ming foram obrigados a impor sobre os chineses um regime mais absolutista que qualquer outro conhecido até então. Com efeito, os Ming militarizaram a China e criaram uma classe militar hereditária. Foi nesse período que os chineses fizeram sua única tentativa de expansão ultramarina e seu maior esforço para controlar a estepe com ações ofensivas diretas; montaram-se cinco grandes expedições ao norte da Grande Muralha, que foi também reconstruída na forma que vemos hoje. O esforço militar para restaurar a China tradicional teve um resultado inesperado e, em larga medida, oposto: "o regime Ming que expulsou a dinastia mongol Yuan tornou-se mais despótico em sua imagem, imitou algumas características do sistema militar dos Yuan e permaneceu transfixado pela ameaça de um renascimento do poderio militar mongol".[98]

Os Ming estavam certos em continuar temendo os bárbaros das estepes, mas quando no século XVII surgiu uma nova ameaça para derrubá-los, ela veio ironicamente não dos mongóis, mas de um de seus inimigos hereditários, os manchus.

Os manchus não eram rigorosamente um povo montado, uma vez que tinham se tornado em larga medida sedentários, achinesados e mercantis antes de deixar a Manchúria. Mas o cerne de seu exército era a cavalaria, e eles levaram à perfeição a técnica mongol de usar o poder militar para fazer o sistema administrativo chinês trabalhar para eles.

> Trata-se de uma realização não somente no plano militar, mas mais ainda no plano da organização política. Por sua vez, o segredo disso estava na capacidade dos nômades de trabalhar com os chineses da região fronteiriça e, mediante essa colaboração, combinar no mesmo regime as habilidades da guerra violenta dos não chineses com a administração pelos subordinados chineses confiáveis — como tomar o poder e como mantê-lo e usá-lo.[99]

Infelizmente, o poder que os manchus tomaram da dinastia Ming era uma versão fortemente mongolizada do ideal chinês de governo e eles o mantiveram e usaram pelo princípio de não alterá-lo de forma alguma. Os melhores imperadores Ching tornaram-se, no século XVIII, déspotas paternalistas, que protegeram a *intelligentsia*, estimularam as artes, patrocinaram a ascensão do comércio e dos bancos e instituíram o regime fiscal mais suave que o campesinato da China jamais conhecera. No entanto, a penalidade para essa benevolência foi a "hipertrofia da burocracia centralizada". Nada podia ser decidido sem a palavra de Pequim, enquanto os servidores públicos presos dentro do regime eram produtos de um sistema de educação e exames competitivos que "fortalecia as inibições".[100] A hipertrofia deteve o gênio chinês para a adaptação. A China fora outrora uma civilização de pesquisa científica e desenvolvimento técnico, mas com os manchus todas as tentativas de mudança material ou intelectual tornaram-se suspeitas. No Japão, no mesmo período, a mudança tecnológica foi proscrita no interesse de preservar uma certa ordem social e o predomínio de uma classe dirigente nativa; na China, para preservar uma classe dirigente forasteira, a mudança tecnológica foi reprimida em lugar de proscrita. Enquanto no Japão os samurais acabaram percebendo que seu futuro estava em adotar a ciência e a indústria ocidental, os manchus e seus mandarins não puderam dar o salto para a modernidade. Podemos reunir indícios de muitas influências para explicar isso. Em última instância, porém, o fracasso deveu-se à própria condição de forasteiros dos manchus, suas origens de conquistadores da estepe e a conseqüente ossificação de seu sistema militar que, como a base de seu poder, se recusaram a atualizar. Não existe episódio mais patético na história militar que o dos soldados manchus do século XIX enfrentando com arcos compostos os rifles e canhões dos invasores europeus.

Um telescópio de longo alcance permite-nos ver que os poderes de luta dos europeus que travaram as guerras do ópio do século XIX contra a China tinham sido afiados havia muito tempo e longe dali nos embates de seus ancestrais com os ancestrais montados dos manchus. Os exércitos europeus da era do imperialismo deviam um pilar de sua eficiência a um princípio estabelecido fora da estepe: o da organização burocrática, fundada na Suméria e na Assíria, traduzida por intermédio da Pérsia para a Macedônia, Roma e Bizâncio, e artificialmente revivida a partir de fontes clássicas na Renascença. Deviam outro, o do compromisso com a batalha campal, aos gregos. Todos os outros — campanhas de longo alcance, manobras de alta velocidade no campo de batalha, tecnologia de projétil eficaz, aplicação da roda à guerra e, sobretudo, reciprocidade entre cavalo e guerreiro — tinham suas origens nas estepes e suas terras fronteiriças. Podemos até atribuir aos turcos e mongóis mais tardios crédito por tomarem do islamismo sua contribuição revolucionária para a guerra — seu desprendimento de considerações de família, raça, território ou formas políticas particulares — e investirem-na com a força de uma idéia: que a guerra podia ser uma atividade autônoma e a vida do guerreiro, uma cultura em si mesma. Foi essa cultura, numa forma diluída, mas ainda reconhecível, que Clausewitz encontrou entre os cossacos, cujas maneiras "não militares" tanto o afrontaram na campanha de Moscou, em 1812. "Não militares" talvez, mas que tinham perturbado o mundo por muito mais tempo que a estratégia clausewitziana o faria, ao mesmo tempo que, por terem transmitido sua impiedade, ferocidade e obsessão pela vitória incondicional aos povos sedentários, o próprio Clausewitz devia muito mais a eles que sua mente ordenada jamais permitiria reconhecer.

Interlúdio 3
EXÉRCITOS

Clausewitz foi incapaz de reconhecer uma tradição militar alternativa no estilo de guerrear dos cossacos porque só podia reconhecer como racional e valendo a pena uma única forma de organização militar: as forças pagas e disciplinadas do Estado burocrático. Ele não admitia que outras formas também pudessem servir bem suas sociedades, e defendê-las — ou ampliar seu poder, se fosse esse o objetivo. Os exércitos municiados de pólvora que conheceu eram, evidentemente, imbatíveis para os não adestrados militarmente, ou mesmo para suas versões mais fracas. Ele não poderia prever o impasse a que chegariam à medida que multiplicassem seu poder de fogo no século seguinte, na busca daquelas vitórias no campo de batalha que ele estabelecera como objetivo. Nem poderia prever, por exemplo, que no século XX o "modo chinês de guerrear" iria infligir aos exércitos ocidentais e seus comandantes, imbuídos de seus ensinamentos, uma humilhação dolorosa e demorada.

Contudo, Clausewitz tinha diante dos olhos exemplos de organização militar, cada uma racional em seus próprios termos, que diferiam bastante da ordem regimental na qual fora treinado e servira. O dos cossacos era um deles; outro era o da *opolchenie*, a milícia de servos organizada pelos terratenentes russos para fustigar o recuo de Napoleão. Inadvertidamente, admitiu o papel desempenhado pela *opolchenie* no destino dos soldados do Grande Exército ao observar "o povo armado em volta deles".[1] Ele mesmo foi um expoente ardoroso do princípio miliciano quando se tratou de libertar a Prússia; sua obra *Pontos essenciais sobre a formação de uma força de defesa* (janeiro de 1813) estabeleceu a base para a organização da *Landwehr* nacional, uma força de conscritos. Igualmente importante foram as unidades de voluntários *Jäger* e *Freischützen*, formadas por jovens patriotas românticos ansiosos por travar uma guerra irregular contra os franceses. Em outros lugares da grande mobilização de povos que as guerras napoleônicas desencadearam, Clausewitz teria encontrado toda uma variedade de aliados e auxiliares, arregimentados diretamente como emigrados, que poderiam ter se alistado por motivos patrióticos, mas com mais freqüência porque estavam perdidos e famintos, ou emprestados, com consentimento ou à força, como unidades formadas por seus Estados natais ao imperador.[2] Os melhores deles eram os regimentos suíços, que foram transferidos dentro dos acordos de *capitulation* pelos quais os suíços ganharam a vida como mercenários em muitos exércitos do *ancien régime*. Também eram excelentes os lanceiros poloneses, cujas origens estavam na cavalaria feudal de seu antigo reino. Muitos regimentos excelentes eram os brinquedos ou guardas pessoais de príncipes germânicos menores cuja independência Napoleão extinguira. (Um oficial de um deles, capitão Franz Roeder, da guarda pessoal do grão-duque de Hesse — com seus flertes com Ossian e Goethe e suas fantasias filelênicas, de forma alguma atípicas do tipo de jovem alemão da época que considerava a carreira militar uma ocupação para cavalheiros —, deixou-nos uma das melhores memórias da retirada de Moscou.)[3] A guarnição francesa da Prússia incluía também regimentos de colonizadores militares croatas da fronteira militar dos Habsburgo com os turcos, que eram, na verdade, refugiados sérvios das terras otomanas, enquanto a guarda imperial continha um esquadrão de tártaros lituanos, recrutados entre os remanescentes túrquicos da Horda Dourada. A unidade mais ilustrativa da transformação que uma organização militar pode sofrer em sua existência foi o *bataillon de Neufchâtel*. Organizado no cantão suíço do qual Napoleão fizera seu chefe de Estado-maior, marechal Berthier, príncipe e duque soberano, sobreviveu à queda do corso e entrou para o serviço da Prússia, tornando-se finalmente o *Gardeschützenbataillon* da guarda imperial do kaiser, e assim, em 1919, forneceu alguns dos recrutas dos *Freikorps*, agrupamentos de ex-soldados com os quais os generais de direita e os políticos social-democratas sufocaram a "Revolução Vermelha" em Berlim. Como foi entre os veteranos dos *Freikorps* que Hitler encontrou o núcleo das unidades de choque do partido nazista, não é fantasioso traçar a descendência do pequeno exército do principado de Berthier até os pretorianos das divisões blindadas da Waffen SS.[4]

Guarda-costas, feudatários, mercenários, colonizadores militares, conscritos, milícias de servos, remanescentes das tribos guerreiras das estepes — para não falar dos franceses do próprio Grande Exército, alguns dos quais tinham entrado em serviço como soldados-cidadãos da Revolução cujo elã irresistível inspirara inicialmente a visão clausewitziana da "guerra como continuação da política": temos como pôr alguma ordem nessa salada? Para um instrutor, talvez parecessem simples soldados, alguns bons para as tarefas mais duras, alguns úteis para missões especiais de escaramuça ou reconhecimento, alguns que mal valiam seu soldo, alguns perigosos para seus companheiros e uma ameaça para todos os cidadãos pacíficos. Nessa variedade pode-se encontrar muito material para ilustrar a inter-relação entre formas militares e sociais. Que teorias explicam a variedade?

Os sociólogos militares assumem como premissa a proposição de que qualquer sistema de organização militar expressa a ordem social da qual emerge — e que isso é verdade mesmo quando o grosso da população é mantido em servidão por uma hierarquia militar estrangeira, do tipo que dominou a Inglaterra normanda ou a China manchu, por exemplo. A mais elaborada dessas teorias é obra do sociólogo anglo-polonês Stanislav Andreski — significativamente, filho de um emigrado militar —, mais conhecido por ter sugerido a existência universal de um Coeficiente de Participação Militar (CPM) pelo qual, quando outros fatores são levados em conta, pode-se medir o grau em que uma sociedade é militarizada.[5] Infelizmente, o trabalho do professor Andreski não é "acessível" — atualmente um adjetivo de desprezo no mundo acadêmico, onde "acessibilidade" é confundida com superficialidade — ao público em geral, uma vez que inventou um vocabulário elaborado de palavras criadas para definir seus termos. Em compensação, ele escreve com clareza e verve, sem assumir uma posição moral sobre suas descobertas; embora prefira obviamente viver numa sociedade com um CPM baixo, em que as forças armadas se submetam às regras da justiça, ele está felizmente livre da ilusão de que as ditaduras militares podem ser abolidas escrevendo-se artigos em revistas de ciência política. Com efeito, se toma alguma posição, é a da visão pessimista, hobbesiana da natureza humana, asseverando que a luta é uma condição natural da existência e que, tal como o dr. Johnson, "duas pessoas não podem ficar juntas durante meia hora sem que uma delas adquira uma superioridade evidente sobre a outra".

Andreski parte da teoria de Malthus: uma vez que o crescimento geométrico da população não é acompanhado pelo aumento da quantidade de alimento e de espaço vital, a vida só pode se tornar tolerável se os nascimentos forem limitados, ou se as mortes forem aceleradas pelas doenças ou pela violência. Andreski acredita estar aí a origem da guerra (se tivesse escrito depois da publicação de *Plagues and peoples* de William McNeill, que argumenta que as moléstias importadas são mais letais que a guerra, talvez não tivesse tanta certeza).[6] Nas sociedades primitivas, sugere ele, os homens fortes limitam a taxa de natalidade apropriando-se das mulheres dos mais fracos; mas, à medida que a taxa de nascimentos do estrato mais alto aumenta, ele precisa expulsar o excesso para o nível mais baixo, cujo tamanho continua a limitar pela violência, ou então levar a violência para o território dos vizinhos. De ambas as formas, cria-se uma classe militar, dominante em sua própria sociedade ou conquistadora de outra. Seu tamanho relativo — o Coeficiente de Participação Militar — será então determinado por seu êxito, depois de ter satisfeito suas próprias — potencialmente extorsivas — necessidades de consumo e propriedade, em acomodar as camadas mais baixas.[7] Nas tribos vitoriosas, que submetem seus vizinhos, todos os homens capazes podem ser guerreiros; em condições economicamente benévolas, em que a camada dirigente pode prover uma população em expansão a partir do comércio, da indústria e da agricultura intensiva, as forças armadas encolherão para ficar do tamanho necessário apenas para defender a boa fortuna do povo e algo que chamamos democracia pode até emergir para disfarçar as realidades do poder. Porém é entre esses dois extremos de CPM, diz ele, que se encontra a maioria dos sistemas sociais. A natureza exata deles dependerá então de dois outros fatores: o grau em que os governantes julgam necessário ou conseguem exercer controle sobre os governados — o que Andreski chama de *subordinação*; e o grau em que os que possuem habilidades e equipamentos militares estão unidos — *coesão*.[8]

Para dar alguns de seus exemplos: os bôeres da Grande *Trek*, que deixaram a região de domínio britânico da África do Sul no início do século XIX para procurar novas terras e defendê-las contra o ataque dos africanos locais, formavam uma sociedade caracterizada por alto CPM — cada homem era uma arma apontada —, baixa subordinação, porque as repúblicas que fundaram quase não tinham governo, e baixa coesão, pois a família patriarcal continuava a ser a unidade de fidelidade. Os cossacos, por outro lado, tinham igualmente um CPM alto, baixa subordinação — uma vez que seus líderes tinham poucos meios para impor sua vontade —, mas coesão alta, porque os perigos da vida na estepe mantinham os bandos unidos. Formas mais comuns apresentaram CPM, coesão e subordinação baixos — como as sociedades cavalheirescas da Europa medieval nos longos períodos de domínio monárquico fraco —, ou CPM, coesão e subordinação altos, como as sociedades industriais militarizadas das duas guerras mundiais.

O pequeno livro de Andreski deixa o leitor sem fôlego com seu ímpeto e ousadia. Numa série de passos intricados, mas aparentemente lógicos, ele leva o leitor a aceitar que só podem existir seis formas de organização militar e então, com um galope através da história mundial, enfia todas as sociedades conhecidas, da mais primitiva tribo à mais afluente democracia, em alguma delas. Só depois que o leitor pára para respirar surge a dúvida. De forma geral, o esquema de Andreski parece mecanicista demais: embora desdenhando Marx — "fatores puramente econômicos produzem, sem dúvida, flutuações na altura da estratificação, mas [...] as tendências de longo prazo são determinadas pelas mudanças no *locus* do poder militar" —, sua análise é brutalmente dialética.[9] Mais particularmente, se o leitor tem qualquer conhecimento exato das sociedades que Andreski classifica tão peremptoriamente, o encaixe delas em suas categorias parece menos exato. Os bôeres, por exemplo, talvez tivessem pouca coesão e continuaram a ser um bando de teimosos e brigões, mas quem lutou contra eles não duvida de que aquilo que suas leis não lhes dão, o poder da Igreja reformada holandesa lhes proporciona: eles têm uma coesão bíblica, não política. Da mesma forma, a insubordinação dos cossacos tinha seus limites: a expulsão do bando, por ordem dos anciãos ou camaradas, expunha o desajustado a um perigoso isolamento.[10] Além disso, Andreski dá pouca importância ao que seus colegas sociólogos chamam de "sistemas de valor". Embora admita que "as crenças mágico-religiosas [forneçam] os primeiros fundamentos das desigualdades sociais", muda depois de assunto.[11] Ele não leva em conta a reprovação da violência que observamos em algumas tribos primitivas — que tentam controlá-la por meio do combate ritual — ou nos credos monoteístas, como o islamismo, que foi forçado a criar uma ordem social de escravos para conciliar as exigências do poder com as da religião, ou ainda na civilização chinesa, que persistiu heroicamente na crença, por mais que se desviasse dela, de que "o homem superior", ou seja, o governante ideal, "deveria ser capaz de alcançar seus objetivos sem violência".

Parece mais proveitoso seguir um método diferente: aceitar que há um número limitado de formas que a organização militar tem assumido e que existe de fato uma relação íntima entre uma forma particular e a ordem social e política à qual ela pertence, mas que aquilo que determina a relação pode ser extremamente complexo. A tradição, por exemplo, desempenha um papel preponderante. Andreski admite que "uma sociedade igualitária em que todos os homens portam armas pode resistir à introdução de métodos mais eficientes, o que torna o serviço militar universal inútil".[12] É mais comum, se tomarmos apenas os samurais e mamelucos como exemplos, que as minorias militares exclusivas se apeguem a formas antiquadas, o que podem fazer durante centenas de anos. Por outro lado, essas minorias — chamadas incorretamente de "elites" pelos sociólogos, pois são escolhidas apenas por elas mesmas — podem adotar uma incansável e extravagante política de inovação; os oficiais da Marinha Real vitoriana, depois que aceitaram o couraçado a vapor, declaravam obsoletos os novos modelos a intervalos cada vez mais curtos, até que a construção naval de guerra se tornou uma das questões mais discutidas da política orçamentária britânica.[13]

Seu "navalismo" reflete a situação geográfica da Grã-Bretanha: como ilha rica, precisava defender-se contra invasões, e como sede de um império marítimo, precisava proteger seu comércio e as possessões ultramarinas. A geografia, no entanto, exerce influência universal sobre as formas militares, fato que Andreski está preparado para reconhecer apenas intermitentemente. É o que faz quando afirma que foi o peculiar isolamento do Egito que retardou sua transição da pedra para o metal na tecnologia bélica e poupou-o durante muito tempo do fardo de manter um exército permanente. Mas ele parece não ter se dado conta de que foi a exposição da Europa à irrupção da estepe — ou, mais tarde, às incursões marítimas dos vikings — que deu à classe cavalheiresca boa parte de seu poder, que o habitat imutável da estepe fez dos nômades, assim que criaram um cavalo de montaria, o que eles eram, que a fome de terras conclamou os escandinavos que viviam em faixas costeiras estreitas a partir, ou que foi a ausência de outro porto natural no Adriático que permitiu que Veneza dominasse aquele mar e estendesse seus tentáculos comerciais até Creta e Criméia.[14]

Sobretudo, ele não leva em conta o fascínio que a vida de guerreiro exerce sobre a imaginação masculina. Essa é uma falha comum dos acadêmicos que se interessam por assuntos militares, mas jamais saem de seu ambiente universitário. Como sabem aqueles que reconhecem os soldados como membros de uma sociedade militar, essa sociedade tem uma cultura própria aparentada, mas diferente da cultura mais ampla a que pertence, funcionando com um sistema diferente de punições e recompensas — as punições, mais peremptórias, as recompensas, menos monetárias e, com freqüência, puramente simbólicas ou emocionais —, mas profundamente satisfatório para seus participantes. Depois de uma longa convivência com o exército britânico, sou tentado a afirmar que alguns homens não podem ser outra coisa senão soldados. O paralelo feminino é com o palco: algumas mulheres só se realizam teatralmente — como *prima dona, diva*, ícone do fotógrafo ou costureiro —, mas por meio dessa realização encarnam um ideal universal de feminilidade que ganha a adulação tanto dos homens quanto das mulheres. Os atores masculinos, por mais admirados que sejam, não recebem essa bajulação; um herói do palco apenas simula correr riscos. O herói guerreiro é admirado por ambos os sexos por correr riscos reais; mas o homem de temperamento militar — por mais que os cientistas sociais fechem os olhos à importância do temperamento — correrá riscos, seja ou não admirado pelo mundo exterior. É a admiração dos outros soldados que o satisfaz — se ele puder conquistá-la; a maioria dos soldados fica contente apenas com a companhia dos outros, com o desprezo compartilhado por um mundo mais suave, com a libertação da materialidade estreita trazida pela caserna e pela linha de marcha, com os confortos rudes do bivaque, com a competição na resistência, com a perspectiva do *répos du guerrier* junto às mulheres que os esperam.

A excitação da trilha da guerra ajuda a explicar o *ethos* do guerreiro primitivo. O sucesso no combate explica também por que alguns primitivos se tornaram povos guerreiros. As recompensas do êxito — se não conquista direta, apropriação de território e sujeição dos outros, então saque ou ao menos o direito de ditar os termos do comércio — são suficientes em si mesmas para validar a rejeição dos meios conciliatórios. Contudo, é importante não exagerar os impulsos para a vida guerreira. Como vimos, muitos primitivos buscavam conter o impulso à violência, enquanto até os povos mais ferozes erguiam suas pirâmides de crânios nas pegadas mais experimentais de outros; Tamerlão não teria sido o que foi se povos montados anteriores não tivessem testado os limites do poder de resistência da civilização.

Ademais, os povos guerreiros sempre foram uma minoria, por maior que fosse o fascínio — tão esquecido pelos belicosos anglo-saxões, que preferem se considerar os doadores das instituições parlamentares — de possuir um nome que inspirasse temor e admiração; ao mesmo tempo, os guerreiros sempre são uma minoria absoluta nas populações que foram além do estágio primitivo. Há o que os sociólogos chamam de tendência compensatória na natureza humana, que se opõe ao recurso à violência. Aldous Huxley disse que um intelectual era uma pessoa que tinha descoberto algo mais interessante que o sexo. Um homem civilizado, pode-se dizer, é alguém que descobriu algo mais satisfatório que o combate. Depois que o homem superou o estágio primitivo, a proporção dos que preferiram outra coisa a lutar — arar o solo, fazer ou vender coisas, construir, ensinar, pensar ou tratar com outro mundo — aumentou tão rapidamente quanto permitiram os recursos da economia. Não se deve idealizar; os menos afortunados viram-se presos ao serviço ou até à servidão, enquanto os privilegiados, como observa Andreski, sempre basearam sua posição no poder das armas, exercido pessoalmente ou por fiéis subordinados. Porém o homem pós-primitivo dava um valor particular à vida não violenta, exemplificada pela do artista, do estudioso e, sobretudo, do homem e mulher santos. Foi por esse motivo que as atrocidades dos vikings, saqueadores de mosteiros e conventos, provocaram tanta repulsa no mundo cristão; até mesmo Tamerlão, que tinha recebido com respeito o grande sábio árabe Ibn Khaldun, não desceu ao nível sanguinário deles.[15]

Para modular a análise de Andreski, portanto, admitamos a preponderância do guerrear no mundo primitivo — mas abrindo espaço para a existência de povos que quase não conheceram a guerra e para as tentativas de moderá-la por ritual e cerimônia — e sigamos adiante, para o mundo pós-primitivo. Nosso estudo da história militar revela até agora seis formas principais que a organização militar pode assumir: guerreiro, mercenário, escravo, tropa regular, recruta e milícia. É por pura coincidência que Andreski também acredita na existência de seis formas, que ele chama de homóica, masáica, mortásica, neférica, riteriana e telênica (todos neologismos), uma vez que poucas categorias são correspondentes. A categoria de guerreiro é óbvia, mas eu a utilizo para incluir grupos como os samurais e os cavaleiros ocidentais, cujo núcleo quase sempre pode ser identificado como remanescente de uma tribo guerreira, alienígena ou nativa; cultos guerreiros, como os muçulmanos e sikhs originais, e sociedades guerreiras, como a dos zulus e ashantis, incluem-se por si mesmas. Os mercenários são aqueles que vendem serviço militar por dinheiro — embora também por incentivos como concessões de terras, admissão à cidadania (oferecida tanto pelo exército romano como pela Legião Estrangeira francesa) ou tratamento preferencial. Os soldados de linha das tropas regulares são mercenários que já gozam de cidadania ou equivalente, mas escolhem o serviço militar como meio de subsistência; nos Estados afluentes, o serviço regular pode assumir alguns atributos de uma profissão. Já examinamos o sistema escravista. O princípio da milícia estabelece o dever de prestar serviço militar para todos os cidadãos aptos do sexo masculino; a falta ou recusa em prestá-lo leva geralmente à perda da cidadania. O recrutamento constitui um imposto cobrado sobre o tempo de um morador do sexo masculino de determinada idade, embora para os cidadãos o pagamento desse imposto represente usualmente um dever cívico; o recrutamento seletivo, especialmente por longos períodos de serviço para um governo não representativo — vinte anos era o período na Rússia antes da emancipação dos servos —, é difícil de diferenciar do sistema escravista.

De que forma as sociedades guerreiras vieram a existir não exige elaboração, nem precisamos examinar como os grupos guerreiros obtiveram ou perpetuaram seu poder sobre os não-guerreiros. Eles monopolizaram o uso de um dispendioso sistema bélico — tal como os conquistadores sobre bigas — ou aperfeiçoaram uma habilidade bélica difícil, motivo do longo reino de terror dos povos montados. São as transições para as formas alternativas que têm uma lógica mais complexa. Que tais transições sejam necessárias para que uma sociedade evolua, isso é evidente por si mesmo, uma vez que os governos guerreiros tendem a ser fortemente conservadores. Tal como os samurais, mamelucos e manchus, eles temem mexer em qualquer coisa do sistema que controlam, para não derrubar todo o edifício. Mas como vimos, os sistemas militares obsoletos não podem resistir perpetuamente à mudança; porém, quando ela chega, os novos dirigentes — que podem ser sobreviventes esclarecidos da velha ordem guerreira — confrontam-se com dois problemas centrais. Um é como pagar pelo novo sistema militar. O outro é como assegurar-se da lealdade dos que pertencem a ele. Os dois estão intimamente ligados. O domínio guerreiro sustenta-se pela cobrança direta do resto da sociedade ou de estrangeiros; daí a obsessão dos povos montados em saquear ou cobrar tributo, ou ainda exigir direitos de comércio nos termos ditados por eles. Quando a especialização militar é transmitida para fora do centro direto do poder — o que é o início da diluição do domínio guerreiro —, é preciso encontrar um método intermediário de recompensar os soldados. Gengis foi escrupuloso ao providenciar para que todo butim fosse centralizado e distribuído com eqüidade.[16] No entanto, mesmo quando ainda estava vivo, à medida que o império se expandia, foi obrigado a conceder poder local a subordinados de confiança e, logo depois de sua morte, esses homens adquiriram o direito de tributar, além de governar. Os coletores de impostos de Gengis traziam as receitas para um tesouro central; essa foi uma razão importante de o exército mongol ter permanecido tão formidável enquanto esteve vivo. Na época de seus netos, começou a surgir uma espécie de feudalismo e, com ele, o declínio do poder mongol.

O feudalismo é um estágio comum na transição das sociedades guerreiras para outras formas. Ele apareceu em duas versões principais. Uma, que caracterizou sua ascensão no Ocidente, foi a concessão de terras a militares subordinados, sob a condição de que fornecessem força militar apropriada quando requisitada pelo soberano, mas com o direito de legar essas terras a seus descendentes. A outra, mais comum fora da Europa, foi a do feudo não hereditário, que o soberano podia tomar de volta quando quisesse; predominante no mundo islâmico como o sistema da *iqta*, foi muito usado por seljúcidas, aiúbidas e otomanos. Ambos tinham suas desvantagens. A *iqta*, não sendo hereditária, estimulava seu detentor a enriquecer enquanto as coisas iam bem; seus pagadores de impostos eram explorados e sua obrigação militar, mal cumprida.[17] Por outro lado, os vassalos feudais do Ocidente, ao mesmo tempo que se interessavam pela boa administração de seus feudos, uma vez que seriam herdados por seus filhos, também tinham um forte interesse em aumentar seu valor militar. Assim, o vassalo fortalecia sua posição em qualquer disputa sobre direitos ou deveres com seu soberano. Fazendo seus próprios vassalos e construindo castelos, poderia ele mesmo acabar se elevando ao status de soberano, se não de direito, ao menos de fato. Assim decorreria boa parte da história da Europa ocidental, entre a divisão do Império carolíngio no século IX e a chegada dos reis armados pela pólvora, no século XVI.

O feudalismo de qualquer tipo foi, portanto, o beco sem saída no caminho adiante do sistema guerreiro. Muito mais eficiente foi o sistema de tropas regulares. Ele surgiu surpreendentemente cedo na Suméria e assumiu uma forma quase improvável com os assírios. O exército da Assíria, como vimos, abrangia contingentes de todas as variedades de soldados então existentes, incluindo, além da infantaria, aurigas, arqueiros montados, engenheiros e condutores de carroças. Seu centro, no entanto, era a guarda real, na qual podem estar as origens das tropas regulares. É provável que o exército da Suméria tenha sido inicialmente uma escolta real, em torno da qual tenham se congregado outras unidades à medida que se tornava necessário; essas "guardas mais próximas" passariam a existir em todos os Estados onde o poder era personalizado, embora simbolicamente e por mais representativa que fosse a base do governo, até nosso tempo.

Todavia, as escoltas seguiriam uma linha de desenvolvimento separada e às vezes divergente daquela das outras forças regulares. Aquelas de soberanos que estabeleceram locais fixos de residência tenderam a se tornar também elas sedentárias, acabando amiúde por perder suas funções guerreiras e tornando-se às vezes produtoras de reis; em conseqüência, os monarcas recrutavam freqüentemente suas guardas no exterior, de povos guerreiros que não conhecessem uma língua na qual pudessem conspirar com os nativos descontentes. Um exemplo que logo surge é o da guarda varangiana dos imperadores bizantinos, originalmente formada por suecos e noruegueses que tinham seguido as rotas mercantis dos "rus" que desciam os grandes rios russos até Constantinopla, mas depois de 1066, em larga medida por refugiados anglo-saxões. Eles desenvolveram um dialeto próprio e deixaram sua mais celebrada lembrança nas runas esculpidas no Leão de São Marcos, exportado como butim do Pireu depois que Francesco Morosini derrotou os turcos em 1668 e que hoje se encontra diante do Arsenal de Veneza.[18] Outras guardas estrangeiras famosas foram os Arqueiros Escoceses dos reis franceses, a Guarda Árabe de Frederico II Hohenstaufen (o general Franco montou uma Guarda Moura com os *regulares* marroquinos que tanto o ajudaram a ganhar a Guerra Civil Espanhola de 1936-39) e as guardas suíças de vários soberanos europeus, inclusive, evidentemente, a do papa. Uma função pouco divulgada do moderno Regimento de Serviço Aéreo Especial é a de proporcionar escoltas a dirigentes estrangeiros que o governo britânico tem interesse em manter no poder.[19]

Esses corpos de guarda, como também aqueles recrutados entre súditos de um soberano que se tornavam sedentários numa capital, tendiam normalmente a se fossilizar, muitas vezes de forma grotesca: a Guarda Real Britânica e a guarda suíça papal exibem esse traço, tal como o faziam os *Trabanten* bávaros, que portavam acha-d'armas no século XIX. Na verdade, alguns monarcas formavam unidades de guarda arcaicas para exagerar a antiguidade de sua linhagem, como os Hohenzollern fizeram com a *Schlossgardekompagnie*, que servia ao último kaiser vestida como se estivesse na corte de Frederico, o Grande. Não raro, jovens bem-nascidos de talento desprezavam esse serviço, preferindo demonstrar sua lealdade numa "guarda mais próxima" que entrasse em contato com o inimigo. Alguns corpos de guarda sobreviveram assim como unidades de luta e muitos outros foram formados segundo esse mesmo modelo: os regimentos prussianos e russos — preobajensky, semenovsky — de guardas a pé pertenciam a essa tradição, como os britânicos ainda pertencem.

A lealdade dessas unidades era raramente duvidosa (a dos *Gardes françaises* em 1789, depois de corroída pela longa residência em Paris, foi uma exceção). Mas permanecia a dificuldade de como pagar por essas forças, ainda mais aguda no caso de soldados de linha dos exércitos de campo regulares. Um elemento central do contrato entre soberano e forças regulares é que elas sejam alimentadas, abrigadas e pagas tanto na guerra quanto na paz. Os Estados ricos com um poder de tributação eficiente podem conseguir isso por períodos longos. Se forem militarmente muito ambiciosos, podem sempre sobretaxar seus habitantes; por outro lado, é freqüente a tentativa de reduzir o tamanho de uma força militar expandida ao final de uma longa guerra provocar um motim, como aconteceu no Estado Livre Irlandês em 1923. É portanto tentador, particularmente para os Estados ricos de população pequena, evitar o peso de sustentar um exército regular e comprar os serviços militares apenas quando necessários. Essa é a base do sistema mercenário. Não apenas a base: historicamente, muitos Estados suplementaram suas forças contratando mercenários, muitas vezes com contratos de longo prazo, com resultados perfeitamente satisfatórios para ambos os lados, como demonstram as antigas relações entre franceses e suíços e as atuais entre os ingleses e os gurcas do Nepal. É possível também comprar em um mercado bem regulamentado de mercenários, ao qual eles retornam ao final de seus contratos de serviço. Um mercado desse tipo existia no cabo Tenaro (hoje Matapan), no Peloponeso, durante o século IV a.C., suprido por soldados sem terra desempregados depois das guerras entre as cidades-Estados do século anterior, e funcionou perfeitamente enquanto houve demanda por profissionais militares na Pérsia e, depois, no Oriente helenístico.[20] Alexandre, o Grande, empregou cerca de 50 mil mercenários gregos em 329, muitos deles recrutados pelo sistema de mercado.

O perigo inerente à utilização de mercenários é que os fundos necessários para sustentá-los podem acabar antes que o contrato chegue ao final estipulado, ou que a guerra dure mais que o esperado, com o mesmo resultado, ou ainda, se um Estado foi tão miserável, complacente ou apático a ponto de depender exclusivamente deles, que os mercenários venham a perceber que constituem o poder efetivo. Evidentemente, foi esse o caso em várias cidades-Estados italianas do século XV, onde os cidadãos tinham se tornado mercantis demais para prestar serviço militar, mas eram mesquinhos demais para pagar por uma força permanente. Nessas circunstâncias, são antes a seus empregadores que aos inimigos que os mercenários representam uma ameaça: eles tomam partido em disputas internas, fazem greve ou chantagem para receber o que lhes é devido ou por pagamentos extras, podem até passar para o lado inimigo; na pior das hipóteses, tomam o poder, como os *condottieri* Pandolfo Malatesta, Ottobuono Terzo e Gabrino Fondulo fizeram respectivamente em Bréscia, Cremona e Parma.[21]

Algumas das primeiras cidades-Estados, como se tivessem previsto os perigos de depender de mercenários — embora não fosse essa a razão —, escolheram um método alternativo de se defender: tornaram condição de cidadania que todos os homens livres e proprietários comprassem armas, treinassem para a guerra e prestassem serviço militar em tempos de perigo. Tratava-se do sistema de milícias, que pode assumir outras formas. O termo é aplicado sem rigor ao recrutamento de camponeses efetuado por Estados sedentários de muitos tipos, inclusive os impérios chinês e russo, durante longos períodos da história. Inclui também a *fyrd* da Inglaterra anglo-saxônica e seus equivalentes na Europa continental, baseados no princípio, mais tarde conhecido como *jus sequellae* ou *Heerfolge*, de que os homens livres devem empunhar armas. Ela fora trazida da Alemanha pelos invasores bárbaros, mantida pelos reinos que se sucederam ao domínio romano, e permaneceu em vigor até que, nas crises militares dos séculos IX e X, foi superada pela convocação (*ban*) dos vassalos que cuidavam dos cavalos. Em regiões remotas com aristocracias fracas, como a Suíça e o Tirol, ela sobreviveu muito mais tempo; com efeito, sobrevive até hoje na Suíça.

Contudo, não é aos bárbaros, mas ao mundo clássico que associamos a idéia de milícia; às falanges dos cidadãos gregos que lutavam uns contra os outros em suas disputas entre cidades, mas que podiam se unir contra um perigo comum, como o representado pelo Império persa nos séculos VI e V a.C. É tentador imaginar que os germânicos e os gregos derivaram sua idéia de um serviço militar de homens livres de uma fonte comum e mais tentador ainda propor que a principal contribuição grega à arte da guerra — a da batalha campal, travada a pé em local determinado até que um dos lados admitisse a derrota — fez o caminho de volta para os germânicos, via Roma, nos tempos bárbaros. Porém, os indícios podem não sustentar tantas suposições. O que parece certo é que Roma, nos anos pré-republicanos, importou suas táticas da Grécia, e que o exército romano da Constituição de Sérvio Túlio, do qual viria a descender o dos césares, teve, portanto, sua origem nas falanges.[22] A partir de então, Grécia e Roma divergiriam política e culturalmente. Os soldados-agricultores de Roma cederiam espaço progressivamente para profissionais pagos, enquanto o "gênio para a discórdia" dos gregos preservaria as milícias separadas de cada cidade, assegurando assim que um poder mais forte, o dos semibárbaros macedônios, viesse mais tarde a derrotá-los. Todavia, como tanto do que era grego, a idéia de milícia sobreviveria. Com a redescoberta da cultura clássica na Europa renascentista, essa idéia veio a parecer tão boa quanto a do império da lei ou o orgulho cívico, com as quais estava intimamente relacionada. Maquiavel, cujo pensamento político estava baseado na percepção de que a soberania deriva das armas, não somente escreveu livros sobre o assunto, como redigiu a lei da milícia florentina (a *Ordinanza* de 1505), cujo objetivo era libertar sua cidade do flagelo mercenário.[23]

Havia, no entanto, um defeito no sistema de milícias: como exigia serviço apenas dos que possuíam propriedade, o número de soldados que um Estado podia colocar em campo ficava abaixo da quantidade existente de homens capazes. Os gregos aceitavam essa limitação por dois motivos: primeiro, porque resolvia o problema constante de como pagar por um exército, pois os soldados pagavam-se a si mesmos; segundo, porque garantia a confiabilidade do exército. O teste da propriedade unia os que passavam nele, quaisquer que fossem suas diferenças políticas, contra todos os outros, os sem-terra e os escravizados, que, na qualidade de não-cidadãos, não tinham permissão para empunhar armas. Mas quando surgia alguma emergência, esse elitismo podia ser altamente danoso, como os espartanos — que levavam a extremos o princípio da exclusividade — descobriram na guerra contra Tebas, no século IV a.C.

A conscrição não é exclusiva: por definição, ela abrange todos que possam marchar e lutar, independentemente de riqueza ou direitos políticos. Por esse motivo, jamais foi recomendável para regimes que temessem que súditos armados tomassem o poder, nem para aqueles que encontrassem dificuldades em levantar fundos. A conscrição é para Estados ricos que oferecem direitos — mesmo aparentes — para todos. O primeiro Estado a cumprir essas condições plenamente foi a Primeira República Francesa. Anteriormente alguns outros — a Prússia de Frederico, o Grande, por exemplo — haviam imposto algo semelhante à conscrição, mas ele funcionara apenas para a parte regular do exército recrutar o resto. Em agosto de 1793, a República Francesa declarou que, até o momento "em que todos os inimigos tenham sido expulsos do território da República, todos os franceses estão permanentemente requisitados para o serviço dos exércitos"; um teste anterior de propriedade, que limitava o serviço aos "cidadãos ativos", já fora abolido.[24] A partir de então, todos os franceses poderiam ser soldados, e em setembro de 1794 a República já contava com 1 milhão e 169 mil homens em armas, uma força de tamanho jamais visto na Europa.

O sucesso impressionante dos exércitos revolucionários indicou a conscrição como o sistema militar do futuro; foram eles, afinal, que levaram Clausewitz a afirmar que "a guerra era a continuação da política". Os sérios inconvenientes do sistema — que militarizava a sociedade e acarretava custos enormes — não foram percebidos ou ficaram disfarçados. Os exércitos revolucionários pagaram-se durante longos períodos com o produto de pilhagens (o exército da Itália de Bonaparte, na época em que as cédulas da República tinham empurrado as moedas para fora de circulação, tornou-se sua principal fonte de moeda forte); os outros governos europeus que adotaram o alistamento militar a partir da metade do século XIX esconderam de si mesmos o peso financeiro pagando aos conscritos uma miséria.

É nesse sentido que a conscrição pode ser considerada uma forma de tributação. Porém, como todos os impostos, ela tem de, em última análise, dar um retorno benéfico para quem pagou. Na França, o benefício era a cidadania para todos os que prestassem serviço. Os governos monárquicos que a adotaram durante o século XIX não podiam admitir esse enfraquecimento de seu poder. Ofereceram em troca as alegrias compensatórias do nacionalismo, com grande sucesso nos Estados germânicos. Todavia, a idéia francesa de que somente o homem armado gozava de cidadania plena deitara raízes e rapidamente se transmutou na crença de que as liberdades civis eram o direito e a marca de quem empunhava armas. Assim, em alguns Estados onde já havia liberdades civis, mas o alistamento não fora imposto, como na Inglaterra e nos Estados Unidos, surgiu na metade do século o estranho fenômeno de cidadãos impingindo-se aos governos como soldados voluntários; e naqueles que lutavam para resistir ao crescimento das instituições representativas, ao mesmo tempo que impunham a conscrição, particularmente a Prússia, as milícias de classe média geradas pelas guerras contra Napoleão buscavam sobreviver como postos avançados dos direitos contra os poderes do rei e seu exército regular.

No longo prazo, o estabelecimento de um alistamento universal nos Estados avançados da Europa ocidental foi acompanhado pela extensão do voto, embora para parlamentos em geral menos responsáveis que os dos países anglo-saxões, e por processos que não tinham conexão direta e visível. Porém, o resultado foi que, no início da Primeira Guerra Mundial, a maioria dos Estados da Europa tinha alguma forma de instituição representativa e todos mantinham grandes exércitos de conscritos. A lealdade desses exércitos, reforçada impetuosamente por sentimentos nacionalistas, manter-se-ia durante os três primeiros anos da terrível provação da guerra. Em 1917, os custos, tanto materiais como psicológicos, de fazer de cada homem um soldado começaram a apresentar seus inevitáveis efeitos. Houve um motim em larga escala no exército francês na primavera daquele ano; no outono, o exército russo entrou em colapso total. No ano seguinte, o exército alemão seguiu o mesmo caminho; no armistício de novembro, em sua volta para casa, o exército se desmobilizou e o Império germânico foi jogado na revolução. Tratava-se do resultado quase cíclico de um processo que se iniciara 125 anos antes, quando os franceses tinham resgatado uma revolução apelando para que todos os cidadãos a apoiassem com armas. A política tornara-se a extensão da guerra e o velho dilema dos Estados — de como manter exércitos eficientes que fossem ao mesmo tempo confiáveis e financeiramente acessíveis — revelara-se tão longe de uma solução como na época em que a Suméria usara pela primeira vez sua receita para pagar soldados.

4. FERRO

A pedra, o bronze e o cavalo — os principais meios utilizados na guerra na época em que os Estados estavam se estabelecendo e sofrendo o ataque de povos guerreiros vindos de fora — eram, por natureza, recursos limitados, embora de maneiras diferentes. A pedra é trabalhosa de modelar. O bronze é produto de metais escassos. O cavalo pode ser mantido, em quantidade necessária para montar um exército, em pastagens encontradas apenas em áreas restritas do mundo. Se pedra, bronze e cavalo tivessem permanecido como os meios com os quais se travavam guerras, seu alcance e intensidade talvez jamais tivessem ultrapassado os níveis experimentados durante o primeiro milênio antes de Cristo e as sociedades humanas, exceto nas condições confinadas e benévolas dos grandes vales fluviais, talvez jamais avançassem para além do pastoralismo e da criação primitiva. O homem precisava de algum outro recurso para atacar a face da Terra nos zonas temperadas e florestais, como também para disputar terras já ocupadas por minorias ricas e fortes que tinham monopolizado a dispendiosa tecnologia bélica na Idade do Bronze.

O ferro supriu essa necessidade. Está atualmente na moda duvidar de uma "revolução da Idade do Ferro", em parte porque ela foi proposta por teóricos marxistas cuja visão da história era determinista e mecanicista. Mas não é necessário ser determinista para perceber que um aumento súbito e enorme da provisão de um material que podia dar e manter uma vantagem, quando anteriormente tal material tinha sido prerrogativa de poucos devido ao seu custo e raridade, estava destinado a mudar as relações sociais. Não somente armas, mas também ferramentas ficaram à disposição de homens que tinham labutado antes com pedra e madeira para derrubar florestas e romper a superfície do solo. Os instrumentos de ferro não apenas permitiram como estimularam os homens a atacar solos que lhes tinham resistido e colonizar regiões distantes das áreas existentes de povoamento, a explorar mais intensivamente as que já estavam em uso, ou simplesmente colonizar as terras que os aurigas tinham conquistado antes deles.

Que o ferro seja esse material, não é preciso demonstrar. O bronze é uma liga de cobre comum e estanho raro; a escassez do estanho, com suas fontes muito localizadas, tornaram-no uma substância facilmente sujeita a aumentos de preços de mercado e pesados tributos e taxas de transporte no ponto de entrega. Em conseqüência, os guerreiros prontamente monopolizaram o bronze e se assenhorearam do poder. O ferro não é escasso: seus minérios formam cerca de 4,2% da massa terrestre e estão amplamente distribuídos.[1] Mas na sua forma pura, que o homem primitivo podia reconhecer e usar, é ainda mais escasso que o estanho, aparecendo apenas como ferro meteórico ou como certos depósitos assim chamados telúricos, muito isolados. De qualquer forma, o homem primitivo conhecia e trabalhava com o ferro meteórico; quando descobriu — graças a que acidentes, não podemos adivinhar — como podia extraí-lo de seu leito terrestre usando calor, o homem civilizado soube o que podia fazer com ele. Alguém sugeriu que os primeiros a fundir ferro foram os ferreiros mesopotâmicos de cerca de 2300 a.C. que procuravam extrair pigmentos, como o ocre, do minério associado.[2] Os ferreiros compunham um grupo reservado, praticando uma arte misteriosa e geralmente trabalhando sob a proteção direta de guerreiros, aos quais forneciam seus preciosos produtos. O primeiro ferro fundido foi quase certamente monopolizado e não chegou ao uso geral até por volta de 1400 a.C. Naquela época, a produção parecia estar concentrada na Anatólia, onde se encontram minérios em profusão na superfície, e foi por meio de seu conseqüente acesso ao ferro trabalhado que os hititas locais conseguiram lançar suas agressivas campanhas contra os reinos do vale da Mesopotâmia.

Sugeriu-se que, por volta de 1200 a.C., os hititas deixaram de ser os únicos proprietários da emergente indústria do ferro quando seu reino foi destruído. Os trabalhadores em ferro da Anatólia, espalhados nesse processo, levaram sua técnica para outros lugares, em busca de novos compradores e protetores. Pode ser também que a metalurgia tivesse atingido então um ponto de decolagem tecnológica. Ela tivera de passar por vários estágios. O primeiro fora aperfeiçoar uma fornalha na qual os minérios pudessem ser fundidos para produzir lingotes de tamanho viável para um gasto econômico de combustível (combustível preferido foi o carvão vegetal até o início dos tempos modernos, quando os chineses, e depois os europeus, descobriram como transformar carvão mineral em coque). O minério de ferro funde a uma temperatura muito mais alta que o cobre e o estanho, exigindo uma tiragem de ar forçada; as primeiras fornalhas estavam situadas no alto de morros ventosos, até que entraram em uso os foles. Elas produziam cerca de 8% de ferro a partir de uma determinada quantidade de minério, numa massa esponjosa conhecida como "lupa", que podia ser transformada em lingotes para ferramentas ou armas apenas mediante constante reaquecimento e forja; mesmo então, a não ser que o minério contivesse uma quantidade excepcional de níquel, seus produtos eram doces e perdiam facilmente o gume. A técnica de bater a frio, utilizada com o bronze, não funcionava com o ferro. Foi somente quando se descobriu, por volta de 1200 a.C., que forjar no calor e temperar na água dava ao ferro um gume duradouro, que ele não apenas passou a competir com o bronze, como superou-o claramente. Esse estágio pode ter sido alcançado no momento em que os ferreiros anatólios se dispersaram pelo Oriente Próximo.

O surgimento de forjas e ferrarias teve efeitos militares variados. Equipou melhor os povos guerreiros para montar ataques aos Estados ricos e talvez, portanto, tenha contribuído para o tumulto que engolfou o Oriente Médio e Próximo no início do primeiro milênio antes de Cristo. Da mesma forma, acabou equipando os impérios para contra-atacar, pois o ferro abundante significava que um número maior de homens podia ser mantido em armas, em Estados onde a receita podia sustentá-los. O exército assírio era um exército de ferro; até mesmo o tecnologicamente atrasado Egito adotou o ferro na época dos últimos faraós.

As armas mais impressionantes encontradas em sítios do início da Idade do Ferro não vêm do Oriente, mas da Europa. São as espadas da assim chamada cultura de Hallstatt, que datam de até 950 a.C.[3] Modeladas originalmente segundo padrões de bronze, essas espadas assumiram rapidamente comprimentos exagerados, indício de como o ferro barato e abundante podia ser usado de forma mais extravagante que o velho bronze. Embora se tenham encontrado pontas de lanças de ferro nos túmulos da cultura de Hallstatt, bem como traços de escudos guarnecidos e rebitados com ferro, são as espadas que predominam. O povo de Hallstatt parece ter sido de espadachins agressivos, que confiavam em gumes afiados e pontas longas para vencer os adversários.

A cultura de Hallstatt — nome derivado do primeiro local escavado, na Tchecoslováquia — pertencia aos celtas, o misterioso povo que veio a ocupar boa parte da Europa ocidental em 1000 a.C.; no terceiro século antes de Cristo também migraram para o leste, entrando na Anatólia. Em seu auge, os celtas eram conquistadores, ou pelo menos colonizadores, e suas armas de ferro foram avidamente adotadas por vizinhos que viviam do outro lado das montanhas do Sudeste do continente, especialmente os gregos.

OS GREGOS E O FERRO

Os gregos, tal como os celtas, têm origem misteriosa, mas provavelmente começaram a viajar das margens meridionais da Ásia Menor para Chipre, Creta e as ilhas do Egeu por volta do final do quarto milênio antes de Cristo. Na mesma época, a Grécia continental começava a ser colonizada por outro povo da Idade da Pedra vindo das mesmas regiões. Então, na metade do terceiro milênio, um povo setentrional apareceu na Macedônia, vindo talvez das margens do Danúbio, cuja cultura continuava neolítica quando os primeiros colonizadores já tinham entrado na Idade do Bronze; foram eles que trouxeram a língua que os gregos iriam finalmente falar.

Demorou para que os que vinham do Norte e os originários da Ásia Menor se tornassem um único povo. Até o final do segundo milênio antes de Cristo, os ilhéus não foram apenas um povo à parte, mas atingiram um alto nível cultural, em particular os cretenses, que os habitantes do continente não puderam igualar. Em Cnossos, na ilha de Creta, protegida de invasões pelo mar que também trazia ricos bens de troca, cresceu uma civilização suntuosa. Então, por volta de 1450 a.C., uma catástrofe destruiu esse mundo minóico. Os arqueólogos sempre buscaram uma explicação para isso, sem conseguir chegar a um acordo, embora a recente descoberta de fortificações minóicas ao longo das praias de Creta sugira que ele não estava tão isolado de ataques quanto se supunha anteriormente. Os cretenses podem ter sofrido incursões antes; em um único grande ataque, talvez dos "povos do mar" da Ásia Menor, talvez de gregos continentais com ciúmes do domínio que exerciam sobre o comércio mediterrâneo, seus grandes palácios, armazéns ou oficinas foram destruídos.[4]

Enquanto isso, uma cultura avançada da Idade do Bronze deitara raízes no continente, onde vários pequenos reinos cresceram ao longo do litoral oriental e, em particular, no Peloponeso. Um dos mais importantes, Micenas, deu seu nome a essa civilização e, ao final do primeiro milênio, cidades micênicas surgiram também nas margens da Ásia Menor, indo até Tróia, no estreito que leva ao mar Negro. Essas cidades eram suficientemente ricas para sustentar exércitos de bigas bem equipados, se é possível tomar como prova os tabletes Linear-B, onde estão gravados os primeiros traços do grego escrito; os registros do palácio de Pilos assinalam a presença de duzentos pares de rodas de carros no arsenal real.[5] Qual a origem deles, não temos como adivinhar. Podem ter sido trazidos por aurigas que se tornaram senhores dos reinos costeiros; a riqueza comercial desses reinos pode ter lhes permitido comprar tecnologia militar avançada no mercado internacional. De qualquer forma, no século XIII a.C., as bigas eram suficientemente importantes no mundo grego para desempenhar um papel significativo numa longa guerra entre a Grécia continental e Tróia. Ao menos, é o que nos conta Homero na *Ilíada* ao descrever a entrada em batalha de seus heróis, atrás de cavalos de guerra.

Porém, como é lugar-comum agora entre os historiadores da Antiguidade, Homero — ao compor seu grande poema no século VIII a.C. sobre eventos acontecidos quinhentos anos antes — parece não ter compreendido o papel que as bigas desempenharam na idade heróica. Um estudioso moderno escreve:

> A verdadeira vantagem do carro de guerra está em ataques em massa em velocidade. Assim era usado pelos micênicos e pelos reinos do Oriente Próximo e Médio que mantinham grandes forças de bigas, na Idade de Bronze e depois do colapso de Micenas. A descrição de Homero não poderia ser mais diferente. Ali os guerreiros usam os carros apenas como veículos de transporte, dos quais desembarcam para lutar a pé, e estão equipados com arco ou lança, as duas armas que tornaram a biga tão poderosa depois da invenção de um carro de guerra mais leve e mais rápido com rodas com raios, na primeira metade do segundo milênio.[6]

O engano de Homero é explicado atualmente pela sua distância no tempo da Guerra de Tróia que, aceita-se agora, ocorreu de fato e não foi apenas matéria mitológica, tendo sido travada provavelmente para resolver disputas sobre direitos de comércio no Egeu e águas vizinhas. Mas a distância no tempo pode não ser a única explicação para a dificuldade de Homero em recriar o passado heróico. Ele também estava separado daquele tempo por um período de perturbações na vida grega, uma época de trevas que cortou as conexões entre os séculos XIII e VIII de forma ainda mais absoluta que a idade das trevas européia separou Roma dos carolíngios. Parece que até o conhecimento da escrita foi perdido na Grécia continental durante trezentos anos após 1150 a.C.[7] Os agentes dessa convulsão foram novos invasores vindos do Norte, conhecidos pelos gregos posteriores como dórios, que falavam grego mas eram bárbaros no resto. A primeira onda pode ter vindo pelo mar; os que vieram mais tarde parecem ter trazido cavalos e armas de ferro e assim, presumivelmente, chegaram por rotas terrestres, talvez empurrados por outros povos montados originários das fímbrias da estepe.

Diante desses invasores, uns poucos gregos micênicos, em especial os que viviam na Ática, em torno de Atenas, conseguiram manter suas praças fortificadas; a recolonização que fizeram das ilhas (a migração iônica) restabeleceu mais tarde a cultura grega no Egeu, até o litoral da Ásia Menor onde, no século X a.C., construíram doze cidades fortemente fortificadas que consideravam Atenas como seu lugar de origem e se comunicavam com ela e entre si por mar. No continente, nenhum dos reinos micênicos sobreviveu em independência. Os invasores dórios tomaram a melhor terra, escravizaram os habitantes e fizeram deles servos; porém, parece ter havido pouca unidade entre eles: "Aldeia lutava contra aldeia e os homens iam cuidar de seus negócios usando armas".[8]

Esse padrão típico de conquista e povoamento guerreiro lançou as bases para a ascensão daquela instituição grega mais típica e influente, a cidade-Estado. Suas origens foram traçadas até os povoamentos dórios em Creta, onde entraram em vigor no período 850-750 a.C. constituições que concediam direitos políticos aos que portassem armas, descendentes dos conquistadores, e negavam-nos aos restantes. "O traço notável dessas constituições cretenses era a orientação dos cidadãos não em direção ao seu grupo familiar, mas apenas ao Estado."[9] Aos dezessete anos de idade, os filhos das principais famílias eram recrutados e disciplinados no atletismo, na caça e em guerras simuladas. Os infelizes que não conseguissem ser aceitos eram excluídos do direito de voto e gozavam de menos direitos legais. Aos dezenove anos, os formados bem-sucedidos passavam a fazer parte de um rancho de homens e, a partir de então, alimentavam-se e lutavam juntos. Os ranchos eram mantidos às custas públicas e tornavam-se efetivamente o lar de seus membros; embora tivessem permissão para casar, suas esposas eram mantidas segregadas e a vida familiar era reduzida ao mínimo.

Os que estavam fora dessa classe de guerreiros eram mantidos em graus variados de sujeição. Os descendentes da população originalmente conquistada eram servos, presos às propriedades de seus donos ou às terras públicas; os donos de propriedades também tinham escravos pessoais que compravam no mercado. As pessoas dominadas depois das primeiras invasões tinham direito de propriedade, mas pagavam tributos e estavam excluídas do direito de voto. Como expressava uma canção cretense do século IX: "Minha riqueza é a lança e a espada e o sólido escudo que protege minha carne; com isso aro, com isso ceifo, com isso esmago a uva do doce vinho, com isso sou senhor autorizado dos servos".[10]

A origem da *polis* (cidade-Estado) dotou-a de características pronunciadas. Ela herdou um forte sentido de parentesco de seus elementos constitutivos, a *komai* (aldeia), de tal forma que a cidadania era geralmente definida por descendência hereditária de ambos os lados. Ela perpetuou a distinção entre senhor e servo e manteve o privilégio da classe dos cidadãos na comunidade. Ela gerou a economia agrícola que seria a fonte da auto-suficiência e assegurou para sua classe de cidadãos um grau adequado de lazer para praticar as artes da paz e da guerra.[11]

Na forma mais próxima de suas origens cretenses, essa *polis* e sua constituição migraram para a Grécia continental e ali deitaram raízes, principalmente em Esparta, o maior Estado guerreiro grego. Em Esparta, a divisão entre guerreiros livres e servos desarmados e desprovidos, em larga medida, de direitos atingiu seu ponto extremo, assim como a desproporção entre os dois grupos. A iniciação dos meninos nas tropas de treinamento começava aos sete anos de idade; as meninas também eram segregadas e seguiam um regime de treinamento em atletismo, dança e música. No entanto, até o casamento, as meninas viviam em casa, enquanto os meninos eram mantidos à parte, sob a liderança de meninos-chefes e a supervisão de um superintendente do Estado. A vida deles estava voltada para acostumar seus corpos às provações e competiam com outros grupos da mesma idade em esportes e provas de resistência. Aos dezoito anos começavam seu treinamento formal para combate e durante um período eram empregados em serviço secreto contra os servos. Aos vinte anos, passavam a residir em alojamentos — embora pudessem casar com essa idade, não podiam morar com as esposas — e, aos trinta, eram elegíveis para a cidadania plena. Somente os candidatos escolhidos por unanimidade tornavam-se cidadãos plenos e assumiam os principais deveres de um "igual" espartano: manter a classe dos hilotas (servos) sob controle e estar pronto para a guerra. Todos os anos, os "iguais" realmente travavam uma guerra interna contra os hilotas, eliminando aqueles que o serviço secreto tivesse identificado como não confiáveis.

Não surpreende que Esparta tenha chegado a dominar seus vizinhos menos belicosos: talvez nenhuma outra sociedade conhecida tenha aperfeiçoado tanto o sistema guerreiro. Durante o século VIII a.C., os espartanos tornaram-se primeiramente senhores das centenas de aldeias próximas às cinco originais e depois conquistaram a região vizinha da Messênia, numa guerra que durou vinte anos (940-920 a.C.). A partir de então, sua ascensão ao poder no Peloponeso foi menos tranquila. Os espartanos foram desafiados pelo Estado vizinho de Argos e derrotados em 669, depois de um período em que cidades submetidas tinham se revoltado contra seu domínio. Durante dezenove anos Esparta lutou para sobreviver, mas no século VI a.C., depois de uma batalha contra Argos que se desenvolveu a partir de um conflito entre "trezentos campeões" de cada lado, ela se tornou a maior potência militar do Peloponeso.

Enquanto isso, as outras cidades gregas desenvolviam-se de forma diferente e em direções bem diversas, que levavam suas esferas de influência para fora do continente, até as ilhas e de volta para a Ásia Menor. Esses caminhos marítimos acabaram se prolongando, ligando os centros fundadores com colônias distantes situadas na Sicília, no litoral sul da França, nas águas interiores do mar Negro e nas costas da Líbia. Enquanto Esparta aperfeiçoava as armas, táticas e organização militar que iriam dominar a arte da guerra terrestre entre os gregos, outros Estados, especialmente Atenas, tornavam-se potências navais e construíam os navios com que competiriam pelo controle do Egeu e do Mediterrâneo oriental com os persas e seus súditos povos do mar.

As guerras persas (499-448 a.C.) demoraram para acontecer, pois somente depois da ascensão de Ciro, o Grande, a Pérsia conseguiu estabelecer um reino unificado. Durante o século VI a.C., guerra para os gregos significou em larga medida guerra entre gregos, à medida que as cidades-Estados perpetuavam suas disputas por terra, poder e controle do comércio. No processo, surgiu uma nova forma de guerra, travada com armas de ferro, ao alcance de muito mais soldados do que os que tinham formado os exércitos do mundo micênico, empunhadas por pequenos agricultores que eram cidadãos iguais e usadas para travar batalhas de ferocidade e intensidade talvez nunca vistas antes. As batalhas de povos anteriores — mesmo as dos assírios, embora nos faltem detalhes exatos da conduta deles no campo de batalha — eram marcadas por elementos que tinham caracterizado a arte da guerra desde seus inícios primitivos — o caráter tentativo, a preferência por lutas à distância, apoio em projéteis e relutância de lutar corpo a corpo até que a vitória parecesse garantida. Os gregos descartaram essas hesitações e criaram para eles uma nova maneira de guerrear que atribuiu à batalha o caráter de ato decisivo, travado dentro das unidades dramáticas de tempo, lugar e ação, e dedicado a obter a vitória, mesmo sob o risco de sofrer uma derrota sangrenta, em um único teste de habilidade e coragem. Foi tão revolucionário o efeito desse novo espírito bélico que o principal historiador das táticas das cidades-Estados gregas propôs a interessante, ainda que muito contestada, idéia de que os gregos foram os inventores do "modo ocidental de guerrear", com o qual os europeus iriam submeter todas as regiões do mundo para onde levaram suas armas.[12]

A GUERRA DAS FALANGES

A Grécia é uma região montanhosa, que só aceita a agricultura nos vales e em algumas terras planas do Norte do Peloponeso, da Tessália e ao longo de sua costa ocidental. Podem-se cultivar oliveiras e videiras nas encostas, onde a construção de terraços também permite alguma atividade agrícola. Os cereais, que constituem o outro elemento básico da vida grega, além do azeite e do vinho, podem ser cultivados em quantidade apenas nos amplos espaços dos vales e planícies. Compreende-se assim a ligação intensa do cidadão-soldado grego a sua pequena propriedade, geralmente de seis hectares ou menos. Dela tirava seu sustento e o excedente que lhe permitia se equipar como um lanceiro encouraçado, e dessa forma, por sua vez, assumir um lugar entre os que votavam para os magistrados da cidade e aprovavam suas leis. Qualquer ameaça de invasão de seus campos, destruição de suas árvores ou vinhedos, ou de atropelar e queimar suas plantações colocava em risco não apenas sua sobrevivência no inverno seguinte, mas seu estatuto de homem livre. A devastação era um traço recorrente da guerra entre cidades-Estados e a provocação que isso significava vem sendo utilizada há muito tempo como explicação da inusitada ferocidade de suas batalhas. Mais recentemente, o classicista americano Victor Hanson propôs uma interpretação alternativa. Criado numa família californiana de plantadores de uva, ele passou a duvidar que a devastação tivesse efeitos econômicos tão calamitosos quanto se imaginava. A partir de sua experiência, ele sabia que a vinha, por mais maltratada que seja, tem uma capacidade miraculosa de regeneração; mesmo quando cortada até as raízes, na primavera seguinte brotará e estará viçosa no verão. Arrancar suas raízes, única maneira eficaz de destruí-la, toma tempo; ele calculou que para tirar de produção meio hectare de vinhedos, contendo até 2 mil pés de uva, seriam necessários 33 homens-hora de trabalho.[13] A oliveira é ainda mais resistente ao ataque; na maturidade, é uma planta dura e cheia de nós que não pode ser queimada simplesmente colocando-se fogo em sua base, ao mesmo tempo que seu tronco grosso, que pode atingir seis metros de diâmetro, resiste galhardamente ao machado. Tal como a parreira, ela se recupera bem dos golpes, embora demore mais tempo, e morre totalmente apenas se for arrancada com raízes, o que dá mais trabalho que o vinhedo.[14] Portanto, para interromper o ciclo agrícola de uma série de fazendas gregas, um inimigo invasor teria de atacar uma fonte de alimento mais vulnerável, ou seja, os campos de cereais, cuja perda de um ano de produção provocaria escassez e a de dois anos, após o consumo do excedente armazenado, fome.[15] Mas havia também dificuldades para devastar os campos. Na primavera, o trigo estava verde demais para queimar, enquanto o pisoteio, tentado às vezes por invasores que traziam cavalos, era demorado e ineficaz. Depois da colheita, as espigas estariam armazenadas em celeiros seguros, prontas para serem debulhadas. Portanto, havia apenas um breve intervalo, quando as plantas já estavam secas, à espera da colheita, em que era possível atear fogo nelas. Não passava de umas poucas semanas de maio.

A configuração do campo grego, no entanto, resistia à devastação rápida por um grupo invasor: os agricultores geralmente cercavam com aterros ou muros suas propriedades, bem como, com freqüência, seus lotes componentes, e faziam isso mesmo quando viviam separados de seus vizinhos. Em conseqüência, "os destruidores não podiam galopar selvagemente pelo campo grego, espalhando fogo e ruína à vontade [...] Cercas, morros, pequenos pomares e vinhedos tornavam lento o avanço".[16] Em resumo, o território das cidades-Estados gregas era defensável, tão defensável a ponto de tornar o esforço comum para a defesa do todo uma escolha militar racional. Se o inimigo, que na natureza das coisas vinha de perto e não podia manter seus preparativos de guerra em segredo, podia ser detido na fronteira durante o breve espaço de tempo em que causaria o pior dano, então seria possível evitar coletivamente a devastação das fazendas cujo produto sustentava seus proprietários, enquanto cidadãos, guerreiros e chefes de famílias.

Essa análise era amplamente aceita antes de Hanson começar seus estudos, embora sem os detalhes que ele forneceu. Porém ele acrescentou a ela uma idéia transformadora. Tendo em vista a extrema brevidade de tempo em que era possível fazer um ataque eficaz ao mundo agrícola grego — e, como ele observa, pelo menos 80% do que chamamos "cidadãos" das cidades-Estados viviam no campo e não na cidade — e dado que os atacantes deixavam seus próprios campos vulneráveis à espoliação quando partiam em campanha, o valor mais alto era colocado na resolução mais rápida e mais definitiva possível.[17] A "idéia" de decisão militar implantou-se assim na mente grega ao lado daquelas outras idéias de decisão — por maioria na política, resultante da inevitabilidade da trama na tragédia, pela lógica no trabalho intelectual — que associamos a nossa herança grega. É importante não tomar o efeito pela causa. As glórias intelectuais da Grécia pertencem a uma época pelo menos dois séculos posterior ao período em que os gregos começaram a lutar nas fileiras cerradas da falange, em um campo de batalha estreito, escudo contra escudo, lança contra lança. Da mesma forma, por mais civilizados que fossem, eles permaneceram ligados suficientemente ao seu passado para preservar a paixão primitiva pela vingança, uma resposta ao insulto que os grandes deuses de seu panteão praticavam sem remorso nos mitos que todos os gregos conheciam de cor. Em conseqüência, sugere Hanson,

> a maneira grega de lutar [pode] ser explicada como uma idéia em evolução, uma percepção nas mentes dos pequenos agricultores de que suas terras ancestrais deveriam permanecer invioladas — *aporthetos* — a qualquer custo, sem serem pisadas senão por eles mesmos, terra por cuja integridade todos os cidadãos estavam dispostos a lutar a qualquer momento [...] a maioria dos gregos achava que a vingança na velha forma de batalha campal era a maneira mais honrosa e conveniente de resolver um insulto a sua soberania. Sua tradição, seu dever, até mesmo seu desejo era de uma colisão ritualística, cara a cara com as lanças do inimigo, para resolver toda a questão rápida e eficazmente.[18]

Pode ser também que uma outra forma de competição, cujas origens o mundo moderno encontra nos gregos, tenha ajudado a supri-los com a idéia de lutar por um resultado inequívoco no campo de batalha: a competição atlética e as disputas associadas das corridas de cavalos e de bigas, do boxe e da luta livre, que em 776 a.C. começaram a ser organizadas entre os Estados gregos, a intervalos de quatro anos, em Olímpia, no Oeste do Peloponeso, no território da cidade de Elis, e que foram disputadas sem interrupção por mais de mil anos, até 261. A competição em esportes e jogos já tinha uma longa história na Grécia; Homero retrata os heróis da Guerra de Tróia participando de corridas de bigas, disputas de luta livre e boxe, lançamento de peso e corrida em cerimônias realizadas por Aquiles "para acompanhar os ritos fúnebres de seu camarada Pátroclo, morto por Heitor em combate individual diante dos portões de Tróia".[19]

Muitos outros povos tinham ou viriam a desenvolver costumes semelhantes: os hopis do Arizona faziam corridas em que os disputantes simbolizavam nuvens e chuva, na esperança de que o evento trouxesse esta a partir daquelas durante a estação de crescimento; numerosos povos caçadores, como os huronianos e os cherokees, criaram jogos ou testes de habilidade que preparavam os jogadores para a caça por meios rituais ou práticos; até mesmo os nômades individualistas das estepes disputavam corridas a cavalo em que o objetivo era levar determinado objeto até a linha de chegada.[20] Todavia, em geral os esportes competitivos eram estranhos aos povos montados, especialmente se envolvessem contato físico duro, que os gregos achavam que eles associavam ao insulto pessoal, caso um diálogo inventado entre Sólon e um visitante citando os jogos olímpicos possa ser considerado prova confiável. Entalhes dos túmulos do Novo Império egípcio mostram soldados em luta romana, mas a competição é entre egípcios e sírios ou númidas, que estão representados concedendo a derrota. Não se trata da representação de uma luta entre iguais, que os gregos julgavam dar sentido aos jogos.[21] Quando Heródoto visitou o Egito no século V a.C., "ficou espantado ao não encontrar jogos organizados; [mas] a competição aberta em jogos é incompatível com sociedades tão rigidamente estratificadas como as do antigo Oriente Próximo, com seus faraós e outros monarcas absolutos no ápice, divinamente sancionados e, às vezes, eles mesmos deuses".[22]

Os jogos, em particular os violentos como o boxe e a luta romana, tinham seus críticos no mundo grego, cujas objeções eram semelhantes às que se ouvem hoje: que os atletas vencedores recebiam recompensas demais, davam um exemplo de individualismo associal e sofriam ferimentos que os deixavam incapacitados para a vida ativa. Platão declarou categoricamente que as táticas dos boxeadores e lutadores eram "inúteis em tempo de guerra e não merecem discussão". Seu julgamento era idealista demais. Os esportes rudes, disputados para chegar a um resultado bem definido, reforçavam a ética militar grega; de qualquer forma, a guerra dos gregos era em si mesma tão brutal que nenhuma simulação era rude o suficiente para incapacitar os homens a suportar seus horrores.[23]

Os guerreiros gregos tomavam posição no campo de batalha enfileirados ombro a ombro, numa massa compacta, geralmente com oito fileiras de profundidade. Após o século VIII, estavam equipados em estilo uniforme, embora com armas e armaduras fornecidas pelo próprio indivíduo; o custo do equipamento, em particular do elmo, peito de armas ou peça de bronze que protegia o queixo, pesava em sua renda e só podia ser suportado por um homem de propriedades.[24] (Explica-se a sobrevivência da armadura de bronze na Idade do Ferro pela incapacidade dos ferreiros de então de produzir um metal de maleabilidade suficiente para formar folhas grandes de elasticidade equivalente; embora o ferro já estivesse sendo usado em outros lugares para proteger os soldados com escamas ou argolas fixadas numa túnica de couro e o elmo de ferro fosse aparentemente de uso comum no Oriente Próximo, nenhum dos dois oferecia a proteção proporcionada pelo bronze.) Essa proteção era essencial para o soldado que assumia seu lugar na falange — a palavra (literalmente "rolo") é cognata de dedo, talvez porque os dedos se projetam da mão como se fossem lanças paralelas —, pois o choque que tinha de suportar não era o de uma espada ou flecha que poderia ser desviada por uma superfície oblíqua, mas o de uma ponta de ferro afiada, montada na ponta de uma sólida haste de freixo que, quando empurrada com toda a força muscular que um oponente podia reunir, penetrava em qualquer coisa, exceto no melhor metal.

O homem da falange também se protegia com um escudo redondo e convexo, o *hoplon*, de onde deriva a palavra hoplita usada para identificar os soldados gregos. Era feito de madeira reforçada com ferro, tinha quase um metro de diâmetro, ficava pendurado ao ombro por uma correia de couro e era seguro por uma alça com a mão esquerda. A mão direita ficava assim livre para empunhar a lança entre o cotovelo e as costelas e apontá-la contra o homem na posição oposta das fileiras inimigas. Uma observação famosa, feita primeiramente por Tucídides, diz que a falange em movimento tendia a derivar para a direita, à medida que cada soldado buscava a proteção do escudo de seu vizinho. Em contato uma com a outra, duas falanges poderiam ser vistas girando gradualmente em torno de um eixo invisível, impulsionadas pela força coletiva desse anseio individual de proteção.

Uma falange não se confrontava com outra falange sem as preliminares que todos os gregos achavam necessárias. O sacrifício era uma delas. "Para os gregos, nenhum empreendimento deixava de ter seu ritual apropriado, dando garantia, aprovação ou, pelo menos, o refreamento da hostilidade de parte das forças sobrenaturais [...] cada estágio do processo que levava ao choque de falanges de hoplitas no campo de batalha estava marcado pela atenção aos deuses." O exército a caminho da guerra levava ovelhas para serem sacrificadas nos cruzamentos de rios ou fronteiras, em locais de acampamento e, por fim, no próprio campo de batalha. Essa *sphagia*, "ritos de sangria", talvez fosse realizada "na esperança de obter garantias por signos de que o resultado seria favorável; poderia ser uma cerimônia de aplacamento; talvez fosse algo mais grosseiro, uma antecipação do derramamento de sangue da batalha [que] marcava seu começo ritual, oferecida num espírito de apelo aos deuses: 'Nós matamos. Que possamos matar'".[25] No entanto, quando chegava o momento de realizar a *sphagia*, os hoplitas já tinham reforçado sua coragem com mais de um ritual. Era prática comum para ambos os lados fazer um desjejum cerimonial no meio da manhã, antes de cruzar armas; essa última refeição incluía certamente uma ração de vinho, talvez maior que a dos dias normais. Tomar bebida alcoólica antes da batalha é uma prática quase universal onde há vinho ou bebidas destiladas. Os hoplitas teriam ouvido também as exortações de seus comandantes e então, imediatamente após o ritual da *sphagia*, avançavam, proferindo o *paean*, o grito de guerra reproduzido por Aristófanes como um ululante "eleleleu".

Debate-se muito se os comandantes assumiam sua posição na fileira da frente; na falange espartana, parece que sim, tal como os heróis de Homero o fazem em suas descrições do que hoje se chama de "protofalange" na *Ilíada*. Tucídides, um historiador veterano de batalhas, indica a mesma coisa, pois diz que era possível identificar as subdivisões táticas por trás dos escudos espartanos pelos trajes distintivos dos comandantes posicionados na primeira linha. O fato de escolherem o posto de perigo máximo reflete a força da ética guerreira em sua sociedade. Em outros lugares, particularmente em Atenas, os costumes eram diferentes. "Uma classe de oficiais simplesmente não existia nas cidades gregas clássicas" — os postos militares eram tão eletivos quanto civis — e não fazia sentido tático colocar os líderes na frente. A guerra entre falanges não era ganha pelo encorajamento dado pelo exemplo, mas pela coragem unida de iguais num choque terrível, de curta duração, entre corpos e armas a curta distância.[26]

Hanson reconstruiu com brilho e imaginação esse estilo espantoso e totalmente revolucionário de guerrear. Ele atribui pouca significação às escaramuças preliminares da infantaria de armas ligeiras, composta por homens sem propriedade que não podiam arcar com os custos da armadura, assim como aos poucos e ricos guerreiros montados que talvez acompanhassem o exército. O interior da Grécia, que não podia sustentar uma população eqüina, não se presta para as ações da cavalaria. Quando as falanges adversárias chegavam a um daqueles poucos locais nivelados que proporcionavam as condições para um teste de força — "quando os gregos vão à guerra", escreveu Heródoto, "eles escolhem o lugar melhor e mais plano e avançam e travam a batalha lá" —, elas não perdiam tempo.[27]

Atravessando uma terra de ninguém de talvez 150 metros de largura numa corrida desajeitada, sob o peso dos trinta quilos de armadura e armas, as fileiras atacavam diretamente uma à outra. Cada indivíduo escolhia um adversário como alvo no momento do contato, enfiando sua lança no espaço entre os escudos e tentando atingir um ponto não coberto por armadura — pescoço, axila ou virilha. A chance era fugaz. À medida que a segunda fileira e as subseqüentes fechavam o espaço, a falange se comprimia, jogando o peso de sete homens nas costas dos guerreiros em combate com o inimigo. Sob esse impacto, alguns homens tombavam imediatamente, mortos, feridos ou subjugados pela retaguarda. Isso podia criar uma brecha na parede de escudos. Os que estavam na segunda ou terceira linha tentavam abri-la mais com suas lanças, fustigando de sua posição relativamente segura a quem pudessem atingir. Se a brecha aumentasse, seguia-se o *othismos*, "empurrão com escudo", para alargá-la mais ainda e abrir espaço onde a espada, arma secundária dos hoplitas, pudesse ser sacada e usada para atacar as pernas de um inimigo. O *othismos* era o método mais certeiro, podendo levar à *pararrexis*, ou "rompimento", quando aqueles mais assediados pela pressão inimiga começavam a sentir o impulso de fugir e debandavam das fileiras da retaguarda ou, o que era mais vergonhoso, recuavam do ponto avançado do confronto para espalhar o pânico entre seus camaradas.

Uma vez rompida a falange, seguia-se inevitavelmente a derrota. Os hoplitas adversários que encontravam espaço livre diante deles buscavam atingir com lanças ou espadas os que davam as costas; "havia um perigo maior ainda com a entrada da cavalaria e dos escaramuçadores [...] então, pela primeira e única vez depois das pequenas escaramuças pré-batalha, eles podiam entrar no campo de batalha e demonstrar que eram, afinal de contas, lutadores eficazes, avançando a cavalo ou a pé sobre os soldados desamparados do inimigo".[28] Fugir dos que traziam armas leves era difícil. O hoplita podia jogar fora o escudo ou a lança enquanto corria, mas tinha poucas chances de tirar a armadura na fuga. Se pudesse, o fazia: Tucídides observou que depois de uma derrota dos atenienses durante a expedição à Sicília de 413 a.C., "ficaram para trás mais armas do que cadáveres". No momento da escolha entre a vida e a morte, o cidadão-soldado certamente se desfaria até da armadura mais cara que o assinalava como um homem de posição em sua terra, se isso oferecesse a sobrevivência.[29] Mas talvez nem mesmo isso acelerasse muito sua fuga. Depois da mera meia ou uma hora que durava o confronto, o hoplita estava exausto, talvez tanto pelo terror esgotante quanto pelo esforço muscular, e não conseguia correr mais do que o homem de armas leves que seguia em seus calcanhares. Os intimoratos e bem disciplinados podiam organizar um recuo em pequenos grupos; o filósofo Sócrates, que sobreviveu à derrota ateniense em Delion, em 424 a.C., o fez assumindo o comando de um grupo e "deixando claro mesmo à distância que, se alguém atacasse um homem como ele, encontraria uma considerável resistência".[30] Porém a maioria dos soldados que abandonavam as fileiras rompidas simplesmente corria para salvar a própria pele, muitas vezes para acabar derrubada por espadas enquanto se arrastava para a salvação.

Estimou-se que uma falange podia perder 15% de sua força na derrota, pela morte imediata ou provocada por ferimentos — tipicamente, por peritonite causada pela perfuração do intestino —, ou no massacre que se seguia à fuga. Todavia, as perdas poderiam ser muito maiores se os vencedores perseguissem a vitória até o reduto do inimigo. Em geral, não o faziam. "A perseguição de hoplitas em fuga não [era julgada] crucial; a maioria dos exércitos gregos vitoriosos não via por que não poderia repetir sua fórmula simples de sucesso e obter mais vitórias se o inimigo se reagrupasse em poucos dias e erroneamente tentasse a sorte de novo." Em conseqüência, "ambos os lados ficavam geralmente satisfeitos por trocar seus mortos sob trégua" — era considerado dever sagrado por todos os gregos que os que tombassem lutando recebessem enterro honroso — e então "os vitoriosos, depois de erguer um monumento no campo de batalha ao seu sucesso, marchavam para casa triunfantemente, ansiosos pelo louvor de suas famílias e amigos ao voltar".[31] Uma vez que a batalha grega apresentava essa ferocidade sem precedentes, por que a guerra dos gregos não culminava, tal como os modernos considerariam justificado, na destruição do exército derrotado? Nesse ponto, Hanson é adamantino: "A vitória definitiva no sentido moderno com a escravização dos conquistados não era considerada uma opção por ambos os lados. As batalhas dos hoplitas gregos eram lutas entre pequenos proprietários de terras que por consentimento mútuo buscavam limitar a guerra [e portanto a matança] a uma ocasião única e breve, como se fora um pesadelo".[32]

Podemos propor duas explicações para esse caráter incompleto da guerra na Grécia clássica, uma com raízes muito antigas, outra nascida da originalidade da *polis* grega. Apesar de toda a sua mortalidade, tão estranha aos primitivos, o estilo de guerrear dos gregos conservava traços de primitivismo. Um deles era o impulso para a vingança: talvez não fizessem guerra por causa do roubo de esposas — embora até mesmo estudiosos modernos aceitem que um episódio desse tipo pode ter dado margem, se não foi a causa mais profunda, à Guerra de Tróia —, mas poderiam considerar a invasão dos campos de uma cidade-Estado uma afronta tão ultrajante, de uma forma diferente, quanto a violação de um tabu. Se era essa a essência da provocação, isso explica em parte a reação imediata dos hoplitas. A tomada de satisfação, também uma emoção muito primitiva, pode então explicar por que a resposta se detinha antes de uma decisão clausewitziana. Já era um salto extraordinário para o futuro que os gregos superassem o temor natural dos homens de levar a exposição pessoal a seus limites toleráveis; é assim que sua adoção da tática hoplita deve ser vista: lutar cara a cara com armas mortais desafia a natureza e eles suportavam isso apenas porque todos compartilhavam igualmente dos riscos e sustentavam uns a coragem dos outros, bem como o lugar na linha de batalha, marchando ombro a ombro. Depois de correr esse risco, não deve nos surpreender que os sobreviventes sentissem que tinham feito o suficiente. Prosseguir adiante do campo de batalha e obrigar o inimigo a depor armas acrescentaria uma dimensão adicional à guerra para a qual até a mente sempre aberta dos gregos talvez não estivesse pronta.

Ademais, não há nenhuma certeza de que a idéia de conquista, no sentido moderno, fosse aceitável para os gregos, pelo menos entre eles mesmos. Os conflitos entre as cidades-Estados — Argos, Corinto, Tebas e, em especial, Atenas e Esparta — eram bem reais na assim chamada "época dos tiranos", nos séculos VII e VI a.C.; mesmo assim, o objetivo da guerra era usualmente ampliar a liga de aliados, em vez de sujeitar o principal adversário à dominação. Desde tempos remotos, "os gregos estiveram sempre conscientes de que eram diferentes dos outros povos [...] Os prisioneiros de guerra gregos, por exemplo, não deveriam, em teoria, ser escravizados, ao contrário dos 'bárbaros' [...] Os grandes festivais religiosos do ano grego, quando se reuniam habitantes de muitas cidades" — principalmente nos jogos olímpicos —, "eram eventos a que somente os de língua grega eram admitidos". Para eles, em particular para os atenienses e seus primos jônicos da Ásia Menor que olhavam para a *metropolis* (cidade-mãe) em busca de inspiração, a conquista era algo imposto aos de ultramar. Conquistavam amplamente, ao menos o tanto necessário para implantar colônias em praias estrangeiras, mas em casa, embora lutassem amiúde e sangrentamente, não procuravam — com exceção talvez de Esparta — privar uns aos outros de seus direitos reconhecidos. No século VI, as cidades-Estados já estavam direcionadas para o governo coletivo: "oligarquias, governos constitucionais ou democracias espalhavam-se por toda parte".[33] Embora todos os Estados mantivessem a instituição da escravidão, pesquisas recentes sugerem que a proporção de escravos para homens livres na *polis* tem sido exagerada. No século V, por exemplo, os escravos de Atenas já eram amplamente superados numericamente pelos cidadãos agricultores livres; isso destrói a suposição de que os hoplitas gregos — exceto os espartanos — tinham liberdade para guerrear graças ao trabalho dos cativos em suas propriedades.[34]

Durante o século VII, Esparta tornara-se, mediante seu sistema militar eficiente, uma potência incontestável na Grécia meridional. Suas principais rivais — Argos, Atenas, Corinto e Tebas

— somente podiam refreá-la com alianças que mudavam constantemente. Mas então, em 510 a.C., o conflito se aguçou quando Esparta interveio diretamente para tentar impedir a adoção decisiva da democracia em Atenas; isso deflagrou uma disputa de princípio entre seu elitismo guerreiro e o exemplo representativo oferecido por sua principal rival que durou mais de cem anos. Contudo, durante boa parte desse período, Esparta e Atenas aliaram-se por impulso patriótico. O poder crescente dos persas, que em 511 a.C. tinham consolidado um império que abrangia toda a Mesopotâmia e o Egito, bem como territórios que chegavam aos rios Oxus e Jaxartes, levou-os a atacar as colônias jônicas na Ásia Menor. Essas cidades tinham sido anteriormente submetidas por Creso da Lídia, depois passaram para o controle da Pérsia e, em 499 a.C., com apoio de Atenas, rebelaram-se para afirmar sua independência. O imperador persa Dario esmagou a rebelião em 494 a.C., mas estava decidido a eliminar a raiz do problema que identificava como vindo da Grécia continental. Em 490 a.C., à frente de um bem equipado exército de 50 mil homens, embarcou em um navio da poderosa marinha persa e desembarcou na planície de Maratona, a 58 quilômetros ao norte de Atenas. Os atenienses, com seus aliados de Platéia, marcharam imediatamente para se opor ao avanço persa, mas enviaram um pedido urgente de ajuda a Esparta. Os espartanos responderam que iriam assim que terminassem uma cerimônia religiosa que estava em andamento. Quando suas tropas de vanguarda chegaram ao local da ação, a batalha de Maratona já acabara. Os atenienses tinham destruído um sétimo das hostes persas, com poucas perdas, e o inimigo recuara para seus navios.

Esse foi o primeiro conflito direto entre a falange grega e as fileiras mais incertas de um exército dinástico do Oriente Médio, composta de soldados vassalos de valor muito desigual. Hanson lembrou quão amedrontador deve ter sido o avanço dos gregos para o inimigo. Ele observa que Heródoto faz Mardonios, sobrinho do imperador Dario e comandante da frota que aportou em Maratona, comentar a sede de sangue anormal dos atenienses e seus aliados.

Todos os variados contingentes do Grande Exército da Pérsia, com sua aparência e barulho ameaçadores, ofereciam uma perspectiva muito diferente e previsível na batalha [...] Mas os persas sofriam daquela tendência muito perigosa na guerra: um desejo de matar, mas não de morrer no processo [...] Em Maratona, eles acharam que uma "loucura destrutiva" infectara as fileiras gregas quando as viram se aproximar correndo com suas pesadas armaduras. Com certeza, à medida que os hoplitas gregos chocavam-se impetuosamente contra suas linhas, os persas devem ter finalmente compreendido que aqueles homens cultivavam não apenas o deus Apolo, mas também o selvagem e irracional Dioniso.[35]

Os espartanos recriminaram-se amargamente por sua ausência em Maratona, principalmente devido à glória que aquela vitória trouxe para Atenas. Todavia, aceitaram que a agressão persa, com a ameaça que representava de extinção dos direitos gregos, os obrigava a persistir em sua oferta de ajuda. Dessa forma, trataram de coordenar com os atenienses planos de resistência, caso o inimigo comum reaparecesse. Os persas não tinham abandonado sua intenção de invadir a Grécia. Entre 484 e 481 a.C., Xerxes, que subira ao trono persa após a morte de Dario, fez uma aliança com Cartago, assegurando-se de que essa colônia grega na Sicília não viria em ajuda da pátria-mãe, ao mesmo tempo que tomava elaboradas medidas logísticas, como a construção de uma ponte de barcos atravessando o estreito entre Ásia e Europa, garantindo as comunicações para o avanço de suas tropas. Diante dessas notícias, muitos dos pequenos Estados gregos procuraram fazer as pazes com Xerxes. Somente Atenas e as cidades do Peloponeso persistiram em seu desafio patriótico. Esparta tentou persuadir Atenas a mandar suas forças para o Sul do istmo de Corinto, de fácil defesa, e assim unir-se às outras cidades da Liga do Peloponeso. Os atenienses, liderados por Temístocles, não aceitaram a sugestão, pois isso significaria abandonar sua cidade. Em vez disso, argumentaram, sua forte marinha deveria defender o flanco marítimo de uma força expedicionária da Liga, que se oporia ao avanço dos persas bem mais ao norte.

Com relutância, pois poucos de seus aliados queriam mandar tropas para fora do Peloponeso, Esparta aceitou a estratégia ateniense e concordou em manter uma posição onde a rota costeira que vinha da planície da Tessália passava pelo desfiladeiro das Termópilas. Ao largo, a frota, dois terços da qual era de atenienses comandados diretamente por Temístocles, infligiu um revés (agosto de 480 a.C.) aos persas, que tinham sofrido perdas pesadas num vendaval. Nas Termópilas, o rei espartano Leônidas conseguiu bloquear o avanço do inimigo, até que, vítima de traição, foi atacado pela retaguarda. Em um ato de auto-sacrifício que o tornaria exemplo de coragem sem esperança, Leônidas e sua guarda pessoal — "os trezentos do desfiladeiro" — mantiveram a posição enquanto a frota grega recuava, evacuava a população de Atenas para a ilha de Salamina e esperava para entrar novamente em batalha. O resto das forças da Liga tinha então recuado para o Sul do istmo de Corinto, deixando Temístocles demonstrar que os persas podiam efetivamente ser derrotados por força naval. Com uma perdoável informação falsa, o comandante grego persuadiu Xerxes de que os atenienses compareceriam se a frota persa avançasse, atraindo-o assim para águas confinadas, onde sua superioridade numérica de cerca de setecentos barcos de guerra, contra quinhentos dos gregos, não lhe daria vantagem. Em um único dia de luta (provavelmente 23 de setembro de 480 a.C.), os atenienses destruíram metade da frota persa, com a perda de apenas quarenta navios, e forçaram o resto dos barcos inimigos a retirar-se para o norte.

OS GREGOS E A ESTRATÉGIA ANFÍBIA

A invasão de Xerxes não fora completamente derrotada. Esse objetivo só seria alcançado no ano seguinte quando, na batalha campal de Platéia, em julho, e na batalha naval de Micale, em agosto, Atenas e Esparta liquidaram o resto da força expedicionária persa e seus aliados gregos (principalmente tebanos), não apenas expulsando-os do território da Grécia continental, como recapturando e mantendo os estreitos do mar Negro.

A campanha de 480-479 a.C. reforçou o que fora demonstrado pela primeira vez aos de fora dez anos antes em Maratona: para derrotar uma falange grega era preciso a coragem dos gregos, ou o alistamento dos próprios gregos, ou ainda uma nova e mais complexa tática. A coragem grega resistia ao transplante, mas os mercenários gregos encontraram um mercado ainda mais fácil para seus serviços do que o já estabelecido — os persas tinham utilizado gregos em sua conquista do Egito, em 550 a.C. — e a experimentação tática, particularmente com a cavalaria encouraçada, progrediu rapidamente. O maior legado da campanha de 480-479 a.C., no entanto, não foi militar, mas naval. Ela elevou o poderio das frotas a um nível igual ao dos exércitos em Estados localizados junto a um mar interno e, dessa forma, estabeleceu o estilo para um novo método de guerrear, verdadeiramente estratégico em seu caráter, que dominou a luta por posições no Mediterrâneo oriental pelo resto do século; seus princípios acabaram entrando para o cabedal de todos os povos marítimos.

O instrumento da estratégia naval grega, principalmente ateniense, era o barco a remo de combate, desenvolvido provavelmente pelos fenícios da costa síria a partir de modelos mais antigos locais ou mesmo cipriotas no início do primeiro milênio antes de Cristo. Os fenícios eram súditos dos persas na época de Xerxes, mas sua tecnologia já tinha migrado para a Grécia; em Atenas, o trirreme, um barco pesado com proa fortemente blindada, de mais de trinta metros de comprimento e quatro e meio de boca extrema, era impulsionado por três fileiras superpostas de remadores que podiam dar-lhe uma velocidade suficiente para afundar o adversário num ataque de aríete.[36] Atenas recrutava seus marujos de uma classe censitária mais baixa que a dos hoplitas, que forneciam soldados para as galés. Nas abordagens, os remadores podiam participar da luta que assumia a forma do corpo-a-corpo, em vez de casco contra casco.[37]

O poderio da marinha ateniense e a importância militar que

a cidade lhe dava derivavam da direção em que sua economia e suas relações exteriores tinham se desenvolvido nos dois séculos anteriores. Enquanto Esparta maximizara as vantagens militares proporcionadas por sua ordem social exclusiva para se tornar dominante no Peloponeso, Atenas, em parte impelida pela dificuldade que encontrava em alimentar sua população com seu solo pobre, tornara-se um império comercial e cada vez mais político, com cidades aliadas ou dependentes até na Ásia Menor. Foi por meio desse sistema de alianças que Atenas assumiu a liderança na guerra contínua contra a Pérsia que se seguiu a Salamina e Platéia e que, em 460-454 a.C., envolveu suas forças navais e expedicionárias numa luta pelo controle do Egito. Esparta, segura e auto-suficiente, retirou-se da guerra, enquanto Atenas, à frente da Liga de Delos, prosseguia com vigor, exigindo subsídios cada vez mais pesados de seus aliados; no fim, 150 cidades estavam pagando tributo.

Em 448 a.C., com a Pérsia exaurida, fez-se a paz. Porém a paz externa não trouxe paz para dentro de casa. As cobranças de Atenas tinham descontentado as classes pagadoras de impostos das cidades da Liga de Delos. A intervenção de Atenas provocava às vezes uma revolução para instalar seu estilo de democracia, mas os efeitos combinados de extorsão, subversão política e domínio mercantil e estratégico crescente acabaram por se virar contra Atenas, primeiro Corinto, depois uma cidade após outra, provocando uma deflagração de hostilidades na qual Esparta alinhou-se a Corinto e Tebas. Essa Primeira Guerra do Peloponeso terminou em 445 a.C., sem custos pesados para ambos os lados. Mas Atenas tomara um caminho que tornava inevitável a retomada das hostilidades. Ao entrincheirar-se atrás de fortificações — as "longas muralhas" cercando a cidade e o porto de Pireu — que a tornavam inexpugnável por terra, ao mesmo tempo que, por instigação de seu dinâmico líder Péricles, concentrava seus recursos financeiros e militares na expansão ultramarina, Atenas colocava-se como uma cidade à parte, implacável ao impor seu domínio sobre seus antigos aliados da Liga de Delos, desafiar os interesses das outras grandes cidades mercantis e disputar com Esparta a posição de principal potência militar da Grécia. Em 433 a.C., irrompeu a guerra entre Atenas e Corinto. No ano seguinte, Esparta entrou na luta, trazendo com ela as cidades das Ligas do Peloponeso e da Beócia.[38]

Esse conflito, a Guerra do Peloponeso propriamente dita, durou até 404 a.C., culminando com a derrota de Atenas e a vitória de Esparta, mas significou o esgotamento do sistema das cidades-Estados para sempre. As hostilidades residuais que persistiram após seu término deixaram a Grécia aberta à conquista e impuseram a unificação sob o domínio dos macedônios, irmãos dos gregos, mas semibárbaros aos olhos deles. Depois disso, o esplendor da independência grega como uma civilização de povos livres vivendo na periferia de um império asiático expansionista e as glórias da vida artística e intelectual que inspirara foram finalmente toldados. A guerra foi um conflito de opostos, potência terrestre contra potência marítima, em que a superioridade foi frustrante para ambos os lados. Nos primeiros movimentos, Esparta tentou dobrar Atenas pela fome, invadindo seus campos quase que anualmente; Atenas resistiu com êxito a essa estratégia de bloqueio abandonando sua população rural e sobrevivendo à custa das importações marítimas, trazidas em particular dos centros de cereais em torno do mar Negro. Quando Esparta, em 424 a.C., mandou um exército capturar os portos da Trácia por onde passava essa rota de abastecimento, Atenas foi obrigada a pedir trégua, mas Esparta fracassou na diplomacia que poderia ter trazido uma paz duradoura. Alguns de seus aliados abandonaram-na, revivendo as esperanças atenienses de uma vitória final e levando a cidade, em 415 a.C., a ampliar a guerra a fim de provocar uma crise decisiva. Atenas mandou uma expedição contra Siracusa, na Sicília, com o objetivo de capturar toda a ilha e assim apoderar-se de um centro de suprimentos que garantiria definitivamente sua posição econômica.

A expedição à Sicília provocou uma crise, mas muito maior do que a esperada por Atenas. Percebendo que a questão agora era qual a cidade que obteria a primazia no mundo grego, Esparta abandonou a posição patriótica que mantivera desde as Termópilas e pediu ajuda à Pérsia. Entre 412 e 404 a.C., numa série de campanhas em terra e mar que alcançaram até a entrada do mar Negro, o exército espartano e a marinha persa infligiram várias derrotas aos atenienses, forçando suas tropas a se refugiar dentro das longas muralhas. A frota persa, depois de destruir a ateniense na batalha de Egos Potamos, em 405 a.C., surgiu diante do Pireu; em abril de 404 a.C., em face do bloqueio por terra e mar, Atenas foi forçada a render-se.

A MACEDÔNIA E O AUGE DA FALANGE DE GUERRA

O fim da Guerra do Peloponeso não significou o fim da guerra entre os gregos. O século IV a.C. seria, com efeito, uma época sombria, tanto no continente quanto nas colônias ultramarinas, na medida em que os protagonistas persistiram em suas lutas por vantagem, mudando de alianças de forma cada vez mais arbitrária e envolvendo a ajuda dos persas, numa demonstração de egoísmo totalmente discrepante daquele movimento patriótico que unira os gregos contra Dario e Xerxes. Entre 395 e 387 a.C., Atenas e suas confederadas aliaram-se à Pérsia contra Esparta, que assumira a causa das cidades gregas da Ásia Menor; uma frota persa-ateniense destruiu a marinha espartana na batalha de Cnido, em 384 a.C. O conseqüente ressurgimento do poderio ateniense alarmou então a Pérsia, que mandou ajuda sub-reptícia a Esparta, e no impasse resultante os gregos foram levados a reconhecer a suserania nominal dos persas. Todavia, Esparta persistiu nas tentativas de sustentar a decisão da Guerra do Peloponeso, em particular nos esforços para submeter Tebas, agora sua principal rival em terra. Tebas obteve duas vitórias notáveis, em Leuctra, em 371 a.C., e Mantinéia, em 362 a.C., onde seu famoso general Epaminondas demonstrou que o sistema da falange podia ser adaptado para realizar uma manobra tática decisiva diante do inimigo. Em Leuctra, inferiorizado numericamente (6 mil soldados contra 11 mil do inimigo), ele quadruplicou a força de sua ala esquerda e, disfarçando sua fraqueza na direita, comandou sua coluna reforçada numa carga. Esperando que a batalha se desenrolasse dentro do estilo normal da falange, em que ambos os lados defrontavam-se com força igual ao longo de toda a frente de batalha, os espartanos não conseguiram reforçar a tempo a seção ameaçada e tiveram suas linhas rompidas com perdas consideráveis, enquanto os tebanos quase não sofriam baixas. Apesar desse aviso, eles deixaram-se surpreender exatamente da mesma maneira, nove anos depois em Mantinéia, e foram novamente derrotados. Epaminondas foi morto no momento da vitória, devido ao grande grau de exposição arriscado por um comandante que fez experiências com a forma da falange, deixando Tebas privada de liderança quando a crise ainda não se resolvera.

O poder na Grécia estava então passando das cidades do Sul e do centro para o Norte, onde a Macedônia, sob a liderança enérgica do rei Filipe, estava assumindo a hegemonia local. Filipe, que conhecera e admirava Epaminondas, reorganizou o exército macedônio de forma a reforçar sua capacidade de manobras táticas, submeteu seus inimigos a oeste e norte e então voltou-se para os assuntos internos gregos. Na Terceira Guerra Santa (355-346), obteve a liderança do Conselho Anfictiônico, após derrotar Atenas e tomar muitas de suas cidades aliadas. Depois de consolidar sua posição e estender suas conquistas para fora da Grécia, Filipe estava em condição de ampliar ainda mais sua autoridade. Demóstenes advertira seus concidadãos atenienses e o resto da Grécia de que precisavam enfrentar unidos o perigo macedônio, tal como tinham feito contra a Pérsia, mas ninguém lhe deu ouvidos. Em 339 a.C., em um esforço renovado, Atenas e Tebas declararam guerra ao Conselho Anfictiônico, enfrentaram Filipe em Queronéia (338 a.C.) e foram totalmente esmagadas. No ano seguinte, ele convocou um conselho geral das cidades-Estados gregas no qual todas, com exceção de Esparta, aceitaram sua liderança e seu desafio de se unir à Macedônia numa expedição à Ásia Menor para acabar com a influência da Pérsia em terras gregas.

Aos dezoito anos de idade, Alexandre, filho de Filipe, estivera em Queronéia, onde comandara a cavalaria da ala esquerda no golpe decisivo da batalha. Dois anos depois, estava no trono da Macedônia. Se participou ou não da conspiração que levou à morte de Filipe, eis uma questão que atormenta seus biógrafos

A Grécia clássica e as campanhas de Alexandre

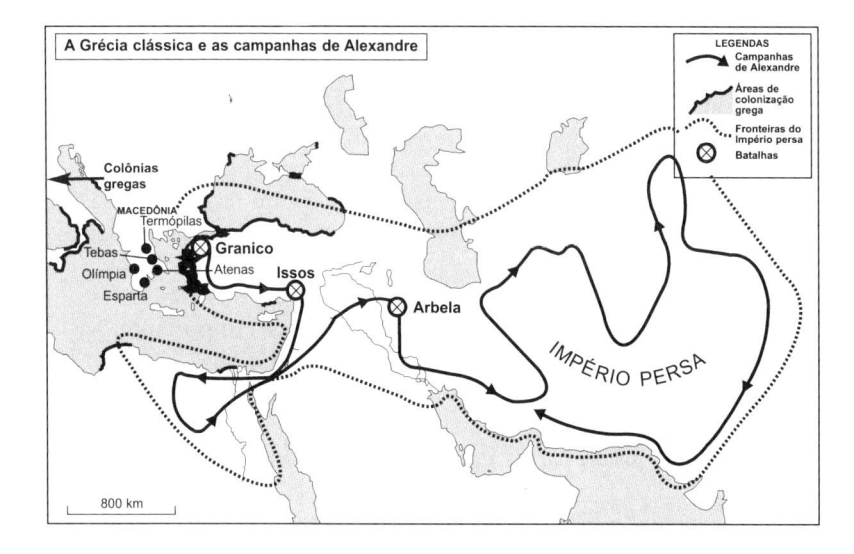

LEGENDAS
- Campanhas de Alexandre
- Áreas de colonização grega
- Fronteiras do Império persa
- ⊗ Batalhas

Colônias gregas · MACEDÔNIA · Termópilas · Tebas · Granico · Olímpia · Atenas · Esparta · Issos · Arbela · IMPÉRIO PERSA

800 km

até hoje. Mas não houve solução de continuidade na política macedônia. Com efeito, Alexandre assumiu o desafio de uma "cruzada" persa com mais energia ainda que seu pai prometera gastar. Depois de submeter definitivamente os velhos inimigos de Filipe na fronteira norte da Macedônia e sufocar uma rebelião tebana, enfileirou o exército macedônio, fortemente reforçado por contingentes de mercenários recrutados entre os soldados desempregados com o fim das guerras na Grécia, atravessou para a Ásia na primavera de 334 a.C. e partiu para derrubar Dario III, imperador persa reinante. Foi um empreendimento audacioso e empolgante. A Pérsia era senhora das terras de todos os impérios anteriores do Oriente Médio e suas fronteiras abrangiam não apenas a Pérsia propriamente dita, mas a Mesopotâmia, o Egito, a Síria e a Ásia Menor, com suas colônias gregas. O exército persa, embora ainda centrado em um núcleo de bigas, incluía pesadas forças de cavalaria e grande número de infantes gregos mercenários.

A organização do exército de Alexandre espelhava a dos persas. Embora não tivesse carros de guerra, que tinham saído de moda havia muito tempo na Grécia, contava com regimentos de cavalaria pesada, montada em cavalos criados nas pastagens que ficavam do outro lado das montanhas da Macedônia; com sua própria tropa de choque de companheiros, cavaleiros (ainda sem esporas e cavalgando sobre selas rudimentares) que usavam armaduras e empunhavam lanças e espadas; e com uma poderosa falange central, cujos soldados usavam a armadura tradicional grega, mas levavam uma lança ainda mais longa, a *sarissa*, permitindo que a distância entre as fileiras dobrasse. Suas unidades componentes tinham uma base tribal, mas, mais importante, o elemento macedônio tinha um forte espírito nacional, ao mesmo tempo que Alexandre conseguia um notável sucesso em implantar um sentimento de patriotismo comum a todos os gregos que levou consigo para a Pérsia. No total, contava com 50 mil soldados, uma força enorme se comparada com as com que tinha defrontado nas maiores campanhas da Guerra do Peloponeso, quando Esparta raramente reuniu mais de 10 mil homens, a maioria de infantaria.[39]

Alexandre fez campanhas na Ásia durante doze anos e seu espírito inquieto acabou levando-o até as planícies do Norte da Índia, em busca de novas conquistas. Porém, os golpes decisivos contra a Pérsia foram dados bem cedo, nas três batalhas dos rios Granico (334 a.C.), Issos (333 a.C.) e Gaugamelos (331 a.C.), que destruíram progressivamente a capacidade de resistência do exército imperial persa e finalmente o liquidaram. A batalha de Granico foi um combate preliminar, notável principalmente pela liderança dinâmica exibida por Alexandre à frente de sua cavalaria. "Foi uma luta de cavalaria", escreveu seu biógrafo Arriano, "embora segundo padrões de infantaria; cavalo pressionava contra cavalo [...] tentando empurrar os persas da margem e levar a luta para terra firme, os persas tentando barrar o avanço deles e empurrá-los de volta para o rio."[40] Alexandre escolheu seu ponto de ataque observando como os persas tinham procurado proteção atrás das barrancas do rio, evidência clara de covardia e uma interessante sobrevivência "primitiva" de tática evasiva, que sabemos que continuaram a permear o comportamento dos exércitos do

Oriente Médio por mais um milênio. A impaciência grega de Alexandre com qualquer coisa que não fosse o combate face a face impeliu-o a atacar onde os persas pareciam mais fortes, um risco que se revelou justificável quando as linhas inimigas se romperam diante dele. A falange de mercenários gregos na segunda linha, "paralisada pela catástrofe inesperada", foi cercada e retalhada.[41] O próprio Alexandre foi ferido, mas diante da vitória total isso foi esquecido. Ele demonstrara que uma falange grega, combinada com cavalaria encouraçada, podia levar a guerra para o território persa e acabar com o inimigo. Em Issos, no ano seguinte, ele reforçou essa posição. Inferiorizado numericamente numa proporção de três para um (se está correta a melhor estimativa de que Dario, que estava presente em pessoa, tinha 160 mil homens sob seu comando), Alexandre escolheu mais uma vez atacar o setor mais forte do inimigo, assinalado para ele porque "em alguns lugares [os persas] tinham construído paliçadas, [de forma que] o *staff* de Alexandre percebeu que Dario era um homem sem brio".[42] Atravessando velozmente a zona atingida pelos projéteis inimigos e assim arrostando o que deveria ser uma barragem desmanteladora de flechas dos arqueiros persas, liderou sua cavalaria diretamente contra o flanco onde estava Dario. No centro, sua falange foi detida pela equivalente de mercenários gregos, mas depois de colocar Dario em fuga direcionou seus cavaleiros contra o flanco da infantaria inimiga e completou a vitória.

O terceiro confronto foi adiado enquanto Alexandre invadia e ocupava aquelas partes do Império persa — Síria, Egito e Norte da Mesopotâmia — que Dario já abandonara. Mas 23 meses depois de Issos, Alexandre desbaratou novamente o exército persa, em Gaugamelos, a 1º de outubro de 331 a.C. Os macedônios estavam então no que parecia ser o limite extremo de seu alcance logístico, tendo deixado sua frota de apoio bem para trás ao cruzar o Eufrates para entrar na Mesopotâmia propriamente dita. Dario calculou que se pudesse deter Alexandre numa posição estratégica, o exército macedônio seria ali derrotado, ou poderia se desintegrar, se forçado a recuar. Tratou então de reforçar sua posição em Gaugamelos, clareando uma área de vinte quilômetros quadrados junto a um afluente do Tigre, para dar aos seus carros de guerra — que talvez tivessem rodas com lâminas — espaço desimpedido para manobras, e fazendo três avenidas paralelas ao longo das quais deveriam atacar (os chineses, como já vimos, também acreditavam numa preparação do campo de batalha). Seu exército compunha-se não somente de aurigas (ele próprio desfilava numa biga, dentro da tradição imperial do Oriente Médio), mas também de contingentes de 24 diferentes nacionalidades de súditos ou mercenários, entre os quais encontravam-se uns poucos gregos remanescentes, cavaleiros citas das estepes, alguns cavalarianos indianos e até mesmo um grupo de elefantes. Tal como em Granico e Issos, suas forças eram consideravelmente maiores que as dos macedônios — havia pelo menos 40 mil cavalarianos persas — e estavam dispostas em terreno bem protegido de sua própria escolha.[43] O êxito parecia garantido e teria acontecido se Alexandre não tivesse feito o jogo de espera de Dario e depois efetuado um golpe tático totalmente novo. Primeiro adiou a entrada em ação por quatro dias, deixando os persas ociosos em suas posições. Quando finalmente avançou, o fez combinando sua formação de combate com a de Dario: cavalaria nas alas e infantaria no centro. Mas então, numa adaptação criativa da manobra de Epaminondas em Leuctra, cruzou diante da linha persa para atacar o flanco esquerdo do inimigo. Surpreendidos, os persas atrasaram o contra-ataque até que os macedônios fizessem contato; quando finalmente atacaram, Alexandre estava suficientemente perto com sua cavalaria para penetrar na brecha assim criada e colocar Dario, que estava diretamente no caminho do líder macedônio, em fuga precipitada.

Dez meses depois Alexandre finalmente alcançou Dario, mas para encontrá-lo morto devido aos ferimentos que seus covardes cortesãos acabavam de lhe infligir. Alexandre, que já se proclamara faraó do Egito e rei da Babilônia e já assumira o título de imperador persa, passou então a se denominar rei da Ásia. Na Grécia, onde revoltas dos sempre dissidentes espartanos e atenienses tinham sido esmagadas, a Liga Grega reafirmara sua designação de suserano vitalício. Alexandre decidiu então fazer valer sua reivindicação. Já avaliara as alternativas que tinha:

recuar para a linha do Eufrates, deixando a força militar e econômica da Pérsia destruída; deter-se, como Trajano faria mais tarde, satisfeito com o controle da rica planície mesopotâmica; ou avançar para conquistar o resto do Império persa. Alexandre decidiu-se pela terceira alternativa. Pois o Império persa assemelhava-se à Macedônia, no sentido em que suas ricas planícies estavam expostas aos ataques de vigorosos povos montanheses do Norte e suas províncias distantes formavam uma barreira contra belicosos povos nômades.

Em resumo, Alexandre herdara involuntariamente os problemas estratégicos dos imperadores do vale de quem era agora o sucessor, problemas que, na verdade, eram os mesmos da China em relação aos povos do Norte da grande curva do rio Amarelo, de Roma e Bizâncio, em suas guerras nas fronteiras asiáticas e da Europa cristã, em seus esforços para definir e manter sua fronteira junto à estepe. Alexandre pareceu resolver suas dificuldades herdadas com uma política brilhantemente positiva de empurrar sua linha de controle sempre mais para o leste, não permitindo assim que os potenciais invasores mantivessem uma cabeça-de-ponte de onde pudessem deflagrar seus ataques. Na verdade, suas longas peregrinações militares pela Ásia central e Norte da Índia não passaram de perseguição de uma quimera. Um novo inimigo apresentava-se depois de cada vitória conclusiva, até que seu exército, cansado finalmente do exílio, obrigou-o a voltar para casa. Para trás, Alexandre deixou uma corrente de satélites superficialmente helenizados que seus generais governaram para si mesmos depois de sua morte na Babilônia, em 323 a.C. Mas seus alicerces eram inseguros, os governantes entraram em disputas mútuas e, no século seguinte, a maioria abandonou o helenismo e reverteu ao seu estado nativo.

Alexandre atacara em momento propício. Seu alvo principal,

a Pérsia dos aquemênidas, estendera demais seu poder e estava vulnerável ao ataque em sua periferia, em particular ao contrapor aos ferozes guerreiros da falange macedônia e aos cavaleiros blindados de Alexandre — que, como observou com perspicácia Arriano, lutavam como hoplitas montados — soldados que pertenciam culturalmente à tradição do Oriente Médio de evitar a luta a curta distância, protegendo-se atrás de uma cortina de projéteis e confiando em obstáculos para deter o avanço inimigo. Alexandre foi feliz também ao fazer campanhas na Ásia central em meio a povos que ainda não tinham adquirido as forças que encontrariam, no milênio seguinte, no islamismo e em suas experiências acumuladas de bem-sucedidas guerras a cavalo. A vida de Alexandre foi, com efeito, uma epopéia; se seus sucessores bizantinos não conseguiram repetir os sucessos dele na luta para sustentar as fronteiras de seu império no Cáucaso e no Nilo, não foi por falta de determinação, capacidade ou recursos de que dispunha o macedônio, mas porque foram confrontados com um problema militar muito mais difícil.

ROMA: MATRIZ DOS EXÉRCITOS MODERNOS

O helenismo alexandrino não entrou em colapso apenas no Oriente, mas também em sua terra natal, embora não tenha sido provocado por disputas entre seus sucessores. O domínio da casa da Macedônia finalmente acabou por obra de um povo insignificante na época de Alexandre: os romanos. A ascensão de Roma deveu-se muito à Grécia. No século VI a.C., ela não passava de uma aldeia às margens de um rio, onde três tribos de nomes etruscos, evidência do domínio da Etrúria ao norte, viviam sob o mando de um rei. Durante o reinado de Sérvio Túlio, 580-530 a.C., a população com propriedades foi provavelmente organizada em cinco classes militares e criou-se uma milícia que utilizava certamente as táticas dos hoplitas.[44] Mais tarde, os romanos sustentaram que tinham tomado suas táticas aos etruscos, mas parece mais plausível que tenham importado dos gregos, provavelmente daqueles que viviam em número considerável no Sul da Itália. Mais ou menos na mesma época, uma forma de governo republicana substituiu a monarquia e foi sob a república que Roma começou a ampliar sua área de controle, inicialmente num conflito com os etruscos, que estavam também sob a pressão dos gauleses do Norte da Itália, e por fim com os samnitas do Sul. Quando a expansão para o sul colocou os romanos em conflito com as colônias gregas da Calábria e da Apúlia, no século III a.C., elas pediram a ajuda de Pirro, rei de Epiro, um dos reinos gregos de então. Embora vitorioso, Pirro ficou tão abalado pelos custos de enfrentar um exército romano, em particular nas batalhas de Áusculo (299 a.C.) e Benevento (295 a.C.), que abandonou a campanha.

O exército romano tinha então avançado muito em termos de organização, a partir do modelo hoplita em que se baseara. Durante suas guerras contra os gauleses, que lutavam numa ordem frouxa, mas dinâmica, os comandantes romanos tinham descoberto que as fileiras cerradas da falange colocavam suas tropas em desvantagem. Tinham então introduzido um sistema que permitia que subseções, os manípulos, manobrassem no campo de batalha e haviam progressivamente abandonado a lança de assalto pelo pilo, uma espécie de dardo pesado que, depois de arremessado, era seguido pelo soldado de espada em punho. E progressivamente os soldados da legião, como veio a se chamar no século IV a.C. um grupo de manípulos que constituía uma divisão, dispensaram o equipamento pesado dos hoplitas; adotaram um escudo oblongo leve e, por fim, uma armadura padronizada e muito mais leve, de ferro arquejado, que não era à prova da arremetida de lança de uma falange, mas servia adequadamente para desviar golpes de espada e projéteis. Tão importante para a eficiência de longo prazo do exército romano quanto essa mudança de equipamento e tática foi a introdução de uma nova base de serviço militar. Para os hoplitas gregos, o dever de lutar à sua própria custa permaneceu como ideal, embora as cidades-Estados tivessem comprometido esse princípio ao contratar freqüentemente mercenários e algumas tivessem mesmo equipado e pago seus soldados à custa do erário público, como aconteceu com Atenas, que

341

em 440 a.C. já pagava suas tripulações de galeras e guarnições de ultramar.[45] No século IV a.C., Roma já tinha abandonado esse sistema e estava pagando aos seus legionários um estipêndio diário. Esse desdobramento marcou a divergência mais importante entre o sistema militar romano e o grego. Os pequenos proprietários romanos, sob os ditames de uma classe política cada vez mais dominante, tornaram-se um manancial de recrutamento para um exército profissional que fazia campanhas, ano após ano, cada vez mais longe de casa, à medida que a república romana se expandia para formar um império.[46]

Os motivos imperiais de Roma são muito debatidos pelos estudiosos. A visão tradicional, sustentada pelas fontes romanas, é que não havia um motivo econômico. Roma certamente não precisava encontrar alimentos para uma população crescente, como foi o caso de Atenas, uma vez que havia terras férteis à distância de uma campanha curta da cidade. Por outro lado, Roma ficou rica com as conquistas e a expansão de seu império alimentou-se por si mesma. No início do período de expansão havia, com certeza, um grande entusiasmo com a aquisição de novas terras na Itália, para proporcionar novas propriedades para a classe política e lotes para os agricultores, e o Estado não encontrou falta de gente para comprar ou arrendar o que obtivera por conquista; as colônias agrícolas que fundou foram rapidamente colonizadas e, em geral, floresceram. Contudo, o argumento de que as guerras romanas tinham por objetivo deliberado obter escravos para as propriedades rurais em expansão da classe política parece forçado; o mesmo se pode dizer daqueles que afirmam que os governos romanos pensavam em termos de pilhagem: a Itália que sucumbiu aos romanos era uma região, em larga medida, sem dinheiro e tinha pouco a oferecer em metais preciosos, minerais ou artefatos valiosos. Todavia, "era quase impossível para um romano dissociar a expectativa de ganho da expectativa de guerra e conquista bem-sucedida". As duas andavam juntas na visão romana, como expressa bem o historiador clássico William Harris: "O ganho econômico era para os romanos [...] parte integrante da guerra vitoriosa e da expansão do poder".[47]

O que mais diferenciava o modo de guerrear dos romanos do de seus contemporâneos e vizinhos não era sua motivação — a esse respeito, eram os voluntariosos e individualistas gregos que se distinguiam —, mas sua ferocidade.[48] Tão ferozes eram os romanos do último milênio antes de Cristo que, em perspectiva histórica ampla, seu comportamento só é comparável ao dos mongóis ou de Tamerlão, 1500 anos depois. Tal como os mongóis, tomavam a resistência, particularmente de cidades assediadas, como um pretexto para justificar a matança dos derrotados. Políbio, o principal historiador dos primórdios da história militar da cidade, descreve como Cipião, o Africano, depois de invadir Nova Cartago (Cartagena, na Espanha), em 209 a.C., durante a Segunda Guerra Púnica,

> dirigiu [seus soldados], segundo o costume romano, contra a população da cidade, dizendo-lhes para matar todos os que encontrassem e não poupar ninguém, e para só começar a pilhagem quando recebessem ordem. O objetivo desse costume é espalhar o terror. Dessa forma, pode-se ver em cidades capturadas pelos romanos não apenas seres humanos que foram mortos, mas até cães cortados em dois e os membros de outros animais cortados fora. Nessa ocasião, o número desse tipo de carnificina foi muito grande.[49]

A experiência de Nova Cartago foi amplamente repetida, às vezes em cidades que tinham capitulado na esperança de evitar um massacre, e até no campo de batalha: os macedônios que tombaram na campanha de 199 a.C. foram mais tarde encontrados desmembrados, um sacrilégio para todos os gregos, que consideravam um dever enterrar os mortos em batalha, fossem amigos ou inimigos. Essa prática perdurou até o século I, se os indícios arqueológicos de um massacre em Maiden Castle, durante a segunda invasão romana da Inglaterra, sustentam a interpretação que lhes é usualmente atribuída.

Harris conclui:

Sob muitos aspectos, o comportamento [dos romanos] assemelha-se ao de muitos outros povos antigos não primitivos; todavia, poucos se conhecem que tenham exibido um grau tão extremado de ferocidade na guerra ao mesmo tempo que alcançavam um alto nível de cultura política. O imperialismo romano foi, em larga medida, resultado de um comportamento bastante racional de parte dos romanos, mas teve também raízes negras e irracionais. Um dos traços mais notáveis do guerrear romano é sua regularidade — quase anualmente os romanos saíam e infligiam uma violência maciça a alguém —, e essa regularidade dá ao fenômeno um caráter patológico.[50]

No contexto da história militar comparativa, isso não deveria nos surpreender. O impulso à violência assume muitas formas, como já vimos, e, se a maioria dos povos evita expressá-lo diretamente quando isso significa algum risco para seus corpos, há uma minoria que não vacila. A guerra de falanges, apesar de ter seus efeitos limitados por sua natureza essencialmente ponderosa, provocava uma violência espantosa no momento do contato. Empenhar-se nela exigia uma violação tanto do instinto de autopreservação como da inibição cultural amplamente disseminada contra a matança face a face. O que os gregos aprenderam a superar de uma forma, os romanos aprenderam de outra, pois, apesar de toda a sua sofisticação social e política, parecem ter preservado de algum lugar de seu passado primitivo o suficiente da psicologia do caçador para cair sobre os seres humanos como se fossem animais de caça e matar seus inimigos com tão pouco respeito pela vida quanto algumas espécies selvagens às vezes demonstram por outras.

Contudo, a guerra dos romanos, com todo o seu extremismo episódico, nunca chegou aos níveis de desumanidade e destrutividade atingidos mais tarde pelos mongóis e Tamerlão. Os romanos trabalhavam por anexações gradativas e consolidação do território — a conquista da Gália por César foi uma exceção — e depois das guerras púnicas não partiram para o terror e a destruição, como Tamerlão o faria. Não fizeram pirâmides de crânios e, se estabeleceram colônias militares nas fronteiras de seus domínios, como na Ligúria no século III a.c., foram cidadãos romanos que voluntariamente as ocuparam, em vez de súditos deslocados de suas terras natais, em punição por serem indignos de confiança — prática instituída pelos assírios e levada adiante por mongóis, turcos e russos.

A contenção comparativa de seu método imperial tem várias explicações. A primeira é que o exército romano não tinha uma mobilidade semelhante à dos povos montados. Uma legião romana do século IV a.C. incluía um respeitável contingente de cavalaria, mas a partir de então ele declinou até se reduzir a um fragmento auxiliar, por motivos sociais e materiais: a Itália, tal como a Grécia, não comportava uma população eqüina muito grande, ao mesmo tempo que a classe dos cavaleiros abandonava progressivamente o campo de batalha para dedicar-se à política na cidade.[51] Em marcha, as legiões exibiram, desde o início da época de expansão, uma notável capacidade de cobrir distâncias a um ritmo regular, dia após dia, com o Estado fornecendo pagamento e *matériel*. Porém, por sua natureza, um exército de infantaria avança devagar, não por surtos, como os conquistadores nômades, de forma que a expansão romana foi cumulativa, em vez de cascateante.

Ademais, o padrão cumulativo de expansão estava determinado pela natureza do próprio exército romano, que se tornou "regular" e burocrático num estágio muito inicial e, na época das guerras púnicas contra Cartago, já tinha alcançado uma forma da qual não se afastaria até o início dos problemas do império com as tribos teutônicas, no século III. Os historiadores creditam a invenção do sistema regular aos assírios e, com efeito, parece provável que as práticas que instituíram, como o pagamento regular a soldados de tempo integral, o estabelecimento de arsenais e depósitos, a construção de quartéis e a manufatura centralizada de equipamentos, criaram um padrão para impérios posteriores. Elas filtraram-se do Oriente Médio para zonas de intensa atividade militar mais a oeste durante os séculos VI e V a.C., em parte pelo contato dos persas com os gregos, em parte graças à ascensão do mercado de mercenários que tinham de ser sustentados pelos tesouros estatais. Porém, nenhum exército anterior ao da república romana atingiu seu nível de regulamentação e burocratização de recrutamento, organização, comando e suprimento. A partir das guerras púnicas, ele se distinguiu de todas as outras instituições do mundo civilizado — talvez seu único equivalente, embora invisível, fosse o mandarinato chinês — como um fenômeno de auto-suficiência confiante.

Sua capacidade de persistir com êxito numa guerra implacável, fosse ao defender-se de ataques ou em iniciativa própria, derivava, em larga medida, da solução estatal encontrada para a dificuldade militar de todos os governos centralizados: a de assegurar uma fonte constante de recrutas confiáveis e eficazes. Na época das guerras púnicas, a obrigação para com a milícia, embora teoricamente ainda em vigor, tinha caducado, e as legiões eram preenchidas por um processo de seleção, o *dilectus*, pelo qual os melhores cidadãos que se apresentassem voluntariamente eram admitidos por um período de seis anos (que podia ser ampliado até dezoito anos). A adoção do *dilectus* refletiu uma piora da situação dos pequenos agricultores, pois a expansão das propriedades rurais dos ricos estava extinguindo a base da pequena propriedade. De qualquer forma, o serviço voluntário pago parece ter sido uma alternativa suficientemente popular à agricultura para que não tenha sido necessária uma lei reduzindo o tempo de serviço até o final do século II a.C.[52] Não era preciso aplicar o *dilectus* aos designados para os altos escalões das legiões, pois o sistema político romano, pelo menos até então, estabelecia como condição para ser candidato a um cargo eletivo — primeiro passo para o consulado — que os jovens de boa linhagem tivessem antes completado um período estatutário de serviço no posto de tribuno, dos quais havia seis em cada legião; dez anos de serviço, ou dez campanhas, parecem ter sido a norma qualificadora. No império tardio e, em particular, nas crises militares do século III d.C., a imposição da qualificação cairia, mas nem República, nem Império jamais deixaram de considerar que o direito de governar era legitimado, em última instância, pela capacidade de comandar em campo.[53]

Contudo, a força máxima do exército romano e a característica que fez dele um modelo, um milênio depois, para as forças dos Estados monárquicos europeus, na esteira da retomada da cultura clássica do Renascimento, e das quais descendem os grandes exércitos modernos, não eram dadas por seu sistema de recrutamento ou por seu alto comando, mas por seu centuriado. Os centuriões romanos, comandantes de companhias de longa experiência, recrutados entre os melhores soldados, formaram a primeira corporação conhecida de oficiais profissionais da história. Eram eles que imbuíam as legiões de fibra, transmitiam de geração para geração o código de disciplina e acumulavam a experiência tática com a qual os exércitos romanos venceram centenas de inimigos ao longo de cinco séculos de guerra quase contínua.

O historiador romano Lívio preservou para nós a folha de serviços de um centurião da República que transmite exatamente o *ethos* dessa notável corporação de homens e enfatiza quão revolucionária era a instituição da centúria em um mundo onde o serviço militar fora até então um negócio intermitente, emergencial ou mercenário. Com efeito, o centurião poderia, com as substituições apropriadas, ocupar o lugar do suboficial de linha de qualquer grande exército moderno. Espúrio Ligustino relatou ao consulado de 171 a.C.:

> Tornei-me soldado no consulado [de 200 a.C.]. No exército que foi levado para a Macedônia, servi dois anos nas fileiras contra o rei Filipe; no terceiro ano, graças à minha bravura [foi-me dado] um posto de centurião no décimo manípulo dos *hastati* [termo, junto com *triarii* e *principes*, remanescente da classificação original dos manípulos legionários por qualificação de propriedade]. Depois da derrota de Filipe, quando fomos trazidos de volta para a Itália e liberados, parti imediatamente como voluntário para a Espanha, com o cônsul M. Pórcio [195 a.C.]. Esse comandante julgou-me digno de ser nomeado centurião da primeira centúria dos *hastati*. Pela ter-

ceira vez alistei-me como voluntário no exército que foi enviado contra os etólios e o rei Antíoco [191 a.C.]. Por Mânico Acílio fui feito centurião da primeira centúria dos *principes*. Quando Antíoco foi expulso e os etólios subjugados, fomos trazidos de volta para a Itália. E duas vezes depois disso servi em campanhas nas quais as legiões estiveram em comissão durante um ano. Depois fiz duas campanhas na Espanha [181 e 180 a.C.] [...] Fui trazido para casa por Flaco junto com os outros que vieram com ele da província para tomar parte no Triunfo devido a sua bravura. Dentro de poucos anos, por quatro vezes tive o posto de *primus pilus* [centurião da primeira centúria dos *triarii*]. Trinta e quatro vezes fui recompensado por bravura por meus comandantes. Recebi seis coroas cívicas. Servi 24 anos no exército e tenho mais de cinqüenta anos de idade.[54]

Ligustino, que tinha seis filhos e duas filhas casadas, estava apresentando uma petição para outro posto ou promoção e, graças a sua folha de serviços, foi designado *primus pilus*, centurião de categoria superior, da Primeira Legião.

Com uma corporação de oficiais da qualidade de Ligustino, formada por homens cuja vida era a caserna, que não cultivavam expectativas de entrar para a classe governante e cujas ambições estavam inteiramente limitadas às do sucesso dentro do que poderia ser percebido, pela primeira vez na história, como uma profissão estimada e auto-suficiente, não surpreende que as fronteiras de Roma tenham se estendido do Atlântico ao Cáucaso. Ela conseguiu transformar o *ethos* guerreiro de uma pequena cidade-Estado numa verdadeira cultura militar, uma *Weltanschauung* completamente nova, compartilhada pelos estratos mais altos e mais baixos da sociedade romana, mas enraizada em valores de uma corporação de especialistas separada e subordinada e por eles expressa. De forma alguma levavam uma vida privilegiada; apesar de toda a eficiência mecânica da legião em ação, a guerra romana continuava a ser sangrenta e extremamente perigosa. O centurião, quase tanto quanto o legionário, lutava à curta distância do inimigo, muitas vezes corpo a corpo, e aceitava o perigo de se ferir como um risco da vida que escolhera. Júlio César, por exemplo, escrevendo sobre sua batalha contra os nérvios, junto ao rio Sambre, na atual Bélgica, em 57 a.C., descreve o momento decisivo:

> Os soldados estavam aglomerados demais para conseguir lutar com facilidade, porque os estandartes da 12ª Legião tinham se concentrado em um único lugar. Todos os centuriões da primeira coorte tinham sido mortos, junto com seu porta-estandarte, e sua bandeira se perdera. Na outra coorte, quase todos os centuriões estavam mortos ou feridos, e o centurião-chefe, Sexto Báculo, um homem de muita bravura, estava tão cansado pelos ferimentos, muitos e graves, que sofrera que mal podia ficar de pé.[55]

Essa descrição vívida da realidade da guerra legionária, na qual a invariável ordem diária do acampamento, com seus deveres determinados de guarda e faxina e os confortos da cozinha e da casa de banhos — não diferente das rotinas mantidas pelos exércitos de guarnição europeus há cem anos —, podia ser interrompida subitamente pelo confronto com uma multidão vociferante de estrangeiros barbudos e descuidados, talvez besuntados de tinta, brandindo armas letais, exalando sujeira e medo e suando com o intenso esforço físico, mostra sem necessidade de mais demonstrações que o soldado profissional romano não servia pelas recompensas monetárias que o alistamento lhe proporcionava.[56] Seus valores eram os mesmos pelos quais seus companheiros da época moderna continuam a viver: orgulho de um modo de vida diferente (e especificamente masculino), preocupação em gozar de bom nome entre os camaradas, satisfação nos sinais em larga medida simbólicos do sucesso profissional, esperança de promoção, expectativa de uma aposentadoria confortável e honrosa.

À medida que o Império crescia e o exército revisava seus termos de alistamento para admitir recrutas que não eram de origem italiana, a profissão militar se tornou multinacional em caráter, com seus membros unidos em ampla medida pela obrigação que deviam a Roma. Em um notável estudo da carreira de dez soldados romanos que morreram no serviço do Império nos primeiros dois séculos depois de Cristo, tal como revelada por suas lápides, encontramos um cavalariano da Mauritânia (atual Marrocos) que morreu junto à muralha de Adriano; o porta-estandarte da II Legio Augusta, nascido em Lyon, que morreu no País de Gales; um centurião da X Legio Gemina, nascido em Bolonha, que foi morto na Alemanha, no desastre da floresta de Teutoburg; um veterano da mesma legião nascido perto das nascentes do Reno, que morreu na atual Budapeste; e um legionário da II Legio Adiutrix, nascido na Áustria atual, que morreu em Alexandria.[57] O registro funerário mais tocante que mostra como as legiões eram recrutadas nos pontos mais distantes talvez venha das lápides de uma esposa e de seu marido soldado encontradas nos extremos opostos da muralha de Adriano: ela era uma moça do local, ele nascera na Síria romana.

Tratava-se, contudo, de um exército regular, feito para a construção regular, não dinâmica, de um império. O processo pelo qual as legiões vieram a servir tão longe do local de nascimento do exército romano e abranger uma gama tão ampla de recrutas — muitos de localidades que se encontravam na "barbárie" no início da ascensão de Roma — começou a sério durante as guerras púnicas contra Cartago. Essa cidade, colônia dos fenícios, entrou primeiramente em conflito com os romanos quando o sucesso destes em subjugar seus vizinhos italianos os levou até a Sicília, que Cartago considerava pertencer a sua esfera de influência. O confronto de Roma com Pirro, também inimigo de Cartago, enfraqueceu sua posição na ilha. Em 265 a.C., as duas potências viram-se em guerra por causa da Sicília e a guerra estendeu-se rapidamente, por terra e mar, até que os cartagineses foram obrigados a aceitar a derrota e o controle de Roma sobre a Sicília ocidental. Enquanto Roma acrescentava a Córsega e a Sardenha aos primórdios de seu império ultramarino e fazia suas primeiras incursões nas terras dos gauleses, Cartago respondia fazendo campanhas ao longo da costa mediterrânea da Espanha, contra cidades aliadas de Roma. O cerco de Sagunto em 219 a.C. trouxe novamente a guerra, que durou dezessete anos, quase significou uma catástrofe para os romanos e terminou com a derrota de Cartago, estabelecendo Roma como a potência dominante do mundo mediterrâneo.

Cartago, com uma grande frota, dependia principalmente de mercenários, recrutados na costa setentrional da África e pagos com as receitas de seu império mercantil, cujas conexões se estendiam até as regiões produtoras de estanho da Inglaterra. Por acaso, ela produziria durante a Segunda Guerra Púnica dois comandantes de capacidade extraordinária, os irmãos Aníbal e Asdrúbal, cujos poderes de liderança e inovação tática transcendiam a limitação que o caráter mercenário de seus soldados impunha sobre sua capacidade de atuar a longa distância da base. Aníbal abriu as operações com o que se tornaria uma das mais famosas campanhas da história — sua marcha-relâmpago a partir da Espanha, atravessando o Sul da Gália e os Alpes para penetrar no centro da Itália, levando com ele um comboio de elefantes. Derrotando um exército romano no lago Trasimene em 217 a.C., ele desviou de Roma, encontrou aliados no Sul, resistiu a uma campanha retardada de Fábio Máximo e assumiu uma posição na qual esperava ter o reforço do rei Filipe V da Macedônia, um dos sucessores de Alexandre. Os romanos perderam a paciência com as táticas fabianas e, em 216 a.C., seu exército de campo avançou para encontrar os cartagineses perto da cidade de Canas, na Apúlia. Ali, a 2 de agosto, dezesseis legiões, compreendendo cerca de 75 mil soldados, prepararam-se para atacar. Varro, o comandante romano, colocara a massa de sua infantaria no centro, com a cavalaria em ambos os flancos. Quando os romanos avançaram, foram rapidamente cercados, com sua linha de recuo cortada por uma carga de cavalaria na retaguarda, e cerca de 50 mil soldados romanos foram massacrados enquanto fugiam. Foi a partir do exemplo de Canas que o analista tático francês do século XIX Ardant du Picq propôs pela primeira vez que é no recuo que um exército se expõe a perdas incapacitantes.

Por um golpe de estratégia diversionista, os romanos conseguiram escapar do desastre em Canas. Formaram-se novas legiões com gente sem propriedade, normalmente isenta de servir, e até com escravos, o que proporcionou forças suficientes para confinar Aníbal no Sul da Itália, onde os cartagineses tinham aliados. Os romanos partiram para a ofensiva na Espanha, onde o cônsul Cornélio Cipião tinha previdentemente estacionado duas legiões para evitar que Aníbal buscasse reforços naquela região. Em 209 a.C., o filho de Cipião, que ficaria famoso mais tarde como Cipião, o Africano, lançou um ataque-relâmpago contra Cartagena, onde as atrocidades que suas tropas cometeram tiveram o efeito de trazer para seu lado os vizinhos não comprometidos. Quando Asdrúbal bateu em retirada para o Adriático, pela rota que seu irmão Aníbal seguira onze anos antes, foi derrotado junto ao rio Metauro. Seu sucessor na Espanha, outro Asdrúbal, sofreu a indignidade de ser derrotado numa batalha em que Cipião aplicou contra ele a tática vitoriosa de Canas. Esse revés, de que Cipião aproveitou-se para atravessar para a África, impeliu Cartago a chamar Aníbal de volta e, em Zama, na atual Tunísia, os dois exércitos encontraram-se, em 202 a.C. Uma carga de elefantes cartaginesa foi anulada pela formação em tabuleiro na qual Cipião dispôs suas tropas; quando lançou-as em contra-ataque, o exército cartaginês foi derrotado e Aníbal fugiu do campo de batalha.

A destruição final de Cartago viria cinqüenta anos depois, tempo em que as energias militares de Roma foram consumidas em intervenções na Grécia e no resto do mundo helenístico. Em 196 a.C., as cidades gregas aceitaram o protetorado romano e, quando o reino helenístico da Síria interveio para reverter os eventos, Roma transferiu as legiões primeiro para lá, depois para a Ásia Menor, cuja maior parte caiu pouco depois sob seu controle. O Egito ptolemaico, o mais importante dos reinos remanescentes do império de Alexandre, também caiu em 30 a.C.

A essa altura, o mais famoso dos romanos, Júlio César, já tinha acrescentado a Gália ao Império, numa série de campanhas que duraram de 58 a 51 a.C. Depois da expulsão das tribos gaulesas do Norte da Itália em 121 a.C., Roma colocara uma cabeça-de-ponte na Gália ao expandir sua província na Espanha. Em

58 a.C., para deter a primeira migração em larga escala registrada, a dos helvécios da moderna Suíça, César estabeleceu posições de bloqueio no vale do Ródano e aceitou ajuda dos gauleses para resistir à invasão. Tendo derrotado os helvécios, viu sua nova área de controle ameaçada por outra invasão, a de uma tribo teutônica chefiada por Ariovisto, e marchou para o norte, em direção ao Reno, para detê-la. Seu sucesso, embora bem recebido pelos gauleses do Sul, alarmou os do Norte, cujos sistemas tribais se estendiam até o outro lado do Reno, na Germânia. Contra esse povo extremamente belicoso, Júlio César lutou durante quatro anos, com interrupções para fazer expedições contra os vênetos da Bretanha e seus primos celtas da Britânia (56-54 a.C.), mas acabou por impor uma paz nominal em toda a Gália. Então, em 53 a.C., os pacificados gauleses rebelaram-se em massa, numa tentativa desesperada de evitar a incorporação ao Império e, sob a liderança de Vercingetórix, obrigaram César a repetir seus esforços. O estágio final das guerras gálicas, travado contra um inimigo que tinha aprendido os métodos romanos, durou um ano, quando Vercingetórix retirou-se para um vasto acampamento fortificado em Alésia, perto da nascente do Sena. Essa decisão foi um erro: os romanos tinham enorme experiência da guerra de assédio — algumas das técnicas que conheciam talvez tivessem sido transmitidas, a partir de seus inventores assírios, por meio do mercado internacional de ciência militar que tinha permeado o Oriente Médio durante séculos — e isolaram rapidamente o acampamento de Alésia de qualquer perspectiva de auxílio ao construir um círculo ainda mais amplo de fortificações (linhas de "circunvalação" ou "contravalação"), cada uma com cerca de nove quilômetros de circunferência, em torno dos gauleses. Os legionários eram mestres da espada; na marcha em território hostil, uma legião automaticamente construía um acampamento entrincheirado de padrão uniforme a cada noite. Quando um exército celta de auxílio apareceu, estimado em 250 mil homens, César supriu seus 55 mil soldados com as reservas que acumulara em suas próprias fortificações, deteve os atacantes e persistiu no cerco a Vercingetórix. Por fim, depois

de três tentativas de romper o cerco, o chefe gaulês rendeu-se, foi levado para Roma para o triunfo de César e depois executado. Com sua morte, cessou a resistência nativa à inclusão da Gália no Império romano.

O Império romano estava então quase no tamanho máximo que atingiria no Ocidente, na África e no Oriente Próximo; apenas na fronteira com o Oriente Médio, onde os reinos da Pártia e da Pérsia ainda eram suficientemente poderosos para disputar o controle com Roma, ainda havia conquistas por fazer. No entanto, o próprio sucesso da expansão imperial provocara uma crise na ordem política e social interna. A incessante procura por recrutas, em particular entre os italianos a quem a incorporação ao território romano não trouxera os privilégios da cidadania, e o poder crescente dos cônsules que voltavam vitoriosos de suas campanhas anuais para confrontar os magistrados de Roma com demandas por dinheiro e autoridade tornavam o velho sistema de alistamento legionário e governo eletivo cada vez mais obsoleto. Houvera uma prévia das dificuldades no final do século II a.C., quando os irmãos Graco tinham tentado reduzir o peso do recrutamento e a independência das autoridades militares. O problema ficou sério em 90 a.C., quando os não-cidadãos italianos se revoltaram contra o alistamento e foram pacificados apenas com a concessão da cidadania plena. Todavia, persistiram as dificuldades em suprir as legiões de soldados, embora tenha havido uma dispensa efetiva da antiga exigência de propriedade no final do século I, quando o cônsul Mário abriu as fileiras para voluntários da classe censitária mais baixa. Essa medida, paradoxalmente, aguçou o conflito em andamento entre cônsules em campanha e a classe política da cidade, uma vez que prendia mais os legionários sem terra a um comandante, identificava seus interesses com o dele (especialmente se, como fez Mário, tivesse prometido terra como recompensa pelo serviço bem-sucedido) e, assim, fortalecia os generais contra o Senado e os magistrados.[58]

A crise chegou ao seu ponto culminante quando César completou a conquista da Gália e quis prolongar seu período de comando, pedido que foi recusado pelo Senado. Quando deixou sua província, fora da qual seus poderes de comando prescreviam, à frente da 13ª Legião para voltar a Roma, ele efetivamente estava lançando um desafio e provocando a guerra civil. A guerra durou sete anos (50-44 a.C.) e travou-se em locais tão distantes quanto a Espanha, o Egito e a África, onde quer que o Senado encontrasse legiões e generais, com destaque para Pompeu, dispostos a resistir à rebelião de César. A disputa culminou no triunfo deste e, depois, em seu assassinato por honrados oponentes da ditadura e inimigos descontentes. Na luta pelo poder que se seguiu, um sobrinho de César, Otaviano, venceu todos os adversários numa nova guerra civil e, em 27 a.C., tendo já recebido o título de imperador (embora nominalmente fosse "Princeps", primeiro cidadão) de um Senado submisso, acrescentou a ele o de Augusto. As formas republicanas, ainda que preservadas em nome, foram efetivamente extintas, e a partir de então Roma tornou-se um império não só em extensão, mas também em substância.

O sistema imperial resolveu as anomalias inerentes à tentativa de governar um Estado militar mediante uma política competitiva de uma classe eleitoral exclusiva e não mais representativa. Os primeiros efeitos se fizeram sentir no próprio exército. Augusto encontrou-o muito inchado pela guerra civil, chegando a meio milhão de homens, muitos deles pouco melhores que mercenários a serviço de comandantes rivais. Tratou de reduzir drasticamente seu efetivo e estabilizou-o em 28 legiões. Para garantir a segurança do governo central contra uma repetição do cesarismo, formou uma nova força, a Guarda Pretoriana, para guarnecer Roma. Grande parte do exército de campo foi distribuída pelas fronteiras, com as maiores concentrações no baixo Reno, diante da Germânia, de onde já se sentiam pressões da população, no alto Danúbio, outra região perturbada pelos bárbaros, e na Síria. Mantiveram-se guarnições menores na Espanha, na África e no Egito. Igualmente importantes foram as alterações que Augusto introduziu na base do serviço. A ficção da obrigação para com a milícia foi abolida e as legiões tornaram-se profissionais por alistamento. Dava-se preferência para os cidadãos, mas os não-cidadãos apropriados ganhavam a cidadania no recrutamento. O tempo de serviço era de quinze anos (com freqüência, vinte na prática), período em que os legionários estavam proibidos de casar — embora famílias se agregassem ilegalmente aos acampamentos. O soldo era fixo e regular e, ao dar baixa, o veterano recebia uma gratificação suficiente para garantir-lhe o sustento. Impostos novos, calculados atuarialmente, proporcionaram os grandes fundos necessários para assentar os veteranos e assim fornecer aos soldados em serviço o conseqüente incentivo para a lealdade e a boa conduta.

O efetivo do exército de Augusto fixou-se em cerca de 125 mil homens. Um número semelhante servia nas unidades auxiliares de cavalaria e infantaria ligeira das legiões. Roma utilizara esse tipo de unidade desde o começo das conquistas na Itália, mas os auxiliares não eram cidadãos e seus tempos de serviço eram irregulares. A partir do reinado de Cláudio, sucessor de Augusto, eles foram adequadamente pagos, mas o grande atrativo era que, ao final de 25 anos de serviço, o soldado dispensado recebia os direitos de cidadania, o mesmo acontecendo, uma vez que tinha permissão para casar, com os filhos de uma esposa, em qualquer tempo que nascessem. Essas provisões melhoraram bastante a qualidade das tropas auxiliares, algumas das quais se desempenhariam tão bem que seus membros receberiam a cidadania em bloco. Ademais, com o passar do tempo, as alas de cavalaria e as coortes de infantaria deixaram de ser recrutadas nos pontos de serviço (uma tendência que tornava sua qualidade muito mais próxima à das legiões), passaram do comando de chefes locais para o de oficiais imperiais e foram estacionadas em todos os lugares do império.[59]

Augusto fez o máximo para assegurar a futura confiabilidade do exército com as medidas que tomou quanto ao comando. Na República, o procônsul de uma província comandava as legiões ali estacionadas. Augusto nomeou-se procônsul da maioria das províncias, de forma que comandava diretamente as guarnições de legionários, ao mesmo tempo que decretava que nas províncias restantes, para as quais o Senado ainda nomeava os governantes, as legiões ficavam também sob seu comando, por meio de legados que eram seus representantes pessoais. Para administrar e financiar esse sistema complexo e altamente centralizado, Augusto criou um serviço público imperial, chefiado por membros da classe política, para os quais estipulou responsabilidades e salários. Cabia a esses funcionários imperiais o dever de arrecadar impostos para sustentar as administrações e guarnições provinciais, fazer as transferências para o tesouro imperial e, no Egito e na África, comprar e coletar os cereais que supriam as famílias da cidade com rações gratuitas; 400 mil toneladas eram importadas anualmente.

Esse sistema júlio-claudiano, como os historiadores o chamam, serviu bem durante o reinado de seus sucessores imediatos, mas continha perigos insuspeitados. Com uma sucessão imperial disputada, ou uma derrota em guerra, a autoridade tendia a reverter para o exército, sobre o qual repousava toda a estrutura. O sucesso do Império romano obrigava-o a ir à guerra, pois não podia tolerar desordens em suas fronteiras, ao mesmo tempo que sua prosperidade crescente estimulava os forasteiros invejosos a tentar entrar pela força. A desordem era o principal perigo no Oriente, onde reinos antigos e os impérios sobreviventes e rivais da Pártia e da Pérsia ressentiam-se com os esforços romanos de estabelecer uma linha estável de controle. A intrusão era o perigo no Ocidente, ao longo do Reno e do Danúbio, onde grandes movimentos populacionais, impelidos por pressões vindas da estepe, já se faziam sentir no século I.

Em 69, sobreveio a crise previsível. Houvera sucessos militares no período dos júlio-claudianos. A Britânia (invadida em 43) fora anexada ao Império e a Armênia aceitara a suserania romana em 63. Ocorreram também revoltas notadamente na Germânia, onde Armínio destruíra um exército romano na floresta de Teutoburg (ano 9), e na Judéia, onde os judeus levantaram-se contra o domínio romano em 66. Em 68, o excêntrico e talvez louco imperador Nero perdeu a confiança de seus soldados e foi derrubado por uma insurreição militar; isso levou à guerra civil, reivindicações antagônicas à sucessão e, finalmente, ao surgimento de um soldado-imperador, Vespasiano, que não pertencia à estirpe júlio-claudiana. Capaz e cauteloso, ele restaurou a estabilidade imperial, mas, na qualidade de usurpador militar, faltava-lhe legitimidade. Esta foi revivida por seu sucessor Nerva, que estabeleceu o princípio de designar governantes fortes pelo processo de adoção formal de um herdeiro promissor. Assim, quatro sucessores adotivos — Trajano, Adriano, Antonino Pio e Marco Aurélio — foram administradores bem-dotados e comandantes bem-sucedidos. No período desses imperadores antoninianos (98-180), os exércitos romanos obtiveram uma série de vitórias e anexaram a Mesopotâmia, a Assíria e a província transdanubiana da Dácia (atual Hungria) ao Império.

O sucesso dos antoninianos advinha da adoção de uma política de estabilização militar onde quer que fosse possível, o que significava em toda parte, exceto na fronteira aberta com Pérsia e Pártia. Isso foi chamado de "uma grande estratégia baseada na segurança preventiva — o estabelecimento de uma barreira linear de defesa perimétrica em torno do império".[60] Os historiadores discordam asperamente sobre as complexidades da estratégia. Alguns negam que ela tivesse qualquer base na consciência romana e que

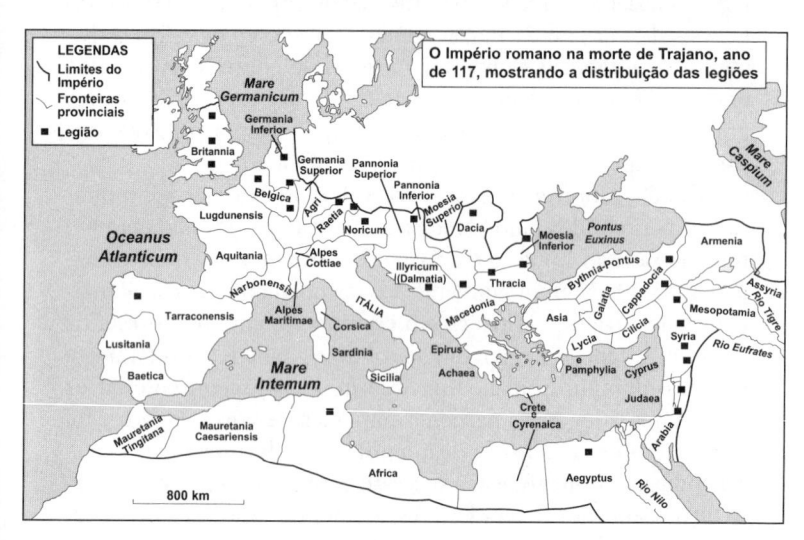

O Império romano na morte de Trajano, ano de 117, mostrando a distribuição das legiões

o impulso aparente para alcançar e manter fronteiras "científicas" no Reno, no Danúbio, nas montanhas do Norte da Britânia e nas margens do Saara, representado pela construção de fortificações das quais ainda restam ruínas, não revela mais que o desejo de comandantes locais ou imperadores visitantes de estabelecer postos policiais e de controle alfandegário nos limites de uma zona de administração formal.[61] Os que defendem essa posição merecem atenção, pois seu conhecimento dos detalhes da política militar romana é extenso e exato. A força de suas concepções é também reforçada pelos termos em que caracterizam a perspectiva militar dos romanos, sempre informada por "um desejo de glória", em vez de por teoria estratégica. Essa percepção parece verdadeira. Clausewitz e seus ideólogos coetâneos talvez tenham se inspirado na prática militar de Roma, mas a noção de que a guerra dos romanos, assim como a de Alexandre, era clausewitziana em essência tem muito pouco peso. Por mais lógica que fosse sua análise de determinadas situações militares, Alexandre foi levado para o Oriente por um impulso vanglorioso; Roma, talvez também jactanciosa, certamente não cultivava uma concepção da guerra "como continuação da política", pois não concedia a nenhum de seus inimigos, nem mesmo os partos e os persas, a dignidade de civilizados. Tal como os chineses, os romanos dividiam o mundo em civilização e terras fora de seu controle e, embora por necessidade recorressem às vezes à diplomacia (em suas relações com os armênios e outros reinos antigos, por exemplo), faziam-no apenas por conveniência, não como um Estado tratando com outro equivalente. Na verdade, não havia motivos para fazê-lo. Não era apenas na organização burocrática e militar que os romanos superavam todos os outros povos limítrofes. A "idéia" de Roma, que em 212 estendeu a cidadania a todos os homens livres vivendo dentro de suas fronteiras imperiais, não tinha paralelo, nem a extraordinária infra-estrutura de estradas, pontes, aquedutos, barragens, arsenais, quartéis e edifícios públicos que sustentavam o poder militar, a administração civil e a vida econômica dos romanos.

Todavia, a existência das fronteiras fortificadas de Roma, muito semelhantes à Grande Muralha da China, é um fato. Os chineses aprenderam que a construção de uma linha fixa de defesa não garante sozinha a segurança, que só pode ser mantida pela execução simultânea de uma política "para a frente", como fizeram os Tang na Dzungaria e os manchus na estepe. O fracasso de outras dinastias em colocar em ação essa política não invalidou a construção da muralha, uma vez que ela demarcava a zona cultural que todos os governos chineses buscavam preservar. Da mesma forma, a teoria de alguns historiadores modernos de que o esforço romano de fortificação não era uma característica subordinada e secundária dos verdadeiros propósitos estratégicos do Império tropeça nas pedras das próprias fortificações. Pode ser que, nos primeiros dois séculos depois de Augusto, o Império dependesse da força de suas legiões, dispostas de forma variada, para sustentar a segurança por meios indiretos. Essa é a visão de Edward Luttwak, que sugere que a política dos júlio-claudianos, que ainda estavam travando guerras de expansão, era utilizar as legiões como uma fonte de garantia última para uma defesa organizada em primeira linha por dependentes recém-submetidos, como os do Norte da Grécia, Ásia Menor e África. Ao passo que no período dos antoninianos, as legiões eram distribuídas pelas fronteiras para guarnecer barreiras que se tornaram então a primeira zona de obstáculo onde se pretendia deter as ameaças externas. As crises particulares, argumenta ele, eram enfrentadas pela concentração no ponto de perigo de legiões retiradas das fronteiras onde prevalecesse a paz. Sua concepção é contestada por outros que argumentam que os romanos continuaram expansionistas nas fronteiras onde inimigos desafiavam seu poder, notadamente os da Pártia e da Pérsia, ou que a principal preocupação do exército eram as desordens locais que tinham suas raízes em hábitos de banditismo e pirataria endêmicos, ou indisciplina de tribos pastoris transumantes.

Contudo, ninguém nega que a partir do século III, quando a pressão populacional no Ocidente e as tensões da guerra contra a Pérsia no Oriente se intensificaram, a identificação das legiões com as fronteiras fortificadas tornou-se absoluta. Houve uma racionalização das fronteiras, em particular no Danúbio, onde a Dácia foi abandonada em 270, no Reno, no baixo Nilo, onde os númidas se revelaram tão implacáveis quanto os faraós, e na África, onde partes da Mauritânia foram evacuadas em 298. Nas linhas mais curtas, no entanto, as legiões lutariam por mais um século, e a estratégia de Roma centrou-se na proteção dos territórios internos cuja integridade era definida pelas fronteiras fortificadas. Sendo assim, não é artificial argumentar que, mesmo com força diluída, o contorno das fronteiras, que mudou pouco entre a ascensão de Augusto e o abandono da Britânia, no começo do século V, exerceu uma influência determinante na perspectiva militar romana. Os historiadores com um conhecimento particular de um período ou província, mesmo do Império romano como um todo, talvez sejam capazes de mostrar inconsistências explícitas na visão, talvez legada por Gibbon, de que Roma considerava-se o centro tranqüilo de um mundo de desordem bárbara. Mas fazer isso é fechar os olhos para a influência que a psicologia de um exército profissional exerce sobre as políticas imperiais do governo a que servia. Uma vez definidas as fronteiras por fortificações que se tornam então lugares permanentes de guarnição de unidades formais, ou pelo menos locais de parada familiares pelos quais essas unidades se revezam, elas assumem um significado simbólico para os soldados que as defendem. O surgimento desse simbolismo é facilmente discernível na história do exército romano quando, por exemplo, descobrimos que a VI Legio Victrix, que chegou à Britânia em cerca de 122, ainda estava lá sessenta anos depois, que a III Legio Cyrenaica, organizada por Júlio César no Nilo, ainda estava estacionada no Egito no século III, e que dois regimentos de cavalaria, Ala Augusta Gallorum Petriana e Ala I Pannoniorum Sabiniana, recrutadas respectivamente na Gália e na Panônia (atual Hungria), serviram do século II ao III na muralha de Adriano, a última ao longo do que é hoje Stanwix.[62] Os exemplos estendem-se: entre 69 e 215, a III Legio Gallica esteve na Síria, de 85 a 215, a II Legio Adiutrix esteve na Hungria, e de 71 a 215, a VII Legio Gemina esteve no Reno.[63]

Em um exército cuja espinha dorsal era proporcionada por uma corporação de soldados profissionais em cujas bocas circulava de geração em geração a litania dos aquartelamentos e as histórias da vida neles vivida, é impossível que a consciência dos soldados não acabasse por se circunscrever pela geografia das fronteiras. Havia, evidentemente, muita coisa para distrair a atenção deles da defesa do Império, notadamente as disputas recorrentes pela sucessão imperial que, durante o século III, colocaram legião contra legião a serviço de usurpadores e pretendentes provinciais ao trono. A reorganização das guarnições efetuada por Constantino (312-37), que se tornou imperador ao vencer uma dessas guerras civis, recuou as legiões para várias reservas centrais, reduziu o tamanho delas e acrescentou-lhes formações grandes de cavalaria.⁶⁴ Essas mudanças alteraram drasticamente a composição do exército, diluindo para sempre a força da infantaria sobre a qual se baseava desde o tempo da República. Todavia, o exército continuou a ser imperial, sustentado por impostos imperiais — embora com maior dificuldade de coleta — e dedicado ainda, embora a uma distância maior da base, à defesa das fronteiras. A qualidade das forças auxiliares, deixadas pelas reformas de Constantino em isolamento desconfortável em divisas cada vez mais contestadas, declinou em conseqüência de sua falta de contato com as legiões. Gradualmente, essas unidades de *limitanei* passaram a ser formadas por milícias de camponeses locais, que eram agricultores antes de serem soldados. Contudo, o valor militar dos soldados de linha continuava formidável.

Após Diocleciano (284-305), o Império foi dividido para fins administrativos em duas metades, oriental e ocidental, com um efeito progressivamente separativo sobre suas forças militares. Mas a próxima e definitiva crise dos exércitos imperiais só se faria sentir no século V. Apesar dos desastres da campanha contra os persas de 363, na qual foi morto o imperador Juliano, o Apóstata, e a catástrofe de Adrianópolis (393), em que Valente morreu nas mãos dos godos, a ordem dentro do Império e a defesa de suas fronteiras foram restauradas pelos esforços titânicos de Teodósio, que reuniu as duas metades e desenvolveu uma série de campanhas para repelir os forasteiros de seu território. Contudo, foi Teodósio, como vimos, que tomou a decisão fatal de comprometer a romanidade do exército ao aceitar sob seu comando grandes unidades de "federados" bárbaros que serviam não como forças auxiliares, sob o comando de oficiais imperiais, mas sob a liderança de seus próprios comandantes. Esse passo, uma vez dado, não permitia recuo. Durante a primeira metade do século V, os soldados teutônicos inundaram o Império Ocidental. Embora as estruturas imperiais permanecessem nominalmente em funcionamento, generais locais como Constâncio e Aécio mantivessem forças suficientes sob seu comando para confinar algumas tribos a zonas limitadas de conquista e até fossem capazes às vezes de jogar bárbaros contra bárbaros, o controle das fronteiras teve de ser abandonado completamente, ao mesmo tempo que o controle interno se tornava débil e errático. Os exércitos "romanos" de Constâncio e Aécio eram teutônicos na composição, usavam armas teutônicas, não tinham o menor treinamento legionário e até adotaram o grito de guerra germânico, o *baritus*.[65]

Em face de Átila, alguns desses invasores bárbaros que tinham sofrido nas mãos dos hunos fora do Império vieram em auxílio de Aécio; eles compunham uma grande parte de seu exército em Châlons, em 451. Embora aquela vitória tenha poupado a Gália, e talvez Roma, da devastação por um povo montado, a Itália e a capital estavam agora sob uma ameaça vinda de outra direção. Genserico, líder da tribo dos vândalos que tinha atravessado a Gália e a Espanha para fundar um reino no Norte da África, fez-se ao mar, tomou a Córsega e a Sardenha e, a partir dessas bases, capturou e saqueou Roma em 455. Uma contra-ofensiva montada por Leão, o imperador do Oriente, acabou em fracasso. Os vândalos estabeleceram um regime de pirataria que controlava as águas do Mediterrâneo a partir de suas bases na Sicília e na África e ao qual sucessores sarracenos e da Barbária dariam continuidade por mil anos. Na Gália e na Itália, o poder passou para três chefes germânicos, Ricimer, Orestes e Odoacro, que instalaram uma série de imperadores títeres. Um deles, Marjoriano (457-61), chegou a exercer uma breve autoridade imperial no Sul da Gália, mas foi expulso do trono. Em 476, Odoacro, que dispunha da maior força na Itália, um exército nominalmente romano que devia obediência ao imperador títere Rômulo, derrotou Ricimer numa disputa pelo poder, depôs Rômulo e proclamou-se, não imperador, mas rei. O Senado, que ainda sobrevivia nas sombras, mandou as insígnias imperiais para o imperador do Oriente, em Constantinopla; o exército romano do Ocidente já deixara de existir havia muito tempo.⁶⁶

A EUROPA DEPOIS DE ROMA: UM CONTINENTE SEM ARMAS

O exército romano não deixou de existir no Oriente: defendeu Bizâncio a distâncias muito variadas de Constantinopla — às vezes no Cáucaso ou no Nilo, às vezes ao pé de suas muralhas ciclópicas — até que seus remanescentes foram derrotados no grande sítio de Constantinopla pelo otomano Maomé, o Conquistador, em 1453. Mas, a partir da autonomia do império oriental, foi um exército diferente do das legiões. Sob o comando de Belisário e Narses, os generais com os quais o grande imperador Justiniano (527-65) recuperou o controle da Itália e do Norte da África (destruindo o poderio dos vândalos nesse processo), parece-se muito com o de Aécio e Marjoriano. Em Tricamerão (453), onde Belisário derrubou o vândalo Gelimer, e em Taginas (455), onde Narses obteve a vitória que devolveu Ravena e Roma ao domínio imperial, o grosso dos exércitos de ambos os generais era formado de não romanos, incluindo hunos, na África, e um corpo de arqueiros persas, na Itália.⁶⁷ Mas depois que os limites de Bizâncio se estabilizaram, numa linha que ia do Danúbio ao Cáucaso e numa fronteira marinha que compreendia Chipre, Creta e a ponta da Itália (Egito, Síria e Norte da África foram perdidos para os árabes entre 641 e 685), a organização militar do Império poderia ser colocada numa base diferente. Em estrutura, parecia-se com a de Augusto: dividido em províncias, chamadas temas, sob a direção de comandantes que, com suas tropas, respondiam diretamente ao imperador. Os soldados estavam organizados em unidades que derivavam daquelas das reformas de Constantino no século IV, e não em pesadas legiões de marcha; eram regimentos de infantaria e cavalaria pequenos e independentes que podiam ser combinados da forma que fosse necessária para reforçar as milícias de fronteira. No século II, havia treze temas, sete na Ásia Menor, três nos Bálcãs e três no Mediterrâneo e no Egeu; no século X, o número delas crescera para trinta, mas o tamanho do exército permanecia constante, em torno de 150 mil homens, metade a pé, metade a cavalo, dimensão semelhante à do exército legionário de Augusto. Sustentado por uma burocracia e um sistema de tributação eficientes e alimentado e suprido por um campesinato próspero, o exército bizantino sustentou eficazmente um Império romano, ainda que bastante alterado e, evidentemente, cristianizado, até o início dos ataques turcos, em 1071.[68]

No Ocidente, nenhum exército foi revivido para preservar os restos daquela civilização romana pela qual seus destruidores professavam uma grande admiração. Com efeito, o renascimento era impossível, pois sua base de sustentação, uma tributação regular e eqüitativa — embora tivesse se tornado muito iníqua no período tardio do Império —, fora destruída. Os reis bárbaros taxavam da melhor maneira que podiam, mas as receitas eram insuficientes para sustentar soldados disciplinados. De qualquer forma, os conquistadores eram profundamente avessos à disciplina, preservando em seu íntimo uma crença teutônica na liberdade do guerreiro e em sua igualdade com os companheiros. Os godos, lombardos e borgonheses haviam sido lavradores antes que a pressão da estepe os empurrasse para o outro lado do Reno e esperavam viver da agricultura quando chegaram às novas terras. Na Itália, cada um recebeu um terço do lote do morador no qual foi assentado, uma adaptação extorsiva do velho sistema imperial de designar um terço do local de um morador a um soldado acantonado; na Borgonha e no Sul da França, a proporcionalidade foi definida em dois terços. Dessa forma, os soldados se estabeleciam como agricultores indesejados em terras dispersas, desperdiçando as virtudes militares que os tinham tornado tão poderosos no ataque, sem produzir para o governo o excedente regular com o qual se poderia ter reconstruído um exército civilizado, mantenedor da paz. "Os reinos bárbaros combinavam os vícios característicos do Império romano" — principalmente a expropriação corrupta de pequenas propriedades para engordar as posses dos ricos — "e do barbarismo [...] Aos seus velhos abusos foi então acrescentada a violência anárquica das tribos bárbaras e dos romanos [sobreviventes] que macaqueavam suas maneiras."[69]

Retrospectivamente, é fácil ver que a principal contribuição de Roma para a compreensão da humanidade de como a vida pode ser tornada civilizada foi sua instituição de um exército disciplinado e profissional. Evidentemente, os romanos não tinham esse fim em vista quando começaram suas campanhas de expansão na Itália e travaram as guerras contra Cartago; o exército foi transformado de uma milícia de cidadãos em uma força expedicionária de longo alcance devido às exigências do campo de batalha, não por decisão consciente. Sua adoção de um sistema de alistamento regular, oferecendo "uma carreira aberta aos talentos" igualmente a cidadãos e não-cidadãos de todo o Império, originou-se na necessidade; as reformas de Augusto apenas racionalizaram uma situação já existente. No entanto, como se estivesse em ação uma mão invisível, a evolução do exército serviu exatamente à da própria civilização romana. Ao contrário da Grécia clássica, Roma foi uma civilização da lei e da realização física, não de idéias especulativas e criatividade artística. A imposição de suas leis e a incansável ampliação de sua extraordinária infra-estrutura física exigia menos esforço intelectual que energia ilimitada e disciplina moral. Era dessas qualidades que o exército era a fonte última e, com freqüência, em particular na engenharia de obras públicas, o instrumento direto. Portanto, era inevitável que o declínio dos poderes do exército — mesmo se provocado tanto por fracassos administrativos e econômicos internos quanto por crises militares nas fronteiras — trouxesse consigo o do próprio Império, e que o colapso do exército significasse a queda do Império do Ocidente.

Os reinos que se sucederam no Ocidente não aprenderam quão valiosa era a instituição que tinham destruído e como seria difícil substituí-la. Todavia, a autoridade moral na Europa pós-romana não perdeu completamente seu lar: ela migrou para as instituições da Igreja cristã, firmemente estabelecidas em sua forma romana, em vez de nestoriana, graças à conversão dos francos em 496; na Igreja, a idéia, se não a substância, do Império encontrou uma continuidade. Porém, sem espadas, os bispos não podiam dar força ao pacto cristão; e embora seus protetores reais tivessem espadas, usavam-nas antes para guerrearem-se uns aos outros que para estabelecer e manter uma paz cristã. A história da Europa ocidental no final do século VI e no seguinte é uma triste crônica de conflitos constantes entre casas reais dos reinos sucessores, moderadas apenas quando, no início do século VIII, o primeiro rei carolíngio estabeleceu sua primazia nas terras francas de ambos os lados do Reno. O surgimento dos carolíngios resultou de uma luta interna, mas também pode ser visto como uma resposta às novas ameaças — notadamente, o avanço dos muçulmanos da Espanha no Sul da França e os ataques de pagãos frísios, saxões e bávaros nas fronteiras orientais. A vitória de Carlos Martelo sobre os muçulmanos em Poitiers em 732 repeliu-os definitivamente para o outro lado dos Pireneus; as campanhas de seu neto Carlos Magno consolidaram uma linha de fronteira na Alemanha junto ao Elba e ao alto Danúbio e trouxeram o reino italiano dos lombardos, que incluía a cidade de Roma, para o novo Império fundado com sua coroação pelo papa Leão III no Natal do ano 800.

A legitimidade de Carlos Magno derivava do reconhecimento pelo papa de que era o sucessor dos imperadores romanos através de uma descendência fictícia; seu poder dependia de suas forças armadas, que não se assemelhavam de forma alguma ao exército romano, mesmo em seu estágio final de decadência. Os primeiros reis francos, tal como outros soberanos bárbaros, tinham mantido como centro militar de seus séquitos grupos de guerreiros escolhidos com que podia contar para lutar com bravura e a qualquer momento — o equivalente da Cavalaria dos Companheiros de Alexandre. Na época das conquistas, não se colocava o problema de como seriam mantidos e, em tempos turbulentos, viviam improvisadamente. Mas quando um reino estabelecia fronteiras, embora mal definidas, e procurava manter a estabilidade em seus domínios, os guerreiros do rei precisavam de uma fonte de sustento mais estável que a pilhagem ou expropriação temporária. A solução foi acomodar os membros do bando de guerra germânico (chamados de *comitatus*, origem da palavra condado) dentro da velha prática romana do *precarium*, espécie de arrendamento pelo qual os lavradores cultivavam lotes de uma propriedade rural. Na época de prosperidade do Império romano, um precário era pago em dinheiro; como as desordens dos séculos V e VI tiraram o dinheiro de circulação, o pagamento de arrendamento deu lugar à realização de serviços de vários tipos. Não foi um processo complexo, embora tenha sido gradual, para os adeptos de um soberano, que já lhe deviam uma obrigação pessoal e, em troca, se beneficiavam de seu *patrocinium*, transformar essa relação em uma na qual se prestava serviço militar em troca do favor patronal, mas o *patrocinium* era expresso pela concessão de um *precarium*. Essa relação atendia a ambas às partes: o vassalo (da palavra celta para dependente) recebia um meio de subsistência; "o soberano assegurava-se de seus serviços militares; e o laço entre os dois era selado pela realização de um ato de homenagem que, quando cristianizado pela intervenção da Igreja, ficou conhecido como voto de fidelidade ou lealdade".[70]

O arranjo conhecido por nós como feudalismo (nome derivado do *feudum* que o patrono concedia ao vassalo) tornou-se a base geral sobre a qual os reis montavam exércitos e a classe militar detinha terras na Europa carolíngia a partir da metade do século IX. Na mesma época estabeleceu-se também que os feudos seriam hereditários dentro das famílias, desde que continuassem a prestar seus serviços. Data-se a formalização desses elementos do ano 877, quando Carlos, o Calvo, rei dos francos ocidentais e neto de Carlos Magno, decretou na Capitulação de Kiersey que os feudos poderiam passar de pai para filho. Ele já decretara que todo homem livre — o que significava quem tinha terras ou levava armas — deveria ter um patrono ou senhor e que cada homem que tivesse um cavalo, ou devesse ter um, deveria vir montado à assembléia na qual, pelo menos uma vez por ano, o exército seria passado em revista. "Quando cada homem passou a ser obrigado a ter um senhor, quando cada detentor de um benefício passou a ser obrigado a servir como soldado montado e quando cargos, benefícios e obrigações militares se tornaram hereditários, o feudalismo estava completo."[71]

O feudalismo carolíngio, apesar da ênfase que colocava na posse de cavalos, não deve ser equiparado ao sistema militar dos nômades. As terras cultivadas da Europa ocidental não podiam sustentar uma população eqüina muito grande e os exércitos feudais que respondiam ao chamado às armas não tinham nada em comum com as hordas das estepes. A diferença advinha, em larga medida, da cultura militar diferenciada das tribos teutônicas, que encorajava a luta corpo a corpo com armas afiadas, uma tradição reforçada pelos seus confrontos com os exércitos romanos antes que tivessem perdido seu treinamento legionário. Essa cultura fora preservada quando os guerreiros ocidentais passaram a montar e foi reforçada pelas potencialidades do equipamento que vestiam e as armas que usavam montados. A própria sela tornara-se um assento sólido, em parte porque, a partir do início do século VIII, ela se tornou o ponto de fixação do recém-introduzido estribo.

A origem do estribo talvez seja indiana, mas no século V foi adotado pelos chineses e depois pelos povos da estepe, de onde seu uso migrou rapidamente para a Europa. Seu significado é ferozmente debatido entre aqueles que afirmam que, tendo dado ao cavaleiro um assento firme, transformou-o num lanceiro montado, e os céticos que negam sua importância, dizendo que o nômade sem estribos prendia-se com a mesma firmeza ao cavalo. Uma vez que faltam provas da época para validar uma ou outra posição, é melhor para os não comprometidos não entrar nessa discussão.[72] Mas sabemos que no Ocidente, a partir do século VIII, o guerreiro montado cavalgava numa sela alta, colocava seus pés em estribos e, em conseqüência, podia manejar armas e usar equipamentos até então associados exclusivamente ao soldado a pé. É verdade que os persas e depois os bizantinos tinham colocado em campo esquadrões de cavaleiros com armaduras em datas anteriores, mas não sabemos como estavam equipados, nem como lutavam. Atribuir-lhes a origem da cavalaria pesada é, portanto, arriscado.[73] Ao contrário, não há dúvida de que no século IX o cavaleiro feudal da Europa ocidental já usava cota de malha de ferro, levava um escudo e tinha suficiente liberdade com as mãos para manejá-lo junto com uma lança ou espada, em movimento.

Essas inovações eram oportunas, pois durante o século IX começou uma nova onda de ataques ao Ocidente que não poderia ter sido contida pelas hostes de guerreiros quase sempre a pé, desajeitados e raramente convocados dos reinos pós-romanos. Esses ataques tinham três pontos de origem: as terras islâmicas, a estepe e as costas ainda pagãs e bárbaras da Escandinávia. A partir das terras islâmicas montou-se um regime de pirataria e espoliação no Mediterrâneo que relembrava o dos vândalos no século VI, dependente do uso dos mesmos portos africanos. Os sarracenos, como ficaram conhecidos no Ocidente os invasores islâmicos, atuavam com toda a liberdade porque, desde a dissolução da frota romana no século V, não havia marinha estatal no Mediterrâneo ocidental para proteger as costas e garantir a segurança no mar. Em 827, a Sicília, que fora amiúde o ponto de apoio para potências agressivas — Atenas, Cartago, os vândalos —, foi ocupada; pouco depois, os piratas estabeleceram bases na ponta da bota italiana e no Sul da França; no século X, a Córsega, a Sardenha e até mesmo Roma foram atacadas. Os sarracenos foram finalmente expulsos da Itália pelos esforços dos bizantinos, a única potência que ainda mantinha uma frota de galeras, mas só depois que já tinham pilhado e destruído do Ródano ao Adriático, às vezes penetrando fundo no continente.

A ameaça das estepes consistia nos magiares que, deslocados para oeste pelo poder crescente dos turcos, apareceram na planície do Danúbio, antiga pastagem de Átila, em 862. A partir dali, lançaram uma série de incursões típicas, mas de alcance extraordinariamente longo mesmo para padrões hunos, que em 898 os levaram à Itália, atraindo Berenger, rei da Itália, e seu exército de 15 mil cavaleiros para uma batalha desastrosa junto ao rio Brenta, em setembro de 899. Em 910, confrontaram as tropas gerais dos francos orientais, convocadas pelo último imperador carolíngio, Luís IV, o Infante, perto de Augsburgo, e obtiveram uma grande vitória que lhes permitiu cruzar à vontade a Alemanha nos dez anos seguintes. Henrique I, o Passarinheiro, rei dos saxões e dos francos em 919-36, restringiu gradualmente as depredações dos magiares construindo muitas fortalezas na fronteira oriental, mas mesmo assim eles conseguiram penetrar até a França e a Borgonha, em 924 e 926, e apesar de uma derrota em 933 invadiram novamente a Itália em 954. No ano seguinte, Oto I, sacro imperador romano, conseguiu reunir finalmente forças suficientes para cercá-los contra um obstáculo, uma das poucas maneiras de uma cavalaria pesada esmagar uma cavalaria ligeira em combate. Com um exército de 8 mil homens — de bom tamanho para a época —, em sua maioria suábios e bávaros, ele contornou o acampamento dos magiares junto a Augsburgo, que estavam sitiando, cruzou o rio Lech para fechar a linha de recuo deles e esperou o ataque. Os magiares, cuja arma principal era o arco composto e cuja formação tática ainda era a mesma das hordas das estepes, comportaram-se exatamente como Oto esperava. Cruzando o Lech para tentar abrir uma rota de fuga, foram atraídos para uma batalha confusa com suas costas para o rio e atropelados até a destruição por seus inimigos encouraçados. Os sobreviventes dispersos foram perseguidos pela gente armada do campo e nunca mais conseguiram montar uma incursão significativa às terras cultivadas do Ocidente.[74]

Os escandinavos não podiam ser sumariamente expulsos, pois seus ataques se desencadeavam mediante um recurso contra o qual nenhum reino europeu tinha antídoto: o barco de guerra marinho. Os povos das costas setentrionais da Europa eram navegantes aventureiros havia séculos; os romanos tinham mantido uma frota no litoral saxão, na Britânia e na Gália para deter a pirataria deles. Foi o colapso dessa frota, no século V, que permitiu a anglos, saxões e jutos, vindos da Dinamarca e do Norte da Alemanha, colonizar a futura Grã-Bretanha.[75] O esvaziamento das terras a leste do Reno nas migrações bárbaras determinou a seguir uma calmaria na emigração marítima, mas no final do século VIII a fome de terras na Noruega e na Suécia impeliu os pagãos setentrionais a renovar sua procura por lugares de colonização, para pilhagem e para oportunidades de comércio em termos ditados por eles. Isso ocorreu no preciso momento em que tinham aperfeiçoado um barco que poderia transportar guerreiros a longas distâncias e sobre mares encapelados. As chaves da superioridade do barco longo dos vikings sobre as outras embarcações da época eram seu perfil estreito e quilha profunda, permitindo que navegasse à vela para barlavento, junto com sua larga seção transversal a meia-nau, que o tornava adequado para ser remado quando não havia vento e abicasse em praia aberta, longe de portos guarnecidos.[76]

Em resumo, era o barco perfeito para atacantes marinhos, desde que fossem suficientemente rijos para suportar os desconfortos de longas permanências em um casco descoberto, comendo rações frias entre as paradas. Os vikings — nome derivado da palavra nórdica *viking*, que significa pirataria — estavam entre os povos mais belicosos e resistentes que jamais assaltaram a civilização, com sua disposição para a luta corpo a corpo intensificada no século de disputas por terras que precedeu sua era de viagens.[77] Ademais, a partir de 840 começaram a embarcar cavalos, dando-lhes assim meios de fazer incursões terrestres profundas e inesperadas que sobrepujavam em astúcia os defensores locais. A partir de seu primeiro ataque ao mosteiro de Lindisfarne, Norte da Inglaterra, em 793, os vikings aventuraram-se cada vez mais longe, surpreendendo Sevilha, na Espanha muçulmana, em 844, e penetrando profundamente no Mediterrâneo em 859. Em 834, devastaram o centro mercantil de Dorstadt, na foz do Reno, e em 877 começaram uma invasão do território anglo-saxônico que acabou, na metade do século X, fazendo de toda a região central e Norte da Inglaterra um reino dinamarquês de ultramar. As viagens extensas — que por saltos espantosos de navegação, semelhantes na ousadia aos dos polinésios do Pacífico, os levaram à Islândia em 870 e à Groenlândia no século seguinte — aliviaram de alguma forma a inexorabilidade de seus ataques à Europa ocidental, mas não limitaram suas intrusões nas terras desgovernadas do centro e Leste europeu. Conhecidos ali como "rus", os vikings passaram a fazer um comércio armado, saindo da Suécia, atravessando o Báltico e descendo pelos grandes rios russos, entrando em contato com Bizâncio e o islã. No Ocidente, os nórdicos, ao mesmo tempo que conquistavam o centro da Inglaterra, colocavam uma cabeça-de-ponte no Norte da França, que em 911 o rei foi obrigado a ceder para eles como um feudo. A partir dessa aquisição da Normandia, os normandos conquistaram a Inglaterra em 1066 e, a partir de 1027, estabeleceram perto de Nápoles os postos avançados de seus futuros reinos na Itália e na Sicília.

Os meios militares sozinhos não eram suficientes para deter a devastação provocada pelos vários atacantes dos séculos IX e X. A Europa ocidental tinha necessidade, como a China diante dos nômades da estepe, de alguma força cultural com que pudesse neutralizar o niilismo deles e assimilá-los ao mundo governado. Os sarracenos não podiam ser assimilados: atacavam e pilhavam com a garantia moral dos *ghazi*, guerreiros de fronteira islâmicos. Porém, os vikings e magiares pagãos ainda viviam no mundo primitivo de deuses vingativos ou distantes ao qual pertenciam os povos teutônicos e da estepe antes de ouvirem a palavra de Cristo ou Maomé. A Igreja cristã já realizara um extraordinário trabalho de pacificação na Europa ocidental, começando com a conversão dos francos em 496, e trouxera progressivamente todos os invasores das terras romanas para uma única fé. Fizera também com que respeitassem as instituições cristãs — papado, episcopado, fundações monásticas — que tinham sobrevivido a Roma e, mediante uma missão heróica, levara o cristianismo romano para o Norte e o Leste, até os germânicos e eslavos. A conversão foi muitas vezes imposta pela ponta da espada, mas os cristãos, tal como o inglês são Bonifácio, apóstolo dos germânicos, também morreram como mártires no esforço de implantar o evangelho entre povos selvagens. Foi graças a esses meios que os magiares foram convertidos no final do século X, fazendo da Hungria um bastião de resistência contra as invasões da estepe, e os escandinavos, nos séculos XI e XII.

Com efeito, uma Europa pós-romana sem a Igreja romana teria sido um lugar bárbaro; os remanescentes das instituições civis de Roma eram fracos demais para proporcionar uma base para a reconstituição da ordem e, na ausência de exércitos disciplinados, todo o continente poderia ter passado o limite do "horizonte militar" para entrar em conflitos endêmicos sobre direitos territoriais e tribais. Porém, havia limites ao que a Igreja podia alcançar em sua obra de pacificação, que derivava em medida quase igual de suas aspirações de poder e de suas inibições doutrinárias sobre como o poder é exercido na prática. No Oriente, os bispos cristãos persistiam na prática constantiniana de se subordinarem ao imperador bizantino. Nas antigas terras cristãs que caíram nas mãos dos islamitas, as autoridades religiosa e secular uniam-se na pessoa do califa. Mas no Ocidente o papado resistia a essas acomodações. Sucessor de Roma e sediado em Roma, o papado buscou, a partir da queda do Império romano, estabelecer a distinção entre autoridade religiosa e secular e justificar a subordinação da segunda à primeira. Carlos Magno restaurou o Império romano pela espada, mas seu título de imperador devia a legitimidade, aos olhos dos papas, a sua coroação por Leão III na sé de São Pedro.

Enquanto os imperadores foram fortes e os papas, fracos, pelo menos em termos mundanos, não surgiram conflitos entre o poder de um e as reivindicações de autoridade do outro. Mas já no século XI a Igreja tornara-se mais rica e mais confiante em toda parte. Suas terras, amiúde obtidas por legados caridosos, proporcionavam aos governantes muitos de seus feudos militares; seus mosteiros, igualmente fundados sobre heranças caridosas, tornaram-se centros de uma forte teologia que encontrava os argumentos para reforçar as pretensões papais à primazia. Esses argumentos censuravam o desenvolvimento da prática pela qual imperadores e reis, que designavam ou "investiam" bispos e abades em seus postos, usavam homens dóceis como instrumentos do governo civil, notadamente na convocação e manutenção de forças militares. Os teólogos admitiam com relutância a moralidade do combate quando realizado para impor ou restaurar os direitos legais de um soberano; a advertência de Cristo de "dar a César o que é de César" proporcionava, por extensão, a justificativa necessária. Todavia, mantinham que matar e ferir eram pecados pelos quais era preciso fazer penitência — depois da batalha de Hastings, em 1066, os bispos normandos impuseram aos seus próprios cavaleiros um ano de preces e jejuns por matar um homem, quarenta dias por ferir —, embora Guilherme, o Conquistador, tivesse lutado contra Haroldo e os anglo-saxões com a aprovação do papa de sua reivindicação de que buscava a restituição de seus direitos de soberano.[78] No grande "conflito de investidura" entre o papa Gregório VII e o sacro imperador romano Henrique IV, no século XI, cuja questão manifesta era a da precedência na nomeação de bispos, Gregório não relutou em montar uma aliança de normandos e germânicos para lutar contra o imperador. No entanto, pairava sempre a dúvida cristã de como a bênção de Cristo aos pacificadores podia ser reconciliada com o impulso do homem a cavalo, mesmo quando cavalgava sob a bandeira papal, de ceder à ânsia de sangue quando enfrentava um semelhante de espada em punho.

Era uma questão de consciência que não podia ser evitada na Europa, onde metade da alta sociedade que não trabalhava usava trajes religiosos, enquanto a outra metade usava armaduras e mantinha cavalos de guerra. A classe dos cavaleiros do século XI ainda era tosca e os costumes da cavalaria ainda estavam por vir.[79] Apenas duzentos anos antes, o decreto carolíngio de que "cada homem que tem um cavalo deve vir montado à hoste" tinha "trazido junto com as fileiras da nobreza fundiária uma horda de aventureiros presunçosos cujo principal título para acederem à nobreza [...] era que montavam em um animal nobre". A Europa continuava a ser uma sociedade essencialmente guerreira. A lei de Deus caía em ouvidos moucos quando o sangue fervia e quando a lei civil não tinha uma jurisdição maior que o poder de um senhor de impor os direitos que o título lhe dava.

Foi, portanto, um alívio para a Igreja e os reis quando, no final do século XI, a disputa pela investidura foi encoberta por um novo chamado às armas contra um inimigo comum não cristão. Em 1088 foi eleito papa Urbano II, um monge de Cluny, um dos mosteiros centrais da teologia do poder papal, que tratou imediatamente de restabelecer pela diplomacia as boas relações com o sacro imperador romano. Ao mesmo tempo, começou a pregar que era pecado cristão lutar contra cristão. Em 1095, no Concílio de Clermont, recordou a idéia da Trégua de Deus, o armistício da Quaresma e dias santos, e exortou os cristãos a "deixar de matarem uns aos outros e, em vez disso, travarem uma guerra justa". Lembrou também seus ouvintes de que, após o desastre de Manzikert, 24 anos antes, os bizantinos haviam feito um apelo para o Ocidente, para que fosse em defesa da cristandade no Oriente, que os turcos muçulmanos continuavam a penetrar nas terras cristãs e que a cidade sagrada de Jerusalém estava em mãos islâmicas. Fez então um apelo para que se montasse sem demora uma campanha para devolvê-la à Igreja.[80]

A idéia de "Cruzada", pois foi isso que Urbano lançou, já estava no ar. No século X, os muçulmanos da Espanha, sob o comando do dinâmico al-Mansur, tinham conquistado territórios dos pequenos reinos cristãos que sobreviviam no Norte da península Ibérica, e jovens cavaleiros devotos do resto da Europa, incluindo normandos, italianos e franceses, foram combatê-lo. Para tanto, foram estimulados pelos abades de Cluny, que se interessavam especialmente pelo bem-estar dos peregrinos que iam ao ameaçado santuário do apóstolo Tiago, em Compostela. O patrono da expedição de 1073 foi o papa Gregório VII, um dos protagonistas do conflito sobre a investidura, que ao mesmo tempo que relembrava o mundo de que "o reino da Espanha pertencia à sé de São Pedro, declarou que os cavaleiros cristãos poderiam gozar das terras que conquistassem aos infiéis". Assim ao final do século XI, a idéia da guerra santa já fora colocada em prática. Os cavaleiros e soldados cristãos foram estimulados pelas autoridades da Igreja a deixar de lado suas pequenas querelas e partir para as fronteiras da cristandade para lutar contra o infiel. Como recompensa de seus serviços, poderiam tomar posse das terras que reconquistassem e receberiam benefícios espirituais [...] [Ademais], o papado estava tomando a direção das guerras santas. Com freqüência, deflagrava-as e nomeava o comandante. A terra que fosse conquistada tinha de ser mantida, em última instância, sob suserania papal. Embora os grandes príncipes estivessem propensos a ficar de fora, os cavaleiros ocidentais responderam imediatamente ao apelo da guerra santa. Seus motivos eram, em parte, genuinamente religiosos. Estavam envergonhados de lutarem entre si: queriam lutar pela cruz. Mas havia também uma fome de terras a incitá-los, em particular no Norte da França, onde a prática da primogenitura estava sendo implantada. Na medida em que os senhores não se dispunham a dividir suas propriedades e seus cargos, que começavam a se concentrar em torno de castelos de pedra, seus filhos mais moços tinham de procurar fortuna alhures. Havia uma inquietação geral e um gosto pela aventura na classe cavalheiresca da França, notadamente entre os normandos, separados por poucas gerações de seu passado de pirataria. A oportunidade de combinar o dever cristão com a aquisição de terras em um clima meridional era muito atraente.[81]

A Primeira Cruzada, liderada por príncipes da Sicília normanda, da própria Normandia, da França e da Borgonha, partiu da Europa por terra e mar em 1096. Os grupos terrestres atravessaram os Bálcãs com a aquiescência do imperador bizantino e depois abriram caminho pelo território dos turcos seljúcidas na Ásia Menor, para chegar à Síria em 1098, onde se uniram aos contingentes que vinham por mar da Inglaterra, Itália e Flandres. Foram retardados pela duração do sítio a Antióquia, lugar-chave na rota costeira através da Síria, mas em 1099

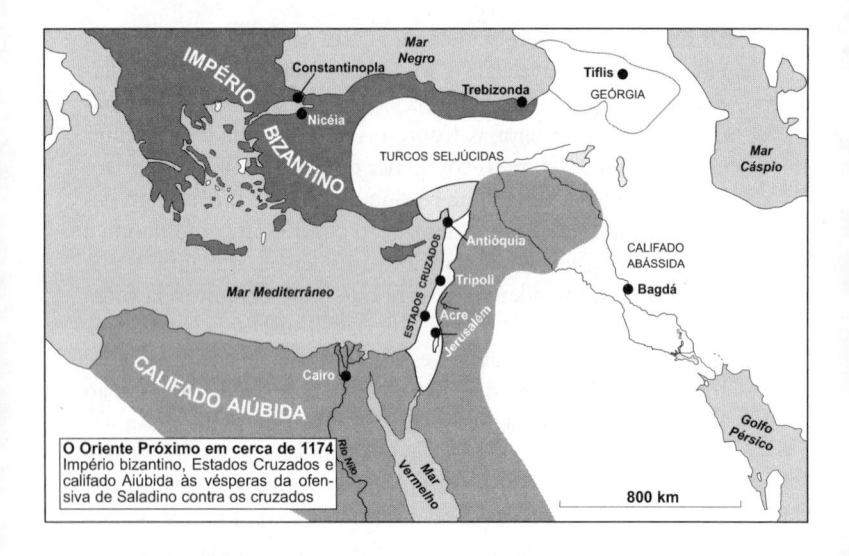

O Oriente Próximo em cerca de 1174
Império bizantino, Estados Cruzados e califado Aiúbida às vésperas da ofensiva de Saladino contra os cruzados

chegaram à Terra Santa e, a 15 de julho, após atacarem como um furacão suas muralhas, tomaram Jerusalém. A Cidade Santa tornou-se então capital de um reino latino, dirigido por um duque borgonhês que assumiu o título de rei de Jerusalém; outros líderes da cruzada estabeleceram Estados ao longo da costa síria e no Sul da Ásia Menor. Os reinos cruzados perduraram, com sortes variadas, até 1291, quando o último deles foi destruído na contra-ofensiva final dos mamelucos. A cristandade ocidental revivia e restaurava periodicamente os Estados latinos com novas cruzadas, pelas quais persistia um notável entusiasmo na França e no Sacro Império Romano. Porém, essas empreitadas obtinham resultados cada vez menores, à medida que os muçulmanos reuniam forças para recuperar o que também consideravam seus lugares sagrados e expulsar os invasores da faixa de terra vital que ligava o Egito a Bagdá.

A contra-ofensiva islâmica pode ter sido essencialmente uma reação ao "problema de fronteira" semelhante ao que perturbava o islã na fronteira com a estepe. Mas as guerras contra os cristãos atingiram uma intensidade que os muçulmanos não experimentaram em nenhuma outra frente. Além disso, um efeito lamentável da Quarta Cruzada (1198-1204) foi infligir um dano irreparável a Bizâncio: uma intervenção impensada em um conflito sucessório debilitou fatalmente a capacidade do Império do Oriente de resistir ao avanço dos turcos islâmicos na Europa meridional. A queda de Constantinopla 250 anos depois foi um resultado tardio da devastação provocada pela Quarta Cruzada.

Militarmente, os cruzados proporcionam o retrato mais preciso que dispomos da cultura e da natureza da guerra européia no longo interregno entre o desaparecimento dos exércitos disciplinados de Roma e o reaparecimento das forças estatais no século XVI. A guerra dos cruzados era uma peleja estranha que confrontava a tradição do corpo-a-corpo dos guerreiros da Europa setentrional com as táticas evasivas e de fustigação dos nômades da estepe. Ela não começou exatamente assim. O califado do Egito, antes de sua usurpação pelos mamelucos, dependia muito da cavalaria ligeira árabe e berbere, que lutava com lança e espada, em vez de arco composto, e portanto competia em termos desiguais com os cruzados encouraçados. Em Ascalon, em 1099, por exemplo, Godofredo, futuro rei de Jerusalém, destroçou um exército desse tipo. Mas com a chegada de Saladino do califado de Bagdá, em 1174, e particularmente depois que Baybars estabeleceu o poder mameluco no Egito, em 1260, foi contra o enxame da estepe que os cruzados tiveram de lançar aquela carga única e definitiva da qual dependia sua capacidade de vencer batalhas e, lutando sempre inferiorizados numericamente, a balança da vitória inclinou-se progressivamente contra eles.

Contudo, fizeram esforços decididos para melhorar sua eficácia contra métodos militares que lhes eram estranhos, notadamente pela incorporação, ao lado de suas forças montadas, de um número significativo de soldados de infantaria que, com armas afiadas, arcos e, por fim, bestas mecânicas, apresentavam uma face feroz aos cavaleiros sempre que avançavam para dividir e alvejar em detalhe um grupo de cavaleiros. Os soldados a pé tinham sido de pouca valia nas guerras contra magiares e vikings e menos ainda nas guerras sobre direitos que eram a obsessão da Europa feudal. Em território europeu, os homens montados efetivamente desestimulavam os sem montaria a portar armas, pois eles poderiam — especialmente se fossem moradores de cidades — defender e até reivindicar direitos não reconhecidos pelos guerreiros. Porém, na Terra Santa, os soldados de infantaria tinham seu valor, especialmente para proteger os comboios de bagagem sem os quais os cruzados não podiam fazer suas campanhas, bem como os flancos vulneráveis do corpo montado quando disposto em ordem de batalha.

Os historiadores afirmam há muito tempo que os adversários muçulmanos dos cruzados se fixaram no estratagema de dividir os cavaleiros dos soldados a pé como seu princípio tático central e, embora se discuta isso agora, é verdade que essa separação levou os cruzados muitas vezes à derrota.[82] Houve separações desse tipo em Ramla, em 1102, em Marj'Ayyun, em 1179, em Cresson, em 1187, e no desastre de Hattin, no mesmo ano, uma vitória de Saladino que lhe devolveu boa parte do território do reino de Jerusalém. No entanto, o que estava por trás do fracasso dos cruzados nessas e em outras derrotas não era um acidente tático, mas um defeito estrutural em seu método de guerrear: a dependência da carga encouraçada contra um inimigo cuja principal intenção não era ficar parado e recebê-la. Os cruzados acreditavam que o êxito estava em escolher "o momento de soltar a carga com a certeza de atingir o corpo principal do inimigo".[83] Na Europa, estava se tornando uma questão de honra para um guerreiro não se esquivar do choque desse ataque — uma continuação, numa forma elaborada, do código do lutador da falange. Nas cruzadas, o guerreiro ocidental defrontou-se com um adversário cuja tradição era bem diferente e que não via desonra alguma em lutar à distância e manobrar para evitar o golpe crítico. Com o passar do tempo, os cruzados adaptaram-se ao estranho desafio, incorporando um número cada vez maior de soldados de infantaria locais e escolhendo, sempre que possível, de acordo com a prática da região, lutar em lugares onde seus flancos ficassem protegidos por obstáculos. Enquanto isso, os muçulmanos se aproximavam da prática ocidental; há indícios de que no século XIII começaram a imitar a cerimônia ocidental da justa.

A principal reação dos cruzados às tensões do guerrear na Terra Santa foi, no entanto, cultural, uma assimilação ainda maior do código do guerreiro ao apelo da missão cristã que os fez atravessar o Mediterrâneo em primeiro lugar. Já no século XI, os contornos dessa idéia cavalheiresca eram discerníveis na Europa: para ser guerreiro, não era mais suficiente ter um cavalo, uma cota de malha e um senhor a servir. A base da fidelidade estava mudando do puro gozo material de uma concessão de terras, com as quais sustentava a capacidade militar que o senhor esperava dele, para a forjadura de uma relação cerimonial e religiosa entre os dois. O velho voto de fidelidade, pelo qual a Igreja celebrara a aceitação submissa pelo vassalo do benefício de um grande homem, foi transformado: agora o cavaleiro prendia-se pelo serviço pessoal ao senhor e jurava não apenas obedecer, mas também se comportar de forma cavalheiresca, o que significava levar uma vida honrada e até virtuosa.

Não demorou muito para que o foco do ideal cavalheiresco fosse transferido, no mundo dos cruzados, da pessoa do senhor para a da própria Igreja. No final do século XII, havia várias ordens monásticas que, embora originalmente dedicadas a obras pias tradicionais como a manutenção de hospitais para peregrinos à Terra Santa e seu bem-estar durante a jornada, estavam assumindo rapidamente uma outra função: a de lutar para defender a própria Terra Santa. Essas ordens de cavaleiros, os hospitalários e templários, logo se tornaram um esteio do esforço das cruzadas; além de recrutar e levantar fundos na Europa, construíram grandes castelos na Palestina e na Síria.[84] A influência delas foi contagiosa, pois

> seu modo de vida tornava-os guerreiros exemplares. Eram obedientes e mostravam disciplina em batalha, ao mesmo tempo que exibiam frugalidade e ascetismo na vida comunitária, da qual estavam excluídas mulheres e crianças. Viviam todos sob o mesmo teto, recebiam roupas e alimentos de seus líderes e não possuíam nada individualmente. Jamais es-

tavam inativos. Quando não estavam lutando, realizavam tarefas manuais [...] Sua hierarquia baseava-se não na nobreza, mas no mérito. Tinham repudiado os prazeres e o prestígio da cavalaria secular — o amor às armas finas, cuidado exagerado com o corpo e o penteado, paixão por jogos e pela caça — [em troca] de uma nova ordem fundada na pobreza, na vida comunal e na devoção a Cristo.[85]

Na fundação de ordens militares, podemos perceber as origens dos exércitos regimentados que surgiram na Europa no século XVI. Pode-se dizer que a dissolução das ordens monásticas nos países protestantes durante a Reforma levou para os exércitos estatais — através dos monges-guerreiros que se secularizaram para se tornarem soldados laicos — o sistema de hierarquia, de comandos e suas unidades subordinadas que fizeram das ordens os primeiros corpos de luta autônomos e disciplinados que a Europa conheceu desde o desaparecimento das legiões romanas. Isso, porém, estava ainda por acontecer. A influência imediata dos hospitalários e templários no campo de batalha foi levar outros guerreiros cristãos, como os que lutavam contra os sarracenos na Espanha e os que travavam guerra contra os prussianos e lituanos pagãos, a criar ordens similares. Dessas, a mais importante foi a dos Cavaleiros Teutônicos que fundaram na Prússia conquistada um regime militar de cujas propriedades secularizadas Frederico, o Grande, quinhentos anos depois, recrutou o núcleo de seu corpo de oficiais.

O declínio e a extinção dos reinos cruzados no final do século XIII foram graduais demais para marcar um divisor de águas no guerrear europeu. Fizeram-se Cruzadas demais que acabaram em vitória dos muçulmanos para que ocorresse um clímax de retaliação e, de qualquer forma, os reis europeus estavam com as mãos cheias de suas próprias guerras domésticas. Todavia, as Cruzadas deixaram mudanças no mundo militar europeu que não se apagaram mais. Elas restabeleceram a presença dos Estados latinos (católicos romanos) no Mediterrâneo oriental, não só na Palestina e na Síria, mas de forma mais duradoura na Grécia, em Creta, em Chipre e no Egeu, o que permitiu às cidades do Norte da Itália, em especial Veneza (onde a vida e o comércio urbano não tinham morrido completamente), reabrir um próspero comércio com o Oriente Médio e, mais tarde, com o Extremo Oriente, e reviver o transporte seguro de bens entre portos de todo o Mediterrâneo. O dinheiro que ganharam com isso financiou a maioria das guerras travadas durante o século XV entre elas e, mais tarde, entre a França e os Habsburgo do Sacro Império Romano pelo domínio ao sul dos Alpes. Elas deram um poderoso impulso para fortificar a libertação da Espanha do islã (a Reconquista), bem como a ampliação para leste da fronteira cristã, na direção da Rússia e da estepe. Tendo debilitado os bizantinos, nada fizeram para deter o avanço dos turcos otomanos nos Bálcãs; no início do século XV, eles já tinham chegado ao Danúbio, conquistando no processo o reino cristão da Sérvia e ameaçando o da Hungria. Em compensação, os cruzados tinham confrontado os reis belicosos da Europa e seus turbulentos vassalos com a idéia de um objetivo mais amplo para a guerra que as querelas intermináveis sobre direitos. Eles reforçaram a autoridade da Igreja em seus esforços para conter o impulso guerreiro dentro de uma estrutura ética e legal e, por mais paradoxal que pareça, ao ensinar à classe cavaleira européia as disciplinas da guerra útil, assentaram os alicerces para a ascensão de reinos efetivos. Com a afirmação do poder central dentro de suas fronteiras, esses reinos deram finalmente à luz uma Europa onde o conflito deixou de ser uma condição endêmica da vida cotidiana e se tornou um empreendimento ocasional e, depois, externo.

O desenvolvimento desse padrão teria sido difícil de perceber para os coetâneos dos confusos séculos XIV e XV. Na grande disputa por direitos que levou à Guerra dos Cem Anos entre França e Inglaterra (1337-1457), na guerra entre Habsburgo, Wittelsbach e Luxemburgo pela coroa do Sacro Império Romano e dos imperadores para controlar seus súditos rebeldes da Boêmia e da Suíça, e nas guerras das cidades italianas, qualquer idéia de que o domínio social e político, sem falar do militar, do homem a cavalo poderia estar chegando ao fim teria parecido fantasiosa. Contudo, era esse o caso. A guerra montada entre homens encouraçados, travada na crença de que recuar do golpe na linha de batalha era uma ofensa, não só ao dever, mas à honra pessoal, acabou se revelando tão autodestruidora quanto o código da falange na Grécia antiga. Com efeito, há provas consideráveis de que mesmo em seu auge, no século XV, a guerra entre cavaleiros não era o que parece para nós ou o que seus devotos acreditavam que deveria ser na época. As armaduras cada vez mais pesadas e impenetráveis usadas pelos guerreiros montados (placas em vez de malha depois da metade do século XIV) estavam mais adequadas ao artificialismo das justas que às exigências do campo de batalha.[86] Da mesma forma que a guerra moderna de investidas-relâmpago encouraçadas e ataques aéreos precisos atinge sua perfeição teórica apenas nos campos de treinamento, é bem possível que a armadura brilhante do guerreiro do século XV alcançasse seu objetivo teórico de proteção diante da lança do adversário em um torneio e não contra uma flecha ou espada no campo de batalha. O senso comum, qualidade que permitiu a Victor Hanson desvelar o mistério da falange, deveria persuadir-nos da improbabilidade de qualquer outra coisa.

As batalhas medievais, como observou R. C. Smail, o mestre da historiografia das Cruzadas, desafiam uma reconstrução a partir de indícios.[87] Mas nas três batalhas da Guerra dos Cem Anos das quais temos conhecimento detalhado — Crécy (1346), Poitiers (1356) e Agincourt (1415) —, os cavaleiros ingleses lutaram desmontados e apoiados por arqueiros nos três casos, e o grosso dos franceses desmontou nas duas últimas. A idéia de que cavaleiros encouraçados, cavalgando joelho contra joelho, lanças em riste, em densas ondas de fileiras sucessivas, poderiam ter atacado uns aos outros sem que ocorresse uma catástrofe instantânea para ambos os lados no momento do impacto é uma afronta à inteligência.

A guerra de ferro da Idade Média, tal como a dos gregos, era um "negócio horrível" e sangrento, tornado pior por sua recorrência e pela coragem sanguinária daqueles que se prendiam a ela. Apesar de todos os altos motivos envolvidos — independência cívica entre os gregos, fidelidade e cavalheirismo com os cavaleiros —, um certo primitivismo ocultava-se sob a superfície. Os gregos lutaram até a exaustão pela lógica de seus próprios métodos; o eclipse do modo cavalheiresco de guerrear teve uma causa externa: a chegada da pólvora. Mas em ambos os casos o poder do ferro, esse metal comum, barato e enganador, tinha se esgotado.

Interlúdio 4
LOGÍSTICA E SUPRIMENTOS

Pedra, bronze e ferro forneceram os instrumentos do combate, ato central da guerra, desde seus inícios, até que sua natureza foi transformada pela pólvora, há apenas vinte gerações. Porém o combate só pode se travar se os combatentes encontram os meios para se cruzarem em um campo de batalha, e supri-los a caminho desses encontros sempre apresentou problemas só superados pelas dificuldades de obter sucesso no próprio combate. Somente os povos montados escaparam desse problema, mas historicamente eles foram uma minoria entre os guerreiros. A maioria dependia do poder das pernas e dos ombros para carregar a si próprios e às coisas necessárias para qualquer teatro de campanha, uma restrição que limitava muito o alcance e a resistência das forças bélicas, fosse na defensiva ou no ataque. Com efeito, a maior parte das guerras terrestres foi, até recentemente, uma atividade de curto prazo e curta distância.

Há uma explicação muito simples para isso. Quando um grupo de homens se reúne para executar uma tarefa diária, precisa pelo menos de uma refeição entre a alvorada e o anoitecer. Se a tarefa demora mais de um dia e os homens se deslocam do local onde guardam a comida, terão de carregar suas refeições. Uma vez que todas as operações de guerra, com exceção das mais primitivas, incluem prolongamento e movimento, os guerreiros sobrecarregam-se necessariamente com rações, além dos armamentos. Porém a experiência confirmada por ensaios de campo modernos estabeleceu que a carga de um soldado não pode, em média, exceder trinta quilos de peso, dos quais roupas, equipamentos, armas e outros objetos necessários formam pelo menos a metade. Como o consumo diário de alimentos sólidos de um homem fazendo trabalho pesado é de quase um quilo e meio, conclui-se que um soldado em marcha não pode carregar suprimentos para mais de dez ou onze dias e, evidentemente, esse esforço só vale a pena se os alimentos forem não-perecíveis. Esses números não variaram ao longo dos séculos: Vegécio, o teórico militar romano do século IV, recomendava que "os jovens soldados devem receber exercícios freqüentes de carregar pesos de até trinta quilos, marchando em ritmo militar, pois em campanhas árduas se defrontarão com a necessidade de carregar suas rações, além de suas armas".[1] Os soldados britânicos que atacaram o Somme a 1º de julho de 1916, levando com eles ração para vários dias, caso se rompessem as linhas de suprimento, carregavam em média trinta quilos.[2] Os pára-quedistas e fuzileiros ingleses que saltaram nas ilhas Malvinas em 1982 carregavam, por falta de helicópteros que os abastecessem, cargas de peso igual ao de seus corpos e ficaram exaustos pelo esforço, embora o fizessem por pouco tempo e fossem homens escolhidos pela excepcional forma física.[3]

Evidentemente, os soldados podem viver do que encontram, o que significa tomar alimentos da população civil, uma espoliação familiar que explica por que, até tempos recentes, a aproximação de um exército, por mais disciplinado que fosse, levava os habitantes a esconder todo artigo de consumo que pudesse ser carregado. Eventualmente, se um exército organizava uma feira, como Wellington sempre se preocupou em fazer na Espanha, o efeito podia ser o oposto, com os camponeses afluindo com coisas para vender, mas Wellington estava na situação pouco comum de ter dinheiro para gastar.[4] Tradicionalmente, a maioria dos exércitos não tinha dinheiro ou buscava pagar com notas promissórias ou, quando operando em território inimigo, simplesmente tomava o que queria. Não se trata de uma política que funcione por muito tempo. Mesmo que se encontre a comida escondida, o exército precisa se dispersar para desencavá-la, diluindo assim seu poder de luta e, de qualquer forma, logo consome tudo em sua área de operação; os exércitos montados acabam com os pastos com maior rapidez ainda, exceto em pastagens extensas (onde, em compensação, faltam víveres para os homens).

Tendo em vista que seu poder deriva da velocidade com que atacam e depois levantam acampamento e a notória frugalidade dos cavaleiros nômades de que com freqüência se compunham, os exércitos de cavalaria geralmente escapavam do constrangimento da necessidade de pastar demais, desde que se mantivessem perto de uma região de pastos. Os exércitos a pé não tinham essa liberdade de ação. Avançando trinta quilômetros por dia, a melhor velocidade que homens a pé podem atingir com regularidade — era a das legiões das linhas internas romanas de comunicação e a do exército de Von Kluck no avanço de Mons ao Marne na campanha francesa de 1914 —, progrediam devagar demais para achar víveres intocados suficientemente próximos de sua linha de avanço para prover suas necessidades diárias.[5] Em conseqüência, tinham de parar a intervalos para ir em busca de alimentos ou transportar suas cargas de suprimentos com eles.

O transporte de cargas de suprimentos exige o acesso a uma via aquática próxima da linha de marcha — um rio ou uma rota costeira —, ou o uso de rodas. Os animais de carga, embora muito usados no mundo antigo e em terrenos difíceis nos tempos modernos (em 1874, os russos, na conquista de Khiva, na Ásia central, utilizaram oitocentos camelos para alimentar 5500 homens), constituem um substituto pobre.[6] O transporte por água tem sido o esteio de muitas campanhas — o avanço de Marlborough até a Bavária, em 1704, aprovisionado pelo Reno, é um exemplo famoso —, mas o eixo do suprimento determina então o da campanha: se um rio levar para a direção errada, não é possível travar a batalha decisiva. As estradas para transporte sobre rodas, se a rede rodoviária tem alguma densidade, dão mais flexibilidade logística, mas até que a construção delas atingisse grande escala na Europa, a partir do século XVIII, primeiro na França, depois na Inglaterra e na Prússia, poucas regiões proporcionavam uma tal rede (em 1860, a extensão por mil habitantes era de três quilômetros na Grã-Bretanha, 1800 metros na França, 1700 metros na Prússia e apenas 1200 na Espanha). E até o desenvolvimento da macadamização, no início do século XIX, as estradas não tinham uma superfície utilizável em qualquer condição climática.[7]

A exceção a esse estado de coisas prevalecia apenas dentro do Império romano e, em parte, na China (embora as vias fluviais chinesas, em especial o Grande Canal, servissem ao principal propósito das comunicações internas), e foram as estradas romanas que tornaram as legiões que as construíram tão eficazes como instrumento do poder imperial. Somente na província romana da África, que se estendia do atual Marrocos até a bacia do Nilo, os arqueólogos identificaram cerca de 16 mil quilômetros de estradas de largura maior ou menor. Gália, Britânia e Espanha eram igualmente bem servidas, tornando possível aos comandantes romanos calcular com precisão os tempos de marcha entre os depósitos militares e os quartéis que serviam de paradas de reabastecimento: de Colônia a Roma, 67 dias; de Roma a Brindisi, quinze dias; de Roma a Antióquia (incluindo dois dias no mar), 124 dias.[8] Não havia, porém, equivalentes das estradas romanas nos impérios vizinhos, nem mesmo nas planícies de construção comparativamente fácil da Mesopotâmia e da Pérsia (a "estrada real" usada por Alexandre não tinha o padrão romano), e depois do colapso da administração romana, no século V, suas magníficas estradas também decaíram progressivamente. Essa decadência significou uma ausência de marchas estratégicas por mais de mil anos. Na Inglaterra, por exemplo, a Hardway, pela qual Alfredo, o Grande, tirou laboriosamente seu exército de Somerset para enfrentar os dinamarqueses na metade do século IX, era uma trilha lamacenta fora de qualquer rota usada pelos romanos, embora várias excelentes estradas romanas tivessem passado perto dela quatrocentos anos antes.

Sem estradas, os exércitos não podiam suprir-se por transporte sobre rodas, exceto do tipo mais rústico, e tinham de depender de barcos ou novilhos, estes últimos sendo as bestas de tração e carga mais comuns a partir do quinto milênio antes de Cristo (fato atestado por descobertas arqueológicas onde é hoje a Polônia) até o início do século XIX na Índia e na Espanha.[9] Em ambos esses teatros de campanha, Wellington, por exemplo, dormiu e acordou pensando na procura por "bons novilhos". "Um movimento rápido", escreveu ele em agosto de 1804, "não pode ser feito sem bom gado, bem dirigido e bem cuidado." Antes disso, na Índia, insistira no mesmo ponto: "o sucesso das operações militares depende dos suprimentos; não há dificuldade em lutar e em achar os meios de derrotar o inimigo com ou sem perdas; mas, para alcançar os objetivos, é preciso se alimentar".[10] Para um comandante como Wellington, com dinheiro para comprar mais, os novilhos tinham a vantagem de poderem ser comidos, além de servirem de transporte, e ele os utilizava para ambas as finalidades. Poucos comandantes estiveram tão bem providos. Os novilhos de comboio eram, em geral, valiosos demais para acabarem nas panelas dos soldados, uma consideração que limitava automaticamente a velocidade e o raio de alcance de um exército.

Alexandre, o Grande, por exemplo, dependia tanto quanto Wellington de novilhos e bois para a mobilidade tática. Mas avaliava seu alcance tático em não mais de oito dias de marcha do ponto de reabastecimento, geralmente um depósito marítimo, uma vez que um boi comia sua própria carga nesse período. Em conseqüência, podia fazer campanhas de longa distância somente se ficasse perto do comboio de sua frota ou se mandasse representantes na frente para comprar comida e forragem, com dinheiro ou com a promessa de pagamento após a vitória, uma transação que os traiçoeiros funcionários persas aceitavam cada vez mais, à medida que a ofensiva de Alexandre contra Dario prosperava. Para sua marcha mais longínqua, a de 326 a.C. entre o rio Indo e a cadeia do Makran, no Baluquistão, uma distância de quase quinhentos quilômetros, ele reuniu um estoque de 52 600 toneladas de provisões, suficientes para suprir seu exército de 87 mil soldados de infantaria, 18 mil de cavalaria e 52 mil seguidores durante quatro meses. Uma vez que um comboio de bestas teria consumido sua carga e os homens, comido seus quinze quilos de provisões pessoais bem antes do final da marcha, Alexandre contava com uma frota acompanhante para reabastecê-lo ao longo da costa do Índico e as monções sazonais para renovar os rios de cujos estuários tiraria água. Os cálculos logísticos estavam bem fundamentados. O estoque, periodicamente desembarcado e distribuído, teria sido suficiente para aprovisionar plenamente seu exército. Mas naquele ano a monção soprou de forma a confinar a frota de Alexandre na foz do Indo e, em conseqüência, três quartos de seu exército se perderam na travessia dos desertos do Baluquistão.[11]

Esse desastre fornece um exemplo extremo de como a logística interfere na guerra, mesmo na do general mais cuidadoso e talentoso. Poucos comandantes dos tempos antigos ou pré-modernos, exceto os dos exércitos romanos operando nas extremidades da rede de estradas imperiais ou aqueles que se mantinham próximos de uma frota de suprimento, podiam fazer campanhas fora de seus territórios sem se preocuparem com considerações logísticas. Até mesmo os romanos se viam em dificuldades quando deixavam suas estradas para trás, enquanto grandes exércitos corriam o risco de morrer de fome nos territórios que controlavam, como os marechais de Napoleão descobriram na Espanha, em 1809-13. Uma grande parte do problema da intendência advinha da perecibilidade da comida em todos os períodos e locais antes do advento do enlatamento e da provisão de alimentos artificiais, no século XIX. Os cereais secos ou moídos constituíram a ração básica dos soldados ao longo da história, mantendo-os em forma quando suplementados com azeite, toucinho, queijo, extratos de peixe (elemento essencial da dieta dos legionários), vinho, vinagre ou cerveja, e talvez alguma carne, curada, salgada, seca ou abatida no local de consumo.[12] Porém até mesmo a melhor dieta da intendência era deficiente em alimentos frescos, de forma que em tempos de escassez os soldados, tal como os marinheiros de longo curso, estavam propensos a sucumbir às doenças da subnutrição. A debilidade resultante provocava as epidemias que periodicamente atacavam os exércitos reunidos para uma batalha ou durante operações prolongadas de sítio.

A dieta militar foi revolucionada na metade do século XIX pelo aparecimento da carne enlatada (já em 1845, embora por um processo que podia causar o envenenamento por chumbo de quem dependesse demais dela, tendo provocado muitas mortes na expedição polar de Franklin), do leite condensado (1860), do leite em pó (1855) e da margarina, inventada a partir de um concurso cria-

391

do por Napoleão III para encontrar um substituto para a manteiga para seus soldados, na década de 1860.[13] Os exércitos nortistas da guerra civil americana subsistiram em campo graças, em larga medida, aos produtos dos currais de Chicago, com mais freqüência na forma salgada que na enlatada, enquanto seus inimigos confederados tinham de se agüentar com farinha de milho e amendoim seco e ficavam à míngua de carne, porque o suprimento dos grandes rebanhos do Texas estava cortado devido ao controle do rio Mississippi pela União. Em 1862, um confederado já escrevia para sua esposa: "Vivemos alguns dias de maçãs cruas, assadas e cozidas, às vezes de milho verde e às vezes de nada".[14] Os soldados nortistas experimentaram também batatas secas e vegetais processados industrialmente e uma mistura enlatada de extrato de café, leite e açúcar, todos impopulares, mas artigos de luxo para os rebeldes que capturavam alguns desses produtos.

Em última análise, porém, os exércitos do Norte estavam mais bem alimentados que os do Sul porque seus intendentes controlavam os 50 mil quilômetros de ferrovias norte-americanas existentes em 1860 (mais longas que as do resto do mundo somadas) na razão de 2,4:1, e continuaram a colocar mais trilhos a cada mês da guerra, na qual uma tarefa primordial dos soldados da União era arrancar cada metro de trilho dos confederados que cruzassem. As estradas de ferro revolucionaram a guerra terrestre e a guerra civil americana foi a primeira a demonstrar essa tendência. De fato, ela é atualmente representada com freqüência como uma guerra puramente ferroviária, na qual o sucesso do Norte em cortar primeiro as conexões férreas entre o populoso sudeste e o produtivo sudoeste na linha do Mississippi e depois dividir o sistema interno do sudeste, tomando a ligação Chattanooga-Atlanta em 1864, fragmentou seu território em zonas que não tinham auto-suficiência econômica e garantiu o colapso final da secessão sulista, por falta de suprimentos para os exércitos, ainda que, esfarrapados e famintos, eles conseguissem desafiar a União no campo de batalha até o fim.[15]

Essa visão, no entanto, distorce as contribuições relativas que o combate e a logística dão à vitória. A supremacia logística por si mesmo raramente vence uma campanha contra um inimigo decidido, como McClellan descobriu na Campanha da Península da União, em 1862, enquanto Estados economicamente no limite de suas forças, como a Alemanha e o Japão em 1944-45, podem continuar a infligir derrotas desmoralizadoras aos seus adversários.[16] Todavia, a máxima napoleônica acaba prevalecendo: a vitória fica finalmente com os grandes batalhões, e a chegada da era da ferrovia assegurou aos Estados que podiam recrutá-los um transporte rápido e em todas as épocas do ano para os locais de combate. Essas nações, com exceção dos Estados Unidos, localizavam-se nas zonas industrializadas da Europa ocidental e central, onde amplas redes, construídas inicialmente para ligar as fábricas com os portos na Inglaterra e na Bélgica, estenderam-se rapidamente na França e na Prússia e, depois, mais lentamente, para o leste, a fim de trazer as zonas agrícolas da Áustria-Hungria e Rússia para um sistema comum. Entre 1825 e 1900, a extensão dos trilhos na Europa cresceu de zero para 280 mil quilômetros; eles atravessaram túneis e pontes e cruzaram todas as barreiras naturais do continente, inclusive o Reno, os Alpes e os Pireneus. A viagem de Roma a Colônia, feita em 67 dias por uma legião romana, já podia ser feita em menos de 24 horas em 1900.

Porém, foram os eixos leste—oeste das estradas de ferro, não os norte—sul, que as tornaram militarmente significativas, pois era nas fronteiras entre França e Alemanha, Alemanha e Áustria e Alemanha e Rússia que os conflitos em potencial supuravam. O governo da Prússia, mais tarde da Alemanha imperial, considerava as ferrovias tão importantes para a defesa nacional que estatizou a metade delas até 1860, e o resto nos vinte anos seguintes. Em 1866, o Corpo de Guarda Prussiano foi deslocado para combate em uma semana, em doze trens diários de Berlim para a frente de batalha com a Áustria, prova conclusiva da superioridade dos trilhos sobre as estradas nas operações militares e um duro aviso de que o Estado que não integrasse suas políticas de transporte e mobilização correria o risco de derrota no futuro nas mãos de quem o fizesse. A Prússia derrotou a Áustria em 1866 graças, em larga medida, à quantidade de soldados que conseguiu levar para o primeiro combate, e venceu a França na Alsácia-Lorena, em 1870, devido diretamente à má administração francesa, dependente de uma rede inferior de reforço e reabastecimento ferroviário.[17]

As lições das guerras de 1866 e 1870-71 foram aprendidas por todos os Estados-maiores europeus, sem falar da própria Alemanha, que criou em 1876 um departamento de ferrovias com autoridade para supervisionar a construção de novas linhas, de forma a assegurar a satisfação das necessidades militares em tempo de guerra. Pequenas estações férreas rurais nas fronteiras com a França e a Bélgica foram equipadas com plataformas de mais de um quilômetro, para que vários trens militares pudessem desembarcar divisões inteiras de soldados e cavalos em uma única viagem. Em agosto de 1914, isso realmente aconteceu. Entre 1º e 17 de agosto, a Alemanha, cujo efetivo militar em tempos de paz era de 800 mil homens, não só multiplicou esse número por seis mediante a mobilização de reservistas, como transportou naquele período 1485000 soldados para a frente belga e francesa, equipados e prontos para lutar assim que desembarcassem. Seus inimigos estavam à altura. A administração militar da França de suas ferrovias era tão boa em 1914 quanto fora ruim em 1870 e, na verdade, os franceses mostraram uma flexibilidade maior que os alemães na transferência de tropas para setores ameaçados na crise da batalha do Marne, em setembro. A mobilização austríaca foi tão eficiente quanto a alemã; até mesmo os russos, com cuja suposta incapacidade organizacional o Estado-maior germânico contava para ganhar seis semanas sem confronto no leste, nas quais completaria a vitória a oeste, surpreenderam a si mesmos, aos seus aliados e — muito pior — aos alemães com a rapidez com que concentraram seus primeiro e segundo exércitos na Polônia.

A mobilização de 1914 justificou todos os esforços que os Estados-maiores europeus tinham feito para aperfeiçoar a organização ferroviária para a guerra nos quarenta anos anteriores de paz. Exércitos enormes — 62 divisões de infantaria francesas (de 15 mil homens cada), 87 alemãs, 49 austríacas, 114 russas — foram apanhados em seus aquartelamentos de paz e distribuídos pelos campos de batalha, junto com milhões de cavalos, no prazo de um mês a partir da deflagração da guerra.[18] Mas depois de chegarem, descobriram que a mobilidade quase milagrosa proporcionada pelas ferrovias evaporava. Face a face com o inimigo, não estavam em situação melhor do que as legiões romanas no que diz respeito a transportar seus suprimentos; além da cabeceira da ferrovia era preciso andar, e o único meio de abastecê-los era usando veículos de tração animal. Na verdade, a sorte deles era pior que a dos exércitos bem organizados de outros tempos, pois a artilharia contemporânea criava uma zona de fogo de vários quilômetros de profundidade dentro da qual o reabastecimento a cavalo era impossível e o reaprovisionamento da infantaria — de munição e ração — só podia ser feito com fardos carregados por homens.

Evidentemente, a perda de mobilidade surgiu com mais urgência em forma tática que logística: no centro da zona de fogo, a infantaria mal podia se mexer e qualquer movimento tinha um custo humano catastrófico. Somente com a introdução do tanque, em 1916, é que as unidades conseguiram novamente manobrar em contato direto com o inimigo. Contudo, a dimensão logística atormentou os exércitos ao longo de toda a Primeira Guerra Mundial, principalmente porque o esforço para conquistar a superioridade dentro da zona de fogo mediante o aumento da fuzilaria exigia um transporte ainda maior de munições entre o fim da linha férrea e as bocas de fogo, o que só podia ser feito por tração animal. Em conseqüência, a forragem para cavalos tornou-se a maior categoria de carga desembarcada, por exemplo, nos portos franceses para o exército inglês na frente ocidental em todo o período de 1914-18.

O problema reapareceu na Segunda Guerra Mundial, quando o exército alemão, deficiente em transporte motorizado porque a indústria germânica pesada tivera de devotar seus recursos à manufatura de tanques, aviões e submarinos — além da falta crônica de combustível —, utilizou mais cavalos que na Primeira Guerra: 2750000, contra 1,4 milhão em 1914-18. A maioria morreu em serviço, como aconteceu com a maior parte dos 3,5 milhões de cavalos mobilizados pelo Exército Vermelho entre 1941 e 1945.[19] Somente as forças armadas americanas e britânicas puderam reabastecer taticamente suas tropas por meio de transporte motorizado, graças à capacidade única das indústrias petrolífera e automobilística dos Estados Unidos. Com efeito, os recursos americanos eram tão amplos que não apenas foi possível suprir o exército e a marinha dos Estados Unidos com todos os caminhões e combustível de que precisavam, como também equiparam o Exército Vermelho com 395 883 caminhões e 2,7 milhões de toneladas de gasolina, proporcionando assim os meios para avançar de Stalingrado a Berlim, como os próprios soviéticos admitiram mais tarde.[20]

O fardo jogado sobre o transporte animal, ferroviário e motorizado durante as grandes guerras da era industrial foi infinitamente maior que o suportado pelos comboios de suprimento dos exércitos do passado, mesmo dos da Idade da Pólvora. Alimentos, forragem e equipamentos de viagem — barracas, ferramentas, talvez algum equipamento para fazer pontes — era tudo o que os exércitos das armas afiadas tinham de carregar, enquanto as munições necessárias para os exércitos da pólvora eram pequenas. Mas a indústria da época da produção em massa, que laminou o aço e fez os blocos de motor que revolucionaram os transportes, também cuspia as granadas e balas que os exércitos de massa devoravam em quantidades cada vez maiores. A taxa de consumo aumentou geometricamente. A artilharia de Napoleão em Waterloo, por exemplo, contava com 246 canhões que atiraram cerca de cem descargas cada um durante a batalha. Em 1870, em Sedan, uma das mais famosas batalhas do século XIX, o exército prussiano deu 33 134 descargas. Na semana anterior à abertura da batalha do Somme, 1º de julho de 1916, a artilharia britânica deu 1 milhão de tiros, num peso total de cerca de 20 mil toneladas de metal e explosivos.[21] A demanda por quantidades desse nível provocou a "crise dos projéteis" de 1915, mas a fome foi saciada por um programa de industrialização de emergência na Inglaterra e pela realização de grandes encomendas para fábricas trabalhando com ociosidade em outros lugares. A partir de então, as indústrias britânica e francesa nunca recuaram; os franceses, que tinham planejado antes da guerra gastar 10 mil projéteis de 75 mm diariamente, aumentaram a produção para 200 mil por dia em 1915 e, em 1917-18, forneceram à força expedicionária americana que chegava 10 milhões de obuses para sua artilharia de construção francesa, bem como 4 791 dos 6 287 aviões utilizados em combate pelos americanos. A Alemanha, apesar de ter de encontrar um substituto artificial para os nitratos, impedidos de chegar pelo bloqueio dos inimigos, aumentou a produção de explosivos de mil toneladas por mês, em 1914, para 6 mil, em 1915. Até mesmo o desprezado sistema fabril russo aumentou a produção de projéteis de 450 mil por mês, em 1915, para 4,5 milhões, em 1916, um crescimento de dez vezes.[22]

A capacidade e a complexidade da indústria bélica européia e americana que surgiu no século XIX não tinham paralelo em outros tempos. O homem da Idade da Pedra tinha minerado e trabalhado o sílex em base comercial, mas a manufatura de armas e armaduras de bronze fora sempre uma indústria artesanal. A chegada do ferro levara a uma expansão da produção e até mesmo à padronização: o exército romano mantinha uma rede de fábrica de armas para produzir armaduras, elmos, espadas e lanças de arremesso. As habilidades dos operários eram consideradas tão importantes para o Estado que, em 398, um decreto estabeleceu que eles fossem marcados a ferro, para evitar deserções.[23] No entanto, as invasões bárbaras colocaram a fabricação de armas novamente em mãos privadas, embora a arte de fazer cotas de malha fosse considerada suficientemente rara para ser colocada sob controle estatal. Em 779, Carlos Magno ordenou que os mercadores surpreendidos exportando camisas de cota de malha deveriam ter todas as suas propriedades confiscadas, ordem renovada em 805. Estimou-se que o peso da cota de malha usada por seus homens montados, quando chamados à guerra, cerca de 180 toneladas, representava a produção de vários anos de trabalho pelos fabricantes do Império.

A fabricação de couraças, um processo metalúrgico extremamente complexo, concentrou ainda mais a manufatura de armas.

As melhores eram produzidas nas oficinas reais, das quais a de Greenwich era o centro na Inglaterra. Porém o apogeu da fabricação dessas armaduras coincidiu com o aparecimento da pólvora, que as tornou obsoletas e, ao mesmo tempo, criou um surto de demanda por pólvora, balas, canhões e armas de fogo portáteis. As balas de canhão de metal foram inicialmente consideradas tão caras que os pedreiros entraram na manufatura de substitutos de pedra. A produção de pólvora era constrangida pela escassez intrínseca de nitrato de potássio, salitre, que — até se desenvolver um processo industrial de fabricação, no século XIX — só era encontrado em lugares onde a ação bacteriana sobre urina e fezes o depositara no solo, geralmente em cavernas e estábulos; sua coleta e uso foram colocados amplamente sob controle estatal.[24] As armas de fogo, embora progressivamente submetidas ao monopólio de fabricação estatal (como, por exemplo, na Inglaterra, na torre de Londres), eram feitas em quantidade também por armeiros privados, localizados especialmente nos pequenos Estados germânicos. A fundição de canhões, porém, foi desde o início considerada pelos reis uma prerrogativa necessária de seu poder e, com a chegada da revolução da artilharia, no final do século XV, tem início realmente a história dos arsenais estatais.

A fundição de canhões foi uma arte desenvolvida inicialmente pelos fabricantes de sinos, os únicos artesãos que sabiam moldar metal em fôrmas grandes (técnica desenvolvida no século VIII) e que trabalhavam com bronze, o único material então considerado adequado para suportar o choque da pólvora. No século XVI, no entanto, começaram as experiências com ferro fundido. Inicialmente, os produtos foram considerados apropriados apenas para uso no mar, pois tinham de ser mais espessos e pesados que o equivalente em bronze para absorver a energia de uma determinada quantidade de pólvora. Por fim, a maioria dos canhões de sítio, bem como os dos navios, foi feita de ferro fundido. Entrementes, as experiências com a fundição produziram grandes melhoramentos na artilharia de campo de bronze. Jean Maritz, um suíço que passou a trabalhar para o Estado francês em 1734, percebeu que era possível fazer canos de armas melhores se fossem fundidos maciços, em vez de furados, como se fazia com sinos, e perfurados depois. A perfuração produzia uma adequação melhor entre bala e tubo, reduzindo a carga de pólvora necessária para atingir uma determinada distância, além de reduzir o peso e aumentar a mobilidade da arma. Ainda não existia uma broqueadeira com a potência necessária — obtida hidraulicamente —, mas o filho de Maritz aperfeiçoou uma máquina desse tipo, sendo, em conseqüência, nomeado mestre do arsenal real de Ruelle e, depois, de todas as fundições nacionais de canhões da França.[25]

A máquina francesa foi copiada e introduzida na Inglaterra em 1774, mas a produção de artilharia da França, centrada nos arsenais estatais, continuou a ser superior à de todos os outros países europeus até o final da Idade da Pólvora, conseqüência, em larga medida, do programa de padronização e racionalização empreendido pelo grande especialista em artilharia Jean Gribeauval em 1763-67; seus canhões ainda estavam em serviço no exército francês em 1829.[26] A essa altura, porém, o sistema de arsenais do Estado já estava sob a ameaça das forças comerciais liberadas pela Revolução Industrial, diante das quais acabaria sucumbindo. A engenharia em larga escala do ferro, aquecido até tornar-se maleável em fornalhas alimentadas pela abundante oferta de carvão mineral que as máquinas a vapor estavam tirando das minas, revelou-se um investimento tão lucrativo que os manufatores de ferro podiam, na metade do século XIX, conseguir financiamento para qualquer empreendimento de cuja rentabilidade pudessem persuadir os banqueiros. Trilhos, locomotivas, navios de ferro e maquinaria industrial foram os produtos inicialmente favorecidos. À medida que os exércitos (e marinhas) cresciam, armas pequenas e grandes, para navios, para o parque de artilharia e para o soldado individual começaram a prometer um lucro sedutor. William Armstrong, um fabricante inglês de equipamento hidráulico, ao ler como a artilharia na guerra da Criméia fora eficaz, decidiu que chegara "o momento em que a engenharia militar deveria alcançar o nível da prática de engenharia atual". Logo estava fabricando grandes canhões estriados para o exército e outros, ainda maiores, para a marinha. Entre 1857 e 1861, fabricou não menos de 1600 canhões estriados de retrocarga em suas oficinas de Elswick. Um competidor inglês, Whitworth, entrou rapidamente no mercado — ambos gozavam de subsídios governamentais para realizar experiências —, mas os dois enfrentaram a competição de ultramar.[27]

Alfred Krupp, um fabricante de aço de Essen, na Alemanha, começou a experimentar o uso do aço na manufatura de armas antes de 1850. Na Grande Feira de 1851, exibiu artilharia de retrocarga de aço. Era um material intratável: sua química ainda não era bem conhecida e muitos dos modelos experimentais de Krupp mostraram-se frágeis e explodiram nos testes. Finalmente, a tecnologia do aço foi dominada e, em 1863, seu negócio de fabricar armas saiu do vermelho ao receber uma grande encomenda da Rússia. No final do século, os canhões de aço de Krupp, em calibres de 77 mm a 155 mm (o de 420 mm foi alcançado em 1914), já equipavam muitos exércitos, embora não os da Inglaterra, França, Áustria e Rússia (as duas últimas tinham suas próprias fábricas). Os canhões navais de Krupp, de onze polegadas de calibre, eram superiores aos seus equivalentes britânicos de 13,5 polegadas.

Ao mesmo tempo, a manufatura de armas pequenas também fora revolucionada pela empresa privada, centrada em larga medida nos Estados Unidos. Os inventores e fabricantes americanos, localizados principalmente no vale do rio Connecticut, foram os primeiros a adotar o conceito de "partes intercambiáveis". Fresadoras automáticas e semi-automáticas, hidráulicas e depois a vapor produziam esses componentes segundo um tamanho prescrito com alta velocidade e grande precisão, eliminando o dispendioso trabalho manual de adequar as peças umas às outras. Os rifles feitos por esse processo — que superaram rapidamente os mosquetes de cano liso na década de 1850 — podiam ser montados por trabalhadores semi-especializados a partir de cestas de componentes, com a certeza do fornecedor de que o comprador acharia todos de igual qualidade. O processo foi em seguida aplicado à manufatura dos cartuchos de metal que os novos rifles aceitavam, e o Arsenal Britânico de Woolwich, onde as máquinas de processo repetitivo foram instaladas na década de 1850, logo estava capacitado a produzir 250 mil por dia.

Com efeito, foi o perigo percebido de superprodução, e a conseqüente inundação do mercado interno, que levou os fabricantes de armas a persistir na busca de novos formatos que tornariam obsoletos os existentes e a buscar novos mercados no exterior. Aqui novamente os americanos foram os inovadores. Em 1870, os franceses tinham exibido um modelo de arma que os armeiros tentavam havia muito tempo aperfeiçoar: a metralhadora. Na forma de *mitrailleuse*, era uma arma grosseira e apenas semi-automática. Vários inventores — o sueco Nordenfeldt, o americano Gardner — disputaram para fabricar um modelo comercial superior. A corrida foi vencida pelo americano Hiram Maxim, que em 1884 criou uma companhia para fabricar uma arma que era uma verdadeira máquina, atirando seiscentas balas por minuto mediante um mecanismo acionado por energia capturada de cada detonação sucessiva. O operador da arma de Maxim podia ser considerado um trabalhador industrial fardado, uma vez que sua função se limitava a puxar a alavanca de partida, o gatilho, e mover o aparelho ao longo de uma série de arcos mecanicamente controlados.[28]

Os exércitos de todas as potências que entraram em guerra em 1914 estavam equipados com metralhadoras e seu equivalente menos letal, o rifle de repetição de retrocarga e pequeno calibre. Com um alcance de mil metros e precisão de tiro de quinhentos metros, essas armas logo estabeleceram um domínio da defesa no campo de batalha que aumentou muito as perdas nos ataques de infantaria, tornando-os muitas vezes suicidas. A partir do momento em que se cavaram linhas de trincheira onde a infantaria podia se abrigar dessa chuva de aço, os generais passaram a procurar meios de amortecer seus efeitos. A multiplicação das peças de artilharia foi a primeira solução tentada; seu resultado foi apenas o desgaste mútuo pelas artilharias em competição, devastação do campo de batalha e excesso de trabalho das indústrias fa-

A Batalha do Atlântico, 1940-3

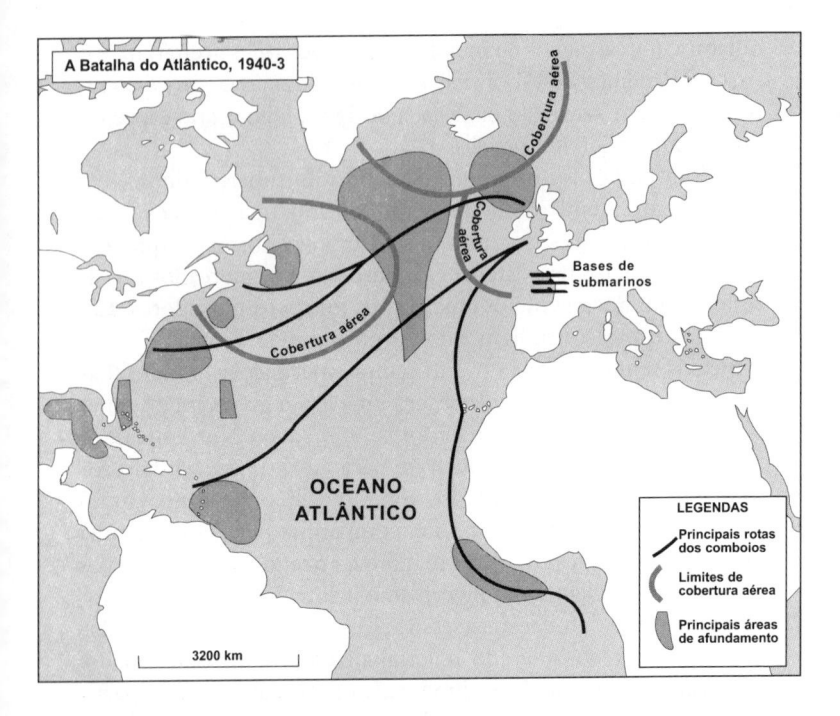

- Principais rotas dos comboios
- Limites de cobertura aérea
- Principais áreas de afundamento

Bases de submarinos

Cobertura aérea

OCEANO ATLÂNTICO

3200 km

bricantes de obuses e dos serviços de suprimento próximos da frente de batalha. A invenção do tanque foi a segunda solução, mas produziram-se máquinas em número reduzido, muito lentas e desajeitadas demais para impor uma alteração decisiva nas condições táticas. Mais para o final da guerra, ambos os lados buscaram no recém-criado instrumento de poderio aéreo os meios de atacar diretamente o moral civil e a capacidade produtiva do adversário, na esperança de desgastar ambos. Porém nem o pesado aeroplano, nem o dirigível tinham alcançado capacidade ofensiva que alterasse o equilíbrio. A Primeira Guerra Mundial resolveu-se finalmente não pela descoberta ou aplicação de uma nova técnica militar, mas pelo incansável desgaste dos efetivos pela produção industrial. O fato de a Alemanha ter sido a derrotada nessa *Materialschlacht* foi quase fortuito; poderia ter sido qualquer de seus inimigos, entre os quais a Rússia, que de fato pagou a penalidade em 1917. Os meios, que os estados-maiores tinham convencido os governos de que garantiriam a paz e, se houvesse guerra, trariam a vitória — recrutamento cada vez mais amplo de soldados, compras cada vez mais caras de armas —, tinham se anulado uns aos outros. Suprimento e logística tinham prejudicado todos os combatentes quase na mesma medida.

Todavia, suprimento e logística dariam uma vitória bem clara na Segunda Guerra Mundial, e a um custo quase marginal, exceto em dor humana, ao principal vencedor. Os Estados Unidos, que tinham entrado tardiamente na Primeira Guerra, numa época em que estavam destituídos em larga medida de indústria bélica, uma vez que tinham feito sua riqueza nos anos posteriores a 1865 pela industrialização para seu desenvolvimento interno e pacífico, entraram mais cedo na Segunda Guerra, em 1941, e isso depois de dois anos de rearmamento, empreendido para fornecer à Inglaterra e depois à Rússia os meios de lutar contra a Alemanha nazista. O rearmamento tinha dado novo alento à indústria, fortemente atingida pela Grande Depressão, mas deixara-a ainda com muita capacidade excedente. Entre 1941 e 1945, sua economia sofreu a maior, mais rápida e sustentada expansão jamais conhecida; o produto nacional bruto aumentou 50%, ao mesmo tempo que a produção para a guerra, que aumentou de 2% para 40% sua produção entre 1939 e 1943, era financiada em larga medida pela receita, e não por empréstimos. A produtividade da mão-de-obra melhorou em 25% e a utilização das fábricas aumentou de quarenta para noventa horas por semana. Em conseqüência, a produção dos estaleiros cresceu dez vezes, a de borracha dobrou, a de aço quase dobrou e a de aviões aumentou onze vezes: dos 750 mil aviões produzidos pelos principais combatentes durante a guerra, 300 mil foram construídos nos Estados Unidos, dos quais 90 mil apenas em 1944.[29]

A indústria americana sobrepujou suas inimigas alemãs e japonesas, embora somente devido aos estaleiros americanos fornecerem o transporte. Mais de 51 milhões de toneladas de marinha mercante foram construídas nos estaleiros norte-americanos entre 1941 e 1945, representando cerca de 10 mil cargueiros Liberty e Victory e petroleiros T-2, produzidos por um processo revolucionário de pré-fabricação que, para propósito de demonstração, podia fazer um navio em quatro dias e quinze horas. Em média, os Estados Unidos, no auge de seu programa de construção do Liberty, lançaram ao mar três navios por dia.[30] A Alemanha não conseguia produzir submarinos na mesma velocidade em que os perdia, mesmo antes de eles serem derrotados pela introdução de aviões de longo alcance e de porta-aviões de escolta, de construção americana, na batalha do Atlântico.

Foram suprimento e logística, portanto, que asseguraram a vitória na maior e mais terrível das guerras. Ficou determinado assim que, em qualquer conflito futuro entre forças convencionais conduzido como uma luta pela sobrevivência nacional, a capacidade industrial, mais que qualquer outro fator, seria decisiva. Que um conflito desse tipo não tenha se seguido ao resultado de 1945 é conseqüência de um esforço paralelo feito pelos Estados Unidos durante os anos de sua realização industrial sem precedentes para produzir uma alternativa ao modo de guerrear na frente de batalha, a bomba atômica. Essa arma foi a culminação de um processo de desenvolvimento tecnológico iniciado quinhentos anos antes que buscou transferir a demanda da energia necessária para fins militares dos músculos do homem e do animal para uma força acumulada. A busca começara com a descoberta da pólvora.

5. FOGO

O fogo é uma arma muito antiga. Na forma de "fogo grego", foi usado pela primeira vez pelos bizantinos no século VII. Eles guardavam o segredo de sua composição com tanto cuidado que até hoje os estudiosos discutem sobre a natureza exata de seus ingredientes. Tudo o que se sabe com certeza é que era descarregado em forma líquida, por uma espécie de seringa, principalmente como um agente incendiário contra estruturas de madeira em assédios e batalhas navais. Não era "fogo" no sentido moderno de um propulsor ou explosivo. Não era, apesar de todo o medo que provocava e do mistério que o envolvia, uma inovação muito eficaz. Não revolucionou a atividade guerreira, tal como a pólvora o faria.

Contudo, a pólvora está relacionada com ele, pois acredita-se hoje que a base do "fogo grego" era o que os babilônios chamavam de "nafta" ou "a coisa que se inflama", um vazamento de depósitos superficiais de petróleo.[1] Eles não acharam uso prático para isso. Na China, porém, por volta do século XI, descobriu-se que a mistura de substâncias dos vazamentos de nafta com salitre fornecia um composto que tinha propriedades explosivas, além de incendiárias. Os chineses já tinham descoberto anteriormente que fogos de iluminação, particularmente de carvão vegetal, acesos sobre solos contendo uma alta concentração de enxofre, também produziam efeitos explosivos. Quando o enxofre purificado foi combinado com carvão vegetal em pó e salitre cristalino — isso foi feito pela primeira vez com objetivo semimágico em templos taoístas por volta de 950 —, o resultado foi o que chamamos hoje de pólvora.[2] Discute-se muito se os chineses a utilizaram na guerra. Não há provas de que tenham feito canhões (ao contrário de fogos de artifício) antes do final do século XIII.³ Pouco depois disso, a pólvora ficou certamente conhecida na Europa, onde seus segredos podem ter sido desvelados por alquimistas em sua eterna e infrutífera busca de transformar escória em ouro, e onde sua utilidade militar foi reconhecida assim que suas propriedades explosivas foram descobertas. Impossível saber como se descobriu que, quando a pólvora era confinada junto com um projétil dentro de um tubo, a força liberada pela detonação dela conferia alcance e direção a ele. Mas pode-se datar essa descoberta com bastante precisão do começo do século XIV, pois um desenho de 1326 mostra um recipiente em forma de vaso — talvez fundido por um sineiro acostumado a trabalhar com esse tipo de forma — com uma grande flecha projetando-se de seu gargalo; um artilheiro está aplicando um círio ao ouvido da arma, que está apontada para o portão de um castelo.

No século XV, a tecnologia do canhão já avançara. As balas substituíram as flechas e a arma assumira uma forma tubular, às vezes conseguida unindo barras de ferro batido, à maneira de um barril, com aros de ferro. Contudo, sua utilização permanecia confinada à guerra de assédio. Embora pareça ter havido canhões em Agincourt (1415), eles faziam pouco mais que barulho e fumaça no campo de batalha: seria muito azarado o cavaleiro ou arqueiro que ficasse no caminho de um tiro a esmo. Quarenta anos depois, no entanto, quando expulsaram finalmente os ingleses da Normandia e da Aquitânia, na campanha de 1450-53, os franceses abriram as muralhas das fortalezas inimigas com canhões. Exatamente na mesma época, os turcos bombardeavam as muralhas de Teodósio em Constantinopla com artilharia colossal (os turcos gostavam de canhões tão grandes que às vezes era preciso fundi-los *in situ* antes de iniciar o assédio). Em 1477, Luís XI da França (1461-83) ampliou ainda mais sua área de controle sobre suas terras ancestrais utilizando canhões contra os castelos dos duques de Borgonha. Como conseqüência, em 1478 a casa real francesa já controlava totalmente seu próprio território pela primeira vez desde a era carolíngia, seis séculos antes, e estava pronta para instituir um governo centralizado — sustentado por um sistema fiscal no qual os canhões realizavam, se necessário, a coleta de impostos de vassalos renitentes — que logo se tornou o mais poderoso da Europa.[4]

PÓLVORA E FORTIFICAÇÕES

Os canhões com os quais os franceses e os turcos romperam as muralhas defensivas de seus inimigos sofriam, no entanto, de defeitos que limitavam seriamente sua utilidade militar: eram grandes, pesados e montados sobre plataformas imóveis. Em conseqüência, só podiam entrar em ação em território que seus donos já controlassem, como os franceses na Normandia e os otomanos nas vias de acesso marítimas e terrestres a Constantinopla. Para que se transformassem em instrumentos de campanha, os canhões teriam de ficar leves o suficiente para serem transportados sobre rodas à mesma velocidade do exército que os acompanhasse, de forma que soldados, cavalos e canhões pudessem avançar como uma unidade integrada dentro do território inimigo, evitando assim o perigo de a artilharia ser capturada enquanto os artilheiros fizessem o possível para acompanhar a força em marcha ou ter de ser abandonada na eventualidade de um recuo.

Em 1494, os franceses conseguiram fazer a inovação apropriada:

> Artesãos e sineiros franceses [...] no [início] da década de 1490 [...] tinham desenvolvido um canhão que era reconhecivelmente a mesma criatura que iria decidir as batalhas e assédios pelos quase quatrocentos anos que estavam por vir. A pesada bombarda "montada", que atirava uma bala de pedra de uma plataforma de madeira que tinha de ser laboriosamente colocada numa carreta sempre que mudava de posição, fora substituída por um tubo delgado de bronze fundido homogêneo, com não mais de dois metros e meio de comprimento, sendo suas proporções cuidadosamente calculadas para absorver o progressivamente reduzido choque do disparo da culatra à

boca. Ele disparava bolas de ferro batido, mais pesadas que as de pedra, mas, por causa disso, de efeito três vezes mais destruidor para um determinado calibre.[5]

O mais importante é que os canhões eram móveis: tendo em vista os canos serem fundidos em uma peça, podiam se incorporar a eles munhões — pequenos flanges que se projetavam logo adiante do ponto de equilíbrio — pelos quais era possível atrelá-los a carretas de madeira de duas rodas. O canhão tornou-se assim tão manobrável quanto uma pequena carroça — mais manobrável ainda quando a conteira era engatada em outro armão, formando uma unidade articulada à qual os cavalos podiam ser atrelados entre os varais. Às vezes a carreta era construída de forma a permitir que a boca do cano pudesse ser abaixada ou levantada mediante a manipulação de cunhas sob a culatra. Para girar o canhão da direita para a esquerda, ou vice-versa, a conteira, que descansa no solo para dar estabilidade, era movida na direção apropriada.

Na primavera de 1494, quarenta dos novos canhões de Carlos VIII foram enviados da França para o porto de La Spezia, no Norte da Itália, de onde, tendo atravessado os Alpes pelo passo de Mont-Genèvre com seu exército, o rei francês partiu para atravessar toda a Itália e fazer valer sua reivindicação ao reino de Nápoles. As cidades-Estados e os domínios do papa que estavam em seu caminho desistiram de resistir assim que tiveram notícias da rapidez com que seus canhões haviam derrubado as muralhas do castelo de Firizzano. Em novembro, entrou em Florença como conquistador. Em fevereiro do ano seguinte, após tomar em oito horas a fortaleza napolitana de San Giovanni, que outrora suportara um assédio por meios militares tradicionais durante sete anos, entrou em Nápoles. A Itália inteira tremeu diante de sua passagem. Seus canhões tinham provocado uma verdadeira revolução na arte de guerrear. Os velhos castelos de muralhas altas, contra os quais as máquinas de assédio e destacamentos de escalada tinham fracassado com tanta freqüência, revelavam-se irremediavelmente vulneráveis diante da nova arma. Guicciardini, um italiano da época, escreveu que os canhões eram "instalados contra as muralhas com tal rapidez, o espaço entre os tiros era tão curto e as balas voavam tão rapidamente e com tanta força que em poucas horas infligiram-se tantas execuções quanto se costumava fazer na Itália em um mesmo número de dias".[6]

O triunfo napolitano de Carlos VIII não perdurou. Seus métodos mambembes provocaram pânico entre os Estados italianos, Veneza, o sacro imperador romano, o papa e a Espanha, que formaram uma liga contra o rei francês. Embora sua artilharia lhe desse a vitória na batalha de Fornovo, principal confronto da decorrente Guerra da Santa Aliança, ele decidiu abandonar a Itália e voltar para a França, onde morreu em 1498. Todavia, sua revolução de artilharia revelou-se duradoura. Os novos canhões obtiveram um efeito que os engenheiros de assédio tinham buscado durante milênios sem êxito. Até então, a força de uma fortaleza derivara principalmente da altura de seus muros. Mas não apenas disso, pois os obstáculos aquáticos também melhoravam muito as condições de defesa, como Alexandre, o Grande, descobriu durante o assédio ao forte situado ao largo de Tiro (332 a.C.), que levou sete meses para concluir. Em geral, porém, quanto mais alta a muralha, mais difícil sua escalada, ao mesmo tempo que a espessura decorrente da altura tornava o ataque por máquinas de assédio menos eficaz. As catapultas jogavam projéteis que apenas resvalavam nesses muros, enquanto as máquinas de torção, embora trabalhando numa trajetória plana, eram intrinsecamente fracas. O único meio certo de derrubar uma muralha era miná-la em sua base, uma tarefa trabalhosa que fossos e valas derrotavam prontamente e que estava também aberta à resposta de contra-sapa.

Os novos canhões, tendo em vista que podiam ser colocados rapidamente em ação perto da muralha e disparados de acordo com um arco previsível de impacto, transferiram o efeito do trabalho de sapa para a artilharia. Balas de ferro, direcionadas contra a base da muralha, em um padrão horizontal de ataque que não variasse de altura, abriam rapidamente um canal na pedra, cujo efeito cumulativo era usar a física do muro contra ele mesmo: quanto mais alto, mais rapidamente ficava instável e mais larga a brecha que deixava quando tombava. Ao cair, enchia automaticamente o fosso com entulho, proporcionando passagem para um grupo de assalto, e provavelmente trazia abaixo consigo uma torre (essa seria a intenção dos artilheiros, privando assim os defensores de uma posição dominante de onde poderiam atirar sobre os atacantes), ou seja, a abertura de uma brecha equivalia à queda da fortaleza. Já era uma convenção da guerra de assédio que a recusa de se render depois de aberta uma brecha eximia os atacantes da obrigação de oferecer mercê ou se abster de saquear. Na era da artilharia, essa convenção tornou-se absoluta.

Os desastres em Nápoles provocaram naturalmente uma reação. Os castelos constituíam uma primeira linha de defesa para muitos, principalmente para Estados da Europa renascentista, com sua construção e manutenção absorvendo uma grande parte das receitas estatais; os engenheiros de fortificação meteram-se em brios diante da facilidade com que os canhões de Carlos VIII tinham derrubado muralhas que haviam sobrevivido solidamente durante muitos séculos. Nas guerras entre França, Espanha, o Sacro Império Romano e as alianças cambiantes das cidades-Estados que conturbaram a Itália na primeira metade do século XVI, improvisaram-se notáveis obras para reforçar velhas fortificações. Em Pisa, em 1500, por exemplo, os engenheiros da cidade inventaram uma barreira e vala de barro atrás das muralhas da cidade que ficou intacta depois que os canhões dos franceses e seus aliados florentinos abriram uma brecha. Esse "baluarte duplo pisano" foi muito copiado, ao mesmo tempo que se disseminava a construção de linhas externas de muros e torres de barro e madeira, aos quais as balas de canhão provocavam poucos danos, pelo menos nos estágios iniciais do assédio.[7] Os comandantes de cidades e fortalezas também reconheceram rapidamente que as brechas, uma vez abertas, podiam ser defendidas com sucesso por infantaria equipada com armas de fogo, das quais estavam justamente entrando em uso modelos eficazes, como demonstraram os assédios de Cremona, em 1523, e Marselha, em 1524.

A improvisação, no entanto, não podia adaptar velhas muralhas para suportar tiros de canhões para sempre. Era preciso um sistema alternativo de fortificação. O espantoso é que isso foi descoberto com tanta rapidez que a era do domínio absoluto da artilharia foi bem curta, durando pouco mais de meio século. Comparados com o ritmo de outras adaptações às inovações militares — por exemplo, à *Blitzkrieg* blindada do início da Segunda Guerra Mundial, que os inimigos de Hitler contiveram mediante uma reorganização radical de seus exércitos e pela fabricação em massa de armas antitanque até 1943 —, cinqüenta anos podem parecer um período longo. Mas pensar assim é deixar de ver as dificuldades intelectuais e custos envolvidos. Primeiro foi preciso criar um conceito de antiartilharia; depois, achar os fundos para transformar esse conceito numa realidade arquitetônica — um enorme empreendimento de capital, pois o que estava em questão era nada menos que a substituição de um sistema continental de fortificação construído ao longo de muitos séculos (algumas cidades protegidas por muralhas eram de origem romana, embora reconstruídas e restauradas na Idade Média), cujos custos originais já tinham sido amortizados havia muito tempo.

Mentes perspicazes chegaram ao germe do conceito quase ao mesmo tempo que o canhão móvel surgiu. Uma vez que o efeito dos canhões era pior em muralhas altas, os novos muros para resistir a eles deveriam ser baixos. Porém, uma fortaleza assim construída estaria aberta à escalada de um grupo de assalto de surpresa. O novo sistema de fortificação teria de incorporar características que resistissem ao bombardeio e, ao mesmo tempo, mantivessem a infantaria do inimigo à distância. A solução para esse problema de diminuir a altura e aumentar a espessura foi o bastião angulado, que se projetava dos muros, dominava o fosso, servia de plataforma de disparo para canhões e outras armas de fogo e era suficientemente forte para não ser destruído por uma concentração de fogo do inimigo. O desenho mais adequado era o de quatro faces: duas formando uma cunha que apontava para o campo em volta, de forma a apresentar uma superfície oblíqua ao fogo inimigo, e onde a artilharia podia ser montada, e duas que uniam as cunhas à muralha em ângulos retos, de cujo parapeito os defensores podiam esquadrinhar com suas armas o fosso e os trechos de muro entre os bastiões. Esses baluartes deviam ser de pedra (embora o tijolo fosse um substituto aceitável), reforçada e vedada com terra socada, compondo uma estrutura de grande solidez, de forma a proporcionar uma plataforma firme para canhões e uma face externa sobre a qual o impacto dos tiros causasse o menor efeito possível.[8]

Os engenheiros de fortalezas vinham experimentando bastiões e engrossando e inclinando muralhas havia algum tempo, antes que a expedição de Carlos VIII na Itália em 1494 demonstrasse que o castelo estava superado. Essas experiências eram dispersas e fragmentadas, mas quem as fazia estava suficientemente sintonizado com a demanda por inovação para responder com rapidez e energia. Giuliano da Sangallo, que fundou com seu irmão Antonio o primeiro e mais importante grupo de "famílias" italianas de fortificação, fizera o projeto para uma defesa com bastiões da cidade de Poggio Imperiale em 1487, e no próprio ano de 1494 Antonio começara a reconstruir o forte de Civita Castellana com um sistema de bastiões para o papa Alexandre VI.[9] Convencidos de que esses sistemas ofereciam a resposta ao ataque de artilharia, logo estavam construindo novas obras para qualquer governo italiano que tivesse o dinheiro necessário; Nettuno ganhou bastiões entre 1501 e 1503 e, em 1515, Antonio empreendeu a construção de uma fortaleza-modelo para o cardeal Alessandro Farnese, em Caprarole. O sucesso comercial dos Sangallo atraiu competidores para o campo, primeiro a família San Micheli, depois os Savorgnano, Peruzzi, Genga e Antonelli.

O dinheiro a ser ganho provocou inveja e trouxe todo tipo de profissional para o mercado, inclusive Leonardo da Vinci,[10] que foi inspetor de fortalezas de César Borgia, e Michelangelo, que no curso de uma discussão com Antonio da Sangallo, em 1545, declarou: "Não sei muito sobre pintura e escultura, mas ganhei muita experiência em fortificações e já provei que sei mais sobre elas que toda a tribo dos Sangallo".[11] Michelangelo equipou sua Florença natal com novas defesas entre 1527 e 1529, mas, felizmente para a arte, encontrou a partir de então poucas encomendas para suas habilidades de fortificação.

Os Sangallo e outras famílias estavam em atividade quase contínua, não só na Itália, mas também, à medida que sua fama se espalhava e os governantes adquiriam mais canhões móveis, na França, Espanha, Portugal, Egeu, Malta (onde a ordem dos hospitalários se estabelecera depois de sua expulsão da Terra Santa), e em lugares tão longínquos quanto Rússia, África ocidental e Caribe. Ao lado dos artilheiros cujas armas os desafiavam, eles foram os primeiros mercenários técnicos internacionais desde os construtores de bigas, que haviam vendido seus serviços para as aristocracias em guerra do Oriente Médio no primeiro milênio antes de Cristo. Um historiador italiano descreveu seu modo de vida:

> Devemos colocar-nos na posição desses homens. Tinham pouco dinheiro, mas estavam conscientes de seus talentos e se consideravam seres superiores que circulavam entre gente menos civilizada que os italianos. Perturbavam-se com o exemplo dos poucos homens entre eles que chegavam aos escalões mais altos e estavam propensos a partir e servir ao príncipe mais distante que os atraísse com promessas tentadoras. E mesmo assim não acabaram em melhor situação — seus credores eram muitos, suas bolsas vazias e as despesas das longas viagens tornavam difícil a volta para sua terra natal. Tinham de suportar o desprezo que os soldados reservavam para aqueles dentre seus camaradas que tentavam combinar a teoria da guerra com as armas de guerra.[12]

Se os soldados, muitos deles também mercenários, menosprezavam os engenheiros, isso se devia a motivos de orgulho guerreiro, e não porque as novas fortificações não cumprissem os objetivos para os quais tinham sido erguidas, com tanto trabalho e dinheiro. A realidade era bem oposta: a fortaleza com bastião restaurou a vantagem da defesa sobre o ataque tão rapidamente quanto os canhões a tinham invertido, no final do século XV. No final do século XVI, as fronteiras de todo Estado que aspirasse preservar sua soberania já estavam protegidas nos pontos mais vulneráveis — passos de montanhas, cruzamentos de rios, estuários navegáveis — por defesas modernas. O padrão interno de fortificação também foi alterado: havia poucos fortes proeminentes no interior, pois os reis usaram o monopólio da dispendiosa artilharia para atacar os últimos nobres dissidentes e evitar que reconstruíssem seus castelos com bastiões. Nas fronteiras, porém, a fortificação estava se tornando mais densa que nunca e muito mais eficaz como meio de impor uma barreira militar e definir os limites da jurisdição de um governo. Com efeito, as fronteiras modernas da Europa são, em larga medida, o resultado da construção de fortes, pelos quais as fronteiras lingüísticas existentes e as novas, determinadas pela Reforma religiosa, foram demarcadas com clareza.

Em nenhum lugar isso ficou mais evidente que nos Países Baixos, onde "acima dos rios" Reno, Meuse e Scheldt, que desembocam juntos no mar do Norte, os súditos holandeses protestantes dos reis espanhóis católicos (Habsburgo depois de 1519, que uniam em suas pessoas também as terras imperiais da Áustria, Alemanha e Itália) rebelaram-se em 1566. A guerra, que durou oitenta anos, fundiu-se com a Guerra dos Trinta Anos na Alemanha (1618-48) e gerou conflitos subsidiários como a campanha da Armada Espanhola contra a Inglaterra, em 1588. Os holandeses conseguiram sustentar a resistência por tanto tempo por dois motivos: graças ao acesso ao mar e ao controle das rotas fluviais que subiam para a Europa central, já estavam se tornando uma nação mercantil que logo se igualaria em riqueza a Veneza; e essa riqueza permitiu-lhes construir as fortalezas que asseguraram sua independência. O secretário do governador espanhol, Requesens, informava em 1573 que "a quantidade de cidades e distritos rebeldes é tão grande que abarcam quase toda a Holanda e Zelândia, que são ilhas que só podem ser subjugadas com grande dificuldade ou por forças navais. Na verdade, se várias cidades decidirem resistir, jamais seremos capazes de tomá-las.[13] Essas cidades realmente assim o decidiram e suas populações ergueram fortificações com bastiões de barro onde não havia pedra ou tijolo. Até mesmo uns poucos lugares assim fortificados foram suficientes para deter os espanhóis: as cidades de Alkmaar e Haarlem estavam tão fortemente defendidas que consumiram o esforço militar de toda a contra-ofensiva espanhola em 1573.

A guerra de assédio era demorada e trabalhosa porque os meios de trazer fogo suficiente para acossar uma fortaleza com bastião exigiam um enorme esforço de escavação. A fortaleza com bastião era uma construção "científica", o que significava que seu projeto era feito com base em cálculos matemáticos para minimizar da melhor maneira a área da muralha que o tiro podia atingir e maximizar a área de campo aberto fora dela que o fogo dos defensores podia atingir. Portanto, o ataque tinha de ser "científico" também. Os engenheiros de assédio logo estabeleceram os princípios. Era preciso cavar uma trincheira paralela a um dos lados do traçado do bastião, onde se pudesse colocar canhões para iniciar o bombardeio. Sob a proteção desse fogo, trincheiras "de aproximação" eram então cavadas adiante, até que uma nova "paralela" mais próxima pudesse ser cavada, para onde eram levados os canhões, a fim de continuar o bombardeio a distância mais curta. Descobriu-se finalmente — Vauban, engenheiro-chefe de assédio de Luís XIV, aperfeiçoou a técnica no século XVII — que três paralelas era o número necessário a ser cavado; da última, era possível montar uma carga suficiente de fogo para romper o bastião, encher o fosso com os detritos e dar assim à infantaria reunida na última paralela a chance de penetrar na brecha.

O assalto de infantaria a um bastião, por mais que este tivesse sido danificado, era sempre um negócio desesperado. Uma prática defensiva universal mandava ter à mão materiais — cestas cilíndricas para encher de terra, chamadas de gabiões, postes, trilhos e barricadas de madeira — com os quais fosse possível improvisar uma defesa interna atrás de uma brecha, ao mesmo tempo que mosqueteiros e canhoneiros de um bastião vizinho podiam sempre atirar sobre grupos de assalto que atravessassem o fosso ou mesmo chegassem à esplanada inclinada do lado de fora.

Porém os horrores do assalto não constituíam a principal objeção à guerra de assédio do soldado de infantaria do século XVI. Ele opunha-se ao trabalho de cavar, particularmente na Holanda, onde o lençol freático podia ser atingido a menos de um metro abaixo da superfície. Parma, um dos principais comandantes espanhóis, recorreu ao pagamento extra aos cavadores — prática que se tornaria quase universal nos séculos seguintes —, mas ainda assim "tinha de batalhar com o orgulho deturpado dos castelhanos, que consideravam esmolar nas ruas mais digno que trabalhar por uma recompensa".[14]

Ainda assim, os espanhóis fizeram progressos durante os primeiros vinte anos da revolta holandesa, subjugando as cidades rebeldes entre o Scheldt e o Meuse, no que mais tarde se tornaria a Bélgica católica. Na região ainda mais alagada ao norte do Reno e a oeste do Ijssel, que continha as grandes cidades de Roterdã, Amsterdã e Utrecht, a Espanha não pôde avançar. Em 1590, o comandante geral dos exércitos holandeses, conde Maurício de Nassau, que com seus primos Guilherme Luís e João iria reintroduzir a partir de modelos literários clássicos a disciplina e o treinamento das legiões romanas, já tinha reunido forças suficientes para partir para a ofensiva. Entre 1590 e 1601, ele empurrou a fronteira holandesa para o Sul do Reno, assegurando para a Holanda lugares como Breda e criando as condições para que Eindhoven tivesse o mesmo destino. Ao mesmo tempo, submetia as guarnições espanholas no Norte dos Países Baixos, abrindo assim caminho para que o futuro reino da Holanda tivesse uma fronteira sólida confinando com as terras de língua alemã. Em 1601, os espanhóis surpreenderam Maurício quando ele se aventurou para além da "Fortaleza Holanda" na direção de Ostend, um posto avançado holandês que acabaram tomando ao final de um sítio de três anos. Porém, foi tão grande o desgaste financeiro na campanha seguinte que, em 1608, estavam dispostos a estabelecer uma trégua. A trégua não durou os doze anos especificados. Em 1618, uma guerra mais ampla irrompeu no Norte da Europa, a Guerra dos Trinta Anos, na qual a pólvora colocou os participantes em um teste muito mais extenuante que as batalhas estáticas por fortalezas entre espanhóis e holandeses.

AS BATALHAS COM PÓLVORA NA ÉPOCA EXPERIMENTAL

Os soldados do século XIV achavam a energia misteriosa liberada pela pólvora explosiva demais para ser tratada de outra forma que não com respeito distante. Usá-la, mesmo em um canhão primitivo, detonada por uma longa vela aplicada ao ouvido da arma, devia exigir uma extraordinária coragem de um indivíduo destemido, mais ainda se lembrarmos que os primeiros canhões explodiam com freqüência. Utilizar a pólvora como força propulsora numa arma levada nas mãos exigia, portanto, a passagem de um alto limiar de desconfiança, ansiedade e puro medo. Porém, na metade do século XV, alguns soldados europeus já estavam começando a experimentar armas de fogo e, por volta de 1550, elas já eram de uso comum.

O intermediário no processo psicológico que permitiu aos soldados passar de uma relação distante para uma de intimidade com a arma de fogo foi a besta, arma composta essencialmente por um arco apoiado numa haste e cuja corda se retesava por meio de uma mola, armazenando energia suficiente para disparar virotes pesados com grande precisão e longo alcance quando se acionava seu gatilho. Encontrada em túmulos chineses do século IV a.C., a besta só apareceu na Europa no final do século XIII e talvez tenha sido concebida localmente. Durante o século XIV, tornou-se de uso comum nos campos de batalha como uma potente arma de guerra, principalmente pelo poder dos virotes de penetrar em armaduras a curta e média distância.

O mecanismo e a forma da besta deixavam-se adaptar facilmente ao uso da pólvora. A haste dela, que era mantida contra o ombro e tinha de ser suficientemente forte para suportar o choque súbito da liberação da mola, proporcionava um padrão para uma forma de madeira similar na qual um cano de canhão mais leve podia ser colocado. O coice da besta, quando se apertava o gatilho, teria acostumado seu usuário ao tipo de golpe contra o ombro que a arma dava no momento da detonação. Os primeiros a usar armas de fogo podem muito bem ter sido besteiros.

No entanto, os comandantes nunca souberam muito bem como aproveitar os besteiros no campo de batalha, ao contrário dos assédios, e encontraram a mesma dificuldade com os usuários de armas de fogo. Durante os séculos XIV e XV, os ingleses utilizaram com grande eficácia os arqueiros, mas o arco longo era uma arma exigente que poucos homens tinham paciência para dominar — em geral, eram de áreas remotas e rústicas; tal como acontecia com o arco composto, quem tirava o melhor dele era a gente com tempo para usar. O pique, espécie de lança de carga, era uma arma mais simples e nas mãos de comunidades camponesas robustas e irascíveis de áreas onde a classe dos cavaleiros era pequena, como a Suíça, podia ser usada para opor uma barreira densa a um ataque de cavalaria, desde que os piqueiros mantivessem o sangue-frio diante de uma carga. Os suíços adquiriram uma reputação de piqueiros destemidos e graças a isso ganharam no século XV um alto grau de independência de seus suseranos Habsburgo e uma fama de tenacidade que lhes garantiu a sobrevivência como os principais mercenários da Europa nos trezentos anos seguintes. Na "batalha louca" de St. Jacob-en-Birs (1444), por exemplo, um destacamento de 1500 piqueiros suíços abriu caminho no centro de um exército francês de 30 mil homens e lutou até que todos caíssem mortos. Em suas batalhas contra os borgonheses, lutando em termos mais iguais — Granson e Morat (1476), Nancy (1477) —, utilizaram a mesma tática impetuosa, semelhante à falange, e obtiveram uma série de vitórias que destruíram o poderio borgonhês para sempre.

No início do século XVI, portanto, estava claro que dispor de uma combinação de piqueiros com algumas armas de atirar — besta, arco, arma de fogo — oferecia um meio potente para combater a cavalaria em campo aberto. Uma combinação melhor ainda era a de cavalaria, arqueiros, soldados com armas de fogo portáteis e infantaria; foi com uma força assim constituída que Carlos, o Temerário, duque de Borgonha, enfrentou os suíços nas batalhas de 1474-77. Sua derrota não se deveu à falta de algum componente essencial em suas forças, mas à falta de fundos para pagar um exército suficientemente forte que se equiparasse aos suíços em quantidade.[15] Todavia, a proporção entre seus diferentes contingentes — em 1471, tinha 1250 cavaleiros encouraçados, 1250 piqueiros, 1250 atiradores e 5 mil arqueiros — continuava a ser experimental. Talvez fosse errada, mas ninguém até hoje sabe o que era certo. Maquiavel achava que um exército devia ter vinte soldados a pé para cada cavaleiro, mas não especificou como a infantaria deveria ser armada. Uma grande parte do esforço do século XVI foi devotada a estabelecer a combinação correta.

Os atiradores eram obviamente essenciais. Veneza, que vivia do comércio e da força militar necessária para protegê-lo, decidiu em 1490 substituir todas as bestas por armas de pólvora e, em 1508, equipar todas as recém-formadas milícias estatais com armas de fogo.[16] Até por volta de 1550, no entanto, quando surgiu o protótipo do mosquete cujo tiro penetrava em armaduras, as armas portáteis continuavam a ser relativamente ineficazes. Eram disparadas aplicando um fósforo aceso em um ouvido aberto, ambos propensos ao mau funcionamento em tempo úmido, e atiravam balas comparativamente leves somente a curta distância. Contudo, assustavam muito e, às vezes, feriam infantaria e cavalaria a curta distância, com o resultado de os comandantes da Renascença procurarem algum antídoto para o campo de batalha. O canhão parecia o melhor deles. Essa deve ser a única explicação para a natureza sem precedentes, raramente repetida e bastante bizarra dos confrontos de Ravena (1512) e Marignano (1515). Em ambos os casos, um exército francês e um espanhol travaram uma batalha campal, livremente aceita por ambos os lados, na qual o ponto em torno do qual manobraram era formado por uma grande trincheira construída às pressas para ser um bastião de apoio às armas de fogo do destacamento posicionado.

Em Ravena, os franceses, cujo exército tinha um grande contingente de mercenários alemães, avançaram para confrontar os espanhóis. Os franceses tinham cerca de 54 canhões móveis e os espanhóis cerca de trinta, posicionados numa trincheira. Mediante um bombardeio implacável, os franceses forçaram a cavalaria espanhola a atacar e então dissolveram-na, mas quando os mercenários alemães avançaram foram detidos na trincheira e travou-se uma batalha corpo a corpo desesperada. Por fim, dois canhões franceses foram levados para a retaguarda da posição espanhola e seu fogo fez os espanhóis recuarem em pânico.

Três anos depois, os papéis se inverteram. Em Marignano foram os franceses que se entrincheiraram enquanto o inimigo, uma força suíça a serviço da aliança espanhola, avançou para entrar em contato. Fizeram-no com tanta rapidez — uma característica de seu estilo intrépido de batalhar — que entraram na trincheira antes que a artilharia francesa pudesse fazer sentir seu efeito. Os suíços foram repelidos por um contra-ataque, mas reorganizaram-se e atacaram de novo na manhã seguinte. (Marignano é um exemplo precoce pouco usual de uma batalha durando mais de um dia.) A essa altura, a artilharia francesa estava bem preparada e a batalha na trincheira degenerou num impasse sangrento que acabou somente quando a força de venezianos, aliados dos franceses, aproximou-se da retaguarda e forçou a retirada dos suíços. Rompendo o contato com a mesma rapidez com que tinham atacado, retiraram-se completamente, mas suas perdas tinham sido tão pesadas que pouco tempo depois aceitaram a oferta francesa de uma paz negociada, base da relação em que a Suíça se tornou a principal fornecedora de mercenários para o exército francês nos 250 anos seguintes.[17]

O que tornou Ravena e Marignano tão extraordinárias foi os combatentes escolherem travar batalhas em campo aberto como se fossem sítios improvisados — conseqüência, parece, de os comandantes da época não terem pensado numa maneira melhor de usar a artilharia do que atrás de obras de assédio improvisadas. Tinham reconhecido o poder da artilharia para romper a ofensiva tradicional de cavalaria e infantaria em falange, formação utilizada pelos suíços, mas não puderam aperfeiçoar essa tática para fins ofensivos.

Na verdade, um método alternativo estava à disposição. Em Cerignola (1503), os franceses tinham sido rechaçados de uma posição entrincheirada espanhola pelo fogo de atiradores e, em Bicocca (1522), o resultado se repetiu: 3 mil soldados de infantaria suíços, lutando do lado francês, foram mortos em meia hora de insensata agressão contra trincheiras espanholas fortemente defendidas com armas de fogo. A experiência dissuadiu os suíços, apesar de sua reputação de desprezo pelo perigo no campo de batalha, de voltar a atacar atiradores posicionados atrás de um obstáculo.

Contudo, estava claro que as batalhas não poderiam persistir por muito tempo dentro de um esquema em que um lado se entrincheirava e esperava o ataque. Assim fazendo, o exército entrincheirado prendia-se a um determinado ponto, que o inimigo poderia decidir contornar com o objetivo de saquear o campo ou atacar fortalezas isoladas ao seu bel-prazer. O convite à batalha dessa forma só levaria ao confronto se o outro lado aceitasse o desafio; se ele escolhesse fazer operações móveis, o defensor teria de fazer a mesma coisa. A realização de operações móveis com artilharia e armas de fogo exigia, portanto, uma mudança na atitude cultural dos exércitos renascentistas. Embora tivessem admitido a tecnologia da pólvora em suas práticas tradicionais, não tinham se ajustado a sua lógica. Tal como os mamelucos que caíram de espadas na mão sobre as armas de fogo dos escravos negros do sultão egípcio, ainda estavam presos em um *ethos* que atribuía estatuto de guerreiro apenas aos cavaleiros e à infantaria preparada para manter-se firme e lutar com armas de gume. Lutar à distância com projéteis era indigno dos descendentes dos homens de armas encouraçados que tinham dominado a arte da guerra européia desde a época de Carlos Magno. Eles queriam lutar montados, como seus avós tinham feito, e queriam gente de infantaria para os acompanhar que fosse capaz de enfrentar um ataque de cavalaria à ponta de pique. Se as armas de fogo tinham de entrar no campo de batalha, que ficassem atrás de proteções, onde sempre tinham ficado as armas que disparavam projéteis. O que o cavaleiro não queria ver era o resoluto e forte soldado a pé reduzido ao nível do esperto besteiro mercenário: queria menos ainda desmontar e aprender ele mesmo a arte negra da pólvora.

As raízes culturais da resistência da aristocracia montada à revolução da pólvora penetravam fundo no passado. Como vimos, os gregos da época da falange foram os primeiros guerreiros de quem temos conhecimento detalhado que deixaram de lado a atitude evasiva da guerra primitiva e enfrentaram face a face seus inimigos de mesma mentalidade. Os gregos da época clássica buscavam resolver uma questão da forma mais direta e rápida possível. Os romanos da República aceitaram também a lógica dos métodos gregos, tendo provavelmente aprendido com os colonizadores helênicos do Sul da Itália. Pode-se supor que o hábito de lutar face a face lhes foi também transmitido progressivamente nos confrontos com os gauleses e os povos teutônicos do outro lado do Reno. Os romanos deixaram testemunhos de que os povos setentrionais lutavam dessa forma, pois, embora desprezassem suas táticas grosseiras e individualistas, nunca negaram que fossem corajosos e dispostos a lutar corpo a corpo. "Muitos dos helvécios", observou César sobre um episódio em que seus legionários tinham bombardeado os escudos dos inimigos com lanças, "depois de alguns esforços vãos para se desvencilharem, preferiram largar os escudos e lutar sem proteção para seus corpos." Foi somente quando "os ferimentos e a exaustão da batalha [se tornaram] demais para eles [que] começaram a se retirar".[18] Porém, parece claro que os gauleses lutavam face a face antes mesmo de encontrarem os romanos, se é que as grandes espadas da cultura hallstattiana oferecem alguma indicação, e parece que os germânicos, cuja natureza corajosa e belicosa tanto impressionou Tácito, também se comportavam assim antes de encontrarem os romanos junto ao Reno, no século I. Se lembrarmos que foi somente depois da chegada dos dórios à Grécia que se desenvolveu a guerra de falange e aceitarmos que os dórios vinham provavelmente do outro lado do Danúbio, então talvez possamos localizar ali um ponto comum de origem desse "modo ocidental de guerrear", como Victor Hanson o chama, e uma linha de divisão entre essa tradição de batalha e o estilo indireto, evasivo de combate característico da estepe e do Oriente Médio e Próximo. A leste da estepe e sudeste do mar Negro, os guerreiros continuavam a manter distância dos inimigos; a oeste da estepe e sudoeste do mar Negro, os guerreiros aprenderam a abandonar a precaução e entrar em contato próximo.

O motivo desse abandono final da psicologia e das convenções do primitivismo no Ocidente e de sua persistência em outros lugares desafia a análise. A linha de divisão segue de perto a que prevalece entre zonas climáticas, vegetais e topográficas, mas se afasta da divisão lingüística: gregos, romanos, teutônicos e celtas falavam línguas indo-européias, mas os iranianos, que também pertenciam a essa família lingüística, não os acompanharam na substituição do arco pela lança ou pela espada, preferindo continuar fiéis às armas que atiravam projéteis e à tática do ataque rápido e imediata ruptura de contato. Parece perigoso atribuir qualquer explicação racial ao fenômeno. No século XIX, zulus e japoneses adquiriram as disciplinas do combate de estilo ocidental por seu próprio esforço. Tudo o que se pode dizer é que, se existe algo como o "horizonte militar", há também uma linha divisória do combate "face a face", e que os ocidentais pertencem por tradição a um dos lados dela e a maioria dos outros povos, ao outro.

A força dessa tradição da luta frente a frente provocou a crise guerreira do século XVI. A atitude de Bayard, *chevalier sans peur et sans reproche*, em relação aos besteiros é bem conhecida: mandava executá-los quando feitos prisioneiros, afirmando que a arma deles era covarde e seu comportamento, traiçoeiro. Armado com uma besta, um homem poderia, sem o longo aprendizado de armas necessário para formar um cavaleiro ou o esforço moral exigido de um lanceiro a pé, matar qualquer um deles à distância sem se colocar em perigo. O que era verdade para o besteiro valia mais ainda para o atirador de arma de fogo: a maneira como lutava parecia igualmente covarde, bem como barulhenta e suja, ao mesmo tempo que não exigia nenhum esforço muscular. Perguntava-se o biógrafo do guerreiro do século XVI, Louis de la Tremouille: "De que servem as habilidades guerreiras dos cavaleiros, sua força, sua intrepidez, sua disciplina e seu desejo de honras quando tais armas [de pólvora] podem ser usadas na guerra?".[19]

Contudo, apesar de todos os protestos da classe guerreira tradicional, na metade do século XVI estava claro que as armas de fogo e os canhões tinham vindo para ficar. O arcabuz e o mosquete mais pesado, ambos disparados por um mecanismo que levava um rastilho à caçoleta de escorva através do disparo de um gatilho, eram armas eficientes, sendo a última capaz de penetrar numa armadura a duzentos ou 240 passos. O peito de armas do soldado de infantaria foi perdendo valor como meio de proteção e mais ainda a armadura completa do cavaleiro. No final do século, já não era mais usada e a própria cavalaria estava perdendo seu papel decisivo no campo de batalha. Esse papel sempre fora duvidoso: o efeito de uma carga de cavalaria sempre dependeu mais da fragilidade moral de quem a recebia que do poder objetivo de cavalo e cavaleiro. E, quando o cavaleiro encontrou um adversário que podia colocar em campo a decisão de enfrentar, como os piqueiros suíços, ou uma arma que podia derrubá-lo com certeza, como o mosquete, o direito da classe cavaleira de determinar como os exércitos deveriam se organizar e de manter uma preeminência social equivalente foi colocado em questão. Na França e na Alemanha, as aristocracias resistiram às pressões "para desmontar a fim de fortalecer a tropa pedestre", mas os fatos da vida não estavam do lado delas, nem os tesoureiros estatais, que queriam cada vez mais gastar no que valesse a pena.[20] Na Inglaterra, Itália e Espanha, a classe militar tradicional estava mais disposta a perceber em que direção o vento estava soprando, aceitar a nova tecnologia da pólvora e persuadir-se de que lutar a pé poderia ser também uma ocupação honrosa.

Na Espanha, o "hidalgo" — filho de alguém — aceitou com muito entusiasmo a lógica da tradição da pólvora, talvez porque tenham sido os espanhóis que, nessa época de experiências, viram-se às voltas com a maior das guerras. Nas guerras italianas da primeira metade do século, encontraram-se em um meio onde o canhão dominava sem discussão. A multiplicidade de locais engenhosamente fortificados que os engenheiros de assédio italianos tinham construído para suportar ataques de artilharia significava que os soldados que não dominavam a vil arte da artilharia não podiam se manter em campo. Ao mesmo tempo, no teatro de guerra alagado dos Países Baixos, a cavalaria cedeu lugar à infantaria, única capaz de manobrar nos espaços estreitos entre canais, estuários e cidades muradas. Os jovens nobres espanhóis logo aceitaram comissões como oficiais de infantaria nas guerras holandesas, lutando com soldados de linha alistados na Espanha e grandes contingentes de mercenários contratados na Itália, Borgonha, Alemanha e ilhas britânicas. Criaram assim um precedente que, no século XVIII, faria das vagas nos regimentos de guardas de infantaria ingleses, franceses, russos e prussianos as mais disputadas por jovens bem-nascidos com ambições militares.[21]

A PÓLVORA NO MAR

Enquanto os exércitos se adaptavam com hesitação e relutância à chegada da pólvora, os marinheiros europeus ajustavam-se às suas implicações com um espírito muito mais positivo. O transporte de canhões por terra pode ter confrontado os oficiais intendentes, sempre às voltas com conseguir meios para transportar cargas pesadas através de estradas ruins — quando as havia —, com um novo problema, quase insolúvel; os guerreiros do mar não encontraram esse problema. Ao contrário: navios e canhões foram feitos uns para os outros. O peso do canhão acomodava-se perfeitamente em um veículo feito para carregar peso, enquanto balas e pólvora eram facilmente armazenadas em seus porões. A única complicação que o canhão impunha aos construtores de navios era a absorção do coice da arma nas dimensões restritas da embarcação. Em terra, o canhão recuava sobre suas próprias rodas no momento do disparo; no mar, não havia o espaço necessário para isso. Se deixado livre, poderia danificar os costados do barco, talvez até fazendo um furo na lateral ou derrubando um mastro. Era preciso atrelá-lo à estrutura e seu coice deveria ser desacelerado por um mecanismo de freio, ou então transferido para a linha de menor resistência do navio.

Esta última foi a solução adotada pelos construtores de galeras que primeiro embarcaram canhões no Mediterrâneo. A galera mediterrânea tinha uma longa ascendência, que chegava pelo menos aos barcos a remo dos egípcios e dos "povos do mar" que travaram as primeiras batalhas em mar aberto, no segundo milênio antes de Cristo. Uma vez que a maior parte de seu casco longo e estreito estava ocupada pelos remadores, o canhão só podia ser montado na proa ou na popa. Tendo em vista que os estaleiros, desde o tempo das guerras persas, estavam familiarizados com a prática de reforçar a proa para permitir o ataque com esporão, foi nela que colocaram o canhão. Quando disparado, o coice era parcialmente absorvido pelo próprio navio que, se estivesse em movimento no instante do tiro, diminuía imperceptivelmente sua velocidade; se estivesse parado, era empurrado levemente para trás. Mais tarde descobriu-se que era melhor, para absorver o coice primário, que os canhões maiores fossem montados de forma a deslizar para trás numa plataforma.[22]

Foi com galeras assim armadas que se travaram as batalhas pelo controle do Mediterrâneo oriental entre os turcos otomanos e seus inimigos cristãos na primeira metade do século XVI. Depois de capturar Constantinopla (1453), marcando o fim de Bizâncio, os otomanos tinham concentrado suas formidáveis energias na consolidação do que fora outrora o Império Romano do Oriente. A Sérvia caiu em suas mãos em 1439, a Albânia, em 1486, e o Peloponeso, em 1499. Perturbações internas detiveram então o avanço otomano, mas a ascensão indisputada de Selim I ao sultanato em 1512 levou ao esmagamento da Pérsia safávida em 1514 e à conquista do Egito aos mamelucos no ano seguinte. Assim, em 1515, os limites do território otomano iam do Danúbio ao baixo Nilo e das nascentes do Tigre e do Eufrates às praias do Adriático, abrangendo uma área quase tão grande quanto a que os bizantinos haviam controlado às vésperas da grande ofensiva árabe do século VII. O filho de Selim, Suleimã, o Magnífico, que o sucedeu em 1520, decidiu aumentar ainda mais a área sob controle otomano. Capturou Rodes, então mantida pela ordem dos hospitalários (1522), e, numa ofensiva ampliada nos Bálcãs, tomou Belgrado (1521), destruiu o poderio armado do reino húngaro na batalha de Mohacs (1526) e, em 1529, chegou às muralhas de Viena para desafiar o império dos Habsburgo no primeiro grande cerco otomano àquela cidade.

Ao mesmo tempo, os turcos faziam-se ao mar, avançando para oeste contra a cristandade. Já tinham feito incursões profundas no Adriático para flanquear os Habsburgo e advertir Veneza de que suas possessões insulares no Egeu eram apenas toleradas. A cristandade contra-atacou. Em 1532, Andrea Doria, almirante da grande cidade mercantil de Gênova, fez incursões no Peloponeso; em 1538, quando se formou uma segunda Santa Aliança de Espanha, Veneza e Estados papais para opor-se à ameaça otomana no Mediterrâneo e à da França (que em 1536 fizera uma aliança oportunista com os turcos) na Itália, ele se tornou o chefe da frota combinada. A maré da batalha oscilou violentamente de ponta a ponta do mar interior. Em 1535, o grande almirante turco Khair ed-Din tomou Túnis e, embora expulso por Doria, derrotou-o depois na batalha de Preveza, ao largo da costa ocidental da Grécia (1538). Essa vitória liberou a frota turca para penetrar profundamente no Mediterrâneo ocidental nos anos seguintes, chegando a Nice (que não era francesa na época) em 1543 e à Minorca espanhola (1558). Apesar de alguns contra-ataques bem-sucedidos dos cristãos contra os portos piratas muçulmanos da costa norte-africana — com destaque para Djerba, em 1560 —, a vantagem pendeu para os otomanos que, na Grécia e na Albânia, tinham encontrado um grande suprimento de remadores cristãos dispostos a servir por dinheiro. Veneza e Espanha, mais dependentes de escravos e condenados, tinham dificuldade em manter um equilíbrio dos efetivos. Tudo que se interpunha entre os otomanos e o uso livre do Mediterrâneo para fins ofensivos era a ilha de Malta. Dominando os estreitos que dividem o Mediterrâneo oriental do ocidental, no ponto em que a Sicília e o Norte da África se aproximam, Malta se transformara nas mãos dos hospitalários em uma fortaleza poderosa, mas não dispunha de quantidade de homens equivalente. Assediada em maio de 1565, suportou um ataque combinado por terra e mar até setembro, mas foi salva somente com a intervenção de uma frota espanhola. Por muito pouco se evitara o controle otomano completo do Mediterrâneo. A ameaça foi finalmente debelada em Lepanto, a vitória da Santa Aliança sobre a frota turca ao largo do Peloponeso em 1571, causada antes pela perda de uma grande proporção de seu corpo de arqueiros do que de navios, que foi rapidamente compensada.

A guerra de galeras no Mediterrâneo, como deixou brilhantemente claro o historiador John Guilmartin, não mudou essencialmente durante dois milênios: um empreendimento anfíbio no qual não só as batalhas navais eram uma variante das batalhas terrestres coetâneas, como as próprias campanhas eram normalmente uma extensão das operações na costa. Exércitos e frotas acompanhavam-se em movimentos costeiros tanto quanto possível, buscando contato com o inimigo somente quando o flanco costeiro da frota combinava-se com o do exército, de preferência em um ponto onde uma praça fortificada podia dar apoio de artilharia a ambos. Lepanto foi uma exceção: na medida em que uma batalha travada em águas internas pode ser chamada realmente de batalha naval, Lepanto foi isso. No entanto, foi vencida não por arremetidas com os esporões, nem mesmo pelo peso da artilharia, mas pelo choque de armas a curta distância entre os soldados a bordo de navios de ambos os lados. Os cristãos tinham embarcado arcabuzeiros e mosqueteiros; os otomanos traziam soldados usando a arma tradicional turca, o arco composto. Foi essa derrota — as baixas fatais dos turcos chegaram a 30 mil dos 60 mil homens engajados — que fez de Lepanto o *turning point* da luta no Mediterrâneo. A falta de arqueiros navais bem habilitados, insubstituíveis em uma única geração, uma vez que era preciso uma vida inteira para dominar as técnicas necessárias, "significou o fim da idade de ouro do poderio otomano [...] Lepanto marcou a morte de uma tradição viva que não pôde ser reconstituída".[23]

Fora do Mediterrâneo, a disputa no mar entre navios armados estava assumindo uma forma diferente, na qual a questão era decidida não por um canhão de proa e pelas armas pessoais dos soldados embarcados, mas por uma grande bateria de artilharia que ocupava todo o navio. Os barcos mercantes não tinham sido considerados até então adequados ao uso naval, uma vez que falta de remos, baixa velocidade à vela e porão desajeitado os tornavam inapropriados para combinar-se com galeras numa batalha marítima. Em águas confinadas, eram presa fácil para os esporões ou bombardeio de uma direção para onde o vento não os levaria. Mas em águas oceânicas, as vantagens invertiam-se. As galeras eram inadequadas devido ao seu grande comprimento e às quilhas rasas para as vagas do oceano e, além disso, precisavam reabastecer de provisões suas grandes tripulações, o que significava que não podiam permanecer nos mares mais que uns poucos dias de cada vez, mesmo se o tempo permitisse. O cargueiro a vela das águas setentrionais, construído para suportar mares mais bravios, não tinha essa desvantagem, pois seu casco profundo armazenava rações e barris de água suficientes para suprir uma grande tripulação durante meses a fio. Seu defeito era de ordem diferente: uma vez que os canhões montados na proa só podiam entrar em ação quando o vento estava atrás e não havia garantia de que o inimigo surgiria a favor do vento, qualquer artilharia embarcada teria de ser disparada através de aberturas feitas nos costados, um arranjo que exigia uma tecnologia auxiliar, na forma de um mecanismo de freio para absorver o coice, e o planejamento de uma nova maneira de conduzir o barco em batalha.

Com uma capacidade de adaptação semelhante à dos engenheiros de fortalezas, os construtores de navios resolveram o problema quase imediatamente. O pequeno canhão do século XV fora alojado em "castelos" construídos na proa. No início do século XVI, quando se desenvolveram "canhões grandes", eles foram colocados abaixo do convés, presos a mecanismo com cordas, a fim de evitar que corressem fora de controle quando disparados, e posicionados para atirar "transversalmente". Considera-se que o primeiro navio assim construído foi o inglês *Mary Rose*, em 1513; em 1545, um barco inglês como o *Great Harry* já estava montando artilharia pesada em dois conveses; e, em 1588, grandes frotas assim equipadas travaram uma batalha contínua no canal da Mancha, que durou sete dias.[24]

A derrota resultante da Invencível Armada espanhola, embora tenha sido decisiva na disputa entre potências protestantes e católicas do século XVI, é menos representativa do significado do veleiro armado que as viagens oceânicas que portugueses, espanhóis, ingleses e holandeses realizaram às Américas, à África, às Índias e ao Pacífico a partir do final do século XV. Os navios a vela do tipo dos da Europa setentrional, que não dependiam mais da força auxiliar dos remos e viajavam apenas com velas, levaram Colombo à América em 1492 e, depois, os conquistadores que destruíram as civilizações dos astecas, no México, dos maias, na península de Yucatan, e dos incas, no Peru. Os cavalos, mais que os canhões, foram decisivos nas campanhas de conquista dos espanhóis — Cortez desembarcou dezessete no México, em 1517, Montejo, cinqüenta em Yucatan, em 1527, e Pizarro levou 27 para o Peru, em 1531 —, pois essa espécie, exterminada no hemisfério ocidental pelos caçadores das migrações originais, 12 mil anos antes, era aterrorizantemente estranha aos guerreiros nativos. O estilo ritualizado de combate deles também era inadequado para enfrentar os europeus que lutavam para vencer, em vez de fazer cativos sacrificiais. Mas numa disputa de centenas contra milhares, foram os cavalos que deram aos invasores a vantagem decisiva.

Nos outros lugares, os canhões foram as armas principais dos aventureiros marítimos europeus. Em 1517, os portugueses aprenderam em Jidá, no mar Vermelho, para onde tinham navegado depois de circundar o cabo da Boa Esperança, que era perigoso demais entrar em choque com uma frota local (nesse caso, mameluca) apoiada por canhões da costa, fracassando em sua tentativa de bloquear a rota marítima das especiarias que levava às terras islâmicas. Contudo, já tinham estabelecido uma supremacia naval no oceano Índico com suas vitórias em Ormuz (1507) — o ponto de estrangulamento através do qual passa atualmente o petróleo do golfo Pérsico — e em Diu, na costa oeste da Índia (1509).[25] Em breve, estabeleceriam bases nas Índias Orientais (1511) e na China (1557), para depois disputar as Filipinas com a Espanha. No final do século, os fortes armados com canhões que as nações ibéricas tinham plantado ao longo das costas de todos os oceanos do mundo já constituíam balizas dos impérios que iriam crescer nos trezentos anos seguintes.

As sociedades que os primeiros navegantes europeus encontraram tinham poucos meios de se opor às suas exigências, primeiramente de direitos comerciais, depois de terras onde construir postos mercantis, por fim de direitos comerciais exclusivos impostos por controle militar. Os reinos africanos costeiros, protegidos por uma barreira de doenças, sobreviveram intactos até o século XIX, mas somente ao custo da cumplicidade com um comércio sempre em expansão e horrivelmente destrutivo de coleta de escravos no interior. Os japoneses preservaram sua sociedade tradicional fechando suas fronteiras marítimas e desafiando os europeus a testar sua valentia contra a dos samurais. A China estava protegida da dissecação por seu enorme tamanho e coerência burocrática. Boa parte do resto do mundo revelou-se presa fácil. Nas Américas, que espanhóis e portugueses pretenderam colonizar desde o início, as sociedades nativas não tinham meios eficazes de resistência, nem mesmo um estado de espírito apropriado para se oporem ao poder militar dos invasores. Os pequenos sultanatos das Índias orientais foram facilmente vencidos, enquanto a maioria dos filipinos que os espanhóis encontraram não passava de simples agricultores tribais. Somente na Índia havia um sistema estatal organizado em nível adequado para negar aos europeus cabeças-de-ponte invasoras; entretanto, até mesmo os mongóis, uma vez que eram conquistadores recentes cujo controle da periferia não era absoluto, não conseguiram excluí-los completamente. Ademais, nenhum imperador mongol conseguiu organizar uma frota marítima armada com canhões, única garantia de segurança costeira contra seus equivalentes europeus.

Se os navegantes encontraram pouca resistência para além das fronteiras marítimas das terras otomanas, isso não significa que tenham viajado sem oposição. Ao contrário: o que estava em jogo valia tanto que logo entraram em choque uns com os outros, tanto em mares distantes quanto nas águas domésticas de onde partiam as expedições para as terras do ouro e das especiarias. A Holanda chegou primeiro à costa de Coromandel, na Índia, em 1601; oito anos depois chegava a Inglaterra. Logo estavam ambas lutando contra os portugueses no oceano Índico — holandeses e portugueses entraram em choque também no Brasil, em 1624-9 — e depois uma contra a outra no canal da Mancha e no mar do Norte, em três grandes batalhas navais de 1652-74. Ambas as nações também entraram em conflito com a Espanha sobre direitos de comércio no Caribe que, depois da introdução da cana-de-açúcar das Canárias e escravos da África para cultivá-la, se tornaria a zona colonial mais rica do mundo. E lutaram mais tarde contra a França que, tendo entrado tardiamente nas navegações, fundou postos comerciais na Índia e na África ocidental e iniciou um império ultramarino na América do Norte na metade do século XVII.

Essas guerras marítimas com armas de fogo, travadas entre navios que, já em 1650, levavam cinqüenta canhões cada em frotas de setenta ou mais embarcações, enfatizaram o poder da artilharia de forma ainda mais notável que as batalhas terrestres em torno de fortalezas. O melhor engenheiro de sítio podia levar semanas para submeter uma cidadela bem construída; na batalha dos Três Dias, ao largo do Sul da Inglaterra (1653), os holandeses perderam vinte vasos de guerra (de um total de 75) e 3 mil homens mortos, um resultado bastante representativo de como a ação no mar se tornara intensiva e uma advertência de que o pior ainda estava por vir. No final do século XVIII, os maiores veleiros estariam equipados com cem canhões e as perdas da frota franco-espanhola que lutou em Trafalgar (1805) passariam de 7 mil mortos. A cultura guerreira do lanceiro e do cavaleiro tinha migrado para o mar, onde marinheiros-artilheiros permaneciam ao lado de seus canhões em centenas de batalhas à queima-roupa com toda a tenacidade e firmeza de um hoplita na falange.

A ESTABILIDADE DA PÓLVORA

A coragem e a habilidade exigidas dos marinheiros europeus para travar guerra com artilharia marítima pouco variariam entre o aparecimento do "grande navio" do início do século XVI e a superação de seu descendente direto e facilmente reconhecível, o navio de alto bordo, pelo couraçado a vapor, na metade do século XIX. Em terra, porém, a evolução das capacidades das armas de fogo iria perturbar os soldados ao longo dos séculos XVI e XVII. A mobilidade e o poder de fogo dos canhões continuaram a aumentar, a ponto de peças mais leves já serem postadas com eficácia nos campos de batalha do final do século XVII.[26] Na mesma época, o poder de fogo e a eficiência do mosquete também progrediram, permitindo que fosse disparado sem descanso; um novo mecanismo da fecharia de pederneira era menos suscetível à umidade que o antigo estopim. Contudo, persistia a dificuldade de chegar à proporção correta entre "tiro" e lança na infantaria, e entre infantaria e cavalaria.

A cavalaria, desafiada pelo tiro, buscou perpetuar seu papel no campo de batalha desenvolvendo um domínio ainda mais elaborado da equitação — semelhante, em sua complexidade, à *furusiyya* dos mamelucos — que, mediante uma rotina de conversão e caracol, se supunha ser capaz de facilitar o uso de armas de fogo a cavalo (as rotinas sobrevivem na escola de equitação espanhola de Viena). A experiência não teve êxito. Armas de fogo e cavalos não combinam e, de qualquer forma, a infantaria reagiu desenvolvendo suas próprias táticas de forma tão eficaz que não dava chance aos cavaleiros de pegar os mosqueteiros em desvantagem. Esse foi, com efeito, um dos motivos de os exércitos manterem lanceiros numa proporção de um para dois mosqueteiros no século XVII. Os lanceiros podiam tirar o espaço de manobra da cavalaria que ameaçasse uma linha de batalha com lanças ou pistolas, ao mesmo tempo que eram protegidos por mosqueteiros que mantinham o fogo para enfrentar uma carga.

Todavia, lanceiros e mosqueteiros não podiam ocupar simultaneamente o mesmo espaço e, ainda que suas armas fossem complementares, não podiam fazer o mesmo trabalho. Em conseqüência, as batalhas da Guerra dos Trinta Anos (1618-48) na Alemanha, envolvendo os exércitos franceses, suecos e dos Habsburgo, foram confusas e desordenadas; Gustavo Adolfo, o rei-soldado sueco, foi morto em Lützen (1632) justamente porque entrou a cavalo numa luta equilibrada entre mosqueteiros e cavaleiros. Porém a solução para a dificuldade estava à mão. No final do século XVII, todos os exércitos europeus, quase simultaneamente, adotaram um novo acessório ao mosquete, a baioneta, que lhe permitia funcionar como arma de fogo e lança ao mesmo tempo.[27]

No entanto, não foi apenas a combinação de mosquete e baioneta que deu às batalhas do século XVIII seu traço característico. Ainda mais importante foi a universalização dos exercícios de infantaria. O adestramento tinha origens antigas. Conjetura-se que os macedônios treinavam suas falanges, embora a simplicidade da tática de falange torne difícil se acreditar nisso. Os romanos certamente submetiam os legionários recrutas à escola de armas, ensinando-os a atirar lanças em um alvo e carregar espada e escudo em estilo uniforme. Contudo, é muito improvável que as evoluções de uma legião romana em formação, em contato com o inimigo ou não, se assemelhassem de alguma maneira às de uma força armada de mosquetes e baionetas. Os romanos não praticavam a parada cadenciada — um estilo de marcha que os soldados não puderam aprender até que os governos criassem grandes praças de armas no século XVIII —, ao mesmo tempo que era impossível uniformizar com rigor o emprego da força muscular na luta; parece que se estimulava o legionário a escolher um alvo particular para sua lança de arremesso.[28]

O exercício com armas de fogo tinha um objetivo completamente diferente. Ele certamente se originou de uma preocupação natural dos mosqueteiros — que deve ter sido também dos arqueiros (um assunto inexplorado) — de não se ferirem uns aos outros enquanto usavam suas armas. Enquanto um arqueiro se arriscava a empalar apenas um único vizinho, os mosqueteiros enfileirados em ordem unida, especialmente nos primeiros tempos, quando espalhavam pólvora para acender estopins, arriscavam-se a desencadear descargas acidentais, a menos que todos os soldados realizassem em uníssono as várias etapas de carregar, apontar e atirar. Os livros de treinamento de mosqueteiros — equivalentes aos manuais de segurança industrial posteriores — que se imprimiram amplamente a partir do início do século XVII dividem a seqüência em numerosas ações precisas — 47 no manual de Maurício de Orange, de 1607 — a partir do momento em que o mosqueteiro empunha sua arma até o instante em que aperta o gatilho.

Mas o mosqueteiro do século XVII ainda era um individualista. Talvez não escolhesse o momento de disparar, mas provavelmente escolhia seu alvo nas fileiras inimigas. No século XVIII, essa liberdade estava desaparecendo. Os mosqueteiros dos regimentos reais surgidos após a Guerra dos Trinta Anos — os mais antigos dos exércitos austríaco, prussiano e inglês, por exemplo, foram criados em 1696, 1656 e 1662, respectivamente — foram treinados para mirar não em um soldado, mas na massa do inimigo; os sargentos instrutores, portando uma meia-lança um tanto obsoleta, usavam-na para colocar no mesmo nível as bocas das armas dos mosqueteiros da primeira linha, de forma que, quando era dada a ordem de atirar, as balas, ao menos em teoria, partiam numa altura uniforme para dar um golpe simultâneo na fileira de frente do inimigo.[29]

A perda de individualismo do soldado se manifestou de várias outras formas. A partir do final do século XVII, ele usou uniforme, tal como os criados. A idéia do uniforme era, com efeito, a mesma da libré. Ele marcava quem o vestia como alguém a serviço de um senhor e, portanto, como uma pessoa de direitos e liberdades restritos. O soldado do século XVI orgulhava-se da diversidade de sua indumentária, muitas vezes produto de pilhagem. Com efeito, a moda renascentista de rasgar as roupas externas para exibir as sedas e veludos usados por baixo fora adotada exatamente para demonstrar que um soldado podia tomar a seu bel-prazer coisas finas e usá-las com impunidade. Seus líderes eram condescendentes. "Argumentava-se que os soldados deviam ter liberdade para escolher suas roupas [...] acreditava-se que eles lutariam com mais bravura e animação dessa maneira."[30] Dos soldados do século XVIII esperava-se que lutassem não com animação, mas com zelo e sob comando; para impor a disciplina, os oficiais tratavam seus homens com uma severidade que nem os lanceiros livres, nem os mercenários dos séculos XVI e XVII teriam tolerado. Haviam aceitado o enforcamento ou a desfiguração como penalidade arbitrária para motim ou assassinato, mas não teriam admitido o regime de flagelação instituído ou o de espancamento ocasional mediante os quais eram mantidos em ordem os servos militares uniformizados das monarquias dinásticas.

De fato, somente um tipo de indivíduo completamente diferente dos flibusteiros anárquicos das guerras italianas e da Guerra dos Trintas Anos poderia concordar com o novo regime. Uma alta proporção dos soldados das guerras civis do século XVII na França tinha sido de "foras-da-lei, vagabundos, ladrões, assassinos, negadores de Deus, devedores impenitentes", que tinham entrado para o serviço militar por haverem dado as costas para a vida civil e ela para eles.[31] Nem todos, evidentemente, pertenciam a essas categorias degradadas. Os espanhóis e em especial os suecos (estes últimos mediante o sistema *Indelingsverket* de pequena propriedade militar) conseguiam alistar homens estáveis e ajuizados de aldeias ou fazendas para formar seus regimentos regulares, mas o que os empregadores de mercenários geralmente conseguiam era o "rebotalho". As monarquias dinásticas conseguiam algo mais: com freqüência, os filhos mais jovens de famílias grandes e pobres aos quais o serviço público oferecia poucas oportunidades e a quem uma forma imaginosa de recrutamento levava ao exército, particularmente na França; na Prússia e na Rússia, onde o campesinato foi amplamente reduzido à servidão a partir do século XVII, aplicava-se a pura e simples coação.[32] Embora seus organizadores pudessem negá-lo, podemos reconhecer nisso um sistema de escravidão militar, próximo em caráter à força de janízaros otomana, recrutada como um tributo e mantida em obediência por disciplina severa e quase completa negação de direitos civis aos seus membros. O estilo de luta que praticavam, o de movimentos de manobras estereotipados, quase mecânicos, realizados em fileiras cerradas, refletia exatamente a renúncia à individualidade que seus membros tinham sido obrigados a fazer.

Os oficiais desses exércitos reais também abriam mão de boa parte da liberdade pessoal de que seus nobres antepassados, reais ou imaginários, tinham gozado. A partir dos inícios do século XVII, "a turbulência e a inquietação dos membros jovens de famílias nobres" tinham levado Veneza a criar várias academias militares para inculcar alguma disciplina e um pouco de aprendizado profissional aos que iriam em breve ser reconhecidos como, se não efetivamente denominados, "a classe dos oficiais". As reformas de Maurício, João e Guilherme de Nassau aceleraram o processo. Sua volta deliberada às fontes do ensino militar clássico, que resultou em um esforço consciente para reviver o espírito e a estrutura das legiões romanas, levou ao surgimento de um corpo de instrutores profissionais, dispostos, tal como os engenheiros de fortificações, a venderem seus conhecimentos no mercado internacional, e à criação de escolas militares, destinadas a ensinar a jovens aristocratas estouvados exercícios de praça de armas, esgrima e equitação avançada e, no processo, educá-los e até civilizá-los.

A *schola militaris* de João de Nassau em Siegen, que existiu apenas entre 1617 e 1623, é reconhecida como tendo sido a primeira verdadeira academia militar da Europa; "sua principal ênfase era produzir oficiais de infantaria tecnicamente competentes". O professor John Hale identificou cinco outras academias militares fundadas na França e na Alemanha entre 1570 e 1629; embora nenhuma delas possa ser considerada a ancestral daquelas que sobrevivem até nossos dias — St. Cyr, Sandhurst, Breda, a Maria-Theresianer e Modena, que datam do século XVIII e início do XIX —, sua criação marca a chegada de uma idéia, ou ao menos seu renascimento: a idéia de que a liderança na guerra, como os romanos acreditavam, exige tanto virtudes militares quanto cívicas.[33] Esse foi um desdobramento mais significativo que a tendência paralela de treinar jovens da classe média emergente nas academias de artilharia e engenharia, a primeira das quais foi fundada por Luís XIV em 1668, em Metz. O domínio da matemática era obviamente essencial para os futuros artilheiros e sapadores. A imposição do aprendizado por repetição, de exames sobre textos clássicos e a ameaça do açoite sobre temperamentos jovens eram inovações de ordem diferente. Elas significavam o fim dos dias em que a falcoaria, a caça e a justa eram consideradas como a única formação de que um guerreiro precisava.[34]

Exercícios, disciplina, táticas mecânicas, artilharia científica, tudo trabalhava para tornar a guerra do século XVIII bem diferente do estilo experimental caótico dos dois séculos anteriores. Em 1700, as armas utilizadas nas batalhas já tinham assumido uma forma que não se alterou por 150 anos. A infantaria estava armada com um mosquete que, embora quase inofensivo aos combatentes em distâncias muito acima de cem metros, podia ser usado em saraivadas em massa para criar uma zona de matança letal imediatamente adiante da linha de batalha. Uma artilharia de campo cada vez mais móvel e rápida oferecia o único meio garantido de abalar a solidez das formações de infantaria; mas seu posicionamento seguro podia ser ameaçado por um ataque da cavalaria no momento certo, que se dedicava cada vez mais a essa atividade subordinada e a fazer carga sobre a infantaria desorganizada pelo fogo de artilharia ou a fustigar os fugitivos.

As propriedades opostas desses três elementos dos exércitos do século XVIII — mosquetaria, artilharia, cavalaria — provocaram assim um estranho equilíbrio nas batalhas campais, levando ao que o professor Russell Weigley identificou como uma inconclusividade persistente na seqüência de lutas travadas pelas monarquias dinásticas da Europa ocidental, geralmente sobre direitos de sucessão, entre as últimas guerras holandesas, no final do século XVII, e a erupção da Revolução Francesa. Repetidamente, os mosqueteiros uniformizados reuniam-se em formações densas, disparavam suas saraivadas, tremiam sob o fogo da artilharia, repeliam ou, com menos freqüência, fugiam da cavalaria, mas no final do dia deixavam o campo de batalha com seu poder de luta ainda intacto. As "grandes" batalhas do auge das guerras dinásticas — Blenheim (1704), Fontenoy (1745), Leuthen (1757) — foram notáveis antes pelo número de baixas sofridas pelas dóceis fileiras dos participantes que por qualquer durabilidade do resultado obtido. Era a exaustão de reservas de dinheiro e efetivos que provocava o final das guerras do século XVIII, e não a decisão pelo choque de armas.

Em um esforço para diminuir a inconclusividade de suas guerras, os exércitos europeus, à medida que o século avançava, voltaram-se cada vez mais para o engajamento de povos guerreiros tradicionais, com a esperança de que seus métodos irregulares afiassem as qualidades ofensivas das massas uniformizadas. Recrutaram-se hussardos — cavaleiros ligeiros da Hungria —, atiradores exímios das florestas e montanhas da Europa central e refugiados cristãos dos Bálcãs otomanos (conhecidos vagamente como "albaneses"). A trama da ópera de Mozart *Così fan tutte* gira em torno do fascínio que essas figuras exóticas podiam exercer sobre a imaginação civilizada. Na prática, havia um número muito pequeno deles para que pudessem fazer a balança pender para qualquer lado. Embora seu recrutamento tenha estabelecido um padrão que perdurou século XIX adentro, quando a oportunidade de comandar unidades de zuavos do Norte da África, muçulmanos da Bósnia, *jäger* (fuzileiros) do Tirol, sikhs do Punjabi e gurcas do Nepal iria apelar aos instintos dos mais arrojados e aparatosos jovens oficiais franceses, austríacos e britânicos, seu aparecimento nos flancos das tropas regulares causava mais sucesso pelo espetáculo visual — os trajes "turcos" dos zuavos tiveram grande influência na moda masculina do século XIX — que pelos efeitos objetivos. Os soldados irregulares exóticos eram mais úteis em "pequenas guerras" de ultramar. A infantaria ligeira alemã a serviço dos ingleses deu o troco aos fuzileiros dos exércitos revolucionários norte-americanos, enquanto os americanos nativos — os "peles-vermelhas" —, usando armas européias, humilharam os soldados regulares nas profundezas das grandes florestas.

Contudo, paradoxalmente, os exércitos treinados dentro de padrões europeus se desempenharam melhor em guerras nas quais povos guerreiros tradicionais compunham o grosso do inimigo. No final do século XVII, a ofensiva otomana na Europa já tinha chegado ao seu fim graças, em larga medida, ao êxito dos Habsburgo em criar um exército regular de qualidade suficiente para enfrentar os janízaros do sultão em termos iguais. Os janízaros — palavra que em turco significa "novos soldados" — eram escravizados segundo o padrão dos mamelucos, mas, diferente deles, eram compostos de crianças cristãs recrutadas à força nos Bálcãs e treinadas para serem soldados de infantaria.[35] Os janízaros podem ter sido originalmente "novos soldados" em comparação com seus equivalentes ocidentais, mas no final do século XVII sua disciplina e sua firmeza em batalha já encontravam contrapartida entre os soldados de linha europeus, cujo adestramento, ademais, era superior ao deles. No cerco de Viena de 1683, os janízaros fizeram a Europa tremer; 25 anos depois, tinham sido expulsos do Sul da Hungria e do Norte da Sérvia e seu senhor foi obrigado a assinar uma paz, a de Karlowitz (1699), que marcou o início do grande recuo otomano para Constantinopla, que terminou com as guerras balcânicas de 1911-2.

Fora da Europa, nas terras islâmicas, em particular nos domínios mongóis da Índia, nenhum exército local atingira o nível de eficácia dos janízaros. A Índia estava cheia de artilheiros e engenheiros de sítio mercenários turcos desde o início do século XVI — os turcos, como ainda atesta a magnífica cidadela de Belgrado, construíam fortificações tão imponentes quanto as do Ocidente — e, a partir do século seguinte, chegaram os especialistas em artilharia ingleses, holandeses, franceses e suíços. No século XVIII, os mongóis começaram a solicitar instrutores militares, fornecidos principalmente pelos franceses, mas seus costumes, enraizados na tradição da estepe, anularam esses esforços. Babur (1483-1530), o fundador da dinastia mongol, achava que "um exército de cavalaria podia travar com êxito batalhas planejadas sem ter um 'núcleo' de infantaria". Sir Thomas Roe, embaixador inglês na corte mongol entre 1615 e 1619, considerava suas forças "um exército efeminado, mais adequado a ser um proveito que um terror para os inimigos", e disse aos seus colegas em Constantinopla: "Não vejo soldados, mas multidões entretidas nessa qualidade".[36] "Qualidade" versus "multidões" foi a ruína dos mongóis: na metade do século XVIII, quando os ingleses começaram a recrutar e treinar hindus, alheios às atitudes da estepe, produziram rapidamente um exército cujo padrão de adestramento da infantaria compensava seu pequeno efetivo. Em Plassey (1757), na vitória sobre a qual se ergueria o Império britânico na Índia, os 1100 europeus e 2100 sipaios hindus comandados por Clive dispersaram facilmente, com fogo constante de mosquetes, e perseguiram como fugitivos do campo de batalha os 50 mil soldados mongóis de cavalaria e infantaria que os cercavam. Adestramento e organização legionária alcançaram ali tudo o que os primos Nassau haviam antecipado 150 anos antes, mas apenas porque seus efeitos provocaram um choque, no sentido literal, em soldados de uma tradição diferente que não estavam preparados para enfrentá-los.

REVOLUÇÃO POLÍTICA E MUDANÇA MILITAR

O adestramento, e o *ethos* que o sustenta, obteve vitórias espetaculares na Índia, mesmo contra soldados armados de mosquetes e canhões idênticos aos dos europeus. Plassey e uma dezena de batalhas semelhantes continuaram a dar força ao argumento daqueles que mantinham que na guerra os fatores morais são três vezes — na estimativa de Napoleão — mais importantes que os materiais, ou mais. Em outras batalhas de ultramar, em que os adversários eram tecnicamente equivalentes, notadamente aquelas entre os ingleses e os colonos americanos e entre os espanhóis e seus colonos da América Latina, o adestramento como fator determinante do resultado foi superado por outro fator moral: o sentimento de legitimidade dos imigrantes europeus na luta pelo que consideravam seus direitos de autotributação e autogoverno. A guerra dos colonos norte-americanos contra a Inglaterra, que inspirou a dos sul-americanos contra a Espanha, foi a primeira guerra realmente política, alheia aos motivos tradicionais de diferença religiosa ou usurpação de direitos legais, travada para obter o reconhecimento de princípios abstratos e conquistar não somente a independência, mas a liberdade de fundar uma sociedade nova e, esperava-se, superior. A luta pela liberdade não foi curta. Talvez apenas um terço dos colonos tenha participado ativamente dela; outro terço permaneceu neutro e os restantes continuaram fiéis à velha ordem. No início, o exército que os revolucionários montaram era fraco e mal armado. Baseado nas milícias coloniais, formadas para defender as colônias originais contra os ataques dos nativos e, mais tarde, dos franceses do Canadá, teve de enfrentar a disciplina dos soldados de linha britânicos e obteve sucesso graças, em larga medida, a sua capacidade de confrontá-los com ameaças em muitos pontos diferentes do vasto espaço do teatro de guerra norte-americano. Ademais, os colonos tinham a confiança de tomar a ofensiva sempre que a oportunidade se oferecia; em 1775, chegaram a invadir o Canadá para atacar a fortaleza de Québec e, em 1779 e 1781, transferiram as operações para o interior, fazendo campanhas junto ao rio Ohio e às Carolinas. Essa estratégia obrigou os ingleses a dispersarem seus esforços e tirou-lhes sua principal vantagem: a capacidade de dispor forças por mar contra os principais centros populacionais litorâneos. Essa vantagem foi mais desgastada ainda pela intervenção dos espanhóis e franceses, inimigos europeus dos ingleses; o envio de uma força expedicionária e de uma grande frota francesa em 1780 acabou virando a maré, levando à rendição do principal exército britânico em outubro de 1781.

Contudo, apesar da ajuda estrangeira, a vitória foi inquestionavelmente dos norte-americanos e o exemplo que deram constituiu um importante estímulo às exigências dos constitucionalistas franceses contra Luís XVI quando, em 1789, ele foi finalmente obrigado a convocar seus súditos para decidirem sobre um novo sistema de tributação. As receitas tinham se exaurido e o sistema fiscal francês estava sobrecarregado pelas demandas das incessantes guerras reais do século XVIII; o custo do apoio naval e militar aos colonos norte-americanos foi a gota d'água.[37] Guerrear, exceto para os predadores dentro da tradição da estepe, sempre fora caro, já levara Estados à falência e, com freqüência, provocara a substituição de uma dinastia por outra. No entanto, a ameaça de bancarrota provocada por guerra jamais anunciara uma filosofia de governo completamente nova. Todavia, foi esse o resultado da convocação dos Estados Gerais que em rápida sucessão decidiram que nobreza, clero e terceiro Estado deviam votar por cabeça, não por hierarquia; depois, que deviam sentar juntos na mesma assembléia; e, por fim, que deveriam permanecer em sessão permanente até que o rei aceitasse uma Constituição democrática. As tentativas desastradas de Luís XVI de intimidar pela força os Estados, agora se proclamando Assembléia Nacional, levaram à revolta em Paris, à qual aderiram várias unidades do exército real, em especial as *Gardes françaises*. Quando, depois de um período de contemporização com a Revolução, tentou fugir sem sucesso do país, o rei foi suspenso do cargo, enquanto a Assembléia advertia os vizinhos da França, principalmente a Prússia e a Áustria, de que consideraria uma provocação de guerra se continuassem a abrigar os refugiados anti-republicanos que estavam organizando forças contra-revolucionárias. Em abril de 1792, Luís XVI, sob instigação da Assembléia, declarou guerra à Áustria, que logo recebeu o apoio da Prússia e da Rússia e, em 1793, da Inglaterra. A invasão da França começou em julho de 1792.

As guerras da Revolução Francesa, perpetuadas por Napoleão Bonaparte depois que se tornou chefe do governo como primeiro cônsul em 1799, duraram até 1815; travadas de início defensivamente pelos franceses, que renunciaram às guerras de conquista em maio de 1790, elas transformaram-se rapidamente na ofensiva mais sustentada e ampla até então conhecida pela história européia. Motivados inicialmente pelo desejo de levar as liberdades revolucionárias aos súditos dos reinos vizinhos, os franceses acabaram se comprometendo com um programa militar permanente de engrandecimento nacional. Em 1812, Napoleão tinha mais de 1 milhão de homens em armas, distribuídos da Espanha à Rússia, e comandava uma economia e uma administração imperial cujo único objetivo era manter seus exércitos em campo. As principais potências da Europa continental, exceto a Rússia, tinham sido derrotadas em seus próprios territórios, os soldados dos Estados menores tinham sido incorporados diretamente ao exército francês e os homens aptos de todos os lugares viviam sob disciplina militar, ou com medo do sargento recrutador. No espaço de vinte anos, uma sociedade européia em que somente os homens vivendo à margem da economia corriam o risco de serem incorporados às fileiras militares, tinha se militarizado de alto a baixo, e a grandeza e servidão da vida do soldado, até então conhecidas apenas por uma minoria voluntária ou, com mais freqüência, involuntária, tornaram-se a experiência comum de muitos de uma geração inteira. Como isso acontecera?

Os franceses não planejaram fazer de "cada homem um soldado"; os ideais fundadores de sua Revolução eram antimilitaristas, racionais e legalistas. Para defender o império da razão e o papel de leis justas — aquelas que aboliram os privilégios feudais de uma classe aristocrática que, mesmo ficticiamente, remontava a conquista de seu lugar na sociedade ao seu passado guerreiro —, os cidadãos da Revolução tiveram, no entanto, de recorrer às armas. Os colonos norte-americanos tinham feito a mesma coisa quinze anos antes.[38] Mas enquanto os colonos ingleses da América tinham colocado a serviço de seus objetivos um sistema militar existente — o das milícias mantidas para defender suas colônias de índios e franceses —, os franceses tiveram de criar um novo instrumento. O exército real era politicamente suspeito e, além disso, tinha perdido muitos de seus oficiais treinados, que estavam entre os primeiros a deixar a França em protesto contra as indignidades que a Revolução cometera com o rei. Voluntários entusiasmados surgiram para formar uma Guarda Nacional com o objetivo de defender as instituições revolucionárias contra as tropas realistas remanescentes, mas os legisladores de 1789-91, tal como aqueles das cidades-Estados da Grécia antiga, estavam inicialmente ansiosos para limitar o direito de portar armas aos homens responsáveis, o que significava, para eles, aqueles que tinham propriedade. A Guarda Nacional original, portanto, tinha um efetivo insuficiente e continha uma proporção demasiada de burgueses amantes do lar para formar uma força militar efetiva. Enquanto a ameaça era interna, isso não teve muita importância; era sempre possível reunir multidões *ad hoc* nas ruas para encarar as tropas leais ao rei. Após julho de 1792, quando a ameaça passou a ser de invasão, a França precisou de um exército grande e eficaz com urgência. Àquela altura, o antimilitarismo de 1789 fora esquecido; a lógica do "direito de portar armas" da Constituição americana fora amplamente aceita, a posse de arma de fogo passara a ser considerada uma garantia da liberdade do cidadão, a necessidade de propriedade para pertencer à Guarda Nacional foi rapidamente abolida (30 de julho) e um apelo para que 50 mil homens se unissem aos 150 mil restantes do exército regular foi lançado a 12 de julho. No início de 1793 foram solicitados 300 mil homens, a serem conscritos se não se apresentassem como voluntários e, a 23 de agosto, foi promulgado o decreto da *levée en masse*, colocando todos os homens aptos à disposição da República. Já fora ordenado que as unidades regulares e da Guarda Nacional se amalgamassem em brigadas na proporção de uma para duas, com os soldados de linha proporcionando reforço aos voluntários até que aprendessem o ofício.

Ali estava um tipo de exército totalmente diferente. A disciplina era mantida não com castigos corporais (ainda que os bêbados fossem engasgados com água), mas por tribunais compostos de soldados e oficiais. Os oficiais, seguindo a prática da Guarda Nacional, eram eleitos; o pagamento era fixado em quantias comparativamente generosas distribuídas aos voluntários revolucionários. Sob a pressão da guerra, a eleição dos oficiais foi logo abolida (1794) e os conselhos disciplinares suprimidos (1795), mas a transformação social do exército já fora longe demais para que essas reflexões tardias fossem revertidas. O impulso inicial de se apresentar como voluntário entre os homens respeitáveis pode ter diminuído, mas o caráter do corpo de oficiais fora alterado a ponto de ficar irreconhecível. Enquanto em 1789 mais de 90% dos oficiais eram nobres (embora de uma nobreza amiúde muito pequena, cujo título heráldico conferia quase que a única posição social de que gozavam), em 1794 restavam apenas 3% deles.[39] Os lugares vagos foram tomados por civis, ou, com mais freqüência, por antigos sargentos dos regimentos reais aos quais a Revolução ofereceu de fato "uma carreira aberta aos talentos"; dos 26 marechais de Napoleão, Augereau, Lefèbvre, Ney e Soult tinham sido sargentos antes de 1789. Mais notável ainda, Victor fora um músico de banda e três outros tinham sido soldados privados, Jourdan, Oudinot e Bernadotte (que, saindo-se melhor que os generais de Alexandre, acabou sua carreira como rei da Suécia). Tratava-se de homens de grande capacidade aos quais o velho exército não tinha oferecido chance alguma; até 1782, os comandantes tinham mantido a restrição de conceder patente de oficial somente a candidatos cujos avós tivessem sido nobres. Treinados nas armas, eles basearam-se na autoconfiança concedida pela liberação social de 1789 para se tornarem comandantes notáveis.[40]

Contudo, o marechalato napoleônico também contava com homens que tinham recebido a patente de oficial antes de 1789. Marmont, tal como o próprio Napoleão, era formado pela escola de artilharia de Metz, enquanto Grouchy tinha servido nas *Gardes écossaises* (originalmente, os varangianos da corte dos Bourbon). A "abertura aos talentos" significava sensivelmente os talentos dos oficiais reais dispostos a servir à Revolução, mesmo daqueles emigrantes que tinham repensado sua decisão. Em 1796, quando Bonaparte desencadeou seu terrível ataque aos territórios italianos dos Habsburgo, o exército republicano já era um amálgama no sentido mais amplo da palavra, não só de ex-soldados regulares e ex-membros da Guarda Nacional, como também de oficiais de muitas outras tradições, unidos em serviço a uma nova França, mas também avidamente conscientes das recompensas que uma carreira bem-sucedida nas armas podia trazer. Promoção era uma delas, despojos de guerra, outra: haveria bastante de ambos os tipos nos vinte anos seguintes. Entrementes, era urgente descobrir meios de acabar com a inconclusividade das batalhas de mosquete e baioneta e investir o confronto no campo de batalha entre revolução e *ancien régime* com o mesmo dinamismo com o qual a vontade popular tinha derrubado a monarquia.

Havia uma solução à mão. Até mesmo o exército real tinha ficado perturbado pela inconclusividade das batalhas das recentes guerras dos Sete Anos e da sucessão da Áustria e muitos oficiais aristocráticos, notadamente o conde de Guibert, tinham defendido reformas das táticas. Guibert, como todos os seus contemporâneos militares, estava profundamente impressionado pelas realizações de Frederico, o Grande, da Prússia, que, com um pequeno exército de soldados de linha altamente disciplinados, batia com freqüência as forças de Estados muito maiores. A concepção de guerra impiedosamente racional de Frederico estava de acordo com o espírito da época — aquela "Idade das Luzes ou da Razão [que] já tinha apresentado a idéia de que todas as instituições de governo deveriam estar em harmonia com o espírito e os desejos do povo".[41] Guibert, um aristocrata racionalista típico, achava que os exercícios e treinamentos prussianos poderiam transformar o exército francês em um instrumento lógico de poder estatal. Tal como muitos de seus contemporâneos, ele rejeitava a dependência das velhas formações lineares de mosqueteiros, cujo fogo, supunha-se, era capaz de abater sozinho a resistência do inimigo, e defendia uma mudança para manobras com massas maiores, cujo peso causaria um efeito decisivo. Nesse debate entre "linha versus coluna", como veio a ficar conhecido, ele e outros oficiais de mesmo pensamento venceram efetivamente em 1789; mas nem ele, nem os outros podiam levar o argumento a sua conclusão, uma vez que isso exigiria que aceitassem que os soldados deveriam aprender a se identificar com o Estado, além de servi-lo melhor. No fundo, ele continuava a ser um absolutista. Intelectualmente, ele voltava à idéia do cidadão-soldado, mas seus preconceitos sociais impediam-no de abraçar a realidade.

A Revolução dissolveu essa contradição. Ela produziu quase da noite para o dia um verdadeiro exército de cidadãos, que encontrou nas disputas táticas do *ancien régime* a solução para os problemas que enfrentaria em breve no campo de batalha com os exércitos remanescentes do *ancien régime*. Argumentou-se no passado que os exércitos revolucionários lutavam em colunas densas apoiadas por forte concentração de artilharia móvel porque o amadorismo de seus cidadãos-soldados não deixava outra opção para seus comandantes. Mais recentemente, reconheceu-se que essa visão é curta: a mudança estava a caminho de qualquer forma e os comandantes da Revolução fizeram-na avançar com mais rapidez. Mas isso não explica por que as mudanças deram certo. Sob o comando de generais como Dumouriez, Jourdan e Hoche, todas as dificuldades que tinham inibido as decisões e impedido o movimento dos exércitos desde a construção das grandes cadeias de fortalezas de artilharia nas fronteiras nacionais no século XVI dissolveram-se como num passe de mágica. Os exércitos franceses atravessaram as fronteiras da Bélgica, Holanda, Alemanha e Itália, contornando as fortalezas que não caíam de imediato diante de sua aproximação e derrotando decisivamente austríacos e prussianos sempre que tentaram deter o fluxo. Parte do sucesso deles deveu-se ao que mais tarde seria chamado de "quintas-colunas"; muitos holandeses, por exemplo, estavam mais do que dispostos a abraçar a Revolução, que também tinha muitos simpatizantes no Norte da Itália. Outra parte deveu-se ao simples tamanho dos exércitos revolucionários — que atingiu 983 mil homens em 1793, no final de um século em que uma força de 100 mil era considerada enorme — e ao seu desprezo pela convenção logística: fortalezas bloqueando uma linha de suprimento perdiam sentido quando o campo em volta estava cheio de soldados que tomavam o que queriam.

Sobretudo, o sucesso provinha da qualidade superior dos próprios exércitos revolucionários. Ao menos no início, eram compostos de homens que eram genuinamente soldados bem-dispostos, devotos de um Estado "racional" (ainda que sua natureza alarmasse muitos dos racionalistas sobreviventes da Idade da Razão), e comandados por oficiais de notáveis qualidades pessoais. Não parece verdade que tivessem pouco treinamento. O novo corpo de oficiais fez um grande esforço para adestrar em 1793-94 tanto as unidades monárquicas que restavam como as novas, compostas de voluntários. Dois oficiais revolucionários informavam em junho de 1793 que "os soldados devotam-se aos exercícios com infatigável zelo [...] os soldados veteranos ficam espantados quando vêem a precisão com que nossos voluntários manobram"; ao mesmo tempo, a artilharia, a melhor da Europa, graças às inovações de Gribeauval, conservava muitos de seus oficiais, bem como artilheiros.[42] Quando entravam em batalha, as unidades "amalgamadas" simplesmente lutavam mais que seus inimigos, que permaneciam presos aos hábitos da obediência lerda e táticas estereotipadas de que os franceses haviam escapado.

Em 1800, a Revolução já estava salva de seus inimigos externos e segura em casa pela reação conservadora. O jovem Bonaparte tinha superado todos os rivais em vitórias no exterior e dado também um golpe decisivo no extremismo doméstico no golpe do Brumário, em novembro de 1799. Os poderes político e militar caíram naturalmente em suas mãos. Entre 1802 e 1803, manteve uma paz inquieta com os inimigos da França — Áustria, Prússia, Rússia e Inglaterra —, para depois partir novamente em doze anos de conquistas velozes e de alcance ainda mais longo: Áustria, em 1805 e 1809, Prússia, em 1806, e por fim, desastradamente, a Rússia, em 1812. Só encontrou resistência contínua na Espanha, onde, em 1809-14, seus marechais tiveram de combater uma força expedicionária britânica de alta qualidade, comandada por Wellington, apoiada por guerrilhas em todo o país e suprida pela Marinha Real Britânica, que desde a vitória de Trafalgar (1805) dominava incontestavelmente os mares. Seu Grande Exército não era o exército da Revolução; embora muitos de seus oficiais e alguns de seus soldados fossem remanescentes das campanhas épicas de 1793-96, ele deixara de ser um instrumento de ideologia para se tornar uma arma do poder estatal. Mas sobrava o suficiente de seu *ethos* revolucionário para que as grandes vitórias napoleônicas — Austerlitz (1805), Iena (1806), Wagram (1809) — parecessem extensões do furacão francês. Sobre seus resultados devastadores, Clausewitz, um veterano dos primeiros encontros dos prussianos com os exércitos revolucionários que sobreviveu para testemunhar a derrota de Napoleão em 1815, erguesu sua teoria de que o atrelamento da vontade popular a objetivos estratégicos fazia a "guerra real" aproximar-se da "guerra verdadeira" e fundamentou sua crença de que a guerra era, em última instância, um ato político.

As idéias de Clausewitz não eram inteiramente originais, como ele mesmo admitia. Maquiavel, disse ele, tinha "um raciocínio muito correto em assuntos militares". Tratava-se de um elogio tímido. *A arte da guerra*, que teve 21 edições apenas no século

XVI, foi um texto revolucionário, por ser o primeiro manual que ligou diretamente o guerrear com a arte de governar.[43] Escritores clássicos anteriores, como Fílon, Políbio e Vegécio, tinham meramente descrito como os assuntos militares podiam ser regulados da melhor maneira. Maquiavel demonstrou como um exército bem organizado — o que para ele significava uma força recrutada entre os súditos e não contratada no mercado de mercenários — poderia realizar os objetivos do governante. Isso foi de enorme valor para os chefes de Estado que, numa época em que o renascimento da economia monetária tinha desgastado a velha base feudal de recrutamento, estavam genuinamente confusos sobre a melhor maneira de reunir exércitos confiáveis. Porém Maquiavel tinha objetivos modestos. O autor de *O príncipe* buscava apenas dar conselhos práticos a outros homens como ele, membros da classe política das ricas cidades-Estados da Renascença. As ambições intelectuais de Clausewitz beiravam a megalomania. Tal como seu quase contemporâneo Marx, afirmava ter penetrado na realidade íntima e fundamental do fenômeno que tomara como seu objeto de estudo. Não se ocupava com conselhos: tratava do que insistia serem verdades inescapáveis. A guerra era a continuação da política por outros meios e qualquer governo que ficasse cego diante dessa verdade estava condenado a um tratamento duro nas mãos de um adversário que não pestanejasse.

Daí o entusiasmo com que o governo prussiano aceitou suas idéias — transmitidas por seus pupilos e seguidores na Academia de Guerra e no Estado-maior — na metade do século XIX. *Da guerra* era um livro de estopim lento. Porém, quando o exército prussiano travou suas guerras pela hegemonia na Alemanha, suas idéias tinham-no impregnado e as vitórias em 1866 e 1870-71 garantiram que a partir de então elas orientariam também a diplomacia do novo Império germânico. Por um processo irresistível de osmose, elas se infiltraram no *establishment* militar de toda a Europa, de tal forma que, em 1914, ele era tão clausewitziano quanto a coalizão de movimentos socialistas e revolucionários do continente era marxista.

Uma vez que os objetivos da Primeira Guerra Mundial foram determinados, em larga medida, por pensamentos de origem clausewitziana, no pós-guerra ele passou a ser considerado o autor intelectual de uma catástrofe histórica; B. H. Liddell Hart, então o autor militar mais influente da Inglaterra, alcunhou-o de o "Madi da Massa".[44] Com uma perspectiva temporal maior, essa avaliação de sua influência parece exagerada. Suas idéias pesaram indiscutivelmente muito nas suposições dos generais anteriores a 1914 de que precisariam de um grande número de soldados para obter vantagem nos campos de batalha do futuro e de que haveria uma grande proporção de baixas. O resultado foi que os exércitos europeus passaram a exigir um número cada vez maior de conscritos anuais tanto para suas forças de campo, que proporcionariam uma linha de defesa imediata, como para as reservas que substituiriam as baixas e formariam novas unidades. Mas a vontade dos generais de ter mais soldados e a instituição de sistemas estatais compulsórios de recrutamento não teriam funcionado se os próprios homens não estivessem dispostos a servir. Desde o início dos Estados, os generais sempre quiseram mais soldados e a história da burocracia está cheia de exemplos de planos fúteis e descartados de alistamento. Mesmo quando um Estado dispunha de meios para identificar seus jovens aptos do sexo masculino e seus lugares de trabalho ou residência, como em 1914 todos os Estados europeus já eram capazes, a melhor das forças policiais não teria sido suficiente para levar um grupo etário inteiro para os quartéis se houvesse resistência e a sociedade em geral não a apoiasse.

Que não tenha havido resistência nem apoio a ela fala-nos de algo bem diferente do que dizem os que acreditam que Clausewitz foi o arquiteto da Primeira Guerra Mundial. Os arquitetos criam estruturas, mas não podem determinar disposições de ânimo. Eles refletem uma cultura, não podem criá-la. Em 1914, um clima cultural inteiramente novo dominava a sociedade européia, no qual se aceitava o direito do Estado de exigir e o dever de todos os homens aptos de prestar serviço militar, se percebia no desempenho do serviço militar um treinamento necessário em virtudes cívicas e se rejeitava a velha distinção social entre guerreiro e os outros como um preconceito ultrapassado.

Muita coisa trabalhara contra essa disposição, notadamente a crença do século XIX no progresso benevolente, do qual a prosperidade crescente e a disseminação dos governos constitucionais liberais eram os marcos. O poderoso renascimento do sentimento religioso, numa reação contra a irreligiosidade da revolução e da pretensão da ciência de explicar o universo, também resistia a ela. Porém o otimismo e a condenação da violência não poderiam prevalecer contra as outras forças que incitavam a militarização da vida na Europa.

Os Estados Unidos, a sociedade ocidental menos militarizada na metade do século, foram os primeiros a descobrir os perigos daquele movimento. Mergulhando na guerra civil em 1861, Sul e Norte não esperavam um conflito longo. Ambos reuniram apressadamente exércitos amadores que entraram em batalha na esperança de uma vitória rápida. Nenhum dos dois contemplou a mobilização total dos efetivos e da indústria. Na verdade, o Sul tinha pouca indústria para mobilizar. Ambos viram-se obrigados a aumentar o tamanho de seus exércitos na tentativa de obter a vitória, que lhes escapava no campo de batalha, por meio da superioridade numérica. O Sul acabaria por colocar quase 1 milhão de homens em armas, o Norte, 2 milhões, de uma população pré-guerra de 32 milhões; uma proporção de participação militar de 10%, tal como representada por esses números, está, como vimos, em torno do máximo que uma sociedade pode tolerar ao mesmo tempo que continua a funcionar em níveis normais de eficiência. O Sul poderia ter aumentado seus efetivos com os homens aptos de seus 4 milhões de escravos, mas isso lhe estava vedado, pois tinha ido à guerra justamente para defender a qualidade de bem móvel de seus escravos. O Norte, apoiando-se em seus recursos econômicos muito superiores, inclusive uma marinha de guerra e mercante maior e uma rede ferroviária muito mais densa, pôde bloquear o Sul desde o início e transportar exércitos para seus pontos vulneráveis. Em 1863, já tinha cortado o Sul em dois e, no ano seguinte, seccionou de oeste a leste sua região mais produtiva. No

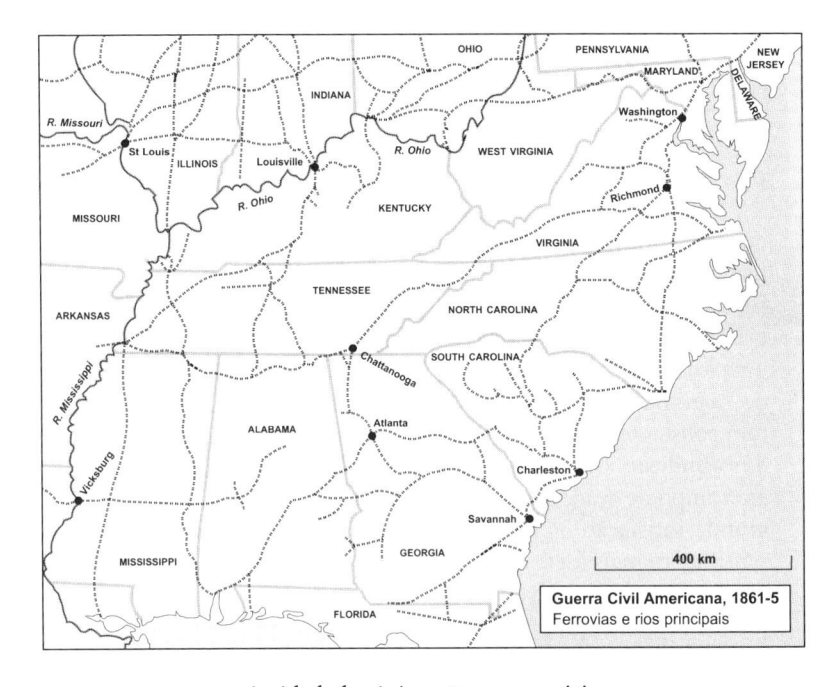

Guerra Civil Americana, 1861-5
Ferrovias e rios principais

entanto, a superioridade logística não conseguiria vencer a guerra enquanto os soldados sulistas estivessem dispostos a lutar e pudessem encontrar, como efetivamente puderam, os meios mais precários para fazê-lo. As batalhas de 1864, portanto, foram tão sangrentas quanto as dos dois anos anteriores, com os sulistas lutando em defesa de sua terra com a mesma tenacidade com que tinham avançado em Gettysburg. O custo para os dois lados dessa luta cada vez mais profunda foi doloroso. Em abril de 1865, quando o estrangulamento do Sul pelo Norte finalmente atingiu seu objetivo, 620 mil americanos já tinham morrido como resultado direto da guerra, mais do que a soma dos norte-americanos mortos nas duas guerras mundiais, na Coréia e no Vietnã.

As conseqüências emocionais da guerra vacinaram várias gerações de americanos contra o falso romantismo dos uniformes e campos de treinamento. Todavia, o espetáculo que a guerra apresentara de fazer surgir grandes exércitos amadores estimulou o "voluntariado" por candidatos a cidadãos-soldados em outros lugares, notadamente na Grã-Bretanha, e validou também o aumento progressivo de reservas mobilizáveis de recrutas que já tivessem prestado serviço na Alemanha, França, Áustria, Itália e Rússia.

O nacionalismo em dilatação desses Estados era militarista em seu impulso, ao mesmo tempo que o sucesso de seu imperialismo no ultramar estimulava os nacionalismos. Embora a Europa continental tenha estado raramente em guerra entre 1815 e 1914 — apesar dos conflitos internacionais de 1848-71 e de uma lufada de guerras civis, o período ainda suporta a descrição de "a grande paz" —, os exércitos e marinhas europeus estiveram constantemente em ação na Índia, na África, na Ásia central e no Sudeste asiático e suas vitórias em campanhas pequenas em campo de ação, mas espetaculares nos resultados, trouxeram grande satisfação às nações que as patrocinaram. Contudo, o sentimento mais forte que contribuiu para o apoio popular à militarização talvez tenha sido a excitação do próprio processo. A proclamação do igualitarismo proporcionara à Revolução Francesa um de seus apelos mais decisivos. Esse apelo estivera enraizado na identificação da igualdade com o porte de armas e colocara na consciência européia a idéia de que servir como soldado tornava um homem mais — e não menos — cidadão. A Revolução tinha efetivamente liquidado o mercenarismo e acabado com a pretensão da velha classe guerreira de monopolizar a liderança e o comando. Os exércitos que emergiram das guerras da Revolução Francesa e de Napoleão vieram a ser considerados — enganadoramente talvez, tendo em vista que a velha classe guerreira defendeu obstinadamente sua pretensão de controlar as nomeações — instrumentos de coesão social e até de nivelamento social. Dentro delas, jovens capacitados de classe média poderiam aspirar a subir na hierarquia militar e na posição social, ao mesmo tempo que todos os jovens, ao usar uniforme, poderiam exibir a insígnia de sua plena aceitação como membros iguais da comunidade. Os recrutamentos mercenário e regular tinham sido considerados, cada um a sua maneira, formas de servidão; o alistamento universal, ao contrário, conferia respeitabilidade e até ampliava os horizontes. Como escreveu William McNeill: "Por mais paradoxal que pareça, a fuga da liberdade constituía amiúde uma verdadeira libertação, especialmente entre homens jovens que viviam sob condições de mudanças muito rápidas, que ainda não tinham sido capazes de assumir papéis adultos plenos".[45]

Esse juízo implica a existência de uma dose de infantilismo na adesão entusiástica da Europa às tendências militaristas, o que bem pode ser verdade: "infantilismo" e "infantaria" têm a mesma origem. Se era assim, tratava-se do infantilismo de uma criança pensante. Os homens hábeis e os governos responsáveis encontravam argumentos palavrosos para se justificarem. Assim, o relatório da Câmara de Deputados da França sobre a explosão da conscrição de 1905, destinada a aumentar ainda mais o tamanho do exército, abria com este preâmbulo:

> É nas elevadas idéias nascidas da Revolução Francesa que as idéias militares de uma grande democracia republicana [...] devem se inspirar: e quando, depois de mais de um século, o legislador pode pedir a todos os cidadãos — sem distinção de riqueza, instrução ou educação — que consintam em dar uma parte igual de seu tempo à pátria, sem exceções e privilégios de tipo algum, eis aí a prova de que o espírito democrático uma vez mais uniu as cadeias do tempo.[46]

Assim falou o Parlamento da primeira democracia do continente na Cidade Luz, nove anos antes que as conseqüências da criação de exércitos de massa se tornassem aparentes. A 3 de agosto de 1914, terceiro dia da Primeira Guerra Mundial, os reitores das universidades da Bavária lançaram o seguinte apelo conjunto:

> Estudantes! As musas estão silentes. O que está em questão é a batalha, a batalha imposta a nós pela cultura germânica, que está ameaçada pelos bárbaros do Leste, e pelos valores germânicos, que o inimigo do Oeste nos inveja. E assim, o *furur*

teutonicus irrompe em chamas novamente. O entusiasmo das guerras de libertação flameja, e a guerra santa começa.⁴⁷

Nessa extraordinária explosão de dirigentes universitários, que competia apenas com os oficiais do Estado-maior geral pelo primeiro lugar na sociedade alemã, uma meia dúzia de elementos da longa experiência de guerra da humanidade, meio enterrada, meio ou totalmente primitiva, assoma à superfície. Razão e conhecimento são postos de lado ("as musas estão silentes"). O terror das estepes ("bárbaros do Leste, significando aqui os cossacos da Rússia) é invocado. O passado bárbaro da própria Alemanha (o *furor teutonicus*, que derrubara a civilização clássica, reconstruída em larga medida pela erudição germânica) é subitamente considerado respeitável novamente. O apelo à guerra santa — uma idéia muçulmana, não cristã, nem mesmo ocidental — é feito acima da assinatura de homens que partilhavam indiscutivelmente a crença dominante na Europa de que a façanha do islamismo fora semear corrupção e decadência onde quer que o Corão tivesse sido ensinado.

Essas contradições passaram despercebidas pelos estudantes universitários da Bavária — e da Alemanha. Embora sem treinamento (as leis de recrutamento os isentavam do serviço militar até o final de seus estudos), eles se apresentaram quase que como uma corporação completa para formar as novas unidades XXII e XXIII que, em outubro de 1914, depois de dois meses de instrução, foram jogadas em ação contra os soldados regulares do exército britânico perto de Ypres, na Bélgica. O resultado foi um massacre de inocentes (conhecido na Alemanha como o *Kindermord bei Ypern*), do qual se pode visitar ainda hoje um chocante monumento em memória. No cemitério de Langemarck, diante de um santuário decorado pelos emblemas das universidades alemãs, jazem os corpos de 36 mil jovens enterrados numa cova comum, todos mortos em três semanas de luta; o número é quase o mesmo das baixas dos Estados Unidos em sete anos de guerra no Vietnã.

PODER DE FOGO E A CULTURA DO SERVIÇO MILITAR UNIVERSAL

Um dos sobreviventes de Langemarck — um homem peculiar entre seus colegas de universidade, pois seu temperamento caótico o desqualificara para a educação superior — foi Adolf Hitler. Ele revelou-se um bom soldado e continuou no exército, apesar de vários ferimentos, até o fim da guerra. Sua longa sobrevivência também fez dele um homem peculiar. Seu regimento, o 16º da Reserva Bávara, emergiu de um mês na linha de Ypres com apenas 611 soldados ilesos, de seus 3600 soldados originais. Depois de um ano, mal continha algum dos seus membros originais. Listas de baixas como essa tinham então se tornado lugar-comum em todas as unidades de luta dos exércitos em combate. Elas registraram um derramamento de sangue sem precedentes sob dois aspectos: o total das perdas, para qualquer período dado das hostilidades, foi maior em termos absolutos do que qualquer outro conhecido da história; a taxa de perdas, calculada como porcentagem dos efetivos em combate, também não encontra paralelo, porque jamais uma proporção tão alta de qualquer população tinha entrado em combate. É difícil ser categórico em relação ao número de baixas; elas constituem, como qualquer historiador militar sabe, um lamaçal em que o estudioso vai afundando quanto mais se esforça para atravessá-lo. Para os períodos anteriores aos censos, o que significa toda a história até o século XIX, faltam dados precisos sobre a população civil; dessa forma, mesmo que as estimativas sobre forças militares sejam confiáveis, o que é raro, é difícil traduzir as perdas em batalhas registradas, dado em que também não se pode geralmente confiar, em números que representem uma proporção verificável do potencial humano militar de uma nação combatente. Por exemplo: ao mesmo tempo que se aceita que a República romana perdeu 50 mil dos 75 mil soldados envolvidos em Canas, não sabemos qual o potencial militar de Roma no século III a.C. e, portanto, não podemos comparar a escala daquele desastre com, digamos, o da floresta de Teutoburg, no século I.

No entanto, pode-se presumir com segurança que os exércitos de todos os Estados organizados anteriores à introdução do recrutamento universal eram compostos da menor fração das populações; na França, em 1789, eram 156 mil de um total de 29,1 milhões de habitantes (em 1793, o recrutamento universal elevaria o número de soldados para 983 mil). Sabemos também que o custo de batalha só excepcionalmente excedia 10% de mortes entre os engajados. E sabemos finalmente que as batalhas eram incidentes pouco freqüentes em guerras; a República francesa travou apenas cinqüenta, terrestres e navais, entre 1792 e 1800, ou seja, seis por ano, um número muito alto de acordo com padrões anteriores.[48] Dessa forma, podemos concluir que a notícia de morte em batalha constituía uma tragédia familiar comparativamente rara antes do século XIX. As batalhas de Napoleão, travadas com forças de campo tão grandes quanto as de todo o exército francês do *ancien régime*, empurraram para cima esses números. Em Borodino (1812), sua vitória de Pirro nas proximidades de Moscou, ele perdeu 28 mil dos 120 mil soldados em combate, enquanto em Waterloo, uma batalha à qual se podem aplicar métodos estatísticos precisos quase que pela primeira vez, suas perdas foram de 27 mil em 72 mil e as de Wellington, 15 mil em 68 mil.

Os números da guerra civil americana (para a qual temos dados confiáveis fornecidos pelo número de pensões pagas às viúvas dos mortos) mostram a tendência de aumento: aproximadamente 94 mil confederados, de cerca de 1,3 milhão de alistados, morreram nas 48 maiores batalhas dos quatro anos da guerra, e cerca de 110 mil dos 2,9 milhões de soldados da União. A proporção mais alta de baixas dos confederados, cerca de 7%, para 3% dos nortistas, explica-se por fatores como taxas mais baixas de deserção e envolvimento mais freqüente na ação de unidades em um exército menor.[49] A morte de cerca de 200 mil jovens em batalha em quatro anos, de uma população que alcançava 32 milhões em 1860, deixou uma ferida emocional que deu à guerra uma duradoura má fama nos Estados Unidos; a agonia foi aumentada pela morte por doenças ou privações de outros 400 mil.[50]

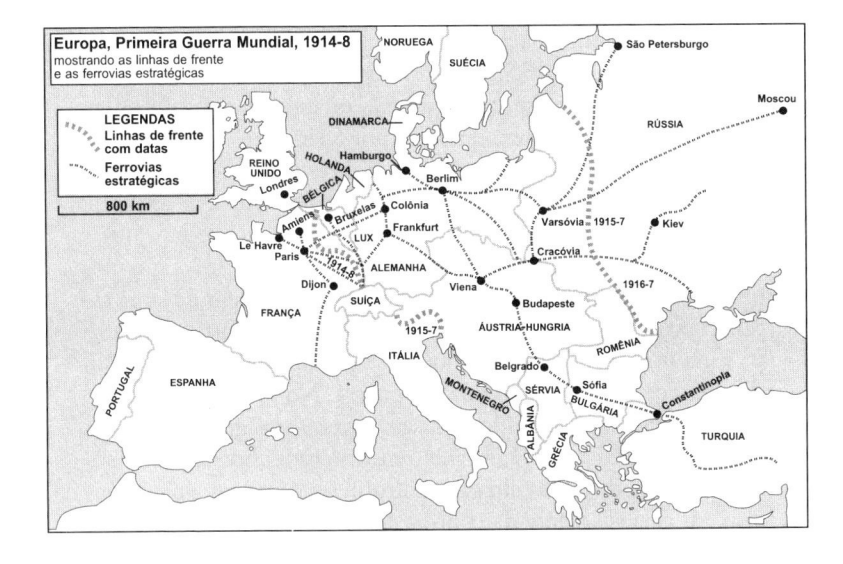

Europa, Primeira Guerra Mundial, 1914-8
mostrando as linhas de frente e as ferrovias estratégicas

LEGENDAS
Linhas de frente com datas
Ferrovias estratégicas

Em 1914, o velho flagelo das doenças, até então o principal agente da morte nas guerras, já fora afastado dos exércitos. A guerra dos bôeres (1899-1902) foi a última em que o exército britânico teve mais mortes causadas por moléstias do que por projéteis. Porém isso fez a lista de baixas de 1914-18 mais difícil ainda de suportar. A vida dos soldados tornara-se saudável; os recrutas, criados em um meio ambiente de melhor saúde pública, bem alimentados pelos produtos da agricultura mecanizada, eram mantidos em forma e fortes. Na verdade, o tamanho das listas de baixas da Primeira Guerra Mundial refletia, em certo sentido, o declínio da mortalidade infantil e o aumento da expectativa de vida civil ocorrido no século anterior. Esses fatores combinaram-se para fornecer o número de cabeças que se apresentavam para a carnificina, que aumentava acentuadamente a cada ano. Até setembro de 1915, o exército francês já tinha sofrido 1 milhão de baixas, das quais cerca de um terço fatais, nas batalhas das fronteiras — Marne, Aisne, Picardia e Champagne. Na batalha de Verdun (1916), a França teve 500 mil mortos ou feridos (convencionalmente calcula-se a proporção de um para

459

três) e a Alemanha, mais de 400 mil. No primeiro dia da batalha do Somme, a 1º de julho de 1916, o exército britânico teve 20 mil soldados mortos, quase tantas mortes quanto as que sofrera em toda a guerra dos bôeres, causadas por ferimentos e doenças.

Em 1917, as mortes do exército francês já somavam 1 milhão e, depois de mais uma ofensiva desastrada na Champagne em abril, metade de suas divisões de campo se recusou a obedecer a novas ordens de ataque. O episódio, imprecisamente descrito como motim, é mais bem representado como uma greve militar de larga escala contra a operação de uma probabilidade insuportável; quatro de cada nove franceses alistados em unidades de campo tinham sido feridos ou mortos ao final da guerra. No fim daquele ano, o exército italiano, envolvido por seu governo na guerra contra a Áustria em maio de 1915, seguiu o mesmo caminho: depois de sofrer 1 milhão de baixas em onze infrutíferas ofensivas alpinas, entrou em colapso diante da contra-ofensiva austro-germânica e ficou efetivamente imobilizado até o armistício. O exército russo, com suas baixas não contadas, começara então a "votar pela paz com seus pés", nas palavras de Lenin. A vitória política de Lenin na revolução de Petrogrado de outubro de 1917 não teria ocorrido se não tivessem acontecido as catástrofes militares na Prússia oriental, na Polônia e na Ucrânia, que dissolveram as unidades com cujo apoio o governo constitucional contava.

Em retrospecto, é fácil encontrar explicações mecanicistas para esse salto na quantidade de baixas. O poder de fogo, tanto da arma do soldado individual, como das metralhadores e artilharia que lhe davam apoio, multiplicara-se várias centenas de vezes desde os tempos da "indecisão" da pólvora, no século XVIII. Então calculara-se que a proporção de mortes provocadas por cargas disparadas (descontando-se a artilharia) ficava entre 1 para 200 e 1 para 460.[51] Porém o mosqueteiro atirava no máximo três vezes por minuto, enquanto as forças em luta raramente ultrapassavam os 50 mil homens. Mesmo assim, as baixas causadas em poucos minutos de troca de fogo eram geralmente suficientes para provocar uma fuga para a retaguarda de um lado ou outro; com efeito, era precisamente mediante a provocação desse pânico que os comandantes procuravam tomar conta do campo de batalha.[52] Já em 1914, o soldado de infantaria disparava quinze descargas por minuto, uma metralhadora, seiscentas, e uma peça de artilharia, atirando granadas *shrapnel* cheias de balas de aço, vinte descargas. Enquanto a infantaria ficasse protegida, boa parte desse fogo era desperdiçada, mas quando ela avançava era possível destruir um batalhão de mil homens em poucos minutos. Com efeito, essa foi a experiência do Primeiro Regimento da Terra Nova em 1º de julho de 1916, quando muitos outros sofreram perdas quase iguais. Ademais, correr dessa torrente de disparos não oferecia escapatória, pois o fugitivo tinha de atravessar uma zona de alcance de fogo de centenas de metros até conseguir voltar à proteção das trincheiras. O fogo, portanto, pregava-o ao chão onde, se fosse ferido, poderia ficar sem assistência até sucumbir.

Todos os esforços dos altos comandos da Primeira Guerra Mundial para superar o impasse que o poder de fogo impunha às frentes de luta pela aplicação de métodos indiretos em outros lugares revelaram-se infrutíferos. A ação das frotas, em particular, trouxe pouco retorno para as enormes quantias gastas para construí-las nos sessenta anos decorridos desde a substituição dos navios de madeira pelos de ferro. As frotas de madeira, como vimos, tinham se mostrado instrumentos extraordinariamente bem-sucedidos da tecnologia européia da pólvora, tanto em casa como em águas distantes. Com eles, os Estados marítimos europeus tinham levado seu domínio a povos remotos que, mesmo quando tinham acesso a armas de fogo, estavam culturalmente desarmados para enfrentar seus guerreiros face a face.

Nos mares europeus, as nações navais bem-sucedidas, sobretudo a Inglaterra, não somente tinham conseguido estabelecer um domínio de longo prazo sobre as rotas comerciais e zonas operacionais críticas, como também tinham dominado as técnicas de fornecer apoio efetivo aos seus exércitos em terra, especialmente mediante bloqueios e suporte logístico. Foi com esses objetivos em mente que a Alemanha desafiou a Inglaterra na grande corrida de construção de couraçados *dreadnought* na primeira década do século XX, uma competição que equipou suas frotas com dezenas de vasos de guerra (em 1914, a Inglaterra tinha 28 deles, a Alemanha, dezoito) capazes de destruir uns aos outros numa distância de trinta quilômetros. A esperança do Estado-maior naval alemão era pegar a frota britânica em desvantagem no mar do Norte, infligir perdas irreparáveis e, assim, conquistar a liberdade de alcançar as rotas comerciais do Atlântico e destruir o comércio marítimo inglês. Seus esforços nesse sentido, notadamente na batalha da Jutlândia (maio de 1916), fracassaram e a frota alemã ficou a partir de então confinada em suas bases. Ela saiu-se melhor em seu contrabloqueio da Grã-Bretanha com sua frota rapidamente ampliada de submarinos, que adotou uma política de afundar sem aviso em 1917, mas isso acabou quando o almirantado inglês voltou à prática do século XVIII de formar comboios com navios mercantes, escoltados por vasos de guerra.

A tentativa inglesa de reviver sua estratégia anfíbia tradicional, pela qual forças expedicionárias eram instaladas e supridas pela marinha em pontos vulneráveis da periferia marítima do adversário, acabou em sério revés no único lugar em que foi tentada: Gallipoli, na Turquia, em abril de 1915. Os defensores turcos, aliados recentes da Alemanha, exibiram toda a bravura que os tinha tornado tão temidos pela Europa cristã trezentos anos antes e também demonstraram que já dominavam completamente a nova tecnologia de potência de fogo. Em Gallipoli, o poder de fogo terrestre local derrotou o poder estratégico situado no mar.

No fim, o poder naval estratégico contribuiu para afetar o grande confronto de potência de fogo entre os Aliados e a Alemanha na frente ocidental (França), principalmente ao garantir a travessia segura do Atlântico de um exército norte-americano que, em 1918, começou a chegar em número suficiente para dar novo alento aos desmoralizados franceses e gravemente abalados ingleses. Em contrapartida, essa chegada desanimou os alemães, cujas cinco ofensivas para vencer a guerra da primavera e do verão tinham rompido linhas de defesa improvisadas para conter seu avanço. Em outubro de 1918, eles começaram finalmente a revelar sinais do cansaço de guerra que acometera franceses, russos, italianos e até ingleses no ano anterior. Todas as suas formações de infantaria tinham substituído, tal como as dos inimigos, seu efetivo original duas, às vezes três vezes, e apesar da vitória sobre a Rússia na frente oriental, de uma série de êxitos em outras frentes e da proximidade com que tinham ameaçado as potências ocidentais com a derrota, eles recuaram diante de um sacrifício que parecia cada vez mais sem sentido. Em novembro, o alto comando germânico, confrontado com a indiscutível evidência de que tinham submetido seus soldados a provações em demasia, passou a negociar um armistício.

A verdade é que todos os Estados em luta tinham submetido seus soldados a um excesso de provações. O sofrimento fora tão auto-infligido quanto imposto. As populações que haviam abraçado a guerra em 1914 com tanto entusiasmo mandaram seus jovens para as frentes de batalha na crença de que iriam obter não apenas vitórias, mas glória, e que a volta deles com os louros justificaria toda a confiança que tinham investido na cultura do serviço militar universal e do comprometimento com o reino dos guerreiros. A guerra explodiu essa ilusão. "Cada homem um soldado", a filosofia que sustentava a política da conscrição, baseava-se numa incompreensão fundamental da potencialidade da natureza humana.

Os povos guerreiros podem ter feito de cada homem um soldado, mas tinham tomado o cuidado de lutar apenas em condições que evitavam o conflito direto ou sustentado com o inimigo, admitiam a ruptura de contato e o recuo como respostas permissíveis e razoáveis à resistência resoluta, não faziam um fetiche da coragem desesperada e mediam com muito cuidado a utilidade da violência. Os gregos tinham mostrado uma frente mais audaz e destemida; mas, ao mesmo tempo que inventavam a instituição da batalha face a face, não levaram sua ética de guerra ao ponto de exigir a derrubada clausewitziana como seu resultado necessário. Seus descendentes europeus limitaram também os objetivos de suas guerras; os romanos procuraram consolidar e, depois, garantir uma fronteira defensiva para sua civilização — em essência, a mesma filosofia militar dos chineses —; por sua vez, os sucessores dos romanos lutaram, ainda que incessantemente, com o objetivo principal de gozar de direitos dentro de territórios bastante circunscritos. Em uma forma diferente, as batalhas por direitos também caracterizaram as guerras dos Estados da Idade da Pólvora. Embora suas lutas tenham se exacerbado pelas diferenças religiosas expressas na Reforma, os protestantes agiram antes para desafiar direitos preexistentes que para derrubar novos. Ademais, em nenhuma dessas pelejas os combatentes entregaram-se à ilusão de que toda a população masculina deve ser mobilizada para dar prosseguimento à disputa. Mesmo que isso fosse materialmente possível, o que era desaconselhado pela necessidade de mão-de-obra intensiva da agricultura, para não falar da incapacidade fiscal, nenhuma sociedade pré-1789 considerava o serviço militar uma ocupação, exceto uma minoria. A guerra era considerada corretamente como um negócio brutal demais para qualquer um, exceto para aqueles preparados para ela pela posição social ou levados a se alistar pela falta de qualquer posição social. Mercenários e soldados regulares, pobres, desempregados, com freqüência proscritos criminalmente eram julgados adequados para a guerra porque a vida pacífica não lhes oferecia nada, senão dificuldades equivalentes.

A exclusão dos industriosos, dos habilidosos, dos letrados e dos donos de propriedades modestas do serviço militar refletia uma apreciação sensível de como a natureza da guerra exerce pressão sobre a natureza humana. Seus rigores não eram para serem suportados por homens de hábitos confortáveis, regulares e produtivos. Em seu afã de igualar, a Revolução Francesa pôs essa percepção grosseiramente de lado, buscando conceder à maioria o que até então fora o privilégio de uma minoria — o direito à plena liberdade legal representado pelo estatuto de guerreiro dos aristocratas. A Revolução não estava totalmente errada ao fazer isso. Muitos homens respeitáveis cujos pais teriam se esquivado do serviço militar revelaram-se excelentes soldados, tanto em postos altos como baixos: Murat, o mais arrojado dos marechais de Napoleão, tinha estudado para ser padre, Bessières fora estudante de medicina, Brune, editor de jornal.[53] É verdade que o seminário e o jornal também estavam no passado respectivamente de Stalin e Mussolini, mas eles foram homens de temperamento selvagem numa época posterior. Em seu tempo, Murat, Bessières e Brune passavam por respeitáveis *bourgeois*, e foi por mero acaso que seus temperamentos se adequaram à disciplina e ao perigo da vida militar. Até mesmo no exército de Napoleão eles constituíam exceções. Cem anos depois, não o seriam mais. Os exércitos da Primeira Guerra Mundial eram compostos quase que do topo até a base de representantes de todas as posições e ocupações da sociedade, e muitos dos que foram poupados da morte e de ferimentos serviram por dois, três ou até quatro anos com paciente firmeza. Mas 200% ou 300% de baixas na infantaria e mais de 1 milhão de mortes serão suficientes para quebrar o ânimo de uma nação. Em novembro de 1918, a França tinha perdido 1,7 milhão de jovens de uma população de 40 milhões, a Itália, 600 mil de uma população de 36 milhões, o Império britânico 1 milhão, dos quais 700 mil vinham dos 50 milhões de habitantes das Ilhas Britânicas.

A persistência até o fim da Alemanha, apesar da perda de mais de 2 milhões de uma população anterior à guerra de 70 milhões, é ainda mais notável. Ela pagou o preço emocional, embora numa moeda diferente da que circulou nas nações vitoriosas. Nestas, o custo foi considerado alto demais para jamais ser pago novamente. "Estou começando a esfregar meus olhos diante da perspectiva de paz", escreveu Cynthia Asquith, esposa de um ex-primeiro-ministro britânico, em outubro de 1918. "Acho que será preciso mais coragem do qualquer outra coisa que tenha acontecido antes [...] finalmente vai-se reconhecer que os mortos não estavam mortos apenas enquanto durava a guerra."[54] Evidentemente, novembro de 1918 significou para milhões de famílias o fim da apreensão de que um carteiro pudesse trazer o telegrama da morte, mas o sentimento dela estava correto. As listas de baixas tinham deixado vazios em quase todos os círculos familiares e a agonia da perda perdurava enquanto aqueles que a tinham sentido continuassem vivos. Ainda hoje, as colunas "In Memoriam" dos jornais ingleses trazem lembranças de pais ou irmãos que morreram nas trincheiras ou em terra de ninguém há oitenta anos. Ferimentos psíquicos dessa profundidade não saram com o primeiro embotamento da memória. Eles inflamam-se na consciência coletiva, e a consciência nacional dos ingleses e franceses, diante das conseqüências da guerra, rebelava-se ao pensar numa repetição do sofrimento.

A França buscou literalmente emparedar-se contra uma repetição da agonia das trincheiras construindo em concreto uma simulação do sistema de trincheiras ao longo de sua fronteira com a Alemanha, a Linha Maginot, cuja construção em sua primeira fase foi tão cara (3 bilhões de francos) quanto o programa de construção naval britânico de 1906-13. Tal como uma enorme frota de vasos de guerra cercada em terra, ela destinava-se a evitar que um exército alemão do futuro — pois a Alemanha tinha sido privada de exército pelo acordo de paz — jamais colocasse os pés novamente em território francês.[55] Os ingleses reagiram diante da perspectiva de uma nova grande guerra com a mesma repulsa dos franceses, mas sem o realismo deles. Em 1919, por sugestão de Winston Churchill, ex-ministro da Marinha e secretário de Estado para Guerra e Ar, adotou-se a decisão de que "para o objetivo de enquadrar as estimativas [de defesa], [deve-se supor] que em qualquer data considerada não haverá guerra importante por dez anos"; essa "regra dos dez anos" foi renovada ano após ano até 1932; mesmo depois, apesar da ascensão de Adolf Hitler ao poder na Alemanha em 1933, decidido a reverter o resultado da Primeira Guerra Mundial, a Inglaterra não tomou medidas substantivas de rearmamento até 1937.[56] Enquanto isso, Hitler reintroduzira o recrutamento universal e começara a recriar uma vez mais uma cultura guerreira na nova geração alemã.

AS ARMAS DEFINITIVAS

Para Hitler, a Primeira Guerra Mundial fora "a maior de todas as experiências".[57] Da mesma forma que uma minoria de veteranos de todos os exércitos, ele achara a excitação e até os perigos das trincheiras engrandecedores e enaltecedores. Sua bravura lhe dera medalhas e a opinião favorável de seus oficiais, enquanto sua admissão a um círculo de camaradagem, depois de anos de vida como um derrotado nas ruelas de Viena, reforçara sua ardente crença na superioridade da nação germânica sobre todas as outras. E ele estava tomado por uma ira destruidora em face da humilhação da Alemanha na paz de Versalhes, cujos termos — incluindo perda de território, redução de seu exército a uma força de 100 mil, privação de sua marinha de vasos de guerra modernos e abolição total de sua força aérea — foram aceitos pelo governo alemão somente porque o bloqueio naval dos Aliados, obtendo finalmente o efeito que não conseguira nos anos de guerra, não lhe deixava outra opção. A ira de Hitler equivalia à de um número de veteranos suficiente para proporcionar-lhe o núcleo de um partido político, quando em 1921 adotou posições de extrema direita.

Na década de 1920, os partidos paramilitares estavam avançando em quase todos os países que tinham sofrido derrota ou sido enganados em sua expectativa de vitória. A Turquia era a exceção: Ataturk, o salvador militar do coração da pátria turca, depois que os Aliados a despojaram de seu império no Oriente Médio, conseguiu fazer seu povo belicoso voltar-se pela primeira vez para uma estratégia de moderação. Na Rússia, um partido bolchevique triunfalista, vitorioso na guerra civil, estava instituindo um regime que, apesar de toda a sua retórica igualitarista, superaria em muito a Revolução Francesa ao subordinar todos os aspectos da vida pública, assim como boa parte da vida privada, ao comando do alto, reforçado por disciplinas arbitrárias e um sistema penetrante e difuso de espionagem interna. Na Itália, em 1922, Mussolini — dando voz a todos aqueles que achavam que os ingleses e franceses tinham se apropriado de uma parte injusta dos despojos da guerra, pois os italianos tinham feito um sacrifício de sangue igual — usurpou o governo com um partido que usava uniformes militares, imitou hábitos militares, exilou ou prendeu seus adversários políticos e colocou sua própria milícia em pé de igualdade com o exército constitucional.

Hitler admirava profundamente Mussolini, que comparava constantemente a Júlio César e cujo uso do simbolismo legionário, inclusive o de estandartes e da saudação "romana", adotou em seu grupo revolucionário. No entanto, o Estado germânico, embora enfraquecido pela derrota, revelou-se um osso mais duro que o italiano. A tentativa hitlerista de um golpe de Estado em 1923 foi facilmente sufocada pela polícia bávara, apoiada por um exército que não estava preparado para ver seu papel nacional desafiado por uma turba desfilando com uma paródia de uniforme militar. Durante seus dezesseis meses na prisão, Hitler refletiu sobre seus erros e decidiu que nunca mais enfrentaria o exército diretamente. Em vez disso, ao mesmo tempo que cortejava as lideranças militares e criava uma milícia uniformizada de "tropas de assalto" (que alcançou 100 mil membros em 1931, mesmo número do exército), decidiu usar o processo eleitoral para chegar ao poder.[58] Em janeiro de 1933, costurou com dificuldade uma maioria no Parlamento, foi nomeado chanceler e passou a tomar imediatamente medidas para repor a Alemanha em seu antigo lugar de grande potência militar. Em 8 de fevereiro, informou secretamente ao seu gabinete que "os próximos cinco anos devem ser devotados a tornar o povo alemão novamente capaz de portar armas".[59] No ano seguinte, com a morte do presidente Hindenburg, o comandante-em-chefe do tempo da guerra, Hitler fez com que todos os soldados jurassem fidelidade pessoal a ele na qualidade de novo chefe de Estado (*Führer*, ou "líder"). Em 1935, repudiou as cláusulas do Tratado de Versalhes que limitavam o tamanho do exército a 100 mil, reimplantou o recrutamento universal e decretou a criação de uma força aérea independente; em 1936, mesmo ano em que negociou com a Inglaterra um novo tratado naval anglo-germânico que lhe permitia construir submarinos, reocupou a desmilitarizada Renânia com tropas alemãs. Já estava fabricando tanques — em janeiro de 1934, foram-lhe mostrados alguns protótipos ilegais em Kummersdorf por Guderian, o pai dos blindados *panzer*, e ele proclamara "É o que eu preciso! É isso que eu quero ter" — e em 1935, três divisões de *panzer* (blindados) já estavam em formação.[60] Em 1937, o exército alemão já contava com 36 divisões de infantaria e três de *panzer* (em 1933, eram apenas sete divisões de infantaria) que, com reservas, proporcionavam uma força de guerra de 3 milhões de homens, um aumento de trinta vezes em quatro anos. Em 1938, a nova Luftwaffe tinha 3350 aviões de combate (nenhum em 1933) e estava treinando tropas de pára-quedistas para se tornarem o braço aéreo do exército, enquanto a marinha dava início à construção do primeiro de uma série de superencouraçados e planejava construir um porta-aviões.

O rearmamento mostrou-se enormemente popular, não apenas porque proporcionou um meio de absorver a juventude desempregada e de integrar ao território de uma grande Alemanha a Renânia e, em 1938, o remanescente da Áustria e as regiões de língua alemã da Tchecoslováquia, mas também porque restaurou o orgulho nacional alemão. Nas nações vitoriosas, o custo de vencer a Primeira Guerra deixara as populações decididas a nunca mais suportar outra; na Alemanha, o custo de perder a guerra parecia se justificar somente se o resultado pudesse ser revertido. Hitler, que estava inteiramente imbuído dessa convicção, tivera a percepção de detectar esse rancor popular, embora enterrado sob o verniz de internacionalismo que constituía a filosofia oficial do Estado pós-imperial, e trabalhara para excitá-lo ao longo de quinze anos de agitação política. Suas acusações de traição contra os que haviam assinado o Tratado de Versalhes e suas implacáveis exigências de vingança caíram em ouvidos receptivos.

Enquanto os franceses reforçavam a Linha Maginot e os ingleses recusavam-se firmemente a se rearmar, os jovens alemães envergavam com entusiasmo o uniforme cinzento escuro das trincheiras, gozavam da admiração dos civis, tal como seus pais e avós nas décadas anteriores a 1914, quando o exército de conscritos fora o principal símbolo da nacionalidade germânica, e vibravam com a modernidade que representavam tanques, aviões de combate e caças de mergulho. A visão de Mussolini do que a Itália poderia fazer inspirara-se na arte do futurismo; na Alemanha de Hitler, a futuridade não era uma mera aspiração, como permaneceu na Itália fascista, mas uma realidade intoxicante. Em 1939, a sociedade alemã não estava apenas remilitarizada, mas tomada pela crença de que possuía os meios para sobrepujar seus decadentes vizinhos, Estados que não levavam a sério a filosofia de "cada homem um soldado", e obter a vitória que lhe fora roubada 21 anos antes.

Em 1º de setembro de 1939, ao anunciar sua decisão de declarar guerra à Polônia e, portanto, também à França e à Inglaterra, Hitler evocou explicitamente a experiência da trincheira: "Não estou pedindo dos homens alemães mais que eu mesmo estive disposto a realizar durante os poucos anos da [primeira] guerra [...] A partir de agora, não sou mais que o primeiro soldado do Reich. Uma vez mais vesti o casaco que era o mais sagrado e querido para mim. Não o tirarei mais até que a vitória esteja garantida, ou não sobreviverei ao resultado".[61] Eram palavras sinistramente proféticas de um líder político que tiraria sua própria vida cinco anos e meio depois, quando as bombas inimigas choviam sobre a casamata onde se abrigava nas ruínas de Berlim. Porém, no início, qualquer perspectiva de derrota parecia quimérica. Os generais de Hitler tinham advertido, como costumam fazer os profissionais militares quando se lhes pede para traduzir planos em ações, que a vitória sobre a Polônia poderia não ser rápida. Na realidade, as quarenta divisões da Polônia, nenhuma blindada, viram-se cercadas desde o início por 62 divisões alemãs, inclusive dez blindadas, e foram derrotadas em cinco semanas de luta; a força aérea polonesa de 935 aviões, quase todos obsoletos, foi destruída no primeiro dia. Quase 1 milhão de poloneses foram feitos prisioneiros, 200 mil pelos russos que — em um acordo secreto com Hitler que livrou a Alemanha de ter de lutar em duas frentes, como em 1914 — tinham tomado providências para invadir e anexar o Leste do país assim que as operações estivessem em andamento.

A campanha da Polônia revelou a nova tática para a qual as forças terrestres e aéreas da Alemanha estavam equipadas e treinadas. Chamada de *Blitzkrieg*, "guerra relâmpago", termo de um jornalista, mas bastante descritivo, ela concentrava os tanques das divisões *panzer* numa falange ofensiva, apoiada por esquadrões de caças de mergulho agindo como "artilharia voadora", que quando direcionada para um ponto fraco de uma linha de defesa — qualquer ponto era, por definição, fraco diante de uma tal força — a rompia e prosseguia espalhando confusão em sua esteira. A técnica era a mesma introduzida por Epaminondas em Leuctra, usada por Alexandre contra Xerxes em Gaugamelos e empregada por Napoleão em Marengo, Austerlitz e Wagram. A *Blitzkrieg*, porém, obteve resultados negados a comandantes anteriores, cuja habilidade para explorar o sucesso no ponto de assalto estava limitada pela velocidade e resistência do cavalo, fosse um instrumento de força ou um meio de levar mensagens e relatórios. O tanque não somente deixava para trás a infantaria, como podia manter um ritmo de avanço de cinqüenta, até oitenta quilômetros em 24 horas, desde que suprido de combustível ou peças sobressalentes, ao mesmo tempo que seu aparelho de rádio permitia ao quartel-general receber informações e transmitir ordens com a mesma velocidade que as operações pediam, um desdobramento que veio a ser conhecido durante a guerra como "tempo real".

Tinha havido experiências com o rádio na Primeira Guerra Mundial, mas os primeiros aparelhos, exigindo fontes de energia volumosas, tinham funcionado bem apenas no mar. A miniaturização reduziu a energia exigida, permitindo que aparelhos confiáveis fossem instalados em tanques ou veículos de comando, ao mesmo tempo que os alemães obtinham um notável sucesso na mecanização da codificação de mensagens. Estava assim montada a base de uma revolução ofensiva. Sua natureza estava contida nas observações feitas pelo general Erhard Milch, da força aérea alemã, numa conferência pré-guerra sobre a tática da *Blitzkrieg*: "Os caças de mergulho formarão uma artilharia voadora, direcionada para trabalhar com as forças terrestres por intermédio da comunicação pelo rádio [...] tanques e aviões estarão [à disposição do comandante]. O verdadeiro segredo é a velocidade — velocidade de ataque mediante a velocidade das comunicações".[62]

Esses ingredientes de uma revolução ofensiva persuadiram Hitler e os generais alemães de maior visão de que a Wehrmacht podia derrotar os exércitos ainda organizados de forma convencional de seus inimigos do Ocidente com poucas perdas, bem como poupariam a Alemanha dos pesados custos econômicos de colocar a indústria totalmente em pé de guerra. O *establishment* militar germânico atribuía a vitória aliada em 1918 a sua melhor capacidade de travar a *Materialschlacht*, a "batalha dos materiais", preservando assim a ilusão de que o soldado alemão não fora de forma alguma derrotado. A *Blitzkrieg*, cujas armas eram comparativamente baratas, permitiria que o povo alemão gozasse dos frutos da vitória sem os sacrifícios financeiros sempre acarretados pela guerra total.

Os resultados da campanha de maio-junho de 1940 na França e nos Países Baixos pareceram confirmar essas expectativas. Concentradas furtivamente nas florestas das Ardenas, ao norte da Linha Maginot, as divisões blindadas alemãs romperam as defesas de campo francesas em três dias de luta e alcançaram Abbeville, na costa do canal da Mancha, em 19 de maio. Esse avanço cortou os exércitos aliados em dois, deixando o melhor dos franceses e das forças expedicionárias britânicas isolado no Norte, enquanto no Sul a defesa do interior francês ficava nas mãos de formações imóveis e de segunda categoria. O bolsão do Norte foi eliminado até 4 de junho — a maior parte do exército inglês foi evacuada de Dunquerque por mar — e a frente meridional foi penetrada e derrotada imediatamente depois. Em 17 de junho, o governo francês pediu um armistício que entrou em vigor (também com a Itália, aliada retardatária da Alemanha) a 25 de junho. "A maior batalha da França acabou", escreveu um jovem oficial alemão. "Ela durou 26 anos." Seu sentimento refletia concisamente o de Hitler. A 19 de julho, ele realizou uma celebração da vitória em Berlim para promover doze de seus generais ao posto de marechal; já tinha tomado a decisão de desmobilizar 35 das cem divisões do exército, para que a indústria recuperasse a mão-de-obra necessária para sustentar a produção de bens de consumo em níveis de tempo de paz.

Portanto, no verão de 1940, parecia que a Alemanha iria viver no melhor de todos os mundos: vitória, abundância econômica e o retorno de seus guerreiros aos seus lares. Como precaução contra a retomada do conflito, Hitler deu ordens para continuar a produção de novas armas; era preciso duplicar o número de divisões blindadas, aumentar a construção de submarinos e colocar em linha de produção os protótipos de aviões avançados. Porém, não parecia haver nenhuma ameaça de conflito. A União Soviética estava inerte, satisfeita com a incorporação ao seu território das terras que Hitler lhe destinara no acordo com Stalin, anterior à guerra, e com o cumprimento das entregas de matérias-primas que eram uma condição do acordo. A Inglaterra, expulsa do continente, onde abandonara quase todo o seu equipamento militar pesado, estava destituída de meios para travar uma guerra ofensiva; na melhor das hipóteses, podia defender suas rotas marinhas ou seu espaço aéreo. Qualquer cálculo racional levava à conclusão de que os ingleses pediriam paz. Assim calculava Hitler e ele esperou durante junho e julho receber uma proposta de Churchill.

Esperou em vão. Em vez disso, a guerra tomou um curso diferente. Hitler já tinha se voltado para o exame de quão seguro era deixar a Rússia sossegada em sua fronteira oriental aberta. Sua falta de fronteiras naturais e as vastidões "tanqueáveis" de sua estepe ocidental jaziam abertas a uma *Blitzkrieg* em escala ampliada; uma guerra relâmpago bem-sucedida proporcionaria à Alemanha os recursos materiais e industriais que fariam dela a potência dominante da Europa para sempre. Essa *Blitzkrieg* não teria sido deflagrada se a Inglaterra tivesse concordado com um armistício, uma vez que evitaria o perigo de que os Estados Unidos viessem a intervir na Europa, como acontecera em 1917, invertendo a balança do poder. Porém, a Inglaterra mostrou-se recalcitrante, mesmo sob o peso da ofensiva aérea total lançada pelos alemães em agosto. Enquanto observava quanto tempo as defesas aéreas britânicas poderiam resistir, Hitler decidiu suspender a desmobilização de divisões que tinham tomado parte na batalha da França e começar uma distribuição preventiva de suas formações *panzer* no Leste.

Hitler deve ser visto retrospectivamente como o líder guerreiro mais perigoso que jamais atormentou a civilização, pois combinava três crenças selvagemente complementares, freqüentemente encontradas separadas, mas nunca antes reunidas em uma única mente. Ele estava obcecado pela tecnologia da guerra, envaidecendo-se com seu domínio dos detalhes dela e mantendo-se fiel à concepção de que armas superiores poderiam ser a chave da vitória; nisso, ele opunha-se diretamente às tradições do exército germânico, que confiavam no poder de luta do soldado alemão e na capacidade profissional de seu Estado-maior para vencer.[63] Todavia, ele também acreditava na primazia da classe guerreira, que revestia de um conteúdo racial implacável em suas mensagens políticas ao povo alemão. Por fim, era um clausewitziano convicto: considerava realmente a guerra como uma continuação da política. Mais que isso: não as via como atividades separadas. Tal como Marx, embora rejeitasse com desprezo o coletivismo dele, uma vez que fora ideado para libertar indiferentemente todas as raças da escravidão econômica, Hitler concebia a vida como luta e a guerra, portanto, como o meio natural pelo qual a política racial alcançaria seus objetivos. Em 1934, afirmou em Munique: "Nenhum de vocês leu Clausewitz, ou, se o fez, não aprendeu a relacioná-lo ao presente". Em seus últimos dias de vida em Berlim, em abril de 1945, quando sentou-se para escrever seu testamento político ao povo alemão, o único nome que citou foi o do "grande Clausewitz", ao justificar o que tentara realizar.[64]

Armas revolucionárias, *ethos* guerreiro e filosofia clausewitziana de integração dos fins militares aos políticos iriam garantir que, sob a mão de Hitler, a guerra na Europa entre 1939 e 1945 alcançasse um nível de totalidade com que nenhum líder anterior — nem Alexandre, nem Maomé, nem Gengis Khan, nem Napoleão — jamais sonhara. No início das hostilidades, ele concordou com a declaração dos governos inglês e francês de que não dirigiriam ataques aéreos contra alvos civis. Uma vez aberta uma brecha na proibição — por um ataque alemão equivocadamente lançado contra a cidade alemã de Freiburg a 10 de maio de 1940, que a conveniência exigiu que se colocasse a culpa nos franceses —, as inibições foram deixadas de lado.[65] Douhet, um teórico militar italiano, já apresentara a proposta de que as guerras deveriam ser ganhas apenas pelo ar (os italianos, por coincidência ou não, foram os primeiros a usar aviões para fins militares, contra os turcos na Líbia, na guerra de 1911-12) e, embora o bombardeio aéreo de cidades na Primeira Guerra Mundial tivesse causado poucas baixas e danos insignificantes, Hitler estava convencido de que sua nova Luftwaffe, com seus mil bombardeiros, poderia destruir tanto a Real Força Aérea como o moral da população civil inglesa com um golpe concentrado.[66] No que ainda hoje é chamado em Londres de "primeiro dia do bombardeio", 7 de setembro de 1940, a Luftwaffe destruiu as docas e largas faixas da cidade em ambos os lados do Tâmisa. Em 31 de dezembro, destruiu boa parte da City de Londres; e em 10 de maio de 1941, no primeiro aniversário do ataque de blindados na frente ocidental, devastou Whitehall e Westminster, inclusive a Câmara dos Comuns. Apesar de causar a morte de 13 596 londrinos somente em 1940, a Luftwaffe acabou julgando suas próprias perdas — de seiscentos bombardeiros em agosto e setembro — como o fator decisivo e abandonou a tentativa de dar força à doutrina de Douhet da "vitória por meio do poder aéreo".[67] Durante 1941-43, ela limitou-se a lançar ataques esporádicos, apenas à noite, contra alvos britânicos.

Hitler, frustrado em seus esforços de fazer a Inglaterra admitir a derrota pelos efeitos dos bombardeios, resolveu então usar seu outro sistema revolucionário de armas, a força blindada, para conseguir a vitória total na Europa que tanto desejava. Na primavera de 1941, sua distribuição de divisões no Leste estava completa e sua decisão de atacar a União Soviética, que se recusara a concordar com sua reorganização diplomática da Europa meridional, era absoluta. Depois de uma campanha subsidiária para conquistar a Iugoslávia e a Grécia, que resistiram às suas exigências de subordinação, lançou suas forças blindadas contra a Rússia em 22 de junho.

A *Blitzkrieg* funcionou de forma tão espetacular nos primeiros seis meses da ofensiva na Rússia quanto o fora no Ocidente, na primavera de 1940. Até dezembro, os tanques germânicos tomaram a Ucrânia, o celeiro agrícola da União Soviética e fonte de boa parte de sua riqueza industrial e extrativa, e chegaram às portas de Leningrado e Moscou. A filosofia clausewitziana de Hitler tinha cumprido — ou pelo menos assim parecia — seus objetivos aplicando em suas operações a tecnologia militar revolucionária da qual Hitler (e não Clausewitz, que não considerava a superioridade de armamentos um fator significativo no guerrear) era um advogado tão apaixonado. Sua defesa fervorosa do *ethos* guerreiro também desempenhou seu papel; na verdade, um papel grande demais. Embora os soldados alemães tivessem observado os códigos legais de combate vigentes no Ocidente, no Leste, eles se comportaram freqüentemente como se o suposto barbarismo de seus adversários — um barbarismo tecido pelos propagandistas do Reich a partir de lembranças folclóricas da ameaça das estepes e da evocação de uma Revolução Vermelha sangrenta de unhas e dentes — justificasse o comportamento bárbaro contra os soldados do Exército Vermelho, mesmo depois de aprisionados, o que aconteceu aos milhares depois dos cercos de Minsk, Smolensk e Kiev. Mais de 3 milhões dos 5 milhões de soldados soviéticos feitos prisioneiros pela Wehrmacht morreram de maus-tratos e privações no cativeiro, a maioria nos dois primeiros anos de campanha.[68]

A *Blitzkrieg* funcionou em terra, pelo menos até a embrulhada alemã na batalha de Stalingrado, no outono de 1942. Mas em outros lugares a confiança de Hitler nas armas revolucionárias e no extremismo estratégico encontrou uma série de obstáculos imprevistos. No mar, sua expectativa de consumar um bloqueio submarino da Grã-Bretanha, que a marinha alemã não conseguira fazer em 1917-18 por falta de submarinos, foi frustrada em 1943 pelo êxito dos Aliados em estender uma proteção aérea de longo alcance sobre toda a zona em que operavam os comboios transatlânticos, em supri-los com cobertura aérea local proporcionada por porta-aviões de escolta e em sobrepujar a organização criptográfica germânica, descodificando as mensagens pelas quais os submarinos eram instruídos a interceptar comboios, os quais eram desviados para rota segura.[69]

Enquanto isso, no espaço aéreo do continente europeu, seus

inimigos movimentavam-se para obter uma vantagem decisiva. A política econômica alemã de concentrar a capacidade industrial somente em armas de eficácia direta no campo de batalha — tanques, caças de mergulho, armas automáticas de infantaria — fizera com que a Luftwaffe deixasse de ter os recursos de uma verdadeira força estratégica. Antes mesmo do começo da guerra, a fascinação de Hitler pela idéia de *Blitzkrieg* forçara-o a abandonar planos anteriores de construção de grandes bombardeiros de longo alcance.[70] A política das forças aéreas britânica e norte-americana era exatamente a oposta. Com efeito, fora com alguma dificuldade que o governo inglês tinha obrigado a Real Força Aérea a desviar recursos da produção de bombardeiros para aviões de caça antes da guerra, tão convencidos estavam seus líderes da correção da doutrina de Douhet da "vitória pelo poder aéreo". Os primeiros bombardeiros britânicos eram estratégicos em concepção, não em capacidade, mas a força aérea americana, que começou a chegar à Inglaterra em 1942 para participar com a Real Força Aérea da execução de uma campanha de bombardeios estratégicos contra a Alemanha, fez isso com um avião, o B-17, que cumpria todos os desideratos necessários: era rápido, de longo alcance, lançava uma grande carga de bombas com grande acuidade e estava planejado para defender-se contra o ataque de caças.

A revogação por Hitler do acordo tácito de poupar os alvos civis levou a Inglaterra a começar a bombardear cidades alemãs em 1940. Os bombardeiros conseguiram pouca coisa naquele ano e no seguinte, mas em fevereiro de 1942 um novo chefe do Comando dos Bombardeiros, marechal-do-ar Arthur Harris, pôs de lado a política de atacar apenas alvos militares identificáveis e inaugurou o "bombardeio de área". Nesse contexto, é irônico relembrar que os irmãos Wright, inventores de um aeroplano viável em 1903, haviam previsto seu uso como um meio de aproximar entre si os membros da família da humanidade; uma diretriz do Comando Aéreo Britânico de 14 de fevereiro estabeleceu que as operações "devem agora atingir o moral da população civil do inimigo e, em particular, dos trabalhadores industriais".[71] Logo mil bombas inglesas com explosivos de ruptura choviam sobre cidades alemãs escolhidas — nos ataques noturnos de 24-30 de julho de 1943 a Hamburgo, 80% dos prédios da cidade foram danificados ou destruídos, 30 mil habitantes foram mortos e as ruas ficaram obstruídas com 40 milhões de toneladas de entulho —, ao mesmo tempo que ataques diurnos coordenados da força aérea do exército americano sustentavam o ataque. Depois que obtiveram uma força de caças de longo alcance para escoltar suas formações até os alvos, seus bombardeiros voavam sobre a Alemanha quase impunemente.

O ataque aéreo estratégico dos Aliados às cidades alemãs constituiu um desdobramento revolucionário na arte da guerra e poucos indivíduos corajosos denunciaram-no corretamente como uma regressão moral. Contudo, ele foi superado em alcance estratégico pela distribuição do poder aéreo anfíbio no Pacífico. O Japão, outro dos vitoriosos nominais da Primeira Guerra (declarara-se contra a Alemanha para tomar seus enclaves na China) que se sentia enganado na partilha dos despojos, tinha gasto uma grande proporção de seu orçamento militar desde 1921 construindo a maior e mais bem equipada força aérea naval do mundo. Sua frota de seis grandes porta-aviões não tivera nenhuma utilidade quando, em 1937, um governo japonês dominado pelo exército deflagrou um ataque total à China, mas revelou-se um suporte estratégico essencial quando, em 1941, Tóquio tomou a decisão de desafiar a insistência americana de que terminasse sua ofensiva na China e desistisse da disposição de tropas ao sul que ameaçavam as possessões britânicas e holandesas na Malásia e nas Índias orientais (conquistadas por barcos a vela na era da pólvora). Yamamoto, o principal estrategista naval do Japão e um dos poucos japoneses que conheciam de perto os Estados Unidos, advertiu sobre a relativa fragilidade da frota que comandava: "podemos crescer sem freios por seis meses a um ano", previu ele, mas depois disso "os poços de petróleo do Texas e as fábricas de Detroit"[72] forneceriam os meios para montar uma inevitável e decisiva contra-ofensiva. Seus protestos foram rejeitados e, nos primeiros seis meses de 1942, a marinha japonesa, agindo ao mesmo tempo como ponta de lança e escolta para o exército, conquistou quase todo o Pacífico ocidental e o Sudeste asiático e levou o perímetro do que estava planejado para ser uma zona impenetrável de controle estratégico até os acessos setentrionais da Austrália.

De onde os japoneses tiraram o *ethos* guerreiro que fez deles um dos mais terríveis povos militares que o mundo já conheceu continua tão misterioso hoje quanto no dia 7 de dezembro de 1941, quando seus pilotos transformaram os couraçados da frota do Pacífico dos Estados Unidos ancorados em Pearl Harbor numa fileira de cascos em chamas. Já era um povo guerreiro e, durante o século XIII, o único, além dos mamelucos turcos do Egito, que confrontou e viu partir (com a ajuda de um oportuno tufão) o impulso conquistador dos mongóis. Todavia, eram guerreiros de um tipo "primitivo", praticando um estilo altamente ritualizado de combate e valorizando a habilidade nas armas em larga medida como um meio de definir o estatuto social e subordinando os desprovidos de espada ao poder dos samurais. Foi para perpetuar essa ordem social que tinham banido a pólvora de suas ilhas no século XVII e, a partir de então, resistiram à intromissão de comerciantes estrangeiros até reconhecerem, com a chegada de uma frota americana de navios de guerra a vapor, em 1854, que os meios de negar o mundo exterior não eram mais eficazes.

Ao contrário dos manchus chineses, que reagiram ao desafio tecnológico ocidental confiando na capacidade da cultura tradicional de negar seus efeitos desestabilizadores, os japoneses, a partir de 1866, tomaram a decisão consciente de aprender os segredos da superioridade material do Ocidente e colocá-los a serviço de seu próprio nacionalismo. Numa terrível guerra civil, os samurais rústicos que resistiram ao programa de reformas foram esmagados por exércitos que pela primeira vez admitiam gente comum em suas fileiras. O regime vitorioso, dominado por famílias feudais que tinham abraçado a necessidade de mudança, introduziu no Japão as instituições que seus enviados ao países ocidentais tinham identificado como as que os tornavam fortes: na economia, as indústrias de processos repetitivos; no domínio público, um exército e uma marinha recrutados por alistamento universal e equipados com as armas mais avançadas, incluindo navios encouraçados que, em 1911, já estavam em construção nos estaleiros japoneses.

Outros Estados não europeus que tentaram essa imitação do poderio militar ocidental, notadamente o Egito de Muhammad Ali e a Turquia otomana do século XIX, tinham fracassado. A compra de armas ocidentais não trazia necessariamente com ela a transferência da cultura militar do Ocidente. Mas o Japão conseguiu adquirir as duas juntas. Em 1904-05, derrotou a Rússia numa guerra pelo controle da Manchúria na qual todos os observadores ocidentais testemunharam o poder de luta exemplar do recruta comum japonês.[73] Isso foi demonstrado novamente na campanha de 1941-45 no Sudeste asiático e no Pacífico, especialmente nos estágios iniciais, quando unidades treinadas dos "povos marciais" da Índia — herdeiros de ondas sucessivas de conquistadores militantes e comandados por oficiais britânicos — foram constantemente superadas em combate pelos descendentes de agricultores japoneses que, cem anos antes, tinham sido proibidos de portar armas.

As qualidades pessoais dos soldados japoneses acabaram sendo sobrepujadas exatamente pelos meios que Yamamoto tinha advertido: a capacidade "repentina" da indústria americana de superar a produção japonesa de navios e aviões de guerra. Mas dizer isso não significa de forma alguma denegrir a coragem e a capacidade dos soldados americanos que enfrentaram os japoneses no cenário do Pacífico. O desempenho do corpo de fuzileiros navais dos Estados Unidos nas batalhas para conquistar as ilhas de Iwo Jima ou Okinawa (1945), em particular, desmentiu a rejeição racista de Hitler dos americanos como um povo desvirilizado pela abundância material. Contudo, a consistência com que os japoneses demonstraram sua determinação de lutar literalmente até a morte — após o ataque em Tarawa (1943), apenas oito dos 5 mil soldados da guarnição japonesa foram encontrados vivos — persuadiu o alto comando americano em 1945 de que um ataque às ilhas centrais do Japão custaria caro demais — falou-se em 1 milhão de baixas, talvez de mortos — para ser tentado, a não ser que outro meio prevalecesse.[74] Na metade de 1945, esse meio estava disponível.

Os Estados Unidos já tinham utilizado uma pletora de meios técnicos avançados contra o Japão na tentativa de vencer a coragem com o poder de fogo. Sua frota de porta-aviões, inferior em número mas vigorosamente manejada nas batalhas do mar de Coral e das ilhas Midway, tinha restaurado o equilíbrio naval no Pacífico em 1942. A partir de então, cresceu tão rapidamente — entre 1941 e 1944, os Estados Unidos lançaram ao mar 21 porta-aviões, o Japão apenas cinco — que a frota do Pacífico norte-americana podia movimentar-se praticamente à vontade, com o apoio necessário para ficar no mar durante várias semanas de cada vez. No final de 1944, a força submarina americana já tinha afundado metade da frota mercante japonesa e dois terços de seus petroleiros; no verão de 1945, a força aérea estratégica dos Estados Unidos estava engajada numa campanha incendiária que deixou completamente incendiada 60% da área das sessenta maiores cidades construídas em madeira do Japão. Porém ainda duvidava-se, com exceção talvez dos generais da força aérea americana, que somente os bombardeios fizessem os japoneses admitir a derrota.

O bombardeio estratégico não tinha derrotado a Alemanha. Nos últimos meses da guerra na Europa, a ofensiva combinada anglo-americana de bombardeiros pôs fora de ação todas as fábricas alemãs de óleo sintético, sua única fonte sobrevivente desse tipo de suprimento, e paralisara o movimento de suas ferrovias. A essa altura, porém, os exércitos anglo-americanos, que tinham desembarcado na França em junho de 1944, e o Exército Vermelho, que tinha simultaneamente rompido a última linha de defesa da Wehrmacht na Bielorússia, estavam lutando dentro do território germânico. As batalhas que travaram foram de atrito: o aumento do número de tanques em todos os exércitos fizera com que essa arma blindada perdesse as propriedades revolucionárias que aparentemente proporcionara à guerra no breve período da *Blitzkrieg* de 1941-42. Ademais, a ofensiva dos bombardeiros também tinha passado por um longo período de atrito em 1943-44, quando as perdas de tripulações aéreas de 5%, às vezes 10% por missão, tinham ameaçado quebrar o moral e conceder vantagem nos céus da Alemanha a seus caças e suas defesas antiaéreas. O bombardeiro tripulado era uma arma frágil de ataque, como Hitler pagara caro para aprender na campanha de 1940 contra a Inglaterra. Foi esse o principal motivo de sua adesão entusiástica a um programa de desenvolvimento de aeronaves sem pilotos, generosamente financiado pelo exército desde 1937. Em outubro de 1942, ocorrera um teste de disparo de um foguete com alcance de 250 quilômetros, planejado para transportar uma tonelada de altos explosivos, e em julho de 1943 Hitler declarou-o "a arma decisiva da guerra" e decretou que "toda a mão-de-obra e material que os [projetistas] necessitem devem ser fornecidos instantaneamente".

O foguete, batizado pelos Aliados de V-2, só foi posto em ação em setembro de 1944 e apenas 2600 foram disparados, primeiro contra Londres (onde mataram 2500 pessoas), depois contra Antuérpia, a principal base logística anglo-americana durante o ataque à fronteira oeste da Alemanha.[75] Mas as potencialidades da arma estavam claras para todos; a notícia de seu desenvolvimento alarmara enormemente os ingleses quando recebida pela primeira vez, por uma misteriosa revelação feita por um simpatizante alemão da causa aliada, em novembro de 1939. Esse "Relatório de Oslo" forneceu à investigação de informações técnicas britânica boa parte de seu impulso nos primeiros dois anos da guerra. Ao mesmo tempo, porém, o serviço secreto científico inglês ficara ainda mais alarmado com a possibilidade de que os alemães estivessem fazendo experiências com a aplicação da energia atômica a objetivos militares.

Até então, a ameaça era puramente teórica: ninguém conseguira ainda provocar uma reação em cadeia por fissão, o processo pelo qual os átomos liberam seu poder explosivo, e as máquinas para produzi-la não existiam. Nos Estados Unidos, porém, Albert Einstein enviou um intermediário ao presidente Roosevelt em 11 de outubro de 1939 para adverti-lo sobre o perigo atômico e o presidente criou imediatamente uma comissão, da qual se desenvolveria o Projeto Manhattan, para estudar e avaliar a questão.[76] Enquanto isso, os ingleses também começavam a reunir o potencial humano e os materiais necessários para levar adiante a pesquisa atômica, ao mesmo tempo que procuravam negá-los de todas as formas aos alemães. Imediatamente depois de Pearl Harbor, a equipe da organização britânica, que tinha o nome de Tube Alloys (ligas para tubos), foi transportada para os Estados Unidos para se unir à do igualmente batizado enganadoramente Projeto Manhattan; juntas elas prosseguiram, com uma urgência alimentada pelo medo de que a Alemanha pudesse vencer a corrida, na busca dos processos pelos quais a teoria da fissão pudesse ser traduzida na realidade de uma arma definitiva. O resultado de seus esforços só foi demonstrado após a derrota da Alemanha; investigações frenéticas de equipes de especialistas aliados descobriram que até então os alemães estavam longe de descobrir como iniciar uma reação em cadeia.

Quando foi informado do sucesso da explosão da primeira bomba atômica em Alamagordo, no deserto do Novo México, em 16 de julho de 1945, Winston Churchill proferiu palavras proféticas: "O que era a pólvora? Trivial. O que era a eletricidade? Inexpressiva. Essa Bomba Atômica é o Segundo Advento em Ira!".[77] Ele estava falando com Henry Stimson, o ministro da Guerra americano, que já estava envolvido no centro do debate sobre o uso ou não de arma tão terrível, mesmo para obter a rendição dos japoneses, cujos ataque traiçoeiro a Pearl Harbor, ferocidade em combate e tratamento desumano de prisioneiros e povos submetidos tinham tirado toda a simpatia dos americanos por eles. Não demorou muito para que a decisão fosse tomada: o milhão previsto de baixas ou mortes de soldados americanos então se reunindo para o assalto às ilhas centrais do Japão resolveu a dúvida. Como o próprio Stimson explicou mais tarde, falando em nome da maioria que apoiou a ordem do presidente Truman: "Achei que para extrair uma rendição genuína do imperador e seus assessores militares era preciso administrar-lhes um choque tremendo que desse uma prova convincente de nosso poder de destruir o Império".[78] O choque, administrado primeiramente em Hiroxima, em 6 de agosto de 1945, e três dias depois em Nagasaqui, matou 103 mil pessoas. Exortado a cessar a resistência ou "esperar uma chuva de ruína do céu", em 15 de agosto o imperador japonês anunciou pelo rádio ao seu povo que a guerra tinha acabado.

AS LEIS E O FIM DA GUERRA

O final da Segunda Guerra Mundial e o advento das armas atômicas não trouxeram o fim das guerras, nem imediatamente, nem nas décadas seguintes. A destruição dos impérios europeus no Oriente pelo Japão e a humilhação que impôs aos governantes e colonos europeus diante dos olhos de seus antigos súditos fizeram com que, depois de 1945, o domínio colonial só pudesse ser restabelecido pela força, se tanto. Os ingleses julgaram o esforço impossível na Birmânia, à qual concederam independência em 1948, e reconheceram que um levante de inspiração comunista ocorrido nesse mesmo ano na Malásia só poderia ser sufocado se prometessem autonomia como condição para que a população apoiasse a campanha contra os rebeldes. Os holandeses abandonaram rapidamente a tentativa de restaurar o domínio colonial nas Índias orientais onde, tal como na Birmânia, um movimento de independência fomentado pelos japoneses obteve apoio popular. Somente a França adotou uma posição diferente. Confrontada na Indochina por um partido nacionalista liderado pelos comunistas que tinha adquirido armas dos japoneses, enviou uma força expedicionária para impor novamente o regime imperial do pré-guerra. Mas desde seu desembarque, em 1946, viu-se envolvida em operações de guerrilha que o inimigo demonstrou conhecer com grande habilidade e persistência. O vietminh, como ficou conhecido o movimento nacionalista, tinha aprendido técnicas de guerrilha com o exército comunista de Mao Tsé-Tung na China. Nesse país, empobrecido e desestabilizado por oito anos de ocupação e guerra contra os japoneses, os comunistas tomaram rapidamente o poder ao governo estabelecido de Chiang

Kai-shek na guerra civil de 1948-50. O exército de Mao obteve sua vitória mediante táticas convencionais, mas em anos anteriores tinha refinado sua filosofia de guerra, na qual a tradicional estratégia chinesa de evasão e retardo fora reforçada pela convicção marxista da inevitabilidade do triunfo revolucionário. Na Indochina, onde o terreno favorecia muito as operações baseadas na surpresa, ofensivas parceladas e recuos rápidos, a "guerra prolongada", como Mao chamara seu método, desgastou a resistência da força expedicionária francesa. Em 1955, o governo da França desistiu da luta e concedeu o poder ao vietminh.

Esse exemplo inspirou os povos subjugados das colônias européias restantes a pegarem em armas, especialmente na África do Norte francesa, mas também na Arábia britânica e na África portuguesa. Na década de 1960, as potências imperiais européias admitiram a derrota em todas as frentes, amiúde em colônias que ainda estavam em paz. O "vento da mudança" soprando contra o domínio europeu foi suficientemente forte para deixar em farrapos a autoconfiança das potências marítimas da Europa cujos aventureiros tinham partido com tanta certeza em sua superioridade moral e material no início da era da pólvora.

A militarização de estilo ocidental dos novos Estados independentes da Ásia e da África nas quatro décadas posteriores a 1945 foi um fenômeno tão notável quanto o que ocorrera com os povos não guerreiros da Europa no século XIX. Era de se esperar, portanto, que tivesse muitos dos mesmos efeitos lastimosos: gastos excessivos em armas, subordinação dos valores civis aos militares, ocupação de postos de mando por elites militares auto-escolhidas e até o recurso à guerra. Também era de se esperar que a maioria da centena de exércitos criados após a descolonização tivesse pouco valor militar objetivo; a "transferência de tecnologia" ocidental, eufemismo para a venda egoísta de armas das nações ocidentais ricas para países pobres que raramente podiam suportar tal despesa, não foi acompanhada pela transfusão de cultura que tornou tão mortais as armas avançadas em mãos ocidentais. Apenas os vietnamitas, contra os quais os Estados Unidos travaram uma inútil guerra ideológica entre 1965 e 1972, fizeram a mesma transição que os japoneses tinham realizado de forma tão espetacular depois da restauração Meiji de 1866. No resto do mundo, a militarização serviu somente para trazer os adornos do militarismo, sem a virtude militar redentora da disciplina.

As muitas guerras pequenas da era pós-colonial, por mais que afrontassem a consciência liberal nos antigos países imperialistas, não alarmaram nenhuma das nações vitoriosas de 1945 com o temor de que a paz então obtida estivesse ameaçada. O medo vinha de outra fonte: as armas nucleares que tinham acabado tão subitamente com a Segunda Guerra Mundial. O monopólio inicial dos Estados Unidos do segredo nuclear manteve por pouco tempo esse temor afastado. Porém, em 1949, quando se soube que a União Soviética tinha explodido sua própria bomba atômica, e na década de 1950, quando ambos os países desenvolveram a bomba de hidrogênio, muito mais destruidora, o mundo industrial foi obrigado a avaliar a natureza do pesadelo que criara para si mesmo. No espaço de quinhentos anos, ele avançara da prática de uma forma de hostilidade internacional em que o dano possível estava limitado ao provocado pelo poder do músculo humano e animal, via um interlúdio em que a energia química suplantou e intensificou esse poder, mas não o transcendeu psicologicamente, para um estado de coisas involuntário no qual a prática da hostilidade, com os objetivos que a teoria militar dominante estabeleceu como adequados e corretos, destruiria a Terra. A avaliação que Stimson fez da bomba atômica ao ouvir falar dela pela primeira vez — "mais que uma arma de destruição terrível [...] uma arma psicológica" — era muito mais verdadeira do que ele imaginava.[79] As armas nucleares caíram sobre a mente humana e o temor provocado por elas expôs de uma vez por todas a falsidade da análise clausewitziana. Como a guerra poderia ser uma extensão da política, quando o objetivo último da política racional é promover o bem-estar das entidades políticas? O dilema nuclear levou os homens de Estado, burocratas e, talvez mais que todos, membros da classe militar profissional a quebrar a cabeça para descobrir algum meio de escapar do apuro terrível que tinham criado para si mesmos.

Alguns homens muito inteligentes, muitos deles professores universitários recrutados pelos governos ocidentais, buscaram penosamente uma acomodação construindo passo a passo um argumento para mostrar que a lógica clausewitziana era mais válida que nunca: as armas nucleares, diziam eles, podiam ser postas a serviço de fins militares, não com sua utilização, mas pela simples ameaça de seu uso. Essa teoria da "dissuasão" tinha raízes antigas. Durante séculos, os militares justificaram a existência e o treinamento de exércitos com o famoso ditado romano "se queres a paz, prepara-te para a guerra". No início da década de 1960, esse pensamento foi reformulado, criando-se a doutrina conhecida nos Estados Unidos, onde se originou, como "destruição mutuamente garantida", a capacidade de "deter um ataque [nuclear] deliberado [...] com a manutenção permanente de uma capacidade clara e inequívoca de infligir um grau inaceitável de danos a qualquer agressor — mesmo depois de absorver um primeiro ataque de surpresa".[80] Enquanto o número de ogivas nucleares e de aviões e mísseis (desdobramento do V-2 alemão) destinados a lançá-las permaneceu baixo, era pelo menos possível dizer que a "destruição mutuamente garantida" constituía um sistema tolerável de conter o poder nuclear dentro de limites controláveis, em especial porque as suspeitas mútuas das duas principais potências nucleares impunham uma resistência intransigente a medidas produtivas de desarmamento. Mas na década de 1980, quando o número de mísseis intercontinentais alcançou cerca de 2 mil de cada lado e o número de ogivas nucleares dezenas de milhares, tornou-se claramente necessário uma alternativa e um meio melhor de gerir a preservação da paz.

O homem sempre buscou restringir a guerra mediante leis que definissem quando ela é ou não admissível (*ius ad bellum*, como dizem os juristas internacionais) e o que é admissível na guerra (*ius in bello*), se e quando ela começou. No mundo antigo, uma "guerra justa" era assim reconhecida simplesmente se o Estado ou seus dirigentes sofressem insulto ou ferimento. O primeiro teólogo cristão do Estado, santo Agostinho (354-430), afirmava que todo homem que desejava evitar o pecado podia participar de guerra, desde que a causa fosse justa, fosse travada com a "intenção correta" — alcançar o bem ou afastar o mal — e sob o comando de autoridade constituída. Esses três princípios formaram a base para o julgamento eclesiástico das partes em guerra até a chegada da Reforma. Eles foram posteriormente desenvolvidos por juristas católicos como Francisco de Vittoria (1480-1546), que argumentou que um infiel, se estivesse lutando sob autoridade constituída, deveria ser respeitado pela sua crença de que sua causa era justa, mas principalmente pelo grande advogado protestante holandês Hugo Grotius (1583-1645), cuja preocupação foi definir guerra "injusta" e "justa" e propor medidas pelas quais quem deflagrasse guerras injustas pudesse ser punido.

Durante os séculos XVIII e XIX, suas distinções foram deixadas de lado, pois a política nacional foi em larga medida permeada pela concepção amoral maquiavélica de que a soberania proporcionava ao Estado todas as justificativas de que precisava em sua escolha de ação; na ausência, desde a Reforma, de qualquer autoridade supranacional para contestá-la, essa filosofia prevaleceu ao longo de toda a era da pólvora. W. E. Hall, importante advogado internacional, afirmava em 1880:

> O direito internacional não tem outra alternativa senão aceitar a guerra, independentemente da justiça de sua origem, como uma relação em que as partes podem estabelecer, se assim quiserem, e se entregar apenas a regular os efeitos da relação. Disso se conclui que ambos os lados de qualquer guerra são considerados legalmente idênticos e, portanto, com direitos iguais.[81]

O desenvolvimento de armas de destruição em massa no final do século XIX fez essa doutrina indiferentista parecer perigosa mesmo para os Estados mais fortes, e nas convenções de Haia de 1899 e 1907 as principais potências tomaram medidas modestas para limitar sua liberdade sem peias de fazer guerras quando bem entendessem. (A forma de lutar já começara a ser regulamentada pelas Convenções de Genebra, a primeira das quais foi assinada por doze potências em 1864.) Uma vez que as circunstâncias em que foi deflagrada a Primeira Guerra Mundial escarneciam do movimento de Haia, seu espírito foi fixado depois de 1918 no Pacto da Liga das Nações, estabelecido por inspiração norte-americana, que impunha a necessidade de arbitragem entre os Estados em confronto, a ser reforçada por sanção internacional ao lado que rejeitasse uma decisão indesejada. Em 1928, a direção a que tendiam as restrições legais tomou forma definitiva no Pacto de Paris, conhecido apropriadamente como Tratado Geral para a Renúncia da Guerra, que, independente do Pacto da Liga, comprometia explicitamente os signatários a resolverem todas as disputas no futuro "por meios pacíficos".[82] A partir de então, toda guerra seria tecnicamente ilegal e foi em conseqüência do flagrante desrespeito a esse novo princípio de direito internacional que o governo dos Estados Unidos, em 1945, decidiu traduzir a afirmação moralista da aliança antigermânica e antijaponesa, a autoproclamada Nações Unidas, em um organismo permanente de mesmo nome. Por insistência, em larga medida, dos americanos, a carta da Organização das Nações Unidas reafirmou o Pacto de Paris e o Pacto da Liga, acrescentando ao mecanismo de arbitragens e sanções da Liga um conjunto de provisões que permitissem à ONU usar força militar contra um transgressor.

A frustração do espírito da carta da ONU durante os quarenta anos de confronto nuclear soviético-americano é uma história conhecida demais para ser repetida aqui. Porém, mesmo antes que o confronto fosse resolvido pelo súbito colapso do regime marxista da União Soviética em 1990, as duas superpotências tinham concordado com medidas substantivas de desarmamento nuclear, pois estavam ambas alarmadas com o constante aumento do perigo de um ataque de surpresa devido ao aperfeiçoamento da tecnologia dos mísseis. O relaxamento da tensão assim produzido foi o desdobramento mais auspicioso na arena das relações internacionais desde a fundação da Organização das Nações Unidas, em 1945.

No entanto, não foi o desarmamento nuclear, nem o novo clima de harmonia causado pela rejeição do marxismo na Rússia que ofereceram a melhor esperança de que um mundo impregnado de guerra está finalmente entrando por caminhos pacíficos, mas paradoxalmente a decisão da União Soviética, em seus últimos meses de existência, de endossar a decisão da ONU de tomar medidas militares contra a invasão do Kuwait pelo Iraque, no outono de 1990. Por qualquer critério, o Iraque tinha violado todas as cláusulas morais da "guerra justa" e todos os dispositivos legais estabelecidos por tratados internacionais, do Convênio da Liga à própria carta das Nações Unidas. A vitória fulminante das forças enviadas para punir o Iraque, obtida sem causar baixas na população civil e autorizada por resolução da ONU, foi o primeiro triunfo genuíno da moralidade da guerra justa desde que Grotius definiu seus princípios no auge da Guerra dos Trinta Anos, no século XVII.

Aqueles que depositam sua confiança na expectativa de que a ONU conseguirá perpetuar suas funções pacificadoras — não se oferece instrumento melhor — têm, no entanto, um longo caminho a percorrer até que essa expectativa se cumpra. O homem tem uma potencialidade para a violência: isso não pode ser negado, mesmo que se admita que apenas uma minoria de qualquer sociedade pode transformar essa potencialidade em ato. Ao longo dos 4 mil anos de existência de exércitos organizados, o homem aprendeu a identificar nessa minoria aqueles que serão soldados, para treiná-los e equipá-los, para fornecer os fundos de que precisam para sua subsistência, e a aprovar e aplaudir seu comportamento nos momentos em que a maioria se sente ameaçada. Devemos ir além: um mundo sem exércitos — disciplinados, obedientes e cumpridores da lei — seria inabitável. Exércitos dessa qualidade são um instrumento e uma marca de civilização e sem a existência deles a humanidade teria de se resignar a uma vida primitiva, abaixo do "horizonte militar", ou ao caos sem lei de massas em guerra. Como diria Hobbes, "todos contra todos".

Há lugares no mundo, divididos pelo rancor comunal, saturados pelas armas baratas que constituem o produto mais vergonhoso do mundo industrializado, onde já nos defrontamos com a guerra de todos contra todos. Podemos ver isso na tela de nossas televisões, um espetáculo que traz uma advertência terrível e nos mostra a que aflições a guerra pode nos submeter quando nos recusamos a negar a idéia clausewitziana de que a guerra é uma continuação da política e reconhecer que as políticas que levam à guerra constituem uma intoxicação venenosa.

Para nos afastarmos da pregação de Clausewitz, não precisamos acreditar, como Margaret Mead, que a guerra é uma "invenção". Nem precisamos estudar os meios de alterar nossa herança genética, um processo que leva intrinsecamente ao fracasso. Não precisamos buscar a libertação de nossas circunstâncias materiais. A humanidade já domina o mundo material em um grau que o mais otimista de nossos ancestrais de apenas dois séculos atrás teria considerado impensável. Tudo que precisamos aceitar é que, depois de 4 mil anos de experiência e repetição, a guerra tornou-se um hábito. No mundo primitivo, esse costume estava circunscrito por rituais e cerimônias. No mundo pós-primitivo, a engenhosidade humana desmembrou rituais de cerimônias, bem como as restrições que impunham à guerra, da prática guerreira, permitindo que os homens da violência empurrassem os limites de tolerância desses rituais e cerimônias a um extremo — e às vezes ultrapassando-o. "A guerra", disse Clausewitz, o filósofo, "é um ato de violência levado aos seus limites máximos." Clausewitz, o guerreiro prático, não conjecturou sobre os horrores a que sua lógica filosófica conduzia, mas nós os vimos de relance. Os costumes dos primitivos — devotados à restrição, diplomacia e negociação — merecem ser reaprendidos. Se não desaprendermos os costumes que ensinamos a nós mesmos, não sobreviveremos.

CONCLUSÃO

"O que é a guerra?" Com essa questão comecei este livro. Agora que chego ao seu final — e se o leitor me acompanhou até aqui —, espero que tenha colocado em dúvida a crença de que há uma resposta simples para essa questão, ou que a guerra tenha uma só natureza. Espero também que tenha colocado em dúvida que o homem está destinado a fazer guerras ou que os assuntos mundiais devem ser resolvidos, em última instância, pela violência. A história escrita do mundo é, em larga medida, uma história de guerras, porque os Estados em que vivemos nasceram de conquistas, guerras civis ou lutas pela independência. Ademais, os grandes estadistas da história escrita foram, em geral, homens de violência pois, ainda que não fossem guerreiros — e muitos o foram —, compreendiam o uso da violência e não hesitavam em colocá-la em prática para seus fins.

Neste século, a freqüência e a intensidade das guerras também deformaram a perspectiva de homens e mulheres comuns. Na Europa ocidental, nos Estados Unidos, na Rússia e na China, as exigências da guerra atingiram a maioria das famílias ao longo de duas, três ou quatro gerações. O apelo às armas levou milhões de filhos, maridos, pais e irmãos para o campo de batalha, e milhões não voltaram. A guerra deixou marcas nas emoções mais pacíficas de povos inteiros e deixou-os acostumados à expectativa de que seus filhos e netos poderiam ser poupados dos sofrimentos que eles mesmos passaram. Contudo, em suas vidas cotidianas, as pessoas encontram pouca violência, ou mesmo crueldade ou sentimentos ásperos. É o espírito de cooperação, não o de confronto, que faz o mundo girar. A maioria das pessoas passa a maior parte de seus dias em um espírito de companheirismo e busca por quase todos os meios evitar a discórdia e propagar divergências. A urbanidade é considerada a melhor das virtudes comuns e a gentileza, o traço mais bem-vindo de caráter.

A urbanidade floresce, devemos reconhecer, dentro de firmes laços de restrição. As sociedades civilizadas em que mais gostamos de viver são governadas pela lei, o que significa que são policiadas, e o policiamento é uma forma de coerção. Em nossa aceitação do policiamento, admitimos silenciosamente que o homem tem um lado negro em sua natureza que deve ser reprimido pelo medo de uma força superior. A punição é a sanção contra os que não são reprimidos e a força superior é seu instrumento. Todavia, apesar da potencialidade para a violência, temos também uma capacidade para limitar seus efeitos, mesmo quando não há força superior pronta para nos poupar do pior de que somos capazes. É por esse motivo que o fenômeno da "guerra primitiva", com cujo estudo começamos este livro, é tão instrutivo. Devido ao fato de que as guerras deste século assumiram uma forma tão extrema e desumana, tornou-se fácil demais para o homem moderno aceitar a suposição de que a tendência aos extremos na guerra é inevitável. A guerra moderna deu má fama à moderação ou auto-restrição; os intervalos ou mediações humanitárias são vistos cinicamente como um meio pelo qual o intolerável é mitigado ou disfarçado. Porém o homem que guerreia, como mostram os "primitivos", tem capacidade para limitar a natureza e o efeito de suas ações. Os primitivos recorrem a toda espécie de dispositivos que poupam a eles e aos seus inimigos do pior que poderia acontecer. A isenção é um deles, a isenção de determinados membros da sociedade — mulheres, crianças, velhos, incapazes — do combate e suas conseqüências. A convenção é outro, em particular a convenção da escolha de momento, lugar e estação do conflito, e do pretexto para ele. O mais importante desses dispositivos é o ritual, que define a natureza do próprio combate e exige que, uma vez realizados determinados rituais, os litigantes reconheçam o fato de sua satisfação e recorram à conciliação, arbitragem e pacificação.

É importante, como foi dito, não idealizar a guerra primitiva. Ela pode assumir um aspecto bem violento, em que isenções, convenções e rituais são descartados. Ela pode, mesmo quando as restrições são observadas, ter efeitos materiais indesejados por aqueles que os sofrem. O mais importante é o deslocamento progressivo do lado mais fraco do território familiar para terras piores. Esse deslocamento pode acabar por danificar ou mesmo destruir a cultura que as restrições culturais à guerra normalmente protegem. As culturas não se auto-sustentam infinitamente. Elas possuem fragilidades que são vulneráveis às influências hostis e, entre estas, a guerra é uma das mais potentes.

Entretanto, a cultura é um fator determinante fundamental da natureza da guerra, como demonstra claramente a história de seu desenvolvimento na Ásia. A guerra oriental, se podemos assim identificá-la e denominá-la como algo diferente e separado do modo de guerrear europeu, caracteriza-se por traços peculiares, principalmente evasão, retardamento e obliqüidade. Tendo em vista o dinamismo e a crueldade extraordinários das campanhas de Átila, Gengis e Tamerlão, essa caracterização pode parecer totalmente inadequada. Mas essas campanhas devem ser vistas dentro do contexto. Ao longo de 3 mil anos em que o cavalo de montaria foi o principal instrumento de guerra, elas surgem antes como interrupções bastante espaçadas do que como um traço constante e regular na história militar da Eurásia. A ameaça representada pelo guerreiro montado foi evidentemente uma constante naqueles milênios, mas era normalmente refreável, graças, não em pouca medida, ao seu estilo preferido de lutar. Este era, com efeito, marcado por evasão, retardamento e obliqüidade. O guerreiro montado preferia lutar à distância, usar projéteis a armas cortantes, retirar-se quando enfrentado com determinação, e desgastar o inimigo até derrotá-lo a derrubá-lo em um único teste de armas.

Por esse motivo, a guerra montada podia, em geral, ser detida por um defensor que recorresse a defesas fixas construídas no perímetro do terreno em que o cavaleiro tinha seu lar. Fora desse terreno, ele sempre encontrava dificuldades para administrar suas manadas de cavalos; se, além disso, encontrasse obstáculos — a Grande Muralha da China, a *cherta* da Rússia —, sua capacidade de guerrear podia ser completamente anulada. Todavia, alguns guerreiros montados acabaram conseguindo penetrar nas terras colonizadas e estabelecer-se como senhores permanentes. Nesse aspecto, destacam-se os mongóis da Índia e os turcos otomanos, junto com os grupos de mamelucos que detiveram o poder em terras árabes em várias épocas. Porém, como vimos, mesmo esses conquistadores bem-sucedidos não conseguiram transformar o impulso de conquista em um estilo de governo criativo e construtivo. Eles continuaram aferrados à cultura do acampamento, do cavalo e do arco, vivendo como chefes nômades mesmo quando luxuosamente acomodados nas capitais dos impérios que tinham derrubado. Quando finalmente enfrentaram novas potências que tinham se adaptado às mudanças tecnológicas da guerra, sua rigidez cultural impediu-os de reagir efetivamente ao desafio e acabaram sendo extintos.

No entanto, havia uma dimensão do modo de guerrear oriental, que só chegou mais tarde ao Ocidente, que paradoxalmente o investia de um objetivo formidável, mas autolimitador. Essa dimensão era ideológica e intelectual. Muito antes que qualquer sociedade ocidental tivesse chegado a uma filosofia da guerra, os chineses já haviam criado uma. O ideal confucionista de racionalidade, continuidade e manutenção de instituições levou-os a buscar meios de subordinar o impulso guerreiro aos constrangimentos da lei e dos costumes. O ideal não podia ser mantido e nem sempre o foi. Desordens internas e irrupções das estepes, sendo as últimas amiúde a causa das primeiras, impediam sua implementação. Contudo, a característica mais persistente da vida militar chinesa era a moderação, destinada a preservar formas culturais, em vez de servir a imperativos de conquistas no exterior ou revoluções internas. Entre as maiores realizações dos chineses estão o achinesamento de intrusos das estepes e a subordinação de seus traços destrutivos aos valores centrais da civilização.

As limitações à guerra constituem também uma característica da outra civilização dominante da Ásia, a islâmica. A percepção é oposta. O islã é amplamente considerado uma religião de conquista e um de seus princípios mais conhecidos é o da obrigação de fazer a guerra santa contra os infiéis. A história da conquista islâmica e a natureza exata da doutrina da guerra santa são mal compreendidas fora da comunidade muçulmana. A era da conquista foi comparativamente curta e chegou ao fim não apenas porque os adversários do islã aprenderam a mobilizar a oposição a ele, mas também porque o próprio islamismo dividiu-se em relação à moralidade da guerra. Rachado por disputas internas que colocaram muçulmano contra muçulmano, a despeito da doutrina de que não deveriam lutar uns contra os outros, sua autoridade escolheu a solução de devolver o papel de guerrear a uma classe de guerreiros especialistas e subordinados recrutados para esse fim, liberando assim a maioria das obrigações militares e permitindo aos devotos enfatizar em sua vida pessoal o aspecto "maior", em vez de o "menor", da injunção de ter de fazer a guerra santa, "a guerra contra si mesmo". Na medida em que os especialistas escolhidos pelo islã para guerrear em seu nome eram principalmente cavaleiros nômades das estepes que se recusavam a adaptar sua cultura militar às novas circunstâncias, mesmo quando o monopólio das armas levou-os ao poder, o modo de guerrear islâmico acabou ficando quase tão circunscrito quanto o chinês. Dentro da cultura, os efeitos foram amplamente benéficos. Quando aquela cultura encontrou a força total de outra, que não reconhecia nenhuma das restrições que a tradição oriental tinha imposto a si mesma, ela sucumbiu a uma crueldade que não estava preparada para mobilizar, mesmo em autodefesa.

Essa cultura era a ocidental. Ela compreendia três elementos, um derivado de si mesma, outro tomado emprestado do orientalismo e um terceiro produzido por sua própria potencialidade para a adaptação e a experimentação. Os três elementos são respectivamente o moral, o intelectual e o tecnológico. O elemento moral deve-se aos gregos da época clássica. Foram eles que, no século V a.C., desprenderam-se dos limites do estilo primitivo, com seu respeito supremo ao ritual na guerra, e adotaram a prática da batalha face a face até a morte. Esse afastamento, inicialmente confinado à guerra entre os próprios gregos, chocou profundamente os de fora do mundo grego que primeiro foram expostos a ele. A história do embate de Alexandre, o Grande, com a Pérsia, um império cujo estilo de guerrear continha elementos tanto do ritual primitivo como da evasiva dos guerreiros montados, é ao mesmo tempo história real, tal como narrada por Arriano, e um paradigma de diferença cultural. O imperador Dario é uma figura genuinamente trágica, pois a civilização que representava estava muito despreparada para enfrentar inimigos que não podiam ser comprados ou convencidos a parar depois que tinham obtido uma vantagem, que sempre queriam levar uma questão ao teste da batalha e que lutavam como se o resultado imediato da batalha tivesse precedência sobre todas as outras considerações, inclusive a da sobrevivência pessoal. A morte de Dario nas mãos de seu séquito, que esperava salvar a própria pele deixando o cadáver do rei para ser encontrado por Alexandre, resume perfeitamente o choque cultural entre oportunismo e honra nessas duas éticas diferentes da guerra.

A ética da batalha até a morte a pé — devemos dizer a pé, pois está associada antes à infantaria do que à cavalaria — passou então dos gregos para os romanos, com a presença dos colonos gregos no Sul da Itália. De que forma foi transmitida, como certamente o foi, aos povos teutônicos com quem Roma travou suas batalhas conclusivas e finalmente malsucedidas pela sobrevivência — eis algo que não foi, e talvez nunca seja esclarecido. De qualquer forma, os invasores teutônicos certamente lutavam face a face; mas apenas por isso não teriam derrotado os exércitos romanos, mesmo os do Estado debilitado que invadiram no último século do império ocidental. Um feito peculiar dos reinos sucessores teutônicos foi assimilar o estilo face a face ao combate a cavalo, de tal forma que o cavaleiro ocidental fazia sua carga contra o corpo principal do inimigo, em vez de limitar-se a escaramuças à distância. Contra os árabes e mamelucos que enfrentaram nas Cruzadas, o estilo face a face fracassou muitas vezes; a arremetida contra o centro não podia funcionar contra um inimigo que não considerava desonroso evitar o contato. Houve, contudo, um intercâmbio cultural de grande importância que resultou do conflito entre muçulmanos e cristãos no Oriente Médio. O conflito resolveu o dilema cristão sobre a moralidade da guerra ao transmitir ao Ocidente a ética da guerra santa, que a partir de então daria a dimensão ideológica e intelectual de que carecia a cultura militar ocidental.

À combinação do estilo face a face — no qual estava embutida a ética da honra pessoal — com a dimensão ideológica só faltava adicionar o elemento tecnológico para produzir a forma final de guerrear do Ocidente. Ele chegou no século XVIII, quando a revolução da pólvora já fora aceita e as armas de fogo estavam aperfeiçoadas. Por que a cultura ocidental abriu-se às mudanças que a tecnologia oferecia, enquanto a asiática não, eis uma questão que não cabe aqui. Devemos porém reconhecer que um fator importante que fechava a cultura asiática a essa adaptação era sua adesão a um conceito de limitação militar que exigia de suas elites que persistissem no uso e no monopólio de armas tradicionais, embora obsoletas em comparação com as que entravam na moda no resto do mundo, e que essa persistência constituía uma forma perfeitamente racional de controle de armas. O mundo ocidental, ao renunciar a esse controle, enveredou por um caminho diferente que resultou na forma de guerrear que Clausewitz disse ser a guerra em si mesma: uma continuação da política, que considerava intelectual e ideológica, por meio do combate, que assumia como sendo face a face, com os instrumentos da revolução tecnológica ocidental, que dava como certa.

O modo de guerrear ocidental levaria tudo de roldão nos anos posteriores à morte de Clausewitz. Durante o século XIX, todos os povos asiáticos, com exceção dos chineses, japoneses, tailandeses e dos súditos dos turcos otomanos, caíram sob o domínio ocidental; os primitivos das Américas, da África e do Pacífico não tiveram a menor chance. Somente uns poucos povos de regiões remotas e inacessíveis — Tibete, Nepal, Etiópia — mostraram-se difíceis demais para ficarem sob o domínio de impérios, embora todos tenham experimentado invasões ocidentais. Na primeira metade do século XX, até a China sucumbiu, nas mãos dos japoneses ocidentalizados, ao mesmo tempo que a maior parte das terras otomanas era tomada por exércitos ocidentais. Somente os turcos da Turquia, essa raça de guerreiros rija, inteligente e rica de recursos, que tinha dado a seus inimigos tantas lições militares, mesmo com os meios insatisfatórios do cavalo e do arco, continuaram insubjugados, para emergir na metade do século como uma nação independente.

O triunfo do modo de guerrear ocidental foi, no entanto, enganador. Dirigido contra outras culturas militares, tinha se mostrado irresistível. Voltado contra si mesmo, provocou o desastre e ameaçou transformar-se em catástrofe. A Primeira Guerra Mundial, travada quase que exclusivamente entre Estados da Europa, acabou com o domínio europeu do mundo e, através do sofrimento que provocou nas populações participantes, corrompeu o que havia de melhor em sua civilização — seu liberalismo e sua confiança no futuro — e deu aos militaristas e totalitários o papel de proclamadores do futuro. O futuro que desejavam causou a Segunda Guerra Mundial, que completou a ruína iniciada na Primeira. Causou também o desenvolvimento das armas nucleares, a culminação lógica da tendência tecnológica no modo de guerrear ocidental e a negação definitiva da proposição de que a guerra era, ou deveria ser, uma continuação da política por outros meios.

A política deve continuar; a guerra, não. Isso não significa que acabou o papel do guerreiro. A comunidade mundial precisa, mais do que nunca, de guerreiros habilidosos e disciplinados que estejam prontos para se colocarem a serviço de sua autoridade. Esses guerreiros devem ser adequadamente vistos como os protetores da civilização, não seus inimigos. O estilo com que lutam pela civilização — contra fanáticos étnicos, déspotas regionais, intransigentes ideológicos, saqueadores comuns e criminosos organizados internacionais — não pode derivar unicamente do modelo ocidental de guerrear. Os pacificadores e mantenedores da paz do futuro têm muito a aprender com culturas militares alternativas, não só do Oriente, mas também do mundo primitivo. Há uma sabedoria nos princípios da limitação intelectual e mesmo do ritual simbólico que precisa ser redescoberta. Há uma sabedoria maior ainda na negação de que política e guerra pertençam ao mesmo *continuum*. A menos que insistamos em negar isso, nosso futuro, tal como o dos últimos habitantes da ilha de Páscoa, poderá pertencer aos homens com mãos sangrentas.

NOTAS

1. A GUERRA NA HISTÓRIA DA HUMANIDADE [pp. 18-93]

1. Carl von Clausewitz, *On war* (tr. J. J. Graham), Londres, 1908, I, p. 23.
2. Lucas 7: 6-8 (tradução do rei Jaime).
3. Discurso na Academia Militar de Michigan, 19 de junho de 1879, in J. Wintle, *The dictionary of war quotations*, Londres, 1989, p. 91.
4. R. Parkinson, *Clausewitz*, Londres, 1970, pp. 175-6.
5. R. McNeal, *Tsar and cossak*, Basingstoke, 1989, p. 5.
6. A. Seaton, *The horsemen of the steppes*, Londres, 1985, p. 51.
7. Parkinson, op. cit., p. 194.
8. Seaton, op. cit., p. 121.
9. Ibid., p. 154.
10. Parkinson, op. cit., p. 169.
11. G. Sansom, *The Western world and Japan*, Londres, 1950, pp. 265-6.
12. W. Saint Clair, *That Greece might still be free*, Londres, 1972, pp. 114-5.
13. Marechal de Saxe, *Mes rêveries*, Amsterdã, 1757, I, pp. 86-7.
14. P. Contamine, *War in the Middle Ages* (trad. M. Jones), Oxford, 1984, p. 169.
15. M. Howard, *War in European history*, Oxford, 1976, p. 15.
16. L. Tolstoi, *Anna Karenin*, Londres, 1987, pp. 190-5.
17. M. Howard, *Clausewitz*, Oxford, 1983, p. 35.
18. P. Paret, *Understanding war*, Princeton, 1992, p. 104.
19. P. Paret, *Clausewitz and the state*, Princeton, 1985, pp. 322-4.
20. M. Howard, op. cit., p. 59.
21. Carl von Clausewitz, *On war* (trad. M. Howard e P. Paret), Princeton, 1976, p. 18.
22. Ibid., p. 593.
23. M. Sahlins, *Tribesmen*, Nova Jersey, 1968, p. 64.
24. S. Engleit, *Islands at the centre of the world*, Nova York, 1990, p. 139.
25. M. Wilson e L. Thompson (eds.), *Oxford History of South Africa*, vol. I, Oxford, 1969.
26. K. Otterbein, "The evolution of Zulu warfare", in B. Oget (ed.), *War and society in Africa*, 1972.
27. Wilson e Thompson, op. cit., pp. 338-9.
28. G. Jefferson, *The destruction of the Zulu kingdom*, Londres, 1979, pp. 9-10, 12.

29. E. J. Krige, *The social system of the Zulus*, Pietermaritzburg, 1950, cap. 3 passim.

30. Wilson e Thompson, op. cit., p. 345.

31. Ibid., p. 346.

32. D. Ayalon, "Preliminary remarks on the *Mamluk* institutions in Islam", in V. Parry e M. Yapp (eds.), *War, technology and society in the Middle East*, Londres, 1975, p. 44.

33. Ayalon, ibid., pp. 44-7.

34. D. Pipes, *Slave soldiers and Islam*, New Haven, 1981, p. 19.

35. P. Holt, A. Lambton e B. Lewis (eds.), *The Cambridge history of Islam*, Cambridge, 1970, vol. IA, p. 214.

36. H. Rabie, "The training of the Mamluk faris", in Parry e Yapp, op. cit., pp. 153-63.

37. D. Ayalon, *Gunpowder and firearms in the Mamluk kingdom*, Londres, 1956, p. 86.

38. Ibid., pp. 94-5.

39. Ibid., p. 70.

40. A. Marsot, *Egypt in the reign of Muhammad Ali*, Cambridge, 1982, pp. 60-72.

41. N. Perrin, *Giving up the gun*, Boston, 1988, p. 19.

42. R. Storry, *A history of modern Japan*, Londres, 1960, pp. 53-4.

43. J. Hale, *Renaissance war studies*, Londres, 1988, pp. 397-8.

44. Sansom, op. cit., p. 192.

45. Storry, op. cit., p. 42.

46. Perrin, op. cit., pp. 11-2.

47. I. Berlin, *The crooked timber of humanity*, Nova York, 1991, p. 51.

48. Ibid., pp. 52-3.

49. Clausewitz (tr. Graham), op. cit., p. 25.

50. J. Shy "Jomini", in P. Paret, *Makers of modern strategy*, Princeton, 1986, p. 181.

51. A. Kenny, *The logic of deterrence*, Londres, 1985, p. 15.

52. J. Spence, *The search for modern China*, Londres, 1990, p. 395.

53. Ibid., p. 371.

54. B. Jelavich, *History of the Balkans (twentieth century)*, Cambridge, 1983, p. 270.

55. F. Deakin, *The embattled mountain*, Londres, 1971, p. 55.

56. N. Beloff, *Tito's flawed legacy*, Londres, 1985, p. 75.

57. K. McCormick e H. Perry, *Images of war*, Londres, 1991, pp. 145, 326, 334.

58. Deakin, op. cit., p. 72.

59. M. Djilas, *Wartime*, Nova York, 1977, p. 283.

60. Spence, op. cit., p. 405.

61. A. Horne, *A savage war of peace*, Londres, 1977, pp. 64, 537-8.

62. R. Weigley, *The age of battles*, Bloomington, 1991, p. 543.
63. J. Mueller, "Changing attitudes to war. The impact of the First World War", *British Journal of Political Science*, 21, pp. 25-6, 27.

LIMITAÇÕES À GUERRA [pp. 94-111]

1. *Mariner's mirror*, vol. 77, nº 3, p. 217.
2. A. Ferrill, *The origins of war*, Londres, 1985, pp. 86-7.
3. Ver J. Guilmartin, *Gunpowder and galleys*, Cambridge, 1974, especialmente o capítulo 1, para o argumento de que a utilidade da galera não acabou imediatamente com o aparecimento do canhão.
4. J. Keegan, *The price of admiralty*, Londres, 1988, p. 137.
5. O. Farnes, *War in the Arctic*, Londres, 1991, pp. 39 ss.
6. Ver "Adrianópolis" no índice de R. e T. Dupuy, *The encyclopedia of military history*, Londres, 1986.
7. J.-P. Pallud, *Blitzkrieg in the west*, Londres, 1991, p. 347.
8. J. Keegan, *The Second World War*, Londres, 1989, p. 462.
9. *Punch*, 1853, citado em T. Royle, *A dictionary of military quotations*, Londres, 1990, p. 123.
10. *The Times Atlas* (comprehensive edition), Londres, 1977, figura 5.
11. I. Berlin, *Karl Marx*, Oxford, 1978, p. 179.
12. A. Van der Heyden e H. Scullard, *The atlas of the classical world*, Londres, 1959, p. 127, e C. Duffy, *Siege warfare*, Londres, 1979, pp. 204-7, 232-7.
13. N. Nicolson, *Alex*, Londres, 1973, p. 10.
14. Ver A. Fraser, *Boadicea's chariot*, Londres, 1988.

2. PEDRA [pp. 112-87]

1. J. Groebel e R. Hinde (eds.), *Aggression and war*, Cambridge, 1989, pp. xiii-xvi.
2. A. J. Herbert, "The physiology of aggression", in ibid., p. 67.
3. Ibid., pp. 68-9.
4. R. Dawkins, *The selfish gene*, Oxford, 1989.
5. A. Manning, in Groebel e Hinde, op. cit., pp. 52-5.
6. Groebel e Hinde, op. cit., p. 5.
7. A. Manning, in Groebel e Hinde, op. cit., p. 51.
8. R. Clark, *Freud*, Londres, 1980, pp. 486 ss.
9. K. Lorenz, *On aggression*, Londres, 1966.
10. R. Ardrey, *The territorial imperative*, Londres, 1967.
11. L. Tiger, *Men in groups*, Londres, 1969.
12. M. Harris, *The rise of anthropological theory*, Londres, 1968, pp. 17-8.

13. D. Freeman, *Margaret Mead and Samoa*, Cambridge, Mass., 1983, pp. 13-7.

14. Ibid., cap. 3.

15. Harris, op. cit., p. 406.

16. A. Kuper, *Anthropologists and Anthropology*, Londres, 1973, p. 18.

17. Ibid., pp. 207-11.

18. A. Mockler, *Haile Selassie's war*, Oxford, 1984, p. 219.

19. A. Stahlberg, *Bounden duty*, Londres, 1990, p. 72.

20. H. Turney-High, P*rimitive war: its practice and concepts* (2ª ed.), Columbia, SC, 1971, p. 5.

21. Ibid.

22. Ibid., p. 55.

23. Ibid., p. 142.

24. Ibid., p. 14.

25. Ibid., p. 253.

26. Ibid., p. v.

27. R. Ferguson (ed.), *Warfare, culture and environment*, Orlando, 1984, p. 8.

28. M. Mead, "Warfare is only an invention", in L. Bramson e G. Goethals, *War: studies from psychology, sociology, anthropology*, Nova York, 1964, pp. 269-74.

29. R. Duson-Hudson, in *Human intra-specific conflict: an evolutionary perspective*, Guggenheim Institute, Nova York, 1986.

30. Ferguson, op. cit., pp. 6, 26.

31. M. Fried, M. Harris e R. Murphy (eds.), *War: the anthropology of armed conflict and aggression*, Nova York, 1967, p. 132.

32. Ibid., p. 133.

33. Ibid., p. 128.

34. *US News and World Report*, 11 de abril de 1988, p. 59.

35. W. Divale, *War in primitive society*, Santa Barbara, 1973, p. xxi.

36. A. Vayda, *War in ecological perspective*, Nova York, 1976, pp. 9-42.

37. Ibid., pp. 15-6.

38. Ibid., pp. 16-7.

39. J. Haas (ed.), *The anthropology of war*, Cambridge, 1990, p. 172.

40. P. Blau e W. Scott, *Formal and informal organizations*, San Francisco, 1962, pp. 30-2.

41. M. Fried, *Transactions of New York Academy of Sciences*, séries 2, 28, 1966, pp. 529-45.

42. J. Middleton e D. Tait, *Tribes without rulers*, Londres, 1958, pp. 1-31.

43. R. Cohen, "Warfare and state formation", in Ferguson, op. cit., pp. 333-4.

44. P. Kirch, *The evolution of the Polynesian chiefdoms*, Cambridge, 1984, pp. 147-8.

45. Ibid., p. 81.

46. Ibid., pp. 166-7.

47. Vayda, op. cit., p. 115.
48. Kirch, op. cit., pp. 209-11.
49. Vayda, op. cit., p. 80.
50. Turney-High, op. cit., p. 193: "Os caetés da costa brasileira comiam a tripulação de todos os navios naufragados. Em uma das refeições, comeram o primeiro bispo da Bahia, dois cônegos, o procurador do Tesouro Real português, duas mulheres grávidas e várias crianças".
51. Ibid., pp. 189-90.
52. I. Clendinnen, *Aztecs*, Cambridge, 1991, pp. 87-8.
53. R. Hassing, "Aztec and Spanish conquest in Mesoamerica", in B. Ferguson e N. Whitehead, *War in the tribal zone*, Santa Fé, 1991, p. 85.
54. Ibid., p. 86.
55. Clendinnen, op. cit., p. 78.
56. Ibid., p. 81.
57. Ibid., p. 116.
58. Ibid., p. 93.
59. Ibid., pp. 94-5.
60. Ibid., pp. 95-6.
61. Ibid., pp. 25-7.
62. I. Clendinnen, *Ambivalent conquests, Maya and Spaniard in Yucatan, 1515-70*, Cambridge, 1987, pp. 144, 148-9.
63. J. Roberts, *The pelican history of the world*, 1987, p. 21.
64. Ibid., p. 31.
65. H. Breuil e R. Lautier, *The men of the Old Stone Age*, Londres, 1965, p. 71.
66. Ibid., p. 69.
67. Ibid., p. 20.
68. Ibid., p. 69.
69. A. Ferrill, op. cit., p. 18.
70. W. Reid, *Arms through the ages*, Nova York, 1976, pp. 9-11.
71. Breuil e Lautier, op. cit., p. 72.
72. C. Robarchak, in *Papers presented to the Guggenheim Foundation Conference on the anthropology of war*, Santa Fé, 1986; também Robarchak, in Hass, op. cit., pp. 56-76.
73. H. Obermaier, *La vida de nuestros antepasados cuaternanos en Europa*, Madri, 1926.
74. F. Wendorf, in F. Wendorf (ed.), *The prehistory of Nubia*, II, Dallas, 1968, p. 959.
75. Ferrill, op. cit., p. 22.
76. M. Hoffman, *Egypt before the pharaohs*, Londres, 1988, pp. 87-9.
77. Roberts, op. cit., p. 51.
78. J. Mellaert, "Early urban communities in the Near East, 9000-3400 BC", in P. Moorey (ed.), *The origins of civilisation*, Oxford, 1979, pp. 22-5.
79. H. de la Croix, *Military considerations in city planning*, Nova York, 1972, p. 14.

80. Y. Yadin, *The art of warfare in biblical lands*, Londres, 1963, p. 34.
81. Mellaert, op. cit., p. 22.
82. B. Kemp, *Ancient Egypt. Anatomy of a civilisation*, Londres, 1983, p. 269.
83. S. Piggott, "Early towns in Europe", in Moorey, op. cit., pp. 3, 44.
84. H. Thomas, *An unfinished history of the world*, Londres, pp. 19, 21.
85. J. Bottero et. al. (eds.) *The Near East: the early civilisations*, Londres, 1967, p. 44.
86. Ibid., p. 6.
87. Roberts, op. cit., p. 131.
88. Hoffman, op. cit., pp. 331-2.
89. Kemp, op. cit., pp. 168-72.
90. Ibid., pp. 223-30.
91. Ibid., p. 227.
92. Yadin, op. cit., pp. 192-3.
93. Kemp, op. cit., pp. 43, 225.
94. Hoffman, op. cit., p. 116.
95. W. Hayes, "Egypt from the death of Ammanemes II to Seqenenre II", in *Cambridge Ancient History* (3ª ed.), vol. II, parte 1, p. 73.
96. Kemp, op. cit., p. 229.
97. Afirma-se que o primeiro dos períodos intermediários (2160-1991 a.C.) entre o Velho e o Médio Império foi uma época de guerras entre chefes locais; porém um texto do período (citado por Bottero, op. cit., p. 337) diz o seguinte: "Armei meu bando de recrutas e fui para o combate [...] Não havia ninguém mais comigo senão minhas próprias tropas, enquanto [os mercenários da Núbia e outros lugares] estavam unidos contra mim. Voltei em triunfo, toda a minha cidade comigo, sem perdas". Dificilmente um indício de que a guerra interna egípcia era encarniçada.
98. Bottero, op. cit., pp. 70-1.
99. W. McNeill, *The pursuit of power*, Oxford, 1983, p. 5.
100. J. Laessoe, *People of ancient Assyria*, Londres, 1963, p. 16.
101. Yadin, op. cit., p. 130.
102. G. Roux, *Ancient Iraq*, Nova York, 1986, p. 129.
103. P. J. Forbes, *Metallurgy in Antiquity*, Leiden, 1950, p. 321.
104. Ibid., p. 255 e fig. 49.
105. W. McNeill, *A world history*, Nova York, 1961, p. 34.
106. R. Gabriel e K. Metz, *From Sumer to Rome*, Nova York, 1991, p. 9.

FORTIFICAÇÃO [pp. 188-205]

1. D. Petite, *Le balcon de la Côte d'Azure*, Marignan, 1983, passim.
2. A. Fox, *Prehistoric Maori fortifications*, Auckland, 1974, pp. 28-9.
3. F. Winter, *Greek fortifications*, Toronto, 1971.

4. N. Pounds, *The mediaeval castle in England and Wales*, Cambridge, 1990, p. 69.

5. S. Johnson, *Roman fortifications on the saxon shore*, Londres, 1977, p. 5.

6. Kemp, op. cit., pp. 174-6.

7. S. Piggott, "Early towns in Europe", in Moorey, op. cit., pp. 48-9.

8. A. Hogg, *Hill forts of Britain*, Londres, 1975, p. 17.

9. Piggott, op. cit., p. 50.

10. W. Watson, in Moorey, op. cit., p. 55.

11. S. Johnson, *Late Roman fortifications*, Londres, 1983, p. 20.

12. E. Luttwak, *The grand strategy of the Roman empire*, Baltimore, 1976, pp. 96, 102-4.

13. B. Isaac, *The limits of empire*, Oxford, 1990; A. Horne, *A savage war of peace*, Londres, 1987, pp. 263-7.

14. Q. Hughes, *Military architecture*, Londres, 1974, pp. 187-90.

15. C. Duffy, *Siege warfare*, Londres, 1979, pp. 204-7.

16. J. Fryer, *The Great Wall of China*, Londres, 1975, p. 104; A. Waldron, *The Great Wall of China*, Cambridge, 1992, pp. 5-6.

17. O. Lattimore, "Origins of the Great Wall", in *Studies in frontier history*, Londres, 1962, pp. 97-118.

18. J. Needham, *Science and civilisation in China*, I, Cambridge, 1954, p. 144.

19. S. Johnson, *Late Roman fortifications*, mapas 25, 44 e 46.

20. P. Contamine, *War in the Middle Ages*, Oxford, 1984, p. 108.

21. Ibid., p. 46.

22. Pounds, op. cit., p. 19.

23. Winter, op. cit., pp. 218-9.

24. Yadin, op. cit., pp. 158-9, 393, 409.

25. S. Runciman, *A history of the crusades*, I, Cambridge, 1951, pp. 231-4.

26. Pounds, op. cit., p. 115.

27. Ibid., p. 213.

3. CARNE [pp. 206-86]

1. A. Azzarolli, *An early history of horsemanship*, Londres, 1985, pp. 5-6.

2. S. Piggott, *The earliest wheeled transport*, Londres, 1983, p. 87.

3. Ibid., p. 39.

4. Azzarolli, op. cit., p. 9.

5. R. Sallares, *The ecology of the ancient Greek world*, Londres, 1991, pp. 396-7.

6. Piggott, op. cit., pp. 64-84.

7. W. McNeill, *The rise of the West*, Chicago, 1963, p. 103.

8. A. Friendly, *The dreadful day*, Londres, 1981, p. 27.

9. Yadin, op. cit., pp. 150, 187.

10. J. Guilmartin, op. cit., p. 152; P. Klopsteg, *Turkish archery and the composite bow*, Evanstown, 1947.

11. Yadin, op. cit., p. 455.

12. Y. Garlan, *War in the ancient world*, Londres, 1975, p. 90.

13. O. Lattimore, op. cit., pp. 41-4.

14. Piggott, op. cit., pp. 103-4.

15. H. Creel, *The origins of statecraft in China*, Chicago, 1970, pp. 285-6.

16. Guilmartin, op. cit., p. 157.

17. Lattimore, op. cit., p. 53.

18. *Cambridge Ancient History*, vol. II, parte 1, Cambridge, 1973, pp. 375-6.

19. Laessoe, op. cit., pp. 87, 91.

20. *Cambridge Ancient History*, vol. II, parte 1, pp. 54-64.

21. J. Gernet, *A history of Chinese civilisation*, Cambridge, 1982, pp. 40-5.

22. H. Saggs, *The might that was Assyria*, Londres, 1984, p. 197.

23. Ibid., pp. 199, 255.

24. Ibid., p. 100.

25. Ibid., p. 101.

26. Ibid., p. 258.

27. Creel, op. cit., pp. 258, 265.

28. Ibid., p. 259.

29. Ibid., pp. 266, 264.

30. Robert Thurton, "The prince consort in Armour", in M. Girouard, *The return of Camelot*, New Haven, 1981; Hubert Lanzinger, "Hitler in Armour", in P. Adam, *The arts of the Third Reich*, Londres, 1992.

31. Yadin, op. cit., pp. 100-3; *Cambridge Ancient History*, vol. II, parte 1, pp. 444-51.

32. Yadin, op. cit., pp. 103-14.

33. Ibid., pp. 218-21.

34. McNeill, *The rise of the West*, p. 15.

35. Saggs, op. cit., p. 169.

36. J. Saunders, *The history of the Mongol conquests*, Londres, 1991, pp. 9-10.

37. Ibid., p. 14; Gernet, op. cit., pp. 4-5.

38. W. McNeill, *The human condition*, Princeton, 1980, p. 47.

39. D. Maenchen-Helfen, *The world of the huns*, Berkeley, 1973, p. 187.

40. Ibid., p. 267.

41. Ibid., p. 184.

42. Ibid., p. 180.

43. J. Jakobsen e R. Adams, "Salt and silt in ancient Mesopotamian agriculture", *Science*, CXXVIII, 1958, p. 257.

44. L. Kwantem, *Imperial nomads: a history of central Asia, 500-1500*, Leicester, 1979, p. 12.

45. A. Jones, *The later Roman empire, 284-602*, Oxford, 1962, p. 157.

46. J. Bury, *A history of the later Roman empire*, 1927, I, p. 300, n. 3.

47. R. Lindner, "Nomadism, horses and huns", *Past and present*, 92 (1981), pp. 1-19.

48. J. Lucas, *Fighting troops of the Austro-Hungarian army*, Nova York, 1987, p. 149.

49. Marquês de Anglesey, *A history of British cavalry*, IV, Londres, 1986, p. 297.

50. Maenchen-Helfen, op. cit., pp. 152-3.

51. P. Ratchnevsky, *Genghis Khan*, Oxford, 1991, p. 155.

52. Kwantem, op. cit., p. 21; parece que os eftalitas falavam tocariano, uma língua indo-européia extinta.

53. Saunders, op. cit. p. 27.

54. Ibid.

55. J. Keegan, *The mask of command*, Londres, 1988, p. 18.

56. Ferrill, op. cit., p. 70.

57. A. Hourani, *A history of the Arab peoples*, Londres, 1991, p. 19.

58. Corão 9: 125.

59. P. M. Holt e outros, *Cambridge history of Islam*, vol. IA, Cambridge, 1977, pp. 87-92.

60. *Cambridge history of Islam*, op. cit., p. 42.

61. Sallares, op. cit., p. 27.

62. D. Hill, "The role of the camel and the horse in the early Arab conquests", in Parry e Yapp, op. cit., p. 36.

63. Ibid., pp. 57-8.

64. *Cambridge history of Islam*, op. cit., p. 60.

65. Ibid.

66. Pipes, op. cit., pp. 109-13.

67. Ibid., p. 148.

68. Saunders, op. cit., p. 37.

69. Kwantem, op. cit., p. 61.

70. *Cambridge history of Islam*, op. cit., p. 150.

71. Ratchnevsky, op. cit., p. 109.

72. Kwantem, op. cit., pp. 12-13.

73. Chen Ya-tien, *Chinese military theory*, Stevenage, 1992, pp. 21-30.

74. Gernet, op. cit., p. 309.

75. Ibid., p. 310.

76. Ratchnevsky, op. cit., pp. 194-95.

77. Kwantem, op. cit., p. 188.

78. Ratchnevsky, op. cit., pp. 4-5.

79. B. Manz, *The rise and rule of Tamerlane*, Cambridge, 1989, p. 4.

80. Saunders, op. cit., pp. 196-99.

81. Kwantem, op. cit., p. 192.

82. Ibid., p. 108.

83. Saunders, op. cit., p. 66.

84. Ratchnevsky, op. cit., pp. 96-101.
85. *Cambridge history of Islam*, op. cit., p. 158.
86. Kwantem, op. cit., p. 159; S. Shaw, *History of the Ottoman empire and modern Turkey*, vol. II, Cambridge, 1976, p. 184.
87. D. Morgan, "The Mongols in Syria", in P. Edbury (ed.), *Crusade and settlement*, Cardiff, 1985, pp. 231-35.
88. P. Thorau, "The battle of Ain Jalut: a re-examination", in ibid., pp. 236-41.
89. Ibid., p. 238.
90. Manz, op. cit. pp. 14-16.
91. B. Spuler, *The Mongols in history*, Londres, 1971, p. 80.
92. Shaw, op. cit., I, p. 245.
93. Ratchnevsky, op. cit., pp. 153-54.
94. Ver Keegan, *Mask of command*, especialmente cap. 2.
95. C. Duffy, *Russia's military way to the West*, Londres, 1981, p. 2.
96. J. Fairbank, "Varieties of Chinese military experience", in F. Kierman e J. Fairbank, *Chinese ways in warfare*, Cambridge, Mass., 1974.
97. Ibid., p. 7.
98. Ibid., p. 15.
99. Ibid., p. 14.
100. Gernet, op. cit., p. 493.

EXÉRCITOS [pp. 287-305]

1. Parkinson, op. cit., p. 176.
2. J. Elting, *Swords around a throne*, Londres, 1989, capítulos 18-19.
3. H. Roeder (ed.), *The ordeal of captain Roeder*, Londres, 1960.
4. N. Jones, *Hitler's heralds*, Londres, 1987, passim.
5. S. Andreski, *Military organisation and society*, Londres, 1968.
6. W. McNeill, *Plagues and people*, Nova York, 1976.
7. Andreski, op. cit., p. 33.
8. Ibid., pp. 91-107, 75-90.
9. Ibid., p. 26.
10. Seaton, op. cit., p. 57.
11. Andreski, op. cit., p. 27.
12. Ibid., p. 37.
13. M. Lewis, *The navy of Britain*, Londres, 1948, pp. 128-44.
14. G. Jones, *A history of the Vikings*, Oxford, 1984, p. 211.
15. Manz, op. cit., p. 17.
16. Ratchnevsky, op. cit., p. 66.
17. Hourani, op. cit., pp. 139-40.
18. S. Blondal, *The varangians of Byzantium*, Cambridge, 1978, pp. 230-35.

19. P. Mansel, *Pillars of monarchy*, Londres, 1984, p. 1.
20. Garlan, op. cit., p. 95.
21. M. Mallet, *Mercenaries and their masters*, Londres, 1974, pp. 60-61.
22. L. Keppie, *The making of the Roman army*, Londres, 1984, p. 17.
23. P. Paret (ed.), *Makers of modern strategy*, p. 19.
24. W. Doyle, *The Oxford History of the French Revolution*, 1989, pp. 204-05.

4. FERRO [pp. 306-85]

1. R. J. Forbes, *Metallurgy in Antiquity*, Londres, 1950, p. 380.
2. Ibid., pp. 418-19.
3. R. Oakeshott, *The archaelogy of weapons*, Londres, 1960, pp. 40-2.
4. N. Sandars, *The sea peoples*, Londres, 1985, pp. 56-8.
5. P. Greenhalgh, *Early Greek warfare*, Cambridge, 1993, pp. 10-1.
6. Ibid., pp. 1-2.
7. N. Hammond, *A history of Greece to 332 BC*, Oxford, 1959, p. 73.
8. Ibid., p. 81.
9. Ibid., p. 99.
10. Ibid., p. 100.
11. Ibid., p. 101.
12. V. Hanson, *The Western way of war*, Nova York, 1989.
13. V. Hanson, *Warfare and agriculture in classical Greece*, Pisa, 1983, p. 59.
14. Ibid., pp. 50-4.
15. Ibid., p. 42.
16. Ibid., pp. 67-74.
17. Hanson, *Western way*, p. 6.
18. Ibid., pp. 4, 34.
19. M. Finley e H. Plaket, *The olympic games*, Nova York, 1976, p. 19.
20. D. Sansome, *Greek athletics and the genesis of sport*, Berkeley, 1988, pp. 19, 50-3, 63.
21. M. Poliakoff, *Combat sports in the ancient world*, New Haven, 1987, pp. 93, 96.
22. Finley e Plaket, op. cit., p. 21.
23. Poliakoff, op. cit., pp. 93-4.
24. A. Snodgrass, "The Hoplite reform and history", *Journal of Hellenic Studies*, 85 (1965), pp. 110-22.
25. M. Jameson, "Sacrifice before battle", in V. Hanson (ed.), *Hoplites*, Londres, 1991, p. 220.
26. E. Wheeler, "The general as Hoplite", in ibid., pp. 150-4.
27. J. Lazenby, "The killing zone", in ibid., p. 88.
28. Hanson, *Western way*, p. 185.
29. Ibid., pp. 64-5.

30. Ibid., pp. 180-1.
31. Ibid., p. 36.
32. Ibid., p. 4.
33. Roberts, op. cit., p. 178.
34. E. Wood, *Peasant, citizen and slave*, Londres, 1981, pp. 42-4.
35. Hanson, *Western way*, pp. 10, 16.
36. Sandars, op. cit., pp. 125-31.
37. Garlan, op. cit., pp. 130-1.
38. Hammond, op. cit., pp. 289-90.
39. Ibid., pp. 661-2.
40. Keegan, *Mask of command*, pp. 78-9.
41. Ibid., p. 80.
42. Ibid., p. 82.
43. Hammond, op. cit., p. 615.
44. L. Keppie, op. cit.
45. Hammond, op. cit., p. 236.
46. Keppie, op. cit., p. 18.
47. W. Harris, *War and imperialism in republican Rome*, Oxford, 1979, pp. 54-67.
48. Ibid., p. 56.
49. Ibid., p. 51.
50. Ibid., p. 48.
51. Keppie, op. cit., p. 18.
52. Harris, op. cit., pp. 44-6.
53. Ibid., pp. 11-2.
54. Keppie, op. cit., p. 53.
55. J. Keegan, *The face of battle*, Londres, 1976, p. 65.
56. G. Watson, *The Roman soldier*, Londres, 1985, pp. 72-4.
57. Van der Heyden e Scullard, op. cit., p. 125.
58. Keppie, op. cit., pp. 61-2.
59. J. Balsdon, *Rome*, Londres, 1970, p. 91.
60. A. Ferrill, *The fall of the Roman empire*, Londres, 1986, p. 25.
61. Luttwak, op. cit., pp. 191-4.
62. D. Breeze e B. Dobson, *Hadrian's wall*, 1976, pp. 247-8.
63. Balsdon, op. cit., pp. 90-1.
64. Ferrill, *Fall of the Roman empire*, pp. 48-9.
65. Ibid., p. 140.
66. Ibid., p. 160.
67. J. Fuller, *The decisive battle of the Western world*, Londres, 1954, pp. 307-29.
68. A. Jones, *The decline of the ancient world*, Londres, 1966, pp. 297-9.
69. Ibid., p. 102.
70. J. Beeler, *War in feudal Europe, 730-1200*, Ithaca, 1991, pp. 2-5.
71. Ibid. p. 17.

72. M. van Crefeld, *Technology and war*, Londres, 1991, p. 18.
73. Ibid., p. 20.
74. Beeler, op. cit., pp. 228-32.
75. Johnson, *Late Roman fortifications*, pp. 8-16.
76. G. Jones, *Vikings*, pp. 182-92.
77. Ibid., p. 76.
78. H. Cowdray, "The genesis of the crusades", in T. Murphy (ed.), *The holy war*, Columbus, 1976, pp. 17-8.
79. Beeler, op. cit., p. 12.
80. Runciman, op. cit., pp. 106-8.
81. Ibid., pp. 91-2.
82. R. Smail, *Crusading warfare*, Cambridge, 1956, pp. 115-20.
83. Ibid., p. 202.
84. G. Sainty, *The order of St. John*, Nova York, 1991, p. 105.
85. P. Contamine, *War in the Middle Ages*, p. 75.
86. Ewart, op. cit., pp. 283-4.
87. Smail, op. cit., pp. 165-8.

LOGÍSTICA E SUPRIMENTOS [pp. 386-404]

1. Watson, op. cit., pp. 63-5.
2. P. Liddle, *The 1916 battle of the Somme*, Londres, 1992, p. 39.
3. J. Thompson, *No picnic*, Londres, 1992, p. 89.
4. Keegan, *Mask of command*, p. 134.
5. Luttwak, op. cit., mapa 2.2.
6. C. Callwell, *Small wars: their principles and practice*, Londres, 1899, p. 40.
7. T. Derry e T. Williams, *A short history of technology*, Oxford, 1960, p. 433.
8. R. Chevallier, *Roman roads*, Londres, 1976, p. 152.
9. Piggott, op. cit., p. 345.
10. Keegan, *Mask of command*, p. 114.
11. D. Engels, *Alexander the Great and the logistics of the Macedonian army*, Berkeley, 1978, p. 112.
12. M. Grant, *The army of the Caesars*, Londres, 1974, p. xxiii.
13. Derry e Williams, op. cit., pp. 691-5.
14. B. Wiley, *The life of Johnny Reb*, Baton Rouge, 1918, p. 92.
15. J. McPherson, *Battle cry of freedom*, Nova York, 1988, pp. 11-2.
16. Ibid., pp. 424-7.
17. D. Showalter, *Railroads and rifles*, Hamden, 1975, p. 67.
18. J. Edmonds, *A short history of World War I*, Oxford, 1951, pp. 9-10.
19. J. Piekalkiewicz, *Pferd und Reiter im II Weltkrieg*, Munique, 1976, p. 4.
20. J. Beaumont, *Comrades in arms*, Londres, 1980, p. 208.
21. J. Thompson, *The lifeblood of war*, Londres, 1991, p. 38.

22. McNeill, *Pursuit of power*, pp. 322, 324, 329.
23. Watson, op. cit., p. 51.
24. Derry e Williams, op. cit., p. 269.
25. McNeill, *Pursuit of power*, pp. 166-7.
26. Ibid., p. 170.
27. Ibid., p. 238.
28. Ibid., p. 290.
29. A. Milward, *War, economy and society, 1939-45*, Londres, 1977, pp. 64-9, 76.
30. D. Van der Vat, *The Atlantic campaign*, Londres, 1988, pp. 229, 270, 351.

5. FOGO [pp. 405-91]

1. Derry e Wells, op. cit., pp. 268-9, 514.
2. J. Needham, *Science and civilisation in China*, I, Cambridge, 1954, p. 134.
3. McNeill, *Pursuit of power*, p. 39.
4. Ibid., pp. 82-3.
5. Duffy, *Siege warfare*, pp. 8-9.
6. Ibid., p. 9.
7. Ibid., p. 15.
8. Ibid., p. 25.
9. Ibid., pp. 29-31.
10. Mallet, op. cit., p. 253.
11. Duffy, *Siege warfare*, p. 40.
12. Ibid., pp. 41-2.
13. Ibid., p. 61.
14. Ibid., p. 64.
15. G. Parker, *The military revolution*, Cambridge, 1988, p. 17.
16. Ibid., p. 17.
17. Mallet, op. cit., pp. 254-5.
18. Grant, op. cit., pp. 15-6.
19. Hale, *Renaissance war studies*, p. 396.
20. J. Hale, *War and society in Renaissance Europe*, Leicester, 1985, p. 96.
21. G. Parker, *The army of Flanders and the Spanish road*, Cambridge, 1972, pp. 27-9.
22. Guilmartin, op. cit., p. 207.
23. Ibid., pp. 251-2.
24. Lewis, op. cit., pp. 76-80.
25. Guilmartin, op. cit., pp. 8-11.
26. Weigley, op. cit., pp. 15-6.
27. Ibid., pp. 76-7.

28. Watson, op. cit., pp. 57-9.
29. C. Duffy, *The military experience in the age of reason*, Londres, 1989.
30. G. e A. Parker, *European soldiers 1550-1650*, Cambridge, 1977, pp. 14-5.
31. Hale, *War and society*, p. 87.
32. A. Corvisier, *Armies and society in Europe*, Bloomington, 1979, pp. 54-60.
33. Hale, *Renaissance war studies*, pp. 285, 237-42.
34. Weigley, op. cit., p. 44.
35. Shaw, op. cit., vol. I, pp. 113-4.
36. B. Lenman, "The transition to European military ascendancy in India", in J. Lynn, *Tools of war*, Chicago, 1990, p. 106.
37. Doyle, op. cit., pp. 67-71.
38. J. Galvin, *The minute men*, McLean, 1989, pp. 27-33.
39. J. Lynn, "En avant: the origins of the revolutionary attack", in Lynn, op. cit., pp. 168-9.
40. Elting, op. cit., pp. 123-56.
41. Weigley, op. cit., p. 265.
42. Lynn, in Lynn, op. cit., p. 167.
43. F. Gilbert, "Machiavelli", in P. Paret, *Makers of modern strategy*, p. 31.
44. B. Liddell Hart, *The ghost of Napoleon*, Londres, 1933, pp. 118-29.
45. McNeill, *Pursuit of power*, op. cit., p. 254.
46. R. Challener, *The French theory of the nation in arms*, Nova York, 1955, p. 58.
47. M. Eksteins, *Rites of spring*, Nova York, 1989, p. 93.
48. C. Jones, *The longman companion to the French Revolution*, Londres, 1989, pp. 156, 287.
49. T. Livermore, *Numbers and losses in the American Civil War*, Bloomington, 1957, pp. 7-8.
50. McPherson, op. cit., p. 9.
51. Duffy, *Experience of war*, p. 209.
52. A. Corvisier, "Le moral des combattants, panique et enthousiasme", in *Revue historique des armées*, 3, 1977, pp. 7-32.
53. Elting, op. cit., pp. 30-1, 143.
54. T. Wilson, *The myriad faces of war*, Cambridge, 1986, p. 757.
55. A. Horne, *To lose a battle*, Londres, 1969, p. 26.
56. R. Larson, *The British army and the theory of armoured warfare 1918-40*, Newark, 1984, p. 34.
57. Keegan, *Mask of command*, p. 238.
58. A. Bullock, *Hitler and Stalin*, Londres, 1991, p. 259.
59. Ibid., p. 358.
60. C. Barnett (ed.), *Hitler's generals*, Londres, 1989, pp. 444-5.
61. Keegan, *Mask of command*, p. 235.
62. G. Welchman, *The hut six story*, Londres, 1982, pp. 19-20.
63. Keegan, *Mask of command*, p. 302.

64. Ibid., p. 286.
65. T. Taylor, *The breaking wave*, Londres, 1967, pp. 114-5.
66. Ibid., p. 97.
67. K. Wakefield (ed.), *The blitz then and now*, Londres, 1988, p. 8.
68. O. Bartov, *The Eastern front 1941-45*, Basingstoke, 1985, pp. 107-19.
69. D. Kahn, *Seizing the enigma*, Londres, 1991, pp. 245-58.
70. W. Murray, *Luftwaffe*, Londres, 1985, pp. 8-12.
71. J. Terraine, *The right of the line*, Londres, 1985, p. 474.
72. R. Spector, *Eagle against the sun*, Londres, 1984, pp. 79-82.
73. R. Connaughton, *The war of the rising sun and the tumbling bear*, Londres, 1988, pp. 166-7.
74. Spector, op. cit., pp. 259-67.
75. N. Longmate, *Hitler's rockets*, Londres, 1985, p. 59.
76. M. Gilbert, *Second World War*, Londres, 1989, pp. 20-1.
77. L. Freedman, *The evolution of nuclear strategy*, Londres, 1989, p. 16.
78. Ibid., p. 19.
79. Ibid.
80. Ibid., p. 246.
81. G. Draper, "'Grotius' place in the development of legal ideas about war", in H. Bull et al. (eds.), *Hugo Grotius and international relations*, Oxford, 1990, pp. 201-2.
82. G. Best, *Humanity in warfare*, Londres, 1980, pp. 150-1.

BIBLIOGRAFIA SELECIONADA

ADAM, P. *The arts of the Third Reich*, Londres, 1992.
ANDRESKI, S. *Military organisation and society*, Londres, 1908.
ANGLESEY, marquês de. *A history of British cavalry*, IV, Londres, 1986.
ARDREY, R. *The territorial imperative*, Londres, 1967.
AYALON, D. *Gunpowder and firearms in the Mamluk kingdom*, Londres, 1956.
AZZAROLLI, A. *An early history of horsemanship*, Londres, 1985.
BALSDON, J. *Rome*, Londres, 1970.
BAR-KOCHVA, B. *The Seleucid army*, Cambridge, 1976.
BARNETT, C. (ed.) *Hitler's generals*, Londres, 1989.
BARTOV, O. *The eastern front 1941-5*, Basingstoke, 1985.
BEAUMONT, J. *Comrades in arms*, Londres, 1980.
BEELER, J. *War in feudal Europe*, 730-1200, Ithaca, 1991.
BELOFF, N. *Tito's flawed legacy*, Londres, 1985.
BERLIN, I. *Karl Marx*, Oxford, 1978.
_____ *The crooked timber of humanity*, Nova York, 1991.
BEST, G. *Humanity in warfare*, Londres, 1980.
BLAU, P. e SCOTT, W. *Formal and informal organisations*, San Francisco, 1962.
BLONDAL, S. *The varangians of Byzantium*, Cambridge, 1979.
BOTTERO J. et al (eds.). *The Near East: the early civilisations*, Londres, 1967.
BRAMSON, L. e GOETHALS, G. *War: studies from psychology, sociology, anthropology*, Nova York, 1964.
BREEZE, D. e DOBSON, B. *Hadrian's wall*, Londres, 1976.
BREUIL, H. e LAUTIER, R. *The men of the Old Stone Age*, Londres, 1965.
BULL, H. et al (eds.). *Hugo Grotius and international relations*, Oxford, 1990.
BULLOCK, A. *Hitler and Stalin*, Londres, 1991.
BURY, J. *A history of the later Roman empire*, Londres, 1923.
CALLWELL, C. *Small wars. Their principles and practice*, Londres, 1899.
CHALLENER, R. *The French theory of the nation in arms*, Nova York, 1955.
CHEVALLIER, R. *Roman roads*, Londres, 1976.
CLARK, R. *Freud*, Londres, 1980.
CLAUSEWITZ, Carl von. *On war* (trad. M. Howard e P. Paret), Princeton, 1976.
_____ *On war* (trad. J. J. Graham), Londres, 1908.
CLENDINNEN, I. *Ambivalent conquests, Maya and Spaniard in Yucatan, 1515-70*, Cambridge, 1987.

CLENDINNEN, I. *Aztecs*, Cambridge, 1991.
CONNAUGHTON, R. *The war of the rising sun and the tumbling bear*, Londres, 1988.
CONTAMINE, P. *War in the Middle Ages* (trad. M. Jones), Oxford, 1984.
CORVISIER, A. "Le moral des combattants, panique et enthousiasme", in *Revue Historique des Armées*, 3, 1977.
_____ *Armies and society in Europe*, Bloomington, 1979.
CREEL, H. *The origins of statecraft in China*, Chicago, 1970.
DAWKIN, J. *The selfish gene*, Oxford, 1989.
DE LA CROIX, H. *Military considerations in city planning*, Nova York, 1972.
DEAKIN, F. *The embattled mountain*, Londres, 1971.
DERRY, T. e WILLIAMS, T. *A short history of technology*, Oxford, 1960.
DIVALE, W. *War in primitive society*, Santa Bárbara, 1973.
DJILAS, M. *Wartime*, Nova York, 1977.
DOYLE, W. *The Oxford history of the French Revolution*, 1989.
DUFFY, C. *Russia's military way to the west*, Londres, 1981.
_____ *Siege warfare*, Londres, 1979.
_____ *The military experience in the age of reason*, Londres, 1987.
DUPUY, R. e T. *The encyclopaedia of military history*, Londres, 1986.
EDBURG, P. *Crusade and settlement*, Cardiff, 1985.
EDMONDS, J. *A short history of World War I*, Oxford, 1951.
EKSTEINS, M. *Rites of spring*, Nova York, 1989.
ELTING, J. *Swords around a throne*, Londres, 1989.
ENGELS, D. *Alexander the Great and the logistics of Macedonian army*, Berkeley, 1978.
ENGLEIT, S. *Islands at the centre of the world*, Nova York, 1990.
FARNES, O. *War in the Arctic*, Londres, 1991.
FERGUSON, B. e WHITEHEAD, N. *War in the tribal zone*, Santa Fé, 1991.
FERGUSON R. (ed.). *Warfare, culture and environment*, Orlando, 1984.
FERRILL, A. *The fall of Roman empire*, Londres, 1986.
_____ *The origins of war*, Londres, 1985.
FINLEY, M. e PLAKET, H. *The olympic games*, Nova York, 1976.
FORBES, P. J. *Metallurgy in Antiquity*, Leiden, 1950.
FOX, A. *Prehistoric Maori fortifications*, Auckland, 1974.
FRASER, A. *Boadicea's chariot*, Londres, 1988.
FREEDMAN, F. *The evolution of nuclear strategy*, Londres, 1989.
FREEMAN, D. *Margaret Mead and Samoa*, Cambridge, Mass., 1983.
FRIED, M. *Transactions of New York Academy of Sciences*, Series 2, 28, 1966.
_____ HARRIS, M. e MURPHY, R. (eds.). *War: the anthropology of armed conflict and aggression*, Nova York, 1967.
FRIENDLY, A. *The dreadful day*, Londres, 1981.
FRYER, J. *The Great Wall of Chine*, Londres, 1975.
FULLER, J. *The decisive battles of the western world*, Londres, 1954-56.
GABRIEL, R. e METZ, K. *From Sumer to Rome*, Nova York, 1991.
GALVIN, J. *The minute men*, McLean, 1989.

GARLAN, Y. *War in ancient world*, Londres, 1975.
GERNET, J. *A history of Chinese civilisation*, Cambridge, 1982.
GILBERT, M. *Second World War*, Londres, 1989.
GIROUARD, M. *The return of Camelot*, New Haven, 1981.
GRANT, M. *The army of the Caesars*, Londres, 1974.
GREENHALGH, K. *Early Greek warfare*, Cambridge, 1973.
GROEBEL, J. e HINDE, R. (eds.). *Aggression and war*, Cambridge, 1989.
GUILMARTIN, J. *Gunpowder and galleys*, Cambridge, 1974.
HAAS, J. (ed.). *The anthropology of war*, Cambridge, 1990.
HALE, J. *Renaissance war studies*, Londres, 1988.
_____ *War and society in Renaissance Europe*, Leicester, 1985.
HAMMOND, J. *A history of Greece to 322 B.C.*, Oxford, 1959.
HANSON, V. (ed.). *Hoplites*, Londres, 1991.
_____ *The western way of war*, Nova York, 1989.
_____ *Warfare and agriculture in classical Greece*, Pisa, 1983.
HARRIS, M. *The rise of anthropological theory*, Londres, 1968.
HARRIS, W. *War and imperialism in republican Rome*, Oxford, 1979.
HAYES, W. "Egypt from the death of Ammanemes II to Seqmenre II", in *Cambridge Ancient History*, 3ª ed., vol. II, parte 1.
HOFFMAN, M. *Egypt before the pharaohs*, Londres, 1988.
HOGG, A. *Hill forts of Britain*, Londres, 1975.
HOLT, P., LAMBTON, A. e LEWIS, B. (eds.). *The Cambridge history of Islam*, vol. IA, Cambridge, 1970.
HORNE, A. *A savage war of peace*, Londres, 1977.
_____ *To lose a battle*, Londres, 1969.
HOURANI, A. *A history of Arab peoples*, Londres, 1991.
HOWARD, M. *Clausewitz*, Oxford, 1983.
_____ *War in European history*, Oxford, 1976.
HUGHES, Q. *Military architecture*, Londres, 1974.
ISAAC, B. *The limits of empire*, Oxford, 1990.
JAKOBSEN, J. e ADAMS, R. "Salt and silt in ancient Mesopotamian agriculture", *Science*, CXXVIII, 1958.
JEFFERSON, G. *The destruction of the Zulu kingdom*, Londres, 1979.
JELAVICH, B. *History of the Balkans (twentieth century)*, Cambridge, 1983.
JOHNSON, S. *Late Roman fortifications*, Londres, 1983.
_____ *Roman fortifications on the Saxon shore*, Londres, 1977.
JONES, A. *The decline of the ancient world*, Londres, 1966.
_____ *The later Roman empire*, Oxford, 1962.
JONES, C. *The longman companion to the French Revolution*, Londres, 1989.
JONES, G. *History of the Vikings*, Oxford, 1984.
JONES, N. *Hitler's heralds*, Londres, 1987.
KAHN, D. *Seizing the enigma*, Londres, 1991.
KEEGAN, J. *The mask of command*, Londres, 1987.

KEEGAN, J. *The face of battle*, Londres, 1976.
———— *The price of admiralty*, Londres, 1988.
KEMP, B. *Ancient Egypt. Anatomy of a civilisation*, Londres, 1983.
KENNY, A. *The logic of deterrence*, Londres, 1985.
KEPPIE, L. *The making of Roman army*, Londres, 1984.
KIERMAN, F. e FAIRBANK, J. *Chinese ways in warfare*, Cambridge, Mass., 1974.
KIRCH, P. *The evolution of Polynesian chiefdoms*, Cambridge, 1984.
KLOPSTEG, P. *Turkish archery and composite bow*, Evanstown, 1947.
KRIGE, E. *The social system of the Zulus*, Pietermaritzburg, 1950.
KUPER, A. *Anthropologists and anthropology*, Londres, 1973.
KWANTEM, L. *Imperial nomads: a history of central Asia, 500-1500*, Leicester, 1979.
LAESSOE, J. *People of ancient Assyria*, Londres, 1963.
LARSON, R. *The British army and the theory of armoured warfare, 1918-40*, Newark, 1984.
LATTIMORE, O. *Studies in frontier history*, Londres, 1962.
LEWIS, M. *The navy of Britain*, Londres, 1948.
LIDDELL HART, B. *The ghost of Napoleon*, Londres, 1933.
LIDDLE, P. *The 1916 battle of the Somme*, Londres, 1992.
LINDNER, R. "Nomadism, horses and huns", *Past and Present*, 1981.
LIVERMORE, T. *Numbers and losses in the American civil war*, Bloomington, 1957.
LONGMATE, N. *Hitler's rockets*, Londres, 1985.
LORENZ, K. *On aggression*, Londres, 1966.
LUCAS, J. *Fighting troops of the Austro-Hungarian army*, Nova York, 1987.
LUTTWAK, E. *The grand strategy of Roman empire*, Baltimore, 1976.
LYNN, J. *Tools of war*, Chicago, 1990.
MAENCHEN-HELFEN, M. *The world of the huns*, Berkeley, 1973.
MALLET, M. *Mercenaries and their masters*, Londres, 1974.
MANSEL, P. *Pillars of monarchy*, Londres, 1984.
MANZ, B. *The rise and rule of Tamerlane*, Cambridge, 1989.
MARSOT, A. *Egypt in the reign of Muhammad Ali*, Cambridge, 1982.
MCCORMICK, K. e PERRY, H. *Images of war*, Londres, 1991.
MCNEAL, R. *Tsar and cossack*, Basingstoke, 1989.
MCNEILL, *The pursuit of power*, Oxford, 1983.
MCNEILL, W. *A world history*, Nova York, 1961.
———— *Plagues and people*, Nova York, 1976.
———— *The human condition*, Princeton, 1980.
———— *The rise of the west*, Chicago, 1963.
MCPHERSON, J. *Battle cry of freedom*, Nova York, 1988.
MIDDLETON, J. e TAIT, D. *Tribes without rulers*, Londres, 1958.
MILWARD, A. *War, economy and society, 1939-45*, Londres, 1977.
MOCKLER, A. *Haile Selassie's war*, Oxford, 1979.
MOOREY, P. (ed.) *The origins of civilisation*, Oxford, 1979.
MUELLER, J. "Changing attitudes to war. The impact of the First World War", *British Journal of Political Science*, 21.

MURPHY, T. (ed.). *The holy war*, Columbus, 1976.
MURRAY, W. *Luftwaffe*, Londres, 1985.
NEEDHAM, J. *Science and civilisation in China*, I, Cambridge, 1954.
NICOLSON, N. *Alex*, Londres, 1973.
OAKESHOTT, E. *The archaeology of weapons*, Londres, 1960.
OBERMAIER, H. *La vida de nuestros antepasados cuaternanos en Europa*, Madri, 1926.
OGET, B. (ed.) *War and society in Africa*, 1972.
PALLUD, J.-P. *Blitzkrieg in the west*, Londres, 1991.
PARET, P. (ed.) *Makers of modern strategy*, Princeton, 1986.
PARET, P. *Clausewitz and the State*, Princeton, 1985.
_____ *Understanding war*, Princeton, 1992.
PARKER, G. *The army of Flanders and the Spanish road*, Cambridge, 1972.
_____ *The military revolution*, Cambridge, 1988.
_____ e A. *European soldiers 1550-1650*, Cambridge, 1977.
PARKINSON, R. *Clausewitz*, Londres, 1970.
PARRY, V. e YAPP, M. (eds.) *War, technology and society in the Middle East*, Londres, 1975.
PERRIN, N. *Giving up the gun*, Boston, 1988.
PETITE, D. *Le balcon de la Côte d'Azure*, Marignan, 1983.
PIEKALKIEWICZ, J. *Pferd und Reiter im II Weltkrieg*, Munique, 1976.
PIGGOTT, S. *The earliest wheeled transport*, Londres, 1983.
PIPES, D. *Slave soldiers and Islam*, New Haven, 1981.
POLIAKOFF, M. *Combat sports in the ancient world*, New Haven, 1987.
POUNDS, N. *The mediaeval castle in England and Wales*, Cambridge, 1990.
RATCHNEVSKY, P. *Genghis Khan*, Oxford, 1991.
REID, W. *Arms through the ages*, Nova York, 1976.
ROBARCHAK, C., in *Papers presented to the Guggenheim Foundation Conference, on the anthropology of war*, Santa Fé, 1986.
ROBERTS, J. *The Pelican history of world*, Londres, 1987.
ROEDER, H. (ed.) *The ordeal of captain Roeder*, Londres, 1960.
ROUX, G. *Ancient Iraq*, Nova York, 1986.
ROYLE, T. *A dictionary of military quotations*, Londres, 1990.
RUNCIMAN, S. *A history of the crusades*, I, Cambridge, 1951.
SAGGS, H. *The might that was Assyria*, Londres, 1984.
SAHLINS, *Tribesmen*, New Jersey, 1968.
SAINTY, G. *The order of St. John*, Nova York, 1991.
SALLARES, R. *The ecology of ancient Greek world*, Londres, 1991.
SANDERS, N. *The sea peoples*, Londres, 1985.
SANSOM, G. *The western world and Japan*, Londres, 1950.
SANSOME, D. *Greek athletics and the genesis of sport*, Berkeley, 1988.
SAUNDERS, J. *The history of Mongol conquest*, Londres, 1971.
DE SAXE, marechal. *Mes rêveries*, Amsterdã, 1757.
SEATON, A. *The horsemen of the steppes*, Londres, 1985.

SHOWALTER, D. *Railroads and riffles*, Hamden, 1975.
SMAIL, R. *Crusading warfare*, Cambridge, 1956.
SPECTOR, R. *Eagle against the sun*, Londres, 1984.
SPENCE, J. *The search of modern China*, Londres, 1990.
SPULER, B. *The Mongols in history*, Londres, 1971.
ST. CLAIR, W. *That Greece might still be free*, Londres, 1972.
STAHLBERG, A. *Bounden duty*, Londres, 1990.
STORREY, R. *A history of modern Japan*, Londres, 1960.
TAYLOR, T. *The breaking wave*, Londres, 1967.
TERRAINE, J. *The right of the line*, Londres, 1985.
THOMAS, H. *An unfinished history of the world*, Londres, 1979.
THOMPSON, J. *No picnic*, Londres, 1992.
_____ *The lifeblood of war*, Londres, 1991.
TOLSTOI, L. (trad. R. Edmonds) *Anna Karenin*, Londres, 1987.
TURNEY-HIGH, H. *Primitive war. Its practice and concepts* (2ª ed.), Columbia, S. C., 1971.
VAN CREFELD, M. *Technology and war*, Londres, 1991.
VAN DER HEYDEN, A. e SCULLARD H. (eds.) *Atlas of the classical world*, Londres, 1959.
VAN DER VAT, D. *The Atlantic campaign*, Londres, 1988.
VAYDA, A. *War in ecological perspective*, Nova York, 1976.
WAKEFIELD, K. (ed.) *The blitz then and now*, Londres, 1988.
WALDRON, A. *The Great Wall of China*, Cambridge, 1992.
WATSON, G. *The Roman soldier*, Londres, 1985.
WEIGLEY, R. *The age of battles*, Bloomington, 1991.
WELCHMAN, G. *The hut six story*, Londres, 1982.
WENDORF, F. (ed.) *The prehistory of Nubia*, II, Dallas, 1968.
WILEY, B. *The life of Johnny Reb*, Baton Rouge, 1918.
WILSON, T. *The myriad faces of war*, Cambridge, 1986.
WINTER, F. *Greek fortifications*, Toronto, 1971.
WINTLE, J. *The dictionary of war quotations*, Londres, 1989.
WOOD, E. *Peasant, citizen and slave*, Londres, 1988.
YA-TIEN, Chen. *Chinese military theory*, Stevenage, 1992.
YADIN, Y. *The art of warfare in biblical lands*, Londres, 1963.

ÍNDICE REMISSIVO

abácida, dinastia, 60, 262-5, 277
Abbeville, 472
Abu Shama, 61, 279
academias militares, 437
acadianos, 184
Acre, 277
Adler, Alfred, 18
Adriano, imperador, 358
Adriano, muralha de, 192, 197, 350, 361
Adrianópolis, batalhas e sítios de, 103-5, 107, 245-6, 362
Aécio, 247-8, 363-4
Afeganistão, 59, 177, 263; conquista pelos árabes, 259
Agincourt, batalha de (1415), 384, 406
Agrigento, Sicília, sítio de (260 a.C.), 197
Ain Jalut, batalha de (1260), 60-1, 278-9
Ajnadain, batalha de (634), 260
Akhenaten, faraó, 174
al-Ansari (historiador), 64
al-Mansur, 376
al-Mutasim, califa, 59, 262
al-Muztasim, califa, 265, 277
al-Nasir, califa, 264
Alamagordo, Novo México, explosão de bomba atômica (1945), 483
alanos do Irã, 245, 248
Alarico, 246-7
Albânia, ocupação otomana da, 426-7
Alemanha: ascensão de Hitler, 467, 469; colapso do exército (1918), 305; derrota dos romanos na floresta de Teutoburg (ano 9), 350, 357, 457; Guerra dos Trinta Anos, 414, 434; invasão da Polônia (1939), 470; invasão magiar, 371; ocupação da Áustria e da Tchecoslováquia (1938), 469; revolta contra Roma, 357, 422; sistema de milícias, 301; tática da *Blitzkrieg*, 105, 411, 470, 472, 475, 477
Alepo, massacre pelos mongóis, 277
Alésia, forte, 197; sítio de 353
Alexandre VI, papa, 412
Alexandre, o Grande, 27, 109, 254, 272, 359, 367, 389, 409, 446, 471, 474; batalhas com os persas, 335, 337-8, 340, 390-1, 497; campanhas na Ásia, 196, 231, 237, 258, 335, 337-8, 340; utilização de mercenários gregos, 300
Alfredo, o Grande, 389
alistamento regular, 295-6, 298, 345, 350, 366, 454
Alkmaar, 415
Alp Arslan, 263
América: Associação Antropológica Americana, 113, 131; baixas, 458; confronto nuclear com a Rússia, 489; descoberta da (1492), 430; guerra civil, 392, 452-3; Guerra de Independência, 439, 441; guerra do Vietnã, 80, 89, 129-30; *ver também* Primeira e Segunda Guerras Mundiais
Amés, 224
Amiano Marcelino, 215

523

Amr, 260
An Lu-shan, 269
Anatólia, 68, 224, 259, 265, 283, 309; produção de ferro, 307
Andreski, Stanislav, 289-93, 295; Coeficiente de Participação Militar (CPM), 289-90
Aníbal: derrota dos romanos em Canas, 351; marcha através dos Alpes, 351
Antártida, tratado da (1959), 102
Antióquia, rendição aos cruzados (1098), 204, 377
Antonino Pio, imperador, 358
Antonino, muralha de, 108, 197
antropólogos, guerra e os, 122-3, 125, 128-31
Antuérpia, ataque de foguetes a (1944), 482
Aquiles, 319
árabes 254-61, 269, 364, 497; confronto com os turcos, 254; conquista do Afeganistão, 259; conquista do Egito e da Síria, 259, 364; derrota de Bizâncio, 258, 260; derrota dos chineses no rio Talas (751), 254, 269; destruição do Império Persa, 254, 259-60; exército de escravos, 262, 264
arco composto, 60, 211, 215-7, 219-20, 224, 232, 234, 236, 271, 274, 281, 371, 379, 418, 428; introdução do, 215
arco longo, 216-7, 418
Ardrey, Robert, 120-1, 165
Arene Candide, esqueleto de, 163
Argélia, guerra da (1945-62), 16, 87, 89, 150, 198
Argos, 314, 326
ariano, povo, 206
Ariovisto, 353
Aristóteles, 18, 75
armas de fogo, introdução das, 417-21, 424, 433

armas definitivas, 466-84
armas nucleares, 79, 88, 90, 482-3, 486-7, 499; bombardeio de Hiroxima e Nagasaqui (1945), 484; confronto soviético-americano, 489; desarmamento, 486, 490; Projeto Manhattan, 483; teoria da dissuasão, 78-9, 487
armas, manufatura de, 396-404
Armênia, 263, 357
Armínio, 357
Armstrong, William, 399
Arqueiros Escoceses dos reis franceses, 299
Arriano (biógrafo de Alexandre, o Grande), 336, 340, 497
artilharia, revolução da, 407-9
Ascalon, batalha de (1099), 379
Asdrúbal, 351-2
Askut, 193
Asquith, Cynthia, 465
assassinos, 277, 436
Assinboins, tribo, 127
Assíria e assírios, 224-5, 228, 231, 234, 236, 240, 286, 298, 308, 315, 345, 358; cavalo de guerra, 234-5; conquista pelos romanos, 358; e a biga, 225, 227-32, 234-35; queda do império, 234; sistema de burocracia militar, 345
Assur, 224, 228
Assurubalit, rei, 224
astecas e a guerra, 149, 151-3, 155, 158; batalhas floridas, 155, 283; destruídos pelos conquistadores, 430
Ataturk, 467
Atenas e atenienses, 312, 315, 322, 324, 326-7, 329, 331-4, 338, 341, 370
Ática, 312
Átila, 243-4, 247-51, 272, 363, 370, 494
Atlanta, Geórgia, incêndio de, 22

Atlântico, batalha do (1940-43), 100, 404
Augereau, marechal, 445
Augsburgo, 371; batalha de (910), 371
Augusto, imperador (Otaviano), 355-7, 360-1, 364, 366
Áusculo, batalha de (299a.C.), 341
Austerlitz, batalha de (1805), 449, 471
Australopithecus, 161-2
Áustria: conquista de Napoleão (1805), 449; derrota para Prússia (1866), 393; ocupação alemã (1938), 469
avaros, 77, 202, 252-3, 258
Babilônia e babilônios, 223, 228, 236, 338-9, 405
Babur (fundador da dinastia mongol), 266, 440
Bagdá, 60, 258, 262-3, 378; conquista pelos mongóis (1258), 265-6, 277
Balaclava, batalha de (1854), 26
Balduíno, imperador, 103
bantos, 167
Bavária, 455-6; avanço por Marborough (1704), 388
Bayard, Pierre du Terrail, 64, 423
Baybars, 61, 278-9, 379
Belgrado, 84; cidadela, 440; tomada pelos otomanos (1521), 427
Belisário, 364
Benedict, Ruth, *Padrões de cultura*, 123
Benevento, batalha de (295 a.C.), 341
Beócia, Liga da, 332
Berenger, rei da Itália, 371
Berlim, 33, 80, 393, 396, 470, 472, 474; "Revolução Vermelha" (1919), 289
Bernadotte, marechal (depois rei da Suécia), 446
Berthier, marechal, 288
Bessières, marechal, 464-5
besta, 417-9, 423
Bicocca, batalha de (1522), 421
bigas e aurigas gregos, 310-1

Birmânia, independência da (1948), 484
Bismarck, afundamento do, 99
Bizâncio, 116, 252-4, 257, 263, 286, 339, 373, 426; danificada pela quarta cruzada, 379, 383; defendida por Roma, 364; derrotada pelos árabes, 258, 260; guarda varangiana, 299; guerras persas, 258; sarracenos expulsos do Sul da Itália, 370
Blake, almirante Robert, 97
Blenheim, batalha de (1704), 438
Blitzkrieg, 105, 250, 280, 471, 473, 476, 481
Boas, Franz, 123
Boemundo, 277
Bôeres, 52-4, 291-2; guerra dos (1899-1902), 249, 459-60
Bonifácio, são, 373
Borgia, César, 412
Borgonha, 365, 371, 377, 406, 425; poder destruído pelos lanceiros suíços, 419
Borodino, batalha de (1812), 25, 27, 35, 458
bosquímanos do Kalahari, 166
Bougainville, Louis Antoine de, 50
Breda, 416, 437
Bredow, von, 64
Brenta, batalha do rio (899), 371
Breuil, H., 163
Brune, marechal, 464-5
Bucara, ocupação mongol de, 259, 271-2
Cairo, 61, 64-6, 261; rendição aos otomanos, 63
caldeus, 227, 229
Camboja, guerra civil, 89
Camperdown, batalha de (1797), 100-1
Canas, batalha de (216 a.C.), 351-2, 457

525

canhão: aumento em mobilidade e poder de fogo, 433; embarcados, 425, 429-32; fundição de, 398; guerra de sítio transformada, 407-10; torna-se móvel sobre rodas, 408, 411, 413

Caprarole, 412

Carlos Magno, 368, 397; campanhas de, 367, 374; esforço para criar um Estado pan-europeu, 201; império de, 367; inclui o reino lombardo e Roma em seu império, 367; vence os avaros, 253

Carlos VIII, da França: criação das *compagnies d'ordonnance*, 32; disposição da artilharia móvel, 32; triunfo napolitano (1494-95), 408-410, 412

Carlos, o Calvo (rei dos francos), 368

Carlos, o Temerário (duque de Borgonha), 419

Cartagena, 343, 352

Cartago, 328, 370; Guerras Púnicas com Roma, 343, 345, 350-352, 366

cassitas, 186, 223

Çatal, Hüyük, escavações de, 172

cavalaria, revolução da, 250

cavalo de guerra, 64, 126, 235, 369

cavernas, pintura das, 165-6

celtas, 197, 309, 353, 423

Cem Anos, Guerra dos, 383-4, 406

Cerignola, batalha de (1503), 421

Chagnon, Napoleon, 132, 134-137

Châlons, batalha de (451), 248, 363

Chateau-Gaillard, 204

cherokees, 319

chetniks, 82-3, 85

Chiang Kai-shek, 82, 85, 484

China: conflito com a Índia (1962), 101; derrotada pelos árabes no rio Talas (751), 254, 269; descoberta da pólvora, 405; dinastia Ching, 285; dinastia Han, 242, 253, 269; dinastia manchu, 216, 238, 240, 269, 284-5, 289, 297, 360, 479; dinastia Ming, 200, 280, 284-5; dinastia San, 196, 223-4; dinastia Song, 269-70; dinastia Sui, 267-8; dinastia Tang, 68, 254, 267-9, 360; dinastia Tsin, 199, 267; dinastia Tsou, 220, 224, 230; dinastia Wei setentrional, 253; dinastia Yuan, 266, 275, 284; fortificações na, 196, 199; Grande Canal, 268, 389; Grande Muralha, 109, 198-201, 238, 259, 267-9, 273, 284, 359, 494; guerras do ópio, 285; modo de guerrear, 283, 287: restrição no, 268, 495; ocupação mongol, 266-7, 269; ofensiva japonesa (1937), 478, 498; protegida pelo tamanho, 431; tomada do poder pelos comunistas (1948-50), 268, 484

Chipre, 14, 309, 364, 383

Churchill, Winston, 466, 473, 483

cimérios, 236

Cingapura, queda de ,157

Cipião, Cornélio, 352

Cipião, o Africano, 343, 352

Ciro, o Grande, 315

citas do Irã, 236-7, 338

civilização e guerra, 175-6, 178-9, 182, 186

Civita Castellana, forte de, 412

Clair, William St., 28

Cláudio, imperador, 356

Clausewitz, Carl von, 18, 21, 30, 50-1, 56-57, 66-7, 77, 80, 91, 137, 149, 152, 288, 359, 451, 474, 476; ambições intelectuais, 450; crença na guerra como continuação da política, 75-6, 289, 303, 449, 491, 498; *Da guerra*, 18, 38, 40-1, 450; filosofia da guerra, 18, 20, 29, 37, 39-45, 50, 75,

287; indignado com a selvageria dos cossacos, 23, 25-27, 29, 286-7; lógica da dissuasão 78-9; *Pontos essenciais sobre a formação de uma força de defesa* (1813), 287; serviço no exército; dilema militar, 35-6; exército czarista, serviço no, 35; exército prussiano, serviço no, 33-4; sobre o incêndio de Moscou, 22-3

Clendinnen, Inga, 151, 158

Clermont, Concílio de (1095), 376

Clive, Robert (barão de Plassey), 441

Clóvis, rei dos francos, 263

Cnido, batalha de (384 a.C.), 333

Cnossos, 310

Colombo, Cristóvão, 430

comandos, 20

conscrição, 296, 303-4

Conselho Anfictiônico, 334

Constâncio, 363

Constantino, imperador, 103-4, 255, 362, 364

Constantinopla (Istambul), 104, 247, 259, 299, 406-407, 440; assediada pelos avaros, 253; captura pelos turcos (1453), 252, 280, 364, 379, 426; palácio Topkapi, 217, 241; recuo otomano para, 440; saqueada pelos cruzados (1204), 104

Cook, capitão James, 46

Copenhague, batalha de (1801), 97, 100-1

Corinto, 326, 328-9, 331-2

Córsega, 350, 363, 370

cossacos, 23-7, 29, 199, 291-292; batalha de Balaclava, 26; incêndio em Moscou (1812), 23, 25; massacre dos franceses em retirada (1812), 25; selvageria dos, 23, 25-6, 29, 286-7

Creasy, *Quinze batalhas decisivas do mundo*, 100

Crécy, batalha de (1346), 384

Creel, professor, 231

Cremona, sítio de (1523), 410

Creso da Lídia, 327

Cresson, batalha de (1187), 380

Creta e cretenses, 173, 293, 309-310, 312-313, 364; destruição da civilização minóica, 224

Criméia, guerra da (1854), 26, 399

cristãos e a guerra, 256, 263, 367, 375-6, 383; cruzadas e cruzados, 204, 263-5, 275-9, 283, 376, 379-81, 497; declínio e extinção dos reinos, 378, 382; hospitalários e templários, 381-2; Jerusalém: captura (1099), 204, 264, 275, 378; Jerusalém: perda para Saladino (séc. XII), 275; Jerusalém: recaptura (séc. XIII), 276; pacificação e conversão na Europa ocidental, 374-5; Primeira Cruzada, 377; Quarta Cruzada, 379; queda de Antióquia (1098), 204, 377; saque de Constantinopla (1204), 104; vitória sobre os otomanos em Lepanto (1571), 428

cultura sem guerra, 75-93

cultura, guerra como, 46-75

Dácia, 245, 247, 358, 360

Dalton, Francis, 121

Damasco, captura pelos, 277

Dario III, 335, 337-338, 390, 497

Dario, imperador, 231, 237, 255, 327-328, 333

Darwin, Charles, 116, 121, 124

Dawkins, Richard, *O gene egoísta*, 117

Deakin, sir William, 82-3, 85

Delhi, Reino Escravo de, 263

Delion, batalha de (424 a.C.), 324

Delos, Liga de, 331

Demeunier, 121

Demóstenes, 334

determinismo cultural, 122-3, 128, 130

Dien Bien Phu, rendição de, 157

dieta militar, 391
dinamarqueses, invasão da Inglaterra pelos, 389
Diocleciano, imperador, 362
Diu, batalha de (1509), 430
Djerba, batalha de (1560), 427
Djilas, Milovan, 83, 86-87
Doria, almirante Andrea, 427
dórios, 312, 422
Dorstadt, devastação viking de, 372
Douhet, 474-5, 477
Dreadnought, HMS, navio inglês (1906), 98, 461
Duffy, Christopher, 282
Dumouriez, general, 447
Dunquerque, evacuação de (1940), 472
duplo patriotismo, 35
eftalitas, 252-4
Egito e egípcios, 203, 225, 265, 277, 309, 480; 12ª dinastia, 179, 192, 194; Antigo Império, 224; conquista árabe (642), 259, 364; derrota dos mongóis em Ain Jalut, 61, 278; dinastia aiúbida, 277, 298; estabelecimento do poder mameluco, 278-9, 379; fortes núbios, 192; invasão de Napoleão e batalha das Pirâmides (1798), 65; invasão dos hicsos, 206, 223; Médio Império, 181, 224; Novo Império, 181, 224-5, 234, 319; ocupação romana, 352, 361; pré-história violenta, 168-9, 178; sítio, 117; Jebel Sahaba, 167, 169-70; ver também mamelucos no Egitovitória dos turcos otomanos sobre os mamelucos (1515-16), 63, 65, 426
Egos Potamos, batalha de (405 a.C.), 333
Einstein, Albert, 119, 482
El-Amarna, 174
elamitas, 223, 226, 229

Elis, 319
Epaminondas (general tebano), 333-4, 338, 471
Equus caballus, 207-8
era glacial, 78, 162, 168, 171, 207
Ericksson, Leif, 146
Esarhadon, 227
Escandinávia: atacantes marítimos, 370; conversão da, 373
escravidão militar, 45-6, 56-7, 59-60, 64, 262, 264, 280, 283, 295-6, 436
Esmirna Velha 195
Espanha, 22, 262, 389, 409; batalhas com a França 419-21; cidades muradas, 201; conquistadores da América do Sul, 430-2; derrota da Invencível Armada (1588), 100, 414, 430; Guerra Civil (1936-39), 299; guerra peninsular, 387, 389, 391, 449; libertação, 283, 383; ocupação árabe, 259; rebelião dos Países Baixos, 414-7
espartanos, 303, 314, 322, 326-8, 334, 338
Estilicão, 246-7
estradas e ferrovias, 388-9, 391-4
etruscos, 340-1
Europa depois de Roma, 364-85
Evans-Pritchard, Edward, 125
excitação da guerra, 294
exércitos, 287-90, 293-305
Ezequias, sítio de, 228-9
Fábio Máximo, 351
face a face, combate tradicional, 422-3, 461, 463, 496-8
Fairbank, John King, 283
Farajallah, 64-65
Farnese, cardeal Alessandro, 412
fenícios, 196, 226, 330, 350
Ferrill, Arthur, 165, 168
filelenismo e filelenos, 27-9, 67, 260
Filipe da Macedônia, 334-5, 347
Filipe V da Macedônia, 351

Filipinas, possessão disputada entre Espanha e Portugal, 431
Fílon, 450
Finisterra, batalha de (1747), 98
Finley, professor M. I., 232
Firizzano, castelo de, 408
flagelo da guerra, 93
Florença: equipada com novas defesas, 412; tomada pelos franceses (1494), 408;
fogo, 405-91; armas definitivas, 466-84; as leis e o fim da guerra, 484-91; batalhas com pólvora na época experimental, 417-25; estabilidade da pólvora, 433-41; poder de fogo e a cultura do serviço militar universal, 457-66; pólvora e fortificações, 407-16; pólvora no mar, 425-32; revolução política e mudança militar, 441-56
Fontenoy, batalha de (1745), 438
Fornovo, batalha de, 409
fortalezas, 188-91, 193, 196, 199, 202, 205
fortificação, 188, 190, 192-3, 195-6, 203, 205; e pólvora, 407-16
Fox, Robin, 121
França: batalha contra os espanhóis em Ravena (1512), 419; batalha contra os suíços em Marignano (1515), 419; cabeça-de-ponte dos nórdicos, 373; conflito com a Holanda e a Inglaterra, 432; conscrição na Primeira República, 304; derrota de Borgonha, 406; derrota prussiana na Alsácia-Lorena (1870), 394; guerra contra os Habsburgo, 383; Guerra dos Cem Anos, 383-4, 406; Guerra dos Trinta Anos, 434; guerra na Indochina, 484; guerras da Revolução Francesa, 442-9; império ultramarino na América do Norte, 432; invasão árabe, 259; motim do exército (1917), 305; queda da (1940), 472; Revolução Francesa, 21, 34, 38, 50, 75-6, 80, 90, 438, 442-4, 447, 449, 454-5, 464, 467; triunfo napolitano (1494-95), 408-10, 412; *ver também* Napoleão, guerras napoleônicas e Primeira e Segunda Guerras Mundiais
francos: conversão ao cristianismo, 263, 367; derrota para os magiares em Augsburgo (910), 371; derrotam os avaros, 253; dinastia carolíngia, 367-8, 371; feudalismo, 368-9; Império dos, 367; reino lombardo e Roma incluídos no Império, 367; vitória sobre os muçulmanos em Poitiers (732), 367
Franklin, Benjamin, 391
Frazer, sir James, A rama dourada, 123
Frederico I (Barbarossa), imperador, 202
Frederico, o Grande, 50, 299, 303, 382, 447
Freiburg, 474
Freud, Sigmund, 18; base psicológica para a teoria da agressão, 119; *Totem e tabu*, 119
frígios, 224
funcionalismo estrutural, 124, 128, 136
Gália, 341, 353, 361, 363, 389; conquistada por César, 105, 344, 352, 354; incursões de Roma, 351, 371, 422; invasão dos bárbaros, 201, 244, 247
Gallipoli (1915), 462
Gardner, 401
Gaugamelos, batalha de (331 a.C.), 197, 231, 336-7, 471
Gelimer, 364
Genebra, Convenções de, 489
Gengis Khan, 60-1, 109, 251, 265-6, 269-70, 273, 280, 474

Gênova, 427
Genserico, 363
Gerasimov, Sergei, 84
Géricault, Jean, 85
Gettysburg, batalha de, 453
Gibbon, Edward, 361
Gilgamesh, rei, 184
Glorioso Primeiro de Junho, batalha do (1794), 98
Gneisenau, general, 35
Gobi, deserto de, 238, 253, 272
Godofredo, rei de Jerusalém, 379
godos, 245, 247, 249-250, 255, 365; vitória sobre Roma em Adrianópolis, 246, 258, 362
Golfo, Guerra do, 89, 490
Golikov, general, 106
Gotlândia, sepultura coletiva de, 168
Graciano, imperador, 245
Graco, irmãos, 354
Granico, batalha do rio (334 a.C.), 197, 336, 338
Great Harry, 429
Greenwich, 107, 398
Gregório VII, papa, 375-6
gregos, 196, 302, 343-4, 352, 385, 463; aliança de estados com a Pérsia, 333; aurigas, 310; cidades-Estados, 196, 313, 315, 317-8, 326, 332, 341; derrubada por Roma, 341; esportes competitivos, 318-9; estratégia anfíbia, 329-33; fortificações, 196; guerra de falanges, 316-29, 344, 384, 422: auge da 333-40; guerra de independência da Turquia (1821), 27-28, 66, 85, 260; guerra de sítio, 201; guerras do Peloponeso, 331-3, 336; guerras persas, 315, 327, 329-40; mercenários, 301, 330, 335, 337; ódio da Pérsia, 255; sacrifícios rituais, 321; técnica da batalha campal,
255, 286; unificação forçada pela Macedônia, 332
Gribeauval, Jean, 399, 448
Groenlândia, 103, 373
Grotius, Hugo, 488, 490
Grouchy, marechal, 446
Guarda Árabe de Frederico II, 299
Guarda Moura do general Franco, 299
Guarda Real Britânica, 299
guarda-costas, 116, 289, 299
Guderian, Heiz, 468
guerra, limitações à, 94
guerras napoleônicas, 23-5, 27, 35, 65, 97-8, 100, 287-8, 304, 392, 396, 443, 446-7, 449, 454, 458; baixas 458
Guibert, conde de, 446-447
Guicciardini, 408
Guilherme, o Conquistador, 375
Guilmartin, John, 96, 220, 428
gurcas, 300, 439
Gurganj, sítio de, 271
Gustavo Adolfo, rei da Suécia, 434
gutos, 186, 223
Haarlem, 415
Habsburgo, 199, 207, 383; conflito com os otomanos, 427, 439; fronteira militar, 109, 198, 288; Guerra dos Trinta Anos, 414, 434; guerras napoleônicas, 446; suseranos da Suíça, 418
Haia, Convenção de, 488-9
Hale, professor John, 437
Hall, W. E., 488
Hallstatt, cultura de, 309, 422
Hamburgo, ataques noturnos (1943), 478
Hamurábi, 206, 223
Hanson, Victor Davis, 108, 316-8, 322, 325, 327, 384, 422
Haroldo, rei, 375
Harran, batalha de, 236
Harris, marechal-do-ar Arthur, 477

Harris, William, 342-3
Hassing, R., 152
Hastings, batalha de (1066), 375
Hattin, batalha de (1187), 380
Hayek, F. A., 22
Heitor, 319
helvécios, 353, 422
Henrique I, o Passarinheiro, 371
Henrique IV, 375
Herbert, A. J., 115
Heródoto, 319, 323, 327
hicsos: batalha de bigas contra o Egito 233; expulsão do Egito, 224-5; invasão do Egito, 206, 223; origens, 222
Hidetada, 72
Hideyoshi, Toyotomi, 70-1
Hindenburg, presidente, 468
Hiroxima, bomba de (1945), 484
hititas, 223-4, 234-5, 307
Hitler, Adolf, 289, 480; ascensão ao poder, 466, 468-9; condução da Segunda Guerra Mundial, 411, 469-77, 482; fascinação pela *Blitzkrieg*, 477; serviço militar na Primeira Guerra Mundial, 457, 466
Ho Chi Minh, 85, 88, 268
Hoche, general, 448
Holanda, 414, 416, 448; conflito com Espanha, Portugal e Inglaterra, 100, 432; guerras com a Inglaterra, 100, 432
Homero, 40, 224, 232, 319; *Ilíada*, 311, 322
Homo erectus, 161
Homo sapiens sapiens, 160, 163-4
hopis do Arizona, 319
Howard, sir Michael, 32, 36
huaxtecas, 155
Hulegu, 275-278
Hungria, destruição do reino pelos otomanos (1526), 427
hunos, 77, 215, 240, 242-9, 251, 271-2, 274, 364; colapso e desaparecimento, 248, 250, 252; invasão do Império romano, 243-8, 363
huronianos, tribo, 150, 319
hurrianos, 186
Huxley, Aldous, 295
ianomâmis e a guerra, 132-7, 166, 168, 214
Ibn Khaldun, 295
Ibn Zabul, 63
Idade da Pedra, homem da, 208, 212; e a guerra, 112, 185; Neolítico, 164-6, 168-9, 171; Paleolítico, 163-4
Idade do Ferro: e a guerra na Idade Média, 364-385; fortes, 195
Iena, batalha de (1806), 25, 449
Ieyasu, Tokugawa, 70-72
Ilha de Páscoa, 500; civilização polinésia, 46-7; fase de decadência, 49; guerra como cultura, 46, 48, 51
Incas do Peru, destruídos pelos conquistadores, 430
inconclusividade da guerra, 89
Índia: campanha de Wellington, 389-90; chegada dos holandeses e ingleses, 432; derrota dos mongóis em Plassey (1757), 441; fronteira noroeste, 194; Império mongol (1526), 266, 431, 440, 495; invasores arianos, 223; Reino Escravo de Delhi, 263
Índias orientais holandesas, independência, 484
Indo, vale do, 171, 177-8, 187, 206, 222
Indochina, guerra da (1946), 86-7, 484; rendição de Dien Bien Phu, 157
Inglaterra: conflito marítimo com a França, 432; conquista normanda, 191, 372; guerra da Criméia, 26, 399; guerra do Golfo, 490; guerra dos bôeres, 249, 459-60; Guer-

ra dos Cem Anos com a França, 383-84, 406; guerra nas ilhas Malvinas, 387; guerras holandesas, 432; invasão dinamarquesa, 389; invasão dos vikings, 372; ocupação romana, 343, 353, 357, 361, 371; retirada, 361; *ver também* Primeira e Segunda Guerras Mundiais e guerras napoleônicas,
Invencível Armada, derrota da (1588), 100, 414, 430
Irã, 175, 212, 223, 225; alanos do, 245, 248; citas do, 236-7, 240; guerra com o Iraque, 89, 259; medas do, 236; partos do, 258, 359
Iraque, 186; conquistado pelos mamelucos, 65; guerra do Golfo, 89, 490; invasão do Kuwait (1990), 490; guerra com o Irã, 89, 259; *ver também* Suméria e sumérios
iroqueses, tribo, 128
irregulares, soldados, 21
irrigação, sociedades de, 176-8
Isaac, Benjamin, 198
Islândia, 373
Isócrates, 255
Israel, 225; reis guerreiros, 255; revolta judaica contra os romanos (ano 66), 357
Issos, batalha de (333 a.C.), 197, 336-8
Istemi, khan turco, 254
Itália: derrota dos vândalos, 364, entra na Segunda Guerra Mundial, 472; expedição de Carlos VIII (1494-95), 408-10, 412; fortalecimento de fortificações, 412-3; guerra de 1911-12 com os turcos na Líbia, 475; invasão dos magiares, 371; Mussolini e os fascistas, 467, 469; ocupação normanda, 373
Iugoslávia: guerra civil na década de 1990, 88; guerra de guerrilhas e guerra civil durante a Segunda Guerra Mundial, 82-3, 85-6
Ivan, o Terrível, 24
janízaros (escravos militares), 45, 280, 436, 440
Japão: adquire disciplina de combate ocidental, 423; ataque a Pearl Harbor (1941), 99, 479, 483; batalha de Nagashino (1575), 71; batalha de Uedahara (1548), 71; culto da espada, 74; derrota da Rússia (1904-05), 480; desenvolvimento da pólvora, 70-3; fechamento das fronteiras marítimas, 431; Hiroxima e Nagasaqui bombardeadas (1945), 484; imitação do poder militar ocidental, 479; ofensiva mongol (1274-81), 101: derrota da, 69; ofensiva na China (1937), 72, 478; rebelião Shimabara (1637), 72; Segunda Guerra Mundial, 478-81, 483; xoguns, 69
Jebel Sahaba, alto Egito (sítio 117), 167, 169, 178
Jericó, 203; descoberta da cidade, 172-3; fortificações, 188, 190-1, 194
Jerusalém, 228, 376; recapturada pelos cruzados, 276; tomada pelos cruzados (1099), 204, 264, 276, 378; tomada por Saladino, 275
Jidá, 430
Jin, 272
João, rei, 204
Johnson, dr. Samuel, 211, 290
Jourdan, marechal, 446-447
juan-juans, 253
Juliano, o Apóstata, 245, 258, 362
Júlio César, 361, 375, 422, 467; assassinato, 355; batalha contra os nérvios, 349; conquista da Gália, 105, 197, 344, 353; triunfo na guerra civil, 355
Jung, Carl G., 18

Justiniano, imperador, 364
Justino II, 254
Jutlândia, batalha da (1916), 100-1, 462
Kadesh, batalha de (1294), 234-5
kaiser, 288, 299
Kamatari, Fujiwara, 68
Kant, Immanuel, 20
Kardelj, 83-4
Karlowitz, paz de (1699), 440
Khair ed-Din, almirante, 427
Khalid, 260
Khiva, conquista de (1874), 388
Khmer Vermelho, selvagerias, 89
Khwarizm, 265, 272
Khyber Rifles, 194
Kiersey, Capitulação de, 368
Kiev, 105, 476
Kitbuga, 278
Kluck, von, 388
Krupp, Alfred, 400
Kubla Khan, 266, 275, 280
Kurtbay (chefe mameluco), 63-4
Kuwait, invasão do (1990), 490
La Spezia, 408
Labaume, Eugène, 27
Lamarck, Jean Baptiste, 116
Langemarck, cemitério de, 456
Larrey (cirurgião de Napoleão), 27
Latifau, 121
Lattimore, Owen, 199-200, 218-9, 221
Lautier, R., 163
Leão I, papa, 248
Leão III, papa, 367, 374
Leão, imperador, 363
Lech, batalha do rio (955), 371
Lefèbvre, almirante, 445
leis e o fim da guerra, 484-91
Lenin, Vladimir Ilyich, 37, 460
Leningrado (Stalingrado, São Petersburgo), 105, 396, 476; batalha de (1942), 476
Leonardo da Vinci, 412
Leônidas, rei de Esparta, 329
Lepanto, batalha de (1571), 97, 100-1, 428
Leuctra, batalha de (371 a.C.), 333, 338, 471
Leuthen, batalha de (1757), 438
Lévi-Strauss, Claude, 125, 128
Leyte, batalha do golfo de (1944), 100
Líbano, 16, 186; guerra do, 89
Líbia, 197, 315; guerra da (1911-12), 475
Liddell Hart, capitão Basil, 77-8, 451
Ligúria, 345
Ligustino, Espúrio, 347-8
Lindisfarne, mosteiro de, 372
Lisboa, terremoto de (1755), 22
List, rei, 185
Litório, 243
Lívio (historiador romano), 347
logística e suprimentos, 386-404
Londres, 37, 197, 398; ataques de foguetes (1944), 482; *blitz* (1940), 475
Lorenz, Konrad, 120-1, 165
Luís IV, o Infante, 371
Luís XI, 406
Luís XIV, 199, 415, 437
Luís XVI, 442-3
Luttwak, Edward, 360; *The grand strategy of the Roman Empire*, 198
Lützen, batalha de (1632), 434
Macedônia, 109, 286, 309; campanha na Ásia, 336-40; derrubada por Roma, 340, 343; guerras persas, 196-7, 237, 258, 335-40, 390, 497; impõe a unificação da Grécia, 332, 334; uso da falange, 333, 336-7, 340, 434
Maenchen-Helfen, 248
magiares, 31, 77, 202, 253; ameaça ao Ocidente, 370-1, 373, 379; conversão dos, 374
Maginot, Linha, 466, 469, 472
maias da América Central, 159; destruídos pelos conquistadores, 430

Maiden Castle, massacre romano em, 343
Malásia, levante comunista (1948), 478
Malik Xá, 263
Malinowski, Bronislaw, 124
Malta, assediada pelos otomanos (1565), 427
Malthus, Thomas Robert, teoria populacional, 290
Malvinas, guerra das ilhas, 387
mamelucos do Egito, 45, 56, 67, 252, 292, 297, 495; derrota dos mongóis em Ain Jalut, 60, 278; derrotados pelos otomanos (1515-16), 63, 65, 68, 426; destroçados por Napoleão (1798), 65; destroem os reinos cruzados, 378; escravidão militar, 45, 56, 59-63; estabelecimento do poder no Egito, 278, 479; massacre no Cairo por Maomé Ali (1811), 65
Mantinéia, batalha de (362 a.C.), 333
Manzikert, batalha de (1071), 263-4, 376
Mao Tsé-Tung, 81, 85, 260, 268, 484; Longa Marcha (1934-35), 86-87; toma o poder de Chiang Kai-shek, 484
Maomé, o Conquistador, 364
Maomé, o Profeta, 57, 257, 259, 261-262, 373, 474; preagador e praticante da guerra, 58, 256
maoris e a guerra, 144-8, 189
Maquiavel, 302, 419, 449-50
mar de Coral, batalha de (1942), 481
Maratona, batalha de (490 a.C.), 327-8, 330
Marco Aurélio, imperador, 358
Marco Polo, 248
Mardonios, 327
Marengo, batalha de, 471

Marignano, batalha de (1515), 419
marings e a guerra, 137-44, 166, 168, 189, 214
Mário, cônsul, 354
Maritz, Jean, 398-9
Marj Dabiq, batalha de (1515), 63, 65
Marj'Ayyun, batalha de (1179), 380
Marjoriano (imperador títere), 363-4
Marlborough, duque de, 388
Marmont, marechal, 446
Mars-la-Tour, batalha de (1870), 64
Marselha, sítio de (1524), 410
Martelo, Carlos, 367
Marx, Karl, 37-40, 43-4, 81, 87, 108, 291, 450, 474; *O capital*, 38
Mary Rose, 429
Mauritânia, 350, 361
Maxim, Hiram, 401
McClellan, George W., 393
McNeill, William, 110, 212, 236, 239-241, 455; *Plagues and peoples*, 290
Mead, Margaret, 124, 127, 130, 491; *Coming of age in Samoa*, 123
Meca, 256-7
medas do Irã, 236
Medina, batalha de (625), 256
Megido, batalha de, 233-4
Mênfis, 179, 206
mercenários, 26, 31-3, 237, 243, 245-7, 270, 289, 296, 300-1, 337-8, 341, 346, 351, 355, 413, 419-20, 425, 436, 440, 450, 464; suíços, 288, 418
Mesopotâmia e mesopotâmios, 175, 177, 185, 203, 212, 222-4, 226, 237, 244, 260, 277, 307, 327, 335, 337, 358, 389; dinastia amorita, 206
Messênia, 314
Metauro, batalha do rio, 352
Metz, escola de artilharia, 437, 446

México, 151, 154, 158, 430; *ver também* astecas
Micale, batalha de (481 a.C.), 329
micênicos, 222, 224, 312
Michelangelo, 412
Midway, batalha das ilhas (1942), 99-101, 481
Miguel VII, 264
Mihailovic, Draga, 82
Milch, general Erhard, 471
milícias, princípio das, 287, 296, 302
Mílvio, batalha da ponte, 255
minóicos, 196, 310; destruição da civilização em Creta, 224
Minorca, ataques otomanos (1558), 427
Minsk, 476
Mitrovic, Golub, 85
Mohacs, batalha de (1526), 427
Moltke, general Helmuth von, 40, 45, 66-7
mongóis, 77, 109, 215, 218, 247, 251, 265, 267, 270-3, 280, 283-4, 286, 297, 343-4; campanhas vitoriosas, 265; conquista da Pérsia, 277; derrotados pelos egípcios em Ain Jalut, 60, 278; desintegração, 274-5, 279; domínio da China, 265-70; fundação do Império mongol na Índia (1526), 266; ocupação de Bagdá (1258), 265, 277; ofensiva contra o Japão (1274-81), 101: derrota para os samurais, 69
Montgomery, marechal-de-campo Bernard, 101
Morosini, Francesco, 299
Moscou, 105; avanço alemão na Segunda Guerra Mundial, 107, 475; incêndio pelos cossacos (1812), 22-3, 25, 286; recuo de Napoleão, 25, 287-8
mosqueteiros, 62-4, 71, 415, 419, 424, 428, 433-5, 438, 447

Muawiya, califa, 259
Mueller, John, 92
Muhammad Ali, 480; derrota os otomanos na batalha de Nezib, 67
Mujesinovic, Ismet, 84
Murat, marechal, 464-5
Mussolini, Benito, 465, 467, 469
Nagasaqui, bomba de (1945), 484
Nagashino, batalha de (1575), 71
Napoleão Bonaparte, 23, 35, 50, 205, 287-8, 391, 396, 441, 443, 445, 458, 471; campanha na Rússia (1812), 23-7, 449, 458; derrota de (1815), 37, 43, 449; derrota dos prussianos (1806), 35, 449; exército da Itália, 304; Grande Exército, 25, 43, 449; invasão do Egito (1798), 65; retirada, 287-8; retirada da Rússia 25; *ver também* guerras napoleônicas
Napoleão III, 392
Nápoles, 373; ocupada pela França (1495), 408
Naram-Sin, rei, 186-7
Narmer, faraó, 181
Narses (general bizantino), 116, 364
Nassau, conde Maurício de, 416, 437
Nassau, Guilherme Luís de, 416, 437
Nassau, João de, 416, 437
natureza humana, guerra e, 114-9
Navarino, batalha de (1827), 100-1
Nazarenko, Tatyana, 84
Neanderthal, homem de, 163-4
Nedeljkovic, Raja, 86
Nero, imperador, 357
Nerva, imperador, 358
nérvios, 349
Nettuno, 412
Ney, marechal, 445
Nezib, batalha de (1839), 67
Nice, ataques otomanos a (1543), 427
Nicolau I, czar, 24, 107
Nilo, batalha do (1798), 97-8, 100-1

Nimrud, escavações de, 224
Nínive, escavações de, 224, 226-7
Nizam al-Mulk, 263
Nobunaga, Oda, 70
nomadismo, 199-200, 217-8, 240-4, 264, 267, 269, 274, 277, 282, 284, 293, 319, 339, 345, 369, 373, 379, 388
Nordenfeldt, 401
normandos, invasão da Inglaterra, 289, 372-3; contrução de castelos na Inglaterra, 191
Norte da África, ocupado pelos árabes, 259, 364
Nova Cartago (Cartagena), 343
Novas Hébridas, 127
Núbia, 168-9, 179; fortes egípcios na, 193, 198
númidas, 319, 360
Obermaier, Hugo, 167
Odoacro, 363
Offa, dique de, 198
Olduvai, escavações na garganta de, Tanzânia, 161
Olímpia, 319; jogos de, 319, 326
ópio, guerras do, 285
Oppenheim, professor, 232
Orestes, 363
Organização das Nações Unidas, 489; carta da, 489
Orléans, sítio pelos hunos, 247
Ormuz, batalha de (1507), 430
Osaka, sítio da fortaleza de (1614), 70
Ostend, 416
Oto i, imperador, 371
Oudinot, marechal, 446
Oxus, rio, 76-7, 253-4, 259, 327
pacifismo, 19-20
Pacto da Liga das Nações, 489
Palestina, 14, 163, 233, 236, 260, 278, 381-2
papagos, chefes dos, 127
Paris, derrota da Comuna de (1871), 40

Parma (comandante espanhol), 416
pastoreadores, 212-4, 217, 221
Pátroclo, 319
paz, esforços de, 91, 93
Pearl Harbor, ataque de (1941), 99, 479, 483
Peloponeso: ocupado pelos otomanos, 328-9, 426; guerras do, 332-3, 336; Ligas do, 328, 332
Péricles, 331
Pérouse, La, 46
Perry, comodoro, 71
Pérsia e persas, 184, 236, 253, 255, 370; alianças com os Estados gregos, 332-3; derrota para a Macedônia, 335-40; esmagada pelos otomanos, 426; guerra com os eftalitas, 252, 254; guerra contra Bizâncio, 259; guerras com Alexandre, o Grande, 196, 231, 237, 258, 335, 338-340, 390, 497; guerras com Roma, 245, 258, 328; guerras gregas, 315, 326-31; império destruído pelos árabes, 254, 259
Pevensey, 191
Picq, Ardant du, 351
Piggott, Stuart, 196, 210-1
Pilos, palácio de, 310
Pipes, Daniel, 60
piqueiros, 418-9, 424
Pirro, 341, 350, 458
Pisa, fortificações de, 202, 410
Plassey, batalha de (1757), 441
Platão, 320
Platéia, 327; batalha de (481 a.C.), 329
Poggio Imperiale, 412
Poitiers, batalhas: (732), 367; (1356), 384
Políbio (historiador grego), 204, 343, 450
Polônia, 23, 266, 389, 394, 460; invasão alemã (1939), 470; povoados murados (século vi), 195

pólvora, revolução da, 62, 70-73, 385, 398, 405-6, 498; batalhas da época experimental, 417-25; descoberta chinesa, 405; estabilidade da 433-41; fortificações e, 407-16; Guerra dos Trinta Anos, 416; no mar, 425-32; resistência da cavalaria à, 421
Pompeu, imperador, 355
por que os homens lutam ?,112-4
porte legal de armas, 19-20
portugueses: bases no Exremo oriente, 431; conflito com holandeses e ingleses, 432; disputa pelo controle do mar Vermelho, 62-3; fracasso em bloquear a rota das especiarias, 430; supremacia naval no oceano Índico, 97
povos montados da estepe, 237-42; árabes e mamelucos, 254-65; declínio dos, 274-86; horizonte (453-1258), 250, 259-65, 267-74; hunos, 242-9; mongóis, 265-74
povos primitivos e a guerra, 131-2; astecas, 149-59; ianomâmis, 132-7; maoris, 144-9; marings, 137-44
Preveza, batalha de (1538), 427
Primeira Guerra Mundial, 42-4, 125, 304, 395, 402, 451, 455, 459, 461, 465-6, 471, 475, 489, 499; avanço alemão de Mons ao Marne (1914), 388; baixas, 457, 459-60, 465; batalha de Verdun (1916), 459; batalha do Somme (1916), 387, 396, 460; batalhas navais, 99-101, 462; Gallipoli (1915), 462; Jutlândia, batalha de (1916), 100-1, 462; mobilização de exércitos, 394; Ypres (1914), 456-7
primórdios da guerra, 160-2, 164, 167-8, 170-1, 173-5
Prússia: exército da, 33-6, 41, 382, 396, 447, 450; Corpo de Guarda Prus-

siano, 393; derrota da Áustria (1866), 393; derrota da França na Alsácia-Lorena (1870), 394; derrota para Napoleão (1806), 35, 449; impiedade, 50; modernização do exército turco, 66; recrutamento, 303; vitória na guerra contra Áustria e França (1871), 40
Púnicas, Guerras, 344-6, 350; Primeira (262 a.C.), 197
Qadisiya, batalha de (637), 258, 260
Québec, 442
Queronéia, batalha de (338 a.C.), 334
Quiberon, batalha da baía de (1759), 97, 100-1
Qutuz, sultão, 278
Radagásio, 247
Ramla, batalha de (1102), 380
Ramsés II, faraó, 181, 234
Ramsés III, faraó, 95
Rapaport, David, 129
Ravena 364; batalha de (1512), 419-20
Raydaniya, batalha de (1516), 63, 65
recompensar soldados, modos de, 297, 300-4, 342, 356
Reculver, 191
regimento, surgimento do, 30-3, 41, 50
Requesens, 414
revolução política e mudança militar, 441-56
Ricimer, 363-4
Roberts, J. M., 160, 162, 170
Rochester, sítio de (1215), 204
Rodes, captura pelos otomanos (1522), 427
Roe, sir Thomas, 440
Roeder, capitão Franz, 288
Roggeveen (viajante holandês), 49
romanos, 242-243, 302, 387, 391, 397, 434, 437, 463; ataque dos sarracenos, 370; choques com os povos teutônicos, 345, 353, 369, 422, 497; confronto com os godos, 245,

247, 362; conquistas 197-8, 340-58, 422; construção de estradas, 389; defesa de Bizâncio, 364; desastre na floresta de Teutoburg (ano 9), 350, 357, 457; ferocidade na guerra, 343-4; fortificação contra ataques dos bárbaros, 201, 242-9; Gália, conquista da, 341, 344, 350, 352-3, 422; guerra civil (50-44 a.C.), 355; guerras persas, 245, 258, 362; guerras púnicas contra Cartago, 343, 345-6, 350-2; imperadores antoninianos, sucesso dos, 358, 360; incluída no império de Carlos Magno, 367; infiltração no exército romano, 362-3; influxo de bárbaros no exército, 246, 255, 365; invasão dos hunos, 242-8, 363; júlio-claudianos, 357-8, 360; matriz dos exércitos modernos, 340-63; ocupação da Bretanha, 343, 353, 357; pagamento de estipêndio aos legionários, 342; papado, 373-4, 376; processo de seleção *dilectus*, 346; quadros de centuriões, 347-9; retorno de Roma ao domínio imperial, 364-5; revolta germânica, 357, 422; revolta no império, 357; saque de Roma pelos vândalos de Genserico, 363

Rommel, marechal-de-campo Erwin, 101

Rômulo (imperador títere), 364

Roosevelt, presidente Franklin D., 482

Rostopchin (governador de Moscou), 22

Rousseau, Pierre, 75

Rusa, rei de Urartu, 230

Rússia e russos, 345; colapso do exército (1917), 305; confronto nuclear com os Estados Unidos, 489; conquista de Khiva (1874), 388; conquista por Napoleão (1812), 23-4, 449; fortificações *cherta*, 199, 494; guerra contra o Japão (1904-05), 98, 100, 480; guerra da Criméia, 26, 399; invasão da Polônia (1939), 470; recuo, 25-6, 287-8; regime marxista: 467, colapso do, 489; revolução (1917), 40, 460, 467; Segunda Guerra Mundial, 105, 475-6, 481

Saadat Maomé, sultão, 64

Saddam Hussein, 259

Sagunto, sítio de (219 a.C.), 351

Saladino (Salah el-Din), 264-265, 277, 283, 379-380

Salamina, batalha de (480 a.C.), 97, 100-1, 329, 331

Samarcanda, 77, 259; ocupação mongol de, 272

samnitas, 341

Sandhurst, Real Academia Militar de, 13-6, 437

Sangallo, Antonio da, 412

Sangallo, Giuliano da, 412

Sansom, G. B., 73

Santa Aliança (1538) 427-428; derrota dos otomanos em Lepanto (1571), 428

santo Agostinho, 487

Saragoça, 195

Sardenha, 350, 363, 370

Sargão de Acad, imperador, 184-6, 192, 223, 225

Sargão II, 227, 229, 235-236

sármatas, 240

sarracenos, 31, 382; ameaça ao Ocidente, 370, 373

Saxe, marechal de, 29

Scharnhorst, general, 35

Seda, Rota da, 242, 259, 272

Sedan, batalha de (1870), 396

Segunda Guerra Mundial, 124, 469-483, 499; ataque a Pearl Harbor

(1941), 479; ataque de foguetes alemães (1944-45), 482; baixas, 475-6; batalha da França (1940), 472-3; batalha do Atlântico, 100; batalhas navais, 99, 480-1; *blitz* sobre Londres (1940), 475, 482; *Blitzkrieg* alemã na França (1940), 105; bombardeio de Hiroxima e Nagasaqui, 484; campanha na Polônia (1939), 470; conquista japonesa da Malásia, 101; custo humano, 90; desembarque aliado na França (1944), 481; escaramuças no Ártico, 103; evacuação de Dunquerque (1940), 472; frente russa, 105-6, 475-6, 481; guerra de guerrilhas e guerra civil na Iugoslávia, 82, 85, 87-8; Leyte, batalha do golfo de (1944), 100; logística e suprimento, 395, 403-404; Midway, batalha das ilhas, 99-101, 481; ofensiva aliada de bombardeios, 477-8, 481-2; pilotos suicidas japoneses, 65
Seleuco, 258
Selim I, sultão 63, 426
Selous, Frederick, 167
semai, tribo, 166
Semna, Núbia, 193-4
Senaqueribe, rei da Assíria, 226-,9, 235
Senusret III, faraó 193
Sequenenre, o Bravo, faraó, 182
Sérvia 383, 426, 440
Serviço Aéreo Especial, regimento de, 299
Sérvio Túlio, 302, 340
Sève, coronel, 67
Sevilha: ataque dos vikings (844), 372; declaração condenando a crença na natureza violenta do homem (1986), 113-4
Shaka (chefe zulu), 53-6, 181
Shelley, Percy Bysshe, Hellas, 28

Sherman, general William Tecumseh, 22
Shimabara, rebelião (1637), 72
Sicília, 315, 324, 328; Agrigento, sítio pelos romanos (262 a.C.), 197; base dos vândalos, 363; conquistada por Roma, 350; expedição de Atenas, 332; ocupação sarracena, 370
Siegen, schola militaris, 437
Siracusa, 332
Síria, 175, 186, 277, 335, 337, 350, 355, 361; conquistada pelos árabes (636), 259, 364; queda para Roma, 352; sítio de Antióquia pelos cruzados (1098), 204, 377
sítio, guerra de, 202, 204, 228, 271, 415; transformada pelo uso de canhões, 408-10
skidi pawnees, tribo, 149
Smail, R. C., 384
Smith, Adam, *A riqueza das nações*, 38-9
Smith, professora Gertrude, 232
Smolensk, 476
Sócrates, 324
Somme, batalha do (1916), 221, 387, 396, 460
Son, duque de, 230
Soult, marechal, 445
Spitzbergen, 103
Srednij Stog, cultura, 208
St. Jacob-en-Birs, batalha de (1444), 418
Stahlberg, Alexander, 126
Stalin, Yosif, 228, 465, 473
Stanwix, 361
Stimson, Henry, 483, 486
Suécia, Guerra dos Trinta Anos, 434
Suíça e suíços, 288, 299, 301, 353, 383; batalha com os franceses em Marigno (1515), 419-20; derrota para os espanhóis em Bicocca (1522), 421; mercenários, 418, 420; pi-

queiros, 32, 418, 424; suseranos Habsburgo, 418
Suleimã, o Magnífico, 426
Suméria e sumérios, 160, 170, 173, 175-9, 183-6, 192, 209, 214, 286, 298, 305
Sun Tzu, 268; *Arte da guerra*, 268
Taginas, batalha de (455), 364
Takashima (reformador militar japonês), 27
Talas, batalha do rio (751), 254, 259, 269
Tamerlão, 77, 109, 279, 294-5, 343-5, 494
Tanais, batalha do rio, 245
tangutes, 269, 273
Tarawa, assalto de (1943), 480
tártaros, 270, 288
Tchecoslováquia, ocupação alemã (1938), 469
Tebas, 179, 194, 303, 326, 331, 333-4
Temístio, 255
Temístocles, 328-9
Teodósio, imperador, 246, 255, 362
Teoria da população e guerra, 290-1
Terceira Guerra Santa (355-346), 334
Termópilas, batalha das (480 a.C.), 28, 329, 332
Teutoburg, batalha da floresta de (ano 9), 350, 357, 457
Teutônicos, bárbaroschoques com Roma, 345, 353, 369, 422, 497; infiltração do exército romano, 363; ordem dos Cavaleiros Teutônicos, 382
Tiger, Lionel, 121
Tiro, sítio de (332 a.C.), 409
Tito, marechal Josip Broz, 81-5, 88
Tolstoi, Leon, 25, 27, 33
Toulouse, batalha de (439), 243
Trabanten bávaros, 299
Trafalgar, batalha de (1805), 97, 100-1, 432, 449

Trajano, imperador, 339, 358
Trasimene, batalha do lago (217 a.C.), 351
Tratado Geral para a Renúncia da Guerra (Pacto de Paris, 1928), 489
Tremouille, Louis de la, 423
Três Dias, batalha dos (1653), 432
Tricamerão, batalha de (453), 364
Trieste ,163
Trinta Anos, Guerra dos (1618-48), 414, 416, 434-5, 490
Tróia, 141, 310-1; Guerra de, 224, 311, 319, 325
Truman, presidente Harry, S. 483
Tsushima, batalha de (1905), 100-1
Tucídides, 321-322, 324
tungus, 238
Túnis, tomada pelos otomanos (1535), 427
turcos das estepes, 77, 215, 240, 252-3, 270, 273, 279, 286, 345, 370; império bárbaro, 201; Império derrubado pelos árabes, 254
turcos otomanos: captura de Constantinopla (1453), 252, 280, 364, 406, 426; captura de Rodes (1522), 427; chegada na Mesopotâmia, 244; compromisso entre herança da estepe e ocidente urbano, 279; conquista do Egito (1515-16), 63, 65, 67, 426; conquista dos Bálcãs, 283, 383, 427; controle da Albânia e do Peloponeso, 426; controle dos búlgaros, 252; derrotados em Lepanto (1571), 428; derrotados por Maomé Ali em Nezib (1839), 67; desafiam o império dos Habsburgo, 427, 439; destruição do reino húngaro (1526), 427; esmagamento da Pérsia safávida, 426; fracasso do assédio de Malta (1565), 428; Gallipoli (1915), 462; guerra dos Bálcãs

de 1911-12, 439-440; guerra na Líbia contra a Itália (1911-12), 475; guerra naval, 427-8; império como fator militar importante na Europa, 44, 280; janízaros (escravos militares), 280, 440; palácio de Topkapi dos sultões, 241; paz de Karlowitz (1699), 440; perda do império na Primeira Guerra Mundial, 67; procedimento de sucessão, 277; recuo para Constantinopla, 440; Sérvia esmagada, 383, 426; sítio de Viena (1529), 427; sítio de Viena (1683), 280, 440

turcos seljúcidas, 263; conversão ao islamismo, 263; entram em Bagdá, 263; explorações, 263-4

Turner, Frederick Jackson, 199

Turney-High, Harry, 125-9, 131, 143, 149, 251; trechos de *Primitive warfare*, 126

Turquia, 177, 186, 225

Turquia, república e moderação com Ataturk, 467, 499

Tutmés iii, faraó, 233

Uedahara, batalha de (1548), 71

Ur, escavações de, 184

Urartu, 227, 229, 231

Urbano ii, papa, 376

Uruk, 178, 184, 209

Valente, imperador, 103, 245, 362

vândalos, 188, 246-247, 363-364, 370

Varro, 351

Vauban, marechal, 415

Vayda, Andrew, 142; trechos de *War in ecological perpective*, 139-41

Vegécio, 387, 450

vênetos da Bretanha, 353

Veneza, 248, 266, 293, 383, 409, 414, 419, 427, 437

Vercingetórix, 197, 353

Verdun, batalha de (1916), 459

Versalhes, Tratado de, 468-9

Vespasiano, imperador, 357

Vico, Giambattista, 76

Victor, marechal, 445

Viena, 80, 197, 266, 467; escola de equitação espanhola, 433; sítio otomano (1529), 427; sítio otomano (1683), 77, 280, 440

vietminh, 157, 484-5

Vietnã, guerra do (1965-72), 80, 89, 129-30, 453, 456

vikings, 31, 96, 202, 293, 372-3, 379; atrocidades dos, 295

Virgínia, batalha dos cabos da (1781), 100-1

Visby, batalha de (1361), 168

Vitória, rainha, 266

Vittoria, Francisco de, 488

Voltaire, 75-7

Wagram, batalha de (1809), 449, 471

Waterloo, batalha de (1815), 25, 396; baixas, 458

Weber, Max, 145

Weigley, professor Russell, 89-90, 438

Wellington, duque de, 75, 449; baixas em Waterloo, 458; guerra peninsular, 387, 449

Wendorf, F., trecho de *The prehistory of Nubia*, 167

Whittaker, C. R., 198

Whitworth, 400

Wilson, professor, 232

Woolwich, Arsenal Britânico de, 401

Xerxes, imperador, 255, 328-330, 333, 471

Yakutsk, 238

Yamamoto, almirante, 478, 480

Yoritomo (primeiro xogum), 69

Ypres, batalha de, 456-47

Zama, batalha de, 352

zulu, reino guerreiro, 45-6, 51, 53-56, 423; imperialismo, 55

541

JOHN KEEGAN foi professor de história militar na Real Academia Militar de Sandhurst, e é editor de assuntos de defesa do *Daily Telegraph* de Londres. É autor de diversas obras sobre assuntos militares, entre elas *The face of the battle* (1976), *The mask of command* (1987) e *The Second World War* (1990). De sua autoria, a Companhia das Letras publicou também *Inteligência na guerra* (2006).

1ª edição Companhia das Letras [1995] 4 reimpressões
1ª edição Companhia de Bolso [2006]

Esta obra foi composta pela Verba Editorial
em Janson Text e impressa pela Geográfica em ofsete
sobre papel Pólen Soft da Suzano Bahia Sul